JURISTISCHE ABHANDLUNGEN

BAND VII

VITTORIO KLOSTERMANN FRANKFURT AM MAIN

HANS-PETER SCHNEIDER

JUSTITIA UNIVERSALIS

QUELLENSTUDIEN ZUR GESCHICHTE DES
»CHRISTLICHEN NATURRECHTS«
BEI GOTTFRIED WILHELM LEIBNIZ

VITTORIO KLOSTERMANN FRANKFURT AM MAIN

Gedruckt mit Unterstützung der Deutschen Forschungsgemeinschaft
und des Niedersächsischen Kultusministeriums

Pour juger en un homme les parties plus
siennes et plus dignes, la force et beauté
de son ame, il faut sçavoir ce qui est sien
et ce qui ne l'est point, et en ce qui n'est
pas sien combien on luy doibt en consideration
du chois, disposition, ornement et langage qu'il y a fourny.

Montaigne, Essais III, 8

Liebe ist des Gesetzes Erfüllung.
Denn Gott lieben, das heißt in Wahrheit
sich selbst lieben; einem andern Menschen
zur Gottesliebe helfen, das heißt einen andern
Menschen lieben; mit eines andern Menschen Hilfe
zur Gottesliebe gebracht werden, das heißt geliebt werden.

Kierkegaard, Der Liebe Tun IX, 104

INHALT

VORWORT

Die Abhandlung hat im Dezember 1965 der Rechts- und Staatswissenschaftlichen Fakultät der Universität Freiburg i. Br. als Dissertation vorgelegen. Sie erscheint zu einem Zeitpunkt, in dem die Leibniz-Forschung mit der systematischen Erfassung und Auswertung des umfangreichen Nachlasses sowie durch Veröffentlichungen bisher unbekannter Handschriften neue Impulse erhält. Dabei tritt das rechtsphilosophische und juristische Schaffen Leibnizens immer deutlicher in den Vordergrund und beginnt zunehmend auch Historiker und Philosophen zu interessieren. Es bleibt daher zu wünschen, daß durch vielfältige Anregungen aus verschiedenen Fachkreisen dem Gegenstand der vorliegenden Untersuchung die Beachtung zuteil wird, die seiner Bedeutung für das Leibnizsche Denken entspricht.

Das Manuskript wurde bereits am 1. Mai 1966 abgeschlossen. Deshalb konnten spätere Publikationen im Satz leider nicht mehr berücksichtigt werden. Das gilt vor allem für den kenntnisreichen Aufsatz von WERNER SCHNEIDERS, Naturrecht und Gerechtigkeit bei Leibniz, in: Zeitschrift für Philosophische Forschung, Band XX (1966), S. 607–650, der im wesentlichen unter einem anderen Blickwinkel zu ähnlichen Ergebnissen gelangt.

Ich habe in mannigfacher Weise zu danken. Vor allem bin ich meinem verehrten Lehrer ERIK WOLF zu tiefem persönlichen Dank verpflichtet, an dessen Seminar für Rechtsphilosophie und Evangelisches Kirchenrecht ich Assistent sein darf. Herr Prof. D. Dr. ERIK WOLF hat die Bearbeitung des Themas angeregt und mit seinem weisen und sachkundigen Rat in liebenswürdiger Fürsorge gefördert. Desgleichen verdanke ich Herrn Prof. Dr. THOMAS WÜRTENBERGER zahlreiche wertvolle Hinweise.

Weiterhin habe ich dem Direktor des Leibniz-Archivs in Hannover, Herrn Prof. Dr. KURT MÜLLER, für die freundliche Bereitschaft zu danken, mit der er mir den Zugang zum Leibniz-Nachlaß ermöglichte. Sein reger Zuspruch hat mir über manchen Zweifel hinweggeholfen.

Der Deutschen Forschungsgemeinschaft und dem Niedersächsischen Kultusminister danke ich herzlich für ihre großzügige Unterstützung, die den Druck der Arbeit ermöglichte. Den Herren Dr. DETLEF KÖNIG, Gerichtsassessor STEFAN PELNY und Gerichtsreferendar EKKEHARD WIENHOLTZ verdanke ich tatkräftige Hilfe beim Lesen der Korrekturen.

Denzlingen/Baden, im November 1966

HANS-PETER SCHNEIDER

EINLEITUNG

1. Abschnitt

PLAN DER ARBEIT

Aus Quellenstudien soll eine möglichst umfassende Darstellung und Deutung des Naturrechtsgedankens bei Leibniz erwachsen. Dieses Vorhaben bedarf einer Rechtfertigung. Denn mit dem Hinweis, daß Leibniz kein zusammenfassendes Werk „De Jure Naturae et Gentium" hinterlassen habe, ist vielfach bezweifelt worden, ob sein Rechtsdenken überhaupt eine eigene Naturrechtslehre enthalte und so einen Platz in der Naturrechtstradition des 17. Jahrhunderts beanspruchen könne[1]. Damit werden jedoch zugleich jene vielfältigen, divergenten, scheinbar einander widersprechenden Bemerkungen, Ableitungen und Definitionen zum „jus naturale" bei Leibniz übersehen oder als zufällige und nebensächliche Äußerungen übergangen, die in zahllosen Traktaten, Fragmenten und Briefen, endlich aber auch in den philosophischen „Hauptschriften" ihren Ausdruck gefunden haben. Die Tatsache, daß Leibniz kein Lehrbuch des Naturrechts geschrieben hat, deutet also entgegen dem ersten Anschein und jener verbreiteten Ansicht in der Literatur nicht auf das Fehlen einer Naturrechtslehre schlechthin, sondern nur auf eine eigenartige, mit dem Leibnizschen Denken selbst aufs engste verbundene Problematik hin: auf die Notwendigkeit der Zusammenfassung von verschiedenartigen, nach Tradition, Sinngehalt, Bedeutung und Stellenwert unterscheidbaren naturrechtlichen Gedanken zu einem

---

[1] Carl Joachim *Friedrich,* Die Philosophie des Rechts in historischer Perspektive, Berlin-Heidelberg 1955, S. 69: „Man darf mit Fug bezweifeln, ob man berechtigt ist, die Leibnizschen Andeutungen als eine Rechtsphilosophie im engeren Sinne zu bezeichnen. Sein auf Ausgleich von Gegensätzen gerichtetes Wesen, seine Bedeutung als Metaphysiker, Mathematiker, Wissenschaftsorganisator und Staatsmann haben dazu Veranlassung gegeben, ihm eine Stellung in der Geschichte der Rechtsphilosophie anzuweisen, die nicht durch einen originalen Beitrag begründet scheint."

Kernbestand von Naturrechtslehren, zu einer Einheit, in der die Mannigfaltigkeit des einzelnen erhalten bleibt.

So stellt sich die Beschäftigung mit den Quellen, den Schriften und Briefen von Leibniz, in den Mittelpunkt. Aber gerade hier ist die Leibniz-Forschung in besonderer Weise der Gefahr von Mißverständnissen und Fehldeutungen ausgesetzt: denn was hat Leibniz nicht alles gesagt! Und unter dem Eindruck der Universalität seines Geistes, fasziniert von der Kraft, Widersprüche miteinander zu verbinden und in eins zu denken, werden Einflußlinien verkannt, traditionelle Gedanken von originellen nicht mehr unterschieden und Fragen, die Leibniz immer neu bewegt und beunruhigt haben, voreilig harmonisiert und in ihrer tieferen Fragwürdigkeit nicht mehr ernst genommen. Der „vorkritische Optimismus", erst einmal als Leitmotiv in seinem „System" erkannt, bricht eben oft jede Brücke zu einem lebendigen Verständnis des Leibniz ab und nötigt allenfalls noch zur ehrfurchtsvollen Bewunderung. Auf einen anderen Abweg führt aber auch die entgegengesetzte Vorstellung, Leibniz sei recht eigentlich nur von einer ganz bestimmten Einzelwissenschaft als „Grundlage" seines Denkens her richtig zu begreifen, eine Versuchung, der vor allem die rechtsgeschichtliche und rechtsphilosophische Forschung nicht immer widerstehen konnte. Dann stellt sich Leibniz, „tiefer verstanden", als Philosoph, Historiker, Mathematiker, Techniker, Politiker oder Jurist dar, kurz: als der „wahre" Leibniz, und dieser Zusatz wird dann zu einer jener Hilfen, mit der man die eigene Überzeugung von der Bedeutung seiner Wissenschaft bei Leibniz unwiderlegbar bestätigt finden kann. Es bedarf also eines ernsthafteren Bemühens, dem weder eine harmonisierende noch die isolierende Betrachtungsweise genügt. Deshalb soll versucht werden, unter Verzicht auf ein bestimmtes Vorverständnis den Naturrechtsgedanken des Leibniz aus dem vorhandenen Quellenmaterial vom Text her zu entfalten, zu ordnen und in seinem historischen Zusammenhang zu verstehen.

Dieser Versuch setzt eine Begrenzung des Gegenstandes und zugleich eine Erweiterung seiner historischen Perspektiven voraus. Denn es ist einerseits unmöglich, das gesamte Rechtsdenken von Leibniz in seinen Auswirkungen auf die Gesetzgebung und die Justizreform, auf die Pandektistik und die Gerichtspraxis, auf die Staatslehre und die Politik auch nur annähernd vollständig zu erfassen, ohne das eine zugunsten des anderen zu vernachlässigen. Das zeigt ein Blick in die schon recht umfangreiche Literatur über die rechtspraktische und politische Tätigkeit von Leibniz. Seine naturrechtlichen Gedanken sind jedoch bisher nur sehr zögernd und unvollständig behandelt worden, obwohl sie hinter all seinen Lehren sichtbar werden und den Kern seines Rechtsdenkens zu bilden scheinen. Andererseits kann eine bewußte Beschränkung auf die Darstellung der Naturrechtslehre gerade bei Leibniz nur dann dem Vorwurf der Einseitigkeit entgehen, wenn sie zugleich bemüht ist, jenen rechtshistorischen Hintergrund zu erhellen, in dem die Wurzeln seines Denkens zu suchen sind. Denn Leibniz war kein revolutionärer Geist. Und mit dem cartesianischen Rationalismus verbindet ihn ebensowenig wie mit dem Lockeschen Sensualismus. Dagegen haben in viel stärkerem Maße die antike Philosophie, vor allem Platon und Aristoteles (vermittelt durch den Platonismus der Renaissancehumanisten und den Aristotelismus der Reformationstheologen), sowie die Scholastik, besonders Thomas von Aquin und die Rechtsdenker des spanischen „siglo de oro", auf Leibniz eingewirkt, und dieses Einflusses ist er sich auch stets bewußt gewesen. Er war überzeugt, daß ein Neues niemals spontan und intuitiv, sondern nur durch sorgfältiges Ordnen, Kombinieren und Vereinfachen des Alten und Bekannten gefunden und erfaßt werden könne, und richtete seinen Blick zwar in die Zukunft, sein Denken aber auf die Überlieferung. Diese geradezu traditionalistische Geisteshaltung ist unter dem Eindruck jener zahllosen Ideen und Einfälle von Leibniz und ihrer außerordentlichen, meist erst viele Jahrzehnte nach seinem Tode anerkannten Nachwirkung oft übersehen, aber gerade von der neueren Leibniz-Forschung, vor allem durch die grundlegenden Arbeiten von Willy *Kabitz* und Gaston *Grua*, wieder hervorgehoben worden. Hat aber Leibniz selbst sich der traditionellen Philosophie eng verbunden gefühlt und sein Werk gleichsam als „Summa philosophica" verstanden, dann darf die Beschäftigung mit dieser Tradition für das Verständnis seines Denkens nicht nur Nebensache sein.

Das heißt für die Darstellung seiner Naturrechtslehre jedoch nicht, daß jede Formel, die Leibniz deshalb aufnimmt, weil sie zu seiner Zeit, losgelöst von ihrer besonderen Überlieferung, schon zum allgemeinen rechtsphilosophischen Sprachgebrauch gehörte wie die Naturrechtsdefinition Ulpians oder der Gedanke der „Jurisprudentia universalis", nun auf ihre historischen Wurzeln im römischen Recht oder auf ihren philosophiegeschichtlichen Ursprung in der Antike untersucht werden soll. Hier genügt es herauszufinden, wann und wie oft ein solcher Be-

griff von Leibniz aufgenommen wird und in welchem Zusammenhang
er eine besondere Bedeutung erhält. Hingegen erscheint es notwendig,
jenen kennzeichnenden Grundzug seiner Rechtsphilosophie: die Verbindung des Naturrechtsgedankens mit der aristotelisch-ciceronianischen Gerechtigkeitslehre einerseits und zugleich seine Verknüpfung mit
der patristisch-scholastischen Gottesrechtslehre andererseits, ein Stück
weit in der Tradition des neuzeitlichen Naturrechts im 17. Jahrhundert
zurückzuverfolgen.

Zuvor bedarf es jedoch in einem ersten Hauptteil einer kurzen biographischen Einführung in die rechtspraktische Tätigkeit Leibnizens
und einer werkgeschichtlichen Übersicht über sein vielfältiges juristisches
und rechtsphilosophisches Schaffen. Zwar kann im Rahmen dieser Untersuchung von einer ausführlichen, allgemeinen Lebensbeschreibung im
Hinblick auf die hervorragenden Darstellungen *Guhrauers* und *Fischers*
abgesehen werden. Seit dem letzten umfassenden Versuch einer im engeren Sinne „juristischen" Biographie Leibnizens von *Hartmann* aus
dem Jahre 1892 ist jedoch, vor allem in den Veröffentlichungen Gruas,
so viel neues Quellenmaterial zutage getreten, daß es angezeigt scheint,
das Bild Hartmanns zu vervollständigen und bei Leibniz erneut jene
enge Verbindung von Leben und Werk, von alltäglicher Rechtspraxis
und weitsichtigen Gedanken und Entwürfen einleitend zu betrachten.
Dabei soll zugleich auf diejenigen Sachverhalte und Begebenheiten im
einzelnen hingewiesen werden, deren Bedeutung für das Rechtsdenken
von Leibniz und dessen Einfluß auf seine Philosophie bisher noch nicht
hinreichend gewürdigt worden ist.

Seit Thomasius daran gewöhnt, in Hugo Grotius den Begründer des
„profanen" Naturrechts zu sehen, hat man bisher kaum bemerkt, daß
neben der Linie Grotius–Pufendorf–Thomasius noch eine andere Naturrechtstradition bestanden hat, die zwar als protestantische Rechtsphilosophie den Einfluß der überkommenen scholastischen Moraltheologie auf die Rechtslehre ebenso ablehnte wie die erstere, zugleich aber
den Satz des Grotius, das Naturrecht gelte auch, wenn es Gott nicht
gäbe, nicht wie Pufendorf modernistisch, sondern traditionell – vom
spanischen Wertobjektivismus her – verstand und so den Gedanken,
daß Gott der Ursprung und die Heilige Schrift Quelle allen Rechts sei,
teils unter Berufung auf Grotius, teils in Auseinandersetzung mit ihm
bewahren konnte. Diese von der rechtsgeschichtlichen Forschung weithin vernachlässigte und seit *Hinrichs* nahezu in Vergessenheit geratene

Überlieferung soll, im Gegensatz zum „profanen Naturrecht", mit dem Begriff „christliches Naturrecht" gekennzeichnet werden. Sie führt von Grotius über Boecler, Rachel, Zentgrav und Prasch unmittelbar zu Leibniz. Unterstützt durch die Kritik der lutherischen Orthodoxie an Pufendorf, setzt sie zugleich die reformatorische Naturrechtslehre Melanchthons, Oldendorps und Reinkings durch das 17. Jahrhundert hindurch fort.

Diese Tradition wird in einem zweiten Hauptteil unter dem Gesichtspunkt der Wandlung der reformatorischen Moraltheologie zur Rechtsphilosophie vom „christlichen Naturrecht" dargestellt. Ausgehend von der Naturrechtslehre des Grotius entfaltete sich in Deutschland eine reiche Kommentarliteratur zum „Jus Belli ac Pacis", die entweder die grotianische „Profanität" offen kritisierte (vom Felde, Osiander) oder unter dem Eindruck seiner eigentümlich synoptischen Kraft und ungewöhnlichen Popularität jenem Werk wenigstens den Gedanken vom christlichen Naturrecht zugrunde legte (Boecler, Ziegler, von Kulpis). Unabhängig davon entwickelte sich zur gleichen Zeit teils eigenständig (Selden), teils unter dem Einfluß des Neuplatonismus (Cambridger Schule) in England die Lehre vom christlichen Naturrecht in der Auseinandersetzung mit Hobbes. War durch diese beiden Ansatzpunkte die Idee vom Naturrecht nach christlicher Lehre als Grundlage eines allgemeinen Völkerrechts der christlichen Staaten bereits vorgebildet, so wurde sie nun in bewußter Anlehnung an Grotius vor allem von Mevius, Rachel und den beiden Cocceji theoretisch begründet oder vertieft und schließlich von der lutherischen Orthodoxie zum Zwecke der Kritik an Pufendorf übernommen und polemisch umgedeutet (Alberti, Zentgrav, Veltheim, auch Strimesius) oder auf das Verfassungsrecht des Heiligen Römischen Reiches übertragen (Seckendorff). Den Abschluß dieser Überlieferung bildete die rechtstheologische Grundlegung des Gedankens vom christlichen Naturrecht als „Ordnung der Liebe" (Prasch, Placcius, Bodinus), an der auch Leibniz selbst unmittelbar beteiligt war.

Der dritte Hauptteil verfolgt die Naturrechtslehre Leibnizens in ihrem werkgeschichtlichen Zusammenhang. Trotz des Datierungsproblems, das für die meisten Schriften und Briefe von Leibniz besteht, erschien der chronologische Aufbau geeigneter, die Kontinuität der rechtsphilosophischen Lehren im Gesamtwerk des Leibniz aufzuweisen. Wenn gleichwohl ein einzelner Gedanke einem bestimmten

Zeitraum zugeordnet wird, so ist damit nur gesagt, daß er zu jener Zeit besonders häufig auftrat und gleichsam im Mittelpunkt zu stehen scheint, nicht aber, daß er hier zum erstenmal formuliert oder später nicht weitergebildet wurde. Ebenso will auch die Unterscheidung zwischen „natürlicher" und „universaler" Jurisprudenz nicht systematisieren, sondern als Gliederungsprinzip und Arbeitshypothese nur andeuten, daß sich Leibniz von der „Jurisprudentia naturalis" immer mehr der „Jurisprudentia universalis" zugewandt hat: stellte die erstere doch für ihn zunächst nur ein Methodenproblem dar, während er sich mit der Jurisprudentia universalis um eine Grundlegung der Naturrechtslehre und so des Rechts überhaupt bemühte.

Dieser werkgeschichtliche Aufriß der Naturrechtslehre muß notwendig ein Mosaik bleiben. Denn um gerade bei Leibniz der Gefahr zu entgehen, alles mit allem beweisen zu wollen, wäre es eigentlich erforderlich, jedes Zitat vollständig, d. h. in seinem theologischen, philosophischen oder juristischen Zusammenhang wiederzugeben. Das ist aber bei der großen Zahl der zugrunde gelegten Schriften und Briefe von Leibniz nicht möglich, ohne den Anmerkungsteil unverhältnismäßig zu vergrößern. So könnte leicht der Eindruck entstehen, die Naturrechtslehre Leibnizens lasse sich allenfalls nachträglich aus einzelnen Gedanken und Bemerkungen zum Naturrecht in seinen philosophischen Abhandlungen zusammensetzen und rekonstruieren. Ein solches Verständnis übersieht aber die Tatsache, daß Leibniz schon in Mainz jene naturrechtlichen Ideen – zunächst unabhängig von seiner Philosophie – für einen praktischen Zweck: zur Vereinfachung des römischen Rechts, entwickelt, sie erst später geordnet und, verbunden mit seiner Ethik und Metaphysik, als einen untrennbaren Bestandteil in sein philosophisches „System" aufgenommen hat. Aber auch hier muß sich die Darstellung beschränken: denn der von Leibniz so häufig zitierte, den rechtsphilosophischen Standort kennzeichnende Grund-Satz seines Naturrechtsdenkens: „Justitia est caritas sapientis", hat nicht nur eine eigene, reiche philosophiegeschichtliche Tradition, er findet sich auch bei Leibniz vielfältig mit seinen politischen, philosophischen und theologischen Theorien verknüpft und zugleich weit verzweigt in allen Rechtsgebieten, denen sein praktisches Interesse galt: im Privatrecht ebenso wie im öffentlichen Recht oder im Kirchenrecht. Deshalb ist in besonderer Weise dieser Teil der Arbeit darauf bedacht, sich vor einer abschließenden Zusammenfassung oder Systematisierung zu hüten; er bemüht sich, die im Gedanken von der „Justitia universalis" entfaltete Ordnung der Liebe bei Leibniz zu erschließen, seinen Weg zu ihrer Rechtfertigung nachzugehen und ihre Geltungskraft für eine konkret-geschichtliche Rechtsordnung im natürlichen „Recht des Nächsten" zu begründen.

Entsprechend der jeweils besonderen Thematik erscheint jedem dieser drei Teile der Untersuchung eine eigene Weise des Fragens als biographische, historische oder topische Methode angemessen. Ebenso wie das Lebensbild des „Juristen" Leibniz im ersten Kapitel, verfolgt der zweite Hauptteil mit dem Hinweis auf jene gegenwärtig nahezu unbekannte Tradition des christlichen Naturrechts im 17. Jahrhundert ein vorwiegend rechtswissenschaftsgeschichtliches Anliegen; demgemäß tritt neben die Darstellung der Naturrechtslehren jener Juristen in der Form des Berichts die Schilderung ihres Lebens und ihrer persönlichen Beziehungen zu Leibniz. Dagegen werden im folgenden Teil die biographischen, quellengeschichtlichen und textkritischen Fragen im Hintergrund stehen und nur dort behandelt werden, wo die unmittelbare Einsicht in eine Textstelle solche Klärung erfordert. Ebenso kann die Sekundärliteratur hier nur in begrenztem Maße berücksichtigt werden. Deshalb ist in der Einleitung eine Übersicht vorangestellt, die das Verständnis des Leibnizschen Rechtsdenkens im Schrifttum zu erfassen sucht. Das dritte Kapitel enthält eine Bestandsaufnahme und Ortung (Topik) der naturrechtlichen Gedanken von Leibniz in ihrer werkgeschichtlichen Folge. Dabei liegt der Akzent auf der Analyse und Interpretation des Textes: werden von Leibniz zusammenhängende Lehren entwickelt – zumeist vor 1693 –, dann soll ihr Sinn ermittelt und ihre Bedeutung für die Wandlung der Naturrechtsidee aufgezeigt werden; vereinzelte Äußerungen und gelegentliche Bemerkungen sind nach ihrem Stellenwert innerhalb des Kontextes zu befragen und mit gleich oder ähnlich lautenden Stellen in anderem Zusammenhang zu vergleichen. Jedoch nötigt gerade bei einem solchen Unternehmen die dem Leibnizschen Denken eigentümliche Abneigung gegen jede abschließende Systematisierung zur Vorsicht und Zurückhaltung. So erhebt die Arbeit auch nicht den Anspruch einer endgültigen Deutung; sie versucht nur, auf dem Wege des beschreibenden und ordnenden Nachdenkens zu einer Andeutung jenes Kernbereichs der Rechtsphilosophie zu gelangen, der Leibniz zur Verbindung des Naturrechtsgedankens mit der Lehre von der göttlichen Gerechtigkeit bewegt hat.

Für die Zitierweise waren, einer Anregung Gruas folgend, zwei Gesichtspunkte maßgebend: soweit ein gesicherter Text vorliegt, sollen der größeren Klarheit und Deutlichkeit wegen nicht mehr nur die Seitenzahlen einer Leibniz-Ausgabe, sondern in abgekürzter Form die betreffende Schrift, das Fragment oder der Brief selbst unter Verweis auf eine Ausgabe zitiert werden; zugleich sind in einer Anmerkung nach Möglichkeit alle Äußerungen und Hinweise zu bestimmten Gedanken zusammengetragen, um deren Breite und Kontinuität im Rechtsdenken von Leibniz sichtbar werden zu lassen.

Angesichts des nahezu unübersehbaren Schrifttums zu Leibniz konnten im Literaturverzeichnis nur diejenigen Abhandlungen, Beiträge oder Artikel aufgenommen werden, die in der Arbeit zitiert sind oder sonst mit ihr in einem engen Zusammenhang stehen. Dabei mußte vor allem die philosophische, aber auch die politische und staatsrechtliche Literatur im wesentlichen unberücksichtigt bleiben. Dieser Mangel fällt deshalb nicht sehr ins Gewicht, weil kürzlich eine umfassende Leibniz-Bibliographie erschienen ist, auf die verwiesen werden kann. Gleichwohl habe ich mich bemüht, wenigstens das rechtsphilosophische Schrifttum annähernd vollständig zusammenzufassen.

Im Ganzen gesehen, muß letztlich auch die Frage offen bleiben, welche Bedeutung der Naturrechtslehre des Leibniz für die Rechtsphilosophie der Gegenwart zukommt oder zukommen könnte. Diese Zurückhaltung gebietet schon methodisch die Einsicht in die Notwendigkeit, Gedanken oder Lehren zunächst in ihrer Zeit und aus ihrer Zeit heraus zu verstehen, ohne sie zugleich auf bestimmte Einflußlinien oder Wirkungen hin festzulegen. Deshalb hütet sich die Untersuchung trotz ihres vorwiegend historischen Gegenstandes davor, Leibniz einseitig entweder als „letzten Ritter der Scholastik" (Ludwig Marcuse) zu einem bloßen Nachfolger oder als „Vater der deutschen Aufklärung" (Kuno Fischer) zu einem Vorläufer zu erheben. Es ist ihr Sinn und Ziel, den Ort der Naturrechtslehre Leibnizens in der Geschichte der Rechtsphilosophie zu bestimmen und in der Eigenart seines Denkens die Universalität des Rechtsbegriffs als Beispiel für die Entfaltung des Naturrechtsgedankens im 17. Jahrhundert der Gegenwart verständlich zu machen.

2. Abschnitt

DAS RECHTSDENKEN VON LEIBNIZ
IM SPIEGEL DER LITERATUR

Bis zur Mitte dieses Jahrhunderts bestand die juristische und rechtsphilosophische Leibniz-Literatur nur aus einigen Monographien und
Dissertationen, ergänzt durch kurze Hinweise in den Lehrbüchern zur
Geschichte der Rechtsphilosophie. Als ein besonders schwerwiegendes
Hindernis für die Beschäftigung mit dem Rechtsgedanken bei Leibniz
erwies sich seit jeher das Editionsproblem. Zwar hatte Louis *Dutens*
schon im Jahre 1768 den dritten Teil im vierten Band seiner „Leibnitii
Opera omnia" ausschließlich der „Jurisprudentia" vorbehalten, hier
jedoch lediglich Leibnizens akademische Abhandlungen, seine politischen Frühschriften und einige Briefe, vor allem an Kestner, zusammengestellt[2]. Einen Einblick in das rechtsphilosophische Werk von
Leibniz gewährte erst die verdienstvolle, wenngleich noch lückenhafte
und ungenaue Veröffentlichung einzelner Fragmente zur Gerechtigkeitslehre durch Georg *Mollat* im Jahre 1885[3]. Bedauerlicherweise
brachte bisher auch die seit 1923 von der Deutschen Akademie der
Wissenschaften veranstaltete Gesamtausgabe *(Akademie-Ausgabe)*, abgesehen von den erstmals vollständig abgedruckten „Elementa Juris
Naturalis" im Band I der „Philosophischen Schriften" und zahlreichen,
bisher unveröffentlichten Briefen, nur wenig Neues zur juristischen und

---

[2] Louis *Dutens*, Leibnitii Opera omnia nunc primum collecta, 5 Bde., Genf 1768.
– Vgl. vor allem: Band IV, 3. Teil: Jurisprudentia.
[3] Georg *Mollat*, Rechtsphilosophisches aus Leibnizens ungedruckten Schriften,
1885; die 2. Auflage erschien unter dem Titel: „Mitteilungen aus Leibniz' ungedruckten Schriften" im Jahre 1893. – Mit dieser Edition folgte Mollat offenbar einer
Anregung von *Hinrichs* (Geschichte der Rechts- und Staatsprinzipien, Leipzig 1852,
Bd. III, S. 59, Fußnote 1): „Meine Vermuthung, daß Leibniz gemäß den vielen Ver-
sprechungen in seinen Briefen, Bearbeitungen der Art wirklich unternommen habe,
wurde nicht getäuscht, denn ich fand in Hannover auf der königlichen Bibliothek
daselbst (Archiv) folgende von ihm das Naturrecht betreffende Manuscripte: ... Ich
kann hier den Wunsch nicht unterdrücken, daß dieselben bald möchten herausgegeben
werden."

rechtsphilosophischen Tätigkeit von Leibniz[4]. Die Konsequenz aus dieser Malaise zog schließlich der französische Gelehrte Gaston *Grua:* in mühevoller, nahezu zehnjähriger Arbeit sammelte er aus den bei der Niedersächsischen Landesbibliothek zu Hannover aufbewahrten Handschriften alle diejenigen Aufzeichnungen und Briefe von Leibniz, die ihm, wenn nicht selbst juristischen Inhalts, so doch in einer engen Verbindung mit seinem Rechtsdenken zu stehen schienen, und gab sie im Jahre 1948, versehen mit zahlreichen Anmerkungen und wertvollen Hinweisen auf Parallelstellen, als „Textes inédits" in zwei Bänden heraus[5]. Seit dieser gründlichen und nahezu vollständigen Publikation können nun endlich die langjährigen Bemühungen in Frankreich, Italien und Deutschland um Leibnizens rechtsphilosophischen Nachlaß als abgeschlossen angesehen werden[6].

A. Das Leibniz-Schrifttum in Deutschland

Nachdem Christian *Wolff* im Jahre 1748 die „Nova Methodus" mit einem Vorwort letztmals ediert hatte, war der Rechtsgelehrte Leibniz

---

[4] Gottfried Wilhelm *Leibniz,* Sämtliche Schriften und Briefe, hg. von der Deutschen Akademie der Wissenschaften, Berlin-Darmstadt 1923 – *(Akademie-Ausgabe).* Bisher sind erschienen:
    Reihe   I: Allgemeiner politischer und historischer Briefwechsel
                Band 1: 1668–1676, Darmstadt 1923
                Band 2: 1676–1679, Darmstadt 1927
                Band 3: 1680–1683, Leipzig 1938
                Band 4: 1684–1687, Berlin-Leipzig 1950
                Band 5: 1687–1690, Berlin 1954
                Band 6: 1690–1691, Berlin 1957
    Reihe II: Philosophischer Briefwechsel
                Band 1: 1663–1685, Darmstadt 1926
    Reihe IV: Politische Schriften
                Band 1: 1667–1676, Darmstadt 1931
                Band 2: 1677–1687, Berlin 1964
    Reihe VI: Philosophische Schriften
                Band 1: 1663–1672, Darmstadt 1930
                Band 6: Nouveaux Essais (1704), Berlin 1962
[5] G. W. *Leibniz,* Textes inédits d'après les manuscrits de la Bibliothèque provinciale de Hanovre, publiés et annotés par Gaston *Grua,* Tome I et II, Paris 1948. – Vgl. vor allem folgende Teile im 2. Band: Section VIII: „La Justice", Section IX: „Plans juridiques", Section X: „Problèmes juridiques".
[6] Vgl. im übrigen die ausgezeichnete Bibliographie aller bisher veröffentlichten Leibnitiana von Emile *Ravier,* Bibliographie des œuvres de Leibniz, Paris: Alcan 1937.

selbst innerhalb seiner eigenen Wissenschaft in Vergessenheit geraten[7]. Nur der Göttinger Pandektist Gustav *Hugo*, von einem Freunde auf Leibniz' juristische Methodenlehre hingewiesen, erinnerte im Jahre 1810 noch einmal an ihre große Bedeutung für die zeitgenössische Rechtswissenschaft und veröffentlichte daraus in deutscher Übersetzung „die erheblichsten Stellen, worin ich wünschte, daß alle Rechtsgelehrten dächten wie er[8]!" Darüber hinaus konnte auch Hugo nicht mehr über das Rechtsdenken Leibnizens in Erfahrung bringen, denn, abgesehen von den wenigen bei Dutens veröffentlichten Schriften, ruhte der bei weitem größte Teil des Materials noch in hannoverschen Archiven. Welch entscheidenden Einfluß neue Editionen aber gerade auf die Leibniz-Forschung genommen haben, wird deutlich, wenn man beobachtet, wie jede Veröffentlichung bisher unbekannter Schriften immer wieder die Wissenschaft zu erneuter und vertiefter Behandlung oftmals derselben Probleme angeregt hat. Wenngleich sich dabei die einzelne Monographie natürlich jeweils auch auf vorangegangene Veröffentlichungen stützte, so ist doch die Beziehung zu einer ganz bestimmten neuen Edition häufig so auffällig, daß die Textausgaben weitgehend zur Gliederung des Leibniz-Schrifttums herangezogen werden können.

I. Die Editionen von Dutens (1768), Guhrauer (1838–1840) und Erdmann (1840)[9]

Zunächst bemühte sich der Historiker Gottschalk Eduard *Guhrauer* in seiner umfassenden und noch heute grundlegenden Leibniz-Biographie, den juristischen Hintergrund im Leben und Werk des Philosophen ge-

---

[7] Wie verblaßt das Andenken an den Juristen Leibniz sich noch erhielt, zeigt eine Bemerkung von *Rehberg* in einem biographischen Aufsatz über Leibniz im Hannoverschen Magazin von 1787: „Die Théodicée schrieb ein Advocat!" (zitiert bei Guhrauer, Leibniz' deutsche Schriften, Berlin 1838, Bd. 1, Kritisch-historische Einleitung, S. 70, Fußnote).

[8] Gustav *Hugo*, Leibnitz, in: Zivilistisches Magazin, 1. Band, Berlin 1810, S. 10–18, vor allem S. 11.

[9] Louis *Dutens*, Leibnitii Opera omnia nunc primum collecta, 5 Bde., Genf 1768. – Gottschalk Eduard *Guhrauer*, Leibniz's deutsche Schriften, 2 Bde., Berlin 1838–1840. – Johann Eduard *Erdmann*, Gottfried Wilhelm Leibniz. Opera philosophica, quae extant latina, gallica, germanica omnia, 1840; neu herausgegeben im Faksimile-Nachdruck von Renate Vollbrecht, Scientia Aalen 1959.

bührend zu erhellen[10]. – Ihm folgte nach kurzen Vorstudien[11] im Jahre
1852 der Rechtshistoriker H. F. W. *Hinrichs* mit einer ersten Gesamtdarstellung des juristischen und rechtsphilosophischen Schaffens von
Leibniz[12]. Hinrichs legte gezwungenermaßen das Gewicht noch ganz
auf die akademischen Jugendschriften und einige politische Abhandlungen; von den rechtsphilosophischen Arbeiten waren ihm nur die Vorrede zum „Codex Juris Gentium diplomaticus" und das in deutscher
Sprache geschriebene Fragment „Vom Naturrecht" bekannt. Unter diesen Voraussetzungen erscheint sein Versuch, eine Verbindung des Leibnizschen Rechtsdenkens zu seiner Philosophie herzustellen, schon sehr
bemerkenswert[13]. – Im gleichen Jahr erschien mit dem Titel „Das
Rechtsprinzip bei Leibniz" noch eine weitere kurze Schrift, deren Verfasser, Robert *Zimmermann*, ganz unter dem Einfluß Kants und des
deutschen Idealismus gegen Guhrauer den Nachweis zu führen suchte,
daß die Gerechtigkeitslehre Leibnizens losgelöst von jeder moral- oder
rechtstheologischen Begründung „rein vernunftrechtlich" gedacht sei[14].
– Erst dem Berliner Philosophiehistoriker Friedrich Adolf *Trendelenburg* ermöglichten eigene gründliche Quellenstudien[15] eine zusammen-

---

[10] Gottschalk Ed. *Guhrauer,* Gottfried Wilhelm Freiherr von Leibnitz. Eine Biographie mit „Beilagen", 2 Bde., Breslau 1842; Nachträge dazu, Breslau 1846.
[11] H. F. W. *Hinrichs,* Über die Bemühungen Leibnizens um die Rechtserkenntnisse, in: Haimlers Magazin für Rechts- und Staatswissenschaft, Bd. 3 (1849), S. 253 ff.,
339 ff und Bd. 4 (1850), S. 137 ff.
[12] H. F. W. *Hinrichs,* Geschichte der Rechts- und Staatsprinzipien seit der Reformation bis auf die Gegenwart, 3 Bde., Leipzig 1848–1852; zu Leibniz: Bd. 3 (1852),
S. 1–122.
[13] „Wir betrachten nun weiter, wie die Rechts- und Staatserkenntniß bei Leibnitz
mit seiner Philosophie überhaupt zusammenhängt, und müssen deshalb kurz an die
Monadologie erinnern." (Hinrichs, a.a.O., Bd. 3, S. 81.)
[14] Robert *Zimmermann,* Das Rechtsprinzip bei Leibniz. Ein Beitrag zur Geschichte
der Rechtsphilosophie, Wien 1852, S. 18: „Wenn dem aber so ist, so wissen wir in
der That nicht, wie Guhrauer seinen obigen Tadel anders zu rechtfertigen vermöchte,
als durch Berufung auf Stellen, in welchen sich Leibniz seiner Gewohnheit nach den
Umständen akkomodiert (oft mehr als billig und für das richtige Verständnis seines
Genius wünschenswert), und, um dem religiösen Bewußtsein seiner Zeit keinen of-
fenbaren Anstoß zu geben, seinen Ausdruck in theologische Formen kleidet." –
S. 68: „Leibnitz'ens Gerechtigkeit hat keinen streng juridischen, sie hat einen höheren
humanitären Charakter."
[15] Einige Teile aus den „Elementa Juris Naturalis" sind von ihm herausgegeben
als „Bruchstücke in Leibnizens Nachlaß zum Naturrecht gehörig", in den „Historischen Beiträgen zur Philosophie", 2. Bd., Berlin 1855, S. 257–282.

fassende Darstellung des Naturrechtsgedankens von Leibniz[16]. Seine
Kritik, „bei Leibniz fehle jeder Versuch, aus den allgemeinen Grund-
begriffen Bestimmungen über das Recht der Personen oder Sachen oder
Actionen abzuleiten oder daraus positive Rechtsverhältnisse zu beurtheilen", kann jedoch, wie schon angedeutet, auf Grund neuerer Veröffentlichungen (Grua) nicht mehr aufrechterhalten werden[17].

II. Die Editionen von Klopp (1864–1884), Gerhardt (1875–1890) und Mollat (1885–1893)[18]

Mit den Arbeiten von Hinrichs und Trendelenburg war der Leibnizschen Naturrechtslehre endgültig ein von nun an allseits beachteter
Standort in der Geschichte der Rechtsphilosophie gesichert, welcher
selbst den Positivismus zur Auseinandersetzung und Stellungnahme
zwang. Der Zweckgedanke in seiner Rechtslehre[19] weckte das Interesse
an Leibniz insbesondere unter den Schülern Rudolf von Jherings, die
von ihrem positivistischen Denkansatz her notwendig zwischen Anerkennung und Ablehnung schwankten. Besonders bezeichnend für diese
zwiespältige Haltung gegenüber Leibniz ist der Aufsatz von Felix
Hecht[20], worin dessen rechtsphilosophische Thesen zwar weitgehend
zutreffend dargestellt werden, ihre Ergebnisse aber auf eine geradezu
überraschende Verständnislosigkeit stoßen: „Man vermißt bei Leibniz
eine scharfe Trennung der Begriffe von Recht und Gerechtigkeit. . . .

---

[16] Friedrich Adolf *Trendelenburg*, Das Verhältniss des Allgemeinen zum Besondern in Leibnizens philosophischer Betrachtung und dessen Naturrecht. Vortrag aus
dem Jahre 1848, abgedruckt in den „Historischen Beiträgen zur Philosophie", 2. Bd.,
Berlin 1855, S. 233–256. – Leibnizens Anregung zu einer Justizreform. Vortrag aus
dem Jahre 1864, abgedruckt in „Kleine Schriften", I. Teil, Leipzig 1871, S. 241–247.
[17] *Trendelenburg*, a.a.O., Historische Beiträge, 1855, S. 250. Hier heißt es weiter:
„So haben Leibnizens Bestimmungen des Naturrechts das Schicksal geistvoller Um-
risse; die Symmetrie des Gedankens erfreut, aber der Gedanke bleibt ohne Macht
über die Dinge. Die Gedanken sind wie Glanzpunkte an den Stoff angesprengt, aber
sie durchdringen oder erhellen ihn nicht, wie das Licht."
[18] Onno *Klopp*, Die Werke von Leibniz. Erste Reihe: Historisch-politische und
staatswissenschaftliche Schriften, 11 Bde., Hannover 1864–1884. – Carl Immanuel
Gerhardt, Die philosophischen Schriften von G. W. Leibniz, 7 Bde., Berlin 1875–
1890; unveränderter Nachdruck dieser Ausgabe, Hildesheim 1960. – Georg *Mollat*,
Rechtsphilosophisches aus Leibnizens ungedruckten Schriften, 1885; 2. ergänzte Auflage unter dem Titel: Mitteilungen aus Leibniz' ungedruckten Schriften, 1893.
[19] Vgl. Gerhard *Halesse*, Begriff und Bedeutung des Zweckes in der Leibnizschen
Rechtsphilosophie, Diss. Münster 1957.
[20] Felix *Hecht*, Leibniz als Jurist, in: Preußische Jahrbücher 43, 1879, S. 1–25.

Man vermißt bei Leibniz ferner eine Unterscheidung der Begriffe von Recht im subjektiven und Recht im objektiven Sinn"[21]. – Ein erstes vollständiges Bild von Leibnizens gesetzgeberischer, politischer und rechtsphilosophischer Tätigkeit vermittelte Gustav *Hartmann* in seiner immer noch lesenswerten Abhandlung „Leibniz als Jurist und Rechtsphilosoph"[22]. Gestützt auf die Veröffentlichungen von Klopp und Mollat, bemühte er sich, Leibniz, „unzweifelhaft ‚maxime philosophus' ", auch „vor dem Vorwurf, ‚zu wenig Jurist' zu sein", zu schützen[23]. So begnügte sich Hartmann nicht mehr nur mit einer Erörterung der akademischen Jugendschriften, sondern wies auch ausführlich auf die Vielseitigkeit der späteren rechtswissenschaftlichen Arbeiten hin; er beschränkte sich nicht nur auf eine Zusammenstellung der Prinzipien des Rechts, sondern untersuchte zugleich auch den Einfluß der Leibnizschen Jurisprudenz auf seine Philosophie. Zutiefst war Hartmann davon überzeugt, „daß auch unsere heutige Jurisprudenz von dem Beispiel eines Leibniz her noch immer Anregung und Förderung finden mag[24]". – Sehr oberflächlich behandelte dagegen ungefähr dreißig Jahre später der Hamburger Jurist Herbert *Feddersen* in seinen beiden Aufsätzen zum Naturrechtsgedanken und zur Rechts- und Gesellschaftslehre von Leibniz die gleiche Thematik[25]. Sätze wie: „Der Religiosität oder der vollkommensten Gemeinschaft entspricht das Pietätsrecht", könnten noch einigermaßen im Leibnizschen Sinne verständlich sein, wenn Feddersen nicht gegen Ende die Begriffe „religiös" und „weltanschaulich" gleichsetzen würde. Vollends schief aber wird das Bild mit der Feststellung, der Staat sei von Leibniz als „ethisch-indifferente Gemeinschaft" gedacht, welche Feddersen unter Berufung auf Kants kategorischen Imperativ und Stammlers Lehre vom richtigen Recht zu einer „Ergänzung" des Leibnizschen Systems durch den Gedanken eines „ethischen Staates" nötigte[26].

---

[21] Felix *Hecht*, a.a.O., S. 19.
[22] Gustav *Hartmann*, Leibniz als Jurist und Rechtsphilosoph, in: Festgabe der Juristenfakultät zu Tübingen für Rudolf von Jhering, Tübingen 1892, S. 1–121.
[23] Gustav *Hartmann*, a.a.O., S. 64.
[24] Gustav *Hartmann*, a.a.O., S. 5.
[25] Herbert *Feddersen*, Die Behandlung des naturrechtlichen Problems bei Leibniz und die Bedeutung seiner Gedanken für die Gegenwart, ZöR 9, 1920, S. 231–260. – Leibniz' Rechts- und Gesellschaftlehre und wir, ARWP 21, 1927/1928, S. 394–408.
[26] Herbert *Feddersen*, Leibniz' Rechts- und Gesellschaftslehre und wir, a.a.O., S. 402–404, 406–408.

III. Die Edition der Deutschen Akademie der Wissenschaften:
„Akademie-Ausgabe" (1923 –)[27]

Zu Beginn einer dritten Periode der Leibniz-Forschung, welche ganz
im Zeichen der Akademie-Ausgabe steht und insbesondere durch die
Veröffentlichung der juristischen und politischen Jugendschriften von
Leibniz entscheidend gefördert worden ist, finden sich zwei Ansprachen
eines Mitglieds der Preußischen Akademie selbst, des Berliner Rechts-
historikers Ernst *Heymann*, zu den Leibniztagen der Jahre 1927 und
1931[28]. Der erste Vortrag behandelt allgemein die Bedeutung der
Jurisprudenz in Leibniz' Leben, das zweite Referat bemüht sich unter
Hinweis auf den rechtshistorischen Hintergrund um eine Würdigung
jenes juristischen Studienplanes, den Leibniz im Jahre 1667 am Ende
der „Nova Methodus" aufgestellt hat. – Geistreich und verständnisvoll
behandelt ein Aufsatz von Hans *Liermann* die „Barocke Jurisprudenz
bei Leibniz"[29]. Wenngleich die rechtspraktische Tätigkeit Leibnizens
in Hannover offenbar noch weithin unbekannt war oder jedenfalls
hinter dem Interesse an seinen politischen Plänen zurücktrat, so liegt
doch die große Bedeutung dieser Studie vor allem darin, das konstruk-
tive Element in der Leibnizschen Rechtsphilosophie hervorgehoben und
sie als Gottesrechtslehre verstanden zu haben: „Die Theologie ist ihm
(Leibniz) eine geistliche Rechtskunde, die sich mit den Normen jener
göttlichen Weltordnung zu befassen hat[30]." Schon damals hatte Liermann den Einfluß der scholastischen Philosophie und des Aristotelismus auf den Gedanken vom „christlichen Naturrecht" bei Leibniz klar
erkannt, wenn er ihn auch später in einem weiteren Aufsatz noch einmal eingehender untersuchte[31]. – Im Mittelpunkt zweier Abhandlungen aus den Jahren 1942 und 1943 stehen die staatsrechtlich-politischen
Denkschriften von Leibniz. Ernst Rudolf *Huber* wies mit besonderem

---

[27] Vgl. Fußnote 4.
[28] Ernst *Heymann*, Leibniz als Jurist, SB der Preuß. Akad. der Wiss. 1927, Bd. 1,
S. LXIX–LXXVI. – Leibniz' Plan einer juristischen Studienreform vom Jahre 1667,
SB der Preuß. Akad. der Wiss., Phil.-hist. Kl., 1931, S. C ff (Sonderdruck Berlin 1931).
[29] Hans *Liermann*, Barocke Jurisprudenz bei Leibniz, in: Ztschr. f. dt. Geisteswiss. II, 1939, S. 348–360.
[30] Hans *Liermann*, a.a.O., S. 359.
[31] Hans *Liermann*, Zur Geschichte des Naturrechts in der evangelischen Kirche, in:
Festschrift f. Alfred Bertholet, Tübingen 1950, S. 294–324.

Nachdruck auf jenen „patriotischen Eifer" hin, mit dem Leibniz die alte Reichsidee in einer vor allem durch das „Instrumentum Pacis" gewandelten politischen Welt zu neuem Leben erweckte und mit der modernen, in Frankreich eben in der Entstehung begriffenen, absolutistischen Staatstheorie zu verbinden suchte[32]. – Erik *Wolf* erfaßte „das Reich" bei Leibniz als den Kerngedanken seiner Rechts- und Staatsphilosophie[33]. Im Sinne eines politisch-sozialen Kosmos ordnete er dem Reich in seinen drei harmonisch miteinander verflochtenen Entfaltungsstufen je einen Bereich der Naturrechts- und Gerechtigkeitslehre zu: dem „Imperium Mundi" in der Idee des „Jus strictum" die „Justitia particularis qua commutativa"; dem „Corpus Christianum" in der „Aequitas" oder „Caritas" die „Justitia particularis qua distributiva"; dem „Sacrum Imperium" in der „Pietas" die „Justitia universalis"[34]. Verstanden als rechtsmetaphysisch-personalen Kosmos verknüpfte er den Reichsgedanken mit der Leibnizschen Lehre vom Gottesstaat (Republica Dei, Cité de Dieu), in welchem die einfachen Substanzen (Monaden) bezogen auf Gott dem Reich der Natur oder dem Reich der Gnade angehören. So ergab sich für Wolf im Begriff des „Reiches" die Verbindung von Leibniz' politischer Theorie zu seiner Rechtsphilosophie. – In der richtigen Erkenntnis, daß „die Rechtsphilosophie für Leibniz nicht eine späte Hinzufügung zu seinem System, sondern einen Grundstein desselben" bildete, beschrieb Karl *Larenz* den Rechtsgedanken Leibnizens ähnlich wie Wolf in Anknüpfung an die „Monadologie" und an die dreistufige Lehre von der Gerechtigkeit[35]. Bei dieser Arbeit verwandte Larenz nahezu das gesamte, seither veröffentlichte Quellenmaterial und gelangte so zu einer im wesentlichen zutreffenden, ersten Gesamtdarstellung der Leibnizschen Rechtsphilosophie. Jedoch hat auch Larenz den rechtsgeschichtlichen Hinter-

---

[32] Ernst Rudolf *Huber*, Reich, Volk und Staat in der Reichsrechtswissenschaft des 17. und 18. Jahrhunderts, in: Ztschr. f. d. ges. Staatswiss. 102, 1942, S. 593–627 (insbesondere S. 600–621).

[33] Erik *Wolf*, Idee und Wirklichkeit des Reiches im deutschen Rechtsdenken des 16. und 17. Jahrhunderts, in: Reich und Recht in der deutschen Philosophie, Bd. 1, Stuttgart-Berlin 1943, S. 33–168; insbesondere der 4. Abschnitt: Der neue Reichsgedanke von Leibniz, S. 133–168.

[34] Erik *Wolf*, a.a.O., S. 150–155.

[35] Karl *Larenz*, Sittlichkeit und Recht. Untersuchungen zur Geschichte des deutschen Rechtsdenkens und zur Sittenlehre, in: Reich und Recht in der deutschen Philosophie, Bd. 1, Stuttgart-Berlin 1943, S. 169–412; insbesondere das 3. Kapitel: Leibniz, S. 224–249.

grund zu wenig berücksichtigt und folglich bei Leibniz eigenständiges Denken von bloßer Überlieferung nicht genügend getrennt[36]. – Am Ende dieser Periode steht schließlich noch ein Aufsatz von Paul *Schrecker* zur Gerechtigkeitslehre von Leibniz[37].

IV. Die Editionen von Grua (1948) und Mathieu (1951)[38]

Rätselhaft und dunkel gibt sich die jüngste Arbeit über die „Idee eines universalen Rechts" bei Leibniz von Hugo *Fischer*[39]. Fischer bemüht sich offenbar auch, die Leibnizsche Naturrechtslehre in einen Zusammenhang mit der „Monadologie" zu bringen, bleibt aber bei seinen Formulierungen weithin unverständlich[40]. Insbesondere verstellen zahlreiche, der Leibnizschen Philosophie fremde Begriffe den Zugang zum Gedanken des „jus universale": Fischer bezieht sich vielfach auf „Strukturen", „Konstitutionen", „Impulse" und schließlich auch auf die im Grunde aus einem Hegelschen Mißverständnis entstandene Idee von der „Monas Monadum"[41]. Diese „terribles simplifica-

[36] Wie im zweiten Hauptteil der Arbeit nachgewiesen werden soll, gehörte ein großer Teil der von Leibniz verwandten Begriffe und Schemata bereits um die Mitte des 17. Jahrhunderts der überlieferten und allgemein verbreiteten rechtsphilosophischen Terminologie an. Diese Tatsache ist von der Leibniz-Forschung mit Ausnahme Gruas bisher überhaupt nicht beachtet worden. Insofern trifft die Kritik nicht ausschließlich die Arbeit von Larenz, erscheint aber im Hinblick auf ihre grundlegende Bedeutung hier besonders angebracht.

[37] Paul *Schrecker*, Leibniz's principles of international justice, in: Journal of the history of ideas, New York, October 1946. Deutscher Titel: „Leibniz' Prinzipien des Völkerrechts", in: Amerik. Rundschau 3, 1947, S. 114–122.

[38] Zur Textausgabe von *Grua* vgl. Fußnote 5. – Vittorio *Mathieu*, Scritti politici e di diritto naturale di Gottfried Wilhelm Leibniz, Torino 1951. – Die letzte Veröffentlichung juristischer Texte von Tullio *Ascarelli* und Michele *Giannotta*, Testi per la storia del pensiero giuridico, Milano 1960, bringt nichts Neues; sie enthält die drei akademischen Schriften von Leibniz und das Fragment „De legum interpretatione".

[39] Hugo *Fischer*, Leibniz und die Idee eines universalen Rechts, in: Philos. Jahrb. d. G.-Ges. 65, 1957, S. 134–146.

[40] „In einem zweiten Hauptteil kommen die leitenden Ideen der Leibnizschen Rechtsauffassung zur Sprache: Das Verhältnis von Recht zu Ordnung und Struktur im allgemeinen. ... Man kann die Rechtsnormen im Leibnizschen Sinne als Entelechien oder als Impulse bezeichnen, die sich in Strukturen verwirklichen, und zwar als Strukturimpulse, die in die faktische Existenz münden und in ihr wirksam sind." (Hugo *Fischer*, a.a.O., S. 134, 136.)

[41] Offenbar hat Fischer nicht nur die gesamte Sekundärliteratur völlig unberücksichtigt gelassen, sondern auch nur einen geringen Teil des inzwischen vorliegenden Quellenmaterials benutzt.

tions" in Fischers Aufsatz dürften der Erforschung des universalen Rechts bei Leibniz eher schaden als nützen. – Mit dem Einfluß der Leibnizschen „Ars combinatoria" auf seine Lehre von der Rechtsfindung beschäftigen sich zwei Studien von Theodor *Viehweg*[42]. Als Beiträge zur Geschichte der rechtswissenschaftlichen Hermeneutik liegt ihre Bedeutung nicht nur darin, die juristische Methodenlehre bei Leibniz als „mathematisch nachprüfbare Topik" gekennzeichnet zu haben; innerhalb der Leibniz-Forschung selbst verdient Beachtung vor allem auch Viehwegs Hinweis auf den Anschauungswert der juristischen Beispielsfälle innerhalb der Kombinatorik[43]. – In den Kernbereich des Leibnizschen Rechtsdenkens vorzudringen, gelang erst vor wenigen Jahren, angeregt durch einige Hinweise bei Grua[44], dem Rechtsphilosophen Erik *Wolf*[45]: er beschrieb Leibniz' Naturrechtslehre als eine „Philosophie des Nächstenrechts" und wies damit auf ihre Verbindung zur Tradition der reformatorischen Gottesrechtslehre hin. In der Ordnung der „pietas" sieht Wolf „das Verhältnis des Menschen zur Gemeinschaft (Sozialität)"; aus dem „Als-Sein der sozialen Abstufung" ergeben sich die „objektiven Gemeinschaftspflichten" des „Sozialrechts". Zur Ordnung der „prudentia" rechnet Wolf „das Verhalten des Menschen zum Einzelnen als Nebenmenschen (Individualität)"; aus dem „Selbst-Sein" des wohlverstandenen individuellen Eigeninteresses entspringen die „subjektiven Pflichten" und Berechtigungen des „Privatrechts"[46]. Diese Gedanken mit Hilfe des vorhandenen Quellenmaterials auszubauen und weiterzuführen, ist auch das Ziel der vorliegenden Arbeit.

---

[42] Theodor *Viehweg*, Die juristischen Beispielsfälle in Leibnizens Ars combinatoria, in: Beiträge zur Leibniz-Forschung, hg. von Georgi Schischkoff, Reutlingen oJ (1947), S. 88–95. – Topik und Jurisprudenz, 3. Aufl., München 1965, S. 51–53.
[43] Vgl. Fußnote 54, S. 38.
[44] Vgl. Fußnote 61.
[45] Erik *Wolf*, Recht des Nächsten. Ein rechtstheologischer Entwurf, 2. Aufl., Frankfurt/M. 1966. – Vgl. zur Grundlegung des Nächstenrechts auch folgende Schriften: Zur Dialektik von menschlicher und göttlicher Ordnung, in: „Naturordnung", FG f. Joh. Messner, 1961, S. 59. – Zur rechtstheologischen Dialektik von Recht und Liebe, in: Studi in onore di Emilio Betti I, S. 478–500, 1961. – Ordnung der Liebe. Gottesgebot und Nächstenrecht im Heidelberger Katechismus, Frankfurt/M. 1963.
[46] Erik *Wolf*, Recht des Nächsten, 1966, S. 20–24.

B. Das Leibniz-Schrifttum in Italien

Ein eigenes, weit verbreitetes Interesse an der Rechtsphilosophie ließ auch die italienischen Rechtsgelehrten schon früh auf den Naturrechtsgedanken und die Gerechtigkeitsidee bei Leibniz aufmerksam werden. Bereits im Jahre 1913 hatte *Barillari* mit einer Arbeit über den Rechtsbegriff Leibnizens erstmals auf diesen rechtsphilosophiegeschichtlich so bedeutsamen Gegenstand hingewiesen[47]. – Zu voller Entfaltung gelangte das Leibniz-Schrifttum in Italien jedoch erst nach dem zweiten Weltkrieg. Giorgio *del Vecchio* widmete in seinem Buch „La Giustizia" dem Begriff der „justitia universalis" eine kurze, scharfsinnige Erörterung[48]. Angeregt durch del Vecchio, stehen im Zusammenhang mit dem Leibniz-Jahr 1946 die Beiträge von *Miceli*[49], *Leoni*[50] und *Bobbio*[51] zu wichtigen Einzelfragen der Leibnizschen Rechtsphilosophie. – Einen Versuch, den Rechtsgedanken bei Leibniz in seiner Metaphysik anzusiedeln, unternahm Gioele *Solari*[52]. – Die Veröffentlichung rechtsphilosophischer Texte, vor allem der „Elementa Juris Naturalis", durch Vittorio *Mathieu*[53] und seine gedankenreiche Einleitung aus dem Jahre 1951 nahm Carlo *Curcio* zum Anlaß, seinerseits einige Bemerkungen zur Rechts- und Staatsphilosophie von Leibniz als „una lezione di speranza e di fiducia" anzuknüpfen[54]. – Auf einen anderen, für die Entstehungsgeschichte des Leibnizschen Rechtsdenkens besonders wichtigen Gesichtspunkt wies 1957 die Untersuchung von Guido *Aceti* über den Einfluß der „philosophia moralis" des Jacob Thomasius

---

[47] M. *Barillari*, La dottrina del diritto di Godoffredo Guglielmo Leibniz, in: Atti dell'Academia di Scienza morali e politiche di Napoli, Vol. XLIII, Neapel 1913.

[48] Giorgio *del Vecchio*, La Giustizia, 2. Aufl. Bologna 1924, S. 13 bis 21; mit zahlreichen späteren, erweiterten Auflagen; deutsch: „Die Gerechtigkeit", 2. Aufl., Basel 1950.

[49] R. *Miceli*, Le premesse storico-teologiche della filosofia del diritto di Leibniz, in: Archivio di filosofia, 1947.

[50] B. *Leoni*, Probabilità e diritto nel pensiero di Leibniz, in: Rivista di filosofia, 1947, S. 72 ff.

[51] Norberto *Bobbio*, Leibniz e Pufendorf, in: Rivista di filosofia 1947, H. 1.

[52] Gioele *Solari*, Metafisica e diritto in Leibniz, in: Studi storici, 1949, p. 179 ff.

[53] Vgl. Fußnote 38.

[54] Carlo *Curcio*, Sul pensiero giuridico e politico del Leibniz, in: RIFD 29, 1952, S. 283–290.

auf den jungen Leibniz hin[55]. Im selben Jahr erschienen ebenfalls von
Aceti zwei weitere Aufsätze, welche die „Nova Methodus" und den
Begriff der „felicitas" behandelten[56]. – Schließlich nahm auch Tullio
Ascarelli in der Einleitung seiner Textausgabe vom Jahre 1960[57] noch
zur Leibnizschen Rechtslehre im engeren Sinn, zu den Reformplänen
und zur Zivilrechtsdogmatik, Stellung[58].

C. Das Leibniz-Schrifttum in Frankreich

Ähnlich wie in Italien findet sich auch in Frankreich eine zuverläs-
sige, wenn auch bei weitem nicht so vielseitige und reichhaltige Tradition rechtsphilosophischen Schrifttums zu Leibniz. Noch zu den Pionie-
ren in der Leibniz-Forschung gehört *Alengry* mit seiner Schrift „De jure
apud Leibniz" aus dem Jahre 1899[59]. – Demgegenüber brachte einen
erheblichen Fortschritt schon der Beitrag von Georges *Gurvitsch* von
1932, welcher sich in der Hauptsache mit dem Gedanken des „Sozialrechts" bei Leibniz beschäftigte[60]. – Die bislang umfassendste und bedeutendste Darstellung des gesamten rechtsphilosophischen und juristischen Denkens und Schaffens von Leibniz enthalten jedoch die Werke
des Philosophiehistorikers Gaston *Grua*[61]. Ein jahrelanges, intensives
Quellenstudium hatte ihm die Einsicht in nahezu alle noch zugänglichen
Handschriften rechtsphilosophischen oder rechtstheologischen Inhalts
verschafft und schließlich 1948 die Herausgabe dieser „Textes inédits"
ermöglicht[62], von denen ungefähr der dritte Teil sich unmittelbar auf

---

[55] Guido *Aceti*, Jacob Thomasius ed il pensiero filosofico-giuridico di Gotfredo
Guglielmo Leibniz, Milano 1957, S. 259–319.

[56] Sulla „Nova Methodus . . ." di G. G. Leibniz, in: Jus 1957, p. 41 (vgl. dazu
eine Rezension von *Reibstein* im ARSP XLIV, S. 429). – Indagini sulla concezione
Leibniziana della felicità, in: Riv. di fil. neo-scolast. 49, 1957, fasc. 2.

[57] Vgl. Fußnote 38.

[58] Tullio *Ascarelli*, Hobbes e Leibniz e la dogmatica giuridica, in: Ascarelli-Giannotta, Testi per la storia del pensiero giuridico, Milano 1960, S. 3–69.

[59] Fr. *Alengry*, De jure apud Leibnitium, Bordeaux 1899.

[60] Georges *Gurvitsch*, L'idée du droit social, Paris 1932; zu Leibniz: p. 171–215.

[61] Gaston *Grua*, Optimisme et piété leibnizienne avant 1686; avec des textes
inédits, in: Rev. philos., Paris, Oct.–Dec. 1946. – Jurisprudence universelle et
théodicée selon Leibniz, Paris 1953 (vgl. dazu eine Rezension von Rainer *Specht* im
Phil. Jahrb. d. Görres-Ges. 63, 1955, S. 456). – La justice humaine selon Leibniz
(posthum), Paris 1956.

[62] Vgl. Fußnote 5.

die Rechtswissenschaften bezieht. Mit großer Gründlichkeit und Präzision begann Grua nun, diese Texte nach systematischen Gesichtspunkten zu ordnen und zusammenzustellen. In referierender und paraphrasierender Beschreibung gelang es ihm, in seinen beiden Büchern das umfangreiche Material unterzubringen. Seine zahlreichen Anmerkungen, welche jeweils auf die benutzte Quelle selbst hindeuten, vermitteln ein eindrucksvolles Bild von der Stetigkeit und Kontinuität des Leibnizschen Rechtsdenkens. Darüber hinaus gab Grua viele wertvolle Hinweise auf manche bisher unbeachtete Vorläuferschaft Leibnizscher Ideen oder Formulierungen. Bei der Fülle des Stoffs war Grua jedoch gezwungen, die Textstellen, die er zur Dokumentation eines bestimmten Gedankens ausgewählt hatte, ohne verbindende Erläuterungen mosaikartig nebeneinander zu stellen. Obwohl er sich sehr oft mit kurzen Andeutungen begnügen mußte [63], ist es Grua trotz seines frühen Todes im Jahre 1955 gelungen, das gesamte philosophische Denken Leibnizens, insbesondere zur „Théodicée", mit seiner Rechtsphilosophie in Verbindung zu setzen, freilich unter Verzicht auf jegliche Stellungnahme und Interpretation. – In einem der jüngsten Aufsätze zu Leibniz' Rechtsphilosophie zählt Michel *Villey* ihn neben Grotius, Pufendorf und Locke zu den Gründern der Naturrechtsschule im 17. Jahrhundert [64]. Als besonders bedeutsam für die Geschichte der Rechtsphilosophie wertet Villey die Begabung Leibnizens zur Synthese unterschiedlicher und divergierender Überlieferungen [65] und weist nach, wie die großen Themen der modernen Philosophie, der „Systematismus", der „Utilitarismus" und der „Individualismus", in das Leibnizsche Rechtsdenken eingebaut sind.

---

[63] Nicht ganz unberechtigt erscheint deshalb die Kritik *Villey's* (a.a.O., S. 97–98): „M. Grua a fourni un travail immense, mais le résultat est scolaire, lourd et quasiment illisible. Avec une conscience admirable, tout ce qu'a pu écrire Leibniz sur la justice et sur le droit nous est ici représenté, mais sous la forme d'une suite ennuyeuse de fiches, et dans une langue trop concise et ramassée pour être claire. ... Ce livre doit être consulté; mais il reste à faire après lui un long travail de réflexion, de discrimination de l'essentiel et de l'accessoire, et de mise en ordre."

[64] Michel *Villey*, Les fondateurs de l'école du droit naturel moderne au XVIIᵉ siècle (Notes de lectures), in: Archives de Philosophie du Droit, N. S. 6, 1961, S. 73 bis 105; zu Leibniz: S. 97–105. – Vgl. auch neuestens die „Leçons d'histoire de la philosophie du droit", 2. Aufl., Paris 1962, S. 65.

[65] Michel *Villey*, a.a.O., S. 98: „Mieux que Locke, Grotius et Pufendorf, Leibniz cherchera cette synthèse, à laquelle le prédisposait sa vaste culture et la puissance de son génie conciliateur."

D. Die Lehrbuchliteratur zu Leibniz

Seit der Entdeckung des Leibnizschen Rechtsdenkens um die Mitte des 19. Jahrhunderts hat Leibniz auch in fast allen Lehrbüchern zur Geschichte der Rechtsphilosophie oder der Rechtswissenschaft Aufnahme oder doch zumindest eine kurze Erwähnung gefunden, wenngleich nicht immer in zutreffender und angemessener Weise[65a]. Noch weitgehend unbeeinflußt von der Historischen Rechtsschule und deshalb unbefangen gegenüber der Tradition des rationalistischen Naturrechts steht die Darstellung von Johann Caspar *Bluntschli*, der bei Leibniz in der Auseinandersetzung mit Pufendorf „die Grundansicht der Deutschen" wiederzufinden vermeint, „welche das gewillkürte Recht nur als das zweite und das Recht der Natur aber als das ursprüngliche verehrten"[66]. – Schon in dem noch heute grundlegenden Werk von Ernst *Landsberg*, einem Vertreter der jüngeren Historischen Schule, tritt jedoch Leibniz' Naturrechtslehre ganz hinter der Beschreibung des „Positiv-Juristischen": seiner Methodenschrift, der staats- und völkerrechtlichen Arbeiten und seiner Pläne zur Zivilrechtsreform zurück. Im übrigen begnügt sich Landsberg mit dem Hinweis, daß Leibniz „Gerechtigkeitswissenschaft und Rechtswissenschaft vollständig identificirt"[67]. – Unter dem Einfluß des Neukantianismus behandelte Fritz *Berolzheimer* den Naturrechtsgedanken bei Leibniz. Ausgehend von der Moralität des „vir bonus" als dem Mittelpunkt der Leibnizschen Rechtsphilosophie und der „Quelle des jus naturae", gelangt Berolzheimer freilich zu der irrigen Feststellung, „die Ethik werde von Leib-

---

[65a] Die ersten Hinweise auf die Leibnizsche Rechtsphilosophie finden sich bei L. A. *Warnkönig*, Rechtsphilosophie als Naturlehre des Rechts, Freiburg 1839, S. 62–65, mit dem bemerkenswerten Satz: „Er ist der erste Deutsche, der unsere Wissenschaft als Rechtsphilosophie auffaßte", und bei J. J. *Roßbach*, Perioden der Rechtsphilosophie, Regensburg 1842, S. 146—148 [§ 133].

[66] Johann Caspar *Bluntschli*, Geschichte des allgemeinen Staatsrechts und der Politik seit dem 16. Jahrhundert bis zur Gegenwart, München 1864, S. 135–153 (147).

[67] Ernst *Landsberg*, Geschichte der deutschen Rechtswissenschaft, 3. Abtheilung, 1. Halbbd., München und Leipzig 1898, S. 23–31 (23); unveränderter Nachdruck: Aalen 1957.

niz im ausdrücklichen Gegensatz zu Pufendorf verweltlicht"[68]. – Als Kenner des scholastischen Rechtsdenkens erblickte zuerst Johann *Sauter* in Leibniz den „Höhepunkt" einer aus der spanischen Spätscholastik durch Grotius und Rachel überlieferten Lehre vom „christlichen Naturrecht" im 17. Jahrhundert[69]. – Nur zur Naturrechtslehre der „Nova Methodus" und der Vorrede im „Codex" äußerte sich Walther *Schönfeld*. Seine Vorstellung, daß erst in der Aufklärung „an die Stelle der dunklen Tiefe die lichte Breite getreten ist", veranlaßt ihn, die Leibnizsche Rechtsmetaphysik in das spätere Wolffsche System zu verlegen, offenbar mit Rücksicht auf Wolffs ungleich größere Wirkung und Popularität[70]. Unverständlich bleibt jedoch, daß Schönfeld – vielleicht unter dem Eindruck der Pufendorf-Interpretation Hans Welzels – dem Philosophen Leibniz in der Auseinandersetzung mit Pufendorf „Charaktermängel" und eine „häßliche Gesinnung" vorwirft[71]. Daß Pufendorf in seinen „Elementa Jurisprudentiae" stark unter dem Einfluß von Weigel stand, hat später selbst Thomasius zugegeben[72]; und wer will es Leibniz verargen, wenn er sein Leben lang auf die Gefahren eines voluntaristischen Naturrechts hingewiesen und weitschauend die Möglichkeit einer Verkehrung zum Rechtspositivismus vorausgesehen hat? – Eine übersichtliche Einführung in das Rechtsdenken von Leibniz gibt Huntington *Cairns*[73]. Außer den akademischen Schriften und der „Nova Methodus" behandelt er Leibnizens Rechts- und Sozialphilosophie vor allem unter dem Gesichtspunkt: „His (Leibniz') aim was to show that natural law is wholly an ethical law of reason." – Carl Joachim *Friedrich* dagegen stellt das Naturrecht bei Leibniz „in den großen

---

[68] Fritz *Berolzheimer*, System der Rechts- und Wirtschaftsphilosophie, 2. Band: Die Kulturstufen der Rechts- und Wirtschaftsphilosophie, München 1905, S. 177–181 (179).

[69] Johann *Sauter*, Die philosophischen Grundlagen des Naturrechts, Wien 1932, S. 98–104 (100).

[70] Walther *Schönfeld*, Die Geschichte der Rechtswissenschaft im Spiegel der Metaphysik, Stuttgart und Berlin 1943, S. 466–473. – Grundlegung der Rechtswissenschaft, Stuttgart und Köln 1951, S. 339–344 (339).

[71] Walther *Schönfeld*, a.a.O., S. 323.

[72] Christian *Thomasius*, Paulo plenior, Historia Juris Naturalis, Halae 1719, praef. sect. I, 28; S. 6: „Venio ad Pufendorfium. Is sub manuductione Weigelii primus in Germania cogitavit moralia principia ad scientiam redigere in elementis Jurisprudentiae universalis, methodo mathematica conscriptis ..." (Vgl. auch S. 90–91).

[73] Huntington *Cairns*, Legal Philosophy from Platon to Hegel, Baltimore 1949, S. 295–334 (311).

Rahmen seiner Metaphysik hinein" und zweifelt daran, „ob man berechtigt ist, die Leibnizschen Andeutungen als eine Rechtsphilosophie im engeren Sinne zu bezeichnen"[74]. Diese kritische Haltung läßt sich vielleicht damit erklären, daß Friedrich bisher die Edition Gruas noch nicht einsehen konnte. – Nur einen flüchtigen Einblick in Leibniz' Gerechtigkeitslehre vermittelt Giorgio *del Vecchio*, weist aber darauf hin, „che il Leibniz riconosce che il diritto (in istretto senso) è coercibile, annunciando così un concetto, che doveva assumere poi grande importanza"[75]. – Obwohl Karl Larenz bereits im Jahre 1943 den Nachweis geführt hatte, daß Leibniz „nur scheinbar" in der „Nova Methodus" einen voluntaristischen Standpunkt vertreten habe, da „der ‚natürliche Wille' Gottes nichts anderes sein kann als der ihm wesensgemäße Wille"[76], verficht Hans *Welzel* noch immer die These[77], aus Leibniz' Jugendschriften sei eine voluntaristische Gesinnung herauszulesen. Er glaubt, „im engen Zusammenhang mit der Fortbildung seiner Substanzmetaphysik" einen „Standpunktwechsel" und „radikalen Umschwung" seiner naturrechtlichen Ansichten" feststellen zu können, und findet sogar bei Leibniz „reinstes Hobbessches Gedankengut". Begreiflich wird dieses Mißverständnis im Hinblick auf Welzels Ansicht, daß auch der Satz: „ ‚Die Gerechtigkeit ist die Liebe des Weisen' . . . von jedem Voluntaristen stammen" könne[78]. Eine Auseinandersetzung insbesondere mit der weiteren These Welzels: „Leibnizens Anschauungen" seien „weit stärker antik als christlich bestimmt"[79], bleibt der Untersuchung im einzelnen vorbehalten. – In seiner kurzen Darstellung der Rechtsphilosophie Leibnizens vermißt Alfred *Verdross*[80] eine „systematische Zusammenfassung", ohne jedoch die „Théodicée" daraufhin zu prüfen.

---

[74] Carl Joachim *Friedrich*, Die Philosophie des Rechts in historischer Perspektive, Berlin–Göttingen–Heidelberg 1955, S. 68–69.

[75] Giorgio *del Vecchio*, Storia della filosofia del diritto, 2. ed., Milano 1958, S. 54–55.

[76] Karl *Larenz*, a.a.O., S. 235–236.

[77] Hans *Welzel*, Naturrecht und materiale Gerechtigkeit, 4. Aufl., Göttingen 1962, S. 145–156 (vgl. die Rezension von Franz *Wieacker* in: JZ 1964, S. 633–640). – Zum Verhältnis Leibnizens zu Pufendorf siehe auch: Die Naturrechtslehre des Samuel Pufendorf, Berlin 1958, S. 2–4.

[78] Hans *Welzel*, Naturrecht, a.a.O., S. 149.

[79] Hans *Welzel*, Naturrecht, a.a.O., S. 152.

[80] Alfred *Verdross*, Abendländische Rechtsphilosophie, Wien 1958; „Die Überwindung der naturalistischen Rechtsphilosophie durch Leibniz", S. 129–132 (131–132).

– Als Beispiel eines naturrechtlichen „Modells für die Gesetzgebung"
erwähnt schließlich auch Erik *Wolf* noch einmal Leibniz' Plan zur Reconcinnation des römischen Rechts und in diesem Zusammenhang die
drei Stufen seiner „allgemeinen Rechtslehre"[81]. Besonders aufschluß-
reich erscheint Wolfs Hinweis auf den „Gedanken einer immanenten,
jedem Seienden einwohnenden ‚Sachgerechtigkeit'" bei Leibniz[82], welcher die Vermutung bestätigt, daß es sich bei der „Natur der Sache"
möglicherweise um eine zeitlose, aus der Natur der Sache „Recht" fließende „juristische Denkform" handelt.

---

[81] Erik *Wolf*, Das Problem der Naturrechtslehre. Versuch einer Orientierung,
3. Aufl., Karlsruhe 1964, S. 144–146.
[82] Erik *Wolf*, a.a.O., S. 146.

ERSTER HAUPTTEIL

LEIBNIZ UND DIE RECHTSWISSENSCHAFT

Die Philosophie der Neuzeit wurde nicht von Fachgelehrten auf dem Katheder begründet. Descartes zum Beispiel diente als Offizier unter Tilly, Hobbes verdingte sich als Hauslehrer beim englischen Adel, Spinoza endlich lebte von seinem Linsenschleiferhandwerk. Leibniz[1] aber hatte sich nach eigenen Worten[2] schon frühzeitig für den Richterberuf entschieden. So bildete auch die Jurisprudenz für ihn nicht wie andere Disziplinen nur ein Teilgebiet seiner weit verzweigten Interessen, sie stand vielmehr als eigentliche „Berufswissenschaft" lebenslang im Mittelpunkt seiner praktischen Tätigkeit. Zwar mag es verwundern und vielleicht sogar konstruiert erscheinen, lediglich aus der Tatsache, daß Leibniz sich in seiner Jugend mit der Rechtswissenschaft befaßt, sie studiert hat[3], auf die Bedeutung dieser Beschäftigung für sein späteres Leben schließen oder gar einen Einfluß der Jurisprudenz auf sein philosophisches Denken ableiten zu wollen. Eine solche Vermutung findet sich jedoch alsbald von Leibniz selbst in jenem bemerkenswerten Brief an den Herzog Johann Friedrich von Hannover bestätigt, welcher nicht nur deshalb erwähnt zu werden verdient, weil er ihm schon im Jahre 1671 eine Ratsstelle in der hannoverschen Justizkanzlei einbringen sollte, sondern vor allem, weil Leibniz hier zum erstenmal seinen Substanz-

---

[1] Erich *Hochstetter*, Gottfried Wilhelm Leibniz 1646–1716, in: „Die großen Deutschen", Bd. 2, Berlin 1956, S. 9.

[2] Vor allem: Vita Leibnitii a se ipso breviter delineata (1671?), (Pertz IV, 165, Klopp I, XXXII ff); In Specimina Pacidii Introductio Historica (Erdmann 91–92, Gerhardt VII, 51 ff); Brief an die Pfalzgräfin *Elisabeth* (?), 1678 (Akademie-Ausgabe II-1, 433); Brief für Herzog *Johann Friedrich*, 1679 (Akademie-Ausgabe II-1, 491–493); Leibnitius de vitae suae genere (Klopp I, XLII–XLV).

[3] Vgl. Kuno *Fischer*, Gottfried Wilhelm Leibniz; Leben, Werke und Lehre, 5. Aufl. Heidelberg 1920, S. 24–27. Eine gründliche Darstellung der Jugendjahre unter Berücksichtigung des historischen und politischen Hintergrundes gibt Paul *Wiedeburg*, Der junge Leibniz, das Reich und Europa, 2 Bde. Wiesbaden 1962.

begriff entwickelt[4] und zugleich dessen Grundlagen in der Rechtswissenschaft ansiedelt: „Dieß vndt anderß seindt meine gedancken, dazu mich die genaue vntersuchung der Jurisprudentz geleittet, welche auff vorgedachten meinen principiis von natur deß gemüths allerdingß gegründet." Daß hier nicht jenes herkömmlich enge, sondern ein allgemeines und umfassendes Verständnis von Rechtswissenschaft im Sinne der „divinarum ac humanarum rerum notitia" Ulpians[5] Leibniz zu dieser Äußerung veranlaßt hat, steht außer Zweifel. Folgt man aber diesem Gedanken einer „Jurisprudentia universalis" als der Voraussetzung für die Erkenntnis des Leibnizschen Rechtsdenkens überhaupt, dann wird man sagen können, daß in solchem Sinne Leibniz „weder ‚auch Jurist' noch ‚nur Jurist', sondern ein universaler Geist von juristischer Grundhaltung" gewesen ist[6]. Dieser Befund wird aber nicht zuletzt auch durch die Tatsache gestützt, daß selbst die Beschäftigung mit der Jurisprudenz im engeren Sinn wie ein roter Faden das ganze Leben von Leibniz durchzieht[6a] und nicht, wie vielfach gesagt wird[7], mit seiner Reise nach Paris zum Abschluß gekommen ist[8].

---

[4] Brief an den Herzog *Johann Friedrich* v. 21. 5. 1671 (Akademie-Ausgabe II-1, 108–109): „... Nemblich ich bin fast der meinung, daß ein ieder leib, so wohl der Menschen alsß Thiere, Kräutter vndt mineralien einen Kern seiner substantz habe, der von dem capite mortuo, so wie eß die Chymici nennen ex terra damnata et phlegmate bestehet, vnterschieden. Dieser Kern ist so subtil, daß er auch in der asche der verbrandten dinge vbrig bleibt, vndt gleichsamb in ein vnsichtbarliches Centrum sich zusammen ziehen kann."

[5] D. 1. 1. 10. 1.: „... jurisprudentia est divinarum ac humanarum rerum notitia justi atque injusti scientia." (Definition *Ulpians*.)

[6] Hans *Liermann*, Barocke Jurisprudenz bei Leibniz, Ztschr. f. dt. Geisteswiss. 2, 1939/40, S. 348–360.

[6a] Thomas *Würtenberger*, Deutsche Juristen von europäischem Rang (Leibniz, Savigny, Gierke), in: Geistige Welt III, 1948, S. 125: „... in allen Epochen seines erlebnisreichen Wirkens hörte er niemals auf Jurist zu sein. Recht und Gerechtigkeit als oberste Werte menschlichen Daseins ließen ihn auch dann nicht mehr aus ihrem Bann, als er den Beruf des Juristen in späteren Zeiten seines Lebens nicht mehr praktisch ausübte."

[7] So G. E. *Guhrauer*, Leibniz's deutsche Schriften, Bd. 1, Berlin 1938; kritisch-historische Einleitung, S. 48, aber auch noch Erich *Hochstetter*, Akademie-Ausgabe, Reihe II, Bd. 1, Darmstadt 1926; Einleitung S. XXIX; dagegen schon Kurt *Dickerhof*, Leibniz' Bedeutung für die Gesetzgebung seiner Zeit, ungedr. Diss. Freiburg 1941, S. 4.

[8] Dieser Ansicht scheint auch Ernst *Heymann*, Leibniz' Plan einer juristischen Studienreform vom Jahre 1667, Berlin 1931, S. 4, zu sein, wenn er sagt, daß Leibniz „trotz seiner beispiellosen Vielseitigkeit bis zu seinem späten Tode als Jurist gearbeitet hat".

1. Abschnitt

SCHULZEIT UND STUDIENJAHRE (1646–1666)

Gottfried Wilhelm Leibniz (auch Leibnitz oder Leibnitius geschrieben) wurde am 21. Juni (3. Juli) 1646 zu Leipzig geboren. Sein Vater Friedrich Leibniz war Rechtsgelehrter: zunächst Notarius publicus und seit 1640 Professor Philosophiae moralis an der Universität Leipzig[9]; die Mutter Katharina eine Tochter des Pandektenjuristen und Fakultätsassessors Wilhelm Schmuck[10]. Schon in seiner frühen Kindheit las Leibniz alle Bücher in deutscher Sprache, deren er habhaft werden konnte, und hörte mit großem Eifer den Historienerzählungen des Vaters zu. Mit dessen Tode im Jahre 1652 blieb dem jungen Leibniz die Ausbildung seiner geistigen Fähigkeiten im wesentlichen selbst überlassen. Durch Zufall fand er im väterlichen Hause zwei von irgendeinem Studenten verpfändete Bücher: den Thesaurus chronologicus des Calvisius und den Livius, die er fast ohne lateinische Vorkenntnisse zu lesen begann. Besonders bemerkenswert ist die Methode, mit der Leibniz jene Bücher las: alles, was er auf Anhieb verstehen konnte, prägte er sich ein, das übrige überging er; durch wiederholtes Lesen und Vergleichen unbekannter Vokabeln und Endungen mit Wörtern in bekanntem Zusammenhang gelang es ihm schließlich, den ganzen Livius ohne Lexikon oder Grammatik zu verstehen[11]. Jedoch wurde ihm auf Anraten seines Vormundes der Zutritt zur väterlichen Bibliothek untersagt, „damit er nicht durch verfrühte und übereilte Lektüre seinen Studiengang durcheinanderbringe"[12], bis endlich ein Freund der Familie, der die ungewöhnliche Begabung des jungen Leibniz erkannt hatte, die Erlaubnis erwirkte. Leibniz selbst bemerkt dazu: „Ego vero hoc nuntio

---

[9] Zu Friedrich *Leibniz* (1597–1652) vgl. *Jöcher*, Allgemeines Gelehrtenlexikon, Leipzig 1750, Bd. 2, Sp. 2346.

[10] Wilhelm *Schmuck* (Schmuccius), 1576–1634, ist der Autor der „Synopsis Juris Civilis", Leipzig 1629, und der „Synopsis Juris Canonici", Leipzig 1630. (Vgl. Jöcher, a.a.O., Bd. 4, Sp. 308).

[11] Vita Leibnitii (Klopp I, S. XXXIV).

[12] Vita Leibnitii (Klopp I, S. XXXV).

perinde triumphabam, ac si thesaurum reperissem[13]. " Und so wandte
er sich vor allem denjenigen Schriftstellern zu, die er schon dem Namen
nach kannte: Cicero und Seneca, Plinius, Herodot, Xenophon, Platon,
den Historikern der Kaiserzeit und vielen lateinischen und griechischen
Kirchenvätern: „Credidisses eum fortuna pro praeceptore uti, atque
illud Tolle Lege sibi dictum putare[14]."

Zur gleichen Zeit schritt der junge Leibniz zum Erstaunen seiner Lehrer auch auf der Nikolai-Schule zu Leipzig schnell voran. Mit zwölf
Jahren verstand er „bequem" das Latein, begann Griechisch „zu stam-
meln" (balbutire) und verfaßte anläßlich einer Schulfeier an einem einzigen Vormittag dreihundert Hexameter[15]. Sein besonderes Interesse
galt aber der Logik: er lernte nicht nur leicht alle herkömmlichen Regeln anzuwenden, sondern erfand auch neue Prinzipien und versuchte,
die mathematische Logik und Axiomatik auf die Philosophie zu übertragen. Um seine Ideen nicht zu vergessen, schrieb er sie auf und urteilte
darüber später: „Legi multo post quae scripseram quattuordecennis,
iisque sum mirifice delectatus[16]." Diese frühe Beschäftigung mag dazu
beigetragen haben, daß Leibniz auch die traditionelle Logik trotz aller
Verbesserungsversuche immer für wichtig und nützlich gehalten hat[17].
Daneben zog ihn in besonderer Weise die scholastische Philosophie
und Theologie an. Noch als Schüler las er Zabarella, Rubius, Fonesca
und nach seinem eigenen Bekenntnis auch den Suarez mit der gleichen

---

[13] Vita Leibnitii (Klopp I, S. XXXV).
[14] In Specimina Pacidii Introductio historica (Erdmann 91).
[15] Vita Leibnitii (Klopp I, S. XXXV).
[16] Vita Leibnitii (Klopp I, S. XXXVI).
[17] Brief an Gabriel *Wagner* aus dem Jahre 1696 (Erdmann 420; Guhr. I, 377):
„Wenn es nun diese Meinung hat, so muß ich zwar bekennen, daß alle unsere bisherigen Logiken kaum ein Schatten dessen seien, so ich wünsche, und so ich gleichsam von ferne sehe, muß aber gleichwohl der Wahrheit zur Steuer und einem jeden
sein gebührend Recht zu thun, bekennen, daß ich auch in der bisherigen Logik viel
Gutes und Nützliches finde, dazu mich denn auch die Dankbarkeit verbindet, weilen
ich mit Wahrheit sagen zu können vermeine, daß mir die Logik, auch wie man sie in
Schulen gelehret, ein Großes gefruchtet. – Ehe ich noch zu einer Schul-Classe kam,
da man sie treibt, war ich ganz in den Historien und Poeten vertiefet; denn die
Historien hatte ich angefangen zu lesen, fast sobald ich lesen können, und in den
Versen fand ich große Lust und Leichtigkeit; aber sobald ich die Logik anfing zu
hören, da fand ich mich sehr gerührt durch die Vertheilung und Ordnung der Gedanken, die ich darin wahr nahm. Ich begundt gleich zu merken, daß ein Großes
darin stecken müßte, so viel etwa ein Knabe von dreizehn Jahren in dergleichen merken kann."

Leichtigkeit wie die milesischen Fabeln oder Romane[18]. Dieses Interesse des jungen Leibniz an der Scholastik ist deshalb bemerkenswert, weil mit der Aristotelesrenaissance im 17. Jahrhundert gemeinhin die scholastische Philosophie als wertlos angesehen wurde. Leibniz hingegen war sein ganzes Leben hindurch nicht nur von der Bedeutung der Scholastik für die zeitgenössische Philosophie überzeugt[19], er ist sich auch ihres mannigfachen Einflusses auf seine eigenen philosophischen Gedanken stets bewußt gewesen[19a].

Außer der Logik und der scholastischen Philosophie fesselte Leibniz schon während seiner Schulzeit das Prädestinationsproblem: er beschäftigte sich mit den Schriften des Calixt, fand Gefallen an Luthers Buch „De servo arbitrio" und an Vallas „Dialogi de libertate", las einige Arbeiten des Lutheraners Hunnius, die Kommentare zur Konkordienformel von Hutter und studierte schließlich die Werke des Jesuiten Becanus und des Reformierten Piscator[20]. Über seine eigentümlich frühen Neigungen zu jenen drei so unterschiedlichen Gebieten: zur Logik, zur Scholastik und zur reformatorischen Theologie, berichtete Leibniz später selbst: „Durch eine sonderbare Schickung ist es gekommen, daß ich noch als Knabe auf diese Gedanken verfiel, welche, wie es mit den ersten Neigungen zu gehen pflegt, nachher in meinem Gedächtnis am tiefsten eingeprägt blieben. Zwei Dinge haben mir außerordentlich gedient (obwohl sie sonst zweideutig und vielen schädlich zu sein pflegen): erstens, daß ich nachgerade ein Autodidakt war, und zweitens, daß ich in einer jeden Wissenschaft, kaum daß ich an sie herangetreten war, da ich oft das Gewöhnliche nicht einmal hinlänglich verstand, Neues suchte[21]."

---

[18] Vita Leibnitii (Klopp I, S. XXXVI–XXXVII).
[19] Brief für den Herzog *Johann Friedrich* (?) vom Herbst 1679 (A II-1, 492): „... Bien des gens trouuent cette etude inutile. Mais il me témoigna bien souuent de s'en sçauoir bon gré, et qv'il croyoit d'avoir reconnu par la ou le dernier rafinement de l'esprit humain peut aller. Il me dit qv'il y avoit dans les scholastiqves beaucoup de choses si solides et si belles, qv'on les admireroit dans le monde, si elles estoient enoncées d'une manière claire et nette."
[19a] Für den Bereich der Rechtsphilosophie Leibnizens wies schon Thomas *Würtenberger*, a.a.O., S. 125, auf den Einfluß der Scholastik hin: „Mehr als die meisten seiner schon der Aufklärung zugewandten Zeitgenossen stand er noch der mittelalterlichen Rechtsauffassung nahe, wo das Naturrecht in innerem Einklang stand mit dem Religion, vor allem mit dem Gottesgedanken."
[20] Vita Leibnitii (Klopp I, S. XL).
[21] *Gerhardt* VII, S. 185 f; zitiert bei Kuno *Fischer*, a.a.O., S. 36.

Im Herbst 1661 begann Leibniz, an der Universität seiner Vaterstadt die Rechtswissenschaften zu studieren. Mögen bei der Wahl dieses Fachs auch gewisse Familienrücksichten und die Aussicht auf einen selbständigen Lebenserwerb nach einer nur fünfjährigen Studienzeit von Bedeutung gewesen sein, letztlich entscheidend waren für Leibniz jedoch „Interesse und Neigung" (Kuno Fischer), die er der Jurisprudenz entgegenbrachte [22]. Bald bemerkte er, daß seine früheren historischen und philosophischen Studien ihm das Verständnis der Gesetze sehr erleichterten, und so blieb er nicht länger nur in der Theorie befangen, die er bei Schwendendörfer und Schacher hörte, sondern beschäftigte sich schon in seinen ersten Semestern zugleich mit der Rechtspraxis. Gelegenheit dazu bot ihm ein befreundeter Assessor am Leipziger Oberhofgericht [23], der ihm Akten zu lesen gab und ihn Relationen schreiben lehrte. Diese Tätigkeit weckte seine Freude am Richterberuf und ließ ihn die Ränke der Advokaten verachten, so daß er niemals gern Schriftsätze verfassen wollte [24]. – Daneben blieb ihm noch genügend Zeit zur Fortsetzung auch seiner philosophischen Studien. Anregungen dazu gaben ihm die rechtsphilosophischen Vorlesungen seines Lehrers und späteren Freundes Jacob Thomasius, der im Jahre 1653 den Lehrstuhl von Leibniz' Vater für Moralphilosophie an der Universität Leipzig erhalten hatte [25]. Welch tiefen Eindruck nicht nur diese Vorlesungen, sondern vor allem die Persönlichkeit des Philosophen bei Leibniz hinterlassen haben, mag eine Charakteristik von Thomasius bei Jöcher bezeugen, welche ebenso treffend die irenische Natur Leibnizens kennzeichnen könnte: „Das rühmlichste ist, daß er bei seiner großen Gelehrsamkeit überaus bescheiden gewest, und nichts mehr bedauert, als daß die zum Frieden geschaffenen Creaturen sich untereinander zankten und nicht

---

[22] „En sortant de l'école je me jettay entre les bras de la jurisprudence, qui demandoit aussi l'histoire: ..." (Brief an die Pfalzgräfin *Elisabeth* aus dem Jahre 1678, A II-1, 433). – „Cum enim me juris studio destinatum intellexissem, statim missis omnibus illuc animum appuli, unde maior studiorum fructus ostendebatur." (Vita Leibnitii, Klopp I, S. XXXVII).
[23] Wahrscheinlich Leonhard *Schwendendörfer* (vgl. Fußnote 42).
[24] Vita Leibnitii (Klopp I, S. XXXVII).
[25] Jacob *Thomasius* (1622–1684) wurde am 25. August 1622 in Leipzig geboren. Er studierte in Leipzig und Wittenberg, wurde 1643 Magister und 1650 Konrektor an der Nikolaischule zu Leipzig, 1653 Professor Philosophiae moralis, 1656 Professor dialecticarum und 1659 Professor eloquentiae. Im Jahre 1670 erhielt er das Rektorat an der Nikolaischule, und im Jahre 1676 wurde er zugleich Rektor der Thomasschule. Man berichtet von ihm, daß er bei über 60 Disputationen den Vorsitz geführt und 71 Collegia privata gehalten habe. Er starb am 9. September 1684.

recht fromm und tugendhaft lebten[26]." Außer Thomasius hörte Leibniz in der philosophischen Fakultät noch den Neuscholastiker Johann Adam Scherzer[27], bei dem er seine Kenntnisse aus der Schulzeit erweiterte und vertiefte. Mit der Lektüre von Francis Bacons „Novum Organum" eröffnete sich ihm aber endlich auch der Zugang zur zeitgenössischen Philosophie: „Interea feliciter accidit, ut consilia magni viri Francisci Baconi, Angliae Cancellarii, de augmentis scientiarum et cogitata excitatissima Cardani et Campanellae et specimina melioris philosophiae Kepleri et Galilei et Cartesii ad manus adolescentis pervenirent[28]." Dabei kam Leibniz nicht nur der Gegensatz zwischen den Prinzipien der entelechialen Finalität im Aristotelismus und der empirischen Kausalität im Cartesianismus zum Bewußtsein, er versuchte zugleich den aristotelisch-scholastischen Substanzgedanken mit der cartesianischen Mechanik zu verbinden[29]. Diese frühen Kombinationsversuche lenkten sein Interesse auf die Mathematik und führten ihn im Sommersemester 1663 nach Jena, wo Erhard Weigel, ein entschiedener Cartesianer und erklärter Feind der Scholastik, die Moralweisheit nach mathematischen Prinzipien (more geometrico) lehrte[30]. Wenngleich Weigels Einfluß auf Leibniz auch sehr viel geringer war als auf Pufendorf, so faszinierte Leibniz doch immer wieder seine reiche Erfindungs-

[26] Christian Gottlieb *Jöcher*, Allgemeines Gelehrten-Lexicon, Leipzig 1650–51, Bd. IV, Sp. 1163–64.

[27] Adam *Scherzer* (1628–1683), geboren am 1. August 1628 zu Eger in Böhmen, studierte zunächst Medizin – er erfand eine Heilsalbe, die nach ihm der „Scherzerische Balsam" genannt wurde –, darauf in Altdorf, Jena und Leipzig Theologie und wurde im Jahre 1667 Professor der Theologie an der Universität Leipzig. Er bekleidete viele Ehrenämter und war außerdem Dompropst zu Bautzen. Er starb am 23. Dezember 1683.

[28] In Specimina Pacidii Introductio historica (Erdmann 91–92).

[29] Brief an Remond de *Montmort* vom 10. 1. 1714: „... Par après étant émancipé des Ecoles triviales, je tombai sur les Modernes; et je me souviens que je me promenai seul dans un bocage auprès de Leipsic, appellé le Rosenthal, à l'âge de 15 ans, pour délibérer si je garderois les Formes substantielles. Enfin le Mécanisme prévalut, et me porta à m'appliquer aux Mathématiques..." (Erdmann 702).

[30] Erhard *Weigel* (1625–1699), geboren am 16. 12. 1625 in Weida, studierte Mathematik und Astronomie in Halle und wurde 1653 als Professor Mathematum nach Jena berufen. Einer Anekdote zufolge soll er den Herzog Wilhelm von Sachsen-Weimar innerhalb von 14 Tagen alle Sterne am Himmel kennen gelehrt haben, woraufhin er zum Hof-Mathematicus und Oberbaudirektor ernannt wurde. Als Kayserlicher Rath starb er am 21. März 1699 zu Jena. Neben vielen Erfindungen (Verbesserung des Kalenders und des Himmelsglobus) war Weigel vor allem bemüht, ein „Collegium artis consultorum" in Deutschland einzurichten, ein Plan, auf den vermutlich Leibniz' Akademie-Gründungen zurückgehen.

gabe und die Universalität seines Geistes [31]. Daneben hörte Leibniz bei
Bosius historische und bei Falckner juristische Vorlesungen. Aber schon
im Herbst 1663 kehrte er nach Leipzig zurück, um sich nun ausschließlich den rechtswissenschaftlichen Studien zuzuwenden und auf seine
bevorstehenden juristischen Examina vorzubereiten [32].

Hatte Leibniz im Mai 1663 unter dem Vorsitz von Jacob Thomasius
zum Baccalaureus noch mit einer Abhandlung über den Scotismus dis-
putiert [33], so erhielt er die Magisterwürde in der philosophischen Fakultät am 3. (13.) Dezember 1664 für seine erste rechtsphilosophische
Schrift: „Specimen quaestionum philosophicarum ex jure collectarum [34]." Nicht nur, um „die Rechtsbeflissenen vor Einseitigkeit zu bewahren" [35], sondern vor allem, weil er sich selbst während seines Studiums vom Nutzen der Philosophie und der Theologie für die Beschäftigung mit der Rechtswissenschaft überzeugt hatte, stellte Leibniz
schon hier die für die Entfaltung seiner philosophischen Gedanken bedeutsame Frage nach dem Verhältnis jener Wissenschaften zueinander.
Unter Berufung auf die Definition Ulpians versteht er die Jurisprudenz in einem allgemeinen, universalen Sinn als „Kenntnis von den
göttlichen und menschlichen Dingen" [36], als Grundwissenschaft, in der
die Theologie (qua „theologia naturalis") als Lehre vom göttlichen
Recht, die Philosophie (qua „philosophia practica") als Lehre vom natürlichen Recht und die Rechtswissenschaft im engeren Sinn (qua „ju-

[31] So hat Leibniz von Weigel das Prinzip der Kontinuität übernommen: „Feu
M. Erhard Weigel, Mathématicien et Philosophe célèbre à Jena, connu par son
Analysis Euclidea, sa Philosophie mathématique, quelques Inventions mécaniques
assez jolies, et enfin par la peine qu'il s'est donnée de porter les Princes Protestants
de l'Empire à la dernière réforme de l'Almanac, dont il n'a pourtant pas vu le
succès; M. Weigel, dis-je, communiquoit à ses amis une certaine demonstration de
l'existence de Dieu, qui revenoit en effet à cette création continuée . . ." (Théodicée,
Part. III, § 384 [Ger. VI, 343]).

[32] „. . . depuis l'aage de 18 à 21 ans il étudia la jurisprudence avec un si grand
succès qu'il luy fut applaudi publiquement . . ." (Brief an den Herzog *Johann Friedrich* vom Herbst 1679 [A II-1, 429].)

[33] „Disputatio metaphysica de principio individui . . . etc." (1663), abgedruckt bei
Erdmann, S. 1–5, bei *Gerhardt* IV, S. 15–26.

[34] „Specimen Encyclopediae in jure, seu Quaestiones philosophicae amœniores,
ex jure collectae", abgedruckt bei *Dutens* IV, 3, S. 68–91, in der *Akademie-Ausgabe*
VI-1, S. 68–95, und bei *Ascarelli-Gianotta*, S. 231-266.

[35] Gustav *Hartmann*, Leibniz als Jurist und Rechtsphilosoph, in: Festgabe der
Tübinger Juristenfakultät für Rudolf von Jhering, Tübingen 1892, S. 8.

[36] Specimen, prooemium N. 2 (Dutens 68; Ascar. 233): „Ulpianum certè cre-
dibile est l. 10. §. 2. D. de J. et J. jurisprudentiam divinarum ac humanarum
rerum notitiam appellavisse."

risprudentia positiva") als Lehre vom menschlichen Recht enthalten
sind. – Ebenso erscheint der Rechtsbegriff noch ganz im traditionellen
Sinn formuliert: im Anschluß an die Lehre von der „ratio scripta" des
römischen Rechts und den suarezisch-grotianischen Gedanken der „recta ratio" verbindet auch Leibniz Recht und Vernunft zu einer Einheit[37], jedoch im Unterschied, wenn nicht zu Grotius selbst, so zumindest zur pufendorf-thomasischen Grotius-Interpretation mit dem Zusatz, daß nicht die menschliche, sondern die göttliche Vernunft der
Grund allen Rechts sei: „Ius sit ratio quaedam summa in Deo existens"[38]. – In welcher Weise Leibniz schon in dieser ersten rechtsphilosophischen Schrift bemüht war, zeitgenössische Rechtslehren aufzunehmen und fortzubilden, zeigt nicht zuletzt sein Versuch, die von Weigel
und Pufendorf[39] als Wertsystem (qualitates morales) verstandenen
„entia moralia" in ein System von Verhältnissen (relationes) umzu-
deuten[40]. So hatte Leibniz bereits im „Specimen quaestionum philosophicarum" die Grundzüge seines Rechtsdenkens dargestellt und gleichsam ein Programm entworfen, dessen Ausarbeitung und Vertiefung
zwar den nachfolgenden Schriften vorbehalten blieb, an dem aber
grundsätzlich auch später nichts mehr verändert wurde.

Zunächst wandte sich Leibniz aber mit seiner Disputation über die
Lehre von den Bedingungen[41], die er unter dem Vorsitz von Schwen-

---

[37] Specimen, quaest. VIII, 1 (Dutens 79; Ascar. 248): „... manifestum est, ubi
ratio non sit, ibi jus locum non habere."
[38] Specimen, quaest. VIII, 3 (Dutens 79; Ascar. 249).
[39] Pufendorf, der 1657 im Hause Weigels wohnte, folgte dessen Aufforderung,
das Naturrecht nach mathematischer Demonstration (more geometrico) zu beschreiben, in seinem Werk „Elementa Jurisprudentiae Universalis libri duo, Hagae-
Comitis 1660". – Johann *Sauter* urteilte darüber: „Weigel war ein wirklicher Philosoph, ein spekulativer Denker mit mystischem Einschlag. Pufendorf hingegen, nichts
weniger als dies, hat beide Anregungen gründlich mißverstanden und daraus etwas
gemacht, was der Weiterentwicklung dieser Wissenschaft sehr hinderlich wurde."
(in: Die philosophischen Grundlagen des Naturrechts, Wien 1932, S. 131.)
[40] Specimen, quaest. XVI (Dutens 90; Ascar. 264–265); Leibniz beruft sich dabei
auf Melanchthon: „Ad Relationis igitur praedicamentum omnia Jura seu res incor-
porales refert Phil. Melancht. in Dialect. praedic. Relat. qui praedicamentum hoc
propterea Politicum vocat ..." (quaest. XVI, 6.)
[41] „Disputatio juridica de conditionibus" (16. [26.] Juli 1665), abgedruckt in der
Akademie-Ausgabe VI, 1, S. 96–124; „Disputatio juridica posterior de conditionibus" (17. [27.] August 1665), abgedruckt in der *Akademie-Ausgabe* VI,1,S.125–150;
im Jahre 1669 erschien eine verkürzte Zusammenfassung beider Teile unter dem
Titel „Specimen certitudinis seu demonstrationum in Jure, exhibitum in Doctrina
Conditionum", abgedruckt bei *Dutens* IV, 3, S. 91–154; in der *Akademie-Ausgabe*
VI, 1, S. 365–430, und bei *Ascarelli-Gianotta*, S. 303–395.

dendörfer[42] im Sommer 1665 der juristischen Fakultät zu Leipzig vorlegte, einem in der damaligen Zeit viel diskutierten Problem[43] des
römischen Zivilrechts zu: der Frage nach der rückwirkenden Kraft der
erfüllten Bedingung. Leibniz verstand die Bedingungslehre als Teilgebiet der juristischen Logik[44] und kam unter dieser Voraussetzung in
mathematisch-dichotomischer Demonstration[45] zu dem Ergebnis, daß
ein Vertrag schon im Zeitpunkt des bedingten Abschlusses als wirksam
oder unwirksam vereinbart angesehen werden müsse, weil zu dieser
Zeit hypothetisch der Eintritt oder Nichteintritt einer tatsächlichen Bedingung bereits feststehe, jedoch nur noch nicht erkannt werden könne,
mit dem Eintritt der Bedingung aber die schon bestehende, bisher noch
unbekannte Wirksamkeit oder Unwirksamkeit des Vertrages nun allgemein offenbar werde[46]. Die Wirksamkeit eines bedingten Vertrages
ist also abhängig von der „hypothetischen Wahrheit" der zur Bedingung gestellten Tatsache. Wenngleich die Pandektistik des 19. Jahrhunderts und das Bürgerliche Gesetzbuch im § 159 nicht dieser Lösung
gefolgt sind, hat doch die „doctrina conditionum" als eine der wenigen
von Leibniz' juristischen Schriften einen unmittelbaren Einfluß auf die
Rechtslehre ausgeübt. So urteilten Fitting im Jahre 1856 über diese Abhandlung, daß sie „das Geistreichste und Gediegenste enthält, was wir
über die Lehre von den Bedingungen besitzen[47]", und später etwas

---

[42] Bartholomäus Leonhard *Schwendendörfer* (1631–1705), geboren zu Leipzig,
studierte in Jena und Leipzig, wo er 1656 Doctor Juris und Ober-Hofgerichts-
Advocat, 1659 Professor Juris und Assessor beim Ober-Hofgericht wurde. 1699 zum
Senior der Universität Leipzig ernannt, wurde er 1702 zum Domdechanten von
Merseburg gewählt. Schwendendörfer ist bekannt durch die auf kurfürstlichen Befehl
von ihm verfaßte Sächsische Gerichts- und Wechselordnung. Er starb am 19. Juli 1705.
[43] Philibert *Brusselius*, Tractatus de Conditionibus, Lovanii 1560. – Leander
Galganettus, De Conditionibus, Demonstratione, Modo, Causa et Poena, Venedig
1609. – Paulus *Duran*, De Conditionibus et Modis impossibilibus etc., Venedig 1616.
– Oswald *Hilliger*, Dissertatio de conditionibus, Jena 1618. – *Lochmann*, Tractatus
de Conditionibus, o. Jg. – Johann *Bechstad*, De conditionibus sponsalium, Coburg
1628.
[44] Doctrina conditionum, praeliminaria (Ascar. 306): „Doctrina de Conditionibus
pars quaedam est Logicae Juridicae, agens de Propositionibus Hypotheticis in
jure."
[45] Bemerkenswert ist ein Hinweis Leibniz' auf das römische Recht: „Hic illud
saltem praeterire non possum, tanto ingenio tantaque profunditate in reddendo jure
versatos esse JC^tos veteres, ut in certissimas ac pene mathematicas demonstrationes
eorum responsa redigendi laboris potius sit in dirigendo, quam in supplendo ingenii." (Doctrina conditionum, prooemium [Ascar. 306].)
[46] Doctrina conditionum, cap. X, theoremata 68 und 69 (Ascar. 390–394).
[47] *Fitting*, Über den Begriff der Bedingung, in: AcP 39, 1856, S. 305–350 (306).

zurückhaltender Hartmann: „Sicher läßt die Schrift an Geschlossenheit der logischen Begriffsentwicklung kaum etwas zu wünschen übrig[48]." Leibniz selbst scheint von der Bedeutung seiner Arbeit jedoch nicht in gleicher Weise überzeugt gewesen zu sein: er hat sie zwar im Jahre 1669 noch einmal überarbeitet, danach aber auch in seinen Briefen nur selten erwähnt.

Die „doctrina conditionum" hatte Leibniz angeregt, sich erneut mit dem Problem einer allgemeinen Logik zu beschäftigen. Er nahm die Idee des „Gedankenalphabets" aus seiner Schulzeit wieder auf und versuchte in seiner Dissertation „De Arte combinatoria"[49], mit der er im März 1666 den Titel eines Doctor Philosophiae erlangte, nach Art einer „characteristica universalis" den Schlüssel zum Verständnis und zur Vervollkommnung aller Wissenschaften zu finden[50]. Unter Berufung auf die um 1300 verfaßte „Ars Magna" des Raimundus Lullus[51] und die zeitgenössischen Kombinationsversuche des Cartesianers Athanasius Kircher[52] glaubte Leibniz, man könne wie in der Mathematik, so auch in den übrigen Wissenschaften durch eine Verbindung von einfachen (allgemeinen) Begriffen oder Begriffszeichen alle auftretenden

[48] Gustav *Hartmann*, a.a.O., S. 13.

[49] „Ars combinatoria, in qua ex Arithmeticae fundamentis Complicationum et Transpositionum doctrina novis praeceptis exstruitur, et usus ambarum per universum scientiarum orbem ostenditur, nova etiam artis Meditandi seu Logicae inventionis semina sparguntur", erstmals 1666 veröffentlicht, abgedruckt bei *Dutens* II, 1, S. 341 ff, *Erdmann*, S. 6–44, *Gerhardt* IV, S. 27–102, und in der *Akademie-Ausgabe* VI-1, S. 163–230.

[50] „Nam et professi sumus in opusculo (de arte combinatoria), et experturus credet, hanc scientiam omnium clavem esse, denique huius praeceptis Universam Logicam inventivam contineri. (Brief an Christian *Daum* vom 26. März [5. April] 1666 [A II-1, 5].)

[51] Raimundus *Lullus* (Ramón Lull; 1232–1316), ein katalanischer Mystiker, Dichter und Missionar, gründete als Anhänger der Lehre Augustins 1276 in Miramar ein eigenes Kolleg und widmete sein Leben der Aufgabe, die Mohammedaner zu bekehren.

[52] Athanasius *Kircher* (1602–1680), ein Jesuit, Philosoph und Mathematiker, geboren in Geysa bei Fulda, lehrte in Würzburg, Avignon und Rom Philosophie, Mathematik und orientalische Sprachen und starb am 30. 10. 1680 in Rom. Von ihm ist bei *Jöcher* II, Sp. 2095–2096, folgende Anekdote überliefert: „Weil er sehr leichtgläubig war, so wurde er von Andrea Müllero einstens artig betrogen. Denn als Kircher statuirte, die ägyptische Sprache sei noch vorhanden, so war dieser her und fingirte eine Schrift mit besondern Buchstaben, schickte selbige Kirchero zu, und schrieb in seinem Briefe, es käme ihm vor, als wenn dieses eine ägyptische Schrift wäre, doch wolle er es auf sein Urteil lassen ankommen. Kircher gab ihm alsobald Beyfall und schickte ihm darüber eine lange Erklärung zu, worüber Müller herzlich lachte."

Fragen beantworten und alle sich stellenden Probleme lösen, und darüber hinaus eine Universalwissenschaft (scientia generalis) entwickeln,
aus der jede Einzelwissenschaft deduktiv abgeleitet werden könne[53].
Die einfachen Begriffe (termina simplicia) werden durch Analyse und
Abstraktion des gegebenen „Materials" gefunden und definiert (ars
analytica). So entsteht eine, dem mathematischen Axiomensystem ver-
gleichbare Begriffstopik[54]. Durch fortgesetzte, nicht willkürliche, sondern sach-(problem-)gerechte Verbindung und Kombination dieser einfachen Begriffe bilden sich zusammengesetzte Begriffe (complexiones),
in denen die Regeln zur Lösung von Problemen enthalten sind (ars combinatoria)[55], ebenso wie eine aus einzelnen Variablen zusammengesetzte mathematische Gleichung ein Naturgesetz darzustellen vermag.
Dieses analytisch-kombinatorische Erkenntnisverfahren hat Leibniz
eine „neue Denk-Kunst oder Erfindungs-Logik" (ars inventoria) ge-

---

[53] „In Philosophia habe ich ein mittel gefunden, das jenige was Cartesius und
andere per Algebram et Analysin in Arithmetica et Geometria gethan, in allen
scientien zuwege zu bringen per Artem Combinatoriam, welche Lullius und P.
Kircher zwar excolirt, bey weitem aber in solche deren intima nicht gesehen. Dadurch alle Notiones compositae der gantzen Welt, in wenig simplices als deren
Alphabet reducirt, und aus solches alphabets combination wiederumb alle dinge
samt ihren theorematibus, und was mir von ihnen zu inventiren müglich, ordinata
methodo mit der zeit zu finden ein weg gebahnet wird. Welche invention dafern sie
wils Gott zu Werck gerichtet, als mater aller inventionen von mir vor das impor-
tanteste gehalten wird, ob sie gleich das ansehen noch zur zeit nicht haben mag."
(Brief an den Herzog *Johann Friedrich* vom Oktober 1671 [A II-1, 160].)
[54] Theodor *Viehweg*, Topik und Jurisprudenz, 3. Aufl. München 1965, S. 52, ist
der Ansicht, daß Leibniz versucht habe, „die Topik zu mathematisieren". Dazu ist
jedoch zu bemerken, daß die Ars combinatoria nicht schlechthin als eine „topische
Methode" verstanden werden darf und demzufolge auch Leibniz selbst nicht ausschließlich „topisch" gedacht hat. Vielmehr standen bei ihm Problemdenken und
Systemdenken im Verhältnis einer dialektischen Wechselwirkung. – Vgl. dazu Leibnizens ausdrückliche Kritik an der „rein" topischen Methode Nicolaus *Vigels* (Methodus universi juris civilis, Frankfurt 1628): „Sed fateor ex quibuslibet regulis
topicis, quales sunt quae vocantur apud dialecticos actiones aliaque juris remedia
non dari. Has igitur a firmis juris principiis distinguere oportet, et peccaverit Vigelius, qui confudit." (Grua II, 645).
[55] Ars combinatoria, probl. I, 46 (Erdmann 20): „Ex horum terminorum simpli-
cium, tum cum seipsis aliquoties repetitis, tum cum aliis, com2natione, com3natione
etc. et in eadem complexione, variatione situs prodire casus prope infinitos quis non
videt? Immo qui accuratius haec scrutabitur, inveniet regulas eruendi casus singu-
lariores." – Brief an Magnus *Hesenthaler* von 1671 (A II-1, 200): „Cum enim
nihil sit aliud demonstratio, quam combinatio definitionum, ut in arte combinatoria ostendi, manifestum est, qui claras quasdam ac lucidas definitiones vocum
habet, ... eum innumera theoremata solius Analyseos ope ... eruere, et problema
datum solvere, aut ostendere impossibilitatem posse."

nannt. Damit erhält die Ars combinatoria eine grundlegende Bedeutung nicht nur für Leibniz' Begriff der Logik [56], sondern zugleich für die Methode seines eigenen Denkens, insbesondere seines Rechtsdenkens.

Zu einer Zeit, in der die systematische Methode (mos gallicus) noch in hohem Ansehen stand und vor allem von der Tübinger Schule Wolfgang Adam Lauterbachs [57] mit besonderer Sorgfalt gepflegt wurde [58], erkannte Leibniz bereits das Ungenügen dichotomischer Begriffsspaltung und die Notwendigkeit, juristische Probleme vom konkreten Fall her zu lösen [59]. Er schlägt vor, man solle nach Möglichkeit verschiedene Methoden miteinander verbinden [60] oder am sichersten nach der Ars combinatoria verfahren, zu der die Dichotomie nur eine Art „Vorspiel" sei [61]. Daneben verkennt Leibniz jedoch nicht, daß selbst eine so „offene" Methode wie die Kombinatorik nicht für jede juristische Tätigkeit in gleicher Weise geeignet ist. So empfiehlt er der Gesetzgebung und Rechtslehre, der „Ordnung der Rechtstatsachen" zu folgen; dagegen sei es in der Rechtspflege wichtiger, sich Kenntnisse in der Anwendung einzelner Gesetze und Anspruchsgrundlagen zu verschaffen [62].

---

[56] „Unter der Logik oder Denk-Kunst verstehe ich die Kunst, den Verstand zu gebrauchen, also nicht allein, was fürgestellt, zu beurtheilen, sondern auch was verborgen ist, zu erfinden." (Brief an Gabriel *Wagner* aus dem Jahre 1696 [Erdmann 419–420].) – Vgl. auch L. *Couturat*, La Logique de Leibniz, Paris 1901.

[57] Wolfgang Adam *Lauterbach* (1618–1678), geboren in Schlaitz im Vogtlande, war Professor Juris zu Tübingen, württembergischer Geheimer Rath und Konsistorialdirektor in Stuttgart. Er starb am 18. August 1678 in Tübingen.

[58] Wolfgang Adam *Lauterbach*, Collegium theoretico-practicum, 1690. – Vgl. Gustav *Hartmann*, a.a.O., S. 19; Huntington *Cairns,* Legal Philosophy from Plato to Hegel, Baltimore 1949, S. 307.

[59] „Itaque si quis jurisprudentiam factorum ordine persequi velit, is primum de actionibus aget quae ex re potius sive casu quam personae volunte nascuntur, inde ad delicta perget, denique leges, nempe contractus et ultimas voluntates enumerabit. Sed alia plane ratione rem instituet, qui jus quod ex factu nascitur, et conclusiones ex narratione libelli deductas primo spectabit." (Brief an Vincenz *Placcius* vom März 1679 [A II-1, 463].)

[60] „. . . eum non debere una divisione esse contentum, sed diversas methodos inter se conjungere oportere." (Ebenda [A II-1, 462].)

[61] „Quae ratio est, cur ego methodum diaereticam utilem quidem putem, sed non perfectam. Huic autem combinatoriam praefero, quae sola omnes species subalternae a genere summo usque ad species infimas ordine enumerari possunt, quem ad modum numeri in abaco, et cognitionum genera in arbore consanguinitatis. Est tamen diaeretica methodus praeludium combinatoriae . . ." (Ebenda, A II-1, 463.)

[62] „Ego vero scopum eius qui jurisprudentiam tractat inspiciendum esse censeo. Itaque si quis artem Legislatoriam tradere velit, et Elementa Jurisprudentiae ex civili doctrina repetere, ordinem factorum sequeretur . . . At qui Leges iam inventas ac conceptas tradere velit populo, illi posterior enumerandi actiones ratio potior esse

Diese Beispiele mögen zeigen, in welch hohem Grade Leibniz vor allem
bei der Beschäftigung mit juristischen Problemen dynamisch dachte und
jede Vereinfachung und Abstraktion nicht als Baustein zu einem star-
ren System, sondern als Mittel zu einer sachgerechten und vernünftigen
Entscheidung im konkreten Einzelfall verwandte [63].

Als Methode zur Lösung praktischer Probleme konzipiert, erhielt die
Ars combinatoria eine besondere Bedeutung für die „erfinderische"
Tätigkeit Leibnizens: zunächst bei der Reconcinnation des römischen
Rechts und später bei der Entdeckung der Differentialrechnung. So bot
sich das römische Recht mit seiner im 17. Jahrhundert oft beklagten
Weitläufigkeit und Unklarheit dem jungen, reformbegierigen Juristen
Leibniz in Mainz geradezu als Versuchsfeld für seine Ars combinatoria
an, mit der er in den „Elementa Juris Romani" jede „lex, proposition,
Decision oder Konsequenz unter ihren Grund und Ration, darauss sie
fließet", bringen und auf eine „Universalregel oder wahrhafft Gesetz"
zurückführen wollte [64], so daß ein Richter nur noch wenige klare und
übersichtliche „Elemente" zu kombinieren brauche, um zu einer Entscheidungsnorm zu gelangen [65]. Vor allem im Hinblick auf seine feste
Überzeugung von der Richtigkeit und Praktikabilität jener Methode ist
es zu verstehen, daß Leibniz sich in Mainz mit hoffnungsvollem Eifer
dieser schwierigen Aufgabe unterzog und, obwohl er sie im Jahre 1672

---

debet. ... Idem discrimen observandum est inter judicem et advocatum. Nam
judicis non est invenire ex facti narratione, quae nam petitio debuerit institui, sed
potius judicare, an conclusio ex narratis sequatur, et an narrata sunt probata. Contra advocati aut privati est domi suae ratiocinari, quasdam actiones vel petitiones
instituere debeat." (Ebenda, A II-1, 464.)

[63] Vgl. Theodor *Viehweg*, Die juristischen Beispielsfälle in Leibnizens Ars combinatoria, in: Beiträge zur Leibniz-Forschung, H. 1, Reutlingen 1947, S. 88–95.

[64] „Bedencken, welchergestalt den mängeln des Justizwesens in Theoria abzuhelfen." (Guhrauer I, 262. – Vgl. Fußnote 132.)

[65] „His igitur Elementis Juris Romani binis prope tabulis comprehendis, si demonstrata separatim Elementa Juris Naturalis addiderimus, fuerimusque ex illa com-
binatione ratiocinati, omnes facile leges inde deducemus." (Brief an Jean *Chapelain* (?) aus dem Jahre 1670 [A II-1, 53].) – „Der Ausbund römischer Rechte oder
Elementa Juris Romani hodieque attenuati brevis et certi können bestehen in einer
einigen Tafel, etwa in der Größe einer großen holländischen Land-Charte, darinne
alle Hauptregeln also begriffen, daß aus deren Combination alle vorfallenden Fragen entschieden, und aller Actionen, Exceptionen und Replicarum Fundamenta
gleichsam als in einem imitamine Edicti perpetui novi mit Fingern gezeigt werden
können; dergleichen noch nie vorgenommen, viel weniger gesehen worden." (Deutsches Bedenken zur Justizreform an den *Kaiser* vom Jahre 1671 [A I-1, 57–62]
[61].)

fürs erste unvollendet abbrechen mußte, sein Leben lang den Plan einer Reconcinnation niemals aufgegeben hat[66].

Wenige Monate nach der Vorlage seiner „Ars combinatoria" versuchte Leibniz, auch bei der juristischen Fakultät zur Promotion zugelassen zu werden, wurde jedoch nach der Überlieferung wegen seines jugendlichen Alters abgewiesen. Ob diese Entscheidung durch einen förmlichen Fakultätsbeschluß herbeigeführt worden ist, steht nicht fest. Deshalb erscheint die von Leibniz selbst angeführte Begründung für seine plötzliche Abreise aus Leipzig zutreffender: Die Leipziger Juristenfakultät, zu deren Mitgliedschaft die Promotion berechtigte, bestand außer den Professoren aus einem Spruchkollegium von zwölf Assessoren, so daß Leibniz de facto nur hätte aufgenommen werden können, wenn ein freier Platz vorhanden gewesen wäre. Gleichzeitig waren unter den älteren Anwärtern Bestrebungen im Gange, jüngere Bewerber zunächst von der Promotion zurückzustellen, und diesen Vorschlag unterstützte die Fakultät. Da Leibniz aber weder willens war, seine Zulassung von der Gunst des Zufalls abhängig zu machen, noch nach bestandener Promotion eine längere Wartezeit auf sich zu nehmen, entschloß er sich aus eigenem Antrieb, Leipzig zu verlassen[67], und wandte sich noch im Herbst 1666 nach Altdorf, einer in der Nähe von Nürnberg gelegenen Universität.

2. Abschnitt

PROMOTION UND BERUFUNG NACH MAINZ (1666–1672)

Man hat verschiedentlich zu klären versucht, welche Gründe Leibniz bewogen haben, sich gerade für die Universität Altdorf zu entscheiden.

---

[66] Leibniz hatte seine Arbeiten nach dem Tode Lassers im Jahre 1676 aus Mainz nach Hannover senden lassen (Vgl. dazu den Brief an einen *Ungenannten* in Mainz aus dem Jahre 1677 [A I-1, 307]. – Im übrigen nimmt zu dieser Frage im einzelnen Stellung die Arbeit von Kurt *Dickerhof*, a.a.O., S. 37. – Siehe auch unten Seite 86).

[67] „Ego animadverso artificio aemulorum mutato consilio ad peregrinationes animum applicavi et disciplinas mathematicas, indignum ratus, juvenem velut clave affigi certo loco: nam diu ardebat animus ad maiorem gloriam studiorum et cognitionem exterorum." (Vita Leibnitii, Klopp I, S. XXXVIII). – Vgl. auch Kuno *Fischer*, a.a.O., S. 44.

In Nürnberg hatte Leibniz Verwandte. Zudem scheint die Promotion in Altdorf mit geringeren Kosten verbunden gewesen zu sein (Kabitz); als ausschlaggebend kann aber die Tatsache gelten, „daß jene Universität in berechtigtem Ruf stand, dem wissenschaftlichen Fortschritt und seiner praktischen Anwendung aufgeschlossen zu sein"[68], wobei Leibniz wohl zugleich einem Rat Tobias Schwendendörfers folgte, der selbst in Altdorf studiert und vor seiner Promotion in Leipzig nahezu alle europäischen Akademien bereist hatte.

Während des Wintersemesters 1666/67 lag das Dekanat der Altdorfer juristischen Fakultät in den Händen des jungen Professors Codicis et Juris publici Johann Wolfgang Textor (Weber)[69], jenes freigeistigen und toleranten Vorfahren Goethes, der sich immer wieder vergeblich um eine Reform der Reichsverfassung bemühte und in demselben Jahre, in dem Leibniz' Promotion stattfand, eine Schrift zur Wiedervereinigung der drei im deutschen Reich zugelassenen Bekenntnisse verfaßt hatte[70]. An ihn wandte sich Leibniz und erhielt noch im gleichen Semester Gelegenheit, mit einer Disputation pro licentia seine Promotion vorzubereiten.

Schon am 5. November 1666 legte Leibniz der juristischen Fakultät eine Abhandlung vor, die den Titel „De Casibus perplexis" trägt[71]. Im Gegensatz zur Antinomie, bei der eine Wertungsdiskrepanz in der Entscheidungsnorm selbst liegt, verstand Leibniz unter einem casus perplexus jenen „verwickelten" Rechtsfall, der in seiner faktischen Konstellation einen unauflösbaren sachlogischen Widerspruch enthält[72];

---

[68] Paul *Wiedeburg*, a.a.O., Bd. 1, S. 46.

[69] Johann Wolfgang *Textor* (1637–1701), geboren am 20. Januar 1637 in der hochgräflich-hohenlohischen Residenz Neuenstein, studierte in Jena und Straßburg und erlernte die praxis cameralis am Reichskammergericht zu Speyer. Darauf wurde er in Altdorf Professor Pandectarum et Codicis und Juris publici, wie auch in Heidelberg Vizepräsident des Hofgerichts. Er starb am 27. September 1701 in Frankfurt am Main. – *Jöcher* (Bd. 4, Sp. 1080) berichtet von ihm, er habe „eine überaus gute Memorie" gehabt, „daß er das Corpus Juris fast auswendig konnte". – Vgl. auch Alexander *Dietz*, Johann Wolfgang Textor, Allg. Dt. Biogr. 37, 1895.

[70] Paul *Wiedeburg*, a.a.O., Bd. 1, S. 47.

[71] „Specimen difficultatis in jure, seu Dissertatio de Casibus perplexis", abgedruckt bei *Dutens* IV, 3, S. 45–67, in der *Akademie-Ausgabe* VI–1, S. 231–256, und bei *Ascarelli-Gianotta*, S. 267–302.

[72] „Casum igitur (propriè) Perplexum definio (eum, qui realiter in jure dubius est ob) copulationem contigentem plurium in facto eum effectum juris habentium, qui nunc mutuo concursu impeditur. In Antinomia autem ipsarum immediatè legum pugna est, quamquam et perplexitas Antinomiam quaedam indirecta dici potest." (De Casibus perplexis, § V [Ascar. 271]).

er verglich ihn mit der Unlösbarkeit einer algebraischen Gleichung[73]
und mit dem Gordischen Knoten[74]. Dabei sprach Leibniz zugleich seine
schon in der „Ars combinatoria" geäußerte Überzeugung aus, daß nur
aus den Tatsachen das Recht folge und dem Rechtsfall (casus), der seinerseits schon eine geordnete Verbindung von Tatsachen und Recht
darstelle, prinzipiell der Vorrang vor der hypothetischen Dezision zukomme[75]. Die Lösung eines solchen casus perplexus darf also niemals
im Recht gesucht werden, sie ist immer schon im Fall als einer Verknüpfung von Tatsache und Recht vorgegeben, oder mit anderen Worten:
niemals darf der Fall auf das Recht, immer muß das Recht auf den
Fall angewandt werden; ein Gedanke, der, abgesehen von der anglo-
amerikanischen Tradition des „case law", erst von der Rechtstheorie
der Gegenwart wieder beachtet zu werden beginnt und aus diesem
Grunde außerordentlich modern anmutet.

Im folgenden zählt Leibniz Gesichtspunkte auf, mit deren Hilfe der
Richter die Fallösung ermitteln soll: „Regulatum Iudicis arbitrium, ubi
res ex iure decidi non potest, regulas sequitur charitatis, aequitatis,
humanitatis, commoditatis, utilitatis etc.[76]." Beachtenswert ist, daß
schon in dieser Schrift von Leibniz der Begriff der „Charitas", der
Nächstenliebe, in die rechtsphilosophische Terminologie eingeführt
wird und offensichtlich an die Stelle der Gerechtigkeit tritt, während
die Nützlichkeit zuletzt genannt ist. Außer auf diese Prinzipien soll
sich die richterliche Entscheidung sowohl auf das Naturrecht (jus
naturae et gentium) als auch auf die natürliche Vernunft (ratio naturalis) stützen[77], wobei das Naturrecht – ganz im Sinne von Grotius –
der Konkretisierung durch die Vernunft bedarf. Da alle positiven Ge-

---

[73] „Unde problemata eorum πολύπτοτα similia sunt controversiis JCtorum
distinctione expediendis ... et impossibilia casibus perplexis, in quibus pro solutione
est advertere et demonstrare impossibilitatem, quod Algebra praestat." (De Casibus
perplexis, § II [Ascar. 269]).

[74] „Perplexitas autem propriè dicitur de plicabilibus, quales sunt res flexiles simul
et tenaces, et proprium ejus subjectum: Nodus. Inter Nodos Gordius imprimis cele-
bris est . . ." (De Casibus perplexis, § IV [Ascar. 270]).

[75] „A quibus omnibus abstrahendo, casus in genere est antecedens propositionis
hypotheticae, applicando verò ad Jurisprudentiam, tale antecedens dicitur factum,
consequens jus; et casus definietur factum in ordine ad jus." (De Casibus perplexis,
§ II [Ascar. 269]).

[76] De Casibus perplexis, § X (Ascar. 275).

[77] „Ratio autem legis est instar mille commentariorum, quia hinc omnis eius interpretatio pendet." (Brief an Hermann Conring vom 13. [23.] Januar 1670 [A II-1,

setze im Naturrecht ihren legitimierenden Grund erhalten, könne es immer dann, aber auch nur dann (restriktiv) angewandt werden, wenn die positiven Gesetze schweigen; die natürliche Vernunft hingegen habe als eine Auslegungsregel die Aufgabe, Unklarheiten bei der Interpretation zu beseitigen und über die „Vernünftigkeit" einer gesetzlichen Regelung selbst zu entscheiden[78]. Mit dieser Lehre von der Rechtsfindung stellte Leibniz seine Schrift „De Casibus perplexis" ganz unter den leitenden Gedanken der materialen Gerechtigkeit im konkreten Fall und versuchte so, seine in der Ars combinatoria entwickelte Methode für die Rechtserkenntnis fruchtbar zu machen.

Endlich, am 12. Februar 1667 – Leibniz war damals 21 Jahre alt –, fand vor der juristischen Fakultät zu Altdorf die Promotion statt, mit deren Ergebnis ihm ein einzigartiger Erfolg zuteil wurde: sie trug Leibniz nicht nur den Beifall seiner Opponenten und die vorbehaltlose Zustimmung der übrigen Prüfer ein, sondern eine fast freundschaftliche Bewunderung innerhalb der ganzen Fakultät. Einige Professoren, denen Leibniz vorher nicht einmal dem Namen nach bekannt war, berichteten begeistert ihren Kollegen an anderen Universitäten[79]. So fand Leibniz nahezu von einem Tag zum anderen als Rechtsgelehrter allgemeine Beachtung und Anerkennung. Noch im selben Jahre wurden seine juristischen Schriften in Nürnberg erstmals herausgegeben. Auf eine Empfehlung Textors hin stellte ihm schließlich der Prediger Dilherr im Namen der Vorsitzenden des Nürnberger Unterrichtswesens eine Pro-

---

32]). – „Ratio enim anima legis est, habeturque instar mille commentariorum, cum et cessante ratione cesset lex, et eadem ratione existente ad similia porrigatur." (Brief an Jean *Chapelain* vom 1671 [A I-1, 55].)

[78] „Sed quia Leges positivae civili ratione nituntur jus naturae et gentium velut in modum exceptionis determinante ac specialius restringente; hinc istud jus naturae et gentium in proposito aliquo casu tamdiu obtinebit, donec contrarium lege, quasi pacto universali populi (nam etiam quod Princeps leges ferre possit, ex populi in eum consensu descendit) introductum probetur. Quod si jam interpretatio incerta est, adhibendae regulae interpretandi rationis naturalis, et etsi pro utraque parte aequales regulae et praesumptiones militent, judicandum contra eum, qui se in Lege aliqua positiva, quam tamen introductam satis probare non potest, fundat." (De Casibus perplexis, § XI [Ascar. 276]).

[79] „Paulo post in Academia Norica doctoris gradum sumsi anno aetatis vigesimo primo, maximo omnium applausu. . . ., sed ii, qui opponere debebant, publice agnoscerent, sibi egregie satisfactum. Certe vir quidam eruditus, mihi ignotus, qui actui interfuerat, Noribergam ad amicum literas dedit, quae mihi postea ostensae sunt, quibus prope pudorem incutiebat nimiis laudibus. Et professor aliquis dixit publice, numquam ex illa cathedra versus fuisse recitatos illis similes, quos ego pronuntiaveram in ipso promotionis actu." (Vita Leibnitii, Klopp I, S. XXXVIII–XXXIX).

fessur in Aussicht, ein für den jungen Gelehrten ehrenvolles Angebot. Leibniz lehnte jedoch die Berufung ab: „Sed ego longe alia animo agitabam [80]." Diese Entscheidung, oft als eine endgültige Absage an die Jurisprudenz mißdeutet, wird nur verständlich, wenn man annimmt, daß Leibniz schon zu dieser Zeit die Absicht hatte, sich im Westen des Reiches in fürstliche Dienste zu begeben. Er ging zunächst nach Nürnberg und schloß sich dort für kurze Zeit einem Alchemistenkreis der Rosenkreuzer an, vermutlich jedoch nur, weil Dilherr zugesagt hatte, er wolle ihm die Bekanntschaft mit jenem berühmten Staatsmann und Rechtsgelehrten, dem Freiherrn Johann Christian von Boineburg [80a], vermitteln, der mit Dilherr in freundschaftlichem Briefwechsel stand [81]. Boineburg war zwar zu dieser Zeit gerade beim Kurfürsten und Reichskanzler Johann Philipp von Schönborn [82] in Ungnade gefallen und hatte daher nur einen mittelbaren Einfluß am Mainzer Hof, verfügte aber über

---

[80] Vita Leibnitii (Klopp I, S. XXXIX).

[80a] Johann Christian von Boineburg (1622–1672), geboren am 12. April 1622 zu Eisenach, studierte die Rechtswissenschaften in Jena und Helmstedt bei Johann vom Felde und Hermann Conring, unter dessen Vorsitz er über Conrings Abhandlung „De Germanorum Imperio Romano" disputierte. 1645 trat er in den Dienst des Landgrafen von Hessen-Braubach und ging als Hessischer Gesandter für fünf Jahre an den schwedischen Hof. Die Freundschaft mit dem Kanzler Oxenstierna sicherte ihm den diplomatischen Erfolg. Als einflußreicher Politiker (obwohl noch Protestant) wurde er 1652 zum Präsidenten des Geheimen Rats und Obermarschall an den Mainzer Hof berufen und nach seiner Konversion im Jahre 1653 auf dem Reichstage zu Regensburg in den Freiherrnstand erhoben. Seine Bemühungen um die Sicherheit des Reiches durch eine Abwehr der Türken und die Erhaltung des Gleichgewichts zwischen Habsburg-Österreich und Frankreich machten ihn zum Initiator des Rheinbundes vom Jahre 1658. Bald fiel er jedoch sowohl in Wien als auch in Paris in Ungnade, so daß der Kurfürst ihn 1663 seiner Ämter enthob und als „Verräter" bis zum Frühling 1665 gefangen setzte. Nach seiner Rehabilitierung schlug er alle ihm angebotenen Ämter aus und hielt sich als Privatmann in Frankfurt auf, bis im Jahre 1668 – nicht zuletzt durch die Vermittlung von Leibniz – eine Versöhnung mit dem Kurfürsten zustande kam. Boineburg zog wieder nach Mainz und lebte dort in hohem Ansehen, aber ohne amtliche Stellung bis zu seinem Tode im Jahre 1672. – (Vgl. dazu: L. *Bernhardi*, Boyneburg, Allg. Dt. Biogr. 3, 1876, S. 222 ff; – Heinrich *Schrohe*, Johann Christian von Boineburg, Kurmainzer Oberhofmarschall, Mainz 1926; – Eva *Ultsch*, Johann Christian von Boineburg, Diss. Berlin, Teildruck Würzburg 1936.)

[81] Auch *Wiedeburg* (a.a.O., S. 48) ist der Ansicht, daß es aus diesem Grunde „der bis heute in fast allen Leibniz-Darstellungen spukenden ‚zufälligen Bekanntschaft beider am Nürnberger Wirtstisch' keineswegs bedurft hätte".

[82] Vgl. Georg *Mentz*, Johann Philipp von Schönborn, Kurfürst von Mainz, Bischof von Würzburg und Worms, 1605–1673; 2 Bde., Jena 1896. – Karl *Wild*, Johann Philipp von Schönborn, genannt der „deutsche Salomo", ein Friedensfürst zur Zeit des 30jährigen Krieges, Heidelberg 1896.

bedeutsame Erfahrungen in der Reichspolitik und konnte so dem jungen Juristen in mannigfacher Weise förderlich und nützlich sein. Es ist zu vermuten, daß Leibniz noch in Nürnberg Boineburg persönlich kennengelernt hat und auch seinem Rat folgte, als er sich im Spätsommer des Jahres 1667 auf die Reise nach Frankfurt und Mainz begab[83].

Da Leibniz keine Empfehlungen von Boineburg erhalten konnte und auch sonst niemanden in Mainz kannte, der für ihn sich beim Kurfürsten zu verwenden bereit gewesen wäre, beschloß er, mit einer eigenen Arbeit sich selbst zu empfehlen. Boineburg wird ihm mitgeteilt haben, daß man sich in Mainz sehr eifrig um eine Erneuerung des Römischen Rechts bemühte[84], und so verfaßte Leibniz noch auf der Reise nach Mainz, zum großen Teil wohl in Frankfurt, mit einer Widmung an den Kurfürsten Johann Philipp seine, wenn auch nicht bedeutendste, so doch allgemein bekannteste[85] juristische Schrift zur Reform des Rechtsunterrichts: die „Nova Methodus discendae docendaeque Jurisprudentiae"[86].

Die Notwendigkeit von Reformen in der Rechtswissenschaft war schon seit langem erkannt, als Leibniz die „Nova Methodus" schrieb, so daß er sich auf eine ganze Reihe von Schriften hätte stützen können, die mehr oder weniger alle das gleiche Ziel verfolgten: eine Vereinfachung des durch den „mos gallicus" und (in seiner später überspitzten Form) durch die ramistische Dichotomie angehäuften, unübersichtlichen Rechtsstoffes der Vorlesung und die Verkürzung des fünfjährigen Rechtsstudiums zugunsten einer gründlicheren praktischen Ausbil-

---

[83] Vgl. dazu *Wiedeburg*, a.a.O., S. 48–49.

[84] Wahrscheinlich gehen die Arbeiten zur Vereinfachung des Corpus Juris in Mainz ursprünglich sogar auf die Initiative Boineburgs zurück, der als Schüler von Conring dessen Reformvorschläge aus der Schrift „De origine Juris Germanici", Helmstedt 1643, Kap. XXXV, verwirklichen wollte.

[85] Von der umfangreichen Literatur zur „Nova Methodus" sind vor allem zu nennen: Gustav *Hartmann*, a.a.O., S. 16–31; Ernst *Heymann*, Leibniz' Plan einer juristischen Studienreform vom Jahre 1667, Berlin 1931; Huntington *Cairns*, a.a.O., S. 302–310; Gaston *Grua*, La Justice humaine selon Leibniz, Paris 1956, S. 243–253 (249 ff); Guido *Aceti*, Sulla „Nova Methodus" de G. Leibniz, in: „Jus" 1957, p. 41 ff. (Vgl. dazu die Rezension von *Reibstein* in ARSP XLIV, 1958, S. 429).

[86] „Nova Methodus discendae docendaeque Jurisprudentiae, ex artis Didacticae principiis in parte Generali praemissis, Experientiaeque Luce: Auctore G. G. L. L., Francofurti ... anno 1668." – Christian *Wolff* hat im Jahre 1748 die Schrift mit einem Vorwort neu ediert. – Sie ist im übrigen abgedruckt bei *Dutens* IV, 3, S. 159–230, und in der *Akademie-Ausgabe* VI-1, S. 251–364.

dung [87]. Innerhalb dieser Tradition kommt der „Nova Methodus" jedoch eine gewisse Sonderstellung zu: Leibniz versichert, er habe auf seiner Reise nach Mainz keinerlei Literatur zur Hand gehabt [88], so daß er aus dem Kopf zitieren mußte und deshalb einigermaßen unbefangen schreiben konnte. So begnügte er sich nicht mit der Kritik einzelner Mißstände wie viele seiner Vorgänger, sondern ging bei seiner Forderung nach einer radikalen Kürzung des Rechtsstudiums auf zwei Jahre von einer prinzipiell neuen Einteilung der Rechtswissenschaft analog der Theologie in eine „didaktische, historische, exegetische und polemische Jurisprudenz" aus [89]. Leibniz knüpfte bei diesen Reformvorschlägen vor allem an Francis Bacons „Novum Organum" aus dem Jahre 1620 [90] und in der Sache selbst an die „Philosophia practica" des Jacob Thomasius an, von der er ein mit zahlreichen Marginalien versehenes Handexemplar immer bei sich führte [91].

Gegenstand jener „neuen Methode, die Rechtswissenschaft zu erlernen und zu lehren", ist für Leibniz die Ausbildung zum „vollkommensten Rechtsgelehrten" (jurisconsultus perfectissimus), zum „Philoso-

---

[87] Vgl. folgende Schriften: Matthäus von *Wesenbeck*, Tractatus de Studio Juris recte instituendo, in: Varii Tractatus, Cöln 1580. – Nicolaus *Vigelius*, Ratio Juris discendi, Frankfurt 1598, und die Methodus universi juris civilis, Basel 1561. (Vgl. auch die Anmerkungen Leibnizens zu dieser Schrift bei Grua II, S. 442–447). Hermann *Vultejus*, Tractatus tres de modo discendi docendique jura, Lichae 1605. – Jacobus *Maestertius*, De imminuendo labore studii juridici (abgedr. in: De Ratione ac Methodo Studiorum Juris Opuscula, hg. von Chr. G. Buder, Jena 1724). – Benedict *Carpzov*, Certa Methodus de studio juris recte et felicite instituendo, Dresden 1675. – Ulrich *Huber*, 1. Dialogus de ratione Juris docendi et discendi; 2. De studio Juris rite et prudenter instituendo (abgedr. in: De Ratione ac Methodo Studiorum Juris Opuscula, hg. von Chr. G. Buder, Jena 1724).

[88] „... vndt beyde Ewer Hochfürstl. Durchl. vnterthänigst hierbey zu schicken, mir wegen dero welt-bekandter Güthigkeit die Kühnheit nehme, sampt einem vor etlich Jahren von mir zwar ausm stegreiff vndt auff der reise auffgesetzten Tractätlein so ich Nouam methodum discendae et docendae jurisprudentiae genennet, welches aber gleichwohl vnterschiedenen gelehrten Leuten nicht vnahngenehmb gewesen, so gar daß auch ein gelehrter JCtus zu Rostock (gemeint ist wohl Zinzerling) für sich eß durch gangen auch notas vndt gar einen so accuraten indicem alß müglich darüber gemacht, masen mir das manuscriptum nach seinem todt zugeschickt worden ..." (Brief an Herzog *Johann Friedrich* vom 21. Mai 1671 [A II-1, 107].)

[89] Nova Methodus, Pars II, § 2 (A VI-1, 293).

[90] Zum Einfluß Bacons vgl. *Cairns*, a.a.O., S. 303 u. 310, und *Hartmann*, a.a.O., S. 20–21.

[91] Die eigenhändigen Eintragungen in Leibniz' Handexemplar der „Philosophia practica" von Thomasius sind abgedruckt in der *Akademie-Ausgabe* VI-1, S. 42–67. Sie stammen vermutlich aus den Jahren 1663–1664 und stimmen zum großen Teil mit den in der „Nova Methodus" verwendeten Definitionen überein.

phen des Rechts" (Heymann) [92]. Diese Aufgabe könne der Rechtsunterricht jedoch nur unter der Voraussetzung einer neuen Grundlegung der Rechtswissenschaft und damit zugleich des Rechts erfüllen. Alles Recht, menschlichen oder göttlichen Ursprungs, habe eine zweifaches Prinzip: einerseits die „Vernunft" – daraus entstehe sowohl die natürliche Theologie als auch die natürliche Jurisprudenz –, andererseits die „Schrift", authentische Bücher, in denen die positiven (göttlichen oder menschlichen) Gesetze enthalten seien [93]. Insofern stelle die Theologie nur ein Teilgebiet der allgemeinen Rechtswissenschaft (jurisprudentia universalis) dar, denn sie handele vom Recht und von Gesetzen, die in der Herrschaft Gottes über die Menschen verankert seien [94]. Diesem Gedanken, der später im Mittelpunkt seiner Rechtsphilosophie stand, entnahm Leibniz in der „Nova Methodus" zunächst nur eine Begründung dafür, daß wegen der Entsprechung von Theologie und Jurisprudenz sowohl die Unterteilung als auch die Methode der einen Wissenschaft auf die andere übertragen werden könnten.

Als gründender Bestandteil der Rechtswissenschaft bildet die „Jurisprudentia didactica" die erste Stufe des Rechtsunterrichts. Sie enthält den gesamten systematisierten Rechtsstoff: die „Elemente" der Jurisprudenz, und besteht aus der Beschreibung und Abgrenzung von Begriffen, den „Definitionen", und allgemeinen Lehrsätzen und Vorschriften, den „Rechtsregeln" [95]. Sowohl die Definitionen als auch die Regeln müssen jeweils gesondert in Lehrbüchern zusammengefaßt werden. – Der juristischen Didaktik folgt die „Jurisprudentia historica", ein rechtsgeschichtlicher Überblick über die Entstehung, Wandlung und Aufhebung des positiven Rechts [96]. Bezeichnenderweise empfiehlt Leibniz gerade für dieses Gebiet die Lektüre von Grotius' historischen Schriften mit den Worten: „Hugo Grotius, Tacitus nostri saeculi . . .". – Als dritte Disziplin nennt Leibniz die „Jurisprudentia exegetica", die

---

[92] Nova Methodus, Pars II, § 1 (A VI-1, 293) und §§ 91 ff. (Vgl. dazu Heymann, a.a.O., S. 5).

[93] Nova Methodus, Pars II, § 4 (A VI-1, 294).

[94] „Nec mirum est, quod § in Jurisprudentia, idem et in Theologia usu venire, quia Theologia species quaedam est Jurisprudentiae universim sumptae, agit enim de Jure et Legibus obtinentibus in Republica aut potius regno Dei super homines; . . . Breviter tota fere Theologia magnam partem ex Jurisprudentia pendet." (Nova Methodus, Pars II, § 5 [A VI-1, 294–295]).

[95] Nova Methodus, Pars II, § 6–28 (A VI-1, 295–315).

[96] Nova Methodus, Pars II, § 29–41 (A VI-1, 315–324).

Interpretationslehre oder „Philologia Juris", die sich mit der Auslegung der „authentischen" Rechtsbücher zu beschäftigen habe. Die Exegese soll mit Hilfe der traditionellen Methoden (Grammatica, Historica, Ethico-Politica, Logico-Metaphysica) die mutmaßliche Ansicht des Gesetzgebers (quis de facto sensus fuerit sensus legislatoris) ermitteln (objektive Auslegung)[97]. – Die vierte und letzte Stufe des Rechtsunterrichts stellt die „Jurisprudentia polemica" dar, die Lehre von der Entscheidung praktischer Rechtsfälle und Streitfragen[98]. Ihr spricht Leibniz als dem „apex omnium" eine besondere Bedeutung zu: hier soll sich der junge Jurist in der Ars combinatoria üben und anhand einer Präjudizien- und Kontroversensammlung[99] (vergleichbar den heute im anglo-amerikanischen Rechtskreis gebräuchlichen „Textbooks") schwierige Rechtsfragen beurteilen lernen. Jetzt erst werden zwei weitere Auslegungsregeln (Principia decidendi) in die juristische Hermeneutik aufgenommen: die im Naturrecht enthaltene Rechtsvernunft (Ratio ex Jure Naturae) und die zum Analogieschluß führende, aus dem Zivilrecht abzuleitende „Ähnlichkeit der Sachverhalte" (Similitudo ex Jure Civili certo)[100]. Gleichwohl habe das Naturrecht für das gemeine Recht, ebenso wie dieses im Verhältnis zu den Statuten, nur einen subsidiären Geltungscharakter[101], so daß selbst eine Analogie der natürlichen Rechtsvernunft vorzuziehen sei[102].

Am Ende der „Nova Methodus" faßte Leibniz seine Reformvorschläge in einem auf zwei Jahre bemessenen Studienplan zusammen[103]. Nach einer gründlichen Vorbildung in den Humaniora, der Weltgeschichte, den bildenden Künsten und den Naturwissenschaften soll der

[97] Nova Methodus, Pars II, § 42–69 (A VI-1, 324–341).

[98] Nova Methodus, Pars II, § 70–89 (A VI-1, 341–355).

[99] Collectio decisionum: Nova Methodus, Pars II, § 78–80 (A VI-1, 346–347). – Collectio controversiarum: Nova Methodus, Pars II, § 81–83 (A VI-1, 347–349).

[100] „Dicemus autem tum de Principiis decidendi, tum de Collectione Decisionum. Principia decidendi sunt Ratio ex Jure Naturae; Similitudo, ex Jure Civili certo." (Nova Methodus, Pars II, § 70 [A VI-1, 341].)

[101] „. . . patet in iis casibus, de quibus lex se non declaravit, secundum Jus Naturae esse judicandum. Quemadmodum in casu cessantium Statutorum judicatur secundum jus commune." (Ebenda).

[102] „Et perinde mihi videtur, ac si quis quae in Statutis passim de equorum evictione placuerunt, velit et ad asinos trahere. Ad mulos tamen trahi an possint, dubium est. Et puto non posse: Mulus enim magis est asinus quam equus, quia partus sequitur ventrem, mater autem est asina. Confugiendum tamen nonnumquam ad alias Leges Civiles similes, vel ex verbis, vel mente Legislatoris." (Ebenda).

[103] Nova Methodus, Pars II, § 91 ff (A VI-1, 356–362).

junge Jurist auf der Universität im ersten Semester die Rechtsgeschichte
und die Elementarlehre (curriculum elementare) studieren und sich im
zweiten Semester durch eine Exegese wichtiger Titel des Corpus Juris
(curriculum exegeticum) den Rechtsstoff erarbeiten. Die übrigen beiden
Semester sollen durch praktische Übungen (curriculum polemicum oder
collegium disputatorio-practicum) ausgefüllt werden, in denen täglich
zwei Stunden lang je zwölf Fälle von einem Respondenten und einem
Opponenten zu besprechen waren [104], ein Gedanke, den wenig später
Christian Thomasius in Halle verwirklichte [104a].

Man hat diesen Studienplan oft zum Anlaß genommen, die Reformvorschläge in der „Nova Methodus" zu kritisieren [105]. Vielleicht nicht
ganz zu Unrecht, zumal auch Leibniz selbst später unzufrieden war [106],
die „Nova Methodus" mehrfach überarbeitet und wiederholt die Absicht geäußert hat, sie neu herauszugeben [107]. Zunächst wurde das Werk
jedoch allgemein mit zurückhaltender Zustimmung aufgenommen [108]

---

[104] Vgl. dazu die Kritik von Ernst *Heymann* (a.a.O., S. 14): „Bei Beteiligung von
12 Studierenden in 6 Paaren von je 1 Respondenten und 1 Opponenten mit je 2
Rechtsfällen sollten in der zweistündigen Übung jedesmal 12 Rechtsfälle erledigt
werden, im Monat also etwa 300, im Jahr – alles ohne Atempause – etwa 3600! Das
wäre nur möglich gewesen, wenn die Beteiligten dabei mit kurzen mathematischen
Formeln operierten." Gerade dies scheint aber der Sinn einer in der Jurisprudenz
angewandten Kombinatorik gewesen zu sein!

[104a] Vgl. dazu: Ernst *Heymann*, a.a.O., S. 15.

[105] Siehe: Ernst *Heymann*, a.a.O., S. 16–17, und Gustav *Hartmann*, a.a.O.,
S. 28–31.

[106] Vgl. den Brief an Vincenz *Placcius* vom 10. 5. 1676: „Methodus nova discendi docendique juris liber est effusus potius quam scriptus, in itinere, sine libris,
sive poliendo otio: alioquin facile credes, exactius quiddam a me potuisse dari.
Praeterea multa sunt quae nunc ne probo quidem. Quare quod ais in nonnullis te
dissentire non miror. Nam ego quoque mutarem non pauca, si male tornatum opus
incudi reddere liceret." (A II-1, 260.)

[107] Drei Revisionsversuche aus der Zeit zwischen 1695 und 1700 sind abgedruckt
in der *Akademie-Ausgabe* VI-1, 303 ff. – Es wird berichtet, man habe nach Leibniz'
Tode ein aufgeschlagenes Exemplar der „Nova Methodus" auf seinem Schreibtisch
gefunden.

[108] Leibniz berichtet darüber in seiner Selbstbiographie: „Quod consilium meum
edito libello de Methodo juris maxima omnium approbatione susceptum est. Et
multi magni jurisconsulti, etiam Viennae, Ratisbonae, Spirae, mihi applausere, quod
litteris eorum partim ad me, partim ad amicos datis constat." (Vita Leibnitii, Klopp I,
S. XL.) – Und Vincenz *Placcius* (vgl. unten S. 311 ff.) schreibt in seinem „Theatrum
Anonymorum et Pseudonymorum", Hamburg 1708, S. 25: „Liber omnino legendis
iis, qui jurisprudentia student incrementis procurandis, qualia multa promittit actor,
cuius consiliis multum vel ipso conatu laudandis, non tamen per omnia probandis,
partitè examinandis locus hic non est accommodatus."

und erfüllte nicht zuletzt auch seinen Zweck: Leibniz hatte nämlich
nach dem Vorbilde Bacons als Anhang zur „Nova Methodus" in einem
„Catalogus Desideratorum" alle die Aufgaben zusammengestellt, die
„ad perficiendam jurisprudentiam" noch durchzuführen seien[109], und
unter anderem ein neues Corpus Juris und die Verbesserung des Justizwesens gefordert. Gerade mit jenen Vorhaben hatte der Kurfürst Johann Philipp aber seit einiger Zeit bereits den Hofrat Andreas Lasser
betraut, der wegen seines Alters mit den Arbeiten nicht so recht voran-
zukommen schien. Diese Tatsache war Leibniz ohne Zweifel aus Gesprächen mit Boineburg bekannt, so daß er ziemlich sicher mit dem Interesse des Kurfürsten für seine Vorschläge rechnen konnte. Es liegt
deshalb nahe anzunehmen, der Gedanke eines neuen Corpus Juris, von
Leibniz erstmals im Anhang zur „Nova Methodus" ausgesprochen,
stehe mit seiner Kenntnis von den Arbeiten in Mainz in einem ursäch-
lichen Zusammenhang. Dabei darf jedoch folgendes nicht übersehen
werden: einerseits findet sich die Idee einer Reform des römischen Zivilrechts in langer Tradition, die eng mit dem „mos gallicus" und der
Humanistenjurisprudenz verknüpft ist und auf die Leibniz sich ausdrücklich beruft[110]; zum anderen hängt die Reconcinnation des Corpus Juris (im Leibnizschen Verständnis) so eng und unmittelbar mit
Leibniz' kombinatorischer Methode und seinem Plan einer „Jurisprudentia rationalis" zusammen, daß man sie, wenn auch der Form nach in
Mainz schon bekannt und praktiziert, ihrem Inhalte nach als einen
selbständigen Gedanken von Leibniz anzusehen hat[111].

---

[109] Nova Methodus, Pars II, § 100 (A VI-1, 363–364).
[110] Vgl. die Schriften von Jacobus *Cujacius* (Cujas), vor allem: „Paratitla ad
Pandectas et Codicem", Paris 1594 und „De verborum significatione", Frankfurt
1595. – Franciscus *Duarenus*, „Opera", Paris 1598. – Hugo *Donellus* (Doneau),
„Commentariorum juris civilis libri XXIIX", Tom. III, 1595. – Jean *Domat*, „Le-
gundo delectus ex Libris Digestorum et Codicis", Paris 1700. – „Les Loix civiles
dans leur ordre naturel", La Haye 1695 (vgl. dazu die Anmerkungen Leibnizens,
abgedruckt bei Grua II, 647–652). Einen unmittelbaren Einfluß auf Leibniz hatten
Franciscus *Hotomanus* (Hotman) mit seinen Werken „Partitiones Juris Civilis",
1565; – „Antitribonianus, sive de studio legum", Hamburg 1647; – „Prima Juris
Civilis Elementa", Jena 1716; und *Hoppers,* „Seduardus sive de vera jurisprudentia", Antwerpen 1590.
[111] Vgl. zur Reconcinnation des Römischen Rechts durch Leibniz folgende Literatur: Gustav *Hartmann*, a.a.O., S. 31–44. – Friedrich Adolf *Trendelenburg*, Leibnizens Anregung zu einer Justizreform 1684, in: Kleine Schriften, Bd. I, 1871,
S. 241–247. – Kurt *Dickerhof*, Leibniz' Bedeutung für die Gesetzgebung seiner Zeit,
ungedr. Diss. Freiburg 1941. – Erich *Molitor*, Leibniz in Mainz, FS Albert Stohr,
Mainz 1950, S. 457–472; Der Versuch einer Neukodifikation des Römischen Rechts

Schon bei seinem ersten Besuch am kurmainzischen Hof hatte Leibniz Gelegenheit, seine Reformvorschläge dem Kurfürsten zu unterbreiten. Leibniz versicherte sich seines Wohlwollens, jedoch die erstrebte Berufung in eine amtliche Stellung blieb zunächst aus, nicht zuletzt wohl wegen seines freundschaftlichen Verhältnisses zu Boineburg. Außerdem wollte der Kurfürst, der die Begabung des jungen Leibniz sehr wohl erkannt hatte, seinem verdienten Hofrat Lasser nicht ohne dessen Einwilligung einen so gelehrten Juristen zur Seite stellen. So bedurfte es noch eines persönlichen Besuchs Leibnizens bei Lasser, um zu erreichen, daß dieser ihn von sich aus dem Kurfürsten als Gehilfen empfehle, bis der Kurfürst endlich seine Zustimmung erteilte[112]. Es ist immerhin erstaunlich, daß Leibniz, der eben noch einen ihm angebotenen Lehrstuhl ausgeschlagen hatte, sich unter diesen Bedingungen – ohne amtliche Berufung und in formell untergeordneter Stellung – mit einem so unermüdlichen Eifer ans Werk machte, daß Lasser mehr oder weniger unfreiwillig seinem Mitarbeiter bald die Leitung des Unternehmens überließ und Leibniz damit als der eigentliche Initiator des neuen Corpus Juris seine eigenen Pläne verwirklichen konnte. Man wird deshalb nicht fehlgehen zu vermuten, daß Leibniz, der bei seiner angeborenen Gründlichkeit – abgesehen von der Welfengeschichte – wohl keine Tätigkeit mit solcher Genauigkeit und Verve betrieben hat wie die ihm in den Jahren von 1667 bis 1672 in Mainz übertragenen Arbeiten, zu dieser Zeit die Reconcinnation des römischen Rechts und die Emendation der Jurisprudenz als seine eigentliche Lebensaufgabe betrachtet hat[113].

durch den Philosophen Leibniz, Studi Koschaker I, 1953, S. 357–373. – Gaston *Grua,* La Justice humaine selon Leibniz, Paris 1956, S. 254–260. – Erik *Wolf,* Das Problem der Naturrechtslehre, Karlsruhe 1964, S. 144-146.

[112] Auf diese, von Leibniz selbst berichtete Begebenheit weist zum ersten Male Paul *Wiedeburg,* a.a.O., Bd. 1, S. 106, hin. – „Ex quo enim a primis cursus mei juridici annis haec mecum agitavi, incidi Moguntiae in Hermannum Andream Lasserum, Elect. Mog. a consiliis aulicis, et judicii aulici electoralis assessorem, cui eadem fere mens et scopus insederat. Nec displicuere Eminentissimo Electori cogitationes hae nostrae, iisque urgendis et jurandis manum liberalem se porrecturum elementa significans" (Bedencken, Dutens 234).

[113] „Ma propre origine familiale me recommande l'effort pour rétablir la morale, les bases du droit, et de l'équité avec un peu plus de clarté et de certitude qu'elles n'ont coutume d'en avoir." (L. *Prenant,* Œuvres choisies de Leibniz, S. 33, zitiert bei Yvon *Belaval,* Leibniz. Initiation sur sa philosophie, Paris 1962, S. 22). Dieser Ansicht scheint auch *Grua* (Textes II, 703) zu sein: „Logicien chercheur de règles universelles et de leurs combinaisons, il voulut toute sa vie réduire en système non seulement le droit naturel, mais le droit civil."

Ein erstes Ergebnis der gemeinsamen Bemühungen enthält die im Juni 1668 erschienene „Ratio Corporis Juris Reconcinnandi"[114], eine wohl überwiegend von Leibniz verfaßte Schrift zur Rechtfertigung des umfangreichen Unternehmens einer Privatrechtsreform. Das römische Recht habe zwar, so stellte Leibniz fest, durch eine „gewisse spontane Rezeption" die Geltungskraft des „gemeinen Rechts" und gleichsam eines „Völkerrechts der christlichen Staaten" erhalten[115], so daß es nicht möglich sei, die Autorität des römischen Rechts ohne eine vollständige Veränderung des gesamten Rechtswesens aufzuheben, jedoch könnten und müßten seine Mängel beseitigt werden[116]. Von den allgemein gegen das römische Recht erhobenen Vorwürfen nannte Leibniz die Überflüssigkeit, die Lückenhaftigkeit, die Unverständlichkeit und die Ungeordnetheit. Die Überflüssigkeit (superfluitas) einzelner Vorschriften sei jedoch nur eine scheinbare, weil in verschiedenen Rechtskreisen jeweils unterschiedliche Einzelbestimmungen nicht mehr in Kraft stünden. Ebenso gehöre die Lückenhaftigkeit (defectus) zum Wesen jedes Gesetzes, denn eine lex könne niemals für alle Rechtsfälle Vorsorge treffen[117]. Die Unverständlichkeit (obscuritas) des römischen Rechts aber habe die Humanistenjurisprudenz (Cujas, Contius, Hotman) durch eine sinnvolle Kommentierung (Dionysius Gothofredus) schon beseitigt. Allein die Unordnung (confusio) herrsche noch vor und verwirre alles[118]. So leitete Leibniz der Ordnungsgedanke, wiewohl er in gewisser Hinsicht alle seine Reformvorschläge kennzeichnet, in beson-

---

[114] „Ratio Corporis Juris Reconcinnandi" vom Juni 1668, abgedruckt bei *Dutens* IV, 3 S. 235–249. – Siehe dazu auch die später verfaßte Schrift „Praefatio Novi Codicis" (Vorwort zum Codex Leopoldinus für den Kaiser), abgedruckt bei *Grua* II, 624–628, und das Fragment „Rationale Digestorum", abgedruckt bei *Grua* II, 629–632.

[115] Ratio, § 2 (Dutens 235); siehe dazu die Briefe an *Conring* vom 13. (23.) Januar 1670 (A II-1, 31) und an Jean *Chapelain* aus der 1. Hälfte des Jahres 1670 (A I-1, 50–51).

[116] Ratio, § 5 (Dutens 235): „Ideo Juris Romani authoritas sine totali Rei Juridicae mutatione tolli non potest; tolli tamen Vitia ejus et possunt et debent."

[117] Ratio, §§ 14–16 (Dutens 236): „Defectus Juris Romani consistit in Antinomiis, et quod casus pluribus in eo non satis decisi sunt. – Sed haec vitia omnibus legibus communia sunt, numquam enim possunt comprehendi omnes casus. – Audemus tamen dicere, nullum extare librum legum in Orbe terrarum qui plures, et insigniores in omnibus materiis, comprehendat, et decidat casus, quam Corpus utrumque juris Romani."

[118] Ratio, § 23 (Dutens 236): „Confusio autem sola adhuc maxime regnat, et omnia turbat."

derer Weise bei der Reconcinnation des römischen Rechts. Die Unordnung im Corpus Juris sei eine dreifache: sie beziehe sich auf die Unterteilung in verschiedene Bücher (opera), auf den Rechtsstoff (materia)
und auf die einzelnen Gesetze (leges)[119]. Aus den nun folgenden detail-
lierten Angaben von Leibniz läßt sich ein recht genaues Bild vom geplanten Corpus Juris Reconcinnatum gewinnen: Alle vier Codices des
Corpus Juris sollen zu einem Gesetzbuch zusammengefaßt werden, so
daß einander entsprechende Gesetze, die dieselbe Materie betreffen,
nur an einer Stelle erscheinen[120]. Der gesamte Rechtsstoff ist neun
Hauptteilen (Generalia Juris et Actionum, Personae, Judicia, Jura
Realia, Contractus, Successiones, Delicta, Jus Publicum, Jus Sacrum)
so zuzuordnen[121], daß innerhalb eines jeden Teils die allgemeinen Bestimmungen den besonderen Titeln vorangestellt sind[122]; ein Prinzip,
das seit Leibniz für viele neuzeitliche Kodifikationen eine große praktische Bedeutung erlangt hat. Die einzelnen Gesetze und Paragraphen
müssen jeweils unter dem ihnen zugehörigen Titel in „natürlicher Ordnung"[123] mit den benachbarten Vorschriften zusammengefaßt werden[124]. Darüber hinaus dürfe aber, vor allem am Gesetzestext, nichts
verändert werden, denn die Reconcinnation solle das römische Recht

---

[119] Ratio, § 25 (Dutens 236): „Confusio est Operum, Materiarum et Legum."
[120] Ratio, §§ 28 und 90 (Dutens 237 und 242): „Haec debent inter se conjungi
paralleliter. – Libri Juris in unam consonantium jungentur, sic tamen, ut uno obtutu
apparere possit, quid Codice vel Digestis &c. haustum sit."
[121] Ratio, § 92 (Dutens 242): „... Et erunt quidem hae nostrae partes numero
Novem ipsi Ordini Digestorum perpetuo currenti ejusque rationi simul ac praxi
receptissimae satis consentaneae, junctis tantum securitatis causa iis Titul. Libris,
LL. &c. quos jam a principio decuisset, quique non juncti, praesentem nunc nobis
quam omnes plangimus generarunt obscuritatem; veluti: (I.) Generalia Juris et Actionum, (II.) Jura Personarum, (III.) Judicia, (IV.) Jura Realia, (V.) Contractus,
(VI.) Successiones, (VII.) Delicta, (VIII.) Jus Publicum, (IX.) Jus Sacrum."
[122] Ratio, §§ 93, 94 (Dutens 242–243): „Materiae generales digerentur in subalternas ordine veteri Corporis Juris partim servato, partim ubi opus, mutato;
– Materiae subalternae digerentur in Speciales servato ordine vulgari Corporis
Juris."
[123] Der Gedanke, daß eine „natürliche" Ordnung der Gesetze existiere, findet sich
auch bei Jean *Domat*, „Les Loix civiles dans leur ordre naturel", La Haye 1695. –
Vgl. dazu Leibniz' Auszüge und Anmerkungen vom Jahre 1695 bei *Grua* II,
647–652.
[124] Ratio, §§ 96–98 (Dutens 243): „Leges vel Paragraphi ad eundem titulum
spectantes colligentur in unum. – Disponentur sub eo ordine naturali circumstantia-
rum. – Si Lex ad plures titulos referri potest, ponetur sub eo, ex quo pendet ejus
ratio decidendi. Sub altero tantum citabitur per verba initialia."

nicht ersetzen, sondern lediglich „begleiten"[125]. Zusammenfassend beschrieb Leibniz das gemeinsame Unternehmen mit folgenden Worten: „Satis delineavimus quale futurum sit Corpus Juris Reconcinnatum, id est: nihil aliud quam Systema Legum omnium, prout singulae in Corpore Juris verbo tenus jacent, et in natura reperiuntur, justo ordine digestarum[126]."

Aber schon wenige Monate nach der Veröffentlichung der „Ratio" glaubte Leibniz nicht mehr, sich bei der Reconcinnation des römischen Rechts auf eine Neuordnung nur des Corpus Juris beschränken zu können. Schon bei der Bearbeitung der Digesten[127], insbesondere der „Regulae Juris" und des Titels „De Justitia et Jure", hatte er erkannt, daß die hier noch in wenigen Definitionen Ulpians zusammengefaßte, seither aber nahezu unübersehbare Tradition der Lehren vom Naturrecht und von der Gerechtigkeit unmöglich vollständig in das Corpus Reconcinnatum aufgenommen werden könne. Andererseits war er sich zugleich der Gefahr bewußt, daß mit einer Übernahme aller oder auch nur der wichtigsten Teile des Corpus Juris das neue Gesetzbuch ebenso umfangreich und unübersichtlich werde wie jenes. Deshalb entschloß sich Leibniz, sowohl das Naturrecht (jus naturae et gentium) als auch die Grundregeln des römischen Rechts (regulae juris) aus dem Corpus Juris herauszunehmen und als „Elementa Juris Naturalis" neben den „Elementa Juris Romani hodierni" und einem Kernbestand von Gesetzen, dem „Nucleus Legum", seinem Corpus Reconcinnatum voranzustellen[128]. Mit dieser Ausdehnung des Reconcinnationsgedankens auf

---

[125] Ratio, § 105 (Dutens 243): „Quo tamen labore nobis primario propositum est, non Corporis Juris vulgari ordine conceptum e Scholis tollere, sed declarare; non authentica vi et approbatione fori privare, sed ad ipsam praxin accomodatius reddere; non omnem ejus authoritatem, et fundatas in eo Doctorum allegationes ac omnia eorum scripta hactenus divulgata uno quasi ictu evertere, sed ordinis splendore illustrare; denique illud efficere ut Corpus Reconcinnatum veteris non Successor, sed Comes habeatur."

[126] Ratio, § 101 (Dutens 243).

[127] Zur Vorlage für seine Arbeit hatte Leibniz die Corpus-Juris-Ausgabe des Dionysius *Gothofredus* gewählt (vgl. die „Ratio" §§ 21, 113, 121–122, 144 und den Brief an Jean *Chapelain* von 1671 [A II-1, 52]), von der er mehrere Exemplare auseinanderschnitt und die einzelnen Textstellen nach den in der „Ratio" dargelegten Prinzipien auf großen Tafeln neu zusammenstellte. (Siehe *Dickerhof*, a.a.O., S. 31–32, und *Ludovici*, Ausführlicher Entwurf einer vollständigen Historie der Leibnizschen Philosophie, Leipzig 1737, S. 55.)

[128] „Tria potissimum molimur. Elementa bina, una Juris Romani aliquot chartis oculariter inclusa, quae qui teneat, sola ex iis consequentia soluere omnes casus

die Tradition des Naturrechts und der Reduzierung des positiven
Rechts im kombinatorischen Verfahren auf wenige „Elemente" stellte
Leibniz seinen ursprünglichen Plan jedoch auf eine völlig neue, allgemeine Grundlage: er versuchte, mit der Verbesserung des Corpus Juris
zugleich die gesamte Rechtswissenschaft neu zu ordnen und nach vernunftgemäßen Prinzipien aufzubauen:

> „Cónjugió vetera ábsolvés digésta solúto;
> Párs nova júris opús núntiat ésse novúm[129]."

So entfaltete sich gleichsam aus der Reconcinnation des römischen
Rechts die Emendation der Rechtswissenschaft zur „Jurisprudentia
rationalis"[130].

Leibniz hatte also die Notwendigkeit einer vernunftgemäßen Rechtswissenschaft als Voraussetzung für die Reconcinnation klar erkannt[131]
und dies in seinem um das Jahr 1669 in deutscher Sprache verfaßten
„Bedencken, welchergestalt den mängeln des Justizwesens in theoria

queat. Altera Elementa Juris Naturalis brevi libello demonstrata, quorum ope colligere ex Elementis Romani consequentias liceat. Tertium Corpus ipsum Juris Romani Reconcinnatum, id est leges omnes, ipsis verbis naturalissimo ordine sibi sub-
jectas ..." (Brief an Jean *Chapelain* von 1670 (A II-1, 55). – An den beiden Ele-
mententeilen arbeitete Leibniz völlig ohne Lassers Unterstützung: „Ex his Elementa
Juris Naturalis Tabulasque Elementorum Juris Communis mihi vindico, in Nucleo
Legum et Corpore Reconcinnando Clmo Lassero JCto Mog. adjutor sum." (Brief
an Louis *Ferrand* vom 31. 1. 1672 [A I-1, 181].)

[129] Distichon von Leibniz (Jur. V, 8), abgedruckt bei *Bodemann*, Die Leibniz-
Handschriften, Hannover und Leipzig 1895, S. 36.

[130] Von Leibniz sind verschiedene Manuskripte „Ad Jurisprudentiam emendandam" überliefert (siehe Jur. III, 3 fol. 1–2). Die gleiche Formulierung erscheint auch
in mehreren Briefen: an *Boecler* vom Oktober 1670; an *Graevius* vom Februar 1671
(A I-1, 104, 123); an *Conring* vom Mai 1671 (A II-1, 94); an *Lambeck* vom August
1671 (A I-1, 62) und an den Herzog *Johann Friedrich* vom März 1673 (A II-1, 232).
– Ebenso verwendet Leibniz den Begriff „Jurisprudentia rationalis" in folgenden
Briefen: an *Wülfer* vom Dezember 1669 (A I-1, 79); an *Graevius* vom April 1670;
an *Hobbes* vom Juli 1670; an *Woldenberg* vom März 1671; an den Herzog *Johann
Friedrich* vom Mai 1671 (A II-1, 37, 56, 105). Vgl. zum Gedanken der „Jurispruden-
tia rationalis" allgemein Gaston *Grua*, La Justice humaine selon Leibniz, Paris 1956,
S. 231–264.

[131] „Cum enim diu agitaverim animo Rationalia Juris romani, multa versatione
deprehendi, haec nisi scientia juris naturalis instituta frustra quaeri. Quando exploratum est, prope dimidiam partem Digestorum juris naturalis esse, atque plerasque propositiones ab Jurisconsultis Romanis tanta subtilitate demonstratas, ut cum
Euclide certare possint, reliquae leges Juris romani etsi non naturalis Juris, tamen
aliarum legum naturali jure combinatarum consequentiae haberi debent. Hoc igitur
ostenso, digestisque eo ordine legibus, quo se demonstrant aut consequuntur, eadem
opera Rationalia juris Romani, corpus juris reconcinnatum, jus romanum naturali
collatum, ipsa legum interpretatio ex ratione earum velut animo pendens, denique

abzuhelfen"[132], vor allem auch in zahlreichen Briefen an befreundete Juristen[133] immer wieder zum Ausdruck gebracht. Der erste Teil jener Jurisprudentia rationalis bestand, entsprechend dem Digestentitel „De Justitia et Jure", in einer definitorischen Zusammenfassung des Naturrechts, den „Elementa Juris Naturalis, so ein kleines werck seyn, aber viel in sich begreiffen wird, mit solcher clarheit und kürze, daß auch die wichtigsten Fragen Juris Gentium et publici von jedem vernünftigen Menschen, wenn er nur der darinn vorgeschriebenen Methodo folgen will, erörtert werden können"[134]. Aus den wenigen überlieferten Aufzeichnungen zu den Elementen des Naturrechts[135] geht hervor, daß Leibniz unter diesem Titel offenbar die herkömmliche „philosophia moralis" in kurzen Definitionen allgemeiner Rechtsbegriffe (justum, justitia, aequitas, obligatio, bonum, lucrum, damnum etc.)[136] zusammenfassen und kommentieren wollte in der Überzeugung, man könne aus einer Kombination jener Definitionen die Entscheidungsnorm für

---

scientia juris naturalis accuraté demonstrata habebuntur." (Brief an Lambert van *Velthuysen* vom 6. [16.] April 1670 [A II-1, 40].)

[132] „Bedencken, welchergestalt den mängeln des Justizwesens in theoria abzuhelfen" aus dem Jahre 1669 (Jur. II, 1), erstmals abgedruckt in den „Deutschen Acta Eruditorum", 64. Teil, 1719, S. 287 ff; später bei *Guhrauer*, a.a.O., Bd. I, S. 256 ff; lateinische Übersetzung bei *Dutens* IV, 3, S. 230–234. – Der Brief an den *Kaiser* vom August 1671 „Betreffend die Mißstände der Rechtspflege und die Dunkelheit und Weitläufigkeit des Römischen Rechts" in der *Akademie-Ausgabe* I-1, S. 57–62, enthält fast wörtlich das „Bedencken", jedoch sind Anfang und Schluß des Briefes neu hinzugefügt. (Vgl. dazu *Dickerhof*, a.a.O., S. 36.)

[133] Vgl. die Briefe an *Graevius* vom 16. 4. 1670 (A II-1, 37) und vom 5. 5. 1671 (A I–1, 146); an *Conring* vom 23. 1. 1670 (A II-1, 28), vom 19. 4. 1670 (A II-1, 41) und vom 8. 2. 1671 (A II-1, 78); an Jean *Chapelain* von 1670 (A II-1, 50); an *Velthuysen* vom 6. 4. 1670 (A II-1, 40); an *Hobbes* vom 23. 7. 1670 (A II-1, 56); an *Arnauld* vom November 1671 (A II-1, 173); außerdem die Briefe an den Herzog *Johann Friedrich* vom 21. 5. 1671 (A II-1, 105) und vom Oktober 1671 (A II-1, 159) und an den Kurfürsten *Johann Philipp* vom 21. 11. 1668 (A I-1, 11) und vom 27. 3. 1669 (A I-1, 20).

[134] Brief an den Herzog *Johann Friedrich* vom Oktober 1671 (A II-1, 162); ebenso im Brief an *Arnauld*, Anfang November 1671 (A II-1, 173).

[135] „Elementa Juris Naturalis" aus den Jahren 1669–1671, abgedruckt in der *Akademie-Ausgabe* VI-1, S. 431–485 (6 Stücke), und zum Teil bei *Mollat*, 2. Aufl., S. 19–34 unter dem Titel „Juris et aequi Elementa". Vgl. ergänzend auch die handschriftliche Gliederung „Ex Elementis" (Jur. III, 2 fol. 3–4) und die als „Elementa Juris Naturalis" von *Grua* II, S. 603–632, zusammengefaßten Arbeiten aus den Jahren 1677–1678.

[136] Elementa Juris Naturalis, Untersuchungen (Konzept A, 1670–1671, A VI-1, 457; Konzept B, 1671, A VI-1, 466–480) und „Definitiones" (1677–1678, Grua II, 603–604).

den konkreten Einzelfall gewinnen[137]. – Unabhängig davon sollten in einem zweiten Teil die Grundlagen des römischen Rechts, die „Elementa Juris Romani hodierni"[138], so zusammengestellt werden, „daß man alle deßen fundamenta in einer einzigen[139] tafel vor sich haben, und durch deren combination in casu proposito vorgeschriebener Methodo gemäß alle vorgegebene Fragen nach den Gemeinen Römischen Rechten auflösen könne"[140]. Leibniz nahm hier also seinen schon in der „Nova Methodus" geäußerten Plan wieder auf, das gesamte innerhalb des Reiches noch in Geltung stehende römische Recht auf seine Grundregeln und Prinzipien zurückzuführen und diese „fundamenta juris" auf einer Tafel in der Größe einer Landkarte so miteinander zu verbinden, daß allein aus jener Tabelle alle Streitfragen und Rechtsfälle „more combinatorio" entschieden werden könnten[141]. Als dritter Teil der Jurisprudentia rationalis folgte nun das eigentliche Corpus Juris Reconcinnatum, bestehend aus einem Gesetzeskern und dem neuen Ge-

[137] „Elementa Juris Naturalis ut mole exigua, ita pondere magna erunt. Continebunt enim ex solis justi definitionibus deductas demonstrationes: Virum justum seu bonum definio, qui amat omnes. Amare alterius felicitate delectari. Felicitatem statum purae delectionis. Delectionem sensum harmoniae. Ex his definitionibus omnia duco. Et in casu concursus eius Bonum praeferendum esse ostendo, unde harmonia in summa major. Hinc deduco omnes juris regulas, de dolo, et culpa, et casu, et damni lucrique proportionibus, et praemiis poenisque, viamque ostendo, facto semel habito, tam facile solvendi omnes casus, quam aliquis problema Geometricum per analysin dissolverit." (Brief an Louis *Ferrand* vom 31. 1. 1672 [A I-1, 180–181].) –
„... praeter haec, inquam, Elementa Juris Naturalis brevi libello complecti cogito, quibus omnia ex solis definitionibus demonstrentur. Virum bonum enim, seu justum, definio, qui amat omnes. Amorem voluptatem ex felicitate aliena, dolorem ex infelicitate aliena. Felicitatem voluptatem sine dolore; Voluptatem sensum harmoniae; Dolorem sensum incongruitatis; Sensum cogitationem cum voluntate seu conatu agendi. Harmoniam diversitatem identitate compensata. Utique enim delectat nos varietas, sed reducta in unitatem. Hinc omnia juris et aequi theoremata deduco." (Brief an Antoine *Arnauld* vom November 1671 [A II-1, 173–174].)
[138] „Elementa Juris Romani (hodierni)" aus den Jahren 1668–1672, abgedruckt bei *Grua* II unter folgenden Titeln: „Ad Elementa Juris Civilis" (1668–1671) S. 705–713; „Album Praetoris" (1668–1672) S. 713–721. Der bei weitem überwiegende Teil der Vorarbeiten entstand jedoch erst in den Jahren 1677–1697 (Grua II, 721–838), vgl. unten Seite 88, Fußnote 292.
[139] Genauer gesagt hatte Leibniz wohl drei Tafeln geplant, jeweils gesondert für das Privatrecht, das öffentliche Recht und das Prozeßrecht. (Vgl. Brief an *Conring* vom 23. 1. 1670 [A II-1, 31].)
[140] Brief an den Herzog *Johann Friedrich* vom Oktober 1671 (A II-1, 162).
[141] „Nimirum Vir Amplissime, nos illud profitemur, quidquid in toto Romani Juris Corpore constitutum est, redigi posse in exigua quaedam Elementa, ac paucas propositiones, aliquot velut Geographicis Chartis, vno obtutu lustrabilibus, tabulas Chronologicas Petavianas non multum excedentibus, clarissimas, popularissimas,

setzbuch selbst, das nun nur noch zur Rechtfertigung und Authentisierung der beiden „Corpora Elementorum" bestimmt war[142]. Der „Nucleus Legum"[143] enthielt, auf kurze und allgemein verständliche Formeln gebracht, alle diejenigen Gesetze des römischen Zivilrechts, die für die zeitgenössische Rechtspraxis von besonderer Bedeutung waren, während das „Corpus Juris Reconcinnatum" im engeren Sinn[144] noch einmal den gesamten Rechtsstoff des Corpus Juris wörtlich, jedoch in neun Büchern neu geordnet, gewissermaßen als Kommentar zum Nucleus Legum überliefern sollte.

Von diesem ausgreifenden Plan einer Emendation der Jurisprudenz konnte Leibniz in den vier Jahren seiner Mainzer Tätigkeit naturgemäß nur wenig verwirklichen[145]: zu den „Elementa Juris Naturalis" hat er einige Vorstudien hinterlassen[146]; von den „Elementa Juris

omnibus terminis technicis quos vocant carentes, rustico linguae, qua scribuntur perito intelligendas, quas qui vel memoria teneat, vel oculis objectas habeat, ipsa velut oculari applicatione (prorsus ut olim ab actore aut Reo commonstranda in albo Praetoris actio, aut exceptio erat, qua volebat uti) soluere ex Jure Romano casum quemlibet propositum, exiguo ad meditandum spatio sumpto possit." (Brief an Jean *Chapelain* von 1670 [A II-1, 52].) – „Ex Elementis Juris civilis communis hodierni ausim promittere adolescentem paucarum septimanarum spatio ita instrui posse per lusum jocumque, ut possit ex iis definire omnes casus oblatos opera non magna, et ipsas agitatissimas inter Doctores controversias ex solidis fundamentis decidere." (Brief an Louis *Ferrand* vom 31. 1. 1672 [A I-1, 181].) – Vgl. auch Fußnoten 65, 293.

[142] „Justificatio horum elementorum ipsis Romanarum legum verbis quaerenda est, quae secundum haec elementa debent disponi, distribui, deduci et illustrari, atque confirmari. Ejus duo gradus sunt, nempe nucleus legum, et deinde ipsum corpus juris reconcinnatum." (Bedencken, a.a.O. [Dutens 234].) – „Solche Elementa Juris Romani werden mit einem Nucleo Legum Romanarum ipsis earum verbis contexto authentisirt, darinn in natürlicher ordnung clar und kürzlich begriffen alles das jenige so in Jure Romano annoch vim legis haben kan." (Brief an Herzog *Johann Friedrich* vom Oktober 1671 [A II-1, 162].)

[143] „Nucleus Legum Romanarum velut carne sceleton Tabularum nudum vertit." (Brief an Louis *Ferrand* vom 31. 1. 1672 [A I-1, 181].) – Vom teilweise fertiggestellten „Nucleus Legum" ist nichts mehr erhalten.

[144] „Corpus Juris Reconcinnatum omnes omnino leges digeret, ut ad Regulas elementorum Juris Naturalis et Civilis, ex quibus pendet, referet." (Brief an Louis *Ferrand* vom 31. 1. 1672 [A I-1, 181].) – Vgl. auch Fußnote 306.

[145] Leibniz entschuldigt sich dafür in einem Brief an den Herzog *Johann Friedrich* vom 21. 5. 1671 (A II-1, 105): „Gleich wie ich nun darinn Gottlob nicht wenig fortgang gehabt, vndt zimblich auff den grundt kommen zu sein verhoffe, so werde ich doch durch die Römischen Rechte sehr auffgehalten, dieweil alle Leges deß gantzen Corpus juris gegen solche vernunfftmäßige gründe natürlichen rechtß gehalten, in solche eingetheilt und also in eine natürliche ordnung bracht werden sollen."

[146] Vgl. Fußnote 135.

Romani" ist nur ein vorläufiger Entwurf dem Kurfürsten Johann Philipp vorgelegt worden[147]; der „Nucleus Legum" wurde zwar nach Leibniz' eigenem Bericht etwa zur Hälfte fertiggestellt[148], dafür ist aber das „Corpus Juris Reconcinnatum" im engeren Sinne über – gleichwohl umfangreiche – Vorarbeiten nicht hinausgewachsen[149][150]. Erst die zahlreichen Aufzeichnungen aus der hannoverschen Zeit, in die der Schwerpunkt der juristischen Tätigkeit von Leibniz fällt, brachten einen sichtbaren Fortschritt[151].

Bei der Beurteilung dieses Torso darf jedoch nicht übersehen werden, daß Leibniz die Emendation der Jurisprudenz in Mainz nur als eine, wenn auch sehr zeitraubende Nebenbeschäftigung betreiben konnte. Boineburg, der zunächst vorwiegend für seinen Lebensunterhalt sorgte, hatte ihn zu persönlichen Diensten herangezogen und mit dem Ordnen seiner umfangreichen Bibliothek beauftragt[152]. Endlich aber berief ihn auch der Kurfürst Johann Philipp in das erstrebte öffentliche

---

[147] *Dickerhof* (a.a.O., S. 31) ist der Ansicht, die Elemententafel sei endgültig fertiggestellt worden, und bedauert (S. 32), daß sie nicht eingesehen werden kann. Dagegen spricht jedoch die große Zahl der erst von *Grua* veröffentlichten Manuskripte (vgl. Fußnote 294), die überwiegend Teilstudien zur Elemententafel darstellen und erst in Hannover verfaßt sind. (Vgl. auch *Wiedeburg*, a.a.O., S. 213.)

[148] „Itaque rem aggressis inter innumera impedimenta et obstacula eo tamen res perducta est, ut non tantum tabula, quae nucleum continet, quoad praecipuam partem absoluta sit, et quotidie in relegendo novis supplementis augeatur et perficiatur: sed et dimidia fere pars nuclei legum, qui verba ipsa continet, extracta..." (Bedencken, Dutens 234.)

[149] In der Hessischen Landesbibliothek Darmstadt befindet sich unter der Handschriftennummer 22 764 eine nach den Verfassern des Gesetzestextes aufgegliederte Zusammenstellung der Digesten mit Randbemerkungen von Leibniz. Sie trägt den Titel „Leibnitii Corpus Juris Civilis Reconcinnatum, vol. 1 – 9, ex auctione G. G. Müller, Lipsiae 1820". – Vgl. dazu vor allem *Dickerhof*, a.a.O., S. 31–32, 99.

[150] Etwas zuversichtlicher schreibt Leibniz jedoch an Louis *Ferrand* am 31. 1. 1672 (A I-1, 181): „Quaeres, quid ex omnibus praestitum sit? Respondeo: Elementa Juris Naturalis, Tabulam Elementorum Juris Civilis, Nucleum Legum, ita affecta esse, ut brevissimo tempore, certe anni minimum, si huic uni rei vacare liceret, absolvi possent. Sed Corpus Reconcinnatum vastius est, in quo adminiculis adjuvantium directionemque sequentium et tempore opus est. Erit tamen ceteris perfectis laboris potius quam ingenii, ac proinde aliorum accedente opera poterit facile expediri."

[151] Vgl. dazu die zahlreichen, erst von Gaston *Grua* in den „Textes inédits", Bd. 2, Paris 1948, S. 593–889, veröffentlichten Entwürfe und Fragmente von Leibniz aus den Jahren 1676–1696.

[152] Im Zusammenhang mit dieser Tätigkeit entstand die Denkschrift zur Neuordnung des deutschen Bücherwesens, von der Leibniz sich eine Förderung der Reichseinheit erhoffte und die er am 22. Oktober 1668 über den kaiserlichen Hofhistoriographen und Bibliothekar, Peter Lambeck, an den Kaiser richtete. (Vgl. *Wiedeburg*, a.a.O., S. 106–114.)

Amt: im Sommer 1670 wurde er zum Rat am „Oberrevisionskolle-
gium" ernannt, dem wegen des privilegium de non appellando höchsten Gericht in Mainz. Während dieser richterlichen Tätigkeit lernte
Leibniz gründlich die Mißstände der Rechtspflege im Reich kennen und
arbeitete alsbald umfangreiche „Bedenken" zu einer allgemeinen Justizreform aus[153]. So glaubte er zum Beispiel, die Langwierigkeit des
gemeinrechtlichen Zivilprozesses durch eine begrenzte Einführung der
Offizialmaxime beheben zu können[154]. Mit Nachdruck und Erfolg
setzte sich Leibniz aber auch für diesen Plan erst später in Hannover
und Berlin ein.

Außerdem verfaßte Leibniz in Mainz noch eine Reihe theologi-
scher[155], philosophischer[156], naturwissenschaftlicher[157] und politi-

---

[153] „Wie auch im Process solche newe vortheil anzugeben, daß mann zu aller
betrangten wohlfahrt, zu erhaltung der Justiz, zu abwendung der ruin so vieler
familien mitt einer so viel möglich sicheren geschwindigkeit zur wahrheit kommen
könne." (Brief an Herzog *Johann Friedrich* vom 21. 5. 1671 [A II-1, 105].)

[154] „Endtlich kan ich Mittel den Process zu contrahiren an die hand geben, dergleichen bisher nicht gebraucht worden, denn die Proceß-Ordnungen insgemein den
fundum calamitatis nicht rühren, sondern nur externa Emplastra appliciren, in dem
sie die partheyen zwingen, zu gewissen zeiten zu erscheinen, gewiße fatalia in acht
zu nehmen, eine gewiße Anzahl schrifften zu wechseln, und dergleichen, so etwas
aber nicht alles hilfft, bisweilen auch wohl schadet, als zum exempel wenn bisweilen
die ausführung der innocenz mehr schrifften als die gemeine Anzahl mit sich bringt,
erfordert, aber die Form und Weise zu ratiociniren und die wahrheit zu eruiren,
dadurch die disputen in die eng getrieben würden, einer nicht einerley offt vorbrin-
gen, keiner gegentheils argumenta oder responsiones mit stillschweigen übergehen,
auch keine parthey ihr recht zu allegiren vergessen oder betrogen werden köndte,
und wenn sie gleich den elendesten und im gegentheil den besten advocaten hätte,
dieses sind dinge so nicht allein müglich sondern auch leicht, und doch nirgend pro-
ponirt." (Brief an Herzog *Johann Friedrich* vom Oktober 1671 [A II-1, 162].)

[155] „Confessio Naturae contra Atheistas" aus dem Jahre 1668, abgedruckt bei
Gerhardt IV, S. 105–110, und *Erdmann*, S. 45–47. – „Defensio trinitatis per nova
reperta logica contra adjunctam hic epistolam Ariani non incelebris ad illustrissimum Boineburgium, auctore G. G. L. L." aus dem Jahre 1668, abgedruckt bei *Gerhardt*, IV, S. 111–125. (Diese Schrift richtet sich gegen den Socinianer Andreas
Wissowatius.)

[156] „Marii Nizolii de veris principiis et vera ratione philosophandi contra
pseudophilosophos libri IV, Parmae 1553", von Leibniz im Jahre 1670 in Frank-
furt/M. neu herausgegeben und mit einem Vorwort „De stylo philosophico Nizolii"
versehen. (Vgl. *Gerhardt* IV, S. 127–176.)

[157] „Hypothesis physica nova, quae phaenomenorum naturae plerorumque causae
ab unico quodam universali motu, in globo nostro supposito, neque Tychonicis, neque
Copernicanis aspernando, repetuntur, Mainz 1671." – „Theoria motus abstracti seu

scher[158] Schriften, größtenteils Gelegenheitsarbeiten, die gleichwohl nicht ohne Anerkennung und Einfluß geblieben sind. Insbesondere sind aus dieser Zeit im Zusammenhang mit seinem rechtsphilosophischen Werk drei politische Abhandlungen zu nennen, in denen Leibniz, besorgt um die Sicherheit des Reiches angesichts der türkischen und französischen Bedrohung, sich für die Erhaltung des Friedens in Europa einsetzte.

Nachdem im September 1668 der polnische König Johann Kasimir abgedankt hatte, bewarben sich um die Krone Polens neben dem Zaren bzw. seinem Sohn und dem Prinzen Karl von Lothringen vor allem der Herzog von Enghien aus dem Hause Condé und der Pfalzgraf Wilhelm von Neuburg. Boineburg, der mit dem Pfalzgrafen befreundet war, hatte das Amt eines Wahlbotschafters übernommen und Leibniz darum gebeten, mit einer Flugschrift die Kandidatur des Neuburgers zu unterstützen. Im Frühsommer 1669 erschien in Königsberg unter dem Pseudonym „(G)eorgius (V)licovius (L)ithuanus" ein Traktat mit dem Titel „Specimen demonstrationum politicarum pro eligendo Rege Polonorum novo scribendi genere ad claram certitudinem exactum"[159];

---

rationes motuum universales, a sensu et phaenomenis independentes." Beide Schriften sind abgedruckt bei *Gerhardt* IV, S. 177–240.

[158] Vgl. zu den im folgenden behandelten politischen Schriften: Harry *Bresslau*, Leibniz als Politiker, Z. f. Preuß. Gesch. u. Landesk. 7, 1870. – Gottschalk Ed. *Guhrauer*, Kur-Mainz in der Epoche von 1672, 2 Bde., Hamburg 1839. – J. *Haller*, Die deutsche Publizistik in den Jahren 1668–1674, Heidelberg 1892. – F. *Hertz*, G. W. Leibniz as a political thinker, in: FS Heinrich Benedikt 1957. – Carl *Huber*, Leibniz' deutsche Politik, Z. f. Politik 29, H. 6, 1939. – Ernst Rudolf *Huber*, Reich, Volk und Staat in der Reichsrechtswissenschaft des 17. und 18. Jahrhunderts, in: Z. f. d. ges. Staatswiss. 102, 1942, S. 593–627. – Friedrich Josef *Krappmann*, Johann Philipp von Schönborn und das Leibniz'sche Consilium Aegyptiacum, Z. f. Gesch. d. Oberrheins 45, 1932, S. 185–219. – Rudolf W. *Meyer*, Leibniz und die europäische Ordnungskrise, Hamburg 1948. – Paul *Ritter*, Leibniz als Politiker, in: Dt. Monatshefte f. christl. Politik u. Kultur 1, 1920, S. 420 ff. – Leibniz' Ägyptischer Plan, Leibniz-Archiv, Darmstadt 1930. – Der junge Leibniz als politischer Schriftsteller, in: Forsch. u. Fortschr. 1932. – A. W. *Ward*, Leibniz as a politician, Manchester 1911. — Karl *Wild*, Leibniz als Politiker und Erzieher nach seinen Briefen an Boineburg, Heidelb. Jahrb. 9, 1899. – Erik *Wolf*, Idee und Wirklichkeit des Reiches im deutschen Rechtsdenken des 16. und 17. Jahrhunderts, in: Reich und Recht in der deutschen Philosophie, Bd. 1, 1943, S. 133–168 (Der neue Reichsgedanke von Leibniz). – Die neueste und grundlegende Darstellung der politischen Tätigkeit von Leibniz in Mainz gibt Paul *Wiedeburg*, Der junge Leibniz, das Reich und Europa, I. Teil: Mainz, 2 Bde., Wiesbaden 1962.

[159] Abgedruckt bei *Dutens* IV, 3, S. 522–630, und in der *Akademie-Ausgabe* IV–1, S. 3 ff.

Leibniz hatte „den ganzen Winter, etliche Monate Tag und Nacht"
daran gearbeitet[160]. Wenngleich dieser Schrift mit der Tatsache, daß
weder der Pfalzgraf zu Neuburg noch der Herzog von Enghien gewählt wurden, politisch nur ein Teilerfolg beschieden war, so erregte
sie doch ihrer Methode wegen unter den zeitgenössischen Staatsrechts-
gelehrten großes Aufsehen[161]. In mathematischer Demonstration, d. h.
durch eine additive oder multiplikative Verbindung allgemeiner Prinzipien des Gemeinwohls und persönlicher Eigenschaften eines vollkommenen Herrschers, hatte Leibniz nachgewiesen, daß „more geometrico"
der Pfalzgraf zu Neuburg der für Polen, Reich und Europa einzig ge-
eignete Kandidat sei und demzufolge mit logischer Notwendigkeit gewählt werden müsse. Dieser erste Versuch, eine bestimmte politische
Lage im streng (natur-)wissenschaftlichen Verfahren zu analysieren
und daraus konkrete politische Folgerungen abzuleiten, kann wohl eine
systematische „Politologie" im eigentlichen Wortsinn genannt werden.

Im unmittelbaren Zusammenhang mit den Eroberungsplänen Ludwigs XIV. in den Rheinlanden steht Leibniz' zweite politische Denkschrift zur „Sicherheit des Reiches"[162], deren ersten Teil er unter der
Anleitung Boineburgs kurz nach dem ergebnislosen Verlauf der Schwal-
bacher Konferenz am 6., 7. und 8. August 1670 daselbst niedergeschrie-
ben und deren zweiten Teil er nach der Unterwerfung Lothringens
durch französische Truppen am 21. November 1670 abgeschlossen hatte.
Das Sekuritätsbedenken war an den Kurfürsten Johann Philipp gerichtet in der Absicht, ihn von dem Plan eines Beitritts zur Tripel-
allianz zwischen Holland, Schweden und England abzubringen und für
ein starkes Militärbündnis einzelner deutscher Fürsten zu gewinnen,
auf Grund dessen ein stehendes Reichsheer aufgestellt werden müsse.
Dieser Fürstenbund solle als Schutzverband nicht nur die Sicherheit des
Reiches erhalten und die französische Bedrohung abwehren, sondern
vor allem eine reale Machtgrundlage für das „Arbitrium rerum", das
Schiedsrichteramt des deutschen Kaisers in Europa, bilden, eine Idee,

---

[160] Vgl. die Feststellung Paul *Ritters* in seiner Einleitung zur Akademie-Ausgabe,
S. XVII ff. (Zitiert bei Wiedeburg, a.a.O., S. 117.)

[161] Heinrich *Boecler* (s. unten S. 136) nennt sie eine ausgezeichnete Leistung, die
vielleicht ohne Beispiel dastehe. (Vgl. J. D. *Gruber,* Commercii epistolici Leibnitiani,
Pars II, 1745, S. 1261 f, Anm. XXX, und *Wiedeburg,* a.a.O., Bd. 1, S. 118.)

[162] „Bedencken welchergestalt Securitas publica interna et externa und status
praesens im Reich, ietzigen Umbständen nach, auf festen Fuß zu stellen", abgedruckt bei *Klopp* I, S. 193–315, und in der *Akademie-Ausgabe* IV-1, S. 135 ff.

die Leibniz unter Anknüpfung an die alte Reichsformel „Pax et Justitia" dem Gedanken der „Universalmonarchie" entgegensetzte. Damit stellte sich für Leibniz zur Sicherung des Reiches die Neuordnung und Einigung Europas in den Mittelpunkt. Nur ein unparteiisches „Arbitrium rerum", das sich nicht auf Herrschaft, sondern auf Autorität stütze, sei geeignet, die abendländischen Territorialstaaten zu einem einigen Europa als dem „neuen Reich", zu einer Einheit in der Unterschiedenheit, in Frieden und Freiheit miteinander zu verbinden[163].

Diese Mahnung wurde jedoch nicht beachtet. Erst als Ludwig XIV. im Dezember 1671 den Kurfürsten offiziell von seinen Kriegsvorbereitungen gegen Holland unterrichtete und eine Neutralitätszusage des Reiches verlangte, versuchte Johann Philipp im letzten Augenblick, noch einen Fürstenbund zustande zu bringen. Boineburg und Leibniz hatten bereits erkannt, daß in dieser Situation zunächst der unmittelbar bevorstehende Angriff selbst abgewendet werden mußte. Dabei konnte man nur auf diplomatischem Wege vorgehen, indem man der Eroberungslust des französischen Königs überzeugend ein noch lohnenderes Angriffsziel bot. Die Tatsache, daß gleichzeitig das Verhältnis Frankreichs zur Türkei höchst gespannt war[164], legte Boineburg den von Leibniz schon im Sekuritätsgutachten geäußerten Gedanken nahe, Ludwig XIV. die Eroberung Ägyptens vorzuschlagen[165]. So entstand das „Consilium Aegyptiacum"[166], mit dem man nicht nur Holland zu ent-

---

[163] Dazu schreibt Erik *Wolf*, a.a.O., S. 166: „Dieser große europäische Ordnungsgedanke ist der *Grund,* und die Erhebung Deutschlands zu einem innerlich einigen, äußerlich machtvollen Staat, der das „Arbitrium" führen kann, ist das *Ziel* der Leibnizschen Reichspolitik. Sie war den zeitgenössischen Diplomaten rätselhaft und ist ihnen wohl oft kindisch weltfremd erschienen. Sie bedeutet aber die stärkste Synthese geistlicher und weltlicher, politischer und kultureller, nationaler und abendländischer Kräfte und ist der umfassendste Reichsgedanke, der in der neuzeitlichen Staatstheorie aufgetreten ist."

[164] Im Juni 1672 kommt es zwischen Paris und Adrianopel zu einem förmlichen Abbruch der Beziehungen. (Vgl. Kuno *Fischer*, a.a.O., S. 88.)

[165] Schon *Conring* hatte für Frankreich Vorteile in der Eroberung der afrikanischen Küste gesehen. (Vgl. *Krappmann*, a.a.O., S. 213.)

[166] 1. „De expeditione Aegyptiaca regi Franciae proponenda Justa Dissertatio", abgedruckt bei *Klopp* II, S. 209 ff, und in der *Akademie-Ausgabe* IV-1, S. 267–382. - Die „Justa Dissertatio" hat Leibniz noch in Mainz begonnen und in Paris beendet. 2. „Consilium Aegyptiacum" (Brevarium), abgedruckt bei *Klopp* II, S. 175 ff, und in der *Akademie-Ausgabe* IV-1, 383–399. – Das „Brevarium" gibt den Inhalt der „Justa Dissertatio" in gedrängter Form wieder; es wurde von Leibniz erst im Sommer (Herbst?) 1672 in Paris verfaßt und war vermutlich für Boineburg bestimmt.

lasten, sondern zugleich die Türkei in einen Zweifrontenkrieg zu zwingen hoffte[166a]. In Eile brachte Leibniz einige kurze Entwürfe[167] dieses geradezu phantastisch anmutenden Planes zu Papier, welche Boineburg zunächst ohne Wissen des Kurfürsten mit einem Begleitschreiben an den französischen Staatsminister Pomponne sandte. Pomponne antwortete am 12. Februar 1672, der König wünsche vom Verfasser jener Schriften nähere Einzelheiten zu erfahren[168], und so entschloß sich Boineburg „zur Regelung seiner französischen Rentenansprüche" Leibniz nach Paris zu entsenden[169]. Gleichzeitig reiste im Auftrage des Kurfürsten dessen Neffe, der Obermarschall Melchior Friedrich von Schönborn, in die französische Hauptstadt, um mit Ludwig XIV. die Pfälzer Streitigkeiten beizulegen und für die Neutralitätserklärung des Kaisers ein Nichtangriffsversprechen gegenüber dem Reich einzuhandeln. Unabhängig von der Mission Schönborns verließ Leibniz Mainz am 19. März 1672, versehen nur mit einem privaten Schreiben Boineburgs an Pomponne:

[166a] Die erste, noch unklare Nachricht über den ägyptischen Plan befindet sich schon in einem Brief Leibnizens an den Herzog *Johann Friedrich* im Oktober 1671: „Endtlich will ich mit E. Hochfürstl. Durchlt gnädigster permission zum Corollario eine, wenn ich so reden darff mir in Sinn gekommene Staats-Invention anhängen ... Es ist clar, daß so große Französische Armaturen endtlich ausbrechen müssen, daß wenn sie in Europa ausbrechen, ein langer Universal-Krieg und jammerliche ruin vieler 100.000 Menschen zu besorgen; daß also alle nicht allein Catholische sondern Christen deren Verwendung in die Levante gegen den Erbfeind wündschen ... Ich habe aber durch fleißiges Lesen und erwegen der Glaubwürdigsten Voyagen einen so wichtigen von niemand meines wissens berührten vorschlag gefunden, daß ich kühnlich sagen darff, nechst des fabel-hafften Lapidis Philosophorum könne einem solchen Potentaten als der König in Frankreich ist, nichts importanteres vorgetragen werden. Denn mehr daran hanget, als vor deßen erklärung zu glauben; ich habe ihn noch niemand zuvor als den H. zu erkennen geben, der ihn aestimirt und mich ein Bedencken darüber zu verfaßen eiferigst urgirt, so thun will, und solches auch bey dem schärffesten examine, der rafinirtesten Staats-Leute zu sustiniren getrauen ..." (A II-1, 164.)

[167] 1. „Regi Christianissimo" vom Dezember 1671 (?), A IV-1, 217–224. 2. „Synopsis Meditationis, de optimo consilio, quod potentissimo regi dari potest impraesentiarum" vom Januar 1672 (?), A IV-1, 225–242. 3. „Specimen demonstrationis politicae, de eo quod Franciae interest impraesentiarum ... etc." vom Januar 1672, A IV-1, 242–246. 4. „De eo quod Franciae interest" vom Januar 1672, A IV-1, 246–252. 5. „Regis Christianissimi quid intersit" vom Januar 1672, A IV-1, 252–266.

[168] Siehe *Klopp* II, S. 115.

[169] Auch *Wiedeburg*, a.a.O., Bd. 2, S. 219, Anm. 405, nennt „alle sich im Leibniz-Schrifttum und in historischen Darstellungen hartnäckig behauptenden Angaben über eine Entsendung Leibnizens durch den Kurfürsten zur Betreibung des Ägyptischen Plans und alle daraus gezogenen Schlußfolgerungen ... also durchaus unrichtig."

„Hier kommt, den der König befohlen hat. So unscheinbar er aussieht, er ist ein Mann, der imstande sein wird, vortrefflich zu leisten, was er verspricht [170]!"

3. Abschnitt

AUFENTHALT IN PARIS (1672–1676)

Paris, im Glanze des „Roi-Soleil" die Metropole der Künste und Wissenschaften in Europa: diese Stadt und ihre „heroici ingenii" hatten auf Leibniz schon in seiner Jugend eine starke Anziehungskraft ausgeübt. So führten ihn nicht zuletzt auch eigene wissenschaftliche Interessen nach Paris, und die Entsendung durch Boineburg kam zumindest seinen persönlichen Wünschen entgegen [171]. Aus diesem Grund kränkte es Leibniz wenig, daß man ihm keine Gelegenheit bot, seine Ideen dem französischen König vorzutragen. Er nützte die Zeit und schrieb über den ägyptischen Plan zwei Abhandlungen, von denen die – noch in Mainz begonnene – ausführlichere „Justa dissertatio" für Ludwig XIV. bestimmt war, während das kürzere „Consilium Aegyptiacum" an Boineburg gesandt werden sollte. Zur gleichen Zeit, am 30. Mai 1672, hatte Johann Philipp unabhängig von Leibniz und offenbar auch ohne Kenntnis von dessen Auftrag in Paris dem französischen Gesandten de Feuquières in Mainz einen eigenen Plan eröffnet, mit dem er Ludwig XIV. für einen heiligen Krieg gegen die Türken gewinnen wollte [172]. De Feuquières reiste sofort nach Paris, erhielt aber von Pomponne die Antwort: „Je ne vous dis rien sur les projets d'une guerre sainte: mais vous savez qu'ils ont cessé d'être à la mode depuis St. Louis [173]." Nachdem in dieser Sache endlich Melchior Friedrich von Schönborn am 23. Juli 1672 im königlichen Lager bei Herzogenbusch zur Audienz

---

[170] *Klopp* II, S. 115; zitiert bei Kuno *Fischer*, a.a.O., S. 89.
[171] Vgl. *Davillé*, Le séjour de Leibniz à Paris, in: Arch. f. Gesch. d. Phil. 47, 1922, und Yvon *Belaval*, Leibniz. Initiation à sa philosophie, Paris 1962, S. 75–114.
[172] Der Plan Johann Philipps ist abgedruckt und in seiner Beziehung zum Projekt Leibnizens untersucht bei *Krappmann*, a.a.O., S. 208–212.
[173] *Guhrauer* I, S. 294; *Krappmann*, a.a.O., S. 216–217.

vorgelassen worden war, bedankte sich Ludwig XIV. in einem Brief
an den Kurfürsten vom 7. August 1672 für dessen freundschaftlichen
Rat und überging höflich alle Vorschläge. Damit war die Angelegen-
heit auch für Johann Philipp erledigt. Über diese Vorgänge in Mainz
hatte Boineburg jedoch in der Hoffnung, selbst noch etwas ausrichten
zu können, Leibniz den ganzen Sommer 1672 in völliger Unklarheit
gelassen. Erst als Boineburg im Oktober den Kurfürsten von Leibnizens
„Consilium Aegyptiacum" unterrichtete, wird ihm die Aussichtslosig-
keit des Unternehmens voll zum Bewußtsein gekommen sein; er starb
bald darauf im Dezember 1672.

Mit Boineburgs Tod war nicht nur der ägyptische Plan endgültig
fehlgeschlagen, sondern auch Leibniz' weiterer Aufenthalt in Paris ge-
fährdet. Nun kam ihm aber ein „juristischer" Erfolg zu Hilfe: als
Mandatar der Familie Boineburg setzte Leibniz, gestützt auf seine
Rechtskenntnisse, die Auszahlung eines Teilbetrages jener Rente durch,
die das französische Kabinett Boineburg im Jahre 1658 anläßlich der
Kaiserwahl ausgesetzt, aber seit seiner Inhaftierung im Jahre 1664
nicht mehr gezahlt hatte[174]. Damit war nicht nur der Unterhalt des
Sohnes Boineburgs, Philipp Wilhelm, sichergestellt, den der Vater noch
kurz vor seinem Tode im Gefolge einer Gesandtschaft Melchior Fried-
richs nach Paris geschickt und Leibniz zur Ausbildung anempfohlen
hatte[175]; damit war zugleich auch für Leibniz selbst eine bescheidene
Grundlage für einen Verbleib in Paris geschaffen. – Im Januar 1673
nahm Leibniz noch einmal an einer Reise Melchior Friedrichs zu Verhandlungen über die Beendigung des niederländischen Krieges nach
London teil, eine Mission, die mit dem Tode des Kurfürsten Johann
Philipp am 12. Februar 1673 abgebrochen werden mußte. Seit seiner
Rückkehr nach Paris aber, im März 1673, wurden Leibniz keine Aufträge aus Mainz mehr erteilt, so daß er sich nun ganz seinen wissenschaftlichen Arbeiten und Erfindungen widmen konnte.

---

[174] Vgl. das „Consilium pro Boineburgio adversus Regem Galliae in causa debiti"
(Jur. VIII, 1; *Bodemann*, Die Leibniz-Handschriften, 1895, S. 40), abgedruckt bei
Klopp III, S. 37–42.
[175] Vgl. die „Promemoria für Anna Christine Boineburg, des Herrn Barons Studia
betreffend etc." vom Mai 1673, abgedruckt in der *Akademie-Ausgabe* I-1, S. 349–350.
Unter den vorgeschlagenen Studienfächern befindet sich auch die Rechtswissenschaft:
„… (9) Jurisprudentia naturali et publica, dahin dann gehöret Grotius de Jure
Belli ac Pacis … Ferner muß er eine feine synopsin politicam und dann ein compendium aus dem Grotio De Jure Belli ac Pacis an der hand haben, das jus publicum
Germanicum in specie mus man etwa bis in Teutschland sparen." (A I-1, 349–350).

Vor allem nahm Leibniz in Paris seine mathematischen Studien wieder auf, die er bei Erhard Weigel in Jena begonnen und mit der „Ars combinatoria" zu einem vorläufigen Abschluß gebracht hatte[176]. Geradezu leidenschaftlich beschäftigten ihn jetzt – nach seinen eigenen Berichten – mathematische Probleme[177], wenn auch nicht um ihrer selbst willen[178]. Offenbar empfand er die Unterbrechung seiner mühevollen juristischen Arbeiten in Mainz zunächst als eine willkommene Erholung[179]. Noch im Jahre 1672 hatte er sich in die mathematischen Schriften *Pascals* vertieft und war bei dieser Gelegenheit wohl auch auf eine Beschreibung der von Pascal im Jahre 1645 erbauten „machine arithmétique" gestoßen. Und weil ihm selbst die Erfindung einer Rechenmaschine schon seit einiger Zeit im Kopf lag, die Pascalsche Konstruktion aber weder vollkommen noch praktikabel erschien, fertigte er unabhängig davon eigene Pläne zu einer „Lebendigen Rechenbanck"[180] an, die er während seines Aufenthalts in London im Frühjahr 1673 der Royal Society vorlegte und daraufhin im Alter von 26 Jahren zum Mitglied gewählt wurde. Außer dem mathematischen Nachlaß Pascals[181] hat Leibniz wohl auch die „Pensées" erst in Paris gründlich stu-

---

[176] Vgl. zu Leibniz' Beschäftigung mit der Mathematik: Joseph *Hofmann*, Leibniz' mathematische Studien in Paris, Beiträge zu seinem 300. Geburtstag, H. 4, Berlin 1948.

[177] „... mais les voyages me donnerent la connoissance de ces grands personnages qui me firent prendre goust aux mathématiques. Je m'y attachay avec une passion presque démesurée pendant les quatres années que je demeuray à Paris." (Brief an die Pfalzgräfin *Elisabeth* aus dem Jahre 1678 [A II-1, 433].)

[178] „Je n'ai donc pas étudié les sciences mathématiques pour elles mêmes, mais à fin d'en faire un jour un bon usage pour me donner du crédit, en avançant la pieté." (Klopp IV, 444.)

[179] „Cum a sacrorum Canonum et divini humanique juris servioribus studiis ad mathematicas disciplinas animi causa divertissem, gustata semel dulcedine doctrinae pellucis, prope ad Sirenum scopulos obhaesi." (De vera Methodo, Phil. IV, 16 [Erdmann 109].)

[180] „... und erstlich in Arithmeticis eine Maschine, so ich eine Lebendige Rechenbanck nenne, dieweil dadurch zuwege gebracht wird, daß alle zahlen sich selbst rechnen, addiren, subtrahiren, multipliciren, dividiren, ja gar radicem Quadratam und Cubicam extrahiren ohne einige Mühe des Gemüths, wenn man nur die numeros datos in machina zeichnet, welches so geschwind gethan als sonst geschrieben, so komt die summa motu machinae selbst heraus. Und ist der nuzen noch dazu dabey, daß solange die machina nicht bricht, kein fehler in rechnen begangen werden kan!" (Brief an Herzog *Johann Friedrich* vom Oktober 1671 [A II-1, 160].) – „Je fais travailler à ma machine d'arithmetique qui est infiniment differente de celle de M. Pascal." Brief an François *de la Chaise* vom Mai 1680 [A II-1, 512].)

[181] Leibniz hat einen großen Teil der Pascalschen Schriften von Etienne *Périer*, dem Neffen Pascals, im Original erhalten und exzerpiert. (Vgl. den Brief Leib-

diert[182] und ist durch sie, vor allem von Pascals „ordre"-Gedanken[183] und seinem Unendlichkeitsbegriff[184], stärker beeinflußt worden, als man gegenwärtig anzunehmen geneigt ist[185]. Die Bekanntschaft mit *Huygens* verschaffte Leibniz den Zugang zur Summenrechnung, und schließlich gelang ihm gegen Ende seines Pariser Aufenthaltes durch eine Verbindung des Unendlichkeitskalküls Pascals mit dem aristotelisch-weigelschen Kontinuitätsprinzip die Begründung der „Differentialrechnung"[186].

Angeregt durch seine mathematischen und physikalischen Untersuchungen, wandte sich Leibniz auch wieder der Philosophie zu, nicht aber wie in Mainz der „philosophia practica", der Ethik oder den Elementen des Naturrechts, sondern der Metaphysik, der Lehre von den Substanzen (Formen) und Bewegungen (Perceptionen)[187], bei der sich Leibniz in seinen frühen philosophischen Schriften und Briefen unter dem Einfluß von Jacob Thomasius noch eng der aristotelisch-scholastischen Tradition verbunden fühlte. Die Gedanken Descartes' mit ihrer ungewöhnlich schnell schulbildenden Kraft waren ihm während seines Studiums und in Mainz nur durch den Cartesianismus[188]

nizens an *Périer* vom 30. 8. 1676.) Die Abschriften befinden sich unter den Leibniz-Manuskripten als „Pascaliana". (Siehe *Bodemann*, Die Leibniz-Handschriften, S. 305 ff).

[182] Die erste Ausgabe der „Pensées" vom Jahre 1670, zusammengestellt von *Périer* noch in Port-Royal, hatte Leibniz freilich schon in Mainz gelesen. Vgl. den Brief an Joh. Georg *Graevius* vom 7. Juni 1671 (A I-1).

[183] Vgl. unten Seite 383 f.

[184] Das ergibt sich aus der Schrift „Double infinité chez Pascal et Monade", verfaßt nach 1695, abgedruckt bei *Grua* II, S. 553–555.

[185] Dieser Ansicht scheint auch *Belaval*, a.a.O., S. 81, zu sein: „Mais nous manquons encore du travail d'ensemble qui mesurerait l'influence de Pascal sur le leibnizianisme". – Eine neuere, vergleichende Studie bei Jean *Guitton*, Pascal et Leibniz. Etude sur deux types de penseurs, Paris 1951.

[186] In einem Brief an die Gräfin *Kielmannsegge* aus dem Jahre 1716 schreibt Leibniz: „Ich ging weiter fort und indem ich meine alten Beobachtungen über die Differenzen der Zahlen mit meinen neuen Einsichten in der Geometrie verband, fand ich endlich, soweit ich mich erinnern kann im Jahre 1676 (genauer Ende 1675) eine neue Rechnung, welche ich Differenzenrechnung nannte, deren Anwendung auf die Geometrie Wunder getan hat." (Zitiert bei Kuno *Fischer*, a.a.O., S. 104.) – Vgl. auch Lazare *Carnot*, Les Réflexions sur la Métaphysique du calcul infinitésimal, 1797.

[187] „Je croy même qu'il y a des effects naturels dont on peut trouuer la dernière cause, et c'est lors qu'une verité Physique depend entièrement d'une verité Métaphysique ou Géométrique. Comme il arrive a mon avis principalement à l'egard des loix du mouvement." (Brief an Edmonde *Mariotte* vom Juli 1676 [A II-1, 270].)

[188] Vor allem durch *Vossius, Schottenius* und *Bartholinus* (Vgl. A VI-1, S. 265, 280, und *Wiedeburg*, a.a.O., Bd. 1, S. 241 ff).

vermittelt worden, den Leibniz zeit seines Lebens heftig angegriffen, ja geradezu verachtet hat[189], nicht zuletzt der Überheblichkeit seiner Vertreter wegen. „Tantum abest, ut Cartesianus sim[190]!"

Von *Descartes* selbst hatte Leibniz jedoch außer dem „Discours de la Methode" (1637), zitiert in der „Nova Methodus", zunächst nur wenig gelesen; so kann es nicht verwundern, daß er nun in Paris mit einem gewissen Vorurteil, aber auch mit nicht geringer Neugier an seine Schriften herantrat. Trotz zahlreicher Anmerkungen und Auszüge, von denen man einen Teil lange für eigene Aufzeichnungen Leibnizens hielt[191], kann ein unmittelbarer Einfluß Descartes' auf Leibniz nicht festgestellt werden[192]. Sein aus der spätscholastischen Metaphysik und dem Aristotelismus des 16. und 17. Jahrhunderts[193] hervorgegangenes „System" war in seinen Grundlagen schon viel zu gefestigt[194], als daß Leibniz Descartes hätte unkritisch lesen können: „Examinavi diligenter Cartesiana ratiocinia[195]." Bei dieser Prüfung erschien Leibniz vor allem der cartesische Gottesbeweis aus der Unsterblichkeit der Seele[196],

---

[189] „Je voudrois que vous n'eussiés pas écrit pour les Cartésiens seulement, comme vous avoués vous même. Car il me semble que tout nom de secte est odieux à un amateur de la vérité." (Brief an Nicolas *Malebranche* vom 13. [23.] Januar 1679 [A II-1, 455].)

[190] Brief an Jacob *Thomasius* vom 20. (30.) April 1669 (A II-1, 15).

[191] So das Manuskript „De Vita beata" (Phil. IV, 4 h, 25–31), abgedruckt bei *Erdmann*, S. 71–75; vgl. dazu Ad. Fr. *Trendelenburg*, Leibnizens Schrift „de vita beata" und sein angeblicher Spinozismus und Cartesianismus, Kleine Schriften, Bd. II, 1855, S. 192–232. – Zu Leibniz' Beschäftigung mit Descartes siehe auch die „Animadversiones in partem generalem Principiorum Cartesianorum", abgedruckt bei *Gerhardt* IV, S. 350 ff, und *Erdmann*, S. 795–816.

[192] Vgl. Alexandre *Foucher de Careil*, Leibniz, Descartes et Spinoza, Paris 1863. – Heinz *Heimsoeth*, Die Methode der Erkenntnis bei Descartes und Leibniz, Phil. Arbeiten, Bd. 6, Gießen 1912. – Hugo *Friedrich,* Descartes und der französische Geist, Leipzig 1937. – Heinrich *Rombach*, Die Bedeutung von Descartes und Leibniz für die Metaphysik der Gegenwart, Phil. Jb. 70, 1. H., S. 67–97. – G. *Lewis*, La critique leibnizienne du dualisme cartésien, Rev. phil. de la France et de l'étr. 1946. – Yvon *Belaval*, Leibniz' critique de Descartes, Paris 1960.

[193] „Quare dicere non vereor plura me probare in libris Aristotelicis περὶ φυσικῆς ἀκροάσεως, quam in meditationibus Cartesii." (Brief an Jacob *Thomasius* vom 20. [30.] April 1669 [A II-1, 15].)

[194] „Comme j'ay commencé à mediter lorsque je n'estois pas encor imbu des opinions Cartésiennes, cela m'a fait entrer dans l'interieur des choses par une autre porte, et decouvrir des nouveaux pays." (Brief an Nicolas Malebranche vom 22. Juni 1679 [A II-1, 479].)

[195] Brief an Hermann *Conring* vom 3. (13.) Januar 1678 (A II-1, 388).

[196] „Cum quaeritur quid contra Cartesiana Metaphysica haberem. Dixi mihi cum alia, tum eius demonstrationem existentiae Dei non satisfacerem." (Unterredung

die Definition der „vérité" als eine deutliche und unterscheidbare (claire et distincte) Perzeption[197] und seine Lehre der Bewegungen von Körper und Seele[198] unzureichend. Andererseits darf nicht übersehen werden, daß erst in der Auseinandersetzung mit Descartes die Leibnizsche Metaphysik sich klar herausgebildet und einen gewissen Grad von Selbständigkeit erreicht hat. Dieser apologetisch-kritische Grundzug seines Denkens, dieses „Ja, aber ...!" seiner Philosophie erklärt auch jene eigentümliche „Ambivalenz"[199], die im Urteil Leibnizens über Descartes zu spüren ist[200], ein Urteil, in dem schroffe Ablehnung[201] und einsichtige Anerkennung[202] dicht beieinander stehen[203].

Ähnlich stellt sich das Verhältnis zu *Spinoza* dar[204], den Leibniz im November 1676 auf der Rückreise nach Hannover, von London kom-

---

mit Arnold *Eckhard* vom 5. [15.] April 1677 [A II-1, 311]. – Vgl. auch den Brief an *Conring* vom 3. [13.] Januar 1678 [A II-1, 385–389].)

[197] Vgl. *Wiedeburg*, a.a.O., Bd. 1, S. 241 f.

[198] Vor allem in der „Hypothesis physica nova" (Fußnote 157) mit dem „conatus"-Begriff. – „Je ne veux pas icy m'arrester à la physique quoyque j'aye demonstration des Règles du mouvement bien differentes de celles de M. des Cartes." (Brief an die Pfalzgräfin *Elisabeth* aus dem Jahr 1678 [A II-1, 433]. – Vgl. auch den Brief an Christian *Philipp* vom Januar 1680 [A I-3, 347].)

[199] Diesen Begriff verwendet *Wiedeburg*, a.a.O., Bd. 1, S. 248.

[200] „J'estime Mons. des Cartes prèsqu'autant qu'on peut estimer un homme, et quoyqu'il y ait parmy ses sentiments quelques uns qui me paroissent faux et même dangereux." (Brief an Christian *Philipp* vom Januar 1680 [A I-3, 345].) – „... car j'avoue, que j'approuve une partie de la doctrine des Cartésiens. Mais mon sentiment sur le commerce de l'âme et du corps a des fondemens généralement reçus, avant la naissance du Cartésianisme." (Brief an Mr. *des Maizeaux* aus dem Jahre 1711 [Erdmann 677].)

[201] „Immaßen ich ausgefunden, daß Cartesius sich heßlich geirret, und viel zu groß gesprochen, wenn er gemeinet, dem menschlichen Gemüth in seinen Büchern von dieser Kunst die lezte gränzen gesezet zu haben." (Brief an Otto *Mencke* vom 12. [22.] Oktober 1681 [A I-3, 506].)

[202] „Sed tamen omnia minimé impediunt, quin Cartesium inter maximos viros censeamus, qui generis humani opes auxere, atque etiam inter errandum prosunt." (De doctrina et vita Cartesii, Phil. I, 4 d, fol. 6). – „Nam si a Galilaeo abeas, neminem nostro saeculo reperies, qui Cartesio comparari possit, et ingenio in conjectandis rerum causis, et judicio in sensis animi lucide explicandis, et eloquentia facili in animis hominum elegantiorum capiendis." (Brief an *Conring* vom 19. [29.] März 1678 [A II-1, 399].)

[203] Vgl. dazu auch die bei *Gerhardt* IV, S. 274–406, abgedruckten Schriften „Gegen Descartes und den Cartesianismus".

[204] Alexandre *Foucher de Careil*, Leibniz, Descartes et Spinoza, Paris 1863. – C. I. *Gerhardt*, Leibniz und Spinoza, Berlin 1889. – R. *Zimmermann*, Leibniz bei Spinoza, Wien 1890. – Ludwig *Stein*, Leibniz und Spinoza. Ein Beitrag zur Ent-

mend, im Haag aufsuchte. Schon in Mainz hatte Leibniz den im Jahre 1670 erschienenen „Tractatus theologico-politicus" gelesen und sich in einem Brief an Graevius sehr abfällig über dieses Werk geäußert[205], gleichwohl aber in Paris Notizen dazu gemacht[206]. In mehreren persönlichen Gesprächen lernte Leibniz nun auch die „Ethica" Spinozas[207] und insbesondere dessen Substanzbegriff kennen. Dabei stellte er zu seinem eigenen Erstaunen eine gewisse Verwandtschaft mit seinem Denken fest[208] und kritisierte nun nur um so heftiger die spinozistische Vorstellung von der Einheit der Substanz Gottes und der Akzidentialität der Schöpfung ebenso, wie die Lehre von der „Sterblichkeit" der Seele und den Gedanken einer allgemeinen, naturgesetzlichen Notwendigkeit[209]. Eine Einigung kam bei den Unterredungen offenbar nicht zustande; wenige Monate später brach Spinozas Tod die Auseinandersetzung ab[210]. — Man hat aus dem gemeinsamen Ansatzpunkt zum Substanzgedanken: der Frage nach der „natürlichen" Endursache, oft eine Abhängigkeit des Monadenbegriffs von der spinozistisch verstandenen „Substanz" herzuleiten versucht. Dazu ist jedoch festzustellen, daß nicht nur Leibniz, sondern trotz aller Kritik an der Scholastik

wicklungsgeschichte der Leibnizschen Philosophie, Berlin 1890. – A. *Galimberti*, Leibniz contro Spinoza, Benevagienna 1941. – Georges *Friedmann*, Leibniz et Spinosa, 2. Aufl., Paris 1962.

[205] „Spinozae librum legi. Doleo virum doctum, ut apparet, huc prolapsum. ...Utinam excitare posset aliquis eruditione par Spinozae, sed rei Christianae – (?), qui crebros eius paralogismos et literarum orientalium abusum refutet." (Brief an *Graevius* vom 5. Mai 1671 [A I-1, 149].)

[206] Der Cartesianer Ehrenfried Walther von *Tschirnhaus* hatte Leibniz im Herbst 1675 erneut auf die Schriften Spinozas aufmerksam gemacht (vgl. *Bodemann*, Die Leibniz-Handschriften, S. 103).

[207] Die „Ethica" erschien erst im Jahre 1677 in den „Opera posthuma"; Leibniz versah das Werk mit Anmerkungen und machte sich Auszüge, die bei *Gerhardt* I, S. 139–152, und bei *Grua* I, S. 277–284, abgedruckt sind, nachdem er Anfang 1678 ein Exemplar von Schuller zugeschickt erhalten hatte.

[208] „J'ay trouvé quantité de belles pensées conformes aux miennes, comme sçavent quelques uns de mes amis qui l'ont aussi esté de Spinosa. Mais il y a aussi des paradoxes que je trouve ny véritables ny même plausibles." (Brief an Henri *Justel* vom 4. [14.] Februar 1678 [A I-2, 317].)

[209] „Spinosa est mort cet hyver. Je l'ay veu en passant par la Hollande, et je luy ay parlé plusieurs fois et fort long temps. Il a une étrange Metaphysique, pleine de paradoxes. Entre autres il croit que le monde n'est qu'une substance de toutes choses, et que les creatures ne sont que des Modes ou accidens. Mais j'ay remarqué, que quelques demonstrations pretendues, qu'il m'a montrées, ne sont pas exactes." (Brief an Jean *Gallois* aus dem Jahre 1677 [A II-1, 379–380].)

[210] Vgl. auch den kurzen Briefwechsel zwischen Leibniz und Spinoza aus dem Jahre 1671, abgedruckt bei *Gerhardt* I, S. 121–123.

eben auch Spinoza sich auf die alte Lehre von den „substantiellen Formen" bezieht, diese jedoch nicht, wie Leibniz „dialektisch", als Einheit der individuellen Mannigfaltigkeit, sondern „universal", als Einzigheit der göttlichen Wesensart, denkt. So ist auch von Spinoza, ebenso wie bei Descartes, allenfalls nur ein mittelbarer Einfluß auf Leibniz zu erkennen, der zur Verteidigung, Verdeutlichung und Abgrenzung des eigenen Systems führt.

Metaphysische Erkenntnis verstand Leibniz immer zugleich auch als Einsicht in die natürliche Theologie (theologia naturalis)[211]; beide Weisen des Denkens haben denselben Gegenstand: die Erklärung der essentia und existentia Dei aus der natürlichen Vernunft. Diesen theologischen Anspruch der Philosophie vermißte Leibniz bei Descartes und Spinoza – vielleicht der eigentliche Grund zu seiner Kritik –; er fand ihn hingegen bei sehr viel unbedeutenderen Denkern wie *Arnauld* und *Malebranche*, um deren persönliche Bekanntschaft er sich während seines Aufenthalts in Paris eifrig bemüht hat. – Mit Antoine Arnauld, der nach der Beilegung des Jansenistenstreits durch seine theologischen Schriften auf dem Höhepunkt seines wissenschaftlichen Ruhmes stand („le grand Arnauld") und als Onkel des Ministers Pomponne auch über einen nicht geringen politischen Einfluß verfügte[212], hatte Leibniz bereits von Mainz aus in der Reunionsfrage korrespondiert[213]. Schon bald nach den ersten Begegnungen im Sommer 1672 berichtete Leibniz von Arnauld nur noch mit Verehrung und Bewunderung[214]. Ihre gemeinsamen Gespräche behandelten vor allem das Prädestinationsproblem und die Frage nach der Entstehung des Übels in der

---

[211] „Car en effet la Metaphysique est la théologie naturelle, et le même Dieu qui est la sourçe de tous les biens, est aussi le principe de toutes les connoissances." (Brief an die Pfalzgräfin *Elisabeth* aus dem Jahre 1678 [A II-1, 434].)

[212] *Belaval* (a.a.O., S. 78) schreibt über *Arnauld*: „Il était alors apparu comme le chef moral de l'Eglise de France, capable, selon le roi même, d'unir les Eglises d'Orient et d'Occident. Reçu à la Cour, oncle de Pomponne, il représentait une force."

[213] Dieser Brief Leibnizens an *Arnauld* ist abgedruckt bei *Gerhardt* I, S. 68–82.

[214] In seinem Brief an den Herzog *Johann Friedrich* vom 26. März 1673 rühmt sich Leibniz, „bey dem weltberühmten Monsieur Arnauld zu einer inneren admission gelanget" zu sein, und charakterisiert „wohlgedachten Herrn Arnauld" als einen Mann „von tiefsten und gründlichsten Gedancken, die ein wahrer philosophus haben kan; sein zweck ist, nicht nur ein Religions-Licht in den Gemüthern anzuzünden, sondern auch die durch die passionen der Menschen verdunckelte flamme der vernunfft wieder zu erwecken". (A I-1, 487–490.)

Welt[215]. Durch die Vermittlung Arnaulds erhielt Leibniz Zugang zu den Jansenistenkreisen um das Kloster Port-Royal, zu den Périers und damit zum Nachlaß Pascals. So verband beide bald eine Freundschaft, an der zwar Arnauld – wohl aus einem Gefühl der Unterlegenheit – geringeres Interesse zeigte, Leibniz aber auch später festhielt[216]. – Selbst zu Nicolas Malebranche, der in Paris sehr zurückgezogen lebte und nur ungern philosophische Gespräche führte, fand Leibniz bald Zugang[217]; er begegnete ihm interessiert, beeindruckt, jedoch als einem „Cartesianer" zunächst mit größerer Zurückhaltung als Arnauld[218]. Wie der umfangreiche Briefwechsel aus Hannover [219] und die Kritik an Malebranches Schriften [219a] zeigen, stimmte Leibniz später einzelnen Gedanken ausdrücklich zu, so der Lehre von der „charité de Dieu" in den „Conversations chrétiennes"[220], lehnte aber nach wie vor den Ok-

---

[215] Dazu folgende bemerkenswerte Stelle im Vorwort der „Théodicée": „... et enfin avec le célèbre Mr. Arnauld, à qui je communiquai même un Dialogue Latin de ma façon sur cette matière, environ l'an 1673 (gemeint ist vermutlich die „Confessio philosophi"), où je mettois déjà en fait que Dieu ayant choisi le plus parfait de tous les Mondes possibles ..." (Erdmann 476). – Vgl. auch „Théodicée", Part. II, 211 (Erdmann 569).

[216] Im Jahre 1685 sandte Leibniz in dem Gefühl, von Arnauld mißverstanden zu werden, diesem über den Landgrafen Ernst von Hessen-Rheinfels einige Leitsätze seiner Metaphysik zu. Arnauld bat um Erläuterungen, und so entstand der „Discours de Métaphysique" von 1685, der gleichfalls für Arnauld bestimmt war. Der sich hierüber anschließende Briefwechsel von 1686–1690 vermittelt ein deutliches Bild von der unterschiedlichen Denkweise der beiden Gelehrten.

[217] Vgl. A. *Weissenborn*, L'influenza del Malebranche sulla filosofia del Leibniz, Innsbruck 1895. – Georg *Stieler*, Leibniz und Malebranche und das Théodicéeproblem, Paderborn 1950. – André *Robinet*, Malebranche et Leibniz. Relations personelles, avec les textes complets, Paris 1955.

[218] „... le Père Malebranche a beaucoup d'esprit, mais Mons. Arnauld écrit avec plus de jugement ..." (Brief an Ehrenfried Walther *von Tschirnhaus* vom November 1684 [A II-1, 541–542].)

[219] 1674–1711, abgedruckt bei *Gerhardt* I, S. 313–361, und zum Teil in der deutschen Übersetzung von Gerhard *Hess*, Leibniz korrespondiert mit Paris, Hamburg 1940, S. 47–56.

[219a] Siehe die „Notes sur Malebranche" über den „Traité de la nature et de la Grace, Amsterdam 1680" bei *Grua* I, 230–231, und eine Untersuchung von Lockes Urteil über Malebranche (ohne Überschrift bei *Gerhardt* VI, S. 574–578.)

[220] Schon am 13. Januar 1679 schrieb Leibniz an *Malebranche:* „J'ay veu vos Conversations Chrétiennes (Auszug aus der „Recherche de la vérité") par la faveur de Mad. la Princesse Elisabeth, ...; elle en juge tres avantageusement, comme en effet, il y a bien des choses tres ingenieuses et fort solides. J'y ay mieux compris vostre sentiment que je n'avois fait du temps passé en lisant la Recherche de la Verité, parce que je n'avois pas eu alors ‚assés de loisir'." (*Gerhardt* I, 327). – Vgl. auch die „Théodicée" II, 211 (Erdmann 569), welche Leibniz alsbald nach dem Erscheinen im Jahre 1710 Malebranche zusandte.

kasionalismus als im Widerspruch zur Weisheit Gottes stehend ab[221]. Erst nachdem sich Malebranche im Jahre 1698 gegen Descartes und für die Leibnizsche Metaphysik entschieden hatte, fühlte Leibniz sich ihm freundschaftlich verbunden. – Im übrigen wird jeder Versuch, die Metaphysik des Leibniz auf die Scholastik oder den Aristotelismus, auf den Cartesianismus oder den Spinozismus zurückführen zu wollen, zunächst einmal von der prinzipiellen Selbständigkeit seines Denkens auszugehen haben und den eigenen Worten Glauben schenken müssen: „Et moy quoyque j'ay tousjours aimé de méditer moy même, j'ay tousjours eu de la peine à lire des livres, qu'on ne sçauroit entendre sans méditer beaucoup, par ce qu'en suivant ses propres méditations on suit un certain penchant naturel[222]."

Seit Guhrauer[223] hat sich selbst in der rechtsphilosophischen Literatur unwidersprochen die Ansicht behaupten können, Leibniz habe sich in Paris zwar mit der Mathematik, der Philosophie und der Theologie, aber nur „wenig mit juristischen Fragen beschäftigt"[224]. Als Beleg wird unter anderem[225] Leibniz' Brief an Lasser vom 18. Januar 1676 angeführt, in dem er dem Hofrat seine Untätigkeit in der Reconcinnationsfrage zu erklären versucht: „Ich habe alhier weit andere als Juristische gedancken gehabt; und meine occupationen nach des orths gelegenheit einrichten müßen, so Gottlob mit nicht geringen succès und vortheil bereits geschehen[226]." Richtig ist, daß Leibniz während seines

---

[221] „Le R. P. Malebranche avoue en quelque façon, qu'il y a de l'inconvenient, mais il ne laisse pas de croire, que la loi du mouvement dépendante du bon plaisir de Dieu, est reglée par sa sagesse . . ." (Brief an Pierre *Bayle* von 1687 [Erdmann 105].)
[222] Brief an Simon *Foucher* von 1675 (A II-1, 247). – Dieser Ansicht ist auch *Trendelenburg*, Kleine Schriften II, S. 231–232.
[223] „In Paris verlor er (Leibniz) die Jurisprudenz, sein eigentliches Berufsfach, zwar nicht ganz aus dem Gesichte; indess machte er darin doch keine Fortschritte. . ." (G. E. *Guhrauer*, Leibniz' deutsche Schriften, Bd. 1, Berlin 1838; historisch-kritische Einleitung, S. 48.)
[224] So Kurt *Dickerhof*, a.a.O., S. 37.
[225] Vgl. den Brief an Vincenz *Placcius* vom 10. Mai 1676 (A II-1, 259): „Quaeres quid a me promissis olim tam liberali ab eo tempore actum sit: respondeo affecta esse multa, perfectum et omnibus numeris absolutum nihil. Nam cum itineris Gallici imposita mihi fuisset necessitas, ab eo tempore usus loci oportunitate et doctorum virorum consuetudine, quidvis potius quam jurisprudentiam cogitavi."
[226] Brief an Hermann Andreas *Lasser* vom 18. Januar 1676 (A I-1, 399).

Pariser Aufenthalts nichts mehr am Corpus Reconcinnatum ausgeführt hat[227]. Gleichwohl versprach er sich gerade von seinen mathematischen Studien nicht zuletzt auch einen Nutzen für die Emendation
der Jurisprudenz[228]. Im übrigen hat jedoch die Reise nach Paris weder
seine rechtsphilosophische noch seine rechtspraktische Arbeit unterbrochen[229].

Als Leibniz im Herbst 1672 erkennen mußte, daß der „ägyptische
Plan" zumindest während der Dauer des Holländischen Krieges den
französischen König nicht interessieren werde, versuchte er wenigstens,
den Frieden mit seinem Vorschlag zu befördern, man solle zunächst
den mit Holland verbündeten Kurfürsten Friedrich Wilhelm von
Brandenburg durch die Aufstellung eines Heeres in Sachsen zügeln[230],
aber dieser Gedanke fand noch nicht einmal die Zustimmung Melchior
Friedrichs, der sich im November 1672 in Paris aufhielt. So wandte
sich Leibniz wieder der Rechtsphilosophie zu: er bereitete ein „Specimen de caractéristique in re morali seu eo quod justum est" vor und
berichtete davon dem Abbé Jean Gallois, einem Freunde Colberts[231].

---

[227] Siehe auch den Brief an Dietrich Caspar von *Fürstenberg* vom April 1673:
„E. Hochw. werden vielleicht, als ich noch zu Mainz gewesen, gehöret haben, was
mein zur verbesserung der Jurisprudenz gerichtetes Vorhaben sei, ... welches gleichwie es vor ein wichtiges werck von großen Leuten unterschiedenen Standes und
Nation gehalten worden, also erfordert es lange Zeit und große Mühe, welche zu
versüßen und das gemüth durch änderung zu erfrischen, auch die andere mehr
curiose und angenehme studia nicht zu vergessen, ich Reisen vorgenommen." (A I-1,
345.)

[228] „Unde si nihil aliud, hoc certe consecutus sum, ut veram Analyticen, et ge-
nuinas demonstrandi artes illustribus exemplis didicerim; jamque si non tam multa,
certè meliora etiam in juris scientia sim daturus." (Brief an Vincenz *Placcius* vom
10. Mai 1676 [A II-1, 260].) – „Sed ego alio plane itinera mihi ad famam contenen-
dum putavi. Nam in omnia vita sinceritatem semper amavi, in studiis autem Jurisprudentiam et meliores literas conatus sum dirigere ad usum reipublicae potius quam
ad criticas subtilitates, et studia illa profundiora Philosophiae naturalis disciplinas-
que mathematicas mihi necessarias putavi. In quo genere me exercui, cum in Gallia
atque Anglia agerem, inexspectato applausu: machinasque etiam nonnullas executus
sum vitae humanae utiles, et spectantibus jucundas." (Brief an Johann *Lincker* vom
Juli 1680 [A I-3, 412–413].)

[229] Dieser Meinung ist auch *Grua* (Textes inédits, Bd. II, S. 592): „Même à Paris,
quelques textes maintiennent les projets juridiques."

[230] „Consilium ad Gallos de castigando per Saxonem Brandenburgico", abgedruckt in der *Akademie-Ausgabe* IV-1, 399–410.

[231] Der Brief vom Dezember 1672 ist enthalten in der *Akademie-Ausgabe* II-1,
228.

Als umfangreichste und bedeutendste juristische Schrift aus der Pariser Zeit entstand im Jahre 1675 die „Quaestio illustris"[232], ein Gutachten zu der alten Streitfrage, ob eine nach evangelischem Kirchenrecht gültige, jedoch in einem vom kanonischen Recht verbotenen Verwandtschaftsgrad geschlossene Ehe ohne den päpstlichen Dispens auch für das kanonische Eherecht mit dem „vinculum indissolubile" rechtsverbindlich sei[233]. Leibniz beschränkt zunächst die Gesetzgebungs- und Jurisdiktionsgewalt der Kirche auf den Bereich des Jus divinum (naturale et positivum)[234]. Aus dem Wesen der Ehe (natura materiae) als einer dauernden und privatrechtlich gesicherten Lebensgemeinschaft folge aber, daß das Eherecht nicht ausschließlich de Jure divino bestehen könne. Deshalb falle die Ehegesetzgebung in die ursprüngliche Zuständigkeit der weltlichen Gewalt[235]; sie sei der Kirche nur stets widerruflich übertragen und könne jederzeit, wie im „Instrumentum Pacis" für die Protestanten geschehen, zurückgenommen werden[236]. Nach diesen grundsätzlichen Erwägungen bemüht sich unter Benutzung eines gewaltigen kanonistischen Apparats und durch Hinweise auf zahlreiche Präzedenzfälle Leibniz mit einer überraschenden Einzel-

---

[232] „Quaestio illustris an matrimonia Principum Germaniae Protestantium in gradu, solo Canonico Jure prohibito, contracta, sint ob defectum Pontificae dispensationis irrita etc.", abgedruckt bei *Foucher de Careil* VI, p. 253–341, bei *Klopp* III, 132–188, und in der *Akademie-Ausgabe* IV-1, 433–469. – Vgl. dazu *Hartmann*, a.a.O., S. 48–51, und *Belaval*, a.a.O., S. 77, Fußnote (2).

[233] Den konkreten Anlaß zur „Quaestio illustris" gab ein praktischer Fall: Der Herzog Christian Louis von Mecklenburg-Schwerin, den Leibniz im Frühjahr 1675 in Paris kennen gelernt hatte, war in erster Ehe mit seiner Base Christine Margarete von Güstrow verheiratet. Nach der Scheidung im Jahre 1659 und seinem Übertritt zur katholischen Kirche im Jahre 1663 war diese Ehe wegen der fehlenden Dispensation durch ein päpstliches Breve für nichtig erklärt worden, so daß der Herzog nun rechtswirksam eine zweite Ehe mit Isabella Angelica von Montmorency, verwitweten Herzogin von Colligny-Châtillon, eingehen konnte. Nach einiger Zeit wollte sich der Herzog auch von seiner zweiten Gemahlin trennen und war, da seine erste Frau inzwischen gestorben war, an der Gültigkeit seiner ersten Ehe sehr interessiert. Auf der Suche nach einem Advokaten für den in Schwerin anhängigen Rechtsstreit wurde ihm in Paris Leibniz als ein kundiger Doctor utriusque juris empfohlen. Aus Geldmangel nahm Leibniz sich der Sache an.

[234] Quaestio illustris (A IV-1, 437–438; 447–448).

[235] „Quinto ostendam, quomodo Reipublicae sit potestas in Matrimonialibus ad tollenda ac statuenda impedimenta matrimonii dirimentia siue irritum reddentia, quatenus materia huius sacramenti politica siue ciuilis est Magistratui subjecta, et ad matrimonium incapax reddi potest." (Quaestio illustris, A IV-1, 444; vgl. auch A IV-1, 452 f.)

[236] Quaestio illustris (A IV-1, 436–438).

kenntnis im Jus Canonicum um den Nachweis, daß die katholische
Kirche auch praktisch Ehen der oben beschriebenen Art in ständiger
Übung anerkenne[237], daß also ein protestantischer Ehegatte auch nach
der Konversion trotz der fehlenden Befreiung vom Ehehindernis der
Verwandtschaft für das kanonische Eherecht noch als verheiratet zu
gelten habe. Bemerkenswert ist auch bei dieser bisher nur wenig beachteten Arbeit[238] neben der Erörterung wichtiger staatskirchenrecht-
licher Einzelfragen die Art der Darstellung: ebenso wie in seinen Uni-
versitätsschriften, jedoch unter Verzicht auf jegliche Dichotomie und
mit größerer Überzeugungskraft und Dichte der Beweisführung versuchte Leibniz auch hier, aus allgemeinen Grundsätzen der Abgrenzung des Kompetenzbereichs zwischen kirchlicher und weltlicher Gewalt und aus der Natur der Sache „Eherecht"[239] zu einem vernünftigen und zweckmäßigen Ergebnis im konkreten Fall zu gelangen.

Mit seinen letzten juristischen Aufzeichnungen in Paris, den „Re-
marques considérables sur la Jurisprudence"[240], griff Leibniz erneut
das Problem einer Justiz- und Prozeßreform auf: er fordert die Einführung des Untersuchungsgrundsatzes in den Zivilprozeß, die Ab-
schaffung der Folter, die Unabhängigkeit und Unparteilichkeit der
Richter, die Einsetzung eines obersten Gerichtshofs, bestehend aus 40
altehrwürdigen und frommen Männern aller Stände und Berufskreise,
und schließlich die Kontrolle einzelner Streitigkeiten durch den König.
Für welchen Anlaß Leibniz diese Anmerkungen geschrieben hat, läßt
sich nicht mehr feststellen; sie bildeten jedenfalls die Grundlage zu einem umfassenden Reformprogramm, das Leibniz im darauffolgenden
Jahre dem Herzog Johann Friedrich von Hannover vorlegte.

In die Zeit seines Pariser Aufenthalts fällt jedoch auch der Beginn
der Auseinandersetzung mit den Naturrechtslehren von Pufendorf[241]

---

[237] „Superest, ut de usu, possessione, praxi dicamus, atque ostendamus: Potestatem
Legislatoriam, circa validitates matrimoniorum à seculari potestate reapse etiam
inter Catholicos exerceri." (Quaestio illustris, A IV-1, 464.)

[238] Sicher zu Unrecht, denn „in der ganzen Methode und in der Kunst der Darstellung ragt diese Abhandlung bedeutsam hinaus über die eigenen juristischen Jugendschriften L.' und über alle rechtswissenschaftlichen Monographien der damaligen
Zeit." (So *Hartmann*, a.a.O., S. 51.)

[239] „... sequitur Posito haec: quod Legislator quoque ciuilis ex natura rei habet
potestatem efficiendi eadem ratione, ut matrimonia quaedam valida, vel invalida
habeantur." (Quaestio illustris, A IV-1, 452[–456].)

[240] Abgedruckt in der *Akademie-Ausgabe* IV-1, 573–577. (Vgl. *Grua*, La justice
humaine selon Leibniz, Paris 1956, S. 262.)

[241] Vgl. dazu Noberto *Bobbio*, Leibniz e Pufendorf, Riv. di Filosofia, 1947, H. 1.

und Hobbes. Noch heute verwendet man allgemein, wenn nicht zur Charakterisierung *Pufendorfs* überhaupt, so doch zumindest zur Kennzeichnung von Leibniz' Urteil über Pufendorf jenes etwas unfreundliche, aber scharfsinnige Verdikt: „Vir parum Jurisconsultus, minime Philosophus[242]." Allein, auf diese einfache Formel läßt sich bei genauerer Prüfung noch nicht einmal die im Grunde sehr differenzierte Kritik Leibnizens an Pufendorf zurückführen. Schon während seines Jenaer Studiensemesters im Sommer 1663 hatte Leibniz von Pufendorf erfahren, gleichzeitig dessen „Elementa Jurisprudentiae universalis"[243] gelesen und sich darüber sehr geringschätzig geäußert[244]. Auch gegen den „Monzambanus"[245] hatte Leibniz bereits von Mainz aus nicht nur den deutlichen Vorwurf mangelnder Begriffsklarheit erhoben, sondern vor allem die Auflösung des alten Reichsgedankens durch Pufendorfs „respublica irregularis" heftig kritisiert[246]. In Paris begann Leibniz jedoch, mit der Lektüre der „De Jure Naturae et Gentium libri octo"[247] den Naturrechtsgedanken Pufendorfs ernster zu nehmen: er wandte sich zwar immer noch scharf gegen den Voluntarismus[248] und die Säkularisierung des Naturrechts durch das Sozialitätsprinzip[249], fertigte sich aber Auszüge an[250] und versuchte, mit Pufen-

---

[242] Brief an Heinrich Ernst *Kestner* vom 21. August 1709 (Dutens IV, 3, 261).

[243] Die „Elementa Jurisprudentiae universalis", Hagae 1660, werden von Leibniz in den Jahren 1663–1671 häufig zitiert (A I-1, 32; II-1, 3, 29, 54; VI-1, 67, 78, 94, 295, 300).

[244] „Unus mihi Dominus Pufendorfius notus est, qui tamen sua elementa jurisprudentiae ex Weigelii nostri Ethica Euclidea manuscripta dicitur fere tota efformasse." (Brief an Jacob *Thomasius* vom 2. (12.) September 1663 [A II-1, 3].)

[245] „Severini de Monzambano ... de statu imperii Germanici", Genevae (Amsterdam) 1667, wird von Leibniz seit der „Nova Methodus" (A VI-1, 323) zitiert, später im Codex (Dutens IV, 3, 306) und in Briefen an *Burnet* vom 30. 1. 1699 (Gerhardt III, 250), an den Landgrafen Ernst von *Hessen-Rheinfels* vom 14. 7. 1690 (A I-5, 616) und an *Bierling* von 1711 (Dutens V, 363, 365, 371).

[246] Die wichtigsten Kritiken enthalten die Schrift „Pro eligendo Rege Polonorum" (A IV-1, 61) und der Entwurf „In Severinum de Monzambano" (A IV-1, 500–502).

[247] „De Jure Naturae et Gentium libri octo", London 1672, werden von Leibniz erstmals 1675 in Paris zitiert (A IV-1, 568), zuletzt 1716 (Dutens V, 191).

[248] Vor allem in den „Monita quaedam ad S. Pufendorfii principia" (Dutens IV, 3, 275–283), aber auch in den „Réflexions sur M. Hobbes" (Erdmann 634) und in der Schrift „De religione magnorum virorum" (Grua I, 42–43).

[249] „Illi vero longe gravius errant caeteris, qui posthabita divinae naturae contemplatione principia juris naturae e trivio petunt, et ex una hominis qualitate, puta Socialitate, totum naturae jus suspendunt." (Grua II, 669.)

[250] Die Auszüge und Anmerkungen zu Pufendorfs „Naturrecht" aus den Jahren 1673–1674 sind abgedruckt bei *Grua* II, 593–594.

dorf in briefliche Verbindung zu treten[251]. Ein solcher Briefwechsel kam aber erst im Sommer 1690 zustande und brach bald wieder ab; man hatte sorgfältig jede Anspielung auf die bestehenden Meinungsverschiedenheiten umgangen und nur einige Höflichkeitsformeln ausgetauscht[252]. Schließlich verhinderte der Tod Pufendorfs im Oktober 1694 eine persönliche Auseinandersetzung. Seit der posthumen Veröffentlichung des „Jus feciale divinum"[253] (1695) schien sich jedoch ganz plötzlich die Ansicht Leibnizens über Pufendorf gewandelt zu haben. Mit höchstem Lob berichtet er nun über dieses Werk[254] und gedenkt in Verehrung seines Autors[255]. Die Ursache zu dieser Meinungsänderung lag offenbar darin, daß Leibniz im „Jus feciale" den Bundesgedanken entdeckt hatte und glaubte, Pufendorf habe die „socialitas" auch auf eine rechtlich geordnete, nicht nur „religiöse"[256] Gemeinschaft zwischen Gott und den Menschen bezogen und damit die Moraltheologie wieder in die „Jurisprudentia universalis" aufgenommen[257]. Später erkannte Leibniz jedoch seinen Irrtum, und seit dem

---

[251] Ein Brief an Samuel *Pufendorf* aus dem Jahre 1674 ist von *Hochstetter* in der Akademie-Ausgabe abgedruckt (A II-1, 242–244). Gesichert ist der Adressat jedoch nicht: *Grua* (I, 374, II, 592) ist der Ansicht, der Brief sei an Esaias Pufendorf geschrieben worden.

[252] „... nihil adscriberem, unde intellegeres studium erga Te meum." (Brief an Samuel *Pufendorf* vom 2. [12.] Juli 1690 [A I-5, 610–611]. – Leibniz befand sich zu dieser Zeit auf seiner Italienreise und hielt sich gerade in Rom auf. Der gesamte Briefwechsel besteht aus zwei Schreiben von Leibniz und einem Brief von Pufendorf; er ist abgedruckt in der *Akademie-Ausgabe* I-5, 610–611; 625–626; 655–657.)

[253] Die Anmerkungen von Leibniz zum „Jus feciale divinum, sive de consensu et dissensu protestantium", Lubecae 1695, sind als „Projet d'Article" aus dem Jahre 1696 abgedruckt bei *Grua* I, 377.

[254] „Je viens de lire le beau livre de feu Monsieur de Puffendorf sur les controverses, et j'y trouve bien des pensées excellentes et dignes de la reputation de l'Auteur. S'il y a parcy parlà des sentimens que je ne voudrois point suivre entièrement, cela ne doit point diminuer l'estime que le livre mérite." (Extrait d'une lettre à un de mes amis" vom 3. April 1696 [Grua I, 375, vgl. auch S. 377].)

[255] „Magna fuit apud me semper existimatio Pufendorfiani nominis, et mea quoque tenuitas apud praeclaros fratres aliquo loco erat ... Samuelem Pufendorfium videre mihi non datum est, sed expressam ingenii imaginem in scriptis praeclaris habeamus omnes." (Projet d'article, Grua I, 376.)

[256] So Erik *Wolf*, Große Rechtsdenker der deutschen Geistesgeschichte, 4. Aufl. 1963, S. 349.

[257] „Atque illud imprimis placuit, quod exposita doctrina de pactis inter Deum et hominem (cui praeivere passim sacri scriptores), uberiorem hunc divinae Jurisprudentiae locum fecit. Nam ut a me jam olim observatum est, magna theologiae pars nihil aliud est quam jurisprudentia quaedam sacra ..." (Projet d'article, Grua I, 377.)

Brief an den Abt von Loccum, Gerhard Walter Molanus, vom 22. April 1706[258], in dem Leibniz noch einmal ausführlich seine Einwände gegen die Säkularisierung des Naturrechts zusammenfaßte, urteilte er wieder ebenso scharf und unnachsichtig über Pufendorf wie zuvor[259]. Vor allem die Kritik am Voluntarismus Pufendorfs hielt Leibniz in der „Théodicée"[260] trotz heftigen Widerspruchs noch bis in seine letzten Lebensjahre hinein aufrecht[261]. – Ähnlich wie bei Descartes wird auch in der Beurteilung Pufendorfs eine eigentümliche Ambivalenz spürbar, die darauf schließen läßt, daß Leibniz' eigene Naturrechtslehren durch die Kritik an Pufendorf nicht unerheblich gefördert und gefestigt worden sind[262].

Während seiner beiden Reisen nach London, die Leibniz im Frühjahr 1673 und im Herbst 1676 von Paris aus unternahm, hatte er mehrfach versucht, Hobbes[263] persönlich kennenzulernen. Denn obwohl Leibniz seine Lehren für gefährlich hielt, bewunderte er doch die Schärfe seines Geistes[264]. Hobbes hingegen ließ sich entschuldigen; die harte Polemik des jungen Leibniz[265] hatte den greisen Philosophen offenbar tief verletzt. So blieben auch zwei Briefe an Hobbes unbeant-

---

[258] Gedruckt als „Monita quaedam ad S. Pufendorfii principia, Gerh. Walt. Molano directa" zu Pufendorfs Werk „De officio hominis et civis", London 1673, bei *Dutens* IV, 3, 275–283.

[259] Vgl. vor allem die Briefe an *Kestner* aus den Jahren 1708–1716, abgedruckt bei *Dutens* IV, 3, 253–269, und bei *Grua* II, 681–699.

[260] „Mr. Puffendorf a paru être d'une autre opinion, qu'il a voulu soutenir contre les censures de quelques Théologiciens: mais il ne doit pas être compté, et il n'était pas entré assez avant dans ces sortes de matières. Il crie terriblement contre le décret absolu dans son ‚Fecialis divinus', et cependant il approuve ce qu'il y a de pire dans les sentimens des défenseurs de ce décret et sans lequels ce décret (comme d'autres Réformés l'expliquent) devient supportable." (Théodicée, Part. II, 182 [Erdmann 560].)

[261] So beispielsweise im Brief an Mr. *Bourget* aus dem Jahre 1715. (Erdmann 733–735 [734].)

[262] Dieser Ansicht ist auch Johann *Sauter* (a.a.O., S. 100): „Wie er (Leibniz) seine Erkenntnislehre und Metaphysik in Polemik gegen Descartes und Spinoza geschrieben, so seine Rechtsphilosophie in vielfacher Polemik zu Pufendorf."

[263] Ferdinand *Tönnies*, Leibniz und Hobbes, in: Phil. Monatshefte, 1887.

[264] „Si vester Hobbius ad acumen cogitandi et dicendi nervos adjunxisset judicii rectitudinem, poterat aliquid egregii praestare." (Brief an Thomas *Smith* vom 20. [30.] Dezember 1695 [Grua II 637].) – „... magno acumine Hobbium scripsisse..." (Entwurf zum Brief an *Kettwig* vom 6. November 1695 [Grua II 653].)

[265] Vor allem in den „Demonstrationes catholicae" aus dem Jahre 1699, wo Leibniz Hobbes Gottlosigkeit vorwarf (A VI-1, 495), aber auch schon im Brief an Jacob *Thomasius* vom 2. (12.) September 1663 (A II-1, 3).

wortet, in denen Leibniz kritisch zum „vorrechtlichen" Naturzustand
Stellung genommen hatte[266]. Seine Argumente, der „status naturalis"
sei je immer schon durch die respublica Dei rechtlich geordnet[267] und
schließe zudem die Möglichkeit nicht aus, daß im „bellum omnium contra omnes" die Schwächeren sich vertraglich zur gegenseitigen Hilfe
verpflichteten[268], waren ja auch schwerlich zu widerlegen, ohne sich
dem Vorwurf der Gottlosigkeit oder der Inkonsequenz auszusetzen. In
der Hauptsache wandte sich Leibniz aber gegen den Gedanken einer
naturgesetzlichen Notwendigkeit[269], den er schon bei Spinoza gefunden
hatte, und gegen jene positivistische Identifizierung von Gerechtigkeit
und Macht[270], die er – angelegt im Voluntarismus – auch von Pufendorf verteten glaubte. In den Jahren 1695 und 1696 korrespondierte
Leibniz über Hobbes noch einmal mit Mentet Kettwig[271], der eine Ver-
teidigungsschrift zur Hobbesianischen Philosophie verfaßt hatte[272],
blieb aber auch weiterhin bei seiner grundsätzlich ablehnenden Haltung gegenüber dem englischen Philosophen.

---

[266] Der erste Brief an Hobbes ist noch in Mainz am 13. (23.) Juli 1670 geschrieben worden (A II-1, 56–57); der zweite Brief stammt wohl aus dem Jahre 1674
(A II-1, 245; vgl. auch *Gerhardt* I, 82–87).

[267] „... neque diffiteris supposito Mundi Rectore nullum esse posse hominum
statum purè naturalem extra omnem Rempublicam, cum Deus sit omnium Monarcha
communis." (Brief an *Hobbes* vom 13. [23.] Juli 1670 [A II-1, 56].)

[268] „Sed quaeso Te, Vir Clarissimus, nonne fateberis non minus in Republica,
quam in statu illo rudi, quem naturalem vocas, suspicionem validam periculi ingentis justam esse praeveniendi mali causam. Quodsi ergo manifeste appareat innocentes plecti, si saepe si indiscriminatim saeviat tyrannis: non diffiteberis, opinor, jus
esse ex tuae quoque philosophiae decretis, coeundi in foedera illis qui periculo pro-
pinqui videntur." (Brief an *Hobbes* aus dem Jahre 1674 [A II-1, 245].)

[269] „Cette opinion qu'on a eue de T. Hobbes, qu'il enseignoit une nécessité absolue de toutes choses, l'a fait décrié, et lui auroit fait du tort, quand même c'eût
été son unique erreur." (Théodicée II, 172 [Erdmann 557]; vgl. auch Théodicée
III, 371 [Erdmann 612] und vor allem die „Réflexions sur M. Hobbes" [Erdmann
629–634] über dessen Werk „Questions touchants la liberté, la nécessité et le hazard",
London 1656; und die „Conversation sur la liberté et le destin" [1699–1703], *Grua*
II, 478, 486).

[270] „Sed peccant graviter, qui justitiam ipsam in solo potentis arbitrio fundant,
sepositis sapientiae et bonitatis rationibus, uti vel hinc Hobbius omnipotenti jus ad
omnia tribuit." (Annotations sur Gilbert *Burnet* „Ad Praefationem" [von 1705,
Grua II, 472]). – „Jus Dei non solum ab ejus potentia, sed et a sapientia et bonitate
pendet, contra Hobbium et Spinosam." (Notes sur G. *Wachter* [nach 1704, Grua II,
667].)

[271] Der Briefwechsel ist abgedruckt bei *Grua* II, S. 652–656.

[272] Epistolae de veritate philosophiae Hobbesianae contra Ulricum Huberum,
1695.

Nach dem Tode Boineburgs und des Kurfürsten Johann Philipp hatte sich für Leibniz die Verbindung zu Mainz immer mehr gelöst: er erhielt weder neue Aufträge noch sein altes Gehalt. Gleichwohl versuchte er, seine Abreise aus Paris solange wie möglich herauszuschieben, und nutzte jede der wenigen Gelegenheiten, um sich einen kargen Lebensunterhalt zu verdienen. Im April 1673 hatte Leibniz noch das Angebot einer Ratsstelle am Hofe des Königs von Dänemark ausgeschlagen, das ihm Habbeus von Lichtenstern, einst schwedischer Agent in Mainz, vermittelt hatte, und zwar wohl weniger wegen seiner „Ungeübtheit und Schwerfälligkeit in den Formen der großen Welt"[273], sondern weil Leibniz damals noch hoffte, in die Académie Française aufgenommen zu werden und sich so in Paris ansiedeln zu können[274]. Bald zerschlug sich aber auch diese Aussicht, und die wenigen Einkünfte[275] waren immer sehr schnell wieder verbraucht. Deshalb entschloß sich Leibniz spätestens im Frühjahr 1676 endgültig, in den Dienst des Herzogs Johann Friedrich von Hannover zu treten, der ihm zunächst zur Verlängerung seines Pariser Aufenthalts eine Rente ausgesetzt und nach seiner Rückkehr eine Hofratsstelle angeboten hatte[276]. Im Oktober 1676 verließ Leibniz Paris, traf in London mit Oldenburg, Boyle, Collins und Newton zusammen, verweilte einen Monat in Amsterdam, von wo aus er Leuwenhoek in Delft und Spinoza im Haag aufsuchte, und erreichte schließlich im Dezember Hannover.

---

[273] Diesen Grund nennt Kuno *Fischer*, a.a.O., S. 111. Er stützt sich dabei auf einen Brief Leibnizens an *Lichtenstern* vom April 1673 (Klopp III, 224 ff), in welchem er schreibt, daß er sich dann nicht an seinem Platz fühle, „s'il faut boire, pour se faire valoir".

[274] Noch im Februar 1676 schrieb Leibniz an *Lichtenstern:* „Pour moi, je serai un Amphibie, tantôt en Allemagne, tantôt en France." (Klopp III, 234.)

[275] Für die „Quaestio illustris" beispielsweise hatte ihm der Herzog Christian Ludwig von Mecklenburg-Schwerin statt der versprochenen 60 nur 24 Louisdor (ca. 500 DM) ausbezahlt.

[276] Leibniz hatte schon im Jahre 1671 die Absicht, nach Hannover zu gehen, nachdem ihn Habbeus von Lichtenstern, unterstützt von Boineburg, dem Herzog Johann Friedrich empfohlen hatte. Vgl. dazu seine Briefe an *Johann Friedrich* vom 13. 2. 1671 (A II-1, 83–84), vom 21. 5. 1671 (A II-1, 105–110) und vom Oktober 1671 (A II-1, 159–165), in denen er von seinen Reunionsplänen und seinen Leistungen in der Jurisprudenz und den übrigen Wissenschaften berichtet.

4. Abschnitt

BESCHÄFTIGUNG MIT DER RECHTSWISSENSCHAFT
IN HANNOVER (1676–1716)

Vor allem die Persönlichkeit des Herzogs Johann Friedrich hatte Leibniz bewogen, sich für Hannover zu entscheiden[277]. Dem Herzog waren nicht nur Leibniz' Schriften, Erfindungen und Pläne aus Mainz schon „über alle Maße angenehmb gewesen"[278], er brachte als Konvertit ebenso wie Boineburg insbesondere dem Gedanken der Reunion der christlichen Kirchen ein starkes persönliches Interesse entgegen[279]. So konnte Leibniz hoffen, in Hannover seine Mainzer Arbeiten mit aller wohlwollenden Unterstützung des Herzogs selbst weiterführen zu können[280]. Zwar verzögerte sich die Einführung in sein neues Amt als

---

[277] „Maintenant j'ay la satisfaction d'estre tout à fait bien auprès d'un Prince, dont les talens extraordinaires et les grandes vertus font du bruit dans le monde." (Brief an Jean *Gallois* aus dem Jahre 1677 [A II-1, 379].)

[278] Brief des Herzogs Johann Friedrich an *Leibniz* vom 6. Juni 1671 (Klopp III, 250).

[279] Leibniz hatte schon in seinem Brief vom 13. Februar 1671 zur Wiedervereinigung der christlichen Kirchen dem Herzog vorgeschlagen, man solle versuchen, von Vertretern aller christlichen Bekenntnisse „practicirte judicia" zu erhalten: „Welches gewißlich ein schöner grad zu einer mehreren näherung und einigkeit wäre, wenn in einer so wichtigen und schweren Sache dergleichen specimina zu bewircken wäre. Es müßten aber die, so judiziren sollen, weder den autorem und dessen religion, noch die intention der mitcensores wissen, und jeder der meinung seyn, daß es von einem seiner parthey komme." (A II-1, 84.) – Später führte Leibniz in der Reunionsfrage Verhandlungen mit dem Abt von Loccum, Gerhard Walther *Molanus*, und dem Bischof Christoph Royas *de Spinola* (1683–1690) und korrespondierte mit dem Landgrafen Ernst von *Hessen-Rheinfels* (1683–1685, A I-3). – Vgl. vor allem den Vorschlag eines „Concile oecumenique" mit paritätischer Besetzung durch katholische und protestantische Bischöfe in dem „Promemoria zur Frage der Reunion der Kirchen" (Méthodes de Reunion) von 1687, abgedruckt bei *Foucher de Careil* II, 1–21, *Klopp* VII, 19–36, und in der *Akademie-Ausgabe* I-5, 10–21. – Von besonderer Bedeutung für die Reunionsverhandlungen ist auch der Briefwechsel zwischen Leibniz und Bénigne *Bossuet*, dem Bischof von Meaux (1678 bis 1701), obwohl um 1695 Leibniz' Pläne praktisch schon gescheitert waren.

[280] „J'y ay une place de Conseiller, 500 écus de gage bien payés (ca. 2000,– DM), le logement et le table, mais de plus un accès auprès du Prince, qui me donne occa-

Hofrat bei der Justizkanzlei („Canzleirath") noch bis zum Herbst 1677, weil der Herzog ihm zunächst nur eine gerade unbesetzte Bibliothekarstelle übertragen hatte[281]. Leibniz wandte sich jedoch bald nach seiner Ankunft in Hannover entschlossen wieder seinem „eigentlichen Berufsfach"[282], der Jurisprudenz zu. Die Selbstverständlichkeit, mit der er hier gerade auch seine rechtspraktische Tätigkeit wieder aufzunehmen sich bemühte, als ob er nie mit etwas anderem beschäftigt gewesen sei[283], bestätigt noch einmal jene Vermutung, daß Leibniz sich auch in Paris von den Rechtswissenschaften nicht entfernt, sondern „die andere mehr curiose und angenehme Studia" hauptsächlich, um „das gemüth durch änderung zu erfrischen", betrieben hat[284]. Zugleich zeigt diese Selbstverständlichkeit deutlich, in welch hohem Maße Leibniz sich stets als Jurist und Rechtsphilosoph fühlte und die Rechtswis-

---

sion de ressentir souuent des effets de sa bonté, et d'apprendre les sentimens généreux dont il a l'âme remplie." (Brief an Jean *Gallois* vom Herbst 1677 [A II-1, 379].) – Leibniz wurde ursprünglich mit einem jährlichen Gehalt von 400 Talern berufen; später hat der Herzog den Betrag auf 500 und schließlich auf 600 Taler erhöht.

[281] Vgl. Leibniz' Briefe an den Herzog *Johann Friedrich* vom Februar 1677 (A I-2, 19–21), vom 22. September 1677 (A I-2, 35–36) und vom Herbst 1677 (A I-2, 40).

[282] G. E. *Guhrauer*, Leibniz' deutsche Schriften, Bd. 1, Berlin 1838, Kritisch-historische Einleitung, S. 48.

[283] „Diesen allen nach gelebe der Hofnung, es werden E. Hochfürstl. Durchl‡ gnädigst geruhen zu verordnen, daß in dero lobl. Canzlei oder Regirung ich introducirt werde, darinnen als Hofrath würckliche session und stelle haben, und (neben dem bereits in qualität eines Bibliothecarii erlanget) auch absonderlich aller emolumenten eines Hofraths genießen möge. – Denn ich zuförderst ehrenthalben nicht weniger begehren kan, nachdem ich bereits vor 10 jahren gradum angenommen, anständige vocationen gehabt, und die bloße verrichtung eines Bibliothecarii mir beßer im 20‡ten jahr meines alters als iezo angestanden hätte, also dahin bedacht seyn muß, wie ich meinem alter und profectibus nach also stehen möge, daß ich deßen bey denen so vor diesen einiges absehen auff mich gehabt, und sonderlich bey denen die vor jahren mir nicht gleich gewesen, aniezo aber zu dergleichen stellen gelanget seyn, nicht zu schämen habe ...; so dann mir umb soviel desto mehr schaden solte, weil man vor diesen eine andere meinung von mir gehabt, ich auch würcklich in judiciis und geschäfften gewesen." (Brief an den Herzog *Johann Friedrich* vom Februar 1677 [A I-2, 20–21].)

[284] Im Brief an Dietrich Caspar von *Fürstenberg* vom April 1673 (A I-1, 345) schreibt Leibniz zur Reconcinnation: „Welches gleichwie es vor ein wichtiges werck von großen Leuten unterschiedenen Standes und Nation gehalten worden, also erfordert es lange Zeit und große Mühe, welche zu versüßen, und das gemüth durch änderung zu erfrischen, auch die andere mehr angenehme Studia nicht zu vergessen, ich Reisen vorgenommen ..."

senschaft im Sinne der „jurisprudentia universalis" als den Kernbereich seines Schaffens ansah[285].

Noch während des Jahres 1677, bald nach dem Tode Lassers, bat Leibniz in Mainz um die Übersendung seiner Arbeiten zur Reconcinnation des römischen Rechts nach Hannover und setzte dort sogleich das begonnene Werk fort, „theils damit die gethane arbeit nicht verloren sei, theils auch, damit man nicht den nahmen habe, daß man etwas angefangen und nicht ausgeführt"[286]. Sein ursprünglicher Plan hatte sich jedoch geändert: das neue Corpus Reconcinnatum sollte nur noch ein einziges Gesetzbuch bilden, in welches sowohl die „Elementa Juris Naturalis" unter dem Titel „De Justitia et Jure" wie auch die „Elementa Juris Romani", bestehend aus der Elemententafel und dem „Nucleus Legum", als der eigentliche Hauptteil des Werkes einzufügen waren. Offenbar hatte Leibniz erkannt, daß lediglich mit einer Neuordnung des römischen Rechts zwar vielleicht dessen Unübersichtlichkeit, nicht aber dessen Weitläufigkeit und Stoffülle hätten beseitigt werden können. So befreite sich Leibniz von der Vorstellung, die Autorität des Jus Romanum commune dürfe unter keinen Umständen in Zweifel gezogen werden, und entschloß sich, aus dem römischen Recht alles zu entfernen, was entweder schon gar nicht mehr in Geltung stand oder als überflüssiger Kommentar in der Rechtspraxis ohne-

---

[285] Mit der Bitte um eine Beschäftigung in der Justizkanzlei im Brief an den Herzog *Johann Friedrich* vom Februar 1677 (A I-2, 21) verband Leibniz vor allem den Wunsch nach einer festen und „beständigen" Stellung: „Denn weil ich nun mehr etlich mahl das Unglück gehabt, daß ich durch ännderungen der Zeiten und Personen die früchte der in handen habenden beförderungen verloren und anderswo von neuem anfangen müssen, so werde ich umb so viel desto mehr gezwungen auff etwas beständiges zu gedencken."

[286] Brief an einen *Ungenannten* von 1677 (A I-2, 307): „Meinem Hochg. Hrn ist wohl wissend daß ich mit dem seel. Herrn Laßer Churf. Maynzischen Hofrath ein gewisses wichtiges werck jurisprudentiae emendandae (juvandae) causa vorgehabt; so an vielen hohen orthen nicht wenig gebilligt worden. Es ist aber solches in etwas ins stecken gerathen . . . Nichts desto minder nachdem ich nun Gottlob meine Sachen etwas in Ordnung gebracht, habe ich endlich den schluß gefaßet, das offtgedachte werck zu reassumiren, theils damit die gethane arbeit nicht verloren sei, theils auch, damit man nicht den nahmen habe, daß man etwas angefangen und nicht ausgeführt. – Solches hoffe umb soviel desto ehe zu erhalten, dieweil es aller billigkeit recht und gemäß, denn nicht allein das meinige (wo man ohne das nicht aufhalten wird) sondern auch der übrige apparatus pro communis zu achten und mir obgedachter maßen nicht kann verweigert werden."

hin keine Bedeutung hatte. Nur die wenigen „wahren" Gesetze des römischen, aber auch des deutschen Rechts und die wichtigsten juristischen Streitfragen sollten gesammelt, geordnet und nach ihrem Sinn
und Zweck befragt werden. Und nur die „ratio legum", der Geltungs-
grund eines jeden Gesetzes, sei neu zu formulieren und in das Corpus
Reconcinnatum aufzunehmen[287]. Der Umstand, daß Leibniz für die
Reconcinnation in Hannover bei weitem nicht so viel Zeit zur Verfügung hatte wie in Mainz und daß ihm offenbar die Arbeiten, an
denen Lasser beteiligt war, nicht nach Hannover übersandt wurden[288],
begünstigte seinen Entschluß, auf eine Neuordnung des alten Corpus
Juris zu verzichten. Daraus folgte aber zugleich, daß das neue Gesetzbuch nicht mehr nur als „comes" zum Corpus Juris[289] Verwendung finden konnte, sondern an dessen Stelle treten, es ablösen mußte. Keine
„actio" solle mehr zugelassen werden, die nicht im neuen Gesetzbuch
verzeichnet sei[290]. Mit dieser Forderung hatte Leibniz den Boden der
Reformen verlassen und den Conringschen Gedanken einer nationalen
Gesetzessammlung auf der Grundlage des römischen und deutschen
Rechts erneut ausgesprochen.

Durch die Entdeckung des Infinitesimalkalküls in Paris war Leibniz
in der Überzeugung bestärkt worden, der Unendlichkeitsgedanke lasse
sich nicht nur mathematisch, sondern auch innerhalb der übrigen Wissenschaften allgemein definitorisch „eingrenzen". Der unübersehbare
Bestand geltender Rechtsnormen erschien ihm wie ein unendliches Reich
von Zahlen, zu dessen Vereinfachung man das Recht aus dem Unend-

---

[287] Vgl. dazu den Brief Leibnizens an den kaiserlichen Hofkanzler in Wien, Baron
Hocher, vom 7. Juli 1678 (A I-2, 346—352; Klopp V, 3—12) und die ausführliche
Inhaltsangabe bei *Dickerhof*, a.a.O., S. 39—42.

[288] Die nach Verfassern geordneten und auf großen Tafeln zusammengestellten
Texte der Digesten (vgl. Fußnote 149) wurden Leibniz nicht zugeschickt. Sie befinden sich seither in Darmstadt. (Vgl. auch *Grua* II, 703: „... mais ne reçoit pas le
dossier".)

[289] So noch in der „Ratio Corporis Juris Reconcinnandi" von 1668, § 105 (Dutens IV, 3, 234); vgl. Fußnote 125.

[290] „Nulla actio ... admittatur, quae non diserte in novo Codice extet. ...
Nunc autem, ubi novus Codex omnia ad pauca fundamenta revocaverit et exactis-
simus egregiorum virorum judiciis fuerit probatus, tuto definiri poterit, ut ne quid
imposterum in dijudicandis privatorum litibus pro jure habeatur, quod non ex ipso
ostendi possit, non quod sublatae sunt Romanae leges, sed quod omnis earum vis
novo Codice contineatur." (Brief an Joh. Paul *Hocher* vom 7. Juli 1678 [A I-2,
350—351].)

lichen in die Endlichkeit zurückführen müsse[291]. Sein mathematischer
Erfolg hatte Leibniz mit neuer Hoffnung erfüllt, er werde auch bei der
Emendation der Jurisprudenz bald zum Ziele gelangen, und seinen
Arbeitseifer neu entfacht. So entstanden in den Jahren 1677 bis 1682
zu den „Elementa Juris Romani", dem Hauptteil des neuen Gesetzbuchs, eine ganze Reihe von Schriften und einzelnen Fragmenten[292],
die sich im wesentlichen mit der Definition wichtiger Rechtsbegriffe
(jus, obligatio, lex, persona, res, actus, culpa, potestas, actio, delictum,
crimen etc.) und mit der Systematisierung des römischen Rechts beschäftigen. Die bedeutendsten Werke aus dieser Zeit sind das „Rationale digestorum", das „Definitionum Juris Specimen" und die beiden
Abhandlungen „De Postulationibus" und „De Systemate Juris Romani". Nach seiner Rückkehr aus Italien im Jahre 1690 nahm Leibniz
die Arbeiten wieder auf. Vor allem die „Tabula Elementorum"[293]
wurde nun fertiggestellt[294], aber auch das System des römischen Rechts
mit der umfangreichen Schrift „Systema Juris"[295] bis 1698 zu einem

---

[291] „In jurisprudentia id ago, ut omnia revocentur ad pauca capita, quae qui
teneat, cetera per consequentiam certam inde ducere possit. Quod mihi videtur esse,
jus ex infinito finitum reddere." (Brief an Vicenz *Placcius* vom Juli 1678 [A II-1,
421].)

[292] Diese Arbeiten sind von *Bodemann* (Die Leibniz-Handschriften, 1895, S. 32)
zusammengefaßt im Volumen III (Principia juris universi) der Juridica, Nr. 3 (61
Bl.) und Nr. 4 (87 Bl.), und zum größten Teil erstmalig abgedruckt bei *Grua*, Textes inédits, 1948, Bd. II, unter folgenden Titeln: „Rationale Digestorum" (1677–1680),
S. 629–632; „Definitionum Juris Specimen" (1676, 1678, 1696?), S. 721–743; „De
obligatione, capita Jurisprudentiae" (um 1678?), S. 743–745; „De postulationibus"
(1678–1679), S. 750–760; „De querelis" (1678–1679), S. 749; „De securitate" (um
1678), S. 878–880; „De Systemate Juris Romani" (1680–1682), S. 763–767.

[293] Den Gedanken einer Elementetafel nach Art einer großen Landkarte hat
Leibniz niemals aufgegeben. Er schreibt darüber nach 1688 an Hiob *Ludolf:*
„Nimirum Vir Amplissime, nos illud profitemur, quidquid in toto Romani Juris
Corpore constitutum est, redigi posse in exigua quaedam Elementa, ac pauces pro-
positiones, aliquot velut Geographicis Chartis ..." (Jur. II, 4), und schließlich noch
am 5. September 1708 an Heinrich Ernst *Kestner* (Dutens IV, 3, 254), wo er die
Elementetafel mit den „12 Tafeln" und dem „Edictum Praetoris" vergleicht.

[294] Vgl. dazu folgende, bei *Grua* II abgedruckte Schriften: „Dispositio Tabulae
Juris" (nach 1685–1695/96), S. 786–788; „Praefatio Tabulae Juris" (nach 1685–
1695?), S. 782–785; „Tabula Juris" (nach 1690, 1695–1696?), S. 791–797; „Notae
in Tabulam Juris" (1696?), S. 801–808.

[295] Das „Systema Juris" (*Grua* II, S. 819–838), verfaßt in den Jahren 1695–1697
mit der Unterstützung eines Gehilfen (vgl. den Brief an *Placcius* vom 5. September 1695 [Dutens VI, 1, 60]), und seit August 1696 mit der Hilfe des Sekretärs
Joachim Friedrich *Feller* (wie aus der Abschrift zu ersehen), ist in folgende Teile gegliedert: I. Generalia (1. Leges, 2. Verborum significatio, 3. Regulae Juris), II. Fac-

vorläufigen Abschluß gebracht[296]. Daneben verfaßte Leibniz zu den einzelnen Rechtsgebieten zahlreiche Übersichten, in denen er jeweils das betreffende Institut (praescriptio, successio, dominium, possessio, usucapio, obligatio, delictum) kurz beschrieb, die zu dieser Materie gehörigen Vorschriften zusammenstellte und auf die entsprechenden Leges im Corpus Juris verwies[297]. Damit war der „Nucleus Legum", das eigentliche Kernstück des neuen Gesetzbuchs, nahezu vollendet[298].

In der Erkenntnis, daß ein großer Teil des geltenden römischen Rechts zum Bereich des Naturrechts gehöre[299], hatte sich Leibniz in Hannover entschlossen, die ursprünglich als kleines, gesondertes Werk geplanten „Elementa Juris Naturalis" in das neue Gesetzbuch aufzunehmen und darin mit der Lehre von der Gerechtigkeit zu verbinden. Denn: „Scientiam Juris naturalis docere, est tradere leges optimae Reipublicae[300]." Vornehmlich in den Jahren 1677 und 1678 versuchte nun Leibniz, aus den verschiedenartigsten Definitionen „De Justo", „De Justitia", „De Justitia et Jure", „De tribus Justitiae gradibus" und durch eine Bestandsaufnahme überlieferter Regeln des Naturrechts eine allgemeine Lehre von der natürlichen Gerechtigkeit (justitia rationalis) zu gewinnen[301]. „Habe das arcanum motus gefunden: Demon-

---

tum (fictiones, praesumptiones), III. Personae, IV. Res, V. Actus, VI. Jus, VII. Jus mixtum (obligationes), VIII. Semipublica (crimina, politica), IX. Jus publicum (mit dem Zusatz: Jus publicissimum est jus Dei). – Vgl. dazu die Ordnung in der „Ratio" § 92 (Fußnote 121). – Wichtig sind außerdem die Blätter Jur. III, 4, 73–88, abgedruckt als „Varia" (1695–1696 [?]) bei *Grua* II, S. 811–819, und die „Tractatio" (1690–1695), Jur. III, 4, 74, abgedruckt bei *Grua* II, S. 797–801.

[296] Vgl. über den Fortgang der Arbeiten auch Leibniz' Tagebucheintragungen vom August und September 1696, abgedruckt bei *Pertz* IV, 188, 198, 207–209, 213–214.

[297] Vgl. bei *Bodemann*, a.a.O., S. 33–34, die „Synopsis singularum juris materiarum, novo systemati accomodata" (Jur. IV, 1, insgesamt 153 Blätter), von der bei *Grua* II nur ein geringer Teil abgedruckt ist („Systema Juris", S. 819–838, und „De Praescriptione", S. 842–846).

[298] Die endgültige Fassung sollte wohl in der „Alia eaque accuratior Synopsis singularum juris materiarum secundum novum systema" (Jur. IV, 2, insgesamt 87 Blätter) erfolgen, von der zwei Exemplare vorliegen, die zwar nicht von Leibniz' Hand stammen, also Abschriften sind, aber viele handschriftliche Zusätze und Änderungen enthalten. (Vgl. *Bodemann*, a.a.O., S. 34–35.)

[299] „... tum eadem opera exhiberentur demonstrationes Juris naturalis hactenus frustra quaesitae, quoniam ausim dicere dimidiam partem corporis Romani juris naturalis esse..." (Brief an Daniel *Wülfer* vom 19. Dezember 1669 [A I-1, 80].)

[300] „De scientia juris naturalis" (1677–1678), bei *Grua* II, 614.

[301] Diese Definitionen sind im wesentlichen im Volumen III (Principia juris universi) der juristischen Handschriften, Nr. 1 (88 Bl.) und Nr. 3 (61 Bl.) gesammelt.

strationes de jurisprudentia naturali ex hoc solo principio: quod justitia est caritas sapientis"[302], schrieb er im Mai 1677 an den Herzog Johann Friedrich. Diese Bestimmung der Gerechtigkeit als die „Liebe des Weisen" bildete von nun an das oberste Prinzip seiner Naturrechtslehre und – ebenso wie die Gesetze der Geometrie eine „ewige Wahrheit" (vérité éternelle) – auch den letzten tragenden Grund seiner Rechtsmetaphysik[303]. In ungezählten Schriften und Briefen hat Leibniz diese Definition wiederaufgenommen, ja sogar einmal zum Gegenstand einer Eingabe am hannoverschen Hof gemacht[304] und schließlich nach 1695 mit den „Juris Naturalis Principia" auch in das neue Gesetzbuch einzubauen versucht[305].

Das Corpus Reconcinnatum sollte jedoch nicht nur die Grundlagen (rationes) des römischen Rechts und die Elemente des Naturrechts enthalten, sondern auch eine Sammlung von praktisch bedeutsamen Streitfragen aus dem alten Corpus Juris, mit deren Ausarbeitung Leibniz ebenfalls im Jahre 1678 begann[306]. Zu nennen sind hier in der Hauptsache die Untersuchungen zu „Lib. I, Tit. 5 Digest. de statu homi-

---

(Vgl. *Bodemann*, a.a.O., S. 31–32.) Davon sind bei *Mollat* gedruckt: „De Justitia" (Bl. 49–52), S. 35–40, und „De tribus juris naturae et gentium gradibus" (Bl. 53–56), S. 8–18; bei *Grua* II unter dem Titel „Elementa Juris Naturalis" (1677–1678): „Definitiones", S. 603–604; „Modalia Juris", S. 605–606; „De tribus Juris praeceptis sive gradibus", S. 606–612; „Tit. I de Justitia et Jure", S. 614–616; „Tria praecepta", S. 616–617; „De Jure et Justitia", S. 618–621; „De Justitia et Novo Codice", S. 621–623.

[302] Brief an den Herzog *Johann Friedrich* vom Mai 1677 (A I-2, 23).

[303] Vgl. dazu vor allem den 2. Abschnitt A, II und B, III des 3. Hauptteils.

[304] Im Brief an den Herzog *Ernst August* (undatiert, 1685–1687?): „... j'ay fort avancé ce dessein, et je m'ay fait quantité de definitions: Par exemple la definition de la justice chez moi: La Justice est la charité du sage; ou une charité conforme à la sagesse. – La Charité n'est autre chose que la bienveillance generale. – La Sagesse c'est la science de la felicité. – La Felicité est l'estat de joye durable. – La Joye c'est un sentiment de perfection. – La Perfection c'est le degré de la réalité." (A I-4, 315.)

[305] „Juris naturalis principia" (nach 1695?), bei *Grua* II, 639–641.

[306] Nach den bei *Bodemann*, a.a.O., S. 35, unter dem Titel „Discussio singulorum titulorum Corporis juris Justinianei", Jur. IV, 3, verzeichneten Handschriften hat Leibniz folgende Teile des Corpus Juris bearbeitet:
  1. *Institutiones* (Bl. 1–58): Lib. I, Tit. 8–12; Lib. II, Tit. 1–25; Lib. III, Tit. 1–10, Tit. 11, Tit. 14–26, Tit. 27–30; Lib. IV, Tit. 1–6.
  2. *Digesta* (Bl. 59–81): Lib. I, Tit. 5; Lib. II, Tit. 8, Tit. 9, Tit. 12–15; Lib. III, Tit. 1, Tit. 2, Tit. 3; Lib. IV, Tit. 1–5; Lib. V, Tit. 1–4; Lib. VI, Tit. 1, Tit. 2; Lib. VII, Tit. 1, Tit. 2; Lib. IX, Tit. 3, Tit. 4; Lib. X, Tit. 1, Tit. 2; Lib. XIX, Tit. 5; Lib. XXII, Tit. 3.

num"[307], zu „Lib. II, Tit. 8 Digest. de rerum divisione"[308] und eine eigene Lehre zur Intestaterbfolge[309].

So hatte Leibniz die Arbeiten zum neuen Gesetzbuch ungefähr um das Jahr 1698 größtenteils abgeschlossen, und es hätte möglicherweise nur noch eines kaiserlichen Auftrages bedurft, um das Werk endgültig zustande zu bringen. Daß ein solcher Auftrag ausblieb, obwohl Leibniz sich in Wien mehrfach mit großem Eifer für die Schaffung eines „Codex Leopoldinus" eingesetzt hatte, beleuchtet ein wenig jene eigentümliche, uns Heutigen unverständliche Tragik der Erfolglosigkeit, zu der fast alle seine Pläne und Entwürfe verurteilt waren. – Schon im Jahre 1677, als Leibniz seine Arbeiten in Hannover fortzusetzen begann, war ihm klar geworden, daß ein vollständig neues Gesetzbuch – wie jetzt geplant – nur vom Kaiser selbst mit der Verbindlichkeit eines Reichsgesetzes in Geltung gestellt werden könne[310]. Er verfaßte für Kaiser Leopold I. eine „Praefatio Novi Codicis Leopoldini"[311] und schrieb im April 1678 an seinen Freund Johann Lincker in Wien mit der Bitte, Lincker solle versuchen, den Grafen Windhag, einen geachteten und einflußreichen Rechtsgelehrten, für das Projekt zu interessieren[312]. Leibniz selbst wollte diesmal ganz im Hintergrund stehen in der wohl berechtigten Sorge, seine Feinde in Wien könnten jenes Unternehmen ebenso zum Scheitern bringen wie die erste Eingabe beim Kaiser zur Reconcinnationsfrage vom August 1671[313]. Als nach dem Tode Windhags aber dieser Plan nicht mehr ausgeführt werden konnte, entschloß

---

[307] Nach 1678 (?), abgedruckt bei *Grua* II, S. 839–841.

[308] Nach 1678 (?), abgedruckt bei *Grua* II, S. 841–842.

[309] „Novissimi successionum juris Compendium, ex Novella 118, adjecto jure feudali et Saxonico, ubi ab ea abit" (Jur. IV, 4, 2–17, um 1680), zum Teil abgedruckt bei *Grua* II, S. 853–854.

[310] „Nemo enim dubitat, quin Caesari sit Legislatoria potestas in Imperio." (Brief an Johann *Lincker* vom April 1678 [A I-2, 333].)

[311] Die „Praefatio Novi Codicis" aus dem Jahre 1678, abgedruckt bei *Grua* II, S. 624–628, hat Leibniz dem Kaiser selbst in den Mund gelegt: „Idem fieri jubemus ..."; oder: „Neque dubitamus omnes Sacri Imperii ordines in partem curae nostro venturos esse, ut jurisdictio quam a nobis atque imperio habent recte exerceatur."

[312] „Sed quoniam tantum opus unius hominis non est, et in ipsa Caesaris aula esse debet, qui molem eius sustineat, non ut Patronus tantum, sed ut in patrem curae venturus; ego dudum oculos in Illustrissimum Comitem Windhagium conjeci. Illum constat Jurisconsultum esse maximum; ... ubi inflammatum viri animum intelligemus, de caeteris non difficulter conveniri poterit." (Brief an Johann *Lincker* vom April 1678 [A I-2, 333].)

[313] Vgl. Fußnote 132.

sich Leibniz nun doch zu einer unmittelbaren Vorstellung am kaiserlichen Hof. Am 7. Juli 1678 verfaßte er ein ausführliches Schreiben an
den Hofkanzler Johann Paul Hocher, worin er den Gedanken eines
„Codex Leopoldinus" eingehend darlegte und begründete, nicht ohne
darauf hinzuweisen, wie viele Kaiser sich schon durch die Verbindung
ihres Namens mit einem großen Gesetzeswerk unsterblich gemacht hätten (Justinian, Karl V.)[314]. Dieser Brief war im Grunde für den Kaiser
bestimmt; Lincker sollte ihn Hocher übergeben und Hocher den Inhalt
dem Kaiser vortragen. Die einzige Nachricht über die Vorgänge in
Wien erhielt Leibniz im September 1678 von Lincker: resigniert teilte
dieser ihm mit, der Kaiser und Hocher hätten das Vorhaben zwar gebilligt, man sei zur Zeit jedoch mit anderen Dingen beschäftigt und
werde bei späterer Gelegenheit darauf zurückkommen[315]. Wieder war
Leibniz' Versuch, den Kaiser für eine Reconcinnation zu gewinnen,
fehlgeschlagen[316]. – Zum dritten Male trug Leibniz seinen Plan des
„Codex Leopoldinus" im Januar 1689 am kaiserlichen Hof vor, als er
sich auf seiner italienischen Reise (1687–1690) in Wien befand[317].
Schon im Jahre 1688 hatte er mehrere Denkschriften zur Münzreform[318] und zur Reunionsfrage[319] verfaßt, die dem Kaiser nützlich
erschienen waren, und schließlich seine Dienste als Hofhistoriograph
angeboten[320]. Nun wagte er trotz des noch andauernden Türkenkrie-

---

[314] „Huius autem tantae curae corollarium esse potest, redintegratio legum civi-
lium, et, ut verbo dicam, Codex Leopoldinus... Caesaris enim est, explicare leges et
condere ac definire quousque veteres leges pro abrogatis habendae aut quid de novis
controversiis respondendum" (mit bewußter Anspielung auf die Interpretations-
praxis der römischen Kaiser). (Brief an Johann Paul Hocher vom 7. Juli 1678
[A I-2, 346–352].)

[315] Vgl. den Brief Linckers an Leibniz vom 22. September 1678 (A I-2, 364).

[316] Über den weiteren Verlauf des Unternehmens schreibt Grua (Textes II, 704):
„Les années suivantes, Leibniz maintient son projet de Code et même de Corpus
reconcinnatum, mai 1681, Ger. VII, 72; dit à Arnauld son projet de rendre le droit
certain et d'améliorer la procédure du dedans, sans vaines formalités (14 julliet
1686, Ger. II, 60), l'application de la caractéristique à la jurisprudence (14 janvier
1688, Ger. II, 134)."

[317] Vgl. die Denkschrift „Für den Kaiser" (A I-5, 376–380), die vermutlich dem
Kanzler Strattmann übergeben wurde, und die „Cogitationes quaedam ad jura
dignitatemque Caesaris, Imperii et Augustissimae Domus pertinentes" (A I-5,
385–389), beide vom Januar 1689.

[318] Denkschrift an den Kaiser zur Münzreform vom Januar 1688 (A I-5, 47–51).

[319] Denkschrift für den Kaiser zur Reunion der getrennten christlichen Kirchen
vom Dezember 1688 (A I-5, 333–339).

[320] Brief an den Kaiser vom Oktober 1688 (A I-5, 271–274), worin Leibniz vor-
schlägt, die „Historia Leopoldina" zu erforschen.

ges und eines erneuten Friedensbruchs durch Ludwig XIV. den Kaiser wiederum an die allgemeine Rechtsunsicherheit im Reich zu gemahnen [321], aber sein Ruf: „Nam ut in pace de bello, ita et in bello de jure et legibus cogitant sapientes!" blieb auch diesmal ohne Gehör. – Ob Leibniz während seines Aufenthalts in Wien in den Jahren 1713 bis 1714 als Reichshofrat noch einmal Gelegenheit hatte, dem Kaiser seine Gedanken zur Zivilrechtsreform zu unterbreiten, ist ungewiß [322]. In jedem Falle hätte aber auch zu dieser Zeit das Unternehmen nur wenig Aussicht auf Erfolg gehabt. Die Überzeugung von der Notwendigkeit eines Reichsgesetzbuchs aber bewahrte Leibniz bis zu seinem Lebensende: noch am 1. Juli 1716 erwähnte er diesen Gedanken in einem Brief an den Helmstedter Juristen Heinrich Ernst Kestner [323].

„Sentio enim omnem scientiam, quanto magis est speculativa, tanto magis esse practicam" [324]: diese schon seit den ersten Studienjahren auffallende Neigung, Spekulation und Praxis miteinander zu verbinden, veranlaßte Leibniz nun auch in Hannover, sich bei seinen juristischen Arbeiten nicht mit einer „nur" rechtstheoretischen Bewältigung der Zivilrechtsreform zufrieden zu geben. Bald nach seiner Ankunft, im Februar 1677, lenkte Leibniz die Aufmerksamkeit des Herzogs Johann Friedrich bereits mit Nachdruck auf seine richterliche Tätigkeit in Mainz und rühmte seine Geschicklichkeit, Relationen und Urteile zu schreiben [325]. Alle Vermutungen, Leibniz habe Mainz nicht zuletzt aus

---

[321] Denkschrift „Für den Kaiser" von Januar 1689 (A I-5, 378).

[322] Vgl. zu dieser Frage die Arbeit von *Dickerhof*, a.a.O., S. 43–44.

[323] Der Brief an Heinrich Ernst *Kestner* ist abgedruckt bei *Dutens* IV, 3, S. 267–268, und zum Teil bei *Grua* II, S. 695–698.

[324] Brief an Joh. *Groening*, einen Advokaten in Wismar, vom 24. Dezember 1696 (Grua II, 662). Leibniz fährt darin fort: „Idem etiam de juridicis censeo, in quibus quaedam adhuc adolescens scripsi et cogitavi, quae tamen aetas, usus rerum, in melius provexere, occasione accuratius considerandi data."

[325] „Es sind bereits zehen jahr, daß ich gradum in jure angenommen; von welcher Zeit an ich kontinuierlich bey Höfen oder auff Reisen gewesen, offtmals zu Geschäfften gezogen worden, bedencken über dinge, so bisweilen wichtig gewesen, gestelt, Relationes aus actis und Urtheil abgefaßet, und allezeit dieses Zeugnüß erhalten, daß an dem so von mir ausgearbeitet worden, sowohl was die krafft der vernunfftgründe, als was die clarheit der ausdruckungen betrifft, wenig zu endern gewesen. Maßen auch unterschiedtliche vocationes an mich ergangen, weil ich damals mich zu binden nicht bedacht war, so hab ich solche nicht angenommen, ohne als Churfürst Johann Philip zu Maynz höchstseel. andenckens mich, als ich eben da-

Überdruß an der Rechtspraxis verlassen [326], erweisen sich damit als unbegründet. Der Herzog entsprach schließlich seinem Wunsch und übertrug ihm im Herbst 1677 das Amt eines Hofrats in der Justizkanzlei [327], welches Leibniz bald häufiger Gelegenheit bot, sich mit praktischen Rechtsfragen zu befassen, als ihm offenbar angenehm war [328]. Noch heute finden sich unter den Leibniz-Handschriften der Niedersächsischen Landesbibliothek in Hannover (Juridica, Vol. VII: Relationes, decisiones, responsa) allein aus den Jahren 1677 bis 1679 dreizehn Relationen zu rechtshängigen Zivilverfahren [329], die Leibniz als

---

selbst war, in den Revisions Rath gezogen, welches das letzte judicium im Land, in dem es ohne appellation, und wegen des erneuerten privilegii de non appellando anstatt der Speyrischen instanz eingeführt worden." (Brief an den Herzog *Johann Friedrich* vom Februar 1677 [A I-2, 20].)

[326] Dieser Ansicht scheint *Wiedeburg* (a.a.O., S. 107) zu sein: „Besonders befriedigend und einträglich war diese Tätigkeit für ihn nicht. Er hat sich deshalb unter Mitwirkung Boineburgs bald nach einem anderen Wirkungskreis umgesehen."

[327] Zu Leibniz' Zeit nahmen die Justizkanzleien als Organe der allgemeinen landesfürstlichen Jurisdiktionsgewalt noch vorwiegend Aufgaben der Rechtsprechung wahr (Kanzleigerichte), ebenso wie in der Reichsverwaltung der „Reichshofrat". – Im Herzogtum Hannover wurden bei der Justizkanzlei Zivil- und Strafverfahren in der ersten, und nach einer „Appellation" von den „Stadtgerichten" und „Ämtern" auch in der zweiten Instanz geführt. Außerdem bestand ein sog. „Hofgericht" auf Grund des jus de non appellando.

[328] Leibniz beklagt sich darüber im Entwurf eines Briefes an *Conring* vom Sommer 1678: „...: noluit tamen optimus Princeps pro sua in me benignitate tempus omne meum impendi negotiis forensibus ... Sane nollem ego ad saxum hoc forense unice volvendum damnari Sisyphio ritu, nec si maximae opes summique honores promitterentur." (Gerhardt I, 202–203.) Dieser Brief wurde jedoch nicht abgeschickt, wie Leibniz selbst vermerkt hat. Das statt dessen abgesandte Schreiben enthält nichts mehr davon; vgl. *Gerhardt* I, 204–206.

[329] Die einzelnen Relationen sind aufgeführt bei *Bodemann*, Die Leibniz-Handschriften, 1895, S. 38–40. Hier sollen nur drei der bedeutendsten Arbeiten genannt werden:

1. „Relation in Sachen Friedr. Heinr. *Hinzmann*, Kläger, contra den Amtmann Daniel *Hennings*, Beklagten, in puncto rückständiger Pachtgelder" (1676–1679, 32 Bl.).
2. „Relation cum voto in Sachen Chrph. *Brandes* contra Friedr. *Karsten*, beide Bürger in Hildesheim, Salzhemmendorfsche Ländereien im Amte Lauenau betr." (1677, 29 Bl.).
3. „Relation in Sachen Kurd *Kulemann* uxorio nomine Appellant contra Wilh. *Dietrichs* Appellaten in puncto praelegati ex pactis dotalibus"; dabei ein Gutachten des Vicekanzlers *Hugo* nebst Abschriften des Urtheils von Leibniz und der ganzen Relation (1677, 45 Bl.).

Zu einem weiteren Verfahren („Relation in Sachen Wilh. *Brauns*, Amtsschreibers zu Blumenau, Appellanten, gegen Jürgen *Horn*, Handelsmann allhier, Appellaten, in puncto mandati") wie auch allgemein über Leibniz' Tätigkeit in der Justizkanzlei gibt

„Canzleirath" im Auftrage des Vizekanzlers Ludolf Hugo[330] verfaßt hat, außerdem zahlreiche Gutachten, Aktenauszüge und Notizen, vor allem auch in Strafsachen[331]. Der größte Teil der Relationen enthält vollständig eine „species facti" (Sachbericht), einen „extractus actorum" (Aktenauszug), ein „votum" (Gutachten) und eine „formula sententiae" (Urteilsvorschlag). Wenn diese Arbeiten selbst in der juristischen Leibniz-Literatur bisher nahezu unerwähnt geblieben sind[332], so liegt der Grund hierfür wohl nur darin, daß keine dieser Schriften je veröffentlicht wurde[333]. – In der Justizkanzlei mit Tagesgeschäften, insbesondere mit der Vorbereitung und Begutachtung anhängiger Verfahren überlastet, bat Leibniz endlich im Juni 1679 den Herzog Johann Friedrich um die Übertragung einer vakanten Richterstelle am hannoverschen „Hofgericht"[334], jedoch ohne Erfolg; der Tod des Herzogs im Dezember 1679 machte auch diese Hoffnung zunichte.

folgender Brief des Hofrats Arnold Heinrich *Engelbrecht* an Leibniz aus dem Jahre 1678 Auskunft: „Es ist gestern von deßelben Relation in sachen Brauns contra Horn geredet worden vndt ist man damit eins, vndt ratione formalium belibet, das in sententia zusetzen sey, Es habe Beklagter das iehnige, was er zu beweisen auf sich genommen, wie zu recht –? nicht erwiesen, wehre er also gehalten dem provisions contracte gemes rechnunge zuthun etc. Wirdt also M. H. Hofrath diese urtheil abzufaßen belieben, es wolle auch derselbe die sententias in denen beyden anderen sachen vor seiner abreise noch einschicken damit zu deren publication ein terminus allerförderist könne angesetzet werden." (A I-2, 113).

[330] Ludolf *Hugo* (gest. 1704), ein Schüler Conrings, war zu der Zeit, als Leibniz nach Hannover kam, Geheimer Rath und Director der Justizkanzlei, also Leibniz' unmittelbarer Vorgesetzter; er wurde erst im Herbst 1677 zum Vizekanzler ernannt.

[331] Siehe ebenfalls bei *Bodemann*, a.a.O., S. 39; von besonderem Interesse sind: 1. Gutachten, betr. ein zwischen zwei Offizieren, Vaillac und La Motte, vorgefallenes Duell (in franz. Sprache, 11 Bl.); 2. Gutachten, betr. einen Soldaten, welcher aus dem Gefängnisse geflohen, aber wieder gefangen (1 Bl.); 3. „Extractus actorum", betr. einen Zauber-Process, 12. Dezember 1677, gegen ein Weib im Amte Lachem u. deren vierjährigen Sohn (1 Bl.).

[332] Mit Ausnahme eines kurzen Hinweises auf den Hexenprozeß bei *Hartmann*, a.a.O., S. 120, Fußnote 1, und bei *Grote*, Leibniz und seine Zeit, Hannover 1869, S. 234 ff.

[333] Bedauerlicherweise ist auch in der Akademie-Ausgabe ein Abdruck jener Arbeiten bis jetzt nicht vorgesehen. (Vgl. dazu Paul *Ritter*, Einleitung zu A I-2, S. XXXIII). Es wäre jedoch sehr zu wünschen, daß gerade auch im Interesse eines vollständigen Bildes von Leibniz' juristischer Tätigkeit diese Schriften nicht in Vergessenheit geraten.

[334] „Nous avons perdu Mons. Block, et j'en ay bien du regret: il a laissé une place vacante dans la cour provinciale (im Hofgericht) et c'est tousjours la coustume, que l'un au moins des Conseillers Auliques soit en même temps assesseur à la cour provinciale: V. A. S. sçait que je suis soûmis sans reserve, à tout ce qui luy plaist: et

Im Zusammenhang mit Leibniz' richterlicher Tätigkeit in der hannoverschen Justizkanzlei steht eine bisher nur wenig beachtete, zur besonderen Form der Begriffsbildung im Zeitalter des rationalistischen Naturrechts jedoch sehr lehrreiche Abhandlung über das Problem einer juristischen Hermeneutik: „De legum interpretatione, rationibus, applicatione, systemate [335]." Leibniz unterscheidet hier die Interpretation des Wortlauts (interpretatio dicti) als einer Auslegung des Gesetzes von der Interpretation des Sinnes (interpretatio sententiae) als einer Auslegung des Gesetzgebers [336]. Dabei sei nicht der „Wille" des Gesetzgebers – weder der subjektive noch der objektive Wille – zu erforschen, sondern nach den „Gründen" (rationes) zu fragen, welche den Gesetzgeber zu seiner Entscheidung bestimmt haben [337]. Mit diesem Gedanken griff Leibniz, noch bevor das Willensdogma die juristische Hermeneutik zu beherrschen begann, weit seiner Zeit voraus und näherte sich bereits einer sachlich-zweckgerichteten Auslegungsmethode. „Wahre Gründe" (verae rationes), Gründe, die auch den weisesten Gesetzgeber leiten würden, seien nur dem Naturrecht oder der Staatsraison zu entnehmen [338]. Es müsse also jeweils, wenn die rationes legislatoris ermittelt sind (interpretatio), entweder vom Ergebnis her (ex consequentia) oder aus „vorrangigen Prinzipien" (ab antecedenti ratione per pro-

---

qu'Elle n'a qu'a me refuser, pour me rendre presque aussi content, que si Elle m'accordoit ma demande: parce que je sçay que V. A. S. ne fait rien sans en avoir des bonnes raisons. Mais ne sçachant pas encore sa volonté la dessus, je me flatte qu'Elle pourroit peutestre m'accorder cette place, plustost, qu'à quelcun de ceux qui ont esté receus dans le conseil dépuis peu. . . . Cette place ne m'empecheroit en aucune façon de veiller à d'autres choses, que V. A. S. desire, quisqu'on ne vient à la cour provinciale, qu'en certaines termes de l'année." (Brief an den Herzog *Johann Friedrich* vom Juni 1779 [A I-2, 177–178].)

[335] „De legum interpretatione, rationibus, applicatione, systemate" (1677–1679), abgedruckt bei *Mollat*, 2. Aufl., S. 71–84; ein kurzer Hinweis mit Berichtigungen bei *Grua* II, 632.

[336] „Itaque qui τὴν διάνοιαν interpretatur, non tam est interpretes enuntiationis quam ipsius enuntiantis, supplens quae ille imperfecte dixit, supplens tamen non ex propria, sed enuntiantis sententia." (De legum interpretatione [Mollat 72].)

[337] „Interpretatio igitur sententiae legis latoris sumpta ex rationibus intelligitur, quae legis latorem moverunt, etsi fortasse alium non movissent, . . ." (De legum interpretatione [Mollat 73].)

[338] „Verae rationes sunt, quas etiam sapientissimus legis lator fuisset secuturus, et sunt vel ex jure naturae vel ex ratione status. Ex jure naturae sunt ea principia, quae sunt perpetua semperque et ubique locum habent in omni scilicet civitate omnique civitatis statu. Tales sunt Deum esse colendum, magistratus et parentes honorandos. Ex ratione status sumuntur principia, quae non cuilibet civitati aut non cuilibet civitatis tempori vel statui conveniunt." (De legum interpretatione [Mollat 74].)

bationem) nachgewiesen werden (argumentatio), ob es sich um „wahre Gründe" handele. Dies geschehe am sichersten im Wege „exacter Demonstration" durch eine Begriffsbestimmung (definitio)[339], welche widerspruchsfrei (möglich) sein und einen zureichenden Grund haben müsse. Denn mit Hilfe von Definitionen sei es leicht, sich über Gesetze Rechenschaft zu geben[340]. Mit dieser Interpretationslehre knüpfte Leibniz offenbar an seine „Ars combinatoria" an, eine Methode, die in der Anwendung auf praktische Wissenschaften – wie sich hier zeigt – zu einem geradezu überraschend „offenen" System führt. – Aus der gleichen Zeit stammen vermutlich auch zwei weitere Aufzeichnungen zur Rechtsfindung: „De judicis officio"[341] und „De jurisdictione"[342]. Im ersten Fragment macht Leibniz den bemerkenswerten Versuch, aus den Pflichten des Richters eine allgemeine Rechtsethik abzuleiten[343]. Die zweite Schrift gibt einen eindrucksvollen Hinweis auf das Wesen der Rechtsprechung: „Jurisdictio est potestas jus dicendi civibus tuendique justitiam particularem et universalem" (fol. 57) und „Jus dicere est dicere, quid sit justum, seu definire quaestionem juris in causa singulari" (fol. 59). Dabei soll der Richter das Gesetz nicht nur auslegen und bewahren, sondern auch ergänzen und berichtigen: er soll es verwalten (administrare)[344].

Schon als Richter am Oberrevisionsgericht zu Mainz hatte Leibniz die Mängel des Kameralprozesses gründlich kennengelernt und Vorschläge zur Verbesserung der Reichskammergerichtsordnung ausgearbeitet[345]. Vor allem die Schriftlichkeit des Verfahrens und die Praxis

[339] „Quoniam ergo locus perfecte demonstrandi unicus est definitio, operae pretium erit paucis naturam eius ac modum definitiones investigandi exponere." (De legum interpretatione [Mollat 77].)

[340] „Si iam definitiones habeamus, facile est de subjecto demonstrare affectiones et enuntiationum propositarum adeoque et legum reddere rationes." (De legum interpretatione [Mollat 79–80].)

[341] „De judicis officio et postulationibus" (Jur. III, 3, 45 et 52), 1680–1682 (?), abgedruckt bei *Grua* II, 761–763.

[342] „De jurisdictione" (Jur. III, 3, 55–61), 1680–1682 (?), bisher unveröffentlicht.

[343] „Si sciamus quod sit judicis officium, constabit etiam quae sint officia caeterorum, id est quae jubere vel vetare possint. – Judicis officium consistit vel in decernendo, vel in exequendo. Explicatur autem vel sponte vel praecedente imploratione." (*Grua* II, 761.)

[344] „Jurisdictio est potestas interpretandi, custodiendi, supplendi, corrigendi et generaliter administrandi Leges." (fol. 57.)

[345] Die zahlreichen Reichskammergerichtsordnungen (von 1495, 1496, 1500, 1507 etc., die bedeutendste von 1555, welche auf die Reformen *Mynsingers* und *Gails* zurückgeht, und der Entwurf von 1631) waren Vorbild der Territorialgesetzgebung

der Aktenversendung, die bei unzureichender Vorklärung des Sachverhalts innerhalb desselben Prozesses oft mehrfach wiederholt werden
mußte, hatten eine erhebliche Verzögerung des Rechtsganges und eine
stets wachsende Arbeitsbelastung der Gerichte zur Folge. Mit all diesen
Mißständen trat Leibniz nun bei seiner Tätigkeit an der hannoverschen
Justizkanzlei in viel engere Berührung als in Mainz, und sein erfinde-
rischer Geist sann ständig auf Abhilfe. Noch auf der Reise gen Hannover oder in den ersten Tagen nach seiner Ankunft verfaßte Leibniz
einen „Vorschlag wegen auffrichtung eines Commissions-Gerichts"[346],
mit dem er sich in der Erwartung, bei der Justizkanzlei beschäftigt zu
werden, am Hofe einzuführen gedachte. In dieser Schrift trug Leibniz
erneut einen seiner „rêves familiers" vor: die Einführung des Untersuchungsgrundsatzes in den Kameralprozeß, um wenigstens in möglichst kurzer Zeit den gesamten Streitstoff zusammentragen, den „wahren" Sachverhalt erforschen und so den Ränken der Advokaten ent-
gegenwirken zu können[347]. Zu diesem Zweck solle bereits in der ersten
Instanz ein „Kommissionsgericht" eingesetzt werden, welches, mit Un-
tersuchungsbefugnissen ausgestattet[348], alle Verfahren zu übernehmen
habe, „so in einiger anderen instanz über ein jahr gewehret haben"[349].
Leibniz dachte also nicht mehr an eine grundlegende Reform der Kammergerichtsordnung, sondern nur noch an eine sehr wirksame Ergän-

und galten subsidiär im ganzen Reich (so auch im Herzogtum Hannover). Nur im
Gebiet des sächsischen Rechts bestand seit der Kursächsischen Gerichtsordnung von
1622 ein besonderes Prozeßrecht, welches Leibniz während seines Studiums kennengelernt und oft als Beispiel für seine Reformvorschläge verwendet hat.

[346] Die Schrift trägt das Datum vom 3. (13.) Dezember 1676; sie ist abgedruckt in
der *Akademie-Ausgabe* I-2, S. 5–6.

[347] „Die Partheyen pflegen offtmahls commissarien zu begehren und die Obrigkeit
solche zu geben, damit dadurch die Proceße abgethan und verkürzet werden. Aus
solchen remedio extraordinario köndte man wohl ein ordinarium machen, und ein
commissions-gericht auffrichten, in welchem summarisch verfahren werde. ... Der
zweck aber solches Commissions-gerichts bestehet darinn, daß dadurch die proceß
aus einander gewickelt, und worinn der status controversiae recht bestehe ans tage
liecht gebracht werde ..." (Vorschlag, A I-2, 5.)

[348] „... deswegen soll der praesident samt mit-Commissarien macht haben, die
partheyen extra ordinem vor sich zu bescheiden, anzuhören und auszufragen, dero
aussag registriren zu laßen, und daraus das beste ziehen. Die Partheyen sollen ohne
oder mit advocaten erscheinen nachdem es dem praesidenten beliebt. Auch selbst die
secretarien sollen jus examinandi haben auff befehl des praesidenten; dadurch wird
in civilibus eben der fleiß angewendet als in Criminalibus, und da publicum interesse versirt." (Vorschlag, A I-2, 5.)

[349] „Alle sachen sollen in dieß judicium kommen so in einiger instanz über ein
jahr gewehret haben." (Vorschlag, A I-2, 5.)

zung, die zwar das Verhandlungsprinzip im ordentlichen Verfahren bestehen ließ, jedoch zugleich die Parteien angesichts des nach einem Jahr drohenden Kommissionsverfahrens zur Abkürzung der Verhandlungen zwang.

Ein Jahr später, zu einer Zeit also, wo Leibniz eben seine Tätigkeit in der Justizkanzlei aufgenommen und einen ersten Einblick in den Geschäftsgang erhalten hatte, legte er dem Herzog einen anderen Plan vor, welcher nicht nur die anhängigen Verfahren in kürzerer Zeit abschließen helfen, sondern vor allem auch die Arbeit bei den Justizbehörden erleichtern sollte. Der Vorschlag ist überschrieben: „Die Unbequemlichkeiten der Aktenversendung und über einen statt deren hier zu errichtenden Scabinat und eine Referentenkommission"[350]. Die Tatsache nämlich, daß im Herzogtum Hannover eine Universität und damit auch eine Juristenfakultät fehlte, hatte sich auf die Übung der Aktenversendung im Kameralverfahren äußerst hinderlich ausgewirkt und zu einer starken Arbeitsüberlastung der Justizbehörden geführt. Leibniz versuchte nun, den Herzog davon zu überzeugen, wie nützlich es sei, von Staats wegen Schöffenstühle einzurichten, und zwar sowohl bei der ersten Instanz einen „scabinatus" als auch in der Justizkanzlei eine „commissio ad referendum"[351].

Beide Vorschläge hätten rückblickend – mit allem Vorbehalt bei einem so hypothetischen Urteil – zu einer erheblichen Verbesserung des hannoverschen Justizwesens führen können, auch ohne daß der Kameralprozeß völlig hätte beseitigt werden müssen; sie blieben jedoch unbeachtet. Ein wenig resigniert hoffte Leibniz, wenigstens innerhalb der Justizkanzlei die Aktenführung zweckmäßiger gestalten zu können. Auf eine Geschäftsverteilung hatte man bewußt verzichtet, um nach

---

[350] „Incommoda Transmissionis Actorum deque Scabinatu hic eius loco instituendo et Commissione ad referendum" vom Dezember 1677, abgedruckt in der *Akademie-Ausgabe* I-2, S. 42–43.

[351] „Diesem Werck in etwas zu helffen sind 2 Vorschläge, erstlich daß im Land ein Scabinatus aufgericht werde, wie im Churfürstentum Sachsen, an welchen alle Beamten und anderen so primam instantiam haben, gewiesen, und dieser Vorschlag were guth wenn gleich auch der folgende dabey beliebt würde. Denn wann die acta primae instantiae im scabinatu schohn gewesen, würde sich nicht schicken, wenn aus der Canzley in secunda instantia die acta in solchen scabinat geschickt werden solten, sondern es köndte auff den fall in der Canzley eine neue art von Commission, welche Commissio ad referendum genennet würde, ergehen, daß nehmlich 2 aus der Canzley, ein Hofrath und ein referendarius, aus der sach referirten ... Und geschicht also den räthen und bedienten eine ergözligkeit ohne jemands schaden." (Incommoda Transmissionis Actorum, A I-2, 42.)

Möglichkeit jedem Mitglied des Kollegiums alle anhängigen Verfahren zur Kenntnis zu bringen. Da sich zudem viele Streitigkeiten über mehrere Jahre hinzogen und so immer wieder in Vergessenheit gerieten, verbrachten die Kanzleiräte einen großen Teil ihrer Zeit mit der Lektüre von Akten. Erst nach Abschluß eines Rechtsstreits wurde als Teil der Relation ein Aktenauszug angefertigt. Bei seinem steten Bemühen um eine Zusammenfassung und Vereinfachung umständlicher und schwerfälliger Vorgänge versprach sich Leibniz für die Aktenführung von einer fortlaufenden, gesonderten Registrierung aller zu einer Sache gehörigen Schriftstücke, Beschlüsse und Verfügungen schon im Zeitpunkt ihres Eingangs oder Erlasses zu einem „nucleus actorum" nicht nur eine Zeitersparnis bei der Aktendurchsicht, sondern auch eine Erleichterung für den jeweiligen Berichterstatter beim Schreiben der Relation [352]. Diesmal wandte er sich mit seinem „Unvorgreiflichen Vorschlag einen continuierlichen Extractum Actorum betreffend" [353] nicht an den Herzog, sondern an den Vizekanzler Hugo, jedoch ebenso ohne Erfolg. – Schließlich erinnerte Leibniz im Juni 1679 den Herzog noch einmal an sein „Concept von verbeßerung der proceß-ordnungen; welches sehr leicht und ohne veränderung des gerichtslaufs anzubringen" und versicherte, er habe „bey dem (I) kein einziges interesse als E. Durchlt glori und das gemeine Beste" [354]. Aber auch dieser Brief blieb unbeantwortet.

Erst als Leibniz im August 1700 in Berlin, gerade zum Präsidenten der von ihm gegründeten Preußischen Akademie der Wissenschaften gewählt und zum kurbrandenburgischen Justizrat ernannt, Gelegenheit erhielt, seine Gedanken zur Justizreform in zwei anonymen Einga-

---

[352] „Wenn nun dergestalt bey ieder neu einkommenden schrifft und ergehenden decreto continuirt wird, so bekommt man insensibiliter einen vollkommenen Nucleum oder extractum actorum, darinne nicht allein was ergangen, sondern auch was den richter iedesmal zu decretiren bewogen zu ersehen, welches letztere sonst nicht ex actis zu haben ... – Dann ja besser die sach gleichsam in tabula sub uno conspectu haben, als aus allen schrifften nach einander zusammen suchen müßen. – Dieser Vorschlag hat nun vielfältigen Nuzen; ... denn erstlich findet man dadurch zu ende der sach einen extractum actorum, so sich gleichsam selbst ohne mühe gemacht, wiewohl der referent solchen nach befinden hernach in seiner relation vermehren und brauchen kan." (Unvorgreiflicher Vorschlag, § 9–11; A I-2, 49.)

[353] Die Schrift ist im März 1678 verfaßt und abgedruckt in der *Akademie-Ausgabe* I-2, S. 47–51.

[354] Brief an den Herzog *Johann Friedrich* vom Juni 1679 (A I-2, 181). – Vgl. auch den Brief an den Herzog von Mitte Juni 1679 (A I-2, 176–178).

ben[355] bei Hofe vorzubringen[356], fanden sie das Gehör des Kurfürsten
Friedrich III., des späteren Königs Friedrich I.: Mit einem amtlichen
Erlaß des Staatsministers Paul von Fuchs vom 6. 11. 1700 an die juristische Fakultät der Universität Frankfurt, „in causis dubiis gewisse
Constitutionen zu verfassen"[357], leitete der Kurfürst die Reform des
preußischen Zivil- und Prozeßrechts ein, mit derem ersten Ergebnis,
der Kammergerichtsordnung von 1709, die Leibnizschen Vorschläge
aus dem Jahre 1700 sich in enger Verbindung befinden. „Auf dem
Höhepunkt seines gesetzgeberischen Schaffens" stand Leibniz zugleich
am Anfang jener großen preußischen Justizreform im 18. Jahrhundert,
welche zunächst Samuel von Cocceji und später von Carmer und
Svarez in seinem Sinne weitergeführt haben[358].

In Hannover jedoch hatte das Schweigen des Herzogs Johann Friedrich zu seinen Vorschlägen Leibniz so entmutigt, daß er auch während
der Regierungszeit des Herzogs und späteren Kurfürsten Ernst August
(1680–1698) nicht mehr zu Fragen der Justizreform Stellung genommen hat. Leibniz beschränkte sich vielmehr während dieser Jahre neben
seinen politischen, historischen, technischen und philosophischen Arbeiten[359] in seiner gesetzgeberischen Wirksamkeit mit der ganzen Kraft

---

[355] Die erste Denkschrift befaßt sich mit der Reform des materiellen Rechts, die
zweite Eingabe mit der Verbesserung des Prozeßrechts. Von beiden Schriften steht
heute fest, daß Leibniz sie im August 1700 dem Kammergerichtsdirektor Christian
Rüdiger *von Wedel* übersandt hat, welcher bereits im Jahre 1698 die alten Vorarbeiten zu einer Kammergerichtsordnung aus dem Jahre 1671 wieder aufzunehmen empfohlen hatte (vgl. *Dickerhof*, a.a.O., S. 74–76; *Bodemann*, Die Leibniz-
Handschriften, S. 277). – Die beiden Denkschriften von Leibniz zur preußischen
Justizreform sind abgedruckt bei *Klopp* X, S. 331–336.
[356] Über Leibniz' Einfluß auf die preußische Gesetzgebung im 18. Jahrhundert
vgl. Friedrich Adolf *Trendelenburg*, Leibnizens Anregung zu einer Justizreform,
Kleine Schriften Bd. I, Leipzig, 1871, S. 241–247; Kurt *Dickerhof*, a.a.O., S. 74–84;
und *Isaacsohn*, Leibniz als Förderer der preußischen Justizreformbestrebungen von
1698, Z. f. preuß. Gesch. 14, S. 413 ff.
[357] *Trendelenburg*, a.a.O., S. 245.
[358] Vgl. dazu Adolf *Stölzel*, Brandenburg-Preussens Rechtsverwaltung und
Rechtsverfassung, Berlin 1888. – Carl Gottlieb Svarez. Eine Biographie. Berlin
1885. – *Laspreyres*, Die Rezeption des römischen Rechts in der Mark Brandenburg
und die preußische Gesetzgebung vor König Friedrich II, in: Reyschers und Wildas
Zeitschr. für deutsches Recht VI, 1841, S. 1 ff. – *Dickerhof*, a.a.O., S. 80–85.
[359] Die wichtigsten politischen und philosophischen Schriften aus dieser Zeit sind
unten S. 105–109 kurz besprochen. – Zu den historischen Arbeiten gehört vor allem
der Auftrag vom Jahre 1685, eine Genealogie des Welfenhauses zu schreiben. Auf

darauf, wenigstens eine dringend erforderliche Sammlung und Ordnung des weit verstreuten und unübersichtlichen hannoverschen Landesrechts zu ermöglichen [360]. Schon unter der Regierung Johann Friedrichs hatte er eine Zusammenfassung aller öffentlich-rechtlichen Gesetze
und Verordnungen angeregt [361]. Im Frühjahr 1680 erweiterte er seinen
Plan und versuchte, den Herzog Ernst August für eine Kodifikation
allen materiellen Landesrechts: für das „Corpus Ernesto-Augustinum"
zu interessieren [362]. Den Herzog bewegten aber andere Pläne: er
träumte von einem neuen Aufstieg der Welfenmacht und von der
neunten Kurwürde. Seine Aufträge an Leibniz, die Geschichte des Welfenhauses zu erforschen und ein Gesetz über die Primogenitur nicht nur
zu verfassen, sondern vor allem historisch zu rechtfertigen und politisch
durchzusetzen, sollten der Vorbereitung dieses Zieles dienen. Die glän-
zende Durchführung seines zweiten Auftrages brachte Leibniz neben

---

einer zu diesem Zweck unternommenen Reise nach Italien (1687–1690) gelang es
Leibniz, aus Archiven in Modena den Nachweis zu erbringen, daß die Welfen vom
italienischen Geschlechte der Este abstammen. Die Welfengeschichte wurde jedoch
nie vollendet. In den letzten Lebensjahren von Leibniz noch fast bis zum Tode
Heinrichs II. (1024) fortgeführt, diente sie schließlich dem Kurfürsten *Georg Ludwig*, dem späteren König Georg I. von England, nur noch als grausamer Vorwand,
Leibniz an den hannoverschen Hof zu fesseln und ihn kurz vor seinem Tode noch
förmlich damit einzusperren. – Die bedeutendste technische Leistung liegt in der
Konstruktion eines windgetriebenen Pumpwerkes für den Silberbergbau in Claus-
thal-Zellerfeld, welche Leibniz seit 1679 beschäftigte. Die ersten Versuche waren
für Leibniz sehr zeitraubend, da er von Hannover aus mit dem Bergamt in Claus-
thal immer nur brieflich in Verbindung treten konnte. Neid und Mißgunst er-
schwerten auch hier die Durchführung des Projektes.

[360] Vgl. dazu *Dickerhof*, a.a.O., S. 47–54.

[361] In den „Gedanken zum Archivwesen" vom Herbst 1678 (A I-2, 77–78)
spricht Leibniz zum ersten Mal von einem „Corpus Juris Brunsvicense". Später wiederholt er den Vorschlag in einem Brief an den Herzog *Johann Friedrich*, ebenfalls
vom Herbst 1678 (Klopp IV, 411; A I-2, 87).

[362] „Betreffend den ersten punct nemlich die justiz und affairen, so habe ich erstlich einen Vorschlag, wie etwa ein Corpus von Ordnonanzen, gesezen, statuten, gebräuchen, edicten, patenten, die sowohl von E. Durchlt als deren Vorfahren publizirt
worden, zusammen zu tragen und zu publiziren, welches Corpus dann Ernesto-
Augustinum genennet werden könte; und weil dergleichen dinge großen theils un-
bekand und zerstreuet, großen Nutzen haben könte, auch Bayern, Sachsen, Wür-
tenberg, und kürzlich Chur-Brandenburg dergleichen gethan." (Brief an den Herzog
Ernst August von Hannover vom Frühjahr 1680 [A I-3, 29–30].) – Später machte
Leibniz in seiner Denkschrift „Von der Bestellung eines Registratur-Amtes" (Klopp
V, 318) noch einmal den Versuch, den Herzog Ernst August für den Plan eines han-
noverschen Landrechtes zu interessieren.

der Planung einer Münzreform[363] den wohl einzigen unmittelbaren Erfolg seiner rechtspraktischen Tätigkeit in Hannover: nachdem das von ihm vorgeschlagene und entworfene Primogeniturgesetz am 21. 1. 1682 veröffentlicht und am 1. 7. 1683 vom Kaiser bestätigt worden war, gelang es Leibniz, bis zum Jahre 1686 auf diplomatischem Wege und durch seine Schriften[364] alle Widerstände innerhalb des Welfenhauses zu beseitigen und insbesondere den Herzog Anton Ulrich von Braunschweig-Wolfenbüttel von der Notwendigkeit und Zweckmäßigkeit der Primogenitur zu überzeugen[365].

Leibniz stand schon nahe am Ende seines Lebens, als ihn noch einmal eine große gesetzgeberische Aufgabe beschäftigte: die rechtliche Neuordnung Rußlands. Diese „tabula rasa im Osten"[366] hatte seinen erfinderischen Geist zu Entwürfen angeregt, lange bevor er über den Baron von Urbich im Jahre 1707 die ersten Verbindungen mit Petersburg anknüpfen konnte. Bei der Hochzeit des Zarewitsch Alexej mit der Prinzessin Charlotte von Braunschweig-Wolfenbüttel im Oktober 1711 wurde Leibniz durch Vermittlung des Herzogs Anton Ulrich zum ersten Male Peter dem Großen vorgestellt und von ihm ein Jahr später in Karlsbad am 1. November 1712 zum Geheimen Justizrat ernannt. Endlich glaubte Leibniz, seine alten Pläne aus Mainz und Hannover verwirklichen zu können. Noch in Karlsbad trug er dem Zaren seine Gedanken zu einer russischen Justizreform vor, und Peter der Große ließ ihm durch seinen Kanzler Golowkin versichern, „daß er ihn zur Verbesserung der Gesetze und zur Einrichtung des Gerichtswesens zu

---

[363] Vgl. vor allem den Brief an den Herzog *Ernst-August* von Hannover vom Sommer 1681 (Klopp V, 86–89), der die hannoversche Münzgesetzgebung aus den Jahren 1690 und 1691 veranlaßt hat. (Dazu: *Dickerhof*, a.a.O., S. 59–61.)

[364] Vgl. den „Extract der kurzen deduction in puncto primogeniturae" vom Jahre 1684, abgedruckt bei *Klopp* V, S. 103–112, und die Abhandlung „Le droit de primogeniture dans la maison de Bronsvic-Lunebourg" nach 1696, abgedruckt bei *Klopp* V, S. 112–115.

[365] Am 15. 3. 1686 erklärte der Herzog *Anton Ulrich* von Braunschweig-Wolfenbüttel, er wolle gegen die Primogenitur nichts mehr unternehmen. (Vgl. *Grote*, Leibniz und seine Zeit, Hannover 1869, S. 308, und *Dickerhof*, a.a.O., S. 59.)

[366] So nannte Leibniz Rußland in vielen Briefen an seine Freunde, insbesondere an den Frankfurter Gelehrten Hiob *Ludolf*. – Zu Leibniz' Einfluß auf die „Europäisierung" Rußlands durch *Peter den Großen* vgl. vor allem: Wladimir I. *Guerrier*, Leibniz in seinen Beziehungen zu Rußland und Peter dem Großen, Petersburg und Leipzig 1873. – Ernst *Benz*, Leibniz und Peter der Große, Schriften zum 300. Geburtstag von Leibniz, hg. von Erich Hochstetter, Berlin 1947.

gebrauchen gedenke"[367]. „En quelque façon le Solon de la Russie"[368], begann Leibniz sich zunächst mit dem geltenden russischen Recht, insbesondere mit der „Uloschenije", einer Gesetzessammlung des Zaren Alexej vom Jahre 1649, vertraut zu machen[369]. Und weil er von vornherein nicht vor der Beendigung des Nordischen Krieges die Reformen in Rußland ins Werk setzen zu können hoffte, ließ er sich zu seinen Vorarbeiten Zeit[370]; es blieb aber trotz eines vorsichtigen Hinweises vom Oktober 1713 und einer deutlichen Erinnerung vom Januar 1715[371] ein konkreter, klar bezeichneter Auftrag auch aus Petersburg aus. Erst als Leibniz im Juni 1716 zum letztenmal zu Bad Pyrmont mit Peter dem Großen zusammentraf, konnte er in mehreren Gesprächen dem Zaren sein Anliegen noch einmal vortragen. Zu dieser Zeit entstand auch eine Denkschrift über die russische Staatsverwaltung[372], in welcher Leibniz die Errichtung von neun Kollegien vorschlug und damit die Einführung der Kollegialverfassung in Rußland (1719) entscheidend förderte[373]. Seine gesetzgeberischen Pläne konnte Leibniz jedoch auch in Rußland nicht mehr verwirklichen: der Nordische Krieg endete 1721. – Schon zu Beginn seiner Tätigkeit in der hannoverschen Justizkanzlei fürchtete Leibniz, man werde seine juristischen Fähigkeiten verkennen[374]; seither hatte er sich längst mit diesem Umstand

---

[367] *Dickerhof*, a.a.O., S. 65; vgl. dazu auch den Brief Leibnizens an die Kurfürstin *Sophie* von Hannover vom November 1712 (Guerrier 272).

[368] „Votre Altesse Electorale trouvera extraordinaire, que je dois être en quelque façon le Solon de la Russie, quoyque de loin: c'est à dire le Czar m'a fait dire par le comte Golowkin, son Grand Chancelier, que je dois redresser les loix, et projetter des reglements sur le droit et l'administration de la justice." (Ebenda: Guerrier 272, Klopp IX, 373.)

[369] Vgl. den Brief an Louis *Bourget* vom Dezember 1714 (Guerrier 320; Erdmann 721).

[370] „. . . et comme cette manière est une de mes plus anciennes méditations cela ne m'arrêtera guères, et aussi je n'auray pas grand besoin de me hâter là-dessus. Car le Czar ne sera le legislateur qu'après la guerre finie." (Brief an die Kurfürstin *Sophie* vom November 1712 [Guerrier 272, Klopp IX, 373].)

[371] Vgl. Leibniz' Briefe an *Peter den Großen* vom 26. 10. 1713 (Guerrier 311–312) und vom 22. 1. 1715 (Guerrier 322).

[372] Diese Denkschrift „Über die Collegien" vom Sommer 1716, abgedruckt bei *Guerrier* 364, beginnt mit den Worten: „Gott als ein Gott der Ordnung . . .". Das Original befindet sich im Moskauer Archiv.

[373] Siehe dazu *Dickerhof*, a.a.O., S. 70–74.

[374] „. . . so dann mir umb soviel desto mehr schaden solte, weil man vor diesen eine andere meinung von mir gehabt, ich auch würklich in judiciis und geschäfften gewesen." (Brief an den Herzog *Johann Friedrich* vom Februar 1677 [A I-2, 21]. – Vgl. auch Fußnote 283.)

abgefunden. Dennoch ist wohl selten ein Unternehmen ungeachtet aller Mühen und zeitraubenden Vorarbeiten mit so viel persönlichem Einsatz, mit solcher Einfallskraft betrieben und zugleich nur so wenig beachtet und anerkannt worden, wie Leibniz' Plan einer allgemeinen Justizreform.

Der Grund zu dieser auch heute noch weithin verbreiteten Unkenntnis der rechtspraktischen Tätigkeit von Leibniz in Hannover, welche sich ununterbrochen bis zu seinem Tode hin verfolgen läßt, liegt wohl weniger in einem mangelnden Interesse an den alltäglichen Berufsgeschäften eines großen Philosophen, als vielmehr darin, daß Leibniz dem Leser auch seiner bedeutenderen rechtswissenschaftlichen Schriften und Abhandlungen nicht als praktischer Jurist, sondern als Politiker, Völkerrechtsgelehrter und Rechtsphilosoph entgegentritt.

Als Leibniz nach Hannover berufen wurde, näherte sich der erste Reichskrieg mit Ludwig XIV. (1674–1678) seinem Ende. Auf dem Friedenskongreß zu Nymwegen verweigerte Frankreich jedoch den Vertretern der deutschen Fürsten die Anerkennung als Gesandte. Hinter dieser Protokollfrage verbarg sich nichts weniger als der Versuch, die im „Instrumentum Pacis" völkerrechtlich begründete Souveränität der deutschen Einzelstaaten de facto aufzuheben. Zu jenem Gesandtschaftsstreit verfaßte Leibniz im Jahre 1677 seine erste politische Abhandlung in Hannover: den „Caesarini Fuerstenerii Tractatus de Jure Suprematus ac Legationis Principum Germaniae"[375]. Er hatte seine vermittelnde Haltung zu Frankreich aufgegeben und nahm nun eindeutig gegen die territorialen Ansprüche Ludwigs XIV. Stellung. Die besondere Schwierigkeit seiner Aufgabe bestand darin, ein zunächst formal-logisch überzeugendes Argument zu entkräften, daß nämlich nicht Kaiser und Fürsten zugleich unbeschränkt souverän sein können. Außerdem war sich Leibniz der Gefahr bewußt, daß ein eindeutiges Bekenntnis zur Fürstensouveränität den ohnehin schon fragwürdigen Reichsgedanken erneut schwächen würde. Er vermied eine undifferen-

---

[375] „Caesarini Fuerstenerii Tractatus de Jure Suprematus ac Legationis Principum Germaniae" aus dem Jahre 1677, 2. Aufl. 1678, abgedruckt bei *Dutens* IV, 3 S. 329–496 und bei *Klopp* IV, S. 9–305. – Vgl. bei Klopp (S. 306–363) auch die „Leibnitii ad Caesarini Fuerstenerii de suprematu librum explicandum atque defendendum opuscula".

zierte Entweder-Oder-Entscheidung, und dabei zeigte sich schon in
dem Pseudonym „Caesarinus Fuerstenerius" wiederum jener kennzeichnende Wesenszug Leibnizens, scheinbar Gegensätzliches so miteinander zu verbinden, daß eines das andere nicht ausgrenzt, sondern ein-
schließt. Der Begriff der höchsten Gewalt (summa potestas) sei mehr-
deutig (ambiguus)[376]. Dem Kaiser als dem Haupt der Christenheit
(caput Christianae reipublicae) stehe das Majestätsrecht (jus majestatis)
zu; seiner auctoritas, welche das Sacrum Imperium und die Kirche re-
präsentiere, schuldeten alle Reichsfürsten, übrigens auch der „souveräne" König von Frankreich, höchste Ehrerbietung (reverentia)[377].
Solcher Dienst schließe jedoch das Souveränitätsrecht (jus suprematus)
der deutschen Fürsten nicht aus, denn dieses bestehe lediglich in einer
gewissen politischen Macht, die eigene Unabhängigkeit bewahren, ein
stehendes Heer unterhalten, selbständig Krieg führen und völkerrechtliche Verträge schließen zu können[378]. Deshalb komme allen denjenigen Fürsten, denen diese Macht fehle, nur ein Obrigkeitsrecht (jus su-

---

[376] Caesarinus Fuerstenerius, praef.

[377] „Nempe tria maxima vincula homines continent: conscientia, reverentia, vis
ipsa. Conscientia omnes Deo subjicit, reverentia Principes Ecclesiae, Sacro Imperio
ac Caesari; denique vis praesens subditos Principi aut Superiori. Itaque Majestas
Caesaris, cui cultus debetur maximus, nihil Ordinum Superioritati detrahit ..."
(Caesarinus Fuerstenerius, praef. [Klopp IV, 12].)

[378] „Suprematum ergo illi tribuo, qui non tantum domi subditos manu militari
regit, sed et qui exercitum extra fines ducere, et armis, foederibus, legationibus ac
ceteris juris gentium functionibus aliquid momenti ad rerum Europae generalium
summam conferre potest. Unde sequitur talium numquam magnum nimis numerum
fore." (Caesarinus Fuerstenerius, praef. [Klopp IV, 13].) – Vgl. auch die Briefe an
Christian Friedrich *Knorr* vom Februar 1678 (A I-2, 321) und an Otto *Grote* vom
4. (14.) Mai 1682 (A I-3, 176–177). Im letzteren heißt es: „... ich wolte bey der
gelegenheit gewiesen haben, daß eine solche unterthänigkeit, so von denen Reichs-,
Lehens- und Huldigungs-pflichten hehr komt, der souueraineté oder dem Supre-
matui, wie er von uns definiret wird, nicht entgegen, solche definitio auch dem gemeinen gebrauch nicht zuwieder seyn müße ... Also daß ein Souuerain wohl eines
Imperii mitgliedt und deßen gesezen unterworffen, auch durch eyd und pflicht gebunden sein kan, wenn ihm nur die hände durch eine würkliche zwingende Macht
in seinem Haus nicht gebunden, sondern das jus armorum et foedorum bleibet, also
daß er die freyheit behält nach befindung seines gewißens durch waffen und bünd-
nüsse das gemeine beste und seines landes wohlfahrt zu befordern, worinn auch
dann der rechte charakter libertatis bestehet, die so wenig durch ein huldigungs- als
bündnüss-ayd aufgehoben wird. Daraus erscheinet, daß alle pflichten und obligationes mit dem suprematu wohl stehen können, so lang sie solche freyheit durch kein
würkliches zwangsrecht benehmen." (A I-3, 176.)

perioritatis)[379] zu. Wie schon Erik Wolf nachgewiesen hat[380], liegt in dieser Differenzierung des Gedankens der höchsten Gewalt weder eine Trennung der „Idee des Reiches" von der „Realität der Landesherrschaft" (Hartmann, Guhrauer) noch eine „Unterscheidung von Autorität und Macht" (Huber); Leibniz denkt sowohl die Einzelstaaten in bezug auf das Reich als Teile einer Einheit (Caesarinus) als auch das Reich, gegliedert in souveräne Einzelstaaten, als Einheit in der Unterschiedenheit (Fuerstenerius). Dabei ist das Reich weder nur „Idee" oder „Autorität", noch verkörpern die Länder nur eine „Realität" oder „Macht". Es ist vielmehr Leibniz in dieser noch heute lesenswerten Schrift[381] gelungen, durch eine Aufgliederung der „summa potestas" in unterschiedene Stufen und einander umgreifende Bereiche politischer Macht zu einem materialen Souveränitätsbegriff zu gelangen. In der Verbindung des alten deutschen Reichsgedankens mit dem modernen französischen Souveränitätsprinzip hatte Leibniz die Vorstellung von der „Einheit der Staatsgewalt" bereits aufgegeben, noch ehe sie recht entstanden war.

Die nun folgenden Traktate und Denkschriften sind weniger von juristischem als politischem Interesse: sie zeigen, wie Leibniz klar und unmißverständlich für die Interessen des Reiches und gegen die Eroberungspläne Ludwigs XIV. eintrat. Der Raub Straßburgs von 1681 kurz vor der Belagerung Wiens durch die Türken veranlaßte Leibniz im Jahre 1683 zu einer erbitterten Spottschrift gegen den „Mars Christianissimus"[382], den allerchristlichsten Kriegsgott, in welcher er unter der

---

[379] Caesarinus Fuerstenerius, praef. – Ebenso im Brief an Friedr. *Knorn* vom Februar 1678: „Distinguitur autem Suprematus a Majestate, nam Principes nostri Imperatori et Imperio subjectionem debent, etsi ius libertatis, armorum et foedorum habeant. Differt etiam a jure Superioritatis, ut maius a minore." (A I-2, 322.)

[380] Erik *Wolf*, Idee und Wirklichkeit des Reiches im Rechtsdenken des 16. und 17. Jahrhunderts, in: Reich und Recht in der deutschen Philosophie, hg. v. Karl Larenz, Berlin 1943, S. 156: „Diese Zwei-Welten-Lehre steht dem Denken von Leibniz völlig fern. Vielmehr ist der ‚Fuerstenerius' eben auch ganz ‚Caesarinus': ... Aber der ‚Caesarinus' Leibniz ist eben auch ganz ‚Fuerstenerius'."

[381] Leibniz urteilt selbst über sein eigenes Werk gegenüber *Conring* am 3. (13.) Januar 1678: „Mihi in hoc libello illud inprimis placet, quod monstrat Principes nostros nihilo inferiores habendos Principibus Italiae, quorum Legatis hoc quod in quaestione est, etiam a Regiis concedi, exemplis confirmat. Multa alia in illo libello non contemnenda animadverto; sunt tamen et alia, crepera nonnihil et dubitationi obnoxia." (A II-1, 388.)

[382] „Mars Christianissimus, auctore Germano Gallo-Graeco, ou Apologie des Armes du Roy Très Chrestien contre les Chrestiens" vom Jahre 1683, abgedruckt bei *Klopp* V, S. 201–243. – Deutsche Übersetzung von Paul *Ritter* (1916).

Maske des Franzosenfreundes (Gallo-Grec) durch eine übertrieben iro-
nisierende Rechtfertigung der französischen Politik einerseits heftige
Anklage gegen Ludwig XIV. führte [383], der sich das Reich unterwerfen
wolle, anstatt seine Pflichten als „rex christianissimus" gegen die Türken zu erfüllen, andererseits offen die verräterische Leichtfertigkeit und
bedenkenlose Selbstsucht der französischen Parteigänger unter den
deutschen Fürsten bloßstellte. – Zwei weitere Schriften entstanden aus
Anlaß des neuerlichen Friedensbruchs durch Frankreich im Jahre 1688:
in den „Réflexions sur la déclaration de la guerre que la France a faite
à l'Empire" [384] wies Leibniz nach, daß der Kriegsgrund, die Freiheit
der deutschen Fürsten gegen Habsburg zu verteidigen, nichts als einen
Vorwand für die unverhüllt reichsfeindlichen Absichten der französischen Politik darstelle. Mit der „Geschwinden Kriegsverfassung" [385]
versuchte er, Kaiser und Reichsfürsten zur Einführung der allgemeinen
Wehrpflicht und zur Aufstellung eines stehenden Reichsheeres zu be-
wegen: „Fas est ab hoste doceri [386]!" – Gegen Ende des zweiten Reichs-
krieges griff Leibniz erneut zur Feder: „Einige patriotische Gedanken" [387] wiederholten seine Forderung nach einer „ordentlichen Miliz
vom Fürsten bis zum Ackerknecht", ehe es wiederum zu spät sei. –
Schließlich gab auch der Spanische Erbfolgekrieg Leibniz noch einmal
Gelegenheit zur politischen Schriftstellerei [388]. Im Jahre 1713 nahm er
Partei für die Absichten des Prinzen Eugen, den Krieg fortzusetzen,

---

[383] „La conscience, la bonne foi et le droit des gens sont des termes creux et des
ombres vaines, depuis qu'on ne cherche plus même de pretexte à la violence." (Mars
Christianissimus [Klopp V, 235].)

[384] „Réflexions sur la déclaration de la guerre que la France a faite à l'Empire"
vom Jahre 1688, abgedruckt bei Klopp V, S. 525–634. – Vgl. dazu Leibniz' Briefe an
Königseck (Klopp V, 516–517) und an *Strattmann* (Klopp V, 518–519), beide vom
30. Dezember 1688.

[385] „Geschwinde Kriegsverfassung" aus dem Jahre 1688, abgedruckt bei *Guhrauer*
II, S. 121 ff.

[386] Damit beruft sich Leibniz auf Anordnungen Ludwigs XIII. und Richelieus,
wie Ernst Rudolf *Huber*, Reich, Volk und Staat in der Reichsrechtswissenschaft des
17. und 18. Jahrhunderts, Z. f. ges. Staatsw. 102, 1942, S. 619, bemerkt.

[387] „Einige patriotische Gedanken" aus dem Jahre 1697, abgedruckt bei *Guhrauer*
II, S. 6–10.

[388] Die wichtigsten Schriften sind folgende: 1. „La justice encouragée contre les
chicanes et menaces d'un partisan des Bourbons" vom 1. Februar 1701 (Foucher de
Careil III, S. 307–344). 2. „Dialogue entre un cardinal et l'amirante de Castille, re-
lativement aux droits de Charles III, roi d'Espagne" von 1702 (Foucher de Careil III,
S. 345–359). 3. „Manifeste pour la défense des droits de Charles III" von 1704
(Foucher de Careil III, S. 360–431).

um einen schmachvollen Frieden zu verhindern, und kämpfte in der Form eines Briefes an einen englischen Milord mit der Schrift „Paix d'Utrecht inexcusable"[389] gegen die voreiligen Friedensschlüsse von Utrecht und Rastatt[390]. Allen diesen Vorschlägen und Plänen war jedoch ein politischer Einfluß versagt. Um so bewundernswerter erscheint die Entschlossenheit und Standhaftigkeit, mit der Leibniz seit 1677 für die Interessen von Kaiser und Reich eintrat, zu einer Zeit, in der es sogar in einigen deutschen Ländern nicht nur unrentabel, sondern geradezu gefährlich war, sein Vaterland zu lieben.

Im Mittelpunkt seiner Beschäftigung mit der Rechtswissenschaft in Hannover stand jedoch für Leibniz weder die praktische Jurisprudenz noch die Reichspolitik, sondern die Rechtsphilosophie[391]. Seit Thomas von Aquin die platonisch-augustinische Tradition der Rechtsmetaphysik (lex aeterna) mit der aristotelisch-ciceronianisch-ulpianischen Tradition der Rechtsethik (lex naturalis) verknüpft hatte[392], war die Vorstellung von der Schöpfung als „Seinsordnung" *und* als „Pflichtenordnung" noch bis in die Spätscholastik des 16. Jahrhunderts hinein im Rechtsgedanken lebendig gewesen[393]. Erst mit der Entstehung des

[389] „Paix d'Utrecht inexcusable, mise dans son jour par une lettre à un milord tory" (1712), abgedruckt bei *Foucher de Careil* IV, S. 1–140. – Vgl. auch die folgenden Schriften: „Consultation abrégée sur l'état présent des affaires au commencement" vom März 1713 (Foucher de Careil IV, 141–147). – „Réflexions politiques faites avant la paix de Rastadt" (Foucher de Careil IV, 207–213). – „Projet d'alliance avec les puissances du Nord" von 1713 (Foucher de Careil IV, 214–217). – „Considerations sur la paix, que se traite à Rastadt" von 1713 (Foucher de Careil IV, 218–227).

[390] Vgl. Petronella *Fransen*, Leibniz und die Friedensschlüsse von Utrecht und Rastatt-Baden, Diss. Purmerend 1933.

[391] Diese Unterscheidung läßt sich bei Leibniz überhaupt nur dann treffen, wenn man ihr einen Begriff der Rechtsphilosophie im engeren Sinne zugrunde legt. Leibniz selbst war fest davon überzeugt, daß sowohl die juristische als auch die politische Tätigkeit noch zum Aufgabenbereich eines „wahren" Rechtsphilosophen gehöre. – Vgl. auch Kuno *Fischer*, a.a.O., S. 201: „Nur wer dieses dreifache Rechtsgebiet wissenschaftlich bemeistert, ... ist im wahren Sinne des Wortes ‚juris Philosophus'." (Unter Hinweis auf Klopp VI, 469–473.)

[392] „Est in hominibus lex quaedam naturalis, participatio videlicet legis aeternae, secundum quam bonum et malum discernunt." (Summa I, II, qu. 91, a. 2.) – Die augustinische Tradition wurde *Thomas* vor allem durch *Albertus Magnus* (um 1193 bis 1280) vermittelt; das römische Naturrecht lernte er bei *Isidor von Sevilla* (um 560 bis 636) kennen. (Vgl. dazu im einzelnen: Johannes *Sauter*, Die philosophischen Grundlagen des Naturrechts, Wien 1932, S. 70–83.)

[393] Vor allem bei Francisco *Suarez* (1548–1617) mit seinen Schriften: „Disputationes metaphysicae" und „De legibus ac Deo legislatore" (1613).

rationalistischen Naturrechts ging der Bezug der Rechtsphilosophie
zur Metaphysik wieder verloren: die neue Vernunftrechtslehre (vera
philosophia) entfaltete sich seit Grotius vornehmlich als Rechtsethik
(dictatum rectae rationis) [394]. Das Leibnizsche Rechtsdenken setzte nun
zu einem Zeitpunkt ein, wo innerhalb dieser Rechtsethik einerseits die
Verbindung der überlieferten Naturrechtsprinzipien (neminem laedere,
suum cuique tribuere, Deum colere) mit der Lehre von der Gerechtigkeit (justitia universalis – justitia particularis) durch den Aristotelismus des 17. Jahrhunderts bereits weitgehend hergestellt war und wo
andererseits sich das Bewußtsein vom göttlichen Ursprung allen Rechts
vornehmlich in der Reformationsjurisprudenz, gerade aber auch durch
Grotius und die Kommentarliteratur zum „Ius Belli ac Pacis", noch
erhalten hatte. Ein dritter, methodischer Ansatzpunkt zu seiner Rechtsphilosophie und zugleich ihr unmittelbarer Ausgang lag für Leibniz
im Problem der Reconcinnation des römischen Rechts und der Emendation der Jurisprudenz.

Schon in Mainz hatte Leibniz im Zusammenhang mit seinen Vorarbeiten zum „Corpus Juris Reconcinnatum" ganz unter dem Einfluß des Aristotelismus seiner Zeit die „Elementa Juris Naturalis" aus
einer begrifflichen Bestimmung der Gerechtigkeit zu gewinnen versucht und mit dem Gedanken der Liebe (amor, amicitia) in Verbindung
gebracht [395]. Als Leibniz im Jahre 1677 diese Untersuchungen in Hannover wieder aufnahm, ordnete er zunächst in folgerichtiger Weiterentwicklung seiner Mainzer Ansätze den drei Bereichen des Naturrechts aus
der „Nova Methodus" (jus strictum, aequitas, pietas) eine dreistufige
Lehre von der Gerechtigkeit zu [396]. Indem er diese Gerechtigkeit als

---

[394] „Ius naturale est dictatum rectae rationis indicans, actui alicui, ex eius
convenientia aut disconvenientia cum ipsa natura rationali, inesse moralem turpitudinem aut necessitatem moralem ac consequenter ab auctore naturae Deo talem
actum aut vetari aut praecipi." (De Iure Belli ac Pacis, Lib. I, cap. 1, § 10, 1.)

[395] „Aristoteles collocavit virtutes omnes in affectu quodam moderando, solius
justitiae medium in rebus tantum quaesivit. At si acutius introspexeris, comperies
justitiam esse moderatricem amoris atque odii hominis erga hominem. Neque enim
unum ita amare debemus, ut alteri noceamus; neque unum ultra odisse, quam alteri
opus est. Duae sunt autem Regulae Affectus hujus moderandi, 1. neminem laedere,
2. cuique quousque alius non laeditur prodesse. In illo Iustitia fundatur, in hoc
Amicitia seu Aequitas." (Elementa Juris Naturalis, Untersuchungen [A VI-1, 455].)

[396] Vgl. „De tribus juris Praeceptis" (1677–1678): „Tres itaque habemus partes
Jurisprudentiae, secundum haec tria juris praecepta: Justitia enim vel universalis
est, vel particularis. Universalis consistit in honestate vitae, sive in virtute affectus

Liebe verstand, konkretisierte er den Begriff der „pietas" zur Gottesliebe (amor Dei)[397], die „aequitas" zur Nächstenliebe (caritas). Als neuer Bestandteil trat nun in diesem Bezugssystem der Gedanke der Weisheit (sapientia) hinzu. Leibniz hatte sich in Paris mit Pufendorfs Naturrechtslehre auseinandergesetzt und wollte sich in der Überzeugung, daß gerechtes Recht niemals nur der Ausdruck eines subjektiven Willens, sondern ewiger Vernunftwahrheiten sei, gegen ein voluntaristisches Mißverständnis seiner Gerechtigkeitslehre sichern[398]. Dadurch, daß Leibniz nun an die Stelle der Pufendorfschen „socialitas" die „caritas" und statt der „voluntas divina" die „sapientia divina" setzte, entstand der Satz „Justitia est caritas sapientis"[399] sowohl in der Auseinandersetzung mit einem säkularen, von seinem göttlichen Grund gelösten Naturrecht als auch in der Ablehnung der Lehre von einer willkürlichen göttlichen Gerechtigkeit.

Eine klare Zusammenfassung dieser Gedanken gab Leibniz im Jahre 1693 mit der Vorrede zum „Codex Juris Gentium diplomaticus"[400]. Dieses Werk enthält zahlreiche völkerrechtliche Urkunden und

---

moderante in universum, qua fit ut homo sit rationis audiens aptusque ad juvandam ineptusque ad laedendum societatem. Particularis justitia est virtus quae affectum hominis erga hominem ita moderatur ne actu ipso laedere, sed ut actu ipso prodesse velit. Haec vel privata, vel publica est." (Grua II, 611.) – Ebenso in „De justitiae principiis" (1678–1680): „Tria sunt principia ex quibus ad juste agendum movemur." (Mollat 88–89.)

[397] Vgl. die „Elementa verae Pietatis sive de amore Dei super omnia" aus dem Jahre 1679 (?), abgedruckt bei *Grua* I, S. 7–17. (2 Schriften unter demselben Titel!)

[398] Zu diesem Mißverständnis hatte Leibniz selbst in der „Nova Methodus" (§ 75) Anlaß gegeben mit dem Satz: „Tertium Juris principium est voluntas Superioris" (A VI-1, 344). Schon im Jahre 1670 rechnete er jedoch die Lehrsätze der Rechtswissenschaft zu den „ewigen Wahrheiten": „Doctrina Iuris ex earum numero est quae non ab experimentis, sed definitionibus, nec a sensuum, sed rationis demonstrationibus pendent ... Quare mirum non est, harum scientiarum decreta aeternae veritates esse." (A VI-1, 460.)

[399] Die Definition „Justitia est caritas sapientis" oder „Justice est la charité du sage" wird vom Jahre 1677 an bestimmend für den Begriff der Gerechtigkeit bei Leibniz. (Vgl. oben S. 90, Fußnote 302). Leibniz gebraucht diesen Satz besonders häufig in den Jahren 1677 bis 1680 (vgl. die „Definitiones ethicae", abgedruckt bei *Erdmann*, S. 670), später seltener, aber zum Beispiel auch noch in einem Brief an Christian *Wolff* vom Februar 1705 (Pertz, suppl. 19), in der „Théodicée", § 176–179 (Erdmann 558–559), der „Causa Dei", § 50 (Erdmann 656) und in den „Principes de la Nature et de la Grace", § 9 (Erdmann 716). – Im einzelnen siehe: 3. Hauptteil, 1. Abschn., B IV, und die hervorragende Darstellung bei *Grua*, Jurisprudence universelle et théodicée selon Leibniz, Paris 1953, S. 164–238.

[400] „Codex Juris Gentium diplomaticus, in quo Tabulae authenticae, actorum publicorum, Tractatuum aliarumque rerum majoris momenti per Europam gestarum,

Verträge aus der Zeit von 1100 bis 1500, welche Leibniz auf seiner Reise nach Italien in den Archiven Münchens, Wiens und Modenas gesammelt hatte, um im Interesse des Reiches dem Kaiser urkundliches Beweismaterial gegen die territorialen Ansprüche Ludwigs XIV. an die Hand zu geben. Im Jahre 1700 erschien als „Mantissa" ein Ergänzungsband. Neben jenem praktischen Zweck kommt dem Werk jedoch auch eine hervorragende rechtstheoretische Bedeutung zu: mit seiner Unterscheidung zwischen dem „Jus Naturae et Gentium" und einem „Jus Gentium voluntarium (diplomaticum)", dem Völkervertragsrecht, förderte und vertiefte Leibniz die Wissenschaft vom positiven Völkerrecht[401]. Nachdem Grotius das jus naturae zum Inhalt des Völkerrechts bestimmt hatte, konnte noch Pufendorf mit Recht behaupten, daß es ein positives Völkerrecht gar nicht gebe. Leibniz jedoch fehlten als Anknüpfungspunkte für das Naturrecht der menschliche „appetitus societatis" und die „socialitas"; er hatte das jus naturae wieder mit der göttlichen Gerechtigkeit (justitia universalis) verbunden und war deshalb genötigt, für das über- und zwischenstaatliche menschliche Recht unabhängig von Grotius eine neue Grundlage im Bereich des jus humanum zu suchen. Er fand sie mit dem Völkervertragsrecht (jus gentium diplomaticum), einem Rechtsgebiet, auf das seit Thomasius zur Widerlegung von dessen These, alles Recht sei begriffsnotwendig mit dem Zwang verbunden, vielfach hingewiesen worden ist.

In den folgenden Jahren beschäftigte Leibniz immer eindringlicher das Problem der göttlichen Gerechtigkeit. Der Skeptiker Pierre Bayle hatte in der zweiten Auflage seines „Dictionnaire" vom Jahre 1702 Leibniz' Satz von der prästabilierten Harmonie zwischen Körper und Geist zu widerlegen gesucht[402] und zugleich seine Lehre von der Ge-

---

pleraque ineditae vel selectae etc. . . .", erstmals herausgegeben in Hannover 1693, später in Wolfenbüttel 1747. – Die berühmte „Praefatio benevolo Lectori" ist abgedruckt bei *Dutens* IV, 3, S. 285–309, und zum Teil als „De notionibus juris et justitiae" bei *Erdmann*, S. 118–120.

[401] Ebenso Gustav *Hartmann*, a.a.O., S. 63: „Es genügt uns hier die Feststellung, daß Leibniz unter den *deutschen* Juristen der wo nicht früheste doch vornehmste Begründer und Förderer der Wissenschaft des *positiven* Völkerrechts geworden ist."

[402] Leibniz stellte die Lehre von der „prästabilierten Harmonie" unter den Substanzen, insbesondere zwischen Körper und Geist, erstmals in seiner Schrift „Système nouveau de la Nature", veröffentlicht im „Journal des Savants" am 27. Juni 1695, auf. Bayle unterzog diese Lehre einer heftigen Kritik in seinem „Dictionnaire" von 1697, Art. „Rorarius", und veranlaßte damit Leibniz seinerseits zu einer „Replique aux Réflexions, contenues dans la seconde édition du dictionnaire critique de Mr. Bayle" in der „Histoire critique de la République des Lettres", Tom. XI, p. 78.

rechtigkeit heftig angegriffen. Aus Gesprächen über die Einwände Bayles mit der Königin Charlotte Sophie von Preußen, der Tochter der Kurfürstin Sophie von Hannover, der Leibniz sich in herzlicher Freundschaft zugetan fühlte, gingen in den Jahren 1701 bis 1705 mehrere Aufzeichnungen hervor, die Mollat unter dem Titel: „Méditation sur la notion commune de la justice"[403] zusammengefaßt hat. Mit diesen Schriften wollte Leibniz keineswegs erneut in jenen alten scholastischen Streit um die Priorität von „intellectus" oder „voluntas" eingreifen; nur nebenbei löste er dieses „Scheinproblem" dadurch, daß er den göttlichen Verstand auf die Weisheit (sagesse), den göttlichen Willen auf die Gutheit (bonté) zurückführte und so miteinander in Verbindung brachte. Leibniz ging es vielmehr um den „Begriff" der Gerechtigkeit (la notion de la justice), welcher zum Bereich der ewigen Wahrheiten in der Natur der Dinge (les vérités nécessaires et éternelles de la nature des choses) gehöre und einzig als zureichender Grund (raison suffisante) für das gerechte Handeln Gottes angesehen werden könne. Dieser Begriff der Gerechtigkeit hänge aber weder vom Willen Gottes noch von seiner Allmacht ab, sondern sei allein ein Ausdruck seiner höchsten Weisheit (sagesse suprème): „La justice n'est autre chose que la charité du sage[404]." Zur Verdeutlichung führte Leibniz unter anderem ein juristisches Argument an: Mit der Begründung, Gott handele deshalb immer gerecht, weil er allmächtig sei (Hobbes), werde der Unterschied zwischen Recht (droit) und Faktum (fait) übersehen; in diesem Sinne ein Faktum sei auch das Gesetz (loi), welches im Gegensatz zum Recht von der Macht abhängig und damit auch ungerecht sein könne[405]. „Mais heureusement pour l'univers", fährt Leibniz fort, „les lois de Dieu sont tousjours justes[406]." Der Begriff der Gerechtigkeit sei für Gott und die Menschen derselbe, nur handele Gott in einem höchsten

---

[403] „Méditation sur la notion commune de la justice" aus den Jahren 1701–1705 (Jur. III, 1 fol. 71–88), abgedruckt bei *Mollat,* 41–70.

[404] Méditation (Mollat 54); vgl. auch Fußnote 304.

[405] „Un philosophe anglais célèbre, nommé Hobbes, qui s'est signalé par ses paradoxes, a voulu soutenir presque la même chose que Thrasymaque. Car il veut que Dieu est en droit de tout faire, parce qu'il est tout puissant. C'est ne pas distinguer le droit et le fait. Car autre chose est ce qui se peut, autre chose ce qui se doit." (Mollat 43). – „La faute de ceux qui ont fait dépendre la justice de la puissance, vient en partie de ce qu'ils ont confondu le droit et la loi. Le droit ne saurait être injuste, c'est une contradiction, mais la loi peut être. Car c'est la puissance qui donne et maintient la loi." (Mollat 47.)

[406] Méditation (Mollat 47).

Grade (degré) vollkommen (parfaitement) gerecht, während die menschliche Gerechtigkeit sich mit Ungerechtigkeiten vermische[407]. Deshalb sei den Menschen zwar nicht der Begriff der Gerechtigkeit unbekannt, wohl aber blieben ihnen die einzelnen Gründe des gerechten Handelns Gottes zum Teil verborgen[408]. – Mit diesen Sätzen deutet sich schon der Leitgedanke aus Leibniz' wohl bedeutendstem rechtsphilosophischen Werk, aus der „Théodicée" an. Der Plan, den Nachweis zu erbringen, daß die Entstehung des Übels in der Welt mit der göttlichen Gerechtigkeit und Güte vereinbar sei, läßt sich bis zum Jahre 1669 zurückverfolgen[409], ebenso der Gedanke, daß die göttliche Gnadenwahl die menschliche Freiheit nicht ausschließe[410], womit Leibniz eine Union der beiden getrennten evangelischen Bekenntnisse dogmatisch vorbereiten wollte. Mit den ersten Vorarbeiten zur „Théodicée" begann Leibniz zwischen 1695 und 1697[411], also noch vor dem Erscheinen von Bayles „Dictionnaire" (1697). Auf den Wunsch der Königin Charlotte Sophie entschloß er sich nach dem Abschluß der „Nouveaux Essais" zu Beginn des Jahres 1704, seine Gedanken aus den gemeinsamen Gesprächen über Bayle, zu denen er sich bisher nur kurze Notizen gemacht hatte, in mehreren kleinen Aufsätzen niederzuschrei-

---

[407] „Je veux bien qu'il y ait une grande différence entre la manière dont les hommes sont justes et dont Dieu l'est, mais cette différence n'est que dans le degré. Car Dieu est juste parfaitement et entièrement, et la justice des hommes et mêlée d'injustice, de fautes et de péchés, à cause de l'imperfection de la nature humaine." (Mollat 45.)

[408] „Car la beauté et justice du divin gouvernement a été cachée en partie à nos yeux, non seulement parce que cela ne se pouvait autrement, sans changer toute l'harmonie du monde, mais aussi parce que cela convenait, afin qu'il y eût plus d'en empêcher le mal, quand même cela ne nous coûterait rien et ne nous donnerait aucune peine." (Mollat 53–54.)

[409] Leibniz hatte bereits im Jahre 1669 den Plan gefaßt, eine Verteidigung der christlichen Religion zu schreiben. Diese „Demonstrationes catholicae" sollten aus folgenden vier Teilen bestehen: 1. Beweis von der Existenz Gottes; 2. Darstellung der Unsterblichkeit und Unkörperlichkeit der Seele; 3. Möglichkeit der christlichen Mysterien; 4. Darstellung der Autorität der Katholischen Kirche und der Heiligen Schrift. (A VI-1, 494.)

[410] Vgl. das Projekt „Von der Allmacht und Allwissenheit Gottes und der Freiheit des Menschen" (A VI-1, 537–546).

[411] Aus dieser Zeit ist ein kleines Fragment mit folgendem Titel überliefert: „Guillelmi Pacidii THEODICAEA (Demonstrationes catholicae de) – seu pro – divina justitia. Demonstrationes catholicae ad Mathematicam certitudinem formamque ex Naturali Theologia Iurisprudentiaque exactae, quibus Humanum Genus dubitationibus de Contingentia et Fato, Libertate et Praedestinatione liberari possit", abgedruckt bei *Grua* I, S. 370–371.

ben[412]. Nach dem Tode der verehrten Königin im Jahre 1705 überarbeitete, ergänzte und erweiterte er diese Schriften zu ihrem Andenken, faßte sie schließlich, von der Kurfürstin Sophie mehrfach darum gebeten, seit 1707 zu einem geschlossenen Werk zusammen[413] und veröffentlichte sie im Jahre 1710 – übrigens als einzige seiner philosophischen Hauptschriften noch zu seinen Lebzeiten – unter dem Titel „Essais de Théodicée sur la bonté de Dieu, la liberté de l'homme et l'origine du mal" in Amsterdam. Leibniz selbst hat das Wort „Théodicée" mit „Gottesrechtslehre" übersetzt[414] oder als „Apologie de la justice de Dieu" umschrieben[415] und so den unmittelbaren Zusammenhang dieser Schrift zu seiner Rechtsphilosophie aufgezeigt[416]. In der bescheidenen Vorstellung, nur ein Flickwerk geschaffen zu haben (par lambeaux)[417], brachte Leibniz seine Gedanken aus der „Théodicée" alsbald in lateinischer Sprache mit der „Causa Dei"[418] auf wenige kurze und klare Thesen. In diesen beiden Schriften ist es Leibniz noch ein letztes Mal in der Geschichte der Rechtsphilosophie gelungen, die Lehre von der natürlichen Gerechtigkeit mit dem Bereich des göttlichen Rechts in Übereinstimmung zu bringen und vom Grunde der Gottesrechtslehre aus eine allgemeine Rechtsethik (jurisprudentia universalis) zu entfalten.

Leibniz' größtes Verdienst im Rahmen seines rechtsphilosophischen Denkens bestand jedoch darin, jene erst durch Grotius säkularisierte

---

[412] Vgl. dazu die „Collectanea ad Theodicaeam" (Theol. I, 4) und Kuno *Fischer*, a.a.O., S. 260–261.

[413] Der erste Entwurf zu einem Vorwort stammt vom Anfang des Jahres 1707; er ist abgedruckt bei *Grua* II, S. 495–498.

[414] Auf einem Aktenumschlag ist der Titel überliefert: „Versuch einer Theodicaea oder Gottesrechtslehre von der güthigkeit Gottes, Freyheit des Menschen und Ursprung des Bösen" (Theol. I, 3, 6; vgl. *Bodemann*, Leibniz-Handschriften, S. 4).

[415] Nach dem Vorwort von 1707 sollte das Werk folgendermaßen überschrieben sein: „Théodicée ou Apologie de la Justice de Dieu (et des Attributs qui s'y rapportent) par les notions qu'il nous en a données." (Grua II, 495.)

[416] „Je me sers du titre de Théodicée, par ce que la justice de Dieu est le sujet principal de cet ouvrage, ou les questions de sa bonté et de sa sainteté y entrent naturellement." (Vorwort [1707], Grua II, 495.) — „Titulum tentaminum Theodicaeae, nisi aliter judicas, servari posse putem, est enim Theodicaeae quasi scientiae quoddam genus doctrina scilicet de justitia (id est sapientia simul et bonitate) Dei." (Brief an *des Bosses* vom 15. Februar 1712 [Erdmann 681].)

[417] Brief an Thomas *Burnet* (zitiert bei Kuno Fischer, a.a.O., S. 261).

[418] „Causa Dei. Apologetica tractatio, ubi justitia divina, libertas humana, fatum, principium mali, causa peccati et traductio, humana corruptio, origo animae, auxilium gratiae, hominum discriminatio, ratio electionis ad Sacrae Scripturae normam explicantur" (1710), abgedruckt bei *Erdmann*, S. 653–665, und bei *Gerhardt* VI, S. 437–462.

und endgültig mit Kant abgebrochene Tradition der Ausformung des
Rechtsgedankens sowohl zu einer objektiven Pflichtenordnung als auch
zu einer objektiven Seinsordnung noch einmal aufgenommen und in
Anknüpfung an die thomistische „ordo"-Lehre die Verbindung der
Rechtsethik zur überlieferten Rechtsmetaphysik erneut hergestellt zu
haben[419]. Diese Leistung ist bisher in der Literatur kaum hinreichend
gewürdigt worden[420]; offenbar konnte die Universalität des Leibnizschen Rechtsbegriffs nicht mehr verstanden werden, nachdem der
Rechtsgedanke sich seit Grotius über Pufendorf zu Thomasius hin immer mehr verengt hatte und mit der „Kantischen Wende" durch die
Unterscheidung von subjektiver Moralität und objektiver Legalität
schließlich ganz aus dem Bereich der Ethik verdrängt worden war. –
Einen Ansatzpunkt zu dieser Grundlegung des Rechts in der bei Leibniz als Metaphysik verstandenen Lehre von den einfachen Substanzen
(Monadologie) bot ihm die Vorstellung, daß der Begriff der Gerechtigkeit ebenso wie die Zahlenverhältnisse und Naturgesetze zu den „ewigen Wahrheiten" gehöre; deutlich klingt hier wieder die „lex aeterna"-
Tradition an. So schrieb Leibniz zur Erklärung seiner Thesen im „Discours de Métaphysique" vom Jahre 1686 wenig später an Arnauld,
daß ebenso, wie die unvernünftigen Substanzen (les substances brutes)
den „materiellen" Gesetzen der Kraft und der Bewegung folgten, die
vernunftbegabten Substanzen (les esprits) den „geistigen" Gesetzen der
Gerechtigkeit (les loix spirituelles de la Justice) verpflichtet seien[421].
Ungefähr seit 1695 faßte Leibniz diese „Gesetze" der Gerechtigkeit

---

[419] So schon im „Discours de Métaphysique" (1686): „... il faut joindre la Morale à la Metaphysique; c'est à dire il ne faut pas seulement considerer Dieu comme
le principe et la cause de toutes les substances et de tous les Estres, mais encore
comme chef de toutes les personnes ou substances intelligentes, et comme le Monarque absolu de la plus parfaite cité ou Republique, telle qu'est celle de l'univers com-
posée de tous les esprits ensemble ..." (Erdmann 832.)

[420] Mit wenigen Ausnahmen: Gustav *Hartmann*, a.a.O., S. 114–121; im Begriff
des „Reiches" bei Erik *Wolf*, Idee und Wirklichkeit des Reiches im Rechtsdenken des
16. und 17. Jahrhunderts, a.a.O., S. 133–168; neuestens bei Hugo *Fischer*, Leibniz
und die Idee eines universalen Rechts, in: Phil. Jb. d. Görres-Ges. 65, 1957, S. 134–146.

[421] „Aussi Dieu gouverne les substances brutes suivant les loix materielles de la
force ou des communications du mouvement, mais les Esprits suivant les loix spirituelles de la Justice, dont les autres sont incapables. Et c'est pour cela que les substances brutes se peuvent appeller materielles, parce que l'œconomie que Dieu
observe à leur égard, est celle d'un ouvrier ou Machiniste; mais à l'égard des esprits,
Dieu fait la fonction de Prince ou de Legislateur." (Brief an Antoine *Arnauld* vom
9. Oktober 1687 [Erdmann 850].)

als Entsprechung oder Verhältnismäßigkeit (convenance, proportionnalité) der verschieden vollkommenen Seinsstufen (degrés) der einfachen Substanzen oder Monaden untereinander[422] und setzte schließlich in der sogenannten „Monadologie" vom Jahre 1714 den Grad der
Vollkommenheit selbst als Maß für das Recht (droit) alles Möglichen,
wirklich zu existieren[423]. Für dieses „Existenzrecht" des wirklich
Seienden nach dem Grade seiner Vollkommenheit gebrauchte Leibniz
gern das Bild vom „Bürgerrecht" (droit de bourgeoisie) im Gottesstaat
(cité de Dieu)[424]. Das Reich Gottes aber sei wahrhaft eine Universalmonarchie (monarchie véritablement universelle), in welcher die vernunftbegabten Monaden unter der vollkommenen Regierung Gottes
(gouvernement parfait) sich nach den Gesetzen der Gerechtigkeit entfalten können, ein moralisches Reich der Gnade (Regne Moral de la
Grace) innerhalb der natürlichen Welt[425]. Endlich brachte Leibniz den
Ordnungsgedanken auch in Verbindung mit seiner Lehre von den prästabilierten Harmonien: „Dieu est tout ordre; il garde tousjours la
justesse des proportions, il fait l'harmonie universelle[426]." In der harmonischen Zuordnung des „moralischen Reiches der Gnade", in welchem die Gerechtigkeit Gottes die vernünftigen Substanzen aus der
Liebe des Weisen regiert, zu dem „physischen Reich der Natur", in
welchem die Gerechtigkeit Gottes die unverständigen Substanzen nach
dem Grade ihrer Vollkommenheit in der Entsprechung hält, in dieser
harmonischen Zuordnung des ethischen Bereiches zum metaphysischen
Bereich vollendete sich die Rechtsphilosophie Leibnizens am Ende seines Lebens.

---

[422] Vgl. dazu vor allem die Briefe an die Kurfürstin *Sophie* von Hannover aus
den Jahren 1689 bis 1713. (3. Hauptteil, 2. Abschn., B I.)

[423] „Et cette raison ne peut se trouver que dans la convenance ou dans les degrés
de perfection que ces mondes contiennent; chaque possible ayant droit de prétendre à
l'existence à mesure de la perfection, qu'il enveloppe." Monadologie, § 54 (Erdmann 709).

[424] Méditation sur la notion commune de la justice (1700–1705), *Mollat*, S. 68.

[425] „Comme nous avons établi ci-dessus une Harmonie parfaite entre deux Regnes
Naturels, l'un des causes Efficientes, l'autre des Finales, nous devons remarquer ici
encore une autre Harmonie entre le Regne Physique de la Nature et le Regne Moral
de la Grace, c'est à dire entre Dieu consideré comme un Architecte de la Machine
de l'univers, et Dieu consideré comme Monarque de la cité divine des Esprits."
Monadologie, § 87 (Erdmann 712).

[426] Théodicée, Préface (Erdmann 469).

ZWEITER HAUPTTEIL

DIE WANDLUNG DER REFORMATORISCHEN MORAL-
THEOLOGIE ZUR RECHTSPHILOSOPHIE VOM
»CHRISTLICHEN NATURRECHT« IN DER ZWEITEN HÄLFTE
DES 17. JAHRHUNDERTS

Zu Beginn der Neuzeit befand sich die Tradition des scholastischen Naturrechts in tiefer Verwirrung. Zwar gehörte die thomistische Dreistufenlehre (ius divinum – ius naturae – ius humanum) noch bis zur Reformation unangefochten zum Kernbereich der katholischen Moraltheologie, ihre auf allgemeiner Verbindlichkeit ruhende Autorität war jedoch durch den Voluntarismus und den Nominalismus schon erheblich geschwächt worden. „De jure naturae multa fabulamur", stellte angesichts der Vielfalt naturrechtlicher Lehren und der Unsicherheit ihrer rechtstheologischen Begründung im Jahre 1515 Martin *Luther* fest[1] und suchte, unabhängig von der scholastischen Tradition, nach einem neuen naturrechtlichen Ansatz im Evangelium[2]. In Übereinstimmung mit der „lex divina" bestehe das Naturrecht nur im „status naturae incorruptae", und zwar formal als „lex spiritualis" und material als die allen Menschen ins Herz geschriebene „lex charitatis"[3]. Dieses göttliche Naturrecht des Unschuldsstandes gerate aber durch den Sündenfall in Vergessenheit; erhalten bleibe im „status naturae corruptae" lediglich das menschliche Naturrecht der „Notordnung". Allein der Glaube (lex fidei) und der Geist (lex spiritualis) ermögliche dem Christen, „simul iustus, simul peccator", im Christenstande wieder dem

---

[1] Römerbriefvorlesung (1515–1516), WA LVI, 355, 14.

[2] Vgl. dazu statt anderer: Johannes *Heckel*, Lex charitatis. Eine juristische Untersuchung über das Recht in der Theologie Martin Luthers, München 1953.

[3] Dictata (1513–1515), WA IV 355, 11: „Deus, doces intus per spiritum diffundens ipsam charitatem, qui est lex tua." – Vgl. auch Römerbriefvorlesung (1515–1516), WA LVI 136, 4. (Dazu *Heckel*, a.a.O., S. 52–70).

göttlichen Naturrecht gemäß zu handeln[4]. Mit dieser scharfen Trennung des „eigentlichen" (göttlichen) Naturrechts vom „uneigentlichen"
(weltlichen) Naturrecht hatte Luther den Naturrechtsbegriff nicht nur
vergeistlicht[5], sondern zugleich auch in den Menschen hineinverlegt[6]
und mit seiner „natura" verbunden. Spiritualisierung und Subjektivierung des Naturrechts kennzeichnen so die Richtung der reformatorischen Rechtsphilosophie im 16. und 17. Jahrhundert.

  Auch für Philipp *Melanchthon* lagen in den paulinischen Briefen
und bei Augustinus die Grundlinien seiner Naturrechtslehre bereits
vorgezeichnet[7]. Nur trat bei ihm im Gegensatz zu Luther das „sola
fide" unter dem Einfluß des Humanismus[8] und der aristotelischen

---

 [4] Deuteronomion Mosi cum annotationibus (1525), WA XIV 714, 12: „Discernendum est inter leges: alias esse, quae jubeant bona, alias, quae permittant mala.
Inter eas, quae jubent bona, prima est lex fidei, quae etiam charitati dominatur, ita ut,
si fides exigat erga Deum, neganda est charitas proximo, qui Deus, qui fide colitur,
praeferendus est homini, cui charitate servitur. Post fidem est charitas, quae moderatur omnes leges tam ceremoniales quam profanas excepta fide." – Dazu sagt
Heckel, a.a.O., S. 127: „Faßt man dies alles zusammen, so kann man feststellen:
Wie im Reich der Welt die lex irae das Reichsangehörigkeits- und Standesgesetz der
Knechte des Satans ist, so im Reich der Gnade die lex charitatis das Reichsangehörigkeits- und Standesgesetz der Kinder Gottes in der für die Christen maßgebenden
Auslegung als lex Christi, und das heißt unter statusrechtlichem Gesichtspunkt als lex
fidei."

 [5] Johannes *Heckel*, a.a.O., S. 55–56: „Das ist ein radikaler, aber an die Schrift
gebundener Spiritualismus. In ihm hat man das eigentliche Kennzeichen der Gesetzeslehre Luthers zu erblicken."

 [6] Johannes *Heckel*, a.a.O., S. 126: „In der Herausarbeitung dieser personalen
Seite des Naturgesetzes als lex fidei erreicht die lutherische Gesetzeslehre ihren Höhepunkt. Das entspricht dem zentralen Dogma der lutherischen Theologie, der Rechtfertigung allein aus dem Glauben. Im Vergleich zum Mittelalter verschiebt sich der
Schwerpunkt der theologischen Betrachtung des Naturgesetzes von der sachlichen
auf die personale Seite, von dem facere auf das credere."

 [7] Vgl. zur Naturrechtslehre *Melanchthons*: Clemens *Bauer*, Die Naturrechtsvorstellungen des jüngeren Melanchthon, in: F. Gerhard Ritter, Tübingen 1950, S. 244 ff.
– Melanchthons Naturrechtslehre, in: Arch. Ref. Gesch. XLII, 1951. – Die Naturrechtslehre Melanchthons, in: Hochland XLIV, 1951/52. S. 313–323. – Wilhelm
Maurer, Melanchthon-Studien, Gütersloh 1964; vor allem: Lex spiritualis bei Melanchthon bis 1521, S. 103–136.

 [8] Auf den jungen Melanchthon scheint vor allem Erasmus mit dem Gedanken
der „Philosophia Christiana (Christi)" (dazu Guido *Kisch*, Erasmus und die Jurisprudenz seiner Zeit, Basel 1960, S. 121 ff.) eingewirkt zu haben. Dieser Ansicht ist
trotz manchem Vorbehalt wohl auch *Maurer*, a.a.O., S. 103–136, gefolgt, selbst wenn
er nachzuweisen sucht, daß Melanchthon sich schon vor 1521 von allen Einflüssen
(auch Luthers) befreit habe. (S. 135–136).

Ethik [9] stärker hinter dem Erkenntnisprinzip zurück: er bestimmte die „lex naturae" als ein der menschlichen Natur eingepflanztes Wissen vom göttlichen Gesetz [10] und die „iustitia universalis" als den Gehorsam gegen Gott [11]. Während nun an Luther unmittelbar die reformatorische Moraltheologie anknüpfte und sich im 17. Jahrhundert über Georg Calixt und Andreas Osiander in der „lutherischen Orthodoxie" fortsetzte, ging von Melanchthon die reformatorische Naturrechtslehre aus [12], welche von Johann Oldendorp über Hemming, Winckler und Reinking zu Pufendorf und Cocceji einerseits und zu Rachel und Leibniz andererseits führte [13].

Ein dritter eigenständiger Ansatz zu einer reformatorischen Rechtstheologie findet sich bei Johannes *Calvin* [14], der den alttestamentlichen Bundesgedanken politisch umformte und aus der Souveränität Gottes und seinem „Bund" mit der Schar der Erwählten die Souveränität der „Gemeinde" ableitete [15]. Das Naturrecht verstand er als Abbild dieser göttlichen Ordnung und als Anlage im Menschen zur Rechtschaffenheit (sémence de droiture). Mit der Vorstellung, daß der Bund zwischen Gott und den Menschen auch die Menschen untereinander in ein Nächstenverhältnis führe und zur Nächstenliebe verpflichte, legte Calvin den Grund zur späteren Auseinandersetzung mit dem lutherischen In-

---

[9] Besonders auffällig wird der aristotelische Einfluß bei Melanchthon in den „Philosophiae moralis epitomes libri duo" von 1546. Ebenso wie Aristoteles in der Nikomachischen Ethik unterscheidet auch Melanchthon im 2. Buch dieses Werkes: „De Iustitia" zwei „species" der Gerechtigkeit: die „iustitia universalis" und die „iustitia particularis".

[10] „Est ergo vera definitio Legis naturae Legem naturae esse notitiam Legis divinae naturae hominis insitam." (Loci praecipui theologici, 1559, De Lege naturae).

[11] „Sed multo verius definisset (Plato) hanc iustitiam (universalem) esse oboedientiam erga Deum." (Philosophiae moralis epitomes, lib. II, Quot sunt species iustitiae?).

[12] Ebenso H. F. W. *Hinrichs,* Geschichte der Rechts- und Staatsprinzipien, Bd. 1, Leipzig 1848, S. 21: „Die Naturrechtslehrer im Reformationszeitalter gehen alle mehr oder weniger auf Melanchthon zurück."

[13] Vgl. Johann *Sauter,* Die philosophischen Grundlagen des Naturrechts, Wien 1932, S. 98—99.

[14] Zur Rechtslehre *Calvins* grundlegend: Joseph *Bohatec̆,* Calvin und das Recht, 1934. – Die Entbundenheit vom Gesetz in der Staatslehre Calvins, in: Zwingliana VI, 1935. – Autorität und Freiheit in der Gedankenwelt Calvins, in: Philosophia reformata, 1940—42. – Vgl. auch Erik *Wolf,* Theologie und Sozialordnung bei Calvin, Arch. Ref. Gesch. XLII, 1951, S. 11—13. – Das Problem der Naturrechtslehre, 3. Aufl. 1964, S. 103—104.

[15] Erik *Wolf,* a.a.O., S. 103.

tegritätsprinzip und schuf zugleich die Voraussetzung für eine Ausformung des Sozialitätsprinzips bei Erastus, Danaeus und Althusius [16],
vor allem aber durch den Begründer des neuzeitlichen Naturrechts,
Hugo Grotius, und seine Kommentatoren [17].

1. Abschnitt

DIE LEHRE VOM CHRISTLICHEN NATURRECHT IN DER KOMMENTAR-LITERATUR ZU HUGO GROTIUS

Wenn das Urteil des Christian Thomasius, die Naturrechtslehre habe
zu Beginn des 17. Jahrhunderts „unter einer besonders jämmerlichen
und fast unheilbaren Krankheit gelitten" [18], auch ein wenig übertrieben und nicht ganz frei von Polemik zu sein scheint, so läßt sich doch
feststellen, daß zu dieser Zeit der Einfluß der Moraltheologie nicht
mehr nur scholastischen oder mystischen, sondern nun auch noch reformatorischen und gegenreformatorisch-spätscholastischen Ursprungs auf
die Rechtswissenschaft sich vor allem innerhalb der unterschiedlichsten Naturrechtslehren Geltung zu verschaffen vermochte und „das
natürliche Licht der Vernunft" zu verdunkeln drohte [19]. Humanismus
und Reformation hatten nicht nur den christlichen Glauben zerspalten,

---

[16] Zu *Erastus* und *Danaeus* vgl. Erik *Wolf*, a.a.O., S. 105, Fußnote 517; zu
Althusius statt anderer Ernst *Reibstein*, Johannes Althusius als Fortsetzer der Schule
von Salamanca, 1955, und Erik *Wolf*, Große Rechtsdenker, 4. Aufl. 1963, S. 177–
219.

[17] Vor allem Johann *vom Felde*, Johann Heinrich *Boecler*, Caspar *Ziegler*, Adam
Osiander und Johann Georg *von Kulpis*.

[18] Christian *Thomasius*, Paulo plenior Historia juris naturalis, Halae 1719, Cap.
V, § IX: „Itaque initio seculi decimi septimi, doctrina de virtutibus et vitiis, sive de
differentiis justi et injusti, boni et mali, de jure naturae & c. tam apud pontificios,
quam apud evangelicos miserrimo & pene incurabili morbo laborabat."

[19] „Igitur cum summa ignorantia & confusio ac suppressio luminis naturalis per
aliquot seculorum decades inter gentes ethnicas & Christianas, & novissime inter
Protestantes aeque ac Catholicas tantas radices egisset, quis quaeso praevidere vel
ominari potuisset, istam corruptionem & confusionem emendari ac in ordinem redigi
umquam posse, tantum abest, ut sperare potuisset, eam emendationem proxime ex-
pectandam esse. Sed divinae providentiae nihil est impossibile." (Ebenda, Cap. V,
§ XIV). Den letzten Satz bezieht Thomasius auf Hugo Grotius!

sondern auch die ohnehin schon nicht mehr einheitliche Naturrechtslehre der Scholastik von neuem grundsätzlich in Frage gestellt und mit
ihrer selbständigen Denkweise eigene Naturrechtsvorstellungen entwickelt, die nun ihrerseits den Widerspruch der gegenreformatorisch
gesinnten, spätscholastischen Theologen und Philosophen in Spanien
hervorriefen. Daß sich zu jener Zeit, in der die Zerrissenheit des Naturrechtsgedankens innerhalb der Rechtswissenschaft schon durch einen farblosen Eklektizismus verdeckt zu werden drohte, gleichwohl
noch einmal ein gemeinsames Naturrechtsbewußtsein ausbilden konnte,
welches einflußreicher als alle vorangegangenen Traditionen „die Lehre
vom Recht ... zur Grundwissenschaft des sozialen Lebens" erklärte,
war das Verdienst des großen Humanisten und protestantischen
Rechtsgelehrten Hugo *Grotius*[20]. Sein unerschütterlicher Glaube an das
Recht, „die persönliche Erfahrung vom Dasein des Rechts als im
menschlichen Existieren sich vollziehender und es gestaltender Ordnung"[21], hatte ihn das Mensch-Sein als ein Im-Recht-Sein verstehen
gelehrt und im Naturrecht die Verfaßtheit dieses Menschentums erkennen lassen. So verband Grotius das antike und scholastische Rechtsdenken mit der humanistisch-reformatorischen Naturrechtstradition zu
einer neuen Synthese: in seinem bedeutendsten Werk, den „De Iure
Belli ac Pacis libri tres"[22], leitete er, der stoisch-ciceronianischen Überlieferung folgend, den Rechtsgedanken aus dem menschlichen Gemeinschaftstrieb (appetitus societatis)[23] her und bestimmte das Naturrecht im Anschluß an Vasquez und Suarez[24] als „dictatum rectae rationis"[25].

---

[20] Zu *Grotius* vgl. statt anderer Erik *Wolf*, Große Rechtsdenker, 4. Aufl., 1963,
S. 253–310 (Schrifttumsverzeichnis: S. 305–310), hier: S. 261. – Das Problem der
Naturrechtslehre, 3. Aufl., 1964, S. 132–134.

[21] Erik *Wolf*, Große Rechtsdenker, S. 261.

[22] De Iure Belli ac Pacis libri tres, in quibus ius naturae et gentium, item iuris
publici praecipua explicantur, Parisiis 1625; 2. erw. Aufl. 1631, 5. Aufl. (letzter
Hand) 1646. – Zitiert wird im folgenden nach der Ausgabe von P. C. *Molhuysen*,
Lugduni Batavorum 1919.

[23] De Iure Belli, Prolegomena 6: „Inter haec autem, quae homini sunt propria,
est appetitus societatis, id est communitatis, non qualiscunque, sed tranquillae, et
pro sui intellectus modo ordinatae, cum his qui sunt generis."

[24] So auch Johann *Sauter*, a.a.O., S. 93: „Diese Definition des Grotius ist eine
Kombination aus Vasquez und Suarez. Von Vasquez stammt die recta ratio und die
convenientia cum natura, von Suarez der Begriff des ‚ius naturale‘ – im Unterschied
zur ‚lex naturalis‘ – und der ‚natura socialis‘."

[25] De Iure Belli, Lib. I, cap. 1, § X, 1: „Ius naturale est dictatum rectae rationis
indicans, actui alicui, ex eius convenientia aut disconvenientia cum ipsa natura

Daß Grotius mit diesem unzweifelhaft neuen Ansatzpunkt das Naturrecht „säkularisiert" habe, ist ebensooft behauptet[26] wie bestritten[27] worden. Im Rahmen der vorliegenden Untersuchung kann dieser Frage nicht im einzelnen nachgegangen werden; bedeutsam für die weitere Entwicklung der christlichen Naturrechtslehre im 17. Jahrhundert wurde jedoch die Tatsache, daß schon wenige Jahre nach dem Erscheinen des „Ius Belli" die ersten Zweifel an der rechtgläubigen protestantischen Gesinnung des Grotius laut geworden waren und daß sich zugleich auch Rechtsgelehrte gefunden hatten, die mit ihren Kommentaren das christliche Rechtsdenken im „Ius Belli" hervorhoben und verteidigten[28]. Bei dieser Auseinandersetzung um das Erbe des Grotius stand der Streit über das Verständnis seiner Hypothese, daß das Naturrecht auch gelte, wenn es Gott nicht gäbe[29], nur scheinbar im Vordergrund; vermutlich war die polemische Funktion dieses alten scholastischen Gedankens (Gregor v. Rimini, Gabriel Biel, Hugo v. St. Victor) zur Widerlegung des Nominalismus noch allgemein bekannt[30]. Sehr viel eindringlicher beschäftigten sich die Kommentatoren jedoch mit der Lehre vom Gesetz Christi[31] und den Weisungen des Evangeliums[32]. Hier stellte Grotius zum Beispiel fest, zwar werde im Evangelium nichts vorgeschrieben, was nicht zugleich auch in natürlicher Ehr-

---

rationali, inesse moralem turpitudinem aut necessitatem moralem, ac consequenter ab auctore naturae Deo talem actum aut vetari aut praecipi."

[26] Hauptsächlich in der *älteren* Literatur: Christian *Thomasius,* Paulo plenior Historia juris naturalis, praef. 16 und cap. V, § XV. – H. F. W. *Hinrichs,* Geschichte der Rechts- und Staatsprinzipien, Bd. 1, Leipzig 1848, S. 58–59. – Ernst *Landsberg,* Geschichte der deutschen Rechtswissenschaft, 1. Halbbd., 3. Abt., 1898, S. 2–3.

[27] Vor allem in der *neueren* Literatur: Johann *Sauter,* Die philosophischen Grundlagen des Naturrechts, Wien 1932, S. 91–98; Heinrich *Rommen,* Die ewige Wiederkehr des Naturrechts, 3. Aufl., S. 71.

[28] Vgl. dazu Ernst *Reibstein,* Deutsche Grotius-Kommentatoren bis zu Christian Wolff, in: Z. f. ausl. öff. Recht und Völkerrecht 15, 1953–1954, S. 76–102.

[29] De Iure Belli, Prolegomena 11: „Et haec quidem quae iam diximus, locum aliquem haberent etiamsi daremus, quod sine summo scelere dari nequit, non esse Deum aut non curari ab eo negotia humana: cuius contrarium cum nobis partim ratio, partim traditio perpetua, inseverint."

[30] Vgl. dazu James *St. Leger,* The „Etiamsi daremus" of Hugo Grotius. A Study in the Origins of International Law, Rom 1962.

[31] Die Begriffe „lex Christi" und „praecepta Christi" werden von Grotius gleichbedeutend gebraucht: De Iure Belli, Lib. I, cap. 2, § 6; cap. 3, § 3; Lib. II, cap. 20, § 10, 8.

[32] Ebenso verwendet Grotius die Begriffe „lex Evangelica" und „praeceptum Evangelicum" synonym: De Iure Belli, Lib. I, cap. 2, § 6; Lib. II, cap. 1, § 13; cap. 15, § 10, 1; cap. 20, § 10, 1.

barkeit stehe, es sei aber ebenso wenig einzusehen, weshalb die Menschen durch die Gesetze Christi nicht über das Naturrecht hinaus verpflichtet werden könnten[33], und bekannte sich mit dieser Aussage zu einer Unterscheidung von Naturrecht und biblischer Weisung. In die gleiche Richtung führen Grotius' Gedanken über die Nächstenliebe[34] und ihr Verhältnis zur Gerechtigkeit[35] und zur positiven Rechtsmacht: nicht immer sei in jeder Hinsicht erlaubt, was mit dem Recht im strengen Sinn übereinstimme; oft lasse nämlich die Nächstenliebe nicht zu, daß man sein Recht bis zum Übermaß ausschöpfe[36]. Diese Thesen des Grotius boten einer noch fest im protestantischen Glauben erzogenen Juristengeneration um die Mitte des 17. Jahrhunderts sehr viel mehr Stoff zur Auseinandersetzung als das in der kontinentalen Naturrechtstradition – ausgenommen von der lutherischen Orthodoxie – nie in Frage gestellte Sozialitätsprinzip, welches von vornherein auch auf die umfassendste Gemeinschaft zwischen Gott und den Menschen bezogen und so mühelos in eine christliche Naturrechtslehre eingebaut werden konnte. Diese Sätze des Grotius begründeten aber zugleich auch seinen Ruf, er habe die reformatorische Naturrechtstradition im humanistischen Geiste fortgesetzt, und führten bei seinen Kommentatoren zur Grundlegung einer nicht mehr im strengen Sinn konfessionell gebundenen Lehre vom „christlichen" Naturrecht, in welche das reformatorische Rechtsdenken im 17. Jahrhundert ausmündete und deren Endpunkt die Leibnizsche Rechtsphilosophie bildet.

A. Johann vom Felde (von Felden, à Feldis, Feldenus, gest. 1668)

Der protestantische Aristotelismus, wie er ursprünglich von Melanchthon ausgegangen war[37], beherrschte auch um die Mitte des 17. Jahr-

---

[33] De Iure Belli, Lib. I, cap. 2, § 6, 2: „Illud libens agnosco, nihil nobis in Euangelio praecipi quod non naturalem habeat honestatem: sed non ulterius nos obligari legibus Christi quam ad ea, ad quae ius naturae per se obligat, cur concedam non video."

[34] „caritas": Lib. II, cap. 20, § 22, 2; § 27; § 34; „caritas proximi": Lib. III, cap. 1, § 4, 2; „norma caritatis": Lib. II, cap. 17, § 9.

[35] De Iure Belli, Lib. II, cap. 17, § 9; cap. 20, § 27; cap. 20, § 34.

[36] De Iure Belli, Lib. III, cap. 1, § 4, 2: „Sed sicut antehac monuimus saepe, non semper ex omni parte licitum est, quod iure stricte sumpto congruit. Saepe enim proximi caritas non permittit, ut summo iure utamur." – Dieser Satz steht wohl im Zusammenhang mit dem Gedanken: „summum ius, summa iniuria".

[37] Vgl. dazu Peter *Petersen*, Geschichte der aristotelischen Philosophie im protestantischen Deutschland, Leipzig 1921.

hunderts die Moral- und Rechtsphilosophie in Deutschland noch so
ausschließlich, daß die Naturrechtslehre des Grotius zunächst kaum
beachtet wurde und sich bis hin zu Pufendorf nur sehr langsam durch-
setzen konnte[38]. So nimmt es nicht wunder, daß der Ruhm des Grotius
durch den Einfluß seines ersten Kommentators, des bedeutenden Aristo-
telikers Johann *vom Felde*[39], zu jener Zeit bei weitem übertroffen
wurde[40], und es hat fast den Anschein, als habe das Interesse Feldens
am „Jus Belli" Grotius in Deutschland überhaupt erst bekannt gemacht.

Aus dem Leben des Johann vom Felde ist nur wenig überliefert. Zunächst
Professor der Mathematik zu Helmstedt, beschäftigte er sich alsbald auch mit
Moralphilosophie und Jurisprudenz und zog sich schließlich als fürstlich-
anhaltlicher Rat auf sein Gut Neukirchen zwischen Merseburg und Halle
zurück. Dort versuchte er, eine eigene Akademie zu gründen, die allmählich
auch geringen Zulauf erhielt. Er starb 1668 in hohem Alter zu Halle[41].

Auf Leibniz nahm der Aristotelismus vom Felde's einen sehr starken und nachhaltigen Einfluß. Noch in Leipzig hatte er das 1664 erschienene Hauptwerk vom Felde's, die „Elementa Juris Universi", zur
Vorbereitung auf seine juristischen Examina gelesen[42] und in der
„Doctrina Conditionum" 1665 erstmals zitiert[43]. Später, vermutlich
um das Jahr 1678, nahm Leibniz das Buch noch einmal zur Hand und
fertigte sich Auszüge an[44]. Oft erwähnte er vom Felde auch in seinen

---

[38] Ernst *Landsberg*, a.a.O., S. 6; Anm. S. 3.

[39] Christian *Thomasius*, Historia Juris Naturalis, Cap. VI, § 3, S. 70: „Erat
enim Johannes a Felde totus Aristotelicus, & magis ad dubia movenda natus, quam
ut ipse in doctrina juris naturalis applausum aliorum adeptus fuerit, nimis insuper
deditus speculationibus, subtilibus quidem, sed inanibus, & et parum utilibus, ut vel
ex eius opere plusquam quinquaginta annorum de scientia interpretandi Helmstadii
1689. edito, aliisque scriptis patet."

[40] Jac. Friedrich *Ludovici*, Delineatio historiae juris divini, naturalis et positivi
universalis, 2. Aufl., Halle-Magdeburg 1714, § XXIIX, S. 46: „Notandum hic est,
quod quamvis Claudius Salmasius, Grotium viventem maximis encomiis exornasset,
uti vel ipsius epistolae ad Grotium perscriptae testantur, ille tamen post mortem
Grotii plane aliud judicium de ipso tulerit, institutum Feldeni probaverit & Grotium
e numero eruditorum penitus excluserit..."

[41] Christian Gottlieb *Jöcher*, Allgemeines Gelehrten-Lexicon, Leipzig 1750/51,
Bd. 2, Sp. 547.

[42] Vgl. *Grua*, Textes inédits II, S. 595: „Leibniz connaissait les Elementa impri-
més depuis 1664 (sur Thomasius, 1, 67)."

[43] Doctrina Conditionum, prooemium (Ascar. 306) und zwei Jahre später in der
Nova Methodus, Pars II, § 6 (A VI-1, 295), § 13 (A VI-1, 300), § 71, 72 (A VI-1,
342).

[44] Abgedruckt bei *Grua*, Textes inédits, Paris 1948, Bd. 2, S. 595–600. – Auch
das erstmals bei *Guhrauer* abgedruckte, in deutscher Sprache verfaßte Fragment

Schriften[45] und Briefen[46] als einen berühmten und beachtenswerten
Juristen, einmal sogar neben dem Humanisten Cujas[47]. „Gaudeo etiam
Feldenum tibi amicum esse, cuius viri judicium et demonstrandi peritiam semper magni feci[48]", schrieb Leibniz 1676 an Placcius und an
Pape noch im März 1694: „Feldenus ipse, cuius ego ingenium semper
feci plurimi, cum omnia conatur referre ad politica principia, non
satis meri juris aequitatisque discrimen videtur observasse[49]."

In den „Annotata in Hugonem Grotium"[50] unterzog vom Felde die
Naturrechtslehre des Grotius einer, wenn auch nicht „hämisch-polemi-
schen"[51], so doch scharfen Kritik. Während Grotius den Gesetzesbe-
griff material gedacht und einer „lex" als „regula actuum moralium obligans ad id quod rectum est"[52] nur das richtige (gerechte) Recht zugeordnet hatte, bestimmte vom Felde das Gesetz im formalen Sinn als
„allgemeine Aussage, die ein Tun oder Unterlassen innerhalb eines

---

„Vom Naturrecht" schließt sich unmittelbar, teils sogar wörtlich, an Felde's „Elementa juris universi" an. Leibniz selbst hat diese Beziehung durch Kapitelhinweise
kenntlich gemacht, die bei *Guhrauer* weggelassen worden sind. (Vgl. *Grua* II,
S. 600–603).

[45] 1. Elementa Juris Naturalis (1670), A VI-1, 453.

    2. Definitionum juris specimen (1676, 1678, 1696?), Grua II, 725–727.

    3. Praefatio Elementorum veritatis aeternae (1678), Cout. op. 192.

    4. De religione magnorum virorum (1687–1694), Grua I, 43.

    5. Projet d'une art d'inventer (nach 1686), Cout. op. 179.

    6. Autores consulendi (1688?), Grua II, 548.

[46] 1. Brief an Jacob *Thomasius* vom 20. (30.) April 1669 (A II-1, 16, 29).

    2. Brief an Hermann *Conring* vom 9. (19.) April 1670 (A II-1, 43).

    3. Brief an Jean *Chapelain* von 1670 (A II-1, 54).

    4. Brief an Vincenz *Placcius* vom 10. Mai 1676 (A II-1, 259).

    5. Brief von Henri *Justel* vom 17. Februar 1677 (A I-1, 126; A I-2, 247).

    6. Brief an Johann Heinrich *Pape* vom März 1694 (Grua II, 779).

[47] „Et in jure definitiones Cujacii et Feldeni." (Autores consulendi, 1688?, Grua
II, 548.)

[48] Brief an Vincenz *Placcius* vom 10. Mai 1676 (A II-1, 259). Vgl. auch den Brief
an Gabriel *Wagner* aus dem Jahre 1696 (Erdmann 424): „Felden ist auch bei mir in
keinem geringen Prädicament."

[49] Brief an Johann Heinrich *Pape* vom März 1694 (Grua II, 779).

[50] „Annotata in Hugonem Grotium, De jure Belli et Pacis", Amsterdam 1652;
2. Aufl. 1653. – Dieser Kommentar wurde von Theodor *Graswinkel* heftig angegriffen in seiner Schrift „Stricturae ad censuram Joh. Feldeni in libros Hugonis
Grotii d. j. b. a. p.", Amsterdam 1653, 1654 und Jena 1675, 1678. Felden erwiderte
darauf im Jahre 1663 mit seinen „Responsiones ad Stricturas Graswinkelii". – Alle
drei Schriften waren Leibniz bekannt (vgl. Cout. op. 179).

[51] Ernst *Landsberg*, a.a.O., S. 6.

[52] De Iure Belli, Lib. I, cap. 1, § 9, 1.

Staates vorschreibe und darüber hinaus erzwingbar sei"[53]. Ebenso hielt er die grotianische Naturrechtsdefinition für „dunkel" (obscura): sie schließe nicht aus, daß jemand als dictatum rectae rationis erkennen könne, was ihm gerade seine persönlich gefaßte Meinung rate[54]. Im Zusammenhang mit der Vorstellung von der Unveränderlichkeit des Naturrechts verwarf vom Felde sogar den Gedanken des Grotius, Gott habe ebensowenig die Macht, das ius naturale zu wandeln, wie er bewirken könne, daß zwei mal zwei nicht vier sei[55]. Denn das Gerechte (justum) befinde sich nicht in der „materia necessaria", sondern gehöre zur „materia contingenti"; es bleibe zwar, allgemein gesehen, mit einer gewissen Notwendigkeit beständig (perpetuum), auf den Einzelfall gewendet erfahre das Gerechte jedoch aus den jeweiligen Umständen und zufälligen Ereignissen eine Veränderung[56]. Damit berührte vom Felde bereits den Kernpunkt seiner Kritik an Grotius. Einem Aristoteliker mußte der grotianische Gerechtigkeitsbegriff als zu eng erscheinen. Grotius unterschied zwar im Anschluß an Cicero die Gerechtigkeit nach ihrer Funktion (iustitia expletrix – iustitia attributrix)[57], bezog sie aber so nur auf die Zuteilung und den Ausgleich von „Glücksgütern" (bona externa)[58], mit anderen Worten: Grotius behandelte nur die „iustitia particularis" im aristotelischen Sinn. Daher vermißte vom Felde mit Recht im „Jus Belli" den Gedanken der „iustitia universalis", welche alle Tugenden umfasse, die zur Erhal-

---

[53] Annotata, S. 16: „Unde definitionem legis talem ponimus: Lex est enuntiatio universalis praescribens facienda vel omittenda in aliqua societate cum vi coactiva conjuncta."

[54] Annotata, S. 17: „Haec definitio admodum obscura est: quid enim dictatum rectae rationis sit, obvium non est. Fortasse enim existimare quis posset id dictatum rationis esse, quod cuilibet opinio concepta persuadet. Si autem tale quippiam non est, aliter describi deberet."

[55] De Iure Belli, Lib. I, cap. 1, § 10, 5.

[56] Annotata, S. 18: „Tradit de immutabilitate Juris, eam ita comparatam esse, ut quem ad modum Deus facere non possit, bis duo non esse quattuor, ita nec eundem, id, quod justum est, facere possit, ut justum non sit. Videtur autem hoc cum grano salis esse concipiendum; quia quod de numeris proponit, versatur in materia necessaria: et justum in materia contingenti est, quod universaliter quidem consideratum perpetuo tale manet, et necessitatem habet; et si applicetur singularibus propter circumstantias quandoque ex accidenti mutationem recepit."

[57] De Iure Belli, Lib. I, cap. 1, § 8.

[58] Annotata, S. 67: „... Porro Justum particulare in bonis externis versatur prosperae et adversae fortunae subjacentibus, quae quidem per se bona sunt, sed alicui interdum non bona (Divitiae, Nobilitas, Familia ...)."

tung der menschlichen Gemeinschaft erforderlich seien[59], und nahm zugleich Gelegenheit, eine eigene Gerechtigkeitslehre in Anlehnung an Aristoteles vorzutragen[60].

Was vom Felde in seinen „Annotata" noch in kurzer und knapper Form andeutete, legte er schließlich 1664 in den „Elementa Juris Universi"[61] noch einmal ausführlich dar. Dieses Werk, von der Gegenwart kaum mehr beachtet, gehörte im 17. Jahrhundert nicht nur zu den klarsten und gründlichsten, sondern vor allem auch zu den einflußreichsten Arbeiten des protestantischen Aristotelismus. Insbesondere zeigte sich Leibniz nach einer späteren Lektüre, vermutlich erst in Hannover um das Jahr 1678[62], so tief davon beeindruckt, daß er die Hauptthesen vom Felde's im 1. Kapitel „De Societatibus humanis" nicht nur exzerpierte[63], sondern wortgetreu ins Deutsche übersetzte[64] und mit eigenen Gedanken verband. So entstand jenes bekannte Fragment „Vom Naturrecht", welches Guhrauer im Jahre 1838 erstmals unter „Leibniz's deutschen Schriften" veröffentlicht hatte[65], ohne die zum Teil wörtliche Übereinstimmung mit vom Felde zu bemerken[66].

---

[59] Annotata, S. 63: „Deinde et repetendum ex superioribus est, omne justum vel universale esse, vel particulare. Ad justum universale pertinet omne virtuosum, quod societatem civilem conservat. Unde injustum universale consistit in quovis vitioso, quod societatem civilem infelicem reddit."

[60] Annotata, S. 63–67.

[61] „Elementa Juris Universi et in specie publici Justinianaei", Francofurti & Lipsiae 1664.

[62] Ebenso Gaston *Grua*, Textes inédits, S. 596: „La lecture de 1678 est peut-être destinée à préparer l'Encyclopédie, pour laquelle Felden devait fournir des matériaux à l'Ethique."

[63] Vgl. „Ex Elementis excerpta et subinde immutata", abgedruckt bei *Grua* II, S. 596–600.

[64] Vgl. „Die natürlichen Gesellschaften" (um 1678?), abgedruckt bei *Grua* II, S. 600–603.

[65] G. E. *Guhrauer*, Leibniz's deutsche Schriften, Bd. 1, 1838, S. 414–419.

[66] Elementa, Pars I, cap. 1, § 1: „Nam omnes fatentur Justitiam esse quiddam quod Societates humanas conservat"; Leibniz übersetzt: „Die Gerechtigkeit ist eine Gemeinschafftliche tugend, oder eine tugend, so die Gemeinschafft erhaelt." – Elementa, Pars I, cap. 1, § 2: „Societas humana est unum quiddam compositum ex multis hominibus ad commune quoddam bonum tendentibus"; Leibniz übersetzt: „Die Gemeinschafft ist eine Vereinigung unterschiedener Menschen zu einem gemeinsamen absehen." Elementa, Pars I, cap. 1, § 4: „Naturales societates voco eas, ad quas ineundas a natura trahuntur homines"; Leibniz übersetzt: „Eine Natuerliche Gemeinschaft ist so die Natur haben will." – Elementa, Pars I, membr. 1, art. 1: „Conjugalis societas ea est, quae initur inter marem et foemi-

Ausgehend von dem platonisch-aristotelischen Gedanken, daß die Gerechtigkeit der Erhaltung menschlicher Gemeinschaften diene, untersuchte vom Felde zu Beginn seiner Gerechtigkeitslehre die Natur jener „societates" und ihre verschiedenen Arten [67]. „Societas humana est unum quiddam compositum ex multis hominibus ad commune quoddam bonum tendentibus [68]." Von den kleinsten häuslichen Gemeinschaften (societas conjugalis, herilis, paterna, domestica) gelangte er zur Bürgerschaft (civitas), welche die menschliche Glückseligkeit zum Ziele habe und daher die vollkommenste und natürlichste Gemeinschaft sei [69], und endlich darüber hinaus zu den Reichen (imperia) und der Völkergemeinschaft (societas omnium gentium) [70]. Allen diesen menschlichen Gemeinschaften aber liege ein doppeltes Prinzip zugrunde, das sie in guter Verfassung erhalte: die Gerechtigkeit und die Freundschaft (Justitia et Amicitia) [71].

Im Hinblick auf die bürgerliche Gemeinschaft (societas civilis) [72] bestimmte vom Felde auch den Gerechtigkeitsbegriff zunächst formal durch eine Unterteilung in die „Justitia universalis" und die „Justitia particularis" [73]. Die allgemeine Gerechtigkeit (Justitia universalis) sei die vollkommenste Tugend; sie schließe alles rechtschaffene Handeln

---

nam procreandae subolis gratia"; Leibniz übersetzt: „Die Erste Natuerliche Gesellschaft ist zwischen Mann und Weib, denn die ist noethig das menschliche Geschlecht zu erhalten."

[67] Elementa, Pars I, cap. 1, § 1: „Eum, qui quid Jus quid Justitia cognoscere vult, oportet prius probè in naturam et species societatum humanarum inquirere."

[68] Elementa, Pars I, cap. 1, § 2.

[69] Elementa, Pars I, cap. 1, membr. 2, § 2–4: „Civitas societas est omnis felicitatis humanae obtinendae gratia inita. − Estque proinde civitas omnium societatum humanarum perfectissima. − Civitas maxime omnium naturalis societas est."

[70] Elementa, Pars I, cap. 1, membr. 3–4; bezeichnenderweise nennt Leibniz statt dessen die Kirche Gottes eine natürliche Gemeinschaft: „Die Sechste natuerliche Gemeinschaft ist die Kirche Gottes, welche auch wohl ohne offenbarung unter den Menschen bestehen und durch fromme und heilige haette erhalten und fortgepflanzet werden koennen. Ihr absehen ist eine ewige gluckseeligkeit. Und ist kein Wunder das ich sie eine Natuerliche Gemeinschaft nenne, massen ja auch eine Natuerliche religion und begierde der unsterblichkeit uns eingepflanzet..."

[71] Elementa, Pars I, cap. 2, § 1: „Duo sunt quae faciunt omnem humanam societatem se benè habere & propterea nobis consideranda veniunt, JUSTITIA et AMICITIA. ... Haec autem duo Justitia et amicitia faciunt ut societas omnis una permaneat; quemadmodum injustitia et inimicitia eam dissolvunt."

[72] Elementa, Pars I, cap. 2, membr. 1, § 1: „Justitiae et Juris speculationem petimus ab eo, quod societatem civilem conservat."

[73] Elementa, Pars I, cap. 2, membr. 1.

ein, das innerhalb eines Staates gelobt und belohnt zu werden pflege[74]; die Gerechtigkeit im engeren Sinne (Justitia particularis) hingegen stelle eine besondere Tugend der „gerechten" Zuordnung von Glücksgütern (bona fortunae) dar[75] und bestehe in deren Verteilung (Justitia distributiva)[76] und in deren Ausgleichung (Justitia commutativa)[77]. – Im unmittelbaren Anschluß an diese Lehre von der Gerechtigkeit entwickelte vom Felde seinen Naturrechtsbegriff aus dem aristotelisch-scholastischen Gedanken der „entia justa et injusta naturalia" als „contingentia ut plurimum" heraus[78]: „Consistitque adeo Jus naturae in propositionibus quae dicunt contingentia ut plurimum in rebus justis et injustis[79]." Indem vom Felde das Naturrecht als die „gerechte Natur der Sache", als „Sachgerechtigkeit" verstand, verknüpfte er so den Naturrechtsgedanken mit seiner Gerechtigkeitslehre[80]. – Sowohl auf das Naturrecht (Jus naturale) als auch auf das willkürliche, menschliche Recht (Jus legitimum) bezog vom Felde die Billigkeit (aequitas)[81], die

---

[74] Elementa, Pars I, cap 2, membr. 1, art. 1, § 1–3: „Justitia universalis non immerito hoc nomen habet; quia ex hac velut habitu fluunt omnes virtuosae actiones quibus in civitate quis laudem gloriam et alia praemia sibi parat:... Unde merito Universalis quaedam virtus dicenda velut, universum virtutum numerum comprehendens & in se includens. – Est ergo Justitia universalis virtus ex omnibus virtutibus reliquis moralibus composita, quatenus hisce eduntur operationes legibus praeceptae & ad commune bonum societatis civilis pertinentes. – Justitia universalis est perfectissima virtus."

[75] Elementa, Pars I, cap. 2, membr. 1, art. 2, § 1–2: „Justitia ea quae versatur in bonis fortunae, ut in his servetur aequalitas meritò particularis vocatur. – Dividitur haec in distributivam & commutativam."

[76] Elementa, Pars I, cap. 3, § 1: „Justitiam distributivam adumbrando descripsimus ... quod sit ejusmodi Justitia, qua quod commune est, dividimus inter partes alicujus societatis ita, ne pars ulla conquerendi caussam habeat."

[77] Elementa, Pars I, cap. 4, § 1: „Justitia correctiva (commutativa) tollit querelas, quae oriuntur in Commutationibus partim spontaneis partim invitis. – Correctio tollens querelas fit, si plus habenti detrahitur et detractum minus habenti additur."

[78] Elementa, Pars I, cap. 5, § 6–7: „Justa et injusta naturalia quae contemplamur sunt entia contingentia ut plurimum. – Ex his quid Jus Naturae sit intelligere possumus. Nim. omnes propositiones quae entia justa contingentia ut plurimum dicunt, sunt Juris Naturae."

[79] Elementa, Pars I, cap. 5, § 7.

[80] Elementa, Pars I, cap. 5, § 9: „Redimus ergo ad hoc, ea Juris Naturae esse, quae Justitia universalis et particularis, eaque cum distributiva tum correctiva dictitant, i. e. quae ex principiis praeced. capp. traditis firmis demonstrationibus deducuntur."

[81] Elementa, Pars I, cap. 9, § 10, 5: „Inde discimus aequitatem pariter se habere circa Jus legitimum, ac circa naturale. – Unde patet aequitatem quae

im konkreten Einzelfall als Korrektiv zur Entscheidungsnorm aus dem
natürlichen oder positiven Recht hinzutrete und ihren Rechtsgrund
wandele oder aufhebe[82]. Diese These sollte ihm später den Vorwurf
Leibnizens eintragen, er habe Recht und Billigkeit nicht genügend voneinander getrennt[83].

Gleichsam als materiales Korrelat zur „Justitia universalis", der
Summe aller „Individualtugenden", fügte vom Felde, auch hierin der
aristotelischen Tradition folgend, das Prinzip der „Amicitia" als den
tragenden Grund aller „Sozialtugenden" in seine Gerechtigkeitslehre
ein[84]. Freundschaftliches Verhalten (amicitia) aber werde vom Wohlwollen (benevolentia) her bestimmt[85] und sei um so vollkommener, je
beständiger man sowohl sich als auch den anderen um seiner selbst
willen liebe und zu seinen eigenen und des anderen Gunsten Gutes
tue[86] (honesta amicitia[87]). Da Gott in seiner Weisheit und Güte das
liebenswerteste Wesen (ens carissimum) sei, bilde die Freundschaft zwischen Gott und den Menschen das soziale Grundverhältnis[88]. Aus diesem aristotelisch-augustinischen Gedanken heraus entwickelte vom Fel-

---

Jus naturale corrigit esse quoddam naturaliter Justum, cuius principium & caussa
per se est accidens destruens caussam alterius Justi."

[82] Elementa, Pars I, cap. 9, § 5: „Principium ergo aequitatis est accidens quoddam immutans et destruens caussam alicujus justi vel injusti in subjecto, cui illa
caussa inhaeret; consistit tamen in affectione quadam, cujus caussa per se illud
accidens est à quo principium petit."

[83] „Feldenus ipse ... non satis meri juris aequitatisque discrimen videtur observasse." (Brief an *Pape* vom März 1964 [Grua II, 779]).

[84] Elementa, Pars III (De Amicitia), cap. 1, § 6–7: „Videtur verò Amicitia consistere in actionibus ejusmodi, quibus homines per se alteri per accidens sibi;
Justitia verò in iis, quibus per se sibi per accidens alteri operantur: Ut adeò ex
usu virtutum erga alterum differentiam Amicitiae & Justitiae petere liceat. –
Amicitia bonum majus magisque civitatem conservans quàm justitia videtur esse.
Id primo approbant LLatores dialectico argumento: quando dicunt, licet justitia
exerceatur in civitatibus; desideratum tamen iri amicitiam; at ubi colitur amicitia, non multum desiderari justitiam."

[85] Elementa, Pars III, cap. 2, § 9–10: „Benevolentia, quae principium amicitiae est, consistit in appetitu praeparato à judicio intellectus, quem voluntatem
vocamus. – Ex hisce colligimus definitionem Amicitiae humanae, quod sit habitus
proaereticus seu in consilio positus tribuendi et retribuendi quod benevolentia
propter amabile tribuendum et retribuendum esse jubet."

[86] Elementa, Pars III, cap. 3 „De requisitis nonnullis perfectae amicitiae",
§ 2–5.

[87] Elementa, Pars III, cap. 4 „De honesta amicitia", § 1: „Honesta amicitia
perfecta quaedam & constans amicitia est."

[88] Elementa, Pars III, cap. 2 „De amicitia inter Deum et homines, quatenus de
eadem ex lumine naturae disseri potest".

de seine Gottesrechtslehre. Der Mensch sei auf Gott hin geordnet: „Homo Dei est, quicquid est" [89]; deshalb bestehe seine Pflicht darin, alle Handlungen auf Gott hin auszurichten, für ihn zu leben und ihn über alles zu verehren [90]. Zugleich betonte vom Felde jedoch unter dem Einfluß der lutherischen Rechtslehre, daß die Erfüllung der „vollkommensten und göttlichsten Tugend", der „Justitia et Sanctitas veritatis" [91], welche in der höchsten Liebe Gottes gründe [92], dem Menschen nur im Unschuldsstande (in statu integritatis) möglich sei [93]. Nachdem Gott aber „summa caritate" durch Christus die „amicitia" erneuert habe [94], seien die Menschen wieder zur Nachfolge (imitatio) aufgerufen, welche in der Frömmigkeit (sanctimonia), der Demut (humilitas), der Geduld (patientia) und vor allem in der Nächstenliebe (dilectio erga proximum) sichtbar werde [95]. So entfaltete vom Felde eine selbständige, vom status integritatis weitgehend unabhängige Pflichtenlehre innerhalb des Christenstandes [96], zu deren leitendem Prinzip er den „Geist der Liebe" im Herzen der Menschen bestimmte: „Christianorum vita

---

[89] Elementa, Pars III, cap. 2, membr. 2 „De Homine ad Deum ordinato", § 4.

[90] Elementa, Pars III, cap. 2, membr. 2, § 6: „Hominis est omnes operationes suas dirigere ad Deum, huic esse, huic vivere, eumque super omnia colere."

[91] Elementa, Pars III, cap. 2, membr. 3, art. 1: „... Quae omnium perfectissima et divinissima virtus Paulo Ephes. 4, v. 24. vocatur δικαιοσύνη καὶ ὁσιότης τῆς ἀληθείας, Justitia et Sanctitas veritatis."

[92] Ebenda: „Haec Justitia et Sanctitas veritatis consistit in summa Dei dilectione, quam homo declaravit contemplando singulas res, quatenus similitudinem quandam Dei repraesentarunt & potissimum seipsum intuendo & in se imaginem creatoris deprehendo. Quid enim magis amorem et dilectionem gignere potest, quam imaginem alterius in se conspicere? Ob hanc sanè homo & Deum & seipsum quammaximè amavit; & per consequens etiam proximum ut seipsum. Nam si se amavit ob imaginem Dei."

[93] Elementa, Pars III, cap. 2, membr. 3, art. 1 „De amicitia inter Deum et hominem, qualis fuit cum hic in statu integritatis esset".

[94] Elementa, Pars III, cap. 2, membr. 3, art. 2 „De amicitia inter Deum et homines, qualis nunc et post statum instaurationis per Christum": „... Hic Deus misericordissimus ex summa caritate misit filium, qui est ὁ λόγος & imago substantialis ipsius, in hunc mundum, ut assumeret carnem, & sese traderet cruciantibus & morti pro toto humano genere reconciliando. Qui etiam pro summa sua & ineffabile caritate, qua nos prosecutus est, semetipsum hostiam pro nobis tradidit."

[95] Ebenda: „... 4. In dilectione erga proximum. Ita enim praecipit ipse Christus, Joh. 13, v. 34—35, quando ait: „Praeceptum novum do vobis, ut diligatis vos mutuo: sicut dilexi vos, ut & vos diligatis mutuo. In hoc cognoscent omnes, quod discipuli mei sitis, si caritatem habueritis inter vos mutuam."

[96] Elementa, Pars III, 3, cap. 2, membr. 2 „De amicitia perfecta quam qui veri Christiani sunt in hac vita colere debent".

est in Christo Jesu vivere & operari, & hunc habere in corde suo operantem per Spiritum caritatis[97]." Deshalb werde unter den Menschen die Freundschaft (amicitia) die vollkommenste sein, welche aus wechselseitiger Nächstenliebe (mutua caritas) entstehe[98]; die Liebe zu Gott (dilectio Dei) aber gründe im Glauben (fides)[99] und bewirke, daß die Menschen die Gebote Gottes (praecepta Dei) zu halten sich bemühen[100], um des ewigen Lebens teilhaftig zu werden[101].

Bei der Gottesrechtsphilosophie vom Feldes wird die Verbindung aristotelisch-scholastischer Prinzipien mit der lutherischen Zwei-Reiche-Lehre einerseits und dem reformierten Bundesgedanken andererseits besonders deutlich; sie ist beispielhaft für die Rechtslehre des protestantischen Aristotelismus im 17. Jahrhundert und erinnert in ihren Grundzügen stark an die „Philosophia practica" des Jacob Thomasius, jenes ersten philosophischen Lehrers von Leibniz[102]. So kann eine bis in einzelne Formulierungen hinein nachweisbare Abhängigkeit der Leibnizschen Rechtsphilosophie vom protestantischen Aristotelismus kaum mehr überraschen.

B. *Johann Heinrich Boecler (1611–1672)*

Die vorwiegend kritische Stellungnahme Johann vom Feldes zum „Ius Belli ac Paris" hatte das Mißtrauen und die Abneigung vieler

---

[97] Elementa, Pars III, 3, cap. 2, membr. 2, art. 1, § 1.

[98] Elementa, Pars III, 3, cap. 2, membr. 2, art. 3, § 1–2: „Omnium perfectissima amicitia est, quae exercetur inter Christianos per Caritatem, quam habent in Christo Jesu. – Omnis ergo sapientia mundana est vana & inanis. ... Nam Christum ignorare est nihil scire. Erramus enim in toto si verum principium ignoramus. O utinam haec esset nostra in rebus divinis speculatio! cessarent omnes inanes controversiae, nil nisi odium & iram gignentes; quibus ita dant operam homines & quasi in theologicis nihil detur aliud cognoscendum: contra id in quo consistit vita Christiani, caritatem scil. erga Deum & proximum negligunt."

[99] Elementa, Pars III, 4, cap. 1: „Principium amicitiae cum Deo est vera fides."

[100] Elementa, Pars III, 4 cap. 1, membr. 2: „Fides in Christianis operatur firmissimam erga Deum dilectionem. – Haec summa dilectio facit. 1. ut praecepta Dei servare studeames."

[101] Elementa, Pars III, 4, cap. 1, membr. 3 „De fructu amicitiae quae est ex fide cum Deo", § 1: „Quamvis si omnia fecerimus, fateri cogamur, nos servos inutiles esse: Deus tamen ex summa gratia, ut amicus quidam noster & qui nos tamquam opus suum summè diligit, cuique accepti redditi sumus per fidem in Christum, nobis credentibus vitam aeternam pollicitus est."

[102] Vgl. die eigenhändigen Eintragungen in Leibniz' Handexemplar der „Philosophia practica" von Jacob Thomasius, abgedruckt als „Notae ad Jacobum Thomasium" in der *Akademie-Ausgabe* VI-1, S. 42–67.

juristischer Fakultäten gegen die Naturrechtslehre des Grotius eher gefördert, als Vorurteile zu beseitigen vermocht. Nur wenige Juristen,
darunter der bedeutende Jenaer Zivilrechtsgelehrte Georg Adam
Struve[103], zeigten sich schon zu Beginn des siebten Jahrzehnts bereit,
die Gedanken des Grotius auch in den Rechtsunterricht einzuführen.
Eine erste Anerkennung fand Grotius daher nicht innerhalb der Rechtswissenschaft, sondern auf Grund seiner historischen Schriften bei dem
Straßburger Geschichts- und Staatswissenschaftler Johann Heinrich
Boecler[104]. Als Boeclers Vorlesungen über Grotius jedoch bald auch
einige Studenten der Rechte anzuziehen begannen, glaubte die allem
wissenschaftlichen Fortschritt abgeneigte Straßburger Juristenfakultät,
der Verbreitung grotianischer Naturrechtslehren in der Rechtswissenschaft Einhalt gebieten zu müssen. Unter der Führung von Otto Tabor,
jenem scharfsinnigen Kritiker der Rezeptionstheorie Hermann Conrings, entstand ein Pamphlet, in welchem die akademische Jugend eindringlich vor Grotius gewarnt und vom praktischen Nutzen allein des
römischen Rechts überzeugt werden sollte. Boecler fühlte sich persönlich angegriffen und rechtfertigte sich mit einer Schrift „Censura pro-
grammatis"; im übrigen führte er seine Vorlesungen über das „Ius Belli
ac Pacis" unbeirrt weiter und nahm damit an der Durchsetzung und
Fortbildung der Naturrechtslehre des Grotius vor allem auch innerhalb der Jurisprudenz einen entscheidenden Anteil[105].

Johann Heinrich Boecler wurde im Jahre 1611 zu Cronheim in Franken
geboren. Nach dem Studium an der Universität Straßburg übte er daselbst
mehrere Jahre das Amt eines Gymnasiallehrers aus und erhielt schließlich im
Jahre 1648 die Stelle eines Professors Eloquentiae übertragen. Auf eigenen
Wunsch ließ Boecler sich jedoch bald wieder demissionieren und wurde an
der Universität Straßburg zum Professor Historiarum und später zum kai-

---

[103] Georg Adam *Struve* (1619–1692) versuchte als erster mit seiner im Jahre
1660 erschienenen Schrift „Grotius enucleatus" ein kurzgefaßtes Kompendium des
„Ius Belli ac Pacis" für den Unterrichtsgebrauch herzustellen. (Vgl. dazu *Stintzing-
Landsberg*, Geschichte der deutschen Rechtswissenschaft, 2. Abt., München-Leipzig
1884, S. 146–164).

[104] Vgl. zu *Boecler*: Ernst *Landsberg*, a.a.O., S. 6–8: „Johann Heinrich Boecler,
bekannt als fein- und scharfsinniger Vertreter der Alterthums- und Geschichts-
wissenschaften zu Straßburg, schloß auch die Staatskunde in den Kreis seiner
Gelehrsamkeit ein, sowohl in ihren politischen, wie in ihren juristischen Beziehungen."

[105] Zur Auseinandersetzung Boeclers mit der juristischen Fakultät der Universität Straßburg vgl. ebenfalls Ernst *Landsberg*, a.a.O., S. 7.

serlichen und kurmainzischen Rat und zum schwedischen Hofhistoriographen ernannt. Er soll „am übermäßigen Genuß des Rauchtabaks" im Jahre 1672 [106] gestorben sein.

Vermutlich hat Leibniz während seines Aufenthalts in Mainz Boecler sogar noch persönlich kennengelernt, wobei der Freiherr von Boineburg, der mit Boecler eng befreundet war [107], seinen soeben entdeckten, begabten jungen Rechtsgelehrten dem alternden Straßburger Polyhistor vorgestellt haben mag. Im Jahre 1669 übersandte Leibniz auf Boineburgs Vermittlung hin seine Schrift zur polnischen Königswahl an Boecler [108], der sich vor allem von der Methode dieser Arbeit sehr beeindruckt zeigte. Später teilte ihm Leibniz auch seine Gedanken über die „jurisprudentia naturalis" und einige Vorschläge zur Verbesserung der juristischen Hermeneutik mit [109], welche Boecler ebenfalls sehr wohlwollend aufnahm. Diese Zustimmung des bedeutenden Historikers und Staatsrechtlers zu seinen Reformplänen hatte Leibniz damals in seiner Überzeugung von der Realisierbarkeit des Reconcinnationsgedankens nachhaltig bestärkt und zugleich so beeindruckt, daß er sich noch in den Briefen an Pape aus den Jahren 1691 und 1694 gern an jenes außergewöhnliche Lob Boeclers erinnerte [110].

Mit seiner „Commentatio in Hugonis Grotii Jus Belli ac Pacis" [111], deren erste Teile in den Jahren 1663 bis 1664 aus verschiedenen Vor-

---

[106] Zur Biographie Boeclers: Christian Gottlieb *Jöcher*, Allgemeines Gelehrten-Lexikon, Leipzig 1750–51, Bd. 1, Sp. 1165–1167.

[107] Boecler stand lange Zeit auch mit Hermann *Conring* in regem Briefwechsel, der zum Teil in den „Hermanni Conringii Operum tom. I-VI, curante I. W. Goebelio, Brunswigae 1730" abgedruckt ist. Boineburg wird als Schüler Conrings vermutlich schon in Helmstedt von Boecler gehört und später den Briefwechsel zwischen Boecler und Conring gefördert haben. Zudem war Boineburg auch maßgeblich an der Ernennung Boeclers zum kurmainzischen Hofrat beteiligt.

[108] Vgl. oben S. 63, Fußnote 161.

[109] Brief an Johann Heinrich *Boecler* vom 12. (22.) Oktober 1670 (A I-1, 254).

[110] „Sic periit mihi libellus quidam politicus sub nomine Georgii Ulicovii Lithuani de negotio electionis polonicae, olim rogatu ill[mi] Boineburgii scriptus, cujus tentaminis celeberrimus Boeclerus in suo quondam opere non sine elegio meminerat." (Brief an *Pape* vom 3. Januar 1691 [Grua II, 769–770]). – „Boeclerus in libello quodam in publicum edito ita commendavit scriptum ut sine exemplo esse dicat. Et mihi ipse significavit olim definitiones sibi imprimis placuisse, quae quales fuerint nec ego satis memini." (Brief an *Pape* vom 9. August 1694 [Grua II, 781]).

[111] „In Hugonis Grotii Jus Belli ac Pacis, ad Illustrissimum Baronem Boineburgium Commentatio, Joh. Henrici Boecleri"; zitiert wird nach der Ausgabe: Giessae Hassorum 1687. – Wie aus der Dedicatio vom 5. April 1663 hervorgeht,

lesungen entstanden waren, versuchte Johann Heinrich Boecler, die Naturrechtslehre des Grotius schematisch zu erfassen und systematisch zu durchdringen, um sie damit auch für die Rechtswissenschaft fruchtbar zu machen. Allerdings stellte Boecler dabei in streng reformatorischer Rechtsgesinnung jenen von Grotius nur am Rande vermerkten Gedanken in den Mittelpunkt, daß nämlich auch das jus naturale, obwohl es aus dem Wesen des Menschen, aus seinen „inneren Prinzipien" – gemeint ist wohl vor allem der „appetitus societatis" – hervorgehe, dennoch mit Recht Gott zugeschrieben werden könne, weil eben jenes Wesen des Menschen ein unmittelbarer Ausdruck göttlichen Willens sei[112]. Mit dieser Verlagerung des Akzents von der „natura socialis" des Menschen auf Gott als den Schöpfer der Sozialnatur war der Weg zu einer gottesrechtlichen Begründung der grotianischen Naturrechtslehre innerhalb der christlich-reformatorischen Rechtstradition freigelegt. Es zeigte sich also, daß das grotianische Sozialitätsprinzip keineswegs notwendig zu einer Säkularisierung des Naturrechtsgedankens führen mußte. Im Gegenteil, solange man das Sozialitätsprinzip in der umfassendsten und vollkommensten Gemeinschaft zwischen Gott und den Menschen verankerte, ließ es sich leicht in eine christliche Naturrechtslehre einfügen und stützte die gottesrechtliche Grundlegung des Naturrechts eher, als daß es sie gefährdete.

In diesem Sinne stimmte auch Boecler darin Grotius zu, daß er im „appetitus societatis" den Ursprung und die Quelle des natürlichen Rechts erblickte[113]. Alles nehme aber seinen Ausgang von der Regierung Gottes (regimen Dei) und sei auf sie hin gerichtet. Wie die Natur

---

hat Boecler den ersten Teil des Werkes bereits noch im selben Jahre fertiggestellt; bis 1664 schritt Boecler mit der Kommentierung des „Jus Belli" nur zum Lib. II, cap. 7, voran, so daß das Werk unvollendet blieb.

[112] De Iure Belli, Prolegomena 12: „Et haec alia iuris origo est praeter illam naturalem, veniens scilicet ex libera Dei voluntate, cui nos subiici debere intellectus ipse noster nobis irrefragibiliter dictat. Sed et illud ipsum de quo egimus naturale ius, sive illud sociale, sive quod laxius ita dicitur, quamquam ex principiis hominis internis profluit, Deo tamen asscribi merito potest, quia ut talia principia in nobis existerent ipse voluit."

[113] Commentatio (In Prolegomena), S. 57: „Hanc ergo societatis custodiam sive appetitum societatis ordinatae instructaeque naturalem, recte et merito Grotius juris naturalis originem, fontem, principium fecit, seu mavis, hoc juri naturali fundamentum substravit. Nam sicut ad talem societatem Deus homines condidit, natura instruxit, ratio deduxit, oratio copulavit ita, si fingeretur status hominum extra societatem, ille nec humanus esset nec naturalis, et sic omnis coaguli, ut omnis juris expers."

die staatliche Gemeinschaft eines Volkes oder Reiches, geordnet durch
die „lex civilis", zur Entstehung bringe, so gründe sie auch eine Gemeinschaft des ganzen menschlichen Geschlechtes, welche von der „lex
naturae" als dem Gesetz Gottes (lex Dei) beherrscht werde[114]. Denn
Gott selbst teile sich durch die Natur mit; er befehle und verbiete, jedoch nicht nur über das „dictamen rationis", sondern – wie Boecler
hinzuzufügen sich beeilt – auch in den Tafeln des Dekalogs und mit
den Weisungen der Heiligen Schrift[115]. Gerade dieser letzte Zusatz
Boeclers brachte gegenüber Grotius eine bedeutsame Erweiterung und
Vertiefung des Naturrechtsgedankens: der Dekalog und die biblischen
Weisungen werden nicht mehr nur zum Bereich des jus divinum positivum, sondern zum jus naturae gerechnet und folglich mit einer Verbindlichkeit für alle Menschen, insbesondere auch für Nichtchristen
ausgerüstet[116]; mit diesem Zusatz knüpfte Boecler aber zugleich auch
wieder an die reformatorische Rechtslehre an, in der von Melanchthon
bis zu Reinking „Gesetz" und „Evangelium" als geoffenbartes göttliches Recht den Inbegriff der „Lex naturae" bildeten.

So erhob Boecler ganz im Sinne Melanchthons die Zehn Gebote zum
Hauptbestandteil des natürlichen Rechts (caput juris naturalis)[117].
„Jus Naturae enim egregie est in Decalogo expressum[118]." Darüber

---

[114] Commentatio (In Prolegomena), S. 50: „Unde inter multas societates deve-
nitur ad civitatem humani generis et ad Dei regimen, e quo omnia proficiscuntur,
et ad quod omnia tendunt. Sicut enim civitatem unius populi aut imperii demonstrat, commendat ac paene constituit natura; regit autem lex civilis sive imperium humanum: ita civitatem humani generis demonstrat, commendat, constituit
regitque lex naturae, quae est lex Dei, ut saepe dictum est."

[115] Commentatio (In Prolegomena), S. 61: „Quia enim, ut recte Grotius pergit,
in origine juris naturalis explicanda, Deus est, qui per naturam loquitur, praecipit,
jubet vetatque; nec rationis tantum dictatu, sed tabulis insuper Decalogi et inter-
pretationibus passim in Scriptura Sacra propositis, in hoc negotio utitur: obligari
Deo homines per jura naturae, atque hinc effici, ut naturam juris et legis illa
habeant, manifestum est."

[116] Commentatio (In Lib. I, cap. 1, § X, XI, XIII), S. 153: „Bene autem
obligationem juris naturalis ab imperio Dei naturae auctoris in ipsa descriptione
arcessit Grotius. Non enim satis philosophice satisque cordate loquuntur, qui jus
naturae cum ipso genere humano proditum ita describunt, quasi nihil sit aliud,
quam quiddam naturalis instinctus."

[117] Commentatio, praef., S. 9: „... praeceptum est Decalogi, id est caput juris
naturalis."

[118] Commentatio, praef., S. 4; vgl. Commentatio (In Lib. I, cap. 1, § X, XI,
XIII), S. 156–157: „... id enim tutius esse visum est, quam definire ipsum jus
naturale. Quamquam dubito, an se politis auribus approbaturum sit illud genus

hinaus sah Boecler im Anschluß an Hugo de Roy [119] auch in der Liebe eine Quelle des natürlichen Rechts: „. . . unusque idem fons omnis juris naturalis, stilo S. Scripturae signatur, Amor, amor, inquam, Dei et proximi [120]." Diese Gedanken legten Boecler eine rechtstheologische Begründung des Naturrechts in der „christlichen Ordnung" (jus naturae secundum disciplinam christianorum) nahe; er hat sie jedoch mit einem Hinweis auf die Verwendung dieser Formel bei Grotius [121] nur angeregt [122], selbst aber nicht mehr ausgeführt. Gleichwohl zeigen einige Bemerkungen in der „Commentatio" deutlich, welchen Wert Boecler der „disciplina Sacrarum Literarum" für das Naturrecht beigemessen hat [123]. Vor allem lobte er die Entschiedenheit, mit der Grotius die „disciplina Christi" ein „Gesetz" genannt habe, ohne die Trennung

---

loquendi; praecepta Decalogi, sive conclusiones ex universalibus Principiis practicis deductas certis et necessariis consequentiis; esse propositiones quae dicunt contingentia ut plurimum in rebus justis et injustis. (Vgl. dazu *vom Felde,* oben S. 128 [Fußnote 56]!) Illae enim conclusiones quae constituunt Decalogum, una cum principiis, de quibus dictum est, lege naturae comprehenduntur."

[119] Hugo *de Roy,* ein holländischer Rechtsgelehrter, hatte mit seiner Schrift „De eo quod justum est, et circa Philosophiae, Theologiae et Jurisprudentiae syncretismo libri tres, Ultrajecti 1645", im Gegensatz zu Grotius und zum protestantischen Aristotelismus die stoisch-ulpianische Naturrechtstradition weitergeführt. Auch Leibniz zitierte Hugo de Roy in seinem „Specimen quaestionum philosophicarum, quaest. VIII" (Ascar. 248–249) als einen „doctissimus vir."

[120] Commentatio, praef., S. 8.

[121] De Iure Belli, Lib. II, cap. 15, § X, 3: „Convictus etiam familiaris cum hominibus qui alieni sunt a religione non prohibetur: ac ne cum illis quidem quorum peior causa est, et qui a disciplinae Christianae regula deficiunt, omne interdicitur commercium, sed familiare extra necessitatem, non etiam quod emendandis ipsis spem praebet." (Vgl. auch Prolegomena 29 und 42).

[122] Commentatio, praef., S. 20: „Igitur pro Grotio optime dixerit, arbitror, qui Scriptura Sacra eum in hoc opere de Jure Belli ac Pacis, non ut principio, quod vocant, uti; neque ut Seldenus de jure naturae et gentium juxta disciplinam Ebraeorum egit; ita Grotium de eodem, juxta disciplinam Christianorum voluisse commentari, crediderit."

[123] Commentatio (In Prolegomena), S. 43–44: „Simul demonstratur origo juris naturalis ex conditione humanae naturae, a ceteris animantibus plurimum differentis, tum ob societatis ad humanum intellectum compositae excellens studium, tum ob judicium et dictamen rectae rationis facienda et omittenda designantis: quo accedit reverentia insita, et sensus divini Numinis, non otiose quid secundum aut contra jus naturale, tam societatis custodiae, quam regendis actionibus destinatum fiat, aspectantis; et iterata juris naturae promulgatio, cum disciplina Sacrarum Literarum." – Commentatio (In Lib. I, cap. 1, § X, XI, XIII), S. 164: „Christiani sane, qui et sciunt, quibus praeceptis jus naturae seorsum etiam perscriptum atque in Scripturis passim Divinis illustratum sit."

von „Gesetz" und „Evangelium" aufzugeben[124]. Diese Ansätze Boeclers hätten in der Verbindung des Naturrechtsgedankens mit der „disciplina christiana" unmittelbar zu einer ebenso umfassenden und einflußreichen Fortbildung der grotianischen Naturrechtslehre führen können, wie sie Pufendorf mit seinem auf dem Prinzip der „socialitas" aufgebauten Naturrechtssystemen ins Werk gesetzt hat. Rückblickend erscheint jene Entwicklung sogar beinahe folgerichtiger und näherliegend, denn man hätte sich dabei zugleich auch auf die reformatorische Naturrechtstradition stützen können. Dennoch blieb der „Commentatio" Boeclers zunächst ein Einfluß fast völlig versagt. Erst bei Samuel Rachel taucht scheinbar unvermittelt der Gedanke des „jus naturae secundum disciplinam Christianorum" wieder auf[125]. Rachel bezieht sich jedoch auf einen Brief des Freiherrn von Boineburg, in welchem dieser den Wunsch geäußert habe, es möge sich jemand finden, der das Naturrecht nach der christlichen Lehre beschreiben könne. Boineburg aber hatte mit Sicherheit die ihm gewidmete „Commentatio" seines Freundes Boecler gelesen und sich vermutlich nach vielen persönlichen Gesprächen auch dessen Ideen zu eigen gemacht[126]. So weist nur ein dünner Faden mündlicher oder brieflicher Überlieferung von Boecler zu Johann Joachim Zentgrav[127] und über Boineburg zu Samuel Rachel und zu Johann Ludwig Prasch[128], bis schließlich Leibniz diesen Faden in der Vorrede zum „Codex Juris Gentium diplomaticus" wie-

---

[124] Commentatio (In Lib. I, cap. 1, § XV), S. 173: „In Therapeuticis quidem, ubi de legibus agit (Grotius), quotiens totam Evangelii doctrinam, Christique disciplinam, legem vocat? Quis tamen inde Evangelium cum lege confundendum dicat? Omnium autem charissima est illa disputatio adversus Marcionem, qui Deum legislatorem in V. T. justum; Christum autem in N. T. inhibentem, quod lex V. T. permisisse videbatur, bonum tantum existimabat."
[125] Samuel *Rachel*, De Jure Naturae et Gentium dissertationes, Kiel 1676, § CI, S. 99 (vgl. dazu unten S. 220).
[126] Vgl. unten Seite 220–221.
[127] Der Straßburger Moralphilosoph und Theologe Johann Joachim *Zentgrav* (vgl. dazu unten S. 274–286), ein Schüler Boeclers (so auch *Sauter*, a.a.O., S. 14), veröffentlichte im Jahre 1678 eine Abhandlung mit dem Titel „De origine, veritate et immutabili rectitudine juris naturalis secundum disciplinam Christianorum ad gentilium tamen captum instituta disquisitio". (*Ludovici*, a.a.O., S. 102; *Thomasius*, a.a.O., S. 110–111).
[128] Der Regensburger Konsistorialpraeses Johann Ludwig *Prasch* (vgl. dazu unten S. 292–308), ein Schüler Rachels, gab im Jahre 1688 eine Schrift unter dem Titel „Designatio Juris naturalis ex disciplina Christianorum" heraus. (*Thomasius*, a.a.O., S. 128).

deraufnahm und den Gedanken eines „christlichen Naturrechts" seiner Lehre von der „Justitia universalis" zugrunde legte.

Eine zweite, im Jahre 1674 posthum veröffentlichte Schrift Boeclers, die „Institutiones politicae", wiederholte im wesentlichen die Thesen des Grotius-Kommentars [129]. Jedoch erscheint gerade im Hinblick auf Leibniz eine Feststellung noch besonders bemerkenswert: Boecler bezeichnete als Inbegriff der „Justitia" im christlichen Sinne die „Pietas". Während die Heiden (gemeint ist offenbar Aristoteles) alle Tugenden weitgehend aus der allgemeinen „Gerechtigkeit" ableiteten, umfasse bei den Christen das Wort „Frömmigkeit" jedes Verdienst rechtschaffenen Handelns [130]. Im übrigen scheint jedoch die Gerechtigkeitslehre Boeclers mit der Unterscheidung der „justitia generalis" von der „justitia specialis", wie sie sich vor allem in dem angebundenen „Libellus memorialis ethicus" findet [131], stark vom protestantischen Aristotelismus abhängig zu sein; sie weist im Vergleich zu vom Felde keine nennenswerten Besonderheiten auf.

In auffälligem Gegensatz zur späteren Bedeutung des Gedankens vom „jus naturae secundum disciplinam Christianorum" für die Lehre vom christlichen Naturrecht bei Leibniz steht die äußerst geringe unmittelbare Wirkung Boeclers auf die zeitgenössische Jurisprudenz. Allein damit, daß Boecler als Historiker von einigen Rechtsgelehrten nicht ernst genommen wurde, läßt sich vielleicht dieser mangelnde Einfluß noch erklären, nicht aber mehr die Abneigung, ja Feindseligkeit, mit der man seinem Grotius-Kommentar anfänglich entgegentrat. Der Vorwurf der Dunkelheit, den Christian Thomasius dieser Schrift machte [132], wurde bei weitem noch übertroffen durch die heftigen Angriffe Conrad Samuel Schurzfleischs, der zunächst im Jahre 1669 unter dem

---

[129] „Institutiones politicae. Accesserunt Dissertationes politicae et selecta veterum historicorum loca et Libellus Memorialis Ethicus", Argentorati (Straßburg) 1674.

[130] Institutiones politicae, S. 138–139: „Ex quibus apparet, ... finem Legislatori esse propositum debere, civitatis felicitatem. ... In illa porro civitatis felicitate ratiocinanda, primum semper honestatis locum debere, id quoque non obscurum est. Studebit ergo Legumlator, ut cives bonos reddet ac justos. Justitiae autem vocabulo, pagani saepe omnes virtutes comprehendunt: sicut apud Christianos Pietatis vocabulo, omnis homini moris probaque actionis laudes concluduntur. .... Religio enim et pietas apud paganos justitiae pars est."

[131] Libellus memorialis ethicus, S. 536–543: „De Justitia", im wesentlichen S. 536–537.

[132] In den „Monatsgesprächen" vom November 1688, S. 599 f.

Pseudonym „Sarcmasius" mit seinen „Judicia de novissimis prudentiae civilis scriptoribus" dem Kommentar Boeclers unter anderem „viel Beredsamkeit und wenig Weisheit" nachgesagt[133] und auf eine Antwort Boeclers hin später seine Kritik unter dem Namen Xaverinus Paranus in den „Vindiciae pro Sarcmasio" verteidigt hatte. Diese unsachliche Polemik Schurzfleischs hatte aber dem Ansehen Boeclers so geschadet, daß selbst Leibniz eine Anfrage bei Jacob Thomasius nach dem Urteil der Leipziger Fakultät über Schurzfleisch für nötig hielt[134]. Thomasius antwortete daraufhin, er kenne niemanden, der den mit schändlicher Streitsucht verbundenen Wahnsinn dieses Menschen billige[135]. Auch Conring hieß Schurzfleisch in einem Brief an Boecler schlicht einen „nebulo"[136]. Dennoch haben später Ludovici[137] und Christian Thomasius[138] noch einmal ausführlich auf Schurzfleischs Kritik an Boecler hingewiesen, wohl in der Absicht, seine Lehren von vornherein in ihrer Bedeutung für die Entwicklung des christlichen Naturrechtsgedankens herabzusetzen.

C. Caspar Ziegler (1621–1690)

Neben und in Verbindung mit der Schulphilosophie des protestantischen Aristotelismus war um die Mitte des 17. Jahrhunderts aus der reformatorischen Moraltheologie vor allem an den sächsischen Universitäten Leipzig, Wittenberg und Halle die lutherische Orthodoxie her-

---

[133] Vgl. dazu Chr. *Thomasius, Paulo plenior Historia Juris Naturalis,* Halae 1719, S. 73.

[134] „Schurzfleischius ille, qui apud vos est, mirum quantam in Parnasso seditionem excitaverit. Pervellem scire, quid magni viri apud vos de hoc specimine sentiant, a quibus ille provehi sperat. Boeclerus illi ab aula minitatur." (Brief an Jacob *Thomasius* vom 20. [30.] April 1669 [Gerhardt I, S. 27].)

[135] „De Sarcmasio quid alii sentiant, ipsi viderint. Apud nos quidem neminem scio, cui se insania hominis cum flagitiosa rabie conjuncta probet." (Brief an *Leibniz* vom 6. Mai 1669 [Gerhardt I, S. 28].)

[136] Brief an *Boecler* vom 21. Juli 1669 (Hermanni Conringii Opera VI).

[137] *Ludovici,* a.a.O., S. 47–48; Ludovici fügt jedoch hinzu: „... hodie tamen a plerisque, qui praejudicio autoritatis vacant, ut veritati maximopere conveniens adprobatur."

[138] Chr. *Thomasius,* a.a.O., S. 73; auch Thomasius scheint mit der Kritik Schurzfleischs nicht so ganz einverstanden zu sein, rechtfertigt sie jedoch damit, daß Boecler sich jenem gegenüber zu scharf verteidigt habe: „... neque tamen propterea Boeclerus censuram adeo acrem meruisset, nisi eam illaudabili iracundia, & plus quam pedantico ardore vindictae in Schurzfleischium, quasi libertate sua crimen laesae Majestatis scholasticae commiserit, provocasset."

vorgegangen[139], die dort, wo sie über die Naturrechtslehre auch die Rechtsphilosophie beeinflußte, mit der Ausformung des Integritätsprinzips sogar in einen gewissen Gegensatz zum Aristotelismus trat[140]. Während unter den Grotius-Kommentatoren im wesentlichen Johann vom Felde, aber auch Boecler im aristotelisch-melanchthonschen Sinn den Gedanken der „societas cum Deo" verfochten hatten und damit trotz aller Kritik vom Feldes grundsätzlich noch auf dem Boden des grotianischen Sozialitätsprinzips standen, näherte sich der lutherischen Orthodoxie bereits ein ebenfalls sehr einflußreicher und allgemein anerkannter Jurist, der Wittenberger Kirchenrechtslehrer Caspar *Ziegler*. Von der Theologie, Altertumswissenschaft und Geschichte war Ziegler erst spät zur Jurisprudenz gelangt, vereinigte aber auf Grund eben dieser umfassenden Bildung in sich alle Vorzüge eines weitblickenden Geistes[141]. Seine besondere Aufmerksamkeit widmete er dem von der protestantischen Kirchenrechtswissenschaft weitgehend unverändert rezipierten kanonischen Recht[142] und versuchte als einer der ersten Vorkämpfer für ein bekenntnisgebundenes Kirchenrecht, das „jus ecclesiasticum" von allem päpstlichen Recht zu reinigen, soweit es ausschließlich kuriale Herrschaftsansprüche stützte oder sich auf die Weihehierarchie bezog und darum mit dem göttlichen Naturrecht reformatorisch-lutherischer Provenienz im Widerspruch stand. Dieser „protestantisch-antipapale Feldzug"[143] Zieglers veranlaßte später selbst Christian Thomasius zu jenem anerkennenden Ausspruch, daß er in der Kirchenrechtslehre einem Carpzov zwar Brunnemann, beiden aber bei weitem noch Ziegler vorziehe[144].

---

[139] Zur „lutherischen Orthodoxie" vgl. die Arbeiten von Ernst *Weber*, Die philosophische Scholastik des deutschen Protestantismus im Zeitalter der Orthodoxie, Leipzig 1907. – Der Einfluß der protestantischen Schulphilosophie auf die orthodox-lutherische Dogmatik, Leipzig 1908. – Daneben auch Paul *Althaus*, Die Prinzipien der reformierten Dogmatik im Zeitalter der aristotelischen Scholastik, Leipzig 1914.

[140] Siehe unten S. 197 ff.

[141] Ernst *Landsberg*, a.a.O., S. 48–49.

[142] Darüber näheres bei Martin *Heckel*, Staat und Kirche nach den Lehren der evangelischen Juristen Deutschlands in der ersten Hälfte des 17. Jahrhunderts, 1. Teil, in: ZRG (KA) 73, 1956, S. 158–167.

[143] Ernst *Landsberg*, a.a.O., S. 49.

[144] Aus dem Programm vom 10. Juni 1689: „Christian Thomas eröffnet der studierenden Jugend einen Vorschlag, wie er einem jungen Menschen, der sich ernstlich fürgesetzt, Gott und der Welt dermaleins in vita civili rechtschaffen zu

Geboren am 15. September 1621 zu Leipzig, wandte sich Caspar Ziegler zunächst in Wittenberg der Mathematik und den Literaturwissenschaften[145] zu, studierte aber im Anschluß an seine Magisterprüfung im Jahre 1643 auf den Wunsch des Vaters in Leipzig noch Theologie. Eine gewisse Scheu, öffentlich zu predigen, und unerfreuliche Intrigen, die ihm den Eintritt in eine Pfarrstelle erschwert hatten, weckten in ihm den Entschluß, die Theologie aufzugeben und mit dem damals ungewöhnlich hohen Alter von 31 Jahren in Jena das Studium der Rechte zu beginnen. Seine große Begabung und die Freundschaft zu Johann Strauch sicherten Ziegler nun einen raschen Aufstieg. Der Promotion im Jahre 1655 folgte zwei Jahre später ein Ruf nach Wittenberg, wo er 1657 zum Professor Digesti infortiati et novi, 1658 zum Professor Digesti veteris und 1659 auch zum Professor Codicis ernannt wurde. Im Jahre 1662 übertrug man ihm das Ordinariat Augustin Strauchs, welches mit einem Lehrstuhl für Kirchenrecht verbunden war. Bald darauf wurde Ziegler auch zum Beisitzer am Appellationsgericht und im Jahre 1664 zum Mitglied des Konsistoriums bestellt. Er starb am 16. April 1690 in Wittenberg[146].

Daß Leibniz die Werke Zieglers nicht nur gründlich gelesen[147], sondern vor allem auch seine Gedanken zum Naturrecht gutgeheißen und für bedeutsam gehalten hat, geht unter anderem aus seinem Briefwechsel mit Henri Justel vom Jahre 1677 hervor. Justel hatte von Paris aus Leibniz in Hannover gebeten, ihm einige brauchbare Arbeiten über das Naturrecht zu nennen[148]. Daraufhin vermerkte Leibniz am Rand dieses Briefes folgende Namen: „Maevius, Ziegler, Felden, Placcius"[149]

---

dienen, als ein honnete und galant'homme zu leben, binnen dreyer Jahre Frist in der Philosophie und singulis jurisprudentiae partibus zu informieren gesonnen sei", zitiert bei Ernst *Landsberg*, a.a.O., S. 77.

[145] Mit seinem „Tractat von den Madrigalen, wie sie in Teutscher Sprache auszuarbeiten, nebst vielen Exempeln", Leipzig 1653, gehörte *Ziegler* in der Poeterei zu den Neubegründern der Madrigalkunst im 17. Jahrhundert.

[146] Zur Biographie Zieglers vgl. *Jöcher*, a.a.O., Bd. 4, Sp. 2198–2199 und Ernst *Landsberg*, a.a.O., Noten, S. 28–29.

[147] Wie Leibniz sich als Bibliothekar in Hannover für die Anschaffung der Schriften Zieglers einsetzte, zeigt ein Schreiben des Buchhändlers Nicolaus *Förster* an Leibniz vom 21. (31.) Oktober 1678 (A I-2, 374): „Demnach heute von dem Hⁿ Küch-Schreiber vernommen, als ob Ihro Excell. durch Ihren Schreiber in Brieffen zweymal ersuchet umb des Ziegleri Episcopus miles, kan ich nicht unterlaßen zuberichten, daß mir nichts zuhanden kommen, den sonsten schleunige antwort folgen sollen, werden mich also excusiren; ob Ihro Excell. etwas mehres verlanget erwart Befehl, gemeldes Ziegleri Episcopus miles 4⁰ ist nicht gleich zuhanden, soll aber nechster gelegenheit folgen, weil es verschrieben."

[148] „Si vous auez oui parler de quelque autre traitté touchant le droict de nature et ius gentium qui soit bon, vous m'obligerez de m'en donner auis." (Brief von Henri *Justel* an Leibniz vom 17. Februar 1677 [I-2, 247].)

[149] Ebenda, abgedruckt als Fußnote 2.

und teilte ihre Schriften Justel mit[150]. Justel jedoch zeigte sich insbesondere von der Lektüre des Zieglerschen Grotius-Kommentars recht un-
befriedigt[151]. Andererseits hatte gerade Leibniz, der offenbar schon bei
der Beschäftigung mit Pufendorfs „Jus Naturae et Gentium" in Paris
auf Ziegler gestoßen war, in seinen Auszügen eine von Pufendorf miß-
billigte Ansicht Zieglers damals ausdrücklich für gut befunden: „Mihi
videtur non male Zieglerus[152]."

Vom Standpunkt der lutherischen Zwei-Rechte-Lehre aus mußte
Ziegler in seinen „Notae et Animadversiones subitariae ... in Hugonis
Grotii de Jure Belli ac Pacis"[153] notwendig und folgerichtig zu einer
grundsätzlichen Ablehnung des Naturrechtsverständnisses von Grotius
gelangen. Seine Bedenken richteten sich dabei sowohl gegen die Begriffsbestimmung des Naturrechts als „dictamen rectae rationis" als
auch gegen seine Grundlegung in der menschlichen Sozialnatur. Denn
die Weisungen der rechten Vernunft seien so allgemein und unbestimmt, daß sie bei der Anwendung auf jeden beliebigen Gegenstand
„auseinanderfließen" müßten. Dasselbe gelte auch für den „appetitus
societatis", weil er sich niemals nur auf eine Familie oder auf ein Volk
beziehe, sondern daraus gleichzeitig die unterschiedlichsten Gemeinschaften entstanden seien. Zudem schützten selbst Piraten und Räuber
ihre „societates", genügten aber damit doch keineswegs jenem natürlichen Gebot, welches eine edle Gesinnung (honestas) in der Gemeinschaft wecke[154]. Mit diesem Hinweis auf die Möglichkeit der Entartung

---

[150] Vermutlich in seinem Brief an Henri *Justel* vom Juli 1677, von dem jedoch
nur noch ein eigenhändiger, verkürzter Auszug existiert (A I-2, 280), möglicherweise aber auch schon vorher.

[151] „Pour le Zieglerus contra Grotium il me semble trop court." (Brief von
Henri *Justel* an Leibniz vom 27. September 1677 [A I-2, 294].)

[152] Extraits de S. Pufendorf „De Jure Naturae et Gentium", III, 1, 7: „Si
quis injuste occidat, tenetur ad reparationem damni quod eius propinquis intulit.
Putat Zieglerus et lucri habendam rationem, quod facere poterat si diutius vixis-
set. Pufendorfius id improbat. + *Mihi videtur non male Zieglerus.* +" (Grua II,
594).

[153] „In Hugonis Grotii de Jure Belli ac Pacis libros, quibus Naturae et Gentium jus explicavit, Notae et Animadversiones subitariae", Wittenberg 1666; zitiert
ist die 3. Auflage, Frankfurt und Leipzig 1684.

[154] Notae (in Prolegomena), S. 6: "(Fons est juris) Facere hic non possum
cum Grotio. Dictamina enim rectae rationis sunt universalia, et diffundere se
debent universaliter in quaevis objecta. At satisfieri possent huic appetitui, quem
Grotius ut fontem juris naturalis supponit, si tantum cum una familia, aut cum
una gente et populo tibi societas fuerit, eumque benefactis tibi demerueris. Deinde

menschlicher Gemeinschaften zu Räuberbanden, ein Topos, der sich
schon bei Platon und Augustin findet, veranschaulichte Ziegler zunächst nur die Gefahr der Formalisierung des Sozialitätsprinzips. Zu
einer schon vom Denkansatz her anders gearteten Naturrechtslehre
führte ihn erst die Behauptung, das „jus naturale" entstehe nicht aus
der „natura humana", sondern auf Grund eines „imperium", genauer:
aus dem „imperium Divinum"[155]. Deshalb sei es sinnlos, sich zu über-
legen, ob das Naturrecht auch verpflichte, wenn es Gott nicht gäbe. Allerdings finde sich auch in Gott selbst ein „ewiges Gesetz", der Grund
göttlicher Weisheit, und ein „natürliches Recht", das jeder willentlichen
Handlung vorausgehe und dem gemäß Gott nicht wollen könne, was
jenem Recht widerspreche[156]. Mit dieser entschiedenen Verwerfung des
auch noch von Grotius für das jus divinum vertretenen Voluntarismus
nahm Ziegler trotz seiner streng lutherischen Grundhaltung zugleich
die thomistische Lehre von der „Lex aeterna" scheinbar bedenkenlos
wieder auf. Noch ist also nichts von jener Abneigung gegen die scholastische Philosophie zu spüren, die ihr um die Wende zum 18. Jahrhundert bei Christian Thomasius und anderen den Vorwurf der Dunkelheit und Spitzfindigkeit einbringen sollte. Es zeigt sich sogar im Gegenteil schon hier bei Ziegler eine eigentümlich universalistische Vermischung reformatorischer und durch den Aristotelismus neu belebter,
scholastischer Gedanken und Vorstellungen, der man nicht nur in der
Schulphilosophie, sondern auch in der Rechtstheologie des 17. Jahrhunderts – später bei Zentgrav und Leibniz – immer wieder begegnet.

---

et piratae atque latrones suas custodiunt societates, pluribusque adhuc aliis ejusdem
notae sociari appetunt, qui tamen dictamini naturali, quod honestatem instillat,
non satisfaciunt."
[155] Notae (in Prolegomena), S. 11: „Vehementer enim dubito, utrum humana
natura recte dicatur mater juris naturalis, quippe quae potius subjective se habet,
quam efficienter; et supra dixi, jus naturale ab imperio venire. Quatenus igitur
imperium vel Divinum est, vel humanum sive civile. Divinum vicissim vel naturale, vel positivum." – Vgl. auch Notae (Lib. I, cap. 1, § 33) S. 44: „At homo
etiam in iis, quae natura turpia sunt, imperio Divino subjacet, et propter imperium
istud obligatur."
[156] Notae (in Prolegomena), S. 7–8: „(Non esse Deum) ... Posito hoc imperio,
non poterit Grotius extra Deum, aut sub hypothesi, non esse Deum, talem obligationem considerare. Interim tamen hoc non nego, esse in Deo aeternam aliquam
Legem, hoc est rationem Divinae sapientiae, directivam omnium actuum et motuum in suos fines, et jus aliquod naturale immanens antecedenter ad omnem
liberum voluntatis actuum, secundum quod non potest velle, quod juri illi repugnat. Quae autem in hominibus est Lex naturalis, a Deo est, non tantum ut
effectore et implantatore, sed etiam ut Legislatore, imperium suum exercente."

Ein genuin lutherisches Theologumenon hingegen fand bei Ziegler seinen Ausdruck in der Ablehnung der aristotelischen Lehre von der Gemeinschaft zwischen Gott und den Menschen. Denn jede Gemeinschaft setze eine Übereinstimmung voraus. Gott aber könne in seinem unermeßlichen, unendlichen und geistlichen Wesen keinem Geschöpf gleichgestellt werden. So sei zwischen Gott und den Menschen auch keine Übereinstimmung denkbar, allerdings mit einer, gleichwohl sehr bedeutsamen und für die Leibnizsche Naturrechtslehre später schlechthin wesentlichen Ausnahme: nämlich in bezug auf den Grund (ratio) dessen, was naturgemäß und aus sich selbst heraus vor aller göttlichen Willensbestimmung gerecht oder ungerecht, ehrenhaft oder schimpflich sei [157]. Deshalb stehe die Behauptung des Grotius, Gott könne auch unschuldige Kinder strafen, weil ihm ihr Leben zu eigen sei, im Widerspruch mit der göttlichen Gerechtigkeit [158].

In den Mittelpunkt seiner Kritik an Grotius stellte Ziegler jedoch die Lehre von der „Lex Christi". Das Gesetz Gottes sei von allem Anfang an vollkommen und vollständig; es lasse keine Veränderung zu, weder eine Ergänzung noch eine Verkürzung [159]. Auch habe dieses Gesetz nicht Christus, sondern Moses aufgestellt; es sei zudem schon vor Moses von Natur her bekannt gewesen und „ab initio" auch in der Kirche angeklungen. Durch Christus, den „Doctor legis", werde diesem Gesetz nichts hinzugefügt, sondern nur seine ursprüngliche Reinheit wiederhergestellt [160]. Zwar habe Paulus das Evangelium hin und wieder eine

---

[157] Notae (Lib. I, cap. 1, § 3), S. 44: „(Deum et homines) Inter Deum et homines vix est, ut societatem admittamus, nisi καταχρηστικῶς propter immensam, infinitam et spiritualem Dei naturam, cui pares esse nullae creaturae possunt. Est enim societas communio. At hic nulla communio, nisi ratione ejus, quod naturaliter et ex se, ante omnem volitionem divinam, justum aut injustum, honestum aut turpe est."

[158] Notae (Lib. II, cap. 21, § 14), S. 490: „(Deus quidem) Male philosophatur Grotius, Deum ideo punire posse liberos innocentes, quia dominium habet in vita eorum ... Denique falsum est et pugnat cum justitia Divina, Deum jure dominii, quod habet in hominem et bona ejus, posse poenas ei plane innocenti infligere et ex hoc miserum reddere."

[159] Notae (Lib. II, cap. 1, § 13), S. 205: „Falsum est plus exigere Evangelium, quam Legem Mosis. Lex enim in se perfecta fuit, nec additionem, nec detractionem admittens."

[160] Notae (Lib. I, cap. 1, § 15), S. 58: „(In sublimiori reparatione per Christum) Lex non fuit data per Christum, sed per Mosen. Immo doctrina Decalogi ante Mosen non naturaliter tantum nota fuit, sed semper ab initio in Ecclesia sonuit. Christus autem est quidem Doctor legis, sed non est legislator. Nec igitur superaddidit legi divinae, verum eam a corruptelis Pharisaicis vindicavit tantum

„Lex spiritus vitae" oder eine „Lex fidei" genannt, aber nur in jener
weiteren und allgemeinen Bedeutung, nach der die göttliche Offenbarung insgesamt als „Gesetz" verstanden worden sei[161]. Damit konzen-
trierte sich die Lehre Zieglers vom göttlichen Recht im Gegensatz zu
Grotius und in Anknüpfung an die reformatorische Rechtslehre wesentlich auf den Dekalog. Die Zehn Gebote stimmten für Ziegler in ihrem
Kernbestand, den „leges morales", mit dem natürlichen Recht überein[162]. Eine gewisse Schwierigkeit ergab sich lediglich bei der Einordnung der Summa Matthaei: folgerichtig behauptete Ziegler, daß auch
das Gebot der Nächstenliebe bereits im Dekalog enthalten sei[163]. –
Wohl stärker gegen den Kommentar Boeclers als unmittelbar gegen
Grotius richteten sich die Angriffe Zieglers auf die Lehre vom „jus
naturae secundum disciplinam Christianorum". Denn nicht so sehr in
der Liebe zu den Mitmenschen, welche ohnehin schon zur lex Dei gehöre, sondern vor allem auf der Verehrung und Liebe Gottes beruhe
die „disciplina Christiana"[164]. Die „christliche Ordnung" fordere den

---

et pristinae puritati restituit." – Notae (in Prolegomena), S. 27: „(Cum discrimine
antiquae et novae legis) Haec est illa labes qua elegantissimum hoc opus perpetuo
deformat Grotius. Didicerat istud discrimen a Socinianis, qui Christum novas
Leges Mosaicis addidisse contendunt, et hinc ex Christo Legislatorem faciunt." –
Vgl. Notae, S. 113, 383, 441.

[161] Notae (Lib. I, cap. 1, § 16), S. 65: „(Lex Evangelii) Cave ne cum Grotio
statuas legislatoriam Evangelii virtutem. Dicitur equidem Evangelium Lex spiritus
vitae Röm. 8, 2, Lex fidei Röm. 3, 27, sed non nisi in latiori et generali significatione legis, quando sub nomine Legis intelligitur universa doctrina divinitus
patefacta."

[162] Notae (Lib. I, cap. 1, § 17), S. 69: „(Nec minus fructuum decima) Non
arbitror. Distinguendum enim est in his legibus morale ab rituali, sive eo, quo
proprie Mosaicum est. Juri naturae conveniens est, et ad Legem Moralem pertinet,
non ipsa decimae quota, sed ejus tantum substantia, uti vocatur Seldeno de synedr.
lib. 1 cap. 3 hoc est, jus naturale sive morale jubet alimenta praestare ministris
Ecclesiae; ..." – Vgl. Notae, S. 81.

[163] Notae (Lib. I, cap. 2, § 6), S. 81: „(Quod non sit juris naturalis) ... In
vicem igitur verborum juris naturalis si ponantur verba juris moralis, dico, nihil
novi praeceptum esse in N. T., quod non fuerit iam tum juris moralis in Vet.
Test." – Notae, S. 82: „(Ut alii pro aliis mortis periculo) Sed quid hoc aliud est,
quam: diliges proximum tuum, sicut teipsum, haud minima pars Decalogi?" –
Notae, S. 91: „(Proximum diligerent, Hebraeum scil.) Nec enim lex moralis
Israelitis tantum data aut praescripta est, sed omnibus in universum hominibus."
– Notae, S. 92: „(Si ergo nunc porrecta latius) Non alia est significatio proximi
in Novo Testamento, quam fuit in Veteri."

[164] Notae (in Prolegomena), S. 16: „(Cuius disciplina) Non Christianum tantum
haec spectat disciplina, sed omnes in universum homines, nec praecipue in hominibus diligendis consistit, sed maxime et principaliter in cultu et dilectione Dei."

Glauben (fides), ohne den es nicht möglich sei, Gott zu gefallen, und der alle Tugenden erst zu wahrhaft christlichen „virtutes" ausbilde[165]. Deutlich tritt hier der lutherische Gedanke von der „lex fidei" als dem Recht des Christenstandes[166] vor dem Gebot der Nächstenliebe wieder in den Vordergrund. Auch der Einfluß John Seldens[167] mag diese Verschiebung des Akzents von der „charitas" auf das „sola fide" unterstützt haben.

Im Bereich der „justitia specialis" (particularis), der austeilenden und ausgleichenden Gerechtigkeit unter den Menschen, erhält die Nächstenliebe (charitas) jedoch wieder ihre legitimierende und limitierende Funktion[168]. Gerechtigkeit und Liebe können nicht voneinander getrennt werden[169], oder genauer: die Liebe muß die Gerechtigkeit leiten[170]. Bedauerlicherweise, so stellte Ziegler fest, sei eben dies der „Zufluchtsort der Moralisten", daß sie zwischen dem, was der „lex justitiae" widerspreche, und dem, was nur mit der „lex charitatis" unvereinbar sei, unterscheiden[171]. Die Gerechtigkeit aber habe ihren Ort

---

[165] Notae (in Prolegomena), S. 22: „(Nihil aliud esse quam veram Christianam) Materia quidem potest esse eadem, sed variat tamen forma. Disciplina enim Christiana fidem requirit, sine qua impossibile est placere Deo, et quae hinc omnes virtutibus facit vere Christianas."

[166] Vgl. Johannes *Heckel*, Lex charitatis, München 1953, S. 127.

[167] John *Selden* (1585—1654), von Ziegler mehrfach zitiert, verlegte mit seiner Schrift „De Jure naturali et Gentium juxta disciplinam Ebraeorum", Straßburg 1665, den Schwerpunkt des biblischen Naturrechts in das Alte Testament. (Vgl. unten S. 164.)

[168] Notae (Lib. II, cap. 1, § 18), S. 216: „(Bonam causam ab his ad illos transiisse) ... Non enim tum peccari contra leges justitiae specialis, sed contra charitatis praeceptum et hujus transgressionem non inducere obligationem restituendi. Pessime hoc. Quid ni enim, qui adversus charitatem delinquit, ad restitutionem teneatur? cum non minus injuriam faciat, quam qui adversus justitiam committit."

[169] Notae (Lib. II, cap 20, § 22), S. 453: „(Sed charitati repugnet) Dixi supra ad cap. 17 & 9 non bene separari a se invicem justitiam et charitatem. Et falsum est, poenam, quae justa est, charitati repugnare, quandoquidem charitas justitiam dirigit, ne severior poena decernatur."

[170] Notae (Lib. II, cap. 20, § 27), S. 456: „(Quae aut ex charitate) Supra dixi, justitiam dirigi debere a charitate. Nec idcirco judex clementior debet esse lege, sed debet eam dextre et legitime applicare. Quod si fecerit, pertinebit sane id ad aequitatem imperativam."

[171] Notae (Lib. II, cap. 17, § 9), S. 402: „(Nam si debeat ex charitatis norma) quottidianum, hoc est χρησφύγεζον Moralistarum, aut distinguant inter id, quod pugnat cum lege justitiae et quod pugnat tantum cum Lege Charitatis. Adversus hanc qui delinquit, peccare quidem istum contentunt, non tamen teneri ad restitutionem. Cogitandum ergo relinquo, num in genere morum opponere liceat justitiam charitati?"

nicht nur im äußerlichen Bereich der Rechtspflege, sondern auch im Inneren des Menschen, in seiner Seele. Diese innere Gerechtigkeit (justitia
interna) sei den gleichen Gesetzen unterworfen wie die Liebe (charitas),
so daß nichts gerecht sein könne, was mit der Liebe in Widerspruch
stehe[172]. Zum Beleg führt Ziegler die Goldene Regel an, deren Verletzung einen Verstoß sowohl gegen die Gerechtigkeit als auch gegen
das Liebesgebot darstelle. Es sei deshalb nicht einzusehen, weshalb vor
dem „forum internum" des Gewissens „justitia" und „charitas" unterschieden werden müßten[173]. Deutlich zeigt sich auch hier wieder der
Einfluß Luthers: bei der Verbindung von Gerechtigkeit und Liebe
führte die Trennung des „forum internum" im Menschen vom „forum
externum" notwendig zum Gedanken der „justitia interna", die ebenso
wie die Liebe allein dem Gewissen unterstellt werden konnte. Ziegler
gehörte damit zu den wenigen Rechtsgelehrten im 17. Jahrhundert, bei
denen sich noch Ansatzpunkte zu einer eigenständig lutherischen Lehre
von der weltlichen Gerechtigkeit im Sinne der „justitia particularis"
finden, Vorstellungen, die auch in der Leibnizschen Definition der „justitia" als „caritas sapientis" noch unüberhörbar anklingen.

Die „Notae et Animadversiones" Zieglers fanden bei seinen Zeitgenossen, aber auch später bei Thomasius[174] und Ludovici[175], allenthalben uneingeschränkte Anerkennung. Noch nicht einmal Thomasius
verübelte ihm die geistige Nähe zur lutherischen Orthodoxie; im Gegenteil, er nannte Ziegler einen „Philosophus eximius, sed absque pe-
dantismo, JCtus excellens, sed absque leguleismo, & Theologus prudens, sed absque orthodoxismo et mysticismo"[176], und dieses Lob hob
Ziegler in der Folgezeit weit über die anderen Grotius-Kommentatoren, ja selbst über Boecler[177], hinaus.

---

[172] Ebenda: „Justitia sane hic intelligenda est, non ea tantum, quae in foro
externo apud judicem custoditur, sed interna etiam in animo et affectu residens.
At vero justitia ista interna iisdem legibus succumbit, quibus succumbit charitas,
nec adeo quid justum esse potest, quod repugnet charitati."

[173] Ebenda: „Utraque communi naturae praecepto innititur: Quod tibi non vis
fieri, alteri ne feceris. Huic si quid adversum perpetratur, et justitiam offendet et
charitatem, ut non videam quomodo in foro conscientiae discrimen inter eas facere
propter delicta liceat."

[174] Christian *Thomasius*, Paulo plenior Historia Juris Naturalis, Halae 1719,
cap. VI, § 6, S. 74–76.

[175] Jac. Friedrich *Ludovici*, Delineatio Historiae Juris Naturalis, Halle-Magdeburg 1714, § XXIIX, S. 48.

[176] Christian *Thomasius*, a.a.O., S. 74.

[177] Christian *Thomasius*, a.a.O., S. 76: „Alii Boeclerianae doctrinae quidem

D. Johann Adam Osiander (1622–1697)

Die Vielseitigkeit des akademischen Interesses an der Naturrechtslehre des Grotius in der zweiten Hälfte des 17. Jahrhunderts fand ihren sichtbaren Ausdruck nicht zuletzt darin, daß in der Reihe der Kommentatoren neben den Mathematiker und Philosophen vom Felde, den Historiker und Philologen Boecler und den Juristen Ziegler schließlich auch ein Theologe trat. Johann Adam *Osiander* stand als Lutheraner zwar noch stark unter dem Einfluß Zieglers[178], versuchte andererseits aber immer wieder, zwischen der Orthodoxie und dem Aristotelismus zu vermitteln und unter Rückgriff auf die scholastische Lehre von der „lex naturalis" das Integritätsprinzip mit dem Sozialitätsprinzip in Einklang zu bringen. Diese Neigung Osianders, unbefangen scholastische Gedanken wiederaufzunehmen[179] und mit ihrer Hilfe scheinbar widersprüchliche Vorstellungen innerhalb der protestantischen Rechtstheologie einander anzugleichen, stellt eine gewisse Verwandtschaft seines Denkens zu Leibniz her und weist ihn, wenn nicht als einen Vorläufer, so doch zumindest als einen Weggenossen und Mitarbeiter Leibnizens aus, dessen Anschauungen gerade auch den theologischen Hintergrund der Leibnizschen Gottesrechtslehre beleuchten können.

Johann Adam Osiander, mit dem Beinamen „der Ältere", geboren am 3. Dezember 1622 zu Vaihingen, wo sein Vater Pastor und Superintendent war, entstammte einer bedeutenden württembergischen Theologenfamilie. Er studierte in Tübingen Theologie und wurde darauf zum Vicarius in Stutt-

---

studiosi, sed moderatiores, fatebantur, Boeclerum a Zieglero superari perspicuitate, quia loca difficiliora clarioribus tantum verbis subinde exprimere studeat . . ."

[178] Jac. Friedrich *Ludovici*, a.a.O., § XXIIX, S. 48: „De commentario Joh. Adami Osiandri A. 1671 edito viros eruditos adserere audivi quondam, quod politica pleraque, quae in illo reperiuntur, ex Zieglero, eodem tamen haud nominato, bona fide repetierit."

[179] Dies trug ihm eine scharfe Kritik bei *Ludovici*, a.a.O., ein: „Censurae theologicae, quas immiscet, sapientiam scholasticam redolent, nec Grotio satisfaciunt." – Bei *Thomasius* fand der Scholastizismus Osianders eine etwas vorsichtigere Ablehnung, a.a.O., cap VI, § 7, S. 77: „Laudandus etiam est Viri conatus, quod Grotium, ubi devius a veritate Biblica esset, admonere, idque auditoribus suis indagare voluerit, si modo pro veritate biblica non habuisset interpretationem scripturae Scholasticorum Theologorum in Academiis, etiam Protestantium, post reformationem diu regnantem . . ."

gart, später zum Diakon in Göppingen und Tübingen ernannt. Im Jahre 1660 berief man ihn als ordentlichen Professor der Theologie an die Universität Tübingen und übertrug ihm 1680 das Amt des Universitätskanzlers. Er starb daselbst am 26. Oktober 1697 [180].

Als Osiander im Jahre 1671 erstmals seine umfangreichen „Observationes ... in libros tres de Jure Belli ac Pacis Hugonis Grotii" [181] veröffentlichte, hatte er sich schon mehrfach mit dem Problem einer theologischen Begründung des Naturrechts beschäftigt [182]. Nun betonte er im Gegensatz zu Grotius und in Anlehnung an Ziegler erneut, daß nicht die „custodia societatis", sondern einzig Gott die Quelle des natürlichen Rechts sei: Gott selbst habe den Menschen gewisse Grundsätze des Handelns (principia practica) aufgetragen und ihrer Natur den Trieb zur Erhaltung der Gemeinschaft eingepflanzt [183]. Damit bestritt Osiander, ebenso wie Ziegler, nicht mehr grundsätzlich die Möglichkeit, das Naturrecht als eine aus dem menschlichen Gemeinschaftsstreben fließende Ordnung zu verstehen, rechnete aber eben diesen Gemeinschaftrieb des Menschen zur Schöpfungsordnung und führte so auch das „jus naturale" mittelbar auf Gott zurück. Dieser rechtstheologische Grundgedanke Osianders erklärt auch seine auf den ersten Blick etwas spitzfindig erscheinende Kritik an dem Satz des Grotius, daß das Naturrecht auch gelte, wenn es Gott nicht gäbe oder wenn er sich nicht um die menschlichen Angelegenheiten kümmerte. Grotius habe nämlich, so stellte Osiander fest, zwei getrennte Probleme durcheinandergeworfen: denn ob es die Begriffe „Gut" und „Böse" geben könne, wenn Gott überhaupt nicht existiere oder wenn er sich lediglich nicht mit den Menschen befasse, sei eine durchaus unterschiedlich zu beantwortende

---

[180] Vgl. zur Biographie Christian Gottlieb *Jöcher*, a.a.O., Bd. 3, Sp. 1120–1121.

[181] „Observationes maximam partem Theologicae in libros tres de Jure Belli ac Pacis Hugonis Grotii", Tübingen 1671 (sic! Die Angabe des Erscheinungsjahres 1669 bei *Landsberg*, a.a.O., Noten, S. 4, ist unrichtig.)

[182] Bereits im Jahre 1660 war in erster Auflage seine Schrift „Typus legis naturalis contra Hobbes" erschienen; 2. Aufl. 1669. – 1671 folgte ein Werk mit dem Titel „Typus legis moralis".

[183] Observationes (ad Prolegomena), obs. IV, S. 57: „... tum quia fons juris naturalis non potest esse societatis custodia, cum jus naturale etiam versetur circa cultum Dei, non solum circa proximi amorem, qui in societatis custodiam aliquo modo reduci potest. Melius itaque dicitur fontem juris naturae esse ipsum Deum, qui indiderit homini istiusmodi practica principia, custodiam autem societatis esse aliquod concomitans, vel stimulans ad observationem eorum, quae principia illa dictant, a Deo naturae indita."

Frage[184]. Ganz ohne Gott vermochte sich Osiander die menschliche Rechtsordnung nicht vorzustellen. Hingegen lehrte er mit deutlichem Anklang an die „lex-aeterna"-Tradition, daß gewisse „Güter" und „Übel" als unabhängig vom göttlichen Willen (divina voluntas) bestehend denkbar seien, soweit sie aus sich selbst heraus gut oder schlecht erscheinen[185]. Eine Verbindlichkeit erwachse dieser „Seinsordnung" jedoch erst aus dem Willen Gottes. So erweise sich Gott, der Schöpfer, zugleich auch als Gesetzgeber (legislator); er habe das Naturrecht zur „Lex naturae" erhoben und den Menschen teils ins Herz geschrieben, teils als Pflichtenordnung vor Augen gestellt[186]. Der alte thomistische Gedanke der „lex naturae" erhielt damit innerhalb der Naturrechtslehre Osianders erneut eine grundlegende Bedeutung.

Man ist gerade bei Osiander leicht versucht, die Verwendung des Begriffs „lex naturae" zur Bestimmung des Naturrechts als einen scholastischen Anachronismus zu verstehen oder sogar als „unprotestantisch" zu verwerfen. Allein, dann übersieht man jedoch eines der wohl erregendsten Probleme, vor die sich die protestantische Rechtstheologie in der zweiten Hälfte des 17. Jahrhunderts gestellt fand: die Begründung eines eigenständig reformatorischen Naturrechts „in der Welt", welches von allen Menschen als allgemeinverbindlich anerkannt werden konnte. Hierzu ergab sich eine gewisse Notwendigkeit schon daraus, daß das Naturrecht seit Grotius in steigendem Maße auch die Rechtsphilosophie wieder zu beschäftigen begann und dabei immer mehr zu verweltlichen drohte, je weiter es auf den Vernunftsgedanken zusteuerte. Die lutherische Orthodoxie bot keinen Ausweg, der jene Säkularisierung des Naturrechts, die sich schon bei Pufendorf ankün-

---

[184] Observationes (ad Prolegomena), obs. V, S. 59: „Grotius conjungit haec duo: si Deus non esset, aut, si cura ipsi non esset de rebus divinis, cum tamen distinctae rationes sunt: Prima: Num si Deus non esset, nihilominus quaedam essent bona, quaedam essent mala. Secunda: Si Deus non curaret negotia humana, nihilominus quaedam essent bona, quaedam essent mala?"

[185] Ebenda: „Hoc quidem certum est, dari quidam bona vel mala antecedenter ad voluntatem divinam, quae ideo bona sunt, non quia Deus voluit, sed quia in se habent bonitatem, et dari quaedam mala, quae non ideo mala sunt, quia Deus illa noluit, sed quia in se sunt foeda et turpia."

[186] Ebenda, S. 60–61: „Grotius hic loquitur de eo, ad quod homines obligati sunt de illis officiis, ad quae sunt constricta. At omnis obligatio descendit ex voluntate Superioris. ... Eo ipso itaque quo Lex naturae proponitur, quae obligat ad justum et rectum, etiam Legislator erit ponendus, a quo profecta ista Lex tum physice per inscriptionem in cor hominis, tum moraliter per obligationem ad officia in hac lege ostensa."

digte und mit Thomasius und Wolff fortsetzte, aufzuhalten vermocht
hätte; im Gegenteil, die Orthodoxie war durch eine überspitzte Formulierung der Zwei-Reiche-Lehre und die Behauptung, daß es ein Naturrecht nur im Unschuldsstande geben könne, eher in eine Sackgasse geraten. Demgegenüber versuchte Osiander vermittelnd, gerade im Gedanken der „lex naturae" eine Verbindung der zwei Reiche Luthers
dadurch herzustellen, daß er das Naturrecht als göttliches Naturgesetz
sowohl dem „status integritatis" als auch dem „status lapsus" zuordnete, wenngleich in jeweils unterschiedlicher Form. Im Unschuldsstand
erscheine die lex naturae als geistliche „lex moralis"[187], eine dem
menschlichen Wesen tief eingeprägte Regel, welche verbindlich festlege,
was recht und gerecht sei[188]. Im Sündenstand hingegen sei die „lex
moralis" nur noch in der göttlichen Offenbarung enthalten[189], während
hier die lex naturae im weltlichen „jus naturae" bestehe, das in gleicher
Weise einen sicheren Maßstab des „moralisch" Gerechten (justum moraliter) an die Hand gebe[190]. Im Rückgriff auf die „lex naturae" hatte
also Osiander durch deren Erweiterung und Verallgemeinerung eine
Ordnung gefunden, die einheitlich beiden Reichen zugrunde gelegt werden konnte: als „lex moralis" dem „status integritatis" und als „ius
naturae" dem „status lapsus". Die „lex naturae" wurde für ihn zum
Inbegriff alles dessen, was aus sich selbst heraus und unabhängig vom
göttlichen Willen sich als gut und gerecht erweise[191]; sie ersetzte damit

---

[187] Observationes (ad Prolegomena), obs. XVII, S. 105: „Si vero conferatur
cum jure naturae in statu lapsus, tum dicendum est legem moralem et legem naturae non esse unum idemque, neque Decalogum esse repetitionem legis Naturae,
sed specie differre legem naturae et legem moralem. ... Si itaque Lex moralis est
spiritualis, et Lex naturae refertur ab Apostolo ad carnem, patet illud discrimen
plane specificum."

[188] Observationes (Lib. I, cap. 1, ad Thesin X), obs. V, S. 205: „Lex naturae
aliter se habet in statu Integritatis, aliter in statu Corruptionis. 1. ... lex naturae
in statu integritatis dicat regulam firmiter in menti impressam, quae et ostendit
rectum ex asse tale, sive justum, et ad illud obligavit."

[189] Observationes (ad Prolegomena), obs. XVII, S. 105: „... Tum ex eo, quia
lex naturae est in Gentilibus et naturaliter nota; lex autem moralis in statu lapsus
non est nisi ex revelatione supernaturali."

[190] Observationes (Lib. I, cap. 1, ad Thesin X), obs. V, S. 206: „At si jus
naturae accipiatur de lege naturali in statu lapsus, sufficit justum, morale et civile;
estque nil aliud, quam regula firmiter impressa, indicans, quid justum moraliter,
et ad illud obligans."

[191] Observationes (Lib. I, cap. 1, ad Thesin X), obs. IV, S. 203: „Lex naturae
est regula quaedam firmiter homini infixa, quae et indicat, quid est justum ex se
et injustum, et ad prius sectandum, posterius vitandum obligat."

die Idee der „lex aeterna" oder genauer, sie ermöglichte dieser Tradition gerade dadurch erst eine Übernahme in die Naturrechtsdiskussion des 17. Jahrhunderts.

Die Lehre von der „lex naturae" führte Osiander im Gegensatz zu Ziegler und in Anlehnung an den Aristotelismus auch zur Anerkennung einer Gemeinschaft und folglich einer Rechtsordnung zwischen Gott und dem Menschen, zu dessen Erneuerung sich Gott selbst durch das Evangelium wie in einem Bündnis verpflichtet habe[192]: ein der reformierten Rechtstheorie verwandter Gedanke. Allerdings enthalte das Evangelium außer den Glaubens- und Sakramentsgeboten kein natürliches Recht. Denn entweder verstehe man unter dem „jus naturale" das Naturrecht des Unschuldsstandes – gemeint ist offensichtlich die „lex moralis" –, dann wiederhole dieses ausdrücklich schon der Dekalog; oder man meine das Naturrecht des Sündenstandes, das „jus naturae" im engeren Sinn, dann sei es irrig, dem Evangelium über die Glaubens- und Sakramentsgebote hinaus noch andere Weisungen entnehmen zu wollen, weil dies mit dem Gedanken der Vollkommenheit der „lex moralis" im Dekalog in Widerspruch stehe[193]. Deshalb befinde sich auch Grotius im Irrtum mit seiner Behauptung, das Evangelium schreibe nichts vor, was nicht zugleich auch natürlicher Sittlichkeit entspreche. Denn erstens habe das, was man im Evangelium ein „Gesetz Christi" nennen könne, nichts gemein mit der natürlichen Ehrbarkeit (honestas naturalis), einem Begriff aus dem Sprachraum der menschlichen Gemeinschaft (societas civilis); zweitens aber – und darin stimmte Osiander mit Ziegler überein – fingiere man vergeblich „Gesetze Christi", da Christus kein Gesetzgeber gewesen sei und im Neuen

---

[192] Observationes (Lib. I, cap. 1, ad Thesin III), obs. II, S. 143–144: „Ex quo colligere licet, I. inter Deum et hominem aliquam esse societatem, et consequenter Jus quoddam analogice tale, cum et Regis et Patris personam eminente referat, creaverit hominem ad imaginem suam, digna illa nobilitate concessa et concreata voluerit, illum tractare restitutio sese foederavit per Evangelium, beneficiis afficere intendat, et aeternum sibi unire gestiat."

[193] Observationes (Lib. I, cap. 2, ad Thesin VI), obs. I, S. 364: „... in Evangelio praeter praecepta credendi et sacramentorum, caetera, nobis scl. mandata, non esse Juris naturalis. Aut enim per jus naturale intelligit jus illud naturale primaevum in statu integritatis, cuius repetitio est Decalogus; aut intelligit jus naturale post lapsum: si primum, ut jus naturale ipsi sit jus morale, falsum est praeter mandatum credendi et Sacramentis utendi dari alia mandata de virtutibus et bonis operibus in Evangelio, cum hoc militaret contra perfectionem legis moralis sive Decalogi."

Testament kein Gesetz aufgewiesen werden könne, das sich nicht schon auf Moses zurückführen lasse [194].

In der Ablehnung der grotianischen Lehre von der „lex Christi" und im Rückbezug allen göttlichen Naturrechts auf den Dekalog trat bei Osiander der lutherische Einfluß wieder stärker in den Vordergrund; er kam vollends zum Durchbruch mit der Beschreibung des Naturrechts (qua lex moralis) als „Ordnung der Liebe" (ordo charitatis), soweit durch die Summa Matthaei und die Goldene Regel eine Verpflichtung zur Nächstenliebe (obligatio charitatis) begründet werde [195]. Ebenso wie Ziegler stellte auch Osiander in den Mittelpunkt seiner Lehre von der „charitas" den Ordnungsgedanken; er übernahm zwar nicht ausdrücklich den Begriff „lex charitatis", betonte aber, daß zwischen den „regulae juris" und den „regulae charitatis" kein Unterschied bestehe [196]. Denn wer ehrenhaft lebe, jedem das Seine zuerkenne und niemanden verletze, erfülle damit zugleich Pflichten der Nächstenliebe; außerdem sei im Dekalog sowohl das göttliche als auch das natürliche Recht enthalten, so daß, wer die Zehn Gebote beachte, damit auch die „geschuldete" Nächstenliebe übe. Rechtspflicht und Liebespflicht erhalten den gleichen Umfang [197]. Eine ähnliche Entsprechung stellte Osiander auch zwischen den Begriffen „charitas" und „justitia" her; denn wer aus der Liebe verpflichtet sei, der sei es auch von Gerechtigkeits

---

[194] Ebenda, S. 365: „Errat Author, quando dicit nihil nobis in Evangelio praecipi, quod non naturalem habeat honestatem, interim tamen ulterius nos obligari legibus Christi; tum quia, quae in Evangelio proprie sic dicto occurrunt, nihil habent commune cum naturali honestate, quae intra terminos societatis civilis subsistit; tum, quia frustra Leges Christi finguntur, cum Christus nec legislator fuerit, nec ostendi possit lex aliqua in N. Testamento, quae non ad Mosem referri debeat; tum quia ulterior aliqua obligatio non datur, quam ad ea, quae jus naturae requirit, sive Decalogus."

[195] Observationes (Lib. II, cap. 1, ad Thesin III), obs. I, S. 611: „... Quia praeterea manet ordo charitatis, ut in tali sum proximus mihi metipsi, praeprimus cum et ego possim esse constitutus in peccato mortali. Quia denique haec obligatio charitatis fundatur in hoc principio: Diliges proximum tuum ut temetipsum, et quod tibi non vis fieri alteri ne feceris."

[196] Observationes (Lib. III, cap. 13, ad Thesin IV), obs. I, S. 1506: „Frustra distinguitur inter Juris et Charitatis regulas, si de divino sit sermo."

[197] Ebenda: „Non latius patent Charitatis quam Juris regulae...; partim quia, qui observat juris regulas non solum honeste vivit, sed etiam suum cuique tribuit et neminem laedit, quo ipso Charitatis officium explet; partim quia juris divini regulae in Decalogo sunt expressae et naturalis, qui itaque Decalogum observat, ille quoque Charitatem debitam exercet, et quidem ita ut aeque late pateant tum Juris, tum Charitatis observatio."

wegen[198], und zwar aus drei Gründen: zum einen beziehe sich die
Liebe ebenso wie die Gerechtigkeit auf den Nächsten, den Mitmenschen;
zum anderen durchdringe die Gerechtigkeit im selben Maße wie die
Liebe alle Gebote der zweiten Tafel des Dekalogs, und drittens beruhten „charitas" und „justitia" auf dem gleichen Grundprinzip des „suum
cuique tribuere"[199]. Damit hatte unter dem Einfluß Zieglers auch
Osiander im Zusammenhang mit seiner Kritik an Grotius auf das Verhältnis gegenseitiger Entsprechung von Liebe, Recht und Gerechtigkeit
hingewiesen. Wenn nun Leibniz wenige Jahre später erstmals den Satz:
„Justitia est caritas sapientis" niederschrieb und von dieser Zeit an
sein ganzes Leben hindurch an dieser Bestimmung der Gerechtigkeit
als der „Liebe des Weisen" festhielt, so lag darin vor dem Hintergrund
jener Auseinandersetzung protestantischer Rechtstheologen und Rechtsphilosophen mit dem Naturrechtsgedanken des Grotius ein klares und
eindeutiges Bekenntnis Leibnizens zur Lehre vom christlichen Naturrecht, in deren Mittelpunkt die Nächstenliebe aus der Gerechtigkeit
und die Gerechtigkeit aus der Nächstenliebe standen[200].

Die Kommentar-Literatur zum „Ius Belli ac Pacis" setzte sich noch
über Leibniz hinaus bis weit in das 18. Jahrhundert hinein fort[201]. So
stand neben Johann vom Felde, Heinrich Boecler, Caspar Ziegler und
Johann Adam Osiander eine ganze Reihe weiterer Kommentatoren[202],
von denen ein großer Teil unter dem Einfluß Pufendorfs bereits das

---

[198] Observationes (Lib. II, cap. 17, ad Thesin IX), obs. I, S. 1050: „Qui tenetur ex Charitate, tenetur etiam ex Justitia certa ratione."

[199] Ebenda, S. 1051: „Nam qui tenetur ex charitate, ille tenetur quoque ex
justitia, idque ideo, quia (1) ut Charitas respicit proximum et est ad alterum, ita
quoque Justitia et vicissim; (2) quia sicut Justitia sese diffundit per omnia praecepta secundae Tabulae, ita quoque Charitas, ut consequenter, qui peccant, contra
unum nempe Justitiam, peccet quoque contra alterum, nempe Charitatem, denique
(3) quia Justitia et Charitas eodem gaudent fundamento, principio et basi, nempe
suum cuique tribuendum esse."

[200] Die Vermutung Hans *Welzels* (Naturrecht und materiale Gerechtigkeit, 4.
Aufl., Göttingen 1962, S. 152), die Leibnizschen Anschauungen über das Naturrecht
seien „weit stärker antik als christlich bestimmt", trifft also nicht zu.

[201] Vgl. dazu Ernst *Reibstein*, Deutsche Grotius-Kommentatoren bis zu Christian Wolff, in: Z. f. ausl. öff. Recht und Völkerrecht 15, 1953–1954, S. 76–102.

[202] Zu den bedeutendsten Grotius-Kommentatoren gehörten außerdem Johann
Wolfgang Jäger, Christfried Wachtler, Johann Georg Simon, Johann Reinhard
Hedinger, Samuel Schurzfleisch, Johann Christoph Becmann, Jacob Gronovius,
Johann Tesmarus und Ulrich Obrecht. Vgl. darüber Jac. Friedrich *Ludovici*, De-
lineatio historiae juris naturalis, 2. Aufl. Halle 1714, § XXIIX, S. 50–53.

grotianische Sozialitätsprinzip in seiner säkularisierten Form zu billigen, ja zu verbreiten begann und ein im Wesen des Menschen begründetes „jus naturae" anerkannte, dessen Rechtsverbindlichkeit nur noch aus dem göttlichen Willen abgeleitet werden könne. Zu ihnen gehörte auch der bedeutende Straßburger Staatsrechtslehrer Johann Georg *von Kulpis*[203] mit seinem aus 15 Exercitationes bestehenden „Collegium Grotianum", ein Werk, das sich unter der akademischen Jugend insbesondere wegen seiner prägnanten Kürze außerordentlicher Beliebtheit erfreute[204]. Kulpis vertrat noch die Ansicht, man könne die innerhalb der Lehre vom christlichen Naturrecht aufgetretenen Widersprüche und Meinungsunterschiede – vor allem zwischen dem Aristotelismus und der Orthodoxie – aufheben und zu einer Einheit verbinden[205], obwohl er in einer Anmerkung Pufendorf darin folgte, daß dieses Problem eigentlich in das Gebiet der Moraltheologie gehöre[206]; er fügte jedoch hinzu: „... quamvis non ignorem, habere alios quod desiderent!" Ob Kulpis sich damit unmittelbar auch auf Leibniz beziehen wollte, läßt sich nicht feststellen. Gleichwohl ist immerhin auf-

---

[203] Johann Georg *von Kulpis* (1652–1698), geboren zu Alsfeld am 19. Dezember 1652, studierte die Rechtswissenschaften in Gießen und Straßburg und wurde im Jahre 1683 daselbst zum ordentlichen Professor juris publici ernannt. 1686 berief man ihn an den württembergischen Hof und übertrug ihm das Amt eines Konsistorialdirektors und Geheimen Raths zu Stuttgart. 1694 erhielt er vom Kaiser das Adelsprädikat und nahm noch ein Jahr vor seinem Tode an den Friedensverhandlungen zu Rijswyk teil. Er starb am 2. September 1698. (Vgl. dazu *Jöcher*, a.a.O., Bd. 2, Sp. 2183–2184.)

[204] „Collegium Grotianum, super Jure Belli ac Pacis, anno 1682 in Academia Giessensi XV. Exercitationibus primum institutum", Gießen 1686. – *Thomasius* (Historia Juris Naturalis, cap. VI, § LI, S. 127) urteilte darüber: „Imprimis Kulpisii Collegium Grotianum valde commendandum, partim ob brevitatem et perspicuitatem, partim quod controversias juris naturae succincte proponat, & erudite definiat; partim quod ipse Kulpisius, dum simulat, quod in Grotium commentari velit, subinde tamen noviores doctrinas Pufendorfii introducat et defendat" (welch letzteres dem Thomasius offenbar besonders verdienstvoll erschien!).

[205] Collegium Grotianum, § VI, S. 3–4: „Aliud dicendum puto de his, qui fundamentum constituunt, vel in culto divino (Zentgrav), vel amore Dei et hominis (Hopper, Hugo de Roy), vel aliud ex conformatione creaturae rationalis cum creatore (Zentgrav), aut comparatione ad Decalogum (Calixt, Boecler), vel ex fine mundi conditi (Velthuysen) repetunt. Possunt enim hae sententiae omnes usurpari et ad concordiam facile redigi, quamvis non ignorem, habere alios quod desiderent."

[206] Ebenda, S. 4 (Anmerkung): „Cl. Pufendorfius priores quattuor opiniones rectius Theologiae moralis, quam juris naturalis fundamentum exponere putat."

fällig, daß eben gerade Leibniz in seiner Naturrechtslehre jene vier von Kulpis angeführten Begründungsweisen des „jus naturale": „in culto divino", „in amore Dei et hominis", „ex conformatione creaturae rationalis cum creatore" und „ex fine mundi conditi" vom Standpunkt des lutherischen Aristotelismus aus miteinander in Einklang zu bringen suchte. Die Anregungen dazu fand er vor allem bei den Grotius-Kommentatoren vom Felde, Boecler, Ziegler und Osiander, deren einflußreiche, später selbst von den Schülern des Thomasius noch auffallend häufig zitierten Schriften die erste Wurzel eines nicht mehr streng konfessionalistisch, sondern allgemein rechtsphilosophisch orientierten „jus naturae secundum disciplinam Christianorum" bildeten.

2. Abschnitt

DIE LEHRE VOM CHRISTLICHEN NATURRECHT IN DER AUSEINANDERSETZUNG MIT THOMAS HOBBES

Gleichzeitig, jedoch nahezu unabhängig von der Kritik kontinentaler Rechtsphilosophen an der „Säkularisierung" das Naturrechts durch Grotius, entfaltete sich in Verbindung mit dem späthumanistischen Neuplatonismus und einer Rezeption scholastischer Gedanken, wie der „religio naturalis" und der Vorstellung, daß der Grund allen Rechts in der Weisheit und Güte Gottes liege, eine zweite Tradition der Lehre vom christlichen Naturrecht in England, die sich alsbald in einen scharfen Gegensatz zu den Anschauungen des Begründers neuzeitlichen Positivismus', Thomas Hobbes, gestellt sah. Am Anfang dieser Überlieferung und noch stärker in der Auseinandersetzung mit Grotius als mit Hobbes stand zunächst ein „Außenseiter": der Rechtsgelehrte und Politiker John Selden, welcher das Naturrecht einzig den biblischen Weisungen des Alten Testaments zu entnehmen versuchte. Erst die Philosophen der „Cambridger Schule", Ralph Cudworth und Henry More, und nach ihnen der Jurist Robert Sharrock, entwickelten den Gedanken eines christlichen Naturrechts in beständiger Antithese zur Anthropologie und Staatslehre von Hobbes. Ihnen folgte, allerdings ohne eine klare Stellungnahme zu Hobbes, der schottische Arzt und

Theologe Thomas Burnet, der in seiner christlichen Pflichtenlehre gegen Selden und in entfernter Anlehnung an Grotius die „Lex Christi" wieder in den Mittelpunkt rückte. Auf der Grundlage dieser Tradition gelang es schließlich dem Theologen Richard Cumberland, die Hobbesschen Thesen endgültig und für die englische Moralphilosophie bis hin zu Adam Smith verbindlich zu verdrängen, indem er – anders als Selden – zunächst mit Hilfe des Prinzips der natürlichen Erkenntnis die „Leges naturae" aus der empirischen Erfahrung Gottes, der Welt und des Menschen ableitete und neben das göttliche Recht die Offenbarung stellte, um nachträglich ihre Übereinstimmung nur um so deutlicher hervortreten zu lassen.

Diese aus der Kritik an Hobbes in England hervorgegangene christliche Naturrechtstradition wurde in der zweiten Hälfte des 17. Jahrhunderts vor allem durch Samuel Rachel [207] und seinen Schüler Daniel Ringmacher [208] der kontinentalen Rechtsphilosophie in ihren Grundzügen zur Kenntnis gebracht und damit nicht zuletzt auch Leibniz vermittelt. Abgesehen von dieser indirekten Wirkung, läßt sich ein unmittelbarer Einfluß auf die Leibnizsche Naturrechtslehre allerdings nur bei der Cambridger Schule durch Cudworth und More über den königlich-französischen Hofrat Henry Justel [209] nachweisen. Man muß sich jedoch gerade bei Leibniz, einem ebenso belesenen wie kritischen Geist, davor hüten, allzuviel auf die Erwähnung oder Unterschlagung eines bestimmten Namens zu geben. Zudem hat insbesondere dieser Teil der Untersuchung nur die Aufgabe, die Leibnizschen Gedanken in ihre ideengeschichtliche „Umwelt" hineinzustellen, nicht aber den quellenkritischen Nachweis für eine ganz bestimmte Vorläuferschaft zu erbringen.

---

[207] Vgl. Samuel *Rachel*, De Jure Naturae et Gentium dissertationes, Kiloni 1686, diss. prim. de Jure Naturae, § C – CIV, S. 98–106, über *Selden, Sharrock* und *Cumberland;* der Abschnitt beginnt mit den Worten: „Cum vero prae aliis JCti et Theologi quidam Angli in dirigendis Legibus Naturalibus se exercuerint, alios adibimus. Primum inter eos locum meretur Joannes Seldenus ..."

[208] Der Ulmer Jurist Daniel *Ringmacher* (1662–1728) veröffentlichte im Jahre 1693 vier Dissertationen über Cumberland unter dem Titel „Cumberlandus illustratus, sive disquisitio philosophica de Lege Naturae fundamentali ad mentem Rich. Cumberlandi instituta", Ulm 1693.

[209] Vgl. dazu die Briefe Henri *Justels* an Leibniz aus den Jahren 1677–1679 (A I-2, 285, 287, 297, 504) und ein Billet seines Hamburger Buchhändlers Gottfried *Schultze* vom 10. September 1679 (A I-2, 518).

A. John Selden (1584–1654)

Die beiden großen geistigen Bewegungen des 16. Jahrhunderts, Humanismus und Reformation, hatten schon sehr früh auch das kulturelle und religiöse Leben in England erfaßt und neu gestaltet. Darin lag – ebenso wie auf dem Festland – zugleich die Ursache für eine Wandlung des Rechtsgedankens zur Lehre vom natürlichen Recht des Menschen, wie sie sich nicht nur bei Grotius, sondern fast gleichzeitig auch im Naturrechtsverständnis des englischen Juristen John *Selden* vollzog. Auch Selden hatte wie Grotius in seiner Jugend eine gründliche Ausbildung in den „Humaniora" erfahren und sich dabei ein tief religiöses Bewußtsein von der göttlichen Schöpfung aller Dinge erhalten. Zudem fand Selden in England nahezu die gleichen geistigen Bedingungen vor wie Grotius in Holland, jedoch mit einem bedeutsamen Unterschied: nicht die rational-deduktiven Systeme der spanischen Spätscholastik, sondern der Empirismus Bacons bestimmte die Richtung seines Denkens. So erschien ihm das Naturrecht nicht als „dictamen rectae rationis", sondern als Ausdruck und Grundlage einer konkret-geschichtlichen Rechtsordnung, in die es durch göttlichen Befehl eingestiftet worden war. Damit hatte Selden, offenbar ohne es selbst zu bemerken, im Vergleich zu Grotius genau den entgegengesetzten Weg eingeschlagen und das „jus naturale" wieder mit dem alten scholastischen „jus divinum naturale" verbunden, ein Gedanke, den Grotius folgerichtig von vornherein außer Betracht lassen mußte[210].

John Selden wurde am 6. Dezember 1584 in Salvington, einem Dorfe in der Grafschaft Sussex, geboren. Nachdem er sich in Chichester und Oxford weitreichende Kenntnisse in den alten Sprachen, in Geschichte und Theologie erworben hatte, ging er im Jahre 1612 nach London und studierte in den Colleges Clifford und Temple Rechtswissenschaft. Sein unbändiger Freiheitsdrang und ein ausgeprägtes Gerechtigkeitsempfinden verschafften ihm bald viele Feinde, vor allem unter der Geistlichkeit. Angesichts der Verelendung des englischen Bauernstands führte er im Jahre 1618 mit einer Schrift über den Zehnten den Nachweis, daß die Steuerpflicht nicht aus göttlichem Recht bestehen könne. Andere unbedachte Äußerungen brachten ihn mehrfach ins Gefängnis. Gleichwohl wählte ihn die Universität Oxford zu ihrem Abge-

---

[210] Vgl. zur Naturrechtslehre John Seldens von allem H. F. W. *Hinrichs,* Geschichte der Rechts- und Staatsprinzipien, Bd. 1, Leipzig 1848, S. 107–113.

ordneten im Parlament und später zum Kurator. Schließlich ernannte man ihn auch zum Archivverwahrer im Tower und zum Bevollmächtigten der Admiralität. In diesen Ämtern starb er am 30. November 1654 [211].

In die Geschichte des Völkerrechts ist John Selden mit seiner Schrift „De mare clauso" aus dem Jahre 1636 vor allem als ein entschiedener Gegner von Grotius eingegangen. Bei näherer Betrachtung zeigt sich jedoch, daß Selden diesen Traktat zur Verteidigung der englischen Seeherrschaft auf einen Befehl Jacobs I. nicht nur höchst widerwillig geschrieben, lange Zeit unbearbeitet liegen gelassen und erst nach erneuter Aufforderung unter Karl I. vollendet hat [212], sondern daß er sich im Gegenteil nach seinem eigenen Bekenntnis sogar zu den eifrigsten Bewunderern des Grotius zählte [213]. So verfaßte er auch sein rechtsphilosophisches Hauptwerk „De Jure Naturali et Gentium juxta Disciplinam Ebraeorum" [214] nicht zuletzt in der Absicht, Grotius nachzueifern [215] und dem „Ius Belli ac Pacis" ein ebenso einflußreiches Lehrbuch des Naturrechts zur Seite zu stellen. Zunächst stimmte Selden auch in einer grundlegenden Voraussetzung noch mit Grotius überein: er bezog das Naturrecht allein auf den Menschen im Recht [216] und verstand darunter die Summe aller Rechte und Pflichten, die für das ganze Menschengeschlecht einheitlich gelten [217]. So bildete für ihn das Natur-

---

[211] Zur Biographie Seldens siehe *Jöcher*, a.a.O., 4. Bd., Sp. 489–491.

[212] Schon seine Freiheitsliebe, die sich selbst in seinem Wahlspruch:"περὶ πάντος τὴν ἐλευθερίαν`` äußerte, verbot es Selden, „de mare clauso" zu schreiben.

[213] „Atque in horum primariis habendus est Hugo Grotius, qui in eximiis de Jure Belli ac Pacis libris ... ipsam Ebraeorum, quam exhibituri sumus, disciplinam e Talmudicis tangit, aliaque ex eorum scitis ad augendam etiam nonnullis Christianismi rebus lucem prudenter adfert." (De Jure Naturali, Lib. I, cap. 2, S. 35). „Id quod etiam maxime liquet ex incomparabili illo viri Amplissimi Hugonis Grotii opere de Jure Belli ac Pacis ..." (De Jure Naturali, Lib. I, cap. 10, S. 123).

[214] „De Jure Naturali et Gentium juxta Disciplinam Ebraeorum libri septem", London 1640; zitiert wird nach einer späteren Ausgabe, Straßburg 1665.

[215] Dieser Ansicht ist auch *Ludovici*, a.a.O., § XLIII, S. 71: „Scripsit autem Seldenus opus suum, judice Boeclero in praefat. Comm. Grot. erudita et modesta aemulatione Grotiani operis, eique civiliorem dedit titulum, quam Grotius foetui suo."

[216] De Jure Naturali, Lib. I, cap. 5, S. 73: „Et bene sane Isidorus, Gratianus, alii, Jus Naturale esse, definiunt, quod est commune omnium nationum, id est, hominum dumtaxat, non omnium animalium."

[217] De Jure Naturali, Lib. I, cap. 4, S. 43: „Jus Hominum Naturale seu Universale ex Aliorum Animantium actibus, ac usu non omnino eliciunt Ebraei, neque Jus aliquod Hominum, ac Brutorum commune agnoscunt, nec poena sic proprie

recht ein Recht der Menschheit, ein allgemeines Recht: „Et Jus Naturale ita significat heic quod Jus Mundi seu Universale[218]." Noch bis zu Leibniz und Christian Wolff sollte diese Gleichung: „jus naturale = jus universale", den Naturrechtsgedanken unverändert kennzeichnen. Bei der Frage nach dem Entstehungsgrund des Naturrechts jedoch wich Selden bereits ganz eindeutig von der Ansicht des Grotius ab. Er mißtraute der rechten Vernunft (recta ratio) und zweifelte vor allem daran, daß zwar ein „richtiges", aber darum doch immer noch subjektives Urteil Normen aufstellen oder auffinden könne, die als natürliches Recht mit allgemeinverbindlicher Wirkung ausgestattet seien[219]. Damit blieb für Selden nur die „Rückkehr" zum Voluntarismus, zum Prinzip willkürlicher Festsetzung und Einstiftung des Rechts aufgrund eines höheren Befehls[220]. Er unterstellte so das Naturrecht wieder unmittelbar der Herrschaft Gottes (Imperium Numinis sanctissimi)[221] und verstand es als eine besondere Form des „jus divinum"[222]. Das natürliche Recht enthalte die Spuren, Wege, Gebote, Worte oder Befehle Gottes[223]; es wurde bei Selden zum Inbegriff biblischer Weisung.

Der Glaube an den unmittelbar göttlichen Ursprung des Naturrechts und die Überzeugung, daß die Vernunft zu trügerisch sei, um das Naturrecht allgemein und verbindlich sichtbar zu machen, führten Selden zu der Erkenntnis, einzig empirisch: aus einer konkret-geschicht-

---

dicta Bruta affici. – Interseritur de Libertatis, Juris, Obligationis, Poenae, Permissionis, & Actuum, sive hominum, sive Brutorum, Notionibus, quatenus earum heic usus necessarius, dissertatio."

[218] De Jure Naturali, praef.; vgl. auch Lib. I, cap. 3, S. 38.

[219] De Jure Naturali, Lib. I., cap. 7, S. 85: „Ex Rationis solo & simpliciter sumto usu, tum quia adeo incertus est & sibi inconstans tum quia sine Superiori, cui subsit, imperio obligationem non inducit, non rite satis edisci Jura Naturalia."

[220] De Jure Naturali, Lib. I, cap. 8. S. 94: „... restat ut de quarto illo modo, quo Jura Naturae indigantur & designari velut a Causa efficiente solent, videamus. Id est, de Naturae seu Numinis sanctissimi Imperio, Autoritate atque indicatione."

[221] De Jure Naturali, Lib. I, cap. 8, S. 93: „Ex Naturae Parentis seu Numinis sanctissimi Imperio atque Indicatione orta hominibus esse Jura Naturalia seu Universalia, cum Philosophis aliquot, patribus Christianis, et Jurisconsultis etiam nonnullis Caesareis, statuere Ebraeos."

[222] De Jure Naturali, Lib. I, cap. 8, S. 103: „Nimirum Jus proprie dictum omnimodum est, aut Divinum, aut Humanum. Divinum seu ab ipso Numine immediate indicatum, praestitutum imperatumque, aut Naturale est, quale jam memoravimus, ipsisque hominum initiis coaevum, aut Positivum seu recentius in utroque foedere adjectum."

[223] De Jure Naturali, Lib. I, cap. 8, S. 100: „Jura Naturalia seu Universalia ita Numinis Vestigia, Via, Mandata, Verba seu Dictata sunt."

lichen Rechtsordnung heraus, lasse sich das „jus naturale" verstehen,
und lenkten sein Interesse auf die alttestamentlichen Gottesgesetze der
Hebräer. Allerdings war die Tatsache, daß Gott den Israeliten Gesetze
gegeben hatte, die als unmittelbar geltendes göttliches Recht angewandt
wurden, ebenso schwer zu bestreiten, wie ihr naturrechtlicher Charakter und ihre allgemeine Geltungskraft bewiesen werden konnten. Deshalb stellte Selden bereits im Vorwort erklärend fest, das „jus naturale" umfasse von den Sitten und Gebräuchen der Hebräer nur diejenigen Rechtssätze, die von allen Menschen und Völkern und zu jeder Zeit als Recht der Menschheit angesehen worden seien[224]. Dabei
war sich Selden sowohl der Originalität, als auch der Fragwürdigkeit
seines Vorhabens vollkommen bewußt[225]. Er begründete jedoch seine
Entscheidung für die „disciplina Ebraeorum" als Ort und Hort des
natürlichen Rechts nicht zuletzt auch mit dem Alter, der Würde und
dem gottesrechtlichen „Vorrang", welche die Satzungen der Hebräer
vor denen anderer Völker auszeichneten[226].

Innerhalb des Naturrechts nach der Ordnung der Hebräer unterschied Selden das „jus naturale obligativum" vom „jus naturale permissivum"[227]. Das von Gott mit absoluter Verpflichtungskraft ausge-
rüstete „jus naturale obligativum"[228] enthalte sowohl allgemeine
Rechtsgrundsätze wie „pactis et formulis civiliter initis standum" und
„fidem servandam"[229], als auch aus dem „Recht der Noachiden", wie

---

[224] De Jure Naturali, praef.: „Jam vero Naturalis vocabulum, in Titulo, id
tantum indicat, quod ex Ebraeorum, seu Ecclesiae aut Reipublicae veteris Ebraicae,
Placitis, Sententiis Moribusque, tam in Foro quam in Scholis, receptis avitisque,
pro Jure Mundi seu omnium Hominum omnino datumque tum Gentium tum
Aetatum Communi, etiam ab ipso rerum condito, est habitum."

[225] De Jure Naturali, praef.: „Titulus, quantum scio, plane novus est, etiam
hactenus tam inauditus quam incompertus. ... De Jure Naturali et Gentium
quidem agitur; sed non simpliciter sic dicto. Adjicitur, juxta Disciplinam Ebraeorum; quae Tituli est Novitas."

[226] De Jure Naturali, praef.: „Agitur dein de Gentis Populive Ebraici Vetu-
state, Dignitate ac Praerogativa olim prae cunctis aliis eminentissima, ac de
Barbarice Philosophiae (cuius Ebraica pars eximia) veluti Occidentis Magistrae
praestantia."

[227] De Jure Naturali, Lib. I., cap. 8, S. 103.

[228] De Jure Naturali, Lib. I., cap. 8, S. 104: „Quod sane de Juris Naturalis
Obligativi capite aliquo dictum, rationi perquam est dissonum. Nam quatenus
ejusdem Juris capita obligant, id est, quatenus eorum obligatio intelligitur juxta
id, quod voluit Deus legislator, omnimodam plane superant hominum potestatem
nex Rationis eorum incerto omnino subjacent."

[229] De Jure Naturali, Lib. I, cap. 8, S. 105.

Selden das „jus naturale" der Hebräer nannte, sieben Hauptverbote
(capita), von deren Beachtung alle Gerechtigkeit abhänge[230]. Die ersten beiden Gesetze des natürlichen Rechts, die Verbote des Götzen-
dienstes und der Gotteslästerung, regeln das Verhältnis des Menschen
zu Gott; vier weitere Interdikte: Mord, Inzest, Raub und Ungehor-
sam gegenüber der Gerichtsbarkeit, bestimmen die Beziehungen der
Menschen untereinander, des Einzelnen zu seinem Nächsten. Das siebente Gesetz endlich verbietet eine sinnlose Grausamkeit gegenüber
anderen Lebewesen[231]. Das „jus naturale permissivum" hingegen, obwohl ebenfalls ab initio von Gott dem menschlichen Wesen eingestiftet,
erlaube den Menschen nach ihrer Vernunft oder aufgrund einer Übereinkunft selbständig zu handeln, Verordnungen zu erlassen, Verträge
zu schließen, kurz: innerhalb der Grenzen des göttlichen Naturrechts
aktiv am Rechtsleben teilzunehmen[232]. Zu diesem Bereich rechnete
Selden auch das Völkerrecht (jus gentium)[233].

Obwohl sich Selden zu Beginn seines Werkes noch ausdrücklich vorgenommen hatte, nur über das allgemein verbindliche Recht der Hebräer als dem „jus naturale" zu berichten, verführte ihn seine ungewöhnliche Gelehrsamkeit bald zu weitschweifigen Erörterungen un-
wichtiger Einzelprobleme des alttestamentlichen Rechts, die mit dem
Naturrecht in keinem auch nur entfernten Zusammenhang mehr standen. Diese Weitläufigkeit hat der Nachwirkung des Werkes sehr geschadet und ihm die sicher nicht ganz unberechtigte Kritik Ludovicis
eingetragen, Selden habe eher das positive Gottesrecht als das Naturrecht dargestellt[234]. Insbesondere wandte bezeichnenderweise auch
Pufendorf ein, daß Selden weder die Gründe des Rechts oder die

---

[230] De Jure Naturali, praef.

[231] De Jure Naturali, Lib. I, cap. 10, S. 116.

[232] De Jure Naturali, Lib. I, cap. 8, S. 104: „Permissivi autem Juris Naturalis
actus, qua huc spectant, duplicis erant generis; aut qui hominum singulis arbitrio
naturaliter seu a Numine relicti, humana aliqua constitutione, pacto, moribus
aliterve ab hominibus coerciti non sunt, aut qui sic ex ratione & consensu inito
coerciti sunt ac illiciti facti, tametsi tum singulis antea pariter liciti essent, tum
postea, pro diversa hominum potestate; ratione & consensu fieri possent rursus
liciti."

[233] De Jure Naturali, Lib. I, cap. 6, S. 74–85.

[234] Jac. Fr. *Ludovici*, a.a.O., § XLIV, S. 72–73: „Addendum tamen et hoc
est, Seldenum non tam jus naturae, quam potius jus positivum sibi tractandum
sumsisse, quia Rabbini se in speciali Dei revelatione quoad adducta praecepta
fundant."

Grundsätze moralischen Handelns untersucht noch das Naturrecht aus einem dieser Prinzipien abgeleitet, sondern lediglich die Meinungen einiger hebräischer Gelehrter wiedergegeben habe[235]. Andererseits vermerkte sogar noch Theodor Pauli es als besonderes persönliches Verdienst Seldens, daß er mit seinem Werk die Beschreibung des Naturrechts „juxta disciplinam Christianorum" überhaupt erst ermöglicht habe[236]. So steht John Selden – im Rückblick zumindest mittelbar – am Anfang jener Tradition des Naturrechts nach christlicher Lehre, die von Boecler zu Boineburg und Rachel, zu Zentgrav und Prasch sowie letztendlich auch zu Leibniz führte.

B. *Ralph Cudworth (1617–1688) und Henry More (1614–1687)* *(Die Cambridger Schule)*

Der lebhaften Auseinandersetzung um die Naturrechtslehre John Seldens innerhalb der kontinentalen Rechtsphilosophie stand nur eine geringe Nachwirkung in England gegenüber[237]. Hier befand sich seit dem Tode der Königin Elisabeth I. im Jahre 1603 das gesamte öffentliche Leben in einem nahezu bürgerkriegsähnlichen Zustand. Die Anhänger des Staatskirchentums, des feudalistischen Verfassungssystems und der Restauration alter Adelsprivilegien bekämpften erbittert die immer erfolgreicheren Bestrebungen der Puritaner und reformwilligen Bürger. Im Schatten persönlicher Fehden und Intrigen konnten sich Unterdrückung und Korruption, zügelloser Ehrgeiz und grenzenlose Habgier ungehindert entfalten. An dieser „Rechtswirklichkeit" war Selden freilich trotz der Lehren Bacons vorbeigegangen, als er das Naturrecht in der Rechtsordnung der Hebräer zu ermitteln suchte. Zur empirisch-rationalen Analyse jener Verfallserscheinungen bedurfte es

---

[235] Samuel *Pufendorf*, Eris scandica, Frankfurt a. M. 1686, S. 200, § 1.

[236] Zitiert bei *Ludovici*, a.a.O., § XLIV, S. 73: „Placent valde, quae in hanc rem disserit Dn. Pauli, Professor juris Regiomontanus celeberrimus de ver. jur. & jurispr. princ. p. 2. qu. 12. inf. Dum. Seldenus, inquit, multo labore jus naturae et gentium juxta disciplinam Hebraeorum tradidit, viam aliis monstravit, commentandi in jus N. & G. juxta disciplinam Persarum, Graecorum, Romanorum, Germanorum & c. Quinimo illustrissimum Baronem Boineburgium excitavit, ut Rachelium litteris sollicitarit, ad scribendum de J. N. & G. juxta disciplinam Christianorum, v. Rachelii dissert. de J. N. & G. n. 101."

[237] Nur *Cumberland* nahm – soweit ersichtlich – in seiner „De Legibus Naturae Disquisitio Philosophica", Dublin 1720, noch gelegentlich zu Selden Stellung: vgl. Prolegomena, § I u. III.

eines genialeren, ebenso phantasiebegabten wie scharfsinnigen Geistes, der sich nicht scheute, allein um der vielfach ersehnten Rechtssicherheit willen aus der vorgefundenen politischen Lage für seine Rechts- und Staatslehre Argumente zu gewinnen und Folgerungen zu ziehen, die schon seit der Antike als widerlegt galten. Eben diese Verselbständigung der Ordnungs- und Schutzfunktion des Rechts vor den Prinzipien der Gerechtigkeit und Freiheit kennzeichnet den „Naturrechtspositivismus" des englischen Philosophen Thomas *Hobbes*[238].

Man hat den Hobbesianismus oft zu verteidigen gesucht, noch häufiger angegriffen und dabei vielfach auch mißverstanden[239]. Daß Hobbes beispielsweise die menschliche Sozialnatur nicht erkannt und wie Grotius das aristotelische Sozialitätsprinzip in den Mittelpunkt seiner Naturrechtslehre gestellt habe, konnte ihm im Hinblick auf die sichtbare Auflösung der staatlichen Einheit Englands, „occasioned by the disorders of the present time"[240], nicht zum Vorwurf gemacht werden. Die Gemeinschaftlichkeit war für Hobbes eben nicht Selbstzweck menschlichen Handelns, sondern nur ein Mittel zur individuellen Selbsterhaltung, zur Wahrung des allgemeinen Rechtsfriedens und zur Verteidigung persönlicher Güter[241]. Ebenso hat man dem Gedanken, daß der Mensch des „bellum omnium contra omnes" sich in einem „vorrechtlichen" Naturzustand befinde und erst nach dessen Beendigung durch den Abschluß eines Herrschafts- und Unterwerfungsvertrages, also nur innerhalb der staatlichen Ordnung ins Recht gestellt

---

[238] An neuerer Literatur zu *Hobbes* beachte: Leo *Strauß,* The political philosophy of Thomas Hobbes, its basis and genesis, 1936. – R. *Polin,* Politique et Philosophie chez Thomas Hobbes, Paris 1953. – N. *Bobbio,* Legge Naturale e Legge Civile nella Filosofia Politica di Hobbes, 1954. – H. *Welzel,* Naturrecht und materiale Gerechtigkeit, 4. Aufl. 1962, S. 114-123. – Walther *Schönfeld,* Grundlegung, S. 280 ff. – Kurt *Schilling,* Naturrecht, Staat und Christentum bei Hobbes, ZphF. II, 1948, S. 275 ff. – Peter Cornelius *Mayer-Tasch,* Thomas Hobbes und das Widerstandsrecht, Tübingen 1965.

[239] Vor allem in den deutschen Hobbes-Darstellungen begegnet man immer wieder der mißverständlichen Übersetzung von „Natural Right" als „Naturrecht" und „Law of Nature" als „Naturgesetz", obwohl Hobbes mit dieser begrifflichen Unterscheidung nur auf die Wesensverschiedenheit von „subjektivem" und „objektivem" Natur*recht* hinweisen wollte. Mit dem Terminus „Naturgesetz" allein läßt sich die Tradition des objektiven Naturrechts auch bei Hobbes keineswegs ausreichend erfassen. (Neuerdings wieder bei Peter Cornelius *Mayer-Tasch,* a.a.O., S. 22–24.)

[240] Leviathan, Conclusion (Everyman's Library, ed. by A. D. Lindsay, London 1959, S. 391).

[241] De Cive, cap. I, § 2.

werde, wiederholt ein grundsätzliches Bekenntnis gegen die „wächterliche Aufgabe" des Naturrechts entnehmen zu müssen geglaubt, ja darüber hinaus vom idealistischen Standpunkt die Möglichkeit einer „naturrechtlichen" Interpretation dieser „naturalistisch-positivistischen" Rechtslehre sogar allgemein in Frage gestellt [242]. Gewiß, als Natur-„rechte" (jura naturae) wollte Hobbes nur die natürlichen Befugnisse und Freiheiten des Menschen im vorstaatlichen Bereich gelten lassen. Andererseits führte auch er ebenso wie Grotius recht eigentlich nur die spätscholastische Tradition des objektiven Naturrechts fort, wenn er das natürliche Gesetz (lex naturalis, Natural Law) als das Gebot der rechten Vernunft (dictamen rectae rationis, Rule of Reason) bestimmte [243]. Vor allem gebiete die Vernunft dem Menschen, mit dem Stärkeren zum Zwecke der Selbsterhaltung einen Sozialvertrag abzuschließen; aus diesem allgemeinen und höchsten natürlichen „Gesetz" leitete Hobbes eine Vielzahl naturrechtlich begründeter Einzelpflichten (leges naturales, Laws of Nature) ab, die der Wahrung des vertraglich gesicherten Rechtsfriedens dienen sollten [244]. Als Regeln der Vernunft habe Gott selbst in seiner unbeschränkten Machtvollkommenheit die natürlichen „Gesetze" aufgerichtet und, soweit er durch die Natur herrsche, als „lex divina (naturalis)" zur Grundordnung im „natürlichen Reich Gottes" ausgestaltet [245]. Daraus ergab sich für Hobbes notwendig sowohl eine Anerkennung der „leges naturales" vor dem „forum internum" schon innerhalb des Naturzustandes [246], als auch ihr Vorrang vor dem „jus humanum" der Staatsgewalt innerhalb des Vertragszustandes [247]. Jedoch billigte Hobbes der Staatsgewalt nicht nur eine schrankenlose Gesetzgebungsbefugnis im Bereich des menschlichen Rechts zu – analog der göttlichen Allmacht zur willkürlichen Festset-

---

[242] Noch in hohem Alter äußerte Hobbes am Ende der lateinischen Ausgabe seines Leviathan, der einzige Zweck seines ganzen Werkes habe in dem Nachweis bestanden, daß unter keinem Vorwand die Verletzung eines positiven Gesetzes entschuldigt werden könne. (Leviathan, cap. 47; zitiert bei H. *Welzel*, a.a.O., S. 115.)

[243] De Cive, cap. II, § 1; Leviathan, P. I, cap. XIV, p. 116: „Est igitur lex naturalis dictamen rectae rationis circa ea, quae agenda vel omittenda sunt ad vitae membrorumque conservationem, quantum fieri potest, diuturnam". – Vgl. Fußnote 25.

[244] De Cive, cap. III; Leviathan, P. I, cap. XV.

[245] De Cive, cap. XV, § 8 ff; Leviathan, P. II, cap. XXXI: „The Kingdom of God by Nature." – Vgl. De Cive, cap. IV: „Quod lex naturalis est lex divina."

[246] De Cive, cap. III, § 27–29, cap. XIV, § 9; Leviathan, P. I, cap. XV.

[247] De Cive, cap. XIV, § 3.

zung der „leges naturales" –, er räumte dem Staat zugleich auch das
Recht zur authentischen Interpretation der natürlichen Gesetze ein,
um einer durch individuelle Auslegung hervorgerufenen Störung des
Rechtsfriedens vorzubeugen[248]. Damit war der Naturrechtsgedanke
seiner legitimierenden und normierenden Funktion beraubt, dem Prinzip der „ratio status" untergeordnet und durch den Machtgedanken
mediatisiert; er erhielt in dieser Verbindung einen geradezu antinatur-
rechtlichen Effekt, gegen den sich in der Hauptsache die zeitgenössische
Kritik, vor allem auch Leibnizens[249], richtete, wenn sie Hobbes vorwarf, er habe Recht und Macht nicht voneinander unterschieden.

In England hatte sich schon bei der Auseinandersetzung mit Bacon
der späthumanistische Neuplatonismus als besonders wirksam und geeignet erwiesen, die Baconsche Trennung von Wissen und Glauben zu
überwinden und im Rückgriff auf die Lehre von der „theologia naturalis" die Übereinstimmung der christlichen Offenbarung mit der Vernunft erneut unter Beweis zu stellen (Herbert von Cherbury). Gleichzeitig bildete der Neuplatonismus das entscheidende Gegengewicht gegen den religiösen Dogmatismus der puritanischen Partei. Diese dop-
pelte Frontstellung verhalf den Lehren Platons bereits in der ersten
Hälfte des 17. Jahrhunderts zu ungewöhnlicher Popularität, vor allem
unter den Philosophen und Theologen der Universität Cambridge
(sog. Cambridger Schule), noch bevor Hobbes im Jahre 1642 seine
„Elementa philosophica de Cive" erstmalig veröffentlichte. Stellte
aber die Cambridger Schule innerhalb Englands schon damals die wohl
einflußreichste philosophische Autorität dar, dann mußte Hobbes der
Antagonismus zweier ihrer verdientesten Förderer, Ralph Cudworths
und Henry Mores[250], besonders hart treffen, zumal beide später vor

---

[248] De Cive, cap. XV, § 17.

[249] Méditation sur la notion commune de la justice (1701–1705; Mollat 43):
„Un philosophe anglais célèbre, nommé Hobbes, qui s'est signalé par ses paradoxes, a voulu soutenir presque la même chose que Thrasymaque. Car il veut que
Dieu est en droit de tout faire, parce qu'il est tout puissant. C'est ne pas
distinguer le droit et le fait. Car autre chose est ce qui se peut, autre chose ce
qui se doit. C'est ce même Hobbes qui croit, et à peu près par la même raison,
que la véritable religion est celle de l'état." (Vgl. auch „Théodicée", § 220.)

[250] Zu Ralph *Cudworth*: Franz *Vorländer*, Geschichte der philosophischen Mo-
ral-, Rechts- und Staatslehre der Engländer und Franzosen, Marburg 1855, S.
376–377. – G. v. *Hertling*, Locke und die Schule von Cambridge, 1892. – Friedrich *Jodl*, Geschichte der Ethik als philosophischer Wissenschaft, Stuttgart-Berlin

allem in der Widerlegung seiner Theorien das eigentliche Ziel ihrer wissenschaftlichen Arbeiten erblickten[251].

Ralph *Cudworth*[252] galt unter seinen Zeitgenossen in England nicht nur als ein bedeutender Theologe und Philosoph, sondern – ähnlich wie Leibniz in Deutschland – als genialer Universalgelehrter[253]. Zwar richtete sich seine erste, noch vor dem Erscheinen des „Leviathan" im Jahre 1651 veröffentlichte Schrift „Dantur boni et mali rationes aeternae et indispensabiles" vorwiegend nur gegen den Voluntarismus Duns' und Ockhams, sie legte damit aber zugleich auch schon den Standort Cudworths gegenüber Hobbes fest. Im Anschluß an den thomistischen „lex aeterna"-Gedanken ordnete er die „Gründe" (rationes) des Guten und Bösen nicht dem Willen (voluntas) und damit letztlich der Allmacht und Willkür Gottes, sondern seinem Verstand (intellectus) zu. Obwohl gerade dieses Problem Cudworth unausgesetzt beschäftigt zu haben scheint, finden sich in seinem umfangreichen, aber gleichwohl nur fragmentarischen Hauptwerk „The True Intellectual System

---

1920, S. 221–233; 226 ff. – J. *Tulloch*, Rational Theology and Christian Philosophy in England during the 17th century, Vol. 1–2, 1873. –

Zu Henry *More:* Franz *Vorländer*, a.a.O., S. 377. – Friedrich *Jodl*, a.a.O., S. 221–223, 231 ff.

[251] Dazu schreibt auch Friedrich *Jodl:* „Es ist eine merkwürdige Verkettung in der Geschichte der Philosophie, daß zu derselben Zeit, wo Hobbes, anknüpfend an baconische Prinzipien, die Lehren der alten Sophistik und des Epikureismus erneut, der Platonismus in England eine Verschmelzung mit christlicher Philosophie eingeht und in dieser neuen Gestalt wiederum als der vorzüglichste Kämpfer gegen jene Anschauung erscheint, in deren Widerlegung einst das platonische Denken selbst herangereift war." (a.a.O., S. 223).

[252] Ralph *Cudworth* (1617–1688) wurde schon im Alter von 13 Jahren in das Emanuels-College zu Cambridge aufgenommen und zwei Jahre später als Student der Theologie und Philosophie an der dortigen Universität eingeschrieben. Nachdem er 1639 den Magistergrad erworben hatte, erhielt er als „Socius" seines College einen Lehrauftrag, der ihm weithin eine große Anerkennung eintrug. Man ernannte ihn zum Rector der Kirche in North-Cadbury, zum Professor der Hebräischen Sprache an der Universität und zum Vorsteher der Clare-Hall zu Cambridge. Im Jahre 1651 promovierte er zum Doctor Theologiae und starb schließlich als Master des Christs-College am 16. Juni 1688 zu Cambridge. (*Jöcher*, a.a.O., Bd. 1, Sp. 2240–2241.)

[253] Christian Gottlieb *Jöcher* charakterisiert Cudworth auf folgende Weise (a.a.O., Bd. 1, Sp. 2241): „Er war nicht nur in der Theologie, sondern auch vornehmlich in den römischen, griechischen und hebräischen Alterthümern, desgleichen in der Historie, Philosophie und Mathematic überaus bewandert, besaß daneben einen durchdringenden Verstand und wird nicht unbillig unter die größten Gelehrten gerechnet, die zu seiner Zeit in England gelebet haben."

of the Universe"[254] zu Fragen der Moralphilosophie nur wenige, gelegentliche Hinweise. Dagegen behandelte Cudworth ausführlich und eingehend die Metaphysik, Naturphilosophie und Erkenntnistheorie mit jeweils kritischer Stellungnahme zu den Lehren von Hobbes. Offenbar war er mit seinen ethischen Entwürfen nicht so schnell zu einem Abschluß gelangt, wie er selbst und seine Freunde wünschten. Erst nach seinem Tode entschloß sich Chandler im Jahre 1731, einen Aufsatz unter dem Titel „Treatise concerning eternal and immutable Morality" aus dem Nachlaß herauszugeben.

Als das „Intellectual System" endlich im Jahre 1668 in London erschien, stand hier die Philosophie John Lockes schon in so hohem Ansehen, daß Cudworths Argumente gegen Hobbes, die sich vom Standpunkt des Intellektualismus (Clarke, Wollaston) zugleich auch gegen Locke selbst richten mußten, nicht mehr als zeitgemäß empfunden wurden. Einen nachhaltigen Einfluß übten Cudworths Gedanken jedoch auf Leibniz und bestimmten insbesondere auch seine Lehre von der natürlichen Gerechtigkeit. Schon im Herbst 1689 hatte Leibniz während seines Aufenthalts in Rom das „Intellectual System" erstmals zu Gesicht bekommen, es später aber noch einmal gründlich durchgearbeitet, nachdem ihm Lady Masham, eine Tochter Cudworths und Gönnerin Lockes, mit der Leibniz in den Jahren 1703 bis 1705 über das Harmonienprinzip korrespondierte, ein Exemplar des väterlichen Werkes übersandt hatte. Man ist bei der Durchsicht seiner handschriftlichen Auszüge und Anmerkungen[255] überrascht, wie weitgehend Leibniz mit den Ansichten Cudworths bis in die Formulierung einzelner Gedanken übereinstimmte[256]. Auch Leibniz war stets davon über-

---

[254] „The True Intellectual System of the Universe", London 1678; spätere lateinische Ausgabe, übersetzt von J. L. Mosheim: Systema intellectuale hujus universi, 1733.

[255] Als „Extraits de Cudworth" abgedruckt bei *Grua*, Textes inédits, Paris 1948, Bd. I, S. 327–329; die genaue Datierung läßt sich nicht ermitteln; Leibniz hat die Auszüge entweder im Oktober 1689 oder im Jahre 1704 angefertigt.

[256] Einer letztlich wohl auf Descartes zurückgehenden Formulierung Cudworths, in der er „Notwendigkeit" und „Möglichkeit" als die Bedingungen von „Wirklichkeit" bezeichnete, stimmte Leibniz ausdrücklich zu: „P. 725. Discutit argumentum a Cartesio resuscitatum, et recte ait: A necessary existent being, if it is possible, it is." (Grua I, 328.) – Offenbar ist *Leibniz* auch bei Cudworth schon auf den Gedanken gestoßen, daß die wirkliche Welt die beste aller möglichen Welten sei, denn er bemerkte zu P. 670: „Quidam etiam Christiani sive decepti arbitror a bonitatis natura, sive finem divinitatis debilem habentes, sive praejudiciis prae-

zeugt, daß die Regeln der Gerechtigkeit zu den ewigen Wahrheiten (aeternae veritates) gehören, denen ein apriorischer Vorrang vor dem göttlichen Willen zukomme[257], und teilte insofern Cudworths Bedenken gegen die Identifizierung von Recht und Macht bei Hobbes[258].

Im Hinblick auf eine weitgehende begriffliche Übereinstimmung (recta ratio, lex naturalis) läßt sich die scharfe, teils sogar etwas oberflächliche Kritik an Hobbes nur damit erklären, daß Cudworth durch den empirischen Naturalismus die Grundlagen von Recht und Gerechtigkeit schlechthin bedroht glaubte. Selbst die allseits verpflichtende Kraft des göttlichen Willens hielt Cudworth zur Legitimation der moralischen Prinzipien nicht für ausreichend, denn – und dieses Argument findet sich ebenso auch bei Leibniz – man könne einem göttlichen Wesen, dessen Willkür man ausgeliefert sei, ohne die Gründe seiner Gerechtigkeit zu kennen, nicht mit Liebe begegnen. Nur unter der Voraussetzung, daß die Regeln der Gerechtigkeit unmittelbar aus der göttlichen Einsicht (intelligentia, bei Leibniz: sapientia) in die Natur des Rechts und die unveränderliche Ordnung des Seins hervorgehen, lasse sich die göttliche Gerechtigkeit mit Hilfe der menschlichen Vernunft nicht nur erkennen, sondern – ein notwendiger Beweggrund der Liebe zu Gott – auch verstehen. Die Regeln der Gerechtigkeit verglich Cudworth dabei, wie später Leibniz, mit den ewigen Wahrheiten der Geometrie, deren zeitlose Gültigkeit unabhängig davon bestehen bleibe, ob sich die menschliche Vernunft mit ihnen beschäftige oder nicht[259]. Das Problem, auf welche Weise sich der Mensch dieser göttlichen Ge-

---

venti, nec satis considerantes, communique conditione mortalium infra prospectum rerum generalem positi, concedunt potuisse mundum fieri meliorem, hoc est non esse factum bene. Τὸ βέλτιστον regula et mensura providentiae." (Grua I, 328.)

[257] Anmerkung zu P. 649: „Quidam Deo contradictoria attribuunt, ut quod possit impossibilia, quod voluntas Dei non determinetur antecedente regula justitiae, sed quod quae voliturus sit sint ipso facto justa ..." (Grua I, 328.)

[258] Anmerkung zu P. 891–895: „Hobbesio bonum per se amatur, justum per accidens. + Non intelligit justum virum delectari actionibus rectis. + Plato Hobbesianam doctrinam eleganter exhibet, de rep. lib. 2, p. 358–359. Quidam statuunt injuriam inferre bonum esse, sed pati malum. Sed quia plus mali est in patiendo quam boni in inferendo, hinc tandem in pacta itum, ut a nullo inferrentur aut ferrentur, sed aequaliter servarentur. Ita qui satis potens esset aut latere posset, posset facere quae liberet. Haec ille ad Hobbesii mentem, sed non apparet cur aliquis pactis obligetur, si nulla vis justitiae est, si natura non jubet pacta servari. Sed si hoc jubet, cur non et alia jubeat? Ex nihilo nihil fit; si nulla est naturalis justitia, nec erit artificialis ..." (Grua I, 328–329.)

[259] Die wichtigsten Stellen vgl. Intellectual System, Lib. I, cap. 1, § 5; cap. 2, § 1; cap. 3, § 1–4; Lib. II, cap. 4, § 7–11 und Lib. IV, cap. 4, § 8–9.

rechtigkeit vergewissern könne, führte Cudworth zu einer neuen Erkenntnistheorie, mit der er den englischen Intellektualismus begründete und die spätere Auseinandersetzung Samuel Clarkes mit Locke
vorbereitete: nicht empirisch, aufgrund sinnlicher Wahrnehmung ge-
lange der Mensch zur Einsicht auch in die unveränderlichen Prinzipien
der Gerechtigkeit und Moral, sondern durch eine selbständige innerliche Aktivität, mit Hilfe einer ihm von Natur aus eingeborenen Kraft
in denkender Betrachtung [260]. Wiederum zeigt sich eine deutliche Parallelität zur Leibnizschen Lehre von der Perzeption der einfachen Substanzen und seinem Gedanken von der Fensterlosigkeit der Monaden.

Während Cudworth bis zu seinem Lebensende zögerte, auf der
Grundlage des intellektualistischen Systems eine eigene christliche Moralphilosophie zu entwickeln, entschloß sich aus der Cambridger Schule
gleichsam stellvertretend der mit ihm befreundete Philosoph und Theologe Henry *More* [261] im Jahre 1668 zur Veröffentlichung seines
„Enchiridion Ethicum" [262], worin er hinsichtlich der beinahe schon
traditionellen Polemik gegen Hobbes zwar noch mit Cudworth übereinstimmte, im übrigen aber dessen Ansichten nur zum Teil antizipierte
und in neue Bahnen zu lenken suchte. Auch diesem Werk begegnete
Leibniz mit großem Interesse, als es ihm – vermutlich schon während
seines Aufenthalts in Paris – erstmals in die Hände fiel [263]. Vor allem
teilte Leibniz die Abneigung Mores gegen die Prädestinationslehre der
Calvinisten und Jansenisten [264] und billigte ausdrücklich die These von
der Existenz eines höchsten und ewigen „bonum externum" [265].

---

[260] Intellectual System, Lib. III, cap. 2, § 1–2; cap. 4 und Lib. IV, cap. 1 ff.

[261] Henry *More* (1614–1687), geboren zu Grantham, studierte in Cambridge
und promovierte daselbst zum Doctor Theologiae. *Jöcher* schreibt über ihn:
„... kriegte schon in der zarten Jugend einen Abscheu vor der calvinistischen
Lehre von der Prädestination und legte sich sehr auf die cabbalistische Gottes-
gelahrtheit." (a.a.O., Bd. 3, Sp. 694–695.)

[262] „Enchiridion Ethicum, praecipua moralis philosophiae rudimenta complectens", London 1668; eine spätere Ausgabe erschien im Jahre 1686 in Nürnberg.

[263] Die Anmerkungen *Leibnizens* zum „Enchiridion Ethicum" sind als „Analyse
d'Henry More" (1672–1676) abgedruckt bei *Grua*, Textes inédits, Paris 1948,
Bd. II, S. 570–571.

[264] Anmerkung zu Lib. III, cap. 1 (De libero arbitrio) § 2: „Recte ait esse qui
multum derogari putent humanae naturae perfectioni, si quis natura vel divino
quodam fato bonus esset, propterea quod ita necessario esset bonus, liberoque
arbitrio privandus. Quasi vero Deus minus adorandus esset, quod non potest esse
malus." (Grua II, 570–571.)

[265] Anmerkung zu Lib. III, cap. 10 (De bono illo externo, summo aeternoque,

Im Unterschied zu Cudworth nahm die Ethik Mores ihren Ausgang
nicht von der Grundlegung der Gerechtigkeit in den ewigen Wahrheiten des göttlichen Verstandes, sondern mit einer materialen, von Aristoteles übernommenen Bestimmung des Gegenstandes: „Ethica est ars
bene et beateque vivendi [266]." So wurde das Prinzip der Glückseligkeit (beatitudo, bei Leibniz: felicitas) für More wieder zum richtungweisenden Bezugspunkt seiner Tugendlehre, auf den hin alle „virtutes"
angelegt seien. Zwar stimme das moralisch Gute mit dem vernünftig
Guten überein, jedoch reiche die verstandesmäßige Erkenntnis der
„bona externa" allein nicht aus, um tugendhaftes Handeln hervorzu-
bringen. Hierzu sei vielmehr noch eine eigens im Menschen angelegte
Kraft, ein Vermögen zum Guten (boniform faculty) erforderlich, die
einem inneren Sinn für Tugend (ex sensu virtutis) entspringe [267]. Damit hatte More seine Kritik an Hobbes sehr viel tiefer angesetzt als
Cudworth; denn der von Cudworth bekämpfte Voluntarismus spielte
innerhalb der Hobbesschen Rechtslehre eine erheblich geringere Rolle
als die Behauptung, der Mensch könne im Naturzustand die natürlichen Gesetze zwar mit der Vernunft erkennen, ihm fehle aber die Fähigkeit und Möglichkeit, danach zu handeln. More versuchte nun, Hobbes im Rahmen seiner eigenen Argumentation dadurch mit sich selbst
in Widerspruch zu setzen, daß er dem Menschen schon von Natur aus
das Vermögen zum moralisch guten Handeln als „boniform faculty"
zuerkannte. Eine höchste Stufe dieser natürlichen Anlage zum Guten
sah More in der Liebe zu Gott und zum Nächsten entfaltet, welche den
sichersten Weg zur allgemeinen Glückseligkeit, dem Ziel aller Tugend,
weise.

Diese Gedanken Cudworths und sonderlich Mores enthielten nicht
nur wichtige Anregungen, die sich später ebenso bei Leibniz wiederfinden [268], in ihnen kündigte sich gleichermaßen auch schon im Ansatz
die weitere Entwicklung der englischen und schottischen Ethik an. Vor
allem stellte später Mores einflußreicher Schüler, Richard Cumberland,
das Prinzip der Glückseligkeit (felicitas) auf Grund eines allgemeinen

---

ad mentem philosophorum): „Praeclara Mori capite ultimo (§ 14–20). Si patientia
cares, pro certo scias te occultum semper aut principis, ... aut patriae, aut religionis, ... aut horum omnium ... circumgestare proditorem ..." (Grua II, 571).
[266] Enchiridion Ethicum, Lib. I, cap. 1 (Quid Ethica).
[267] Enchiridion Ethicum, Lib. I, cap. 2, § 1, § 7; cap. 4, § 5.
[268] Siehe unten S. 362 f, 370 f.

Wohlwollens (benevolentia) in den Mittelpunkt seiner Naturrechtslehre und trug so entscheidend dazu bei, daß der Gedanke der „boniform faculty" noch bis zu Shaftesbury und Hutcheson in der Lehre
vom „moral sense" wirksam blieb[269].

C. Robert Sharrock (1630–1684) und Thomas Burnet (1632–1715)

Neben der Cambridger Schule, die im wesentlichen auf der Grundlage des Neuplatonismus die Hobbesschen Thesen angriff, bestanden
in England um die Mitte des 17. Jahrhunderts noch zwei andere geistige Strömungen, die, wo sie sich im Antagonismus gegen Hobbes nicht
miteinander verbanden, unabhängig den Naturrechtsgedanken in jeweils besonderer Weise fortbildeten: der Aristotelismus und der Calvinismus. – Zwar war es dem englischen Aristotelismus zu keiner Zeit
gelungen, eine schulbildende Wirkung in ähnlichem Umfang zu entfalten wie in Deutschland, aber schon die Tatsache, daß Hobbes sich ja
vornehmlich gegen Aristoteles gewandt hatte, genügte, um auch in England ein Interesse an der aristotelisch-ciceronianischen Philosophie
wachzurufen und ihr auf dem Gebiete der Ethik mit dem Werk des
philosophisch und theologisch gebildeten Rechtsgelehrten Robert Sharrock zu einigem Ansehen zu verhelfen. – Andererseits hatte Hobbes jede
rechtliche Verbindlichkeit der göttlichen Gesetze vor oder außerhalb
der staatlichen Ordnung geleugnet und sich damit in Widerspruch zu
der calvinistischen Lehre vom Gottesbund und zum Gedanken einer
naturrechtlich verpflichtenden „Lex Christi" gesetzt, um dessen erneute Anerkennung auch in der Moralphilosophie sich vor allem der
schottische Polyhistor Thomas Burnet bemühte. Eine eigentümliche
Verkettung und Parallelität philosophiegeschichtlicher Konstellation
zeigt sich darin, daß Sharrock und Burnet die Lehre vom christlichen
Naturrecht in England nahezu unter den gleichen Bedingungen begründet haben wie vom Felde und Boecler in Deutschland: unter dem
Einfluß des Aristotelismus und der reformatorischen Theologie.

Robert *Sharrock*[270] gehörte schon zu derjenigen Generation engli

---

[269] So auch Friedrich *Jodl,* a.a.O., S. 233.

[270] Robert *Sharrock* (Scharrockius), 1630–1684, studierte in Oxford die Rechtswissenschaften und promovierte daselbst im Jahre 1660 zum Doctor juris. Darauf
ernannte man ihn zum Prediger in Horewood, ferner 1665 zum Präbendarius von
Winchester. Noch kurz vor seinem Tode, am 11. Juli 1684, übertrug man ihm das
Amt eines Archidiakons zu Surrey. (Vgl. *Jöcher,* a.a.O., Bd. 4, Sp. 433).

scher Rechtsphilosophen, die sich in der zweiten Hälfte des 17. Jahrhunderts unter dem Deckmantel der Hobbes-Kritik recht eigentlich mit Locke auseinanderzusetzen beabsichtigten. Denn, wie man auch in der Literatur sehr bald feststellte[271], waren bei Sharrock die aristotelisch-ciceronianischen Ansatzpunkte so stark mit epikuräischen Gedanken durchsetzt, daß selbst Thomasius verwundert sich die Frage stellte, mit welchem Recht Sharrock dann Hobbes überhaupt noch angreifen könne[272]. Auch Leibniz, der Sharrocks einflußreichste Schrift, die Ὑπόθεσις ἠθική de officiis secundum naturae jus"[273], vermutlich schon im Jahre 1667 gelesen hatte[274] und seither des öfteren zitierte[275], war fest davon überzeugt, daß das höchste Gut für Sharrock die Sinnenfreude (voluptas animi) sei[276]. Dieser Eindruck mußte entstehen, weil Sharrock auf der Suche nach dem Ursprung von Recht und Gerechtigkeit in der menschlichen Natur die „tranquillitas et delectatio animi" als das eigentliche Endziel eben dieser Natur verstanden hatte[277]. Allein, bei

---

[271] Zu Robert Sharrock vgl. Samuel *Rachel,* De Jure Naturae et Gentium dissertationes, Kiel 1676, § CII, S. 100–101. – Jac. Fr. *Ludovici,* Delineatio historiae juris divini naturalis et positivi universalis, 2. Aufl. Halae 1714, § XXXVIII, S. 66. – Chr. *Thomasius,* Paulo plenior Historia Juris Naturalis, 1719, praef., S. 3–4; cap. VI, § XI, S. 83–84.

[272] Chr. *Thomasius,* a.a.O., S. 83: „... miror, Scharrokium aestimari a multis, cum tamen Epicuri hypothesin de voluptate assumerit; in Hobbium contra invehi plure, potissimum ex ea ratione, quod Epicureus sit."

[273] ``Ὑπόθεσις ἠθική de officiis secundum naturae jus seu de moribus ad rationis normam confirmandis doctrina. Unde casus omnes Conscientiae, quatenus notiones a natura suppetunt judicari possint. Ethnicorum simul et Jure, praesertim civili, Consultorum consensus ostenditur. Principia item et rationes Hobbesii Malmesburiensis ad Ethicam et Politicam spectantes, quatenus huic Hypothesi contradicere videantur, in examen veniunt", Oxford 1660. – Kommentiert von Samuel *Reyher,* erschien das Werk in zweiter Auflage 1667 in Gotha.

[274] *Leibniz* weist in seiner Schrift „La place d'autruy" auf eine Anmerkung Reyhers zu Sharrock hin. Aus der zitierten Seitenzahl geht hervor, daß er die Ausgabe vom Jahre 1667 vorliegen hatte. (Vgl. *Grua* II, 700).

[275] Erstmals in der „Nova Methodus", Pars II, § 72 (A VI-1, 342); später in Briefen an Johann Georg *Graevius* vom 6. (16.) April 1670 (A II-1, 38), an Lambert *van Velthuysen* vom 6. (16.) April 1670 (A II-1, 39) und an Jean *Chapelain* aus der ersten Hälfte des Jahres 1670 (A II-1, 54).

[276] Nova Methodus, Pars II, § 72 (A VI-1, 342): „Rob. Scharrok in lib. de Officiis secundum Jus Naturae ita arbitratur: Summum Bonum, cum Epicuro esse voluptatem animi, esse enim velut verbera incorporabilia. Unde κριτήριον Injustitiae esse, si quid animo quodammodo repugnante fiat. Putat igitur Deum sic creasse animum nostrum, ut naturalis quaedam inter ipsum et ea quae peccata dicuntur, sit ἀντιπάθεια."

[277] Ὑπόθεσις ἠθική, cap. II, N. 12, S. 65–68.

näherer Betrachtung läßt sich die Naturrechtslehre Sharrocks keineswegs auf eine so einfache Formel bringen, wie sie selbst bei Leibniz noch überliefert ist.

Schon im Vorwort zur „ Ὑπόθεσις ἠθική " stellte sich Sharrock ausdrücklich auf den Boden der aristotelischen Ethik [278] und bekannte sich zum Gedanken der „mediocritas" als dem Maß aller Tugend [279]. Im Hinblick auf diese Tradition untersuchte er zunächst eine sonst nur selten behandelte Vorfrage, ob nämlich generell ein objektives Naturgesetz (Lex Naturae) überhaupt bestehe [280], und erst in zweiter Linie das Problem, wie jene „Lex Naturae" zu begründen sei. Zum Nachweis der Existenz des „Naturgesetzes" im „Wesen des Menschen" [281] bediente sich Sharrock folgender Argumente: erstens sei ohne die natürlichen Gesetze auch eine Gerechtigkeit von Natur aus nicht denkbar [282]; zum zweiten dürfe man den Menschen ins Herz geschriebene Gesetze nicht leugnen, soweit die Vernunft sie ihnen gemeinsam vorschreibe [283], denn die Menschheit sei zu der Einsicht gelangt, daß man die Gebote der Vernunft befolgen müsse, um der Glückseligkeit teilhaftig zu werden [284]; drittens aber – und hier lag für Sharrock der Schwerpunkt seiner Beweisführung – werde das Bestehen der „Lex Naturae" auch durch

---

[278] Ὑπόθεσις ἠθική, praef.: „Imprimisque, cui imprimis studebam, et quem inter Philosophos duxi Coryphaeum, Aristotelem intueri animus erat, et quas virtutum dignoscendarum regulas, in scholis suis consecraverat, animadvertere."
[279] Ὑπόθεσις ἠθική, praef.: „Huiusmodi est generalis illa virtutis definitio: Eth. Lib. 2. c. 6: Habitus electionis mediocritate consistens, quoad nos ratione definita et sicut vir prudens definiverit."
[280] Ὑπόθεσις ἠθική, cap. II, N. 1, S. 37–41: „De Legis Naturae existentia dissertatio."
[281] Ὑπόθεσις ἠθική, cap. II, N. 1, S. 39: „... verum nimii laboris opus, quodque integrum forsan volumen expeteret (quamvis non abstrusa mihi haec videtur ratio) existentiam Legis Naturalis à priori, ex hominis perpensa essentia ita demonstrare, ut singulis eorum, qui in objectionibus exquirendis augerentur, ingeniis esset quod satisfaceret: ex summi autem et omnipotentis Dei Gloria, Perfectione, Bonitate, Misericordia, Justitia vel attributis ..."
[282] Ὑπόθεσις ἠθική, cap. II, N. 1, S. 39: „Nam nisi sint Naturae Leges, ergo neque naturaliter est Justitia."
[283] Ebenda, S. 40–41: „Improbe tamen fecerit, qui Cordi inscriptas esse Leges negaverit, quod ipse, aliud agendo occupatus, sic in corde scriptas, non animadvertit. ... Quomodo enim omnes ad easdem sic instituerentur leges vitaeque regulas, si non communis aliqua hoc dictaret ratio?"
[284] Ὑπόθεσις ἠθική, cap. II, N. 2, S. 41: „Quod Ethnici dictamina Rationis se sequi oportere tanquam naturae Legem et obligatoriam vivendi Regulam cogitabant, ut felicitate praedicata potirentur, Gentilium Testimonia."

die Autorität der Heiligen Schrift und die Lehren der christlichen Kirche gestützt[285]. Nachdem Sharrock sich so der Existenz des Naturrechts im Prinzip versichert hatte, versuchte er es ebenso wie Grotius und Hobbes aus der menschlichen Natur selbst zu entfalten. Dabei trat unter dem Einfluß der anglikanischen Theologie neben das „dictamen rectae rationis" als Quelle des Naturrechts gleichberechtigt das „dictamen naturalis conscientiae"[286]. Unmittelbar bei diesem Punkt setzte auch Sharrocks Kritik an Hobbes ein: er gab zu bedenken, daß außer der Selbstliebe (φιλαυτία) andere moralische Prinzipien, vor allem die praktischen Gebote des natürlichen Gewissens (dictamina practica naturalis conscientiae), das menschliche Handeln bestimmten[287]; wenn nämlich kein anderer Verpflichtungsgrund zur Gerechtigkeit bestehe als das Prinzip der Nützlichkeit (utilitas), dann werde niemand je mit Notwendigkeit verpflichtet, weil man keinen Menschen zwingen könne, seinen persönlichen Nutzen zu verfolgen, ohne ihm zugleich auch die Möglichkeit einzuräumen, aus Gewissensgründen „mit Fug und Recht" davon Abstand zu nehmen (juste recedere)[288]. „Hobbesius vanum conscientiae nomen esse docuit[289]." – Aber auch das grotianische Sozialitätsprinzip hielt Sharrock zur Begründung des Naturrechts für ungeeignet[290], weil die Fähigkeit des Menschen zur Gemeinschaft (sociabilitas) eher nur eine Folge als die Quelle der natürlichen Gerechtig-

---

[285] Ὑπόθεσις ἠθική, cap. II, N. 3, S. 43: „Legis Naturae existentia autoritate Sacrae Scripturae Ecclesiaeque Christianae tam veteris quam novae sententiis confirmata."

[286] Ὑπόθεσις ἠθική, cap. II, N. 4, S. 46: „Nos contra affirmamus, illud proprie dici Legem, quod ad actionem aliquam aut aliquas sumus obligati. Naturalis autem conscientiae dictamen unumquemque obligant, ut supra confirmatum est; et proinde Leges dici possunt."

[287] Ὑπόθεσις ἠθική, cap. II, N. 7, S. 50: „Argumenta quibus Hobbesii sententia videtur convelli. Quod alia sint praeter philautiam morum principia, naturalis conscientiae, quod nos primo obligent, dictamina practica, argumento est primo."

[288] Ebenda, S. 51: „Secundo, si nulla sit nisi quam fecerit utilitas ad justitiam obligatio, nullus existere possit casus, in quo qui ad aliquid omnino necessario obligatur: Nemo enim necessario obligatur ad utilitatem suam, quia juste possit ab ea recedere, et juri suo commodisque quibuscunque ad placitum et pro arbitrio renuntiare, ut infra conclusum videri possit."

[289] Ὑπόθεσις ἠθική, cap. II, N. 8, S. 54.

[290] Ὑπόθεσις ἠθική, cap. II, N. 10, S. 59: „Quod societatis appetitus et custodia, quamvis res sint hominum naturae acceptissimae, Naturalis Juris fontes unici minus apte statuantur."

keit sei[291]. Selbst die „Goldene Regel" enthalte für sich allein keine
bindende Richtschnur moralischen Verhaltens innerhalb der Gemeinschaft, denn man müsse dabei jeweils im Einzelfall die Unterschiede
der Person in Rechnung stellen[292]. Auf diesen Gedanken Sharrocks,
daß die „Goldene Regel" nur in der Relation konkreter Personen und
Sachverhalte zu einem sinnvollen Ergebnis führe und keine absolute
Wahrheit darstelle, wies später auch Leibniz in seiner Schrift „La place
d'autruy" ausdrücklich hin[293].

Ursprung und Ziel des Rechts und der Gerechtigkeit – so stellte
schließlich Sharrock mit deutlichem Anklang an die epikuräische Ethik
fest – seien vielmehr die Gemütsruhe und die Sinnenfreude (tranquillitas et delectatio animi)[294]. Deshalb bestehe das Naturrecht als Recht
der menschlichen Natur (Jus naturae humanae) in denjenigen allgemeinen Prinzipien des Handelns, durch die der Mensch gerechter erscheine und im Hinblick auf die Sittlichkeit (honestas) mit seinem natürlichen Gewissen in größtmögliche Übereinstimmung gebracht werde[295]. Vor allem folgende sieben Grundregeln des natürlichen Gewissens, mit denen sich Sharrock eingehend beschäftigte, sollten dieses Naturrecht inhaltlich festlegen: das Verbot der Bestrafung Unschuldiger,
das Treuegebot, die Pflicht zur Dankbarkeit, das Prinzip der Förderung eigener Glückseligkeit, die Verpflichtung zum Schutz der Nach-

---

[291] Ebenda, S. 62: „Imprimis enim statuit, nos ad justitiam esse natos, neque
opinione sed natura constitutum jus. ... Ita scil. ut innatae justitiae consequens
sociabilitas sit, eique per modum affectus suam Naturali Justitiae debeat originem."
[292] Ὑπόθεσις ἠθική, cap. II, N. 11, S. 64: „Neque sine considerata personae
mutatione valebit haec regula, quia tum sequeretur oportere me coquo meo parare
prandia, quia volo, ut ipse mihi paret."
[293] La place d'autruy (Grua II, 700): „Mr. Sharrock ne croit pas que ce principe de morale ‚ne fais point ce que tu ne veux point qu'on te fasse' soit de
verité absolue. Mr. Reyher dans les notes p. 127, et Pufendorf de jure naturae
Lib. 5. c. 13 le soutiennent, mais ils adjoutent qu'il faut entendre une volonté
réglée, qui n'est point infectée par une fausse philautie, et qui se soumet aux
ordres de Dieu et de puissances legitimes, suivant Amesius cas. consc. lib. 3
(ou 5), c. 1, q. 6."
[294] Ὑπόθεσις ἠθική, cap. II, N. 12: „De morum post mentis voluptatem principiis, juris et justitiae fontibus, legibus originariis, vel singularibus naturae
humanae placitis, quaenam scilicet sint quibusque factis acquiescat natura; finem-
que sibi praestitutum tranquillitatem animi eiusque delectationem acquirere studeat.
[295] Ebenda, S. 66: „Jus naturae humanae est, quod natura unicuique suadet
faciendum, eo quod justius appareat et honestatis ratione naturae suae conscientiae magis conveniens."

kommen, zur Unterstützung der Blutsverwandten und das Gebot der allgemeinen Menschlichkeit[296][297]. Eine unverbrüchliche Geltung dieser „Leges Naturae" sah Sharrock nicht nur durch das natürliche Gewissen gewährleistet, sondern in der Heiligen Schrift selbst unmittelbar verbürgt[298]. Denn wie aus dem Evangelium die Liebe Gottes hervorleuchte, so fordere die Vernunft, daß der Mensch auch Gott mit der gleichen Liebe begegne gemäß der natürlichen Pflicht zur Dankbarkeit und dem göttlichen Gebot im Evangelium[299]. Mit dieser Ausrichtung des Naturrechtsgedankens auf die Ordnung der Liebe (regula charitatis)[300] hatte Sharrock im Grunde schon den Boden der vergleichenden Gegenüberstellung beider Rechtsbereiche verlassen und – wie vor ihm Boecler und später Leibniz – in der Entsprechung von biblischer Weisung und objektivem Naturrecht die Frömmigkeit (pietas) und die Gerechtigkeit (justitia) miteinander verbunden[301].

---

[296] Ὑπόθεσις ἠθική, cap. II. N. 12, S. 67 (vgl. cap. II, N. 5, S. 46): „Placita naturae prima, ex quibus caeterae ejus leges, ut immortales conclusiones ab immortalibus principiis derivantur, per quae distinctae species actionum honestarum statuuntur, et quisque, quid sibi conveniat, possit judicium facere, quantum nunc assequor septem solum videntur; scilicet
1. Nemini innocenti damnum inferre; (cap. III)
2. Fidem servare; (cap. IV)
3. Bene merenti par retribuere; (cap. V)
4. Ea facere, quae propriam promovent felicitatem; (cap. VI)
5. Prolem procurare quam maxime felicem; (cap. VII)
6. Consanguineis benefacere, bene moratis; (cap. VIII)
7. Hominibus prodesse sanguine non conjunctis; (cap. IX)
Hae sunt communes ἔννοιαι et sola (quantum nunc assequor) conscientiae naturalis, quae unicuique inest de honestate, eoque quod in hominum vita pulchrum est, dictamina."

[297] Diese sieben „Gebote des natürlichen Gewissens" stimmen nahezu wörtlich mit den wichtigsten „Laws of Nature" bei Hobbes überein. (Vgl. Leviathan, P. I, cap. XV; De Cive, cap. III.)

[298] Ὑπόθεσις ἠθική, S. 351: „Leges enim Naturae sub gravi poena severe sancitas esse, ex naturalis conscientiae extare regulas, per quas gentes ex propria indole, juxta quod ab Apostole est observatum, scriptae Dei legi vivunt, aliquatenus conformiter, omnes una agnoscimus: ... Ipsumque (in quo per Dei gratiam et Spiritus auxilium confidimus) Evangelium huiusque legis obligationem strenue asserit."

[299] Ebenda, S. 352: „Cum inde affulgeat Deum optimum maximum nos misellos dilexisse, exigit ratio, ut Deum vicissim animitus (juxta naturae de gratitudine placita et divina in Evangelio praecepta) amore prosequamur."

[300] Ὑπόθεσις ἠθική, praef.: „... moralia praecepta multa, quae in umbram non erant, sed in regulam charitatis data ..."

[301] ῾ηπόθεσις ἠθική, S. 359 (vgl. praef.): „Et quo melius haec omnia ordinate a nobis fiant, cura etiam adhibenda est, ne prae mundanarum rerum studio, et

Gleichwohl läßt sich die Tatsache nicht von der Hand weisen, daß Sharrock in erster Linie das Naturrecht nur aus dem „dictamen conscientiae naturalis" und der Natur des Menschen abzuleiten sich bemühte. So entsteht der Eindruck, er habe mit dem Hinweis auf einzelne biblische Gebote seinen Thesen lediglich eine erhöhte Überzeugungskraft verleihen wollen. Wo bei Sharrock der Gedanke vom Naturrecht nach christlicher Lehre anklingt, erscheint er eher als ein beiläufiges Ergebnis denn als leitendes Motiv seiner Moralphilosophie. Erst jenem „hochgelehrten"[302] Zeitgenossen Sharrocks, dem schottischen Polyhistor Thomas *Burnet*[303] [304], gelang es in ganz ähnlicher Weise wie Prasch[305], eine das objektive Naturrecht transzendierende Pflichtenordnung des Christenstandes zu entfalten und so den Naturrechtsgedanken rechtstheologisch zu begründen.

Burnets Schrift „De Fide et Officiis Christianorum"[306] erschien erst im Jahre 1727 zu London und in der deutschen Übersetzung 1737 zu Leipzig unter dem Titel „Glaube und Pflichten der Christen". Sie scheidet damit als Quelle der Leibnizschen Naturrechtslehre aus und soll nur deshalb hier behandelt werden, weil sie in besonders klarer und anschaulicher Form jene Denkrichtung in der Rechtsphilosophie der

---

temporaneis praesentis saeculi negotiis instituta a sapientissimo Deo ad pietatem et justitiam in animis fingenda media irreverenter negligamus, aut perfunctorie in iis versemur."

[302] „Le savant Burnet", schrieb *Leibniz* in einem Brief an einen Ungenannten aus dem Jahre 1702. (Gerh. III, 151.)

[303] Thomas *Burnet* (1632–1715), geboren im schottischen Ort Richmond, studierte im Christs-College zu Cambridge Medizin und fand nach dem Abschluß mehrerer Reisen durch Holland, Frankreich, Italien und Deutschland eine Anstellung als königlicher Leibmedicus am Hofe Karls II. Für seine „Theoria Telluris Sacra" wurde er zunächst mit der Ernennung zum Verwalter des Charterhauses und später von Wilhelm III. mit der Beförderung zum Kabinettprediger belohnt. Darüber hinaus veröffentlichte Burnet ein philosophiegeschichtliches Werk unter dem Titel: „Archaeologiae Philosophicae" und einen „Thesaurus medicinae". Er starb in hohem Alter am 27. September 1715.

[304] In der Literatur wird Thomas Burnet häufig verwechselt mit seinem adligen Verwandten Thomas Burnet of Kemney, den Leibniz aus Hannover und Berlin persönlich kannte und mit dem er 15 Jahre hindurch von 1695 bis 1714 in regem Briefwechsel stand (abgedruckt bei Gerhardt III, 149 ff). Selbst *Grua* unterliegt seltsamerweise diesem Irrtum (vgl. Grua II, 897 [Index] und I, 42 [!], 249, 254, 451).

[305] Vgl. unten S. 299–300, 306.

[306] „De Fide et Officiis Christianorum", London 1727; 2. Aufl. 1729; die deutsche Übersetzung erschien unter dem Titel „Glauben und Pflichten der Christen" 1737 in Leipzig.

zweiten Hälfte des 17. Jahrhunderts kennzeichnet, die die Tradition des Naturrechts nach christlicher Ordnung (jus naturae secundum disciplinam christianorum) weiterführte. – Wenn auch nicht mit Burnets Ethik, so hatte Leibniz sich doch eingehend mit seinem damals in der gelehrten Welt sehr beliebten universalhistorischen Hauptwerk „Theoria Telluris Sacra"[307] auseinandergesetzt, wie einzelne Zitate, vor allem noch in der „Théodicée"[308], zeigen. Burnet war Leibniz also keineswegs unbekannt.

Als besonders signifikant für die Lehre vom christlichen Naturrecht im 17. Jahrhundert erweisen sich zwei Merkmale: der rationalistische Grundzug und damit verbunden eine nicht mehr streng bekenntnisbezogene, „ökumenische" Religiosität, welche gleichwohl eine Abhängigkeit von konfessionell bestimmten „Theologumena" nicht ausschloß. Zwar hatte schon Bacon die Trennung von Glauben und Vernunft gelehrt – darin waren ihm Descartes und Pascal gefolgt –, aber zugleich auch im Rückgriff auf den ontologischen Gottesbeweis (Anselm von Canterbury) und den Gedanken der „Theologia naturalis" die Möglichkeit einer sekundären Gotteserkenntnis durch die Vernunft nicht in Frage gestellt. Diesen Ansatz vertiefte der englische Philosoph Herbert von Cherbury (1581–1648) in seiner Schrift „De veritate" aus dem Jahre 1624. Geleitet von der überspitzten Vorstellung, daß das Christentum einzig der Erneuerung einer vernunftgemäßen, natürlichen Religion zu dienen habe, begründete Cherbury den philosophischen Deismus in England[309]. Man wird die ungewöhnliche Anziehungskraft, die Cherburys System der „Religio naturalis" auf nahezu alle Rationalisten von Hobbes bis zu Clarke ausübte, kaum überschätzen können.

Selbst Burnet, dessen christologische Grundlegung des Naturrechts eher im Widerspruch zum Gedanken einer natürlichen Religion zu stehen scheint, sah sich genötigt, zunächst an Cherbury anzuknüpfen. Jede

---

[307] „Theoria Telluris Sacra", London 1681; Auflagen: 1689, 1691, 1694, 1699, 1702; in deutscher Übersetzung: „Beschreibung des heiligen Erdreichs", Hamburg 1693; 2. Aufl. 1703.

[308] Théodicée, § 245; vorher zitierte Leibniz das Werk in seiner Schrift „De religione magnorum virorum" (1687–1694; Grua I, 42), in einem Brief an Thomas Burnet of Kemney aus dem Jahre 1695 (Ger. III, 153) und in einem Brief an einen Ungenannten aus dem Jahre 1702 (Ger. III, 151).

[309] Zu Herbert of Cherbury vgl. Franz Vorländer, Geschichte der philosophischen Moral-, Rechts- und Staatslehre der Engländer und Franzosen, Marburg 1855, S. 314–318.

Religion, so stellte Burnet fest, habe ihre Wurzeln in der „Religio naturalis", deren Aufgabe darin bestehe, die Erkenntnis Gottes als eines höchsten Wesens und Schöpfers aller Dinge zu ermöglichen und das Verständnis der Gründe des Guten und Bösen, Gerechten und Ungerechten zu erleichtern [310]. Diese natürliche Religion bleibe ewig und ebenso unveränderlich erhalten, wie die „natura divina", aus der alle Vollkommenheiten (perfectiones), darunter auch die Gerechtigkeit (justitia), fließen [311]. Den Inhalt der natürlichen Religion bildete für Burnet die wahre Frömmigkeit (vera pietas) gemäß der Würde und Vollkommenheit der göttlichen Natur [312]. Eine Quelle aller Frömmigkeit und Tugend aber sei das natürliche Gewissen (conscientia naturalis) [313]. In diesem Punkte stimmte Burnet noch mit Sharrock überein; darüber hinaus verstand er jedoch das Gebot der „pietas" zugleich auch als „Lex Christi". Der Mensch sei durch Christus, „Dux et Legislator noster" [314], zur Nachfolge und damit zur Vervollkommnung seines eigenen Wesens aufgerufen; denn als Ebenbild Gottes habe er an seiner Natur und an seinen Vollkommenheiten in gleicher Weise teil [315]. Diese im wesentlichen der scholastischen Tradition entnommenen Gedankengänge finden sich fast unverändert später auch bei Leibniz wieder.

Auf dem Wege über die natürliche Pflicht zur „wahren Frömmigkeit" war Burnet bereits unmerklich von der „Religio naturalis" zur christlichen Offenbarung gelangt. Beim Vergleich der Christenordnung

---

[310] De Fide, cap. II, S. 8: „Omnis Religio vera, sive divinitus sive humanitus instituta, suas habet radices in Religione naturali. ... Religio autem naturalis in eo posita est praecipue, ut agnoscamus Deum unum Summum rerum omnium autorem et rectorem; Dein rerum discrimina, secundum rationes verum et falsi, boni et mali, turpis et honesti, justi et injusti."

[311] De Fide, cap. II, S. 11: „Diximus praeterea Religionem naturalem esse Aeternam et immutabilem: ut patet exinde quod radicata sit in natura divina, quae est aeterna et immutabilis. Est in Deo, ut in suo fonte et prima origine, veritas, bonitas, justitia, sanctitas, omnis denique rectitudo. Et ab his perfectionibus naturae divinae aestimanda et metienda est perfectio omnis creaturae rationalis."

[312] Ebenda, S. 11: „Est autem vera pietas Adoratio Dei secundum dignitatem et perfectionem suae naturae."

[313] De Fide, cap. II, S. 24: „En radicem pietatis et virtutis, conscientiam naturalem..."

[314] De Fide, cap. I, S. 4.

[315] De Fide, cap. II, S. 19: „Jubet nos Christus ut ad perfectionem aspiremus: ut Deum imitemur, tam bonitate quam sanctitate et puritate. Jubet nos inspicere ipsum fontem lucidum Boni, Pulchri, Justi Sanctique, ut divinae imagini conformes simus, divinae naturae participes."

(Lex Christiana) mit anderen Rechtsordnungen [316] bekannte Burnet
nunmehr jedoch völlig unmißverständlich: „Lex sive Religio Christiana
omnium, quas hactenus vidit gens humana, divinitus aut humanitus in-
stitutarum optima et praestantissima [317]." Denn das Gesetz Christi fordere nicht nur Ehrbarkeit und Unschuld nach außen hin, sondern auch
eine innere Heiligung und Lauterkeit des Herzens, die Erneuerung der
Seele zur Teilhabe an der göttlichen Natur; des weiteren seien den
Menschen Pflichten innerhalb des Gemeinschaftslebens aufgetragen, der
Obrigkeit ebenso wie dem Volke; schließlich verbinde die „Lex Christiana" die Menschen zum Frieden und zum Wohlwollen nicht allein
gegen ihre Freunde, sondern gegenüber dem ganzen menschlichen Geschlecht [318]. Dieses Wohlwollen nannte Burnet die „allgemeine Nächstenliebe" (charitas universalis), ihre Pflichten rechnete er zusammen
mit der Liebe zu Gott und der Reinheit der Seele zu den Kernsätzen
der Christenordnung [319]. Auch das innerkirchliche Leben, den Gottes-
dienst, die Eucharistie und die Taufe, unterstellte Burnet der „Lex
Christiana" als Ausdruck der Ehrfurcht und Frömmigkeit und zugleich
als ein sichtbares Zeichen der „charitas universalis" [320]. So umfassend
und genau aber Burnet auch den Inhalt der Christenordnung zu bestimmen suchte, dem Problem ihres Verpflichtungsgrundes wandte
er nur eine sehr geringe Aufmerksamkeit zu: er begnügte sich mit dem
Argument des allgemeinen sittlichen Verfalls vor Christi Geburt [321]

---

[316] De Fide, cap. IV: „De Lege Christiana, cum aliis comparata, et de ipsius
indole et Authore."

[317] De Fide, cap. IV, S. 43.

[318] Ebenda, S. 43: „Propterea Lex Christiana non tantum postulat honestatem
et innocentiam foras, sed etiam probitatem integram, sanctimoniam interiorem,
cordis munditiem, renovationem animi, ad similitudinem et participationem naturae
divinae. ... Dein singulis hominum officiis in vita communis prospicit: tam
Magistratus quam populi, tam superiorum quam inferiorum. ... Praeterea animos
omnium ad pacem componit, et benevolentiam non modo in amicos et vicinos,
sed in totam gentem humanam, et in miseros misericordiam suadet imperatque."

[319] De Fide, cap. IV, S. 44: „Dein Charitatem universalem, studiumque erga
omnes propensum et benignum suae novae Legis praeceptum esse voluit primarium.
Atque haec eadem postea a suis Apostolis ubique pro re nata inculcantur. Ut in
his paucis, amore Dei, puritate animi et charitatis officiis Legis Christianae car-
dines videantur."

[320] De Fide, cap. V, S. 71: „Praeterea in his celebrandis non tantum reverentiam et pietatem, sed etiam depositis omnibus inimicitiis, charitatem universalem
exposcimus."

[321] De Fide, cap. IV, S. 61—62.

und der Notwendigkeit einer „reformatio generis humani"[322]; im Anklang an die alte Reichsformel erschien ihm Christus als „Princeps pacis et justitiae"[323].

Der Umstand, daß man bisher in der Moralphilosophie die objektiven Gemeinschaftspflichten gegenüber Gott und den Menschen gewöhnlich zum Bereich des Naturrechts gezählt hatte, veranlaßte Burnet, die soeben im einzelnen explizierte „Lex Christiana" nun auch mit der „Lex Naturae" zu vergleichen und zu verbinden. Dabei stellte er zunächst fest, daß die Christenordnung nichts enthalte, was mit dem Naturrecht in Widerspruch stehe oder schlechthin unbillig sei[324]. Im Gegenteil, der Christ habe nicht nur allem Übel und Unrecht zu entraten, er dürfe sich auch keinesfalls mit einer Gerechtigkeit lediglich aufgrund menschlicher Rechtsnormen zufriedengeben. Denn die Erfüllung des Gebotes wechselseitiger Nächstenliebe (mutua charitas) sei ihm als eine heilige Pflicht (religiosé) vorgeschrieben: „Et in charitatis officiis, tam Judaeorum quam Gentium institutis omnibus praelucet Lex Christi[325]." Auch die Goldene Regel[326] und das Prinzip des „suum cuique tribuere"[327] behandelte Burnet weniger unter dem Gesichtspunkt des Naturrechts, denn als wesentliche Bestandteile der „Lex Christiana". So gelangte er zu dem Ergebnis, daß das Gesetz Christi die Gebote der Gerechtigkeit und des Naturrechts begründe und begrenze: „Ita Justitiae et Juris naturalis praescripta retinet et transcendit Lex Christi[328]." Dieses Naturrecht nach christlicher Lehre bildete für Burnet ebenso wie für Leibniz die Ordnung der „Respublica Chri-

---

[322] Ebenda, S. 64.

[323] De Fide, cap. IV, S. 60.

[324] De Fide, cap. VI, S. 85: „De moribus Christianorum, aut Disciplina morali secundum Legem Christianam, quaedam in genere supra notavimus. Fundamentum omnis legis de moribus institutae est Lex Naturae. ... In doctrina morum Evangelica nihil reperitur superfluum et inutile, multo minus noxium aut legi naturae contrarium. ... Hoc praemisso, facile constabit, nihil non aequum esse, rectum et laude dignum in Lege morali Evangelica."

[325] De Fide, cap. VI, S. 89; der vorhergehende Text lautet: „In factis et operibus multo magis interdicitur Christianis omne genus mali, levis licet et exigui: quinetiam omnes species mali. Non tantum extra culpam esse debemus, sed etiam, si fieri potest, extra culpae suspicionem aut proximitatem. Non satis est viro Christiano ad leges humanas justum esse. Quicquid postulat humanitas, quicquid benevolentia aut charitas mutua, nobis praecipitur religiosè observandum."

[326] De Fide, cap. VI, S. 90.

[327] Ebenda, S. 91.

[328] Ebenda, S. 91–92.

stiana" [329]. – In besonders eindrucksvoller Weise versuchte Burnet am Ende seiner Schrift „De Fide et Officiis Christianorum", die Gründe für die Notwendigkeit einer „Justitia Christi" im Evangelium zu ermitteln: ebenso wie Christus die menschliche Sünde auf sich genommen habe, werde umgekehrt seine Gerechtigkeit den Menschen zugerechnet, ohne daß damit Christus schon als Sünder und der Mensch bereits gerechtfertigt erscheine. Diese äußerliche (formale) Bestimmung des Verhältnisses Christi zu den Menschen nach der Ordnung des Evangeliums könne jedoch nur dann auch tatsächlich eine gewisse Wirksamkeit entfalten, wenn die ihr einwohnende Gerechtigkeit den Menschen auch innerlich (material) zuteil werde [330]. Daß die Gerechtigkeit Christi nicht nur in den Weisungen der Heiligen Schrift sichtbar werde, sondern schlechthin die Grundlage des gesamten christlichen Glaubens darstelle, versuchte Burnet als den Kerngedanken seiner Rechtstheologie mit den Worten „Lex sive Religio Christiana" [331] anzudeuten.

D. Richard Cumberland (1632–1719)

In der Auseinandersetzung mit Hobbes bildeten vereinzelte Arbeiten, wie die kritische Stellungnahme Sharrocks zum Utilitarismus, auch in der zweiten Hälfte des 17. Jahrhunderts noch eine Ausnahme; der Schwerpunkt des akademischen Kampfes lag weiterhin fast ausschließlich bei der Cambridger Schule, und zwar in solchem Maße, daß damals der Entschluß, in Cambridge Theologie oder Philosophie zu studieren, fast schon einem Bekenntnis gegen die Lehren von Hobbes gleichkam. So begegnet man dem recht eigentlich schöpferischsten und einflußreichsten Hobbes-Kritiker auch nicht unter den Cambridger Gelehrten, son-

---

[329] De Fide, cap. VI, S. 100: „In Republica Christiana, ut in aliis quibuscunque, varii sunt gradus et officia: his singulis poposcit Religio Christiana secundum aequi rectique rationes, ad pacem, ad pietatem, bonumque publicum promovenda."

[330] De Fide, cap. VIII, S. 142–143: „At inquies, secundum sacras litteras et dicta Apostolorum, nobis imputatur Justitia Christi: Esto, sed eodem modo, quo Christo imputatur peccatum nostrum (2. Cor. 5, v. 21). Et quemadmodum non factus est Christus revera peccator illa imputatione peccati, ita nec imputatione ipsius justitiae facti sumus (absque poenitentia moribusque emendatis) revera justi. Hae sunt denominationes extrinsecae ad ordinem et oeconomiam Evangelii accommodatae, sed nullum effectum obtinent ex parte nostra, nisi justitia inhaerens et intrinseca accesserit."

[331] De Fide, cap. IV, S. 43.

dern unter ihren Schülern: Richard *Cumberland*[332], später von Wilhelm III. zum Bischof von Petersborough ernannt, hatte lange Zeit in Cambridge Theologie studiert[333]. Allerdings zeichnete ihn weniger die Überzeugungskraft seiner Argumente gegen Hobbes vor seinen Lehrern aus als vielmehr die Tatsache, daß es Cumberland im Gegensatz beispielsweise zu More in seiner Schrift „De Legibus Naturae Disquisitio Philosophica"[334] gelungen war, den Faden der scholastischen Naturrechtstradition wiederaufzunehmen, den ethischen Realismus und den ethischen Nominalismus miteinander zu verbinden und auf dieser Grundlage eine christliche Naturrechtsphilosophie von gewisser Selbständigkeit zu entfalten. So stellt sich auch die Kritik Cumberlands an Hobbes gleichsam immer nur als ein Ergebnis seines eigenen Denkens dar.

Betrachtet man unter diesem „positiven Aspekt" des Werkes Cumberlands geschichtliche Stellung[335], so fällt auf, daß sich bei ihm trotz aller Verworrenheit und häufiger Wiederholung einzelner Gedankengänge die gegensätzlichen Grundzüge in der späteren Entwicklung der englisch-schottischen Ethik in noch unscharfer Vermischung versammelt finden. Sowohl der nominalistische Utilitarismus Lockes und seiner Schule bis zu Paley als auch der intellektualistische Rationalismus Clar-

---

[332] Richard *Cumberland* (1632–1719), geboren zu London, studierte daselbst und in Cambridge Theologie und Philosophie. Als Pfarrer in Bramton und später in Stamford wurde er dem König Wilhelm III. seiner Gelehrsamkeit wegen so gerühmt, daß dieser bei seinem Regierungsantritt Cumberland unverzüglich zum Bischof von Peterborough ernannte. Eine Anekdote berichtet, daß Cumberland sich sehr verwundert habe, als er davon in der Zeitung las. Er starb mit jenem Amt bei hohem Alter im Jahre 1719. (Vgl. zur Biographie Cumberlands Chr. Gottl. *Jöcher*, Allgemeines Gelehrtenlexikon, Bd. I, Sp. 2247.)

[333] Vgl. zu *Cumberland* folgendes Schrifttum: Samuel *Rachel*, De Jure Naturae et Gentium dissertationes, Kiel 1676, S. 102–105. – Christian *Thomasius*, Paulo plenior Historia Juris Naturalis, cap. VI, § XI, S. 84–85. – Franz *Vorländer*, a.a.O., S. 377-381. – Friedrich *Jodl*, a.a.O., S. 234–241. – H. F. W. *Hinrichs*, a.a.O., Bd. I, S. 241–274. – Ernst *Landsberg*, a.a.O., S. 9–10. – Johann *Sauter*, a.a.O., S. 95 f. – Gaston *Grua*, Jurisprudence universelle et théodicée selon Leibniz, Paris 1953, S. 415–416.

[334] „De Legibus Naturae Disquisitio Philosophica, in qua Earum forma, summa Capita, Ordo, Promulgatio, & Obligatio e rerum Natura investigantur; quinetiam Elementa Philosophiae Hobbianae, cum Moralis tum Civilis, considerantur et refutantur", London 1672; spätere Auflagen: Lübeck 1683 und 1694, Dublin 1720. Zitiert wird nach der letztgenannten Ausgabe.

[335] Dazu Friedrich *Jodl*, Geschichte der Ethik als philosophischer Wissenschaft, 3. Aufl. 1920, 1. Bd., S. 240–241.

kes und der sensualistische Moralismus Shaftesburys sind schon in der Naturrechtslehre Cumberlands angelegt. Einerseits nämlich behauptete Cumberland, der Mensch handele nur aus Furcht vor Strafe und aus Hoffnung auf Belohnung tugendhaft[336], andererseits stellte er fest, daß die Vernunft die Erfüllung der ewigen Moralgesetze fordere[337], und zum dritten glaubte er an ein allgemeines Wohlwollen (benevolentia universalis) im Wesen des Menschen als Quelle der Moralität[338]. Daß ein unmittelbarer Einfluß Cumberlands auf Leibniz trotz mancher Übereinstimmung nicht nachgewiesen werden kann, hat vermutlich nur darin seinen Grund, daß sich die englische Moralphilosophie um die Wende zum 18. Jahrhundert bereits in eben jene unterschiedlichen Richtungen aufgefächert hatte. Bei seiner Auseinandersetzung mit Locke, Clarke und Shaftesbury wird jedoch auch Leibniz zumindest mittelbar den Gedanken ihres Vorläufers Cumberland begegnet sein.

Das Anfangskapitel der „Disquisitio Philosophica" Cumberlands trägt die Überschrift „De Natura Rerum". So liegt auf den ersten Blick die Vermutung nahe, man werde in jenem Werk eine Lehre vom Recht der „Natur der Sache" vorfinden. Bald zeigt sich jedoch, daß Cumberland mit diesem Hinweis auf die „natura-rerum"-Tradition lediglich erneut an den scholastischen Gedanken der Verflechtung von Seinsordnung und Pflichtenordnung erinnern wollte: nach einigen einleitenden Bemerkungen zur Metaphysik des Universums wandte er sich sogleich ausschließlich dem Bereich der Moralphilosophie zu und stellte fest, daß im Gegensatz zu den unzähligen Möglichkeiten der Seinserkenntnis nur wenige richtungweisende Prinzipien sittlichen Handelns wahrnehmbar seien[339]. In diesen Worten lag zunächst ein methodisches Bekenntnis zum Empirismus Bacons, zugleich aber auch schon der Ansatz zu einem „System" des Naturrechts, das aus nur wenigen allgemeinen Grundsätzen und natürlichen Pflichten bestehen sollte. Gleichsam zum „Vater" allen natürlichen Rechts und damit zum eigentlichen Kerngedanken (propositio universalis)[340] seines Systems verselbstän-

---

[336] De Legibus Naturae, cap. V, § 1, 35.
[337] De Legibus Naturae, cap. I, § 35 (Recta Ratio).
[338] De Legibus Naturae, cap. I, § 4 ff.
[339] Ebenda, S. 4: „Quamquam autem Innumera sint quae a cognitione Universi desumi possint in materiam particularium Dictaminum ad mores formandos dirigentium, visum est tamen pauca tantum."
[340] De Legibus Naturae, cap. I, § 6, S. 7: „Intelligenda autem est haec Propositio Universalis de omnium Benevolentia pronuncians, hactenus cum legibus con-

digte Cumberland das Prinzip des größtmöglichen Wohlwollens aller gegen alle (benevolentia maxima). Allein dieses Wohlwollen führe die Menschen zur höchsten Glückseligkeit (foelicitas) und erhebe das Gemeinwohl (bonum commune) zum obersten Gesetz[341]. Inhaltlich bestimmte Cumberland das Wohlwollen als eine allgemeine Liebe (amor universalis)[342], welche in der „ersten Tafel" des Naturrechts die Frömmigkeit (pietas) und in seiner „zweiten Tafel" die Menschenfreundlichkeit (humanitas) enthalte[343]. Die „pietas" selbst umfasse die Erkenntnis und Liebe Gottes (cognitio dilectionemque Dei), die „humanitas" bestehe in der Nächstenliebe und Gerechtigkeit gegen alle Menschen (charitas et justitia erga homines)[344]. Mit dieser Lehre vom allgemeinen Wohlwollen näherte sich Cumberland bereits weitgehend einzelnen Gedanken des protestantischen Aristotelismus in Deutschland (Prasch), die sich fast gleichzeitig auch schon bei Leibniz wiederfinden. Vor allem die Überlegung, daß die Glückseligkeit des einzelnen vom Wohlwollen Gottes und seiner Mitmenschen abhänge[345], veranlaßte Cumberland, die „benevolentia universalis" in den Mittelpunkt seiner Naturrechts-

venire, quod indicet, non quid unus quispiam aut pauci faciant ad suam sejunctam ab aliorum cura Foelicitatem, sed quid et omnes simul facere possunt ut sint beati ..."

[341] De Legibus Naturae, cap. I, § 4, S. 4: „... Generalissima seligere, quae generalem, quam initio proposui, Legum Naturae Descriptionem aliquatenus explicent, & in unico Dictamine, omnium Legum Naturalium parente, paulo apertius continentur. Illud autem ita se habet. ‚Benevolentia maxima singulorum agentium Rationalium erga omnes statum constituit singulorum, omniumque Benevolorum, quantum fieri ab ipsis potest, foelicissimum; et ad statum eorum, quem possunt assequi, foelicissimum necessario requiritur; ac proinde Commune Bonum erit suprema lex'."

[342] De Legibus Naturae, cap. I, § 9, S. 12: „Necesse est, ut in observatis evidentissimis de viribus humanis, quarum usu determinato se invicem beare possint, immo certissime beabunt, Fundamenta Legum Naturalium jaciamus. Harum autem summa, Benevolentia aut Amor universalis dicitur"; vgl. auch Prolegomena, § 28.

[343] De Legibus Naturae, Prolegomena, § 15: „Summulam autem tum praeceptorum omnium Legis Naturalis, tum sanctionum eis annexarum in propositione nostra ejusque consectario de oppositis contineri sic breviter ostendimus. Subjectum illius est studium, pro viribus nostris, Communis Boni totius systematis Rationalium; in hoc autem exprimitur Amor erga Deum & homines universos, qui scilicet sunt partes hujus systematis. Deus quidem est pars praecipua: Homines sunt partes ei subordinatae: ergo utrosque Benevolentia Pietatem, & Humanitatem complectitur, hoc est utramque Legis Naturae Tabulam."

[344] De Legibus Naturae, cap. V, § 13, S. 212: „Dici quidem potest e studio gloriae divinae deduci posse Cognitionem sui, aliorumque, nec non Charitatem, & Justitiam erga homines."

[345] De Legibus Naturae, cap. V, § 28.

lehre zu stellen und als das Ordnungsprinzip im Reiche Gottes (Civitas Dei) zu verstehen [346]. Denn das Wohlwollen Gottes sichere und befestige die Gerechtigkeit (Justitia) wie alle übrigen Tugenden und schaffe die Bedingungen für einen allgemeinen Frieden (Pax universalis) [347].

Auf der Grundlage dieses höchsten Gebots zur gegenseitigen wohlwollenden Liebe (benevolentia aut amor universalis) entwarf Cumberland seine Lehre vom „natürlichen Gesetz" (Lex Naturae) [348]. Das natürliche Gesetz sei eine Vorstellung (propositio) von der Natur der Dinge, aus göttlichem Willen als der „prima causa" dem menschlichen Verstand eingeprägt, welche diejenigen Handlungen anzeige, die dem Gemeinwohl aller vernünftigen Wesen dienten, und für ihre Verrichtung Belohnungen, für ihre Vernachlässigung aber hinreichende Strafen in Aussicht stelle [349]. Cumberland wollte also keineswegs in Übereinstimmung mit Hobbes ein nominalistisch-voluntaristisches Naturrechtssystem entwerfen, wie vielfach behauptet wurde [350]. Dazu stand er Hobbes zu fern und dem Intellektualismus der Cambridger Schule zu nah. Lediglich die allgemein verpflichtende Geltungskraft des Naturrechts habe ihren Ursprung im göttlichen Willen, denn Gott fordere innerhalb der „Civitas Dei" eine bedingungslose Unterordnung unter die Lex Naturae [351]. Der materiale Gehalt des natürlichen Gesetzes

---

[346] De Legibus Naturae, cap. V, § 25, S. 237: „... ita quaenam sint Leges Naturae Rationalis, seu Civitatis Dei, primitus quidem discitur diligenter considerando quaenam necessaria sint ad omnium illius maximae Civitatis subditorum foelicitatem, & ad Dei in illa imperantis honorem."

[347] De Legibus Naturae, cap. V, § 28, S. 244.

[348] De Legibus Naturae, cap. V, S. 187–322: „De Lege Naturae ejusque obligatione."

[349] De Legibus Naturae, cap. V, § 1, S. 187: „Lex Naturae est propositio a natura rerum ex Voluntate Primae Causae menti satis aperte oblata vel impressa, actionem indicans Bono Rationalium communi deservientem, quam si praestetur, praemia; sin negligatur, poenae sufficientes ex natura Rationalium sequuntur."

[350] Statt aller Friedrich *Jodl*, a.a.O., S. 238: „Woher aber stammt die verpflichtende Kraft sittlicher Grundsätze? In der Antwort auf diese Frage sehen wir Cumberland sich seinem Gegner Hobbes so beträchtlich nähern, daß seine Lösung geradezu das Schlagwort des späteren, an Hobbes sich anlehnenden Nominalismus geworden ist."

[351] De Legibus Naturae, cap. V, § 44, S. 285: „Dei autem voluntate res ita disponitur, ut indicetur sufficienter hominibus studium boni Communis medium esse hujusmodi ad finem ipsis plane necessarium, ipsorum nempe foelicitatem in Communi bono contentam et exinde solum cum Ratione sperandam. Ergo voluit eos ad hoc studium, seu actus inde promanantes obligari: hoc est, imperat mandatque Universalem Benevolentiam Legum Naturalium summam."

aber war für Cumberland in der Natur der Dinge vorgegeben und von der aus der göttlichen Weisheit fließenden Ordnung des Seins her bestimmt[352]. Daher gebiete die Lex Naturae dem Menschen als einem vernunftbegabten Wesen in erster Linie, die Kräfte des Verstandes zu üben und mit Hilfe der Wissenschaft von der „universalen Natur" eine praktische Klugheit (prudentia) zu erwerben[353]. Als Auswirkungen (effecta) dieses Fundamentalgebotes der „prudentia" nannte Cumberland im Anklang an die stoische Ethik eine Reihe weiterer Tugenden, die ebenso in jenem allgemeinen natürlichen Gesetz (Lex Naturae generalis) enthalten seien: die Besonnenheit (constantia animi) verbunden mit der Tapferkeit (fortitudo) und Geduld (patientia) einerseits und die Selbstbeherrschung (moderatio) oder Mäßigung (mediocritas) in Verbindung mit dem Wohlwollen (benevolentia) und dem Gleichmut (aequitas) zum anderen[354]. Der Endzweck (finis) der Lex Naturae und ihrer Verhaltenspflichten bestand für Cumberland in der Sicherung des Gemeinwohls (commune bonum), der Verehrung Gottes und dem Wohlergehen aller seiner Untertanen[355]. Das höchste Gut (summum bonum) aber sei die größtmögliche Glückseligkeit (foelicitas) eines jeden einzelnen[356]. Nur der Form nach erinnern all diese Gedanken noch an die scholastische Überlieferung, ihr Sinngehalt hatte sich mit dem Einbruch des Baconschen Empirismus und des Cartesischen Rationalismus grundlegend gewandelt: Cumberland verstand die „foelicitas" nicht mehr statisch, sondern dynamisch, nicht als Zustand, sondern als ein wechselseitiges Handeln (actio)[357]. Vor allem in der Verehrung Gottes sei die Glückseligkeit gegründet, weil die Menschen durch die Erkenntnis seiner Existenz und seiner liebenswerten Güte zur Erkennt-

---

[352] De Legibus Naturae, cap. VI, S. 322–332: „De iis quae in Lege Naturae generali continentur."
[353] De Legibus Naturae, cap. VI, § 5, S. 326: „Imprimis itaque in Legi Naturali (quae prosecutionem Boni communis pro virili nostra imperat) praecipitur, ut vires exerceamus naturales intellectus, seu ingenii nostri circa res omnes, & personas quae huc a nobis ullatenus dirigi possint, ut Habitum illum acquiramus animi qui prae caeteris huc facit, & Prudentia dicitur."
[354] De Legibus Naturae, cap. VI, § 6–7, S. 327–329.
[355] De Legibus Naturae, cap. V, § 46 ff, S. 290.
[356] De Legibus Naturae, cap. V, § 12 ff, S. 209.
[357] De Legibus Naturae, cap. V, § 13, S. 212: „Nam quod dicitur circa finem, seu foelicitatem, non satisfacit: quoniam cum ipsa Foelicitas aggregatum quoddam sit, cuius partibus perpetuo fruimur, & in Actione dicitur consistere, idem erit dicere: Agimus propter foelicitatem, & agimus ut agamus."

nis ihrer selbst und zur Nächstenliebe und Gerechtigkeit gegen ihre Mitmenschen geführt werden [358]. An diesem Punkt schloß sich der Gedankenkreis Cumberlands: denn in der Liebe zu Gott und zum Nächsten trat ja gerade jenes fundamentale Ordnungsprinzip der „benevolentia universalis" wieder in Erscheinung. In diesem Sinne stellte das allgemeine Wohlwollen zugleich auch den Inbegriff des natürlichen Gesetzes (Summa Legis Naturae) dar.

Neben sein Naturrechtssystem stellte Cumberland gleichsam zur Ergänzung eine Lehre vom „Gesetz der allgemeinen Gerechtigkeit" (Lex Justitiae universalis). Mit Ulpian bestimmte er zunächst die Gerechtigkeit als den beständigen Willen, jedem das Seine zuzuteilen [359]. Im Unterschied zu Leibniz jedoch beschränkte er von vornherein den Anwendungs- und Geltungsbereich der „Justitia universalis" auf das Gebiet der Sozialtugenden und Gemeinschaftspflichten. So bilde die „Lex Justitiae universalis" nicht nur das Fundament eines göttlichen oder menschlichen „dominium" über Personen und Sachen [360], sondern auch die Grundlage der „Leges speciales Virtutum Moralium" [361], soweit sie der Selbstliebe des Menschen Grenzen setze [362]. Verbunden mit der Ordnung moralischer Verhaltenspflichten umfasse die „Justitia

---

[358] De Legibus Naturae, cap. V, § 13, S. 212–213: „Verum Cognitio, Dilectioque nostrum ipsorum, aliorumque hominum intrinsecam habent & sibimetipsis propriam perfectionem naturalem (in cujus possessione pars aliqua humanae Foelicitatis consistit) quam scire licet absque consequentia a Dei honore petita. Immo videtur prius sciri Homo, & diligi, quam mens assurgat in Cognitionem, Dilectionemque Dei, cujus existentia, & bonitas amabilis ex operibus suis a homine praecipue agnoscuntur."

[359] De Legibus Naturae, cap. VII, § 4, S. 336: „His ita explicatis visum est adjicere Legem, quam modo posui, Naturalem eam ipsam esse quam Justitia universalis imperatur. Nihil enim aliud praecipit praeterquam quod in Justitiae definitione Justinianea commode explicata continetur; quae sic se habet, Justitia est constans et perpetua voluntas jus suum cuique tribuendi."

[360] De Legibus Naturae, cap. VII, § 13, S. 352: „Lex autem illa universalis Justitiae quam proposuimus, hoc ipso quod in respectu ad Commune Bonum generale ponit fundamentum dominii divini et humani in res et personas, Regimen omne Naturaliter constitutum (quale est Dei in omnes creaturas, & parentum in suam subolem) docet agnoscere ac tueri."

[361] De Legibus Naturae, cap. VIII, § 2, S. 354: „Leges autem speciales Virtutum Moralium hac ratione ex universalis Justitiae Lege deduci possunt"; vgl. auch § 7, S. 363.

[362] De Legibus Naturae, cap. VIII, § 7, S. 363: „Huic Legi obsequium praestat limitatus ille erga nosmet-ipsos amor, qui intra illos limites se continent quos universalis Justitiae Lex, Deo, hominibusque aliis omnibus sua jura tribuens, praescribit."

universalis" in erster Hinsicht die edle Gesinnung (liberalitas)[363], darauf die Tugenden eines gegenseitigen, auf das Gemeinwohl bezogenen menschlichen Wohlwollens (homileticas virtutes)[364] und schließlich die Mäßigung (temperantia) als Gerechtigkeit gegen sich selbst[365]. Um dieser zunächst deduktiv entworfenen Lehre von der „Justitia universalis" eine erhöhte Überzeugungskraft zu verleihen, stellte Cumberland in einem abschließenden Kapitel seiner „Disquisitio Philosophica" ähnlich wie Hobbes eine Übereinstimmung dieser Prinzipien der allgemeinen Gerechtigkeit mit dem Dekalog fest[366]. Die erste Tafel des Dekalogs enthalte die „Lex Justitiae universalis" insoweit, als sie zur Sicherung des Gemeinwohls auch einzelne Pflichten gegenüber Gott begründe[367]. Dagegen schreibe die zweite Tafel des Dekalogs ebenso wie der weitere Bereich der allgemeinen Gerechtigkeit die Unverletzlichkeit des Eigentums und eine kluge (prudenter) Verteilung der Güter unter den Menschen vor[368]. Im Vergleich zur lutherischen Naturrechtslehre in Deutschland bei Oldendorp, Reinking oder von Seckendorff, wo der Dekalog noch unangefochten im Mittelpunkt des Rechtsdenkens stand und gleichermaßen Grund und Grenze des „jus naturae" bildete, nimmt sich der nachträgliche Hinweis Cumberlands auf die Vereinbarkeit des Dekalogs mit dem Gedanken der „Justitia universalis" eher traditionalistisch, als innerhalb des Gesamtzusammenhangs notwendig

---

[363] De Legibus Naturae, cap. VIII, § 5, S. 358: „Liberalitas itaque est justitia in operibus conspicua, aliis nostra gratis impertinens."

[364] Ebenda, § 6, S. 360: „Virtus Homiletica est justitia aliis benefaciens per signorum voluntariorum usum Communi Bono opportunum."

[365] Ebenda, § 8, S. 364: „Temperantia itaque Definitio sit hujusmodi, est Justitia erga nosmet-ipsos in corporis cura contra bono Communi subordinata occupata."

[366] De Legibus Naturae, cap. IX, „Consectaria", § 1 ff, S. 377 ff; vgl. auch schon cap. I, § 10, S. 13–14: „Hic illud solum adjiciam, veritatem hanc, ut & caeteras pariter evidentes, praecipue veró quae hinc derivantur necessario, a Deo provenire. ... His praestitis, non video quid desit, ut Legis habeat vigorem. Addam tam in calce huius operis in ea contineri & in Deum Pietatem, & in homines Charitatem: In quibus utriusque Tabulae Legis Divinae Mosaicae, & Evangelicae summa continetur."

[367] De Legibus Naturae, cap. IX, § 1, S. 377: „Prima autem tabula speciatim continetur in ea parte Legis Justitiae universalis qua ostendimus doceri, necesse esse ad bonum commune, atque adeo ad nostram singulorum foelicitatem inde solum hauriendam, ut Deo tribuatur quod suum sit."

[368] Ebenda, § 3, S. 378–379: „Pari ratione secunda Decalogi tabula deduci potest ex ea parte legis naturalis de Justitia universali qua diximus eam praecipi; Quia necessarium est, ad commune bonum ut constituantur, & inviolata serventur inter homines singulos distincta dominia in res et personas, eorumque actus: h. e. ut fiat distributio ad optimum finem prudenter accommodata."

und folgerichtig aus. Bemerkenswert ist daran vielleicht nur, daß auch Cumberland auf diese stark formalisierte Legitimation seiner Gerechtigkeitslehre durch den Dekalog noch nicht verzichten zu können glaubte.

Obwohl man im ausgehenden 17. Jahrhundert Cumberland weithin als den bedeutendsten Gegner des Hobbesschen Naturrechtspositivismus ansah [369], war seiner „Disquisitio Philosophica" in England nur eine sehr geringe und kaum mehr aufweisbare Nachwirkung beschieden. Das lag nicht zuletzt an der Unübersichtlichkeit der Darstellung und an der Weitläufigkeit der Gedankenführung, beides Mängel, die man dem Werk mit einiger Berechtigung immer wieder zum Vorwurf machte [370]. Zudem beeinträchtigten eine ungenaue Terminologie und häufige Wiederholungen auch seinen wissenschaftlichen Wert recht erheblich. Allein Cumberlands außergewöhnliche Begabung zur Synthese, mit der es ihm gelungen war, nicht nur die unterschiedlichen Denkansätze in der englischen Moralphilosophie noch miteinander in Einklang zu bringen, sondern zugleich die stoische und scholastische Naturrechtslehre in ihren Grundzügen weiterhin lebendig zu erhalten, zeichnete Cumberland vor allen übrigen Hobbes-Gegnern der Cambridger Schule aus und begründete nicht zuletzt auch seinen – gegenwärtig immer noch unzureichend gewürdigten – Einfluß auf Samuel Pufendorf.

Das Werk Cumberlands stand am Ende jener Überlieferung zeitgenössischer Kritik am Naturrechtsgedanken von Hobbes, die teils in Verbindung mit dem Neuplatonismus, teils auf dem Boden des englischen Calvinismus entstanden war und sich – ebenso wie in Deutschland die Tradition der Kommentar-Literatur zu Grotius – als Naturrechtslehre aus christlichem Rechtsbewußtsein entfaltet hatte. Soweit

---

[369] So für viele: Christian *Thomasius*, Paulo plenior Historia Juris Naturalis, Halae 1719, cap. VI, § 11, S. 84: „... nostro judicio inter adversarios Hobbesii maxime commendandus."

[370] Zuerst Samuel *Rachel*, De Jure Naturae et Gentium dissertationes, Kiel 1676, S. 105: „Est certe Liber ille lectu dignissimus, cujus dogmata pleraque veritati, & quoque fini a Natura homini proposito sunt consentanea. ... in quo tractatu nihil fere desidero, nisi concinniorem methodum, & perspicuitatem. Quae si adhibitae fuissent, tantum non ubique nobis consentientem eum deprehendere liceret. Ita scilicet fit, ut diversis saepe viis ad eundem finem iter instituatur." Später auch Franz *Vorländer*, a.a.O., S. 377: „Das Werk dieses gelehrten Bischofs .... entbehrt aller philosophischen Schärfe, sowohl in der Polemik gegen Hobbes als in seinen positiven Lehren, welche assertorisch ohne eigentliche Begründung aufgestellt werden."

diese geistige Bewegung eines christlichen Naturrechts in England um
die Mitte des 17. Jahrhunderts auch die „philosophia moralis" in
Deutschland zu beeinflussen vermochte, verband sie sich hier vor allem
innerhalb des protestantischen Aristotelismus bei Rachel und seinen
Schülern[371] mit dem christlichen Naturrechtsdenken der Grotius-Kommentatoren und bildete damit die zweite Wurzel, aus der die Theorie
vom Naturrecht nach christlicher Lehre hervorging und schließlich in
der Rechtsphilosophie von Leibniz zu ihrer höchsten Vollendung gelangte.

3. Abschnitt

DIE LEHRE VOM CHRISTLICHEN NATURRECHT ALS GRUNDLAGE EINER ALLGEMEINEN ORDNUNG DER MENSCHHEIT (JUS NATURAE ET GENTIUM)

Die Erkenntnis des Grotius, daß dem Menschen das Naturrecht als
wesensbestimmende Ordnung verfügt sei, hatte die Frage nach den Bedingungen menschlichen Im-Recht-Seins in eine neue Richtung gelenkt:
der scholastische Gedanke vom göttlichen Ursprung allen Rechts aus
der „lex aeterna" trat allmählich hinter dem Versuch einer Grundlegung des Rechts in der Natur des Menschen zurück. Diese Veränderung
der Problemstellung führte im Ergebnis zu einer starken Verselbständigung des Naturrechtsgedankens; seine enge Verbindung zur Tradition des „jus divinum" ließ sich zwar zunächst noch nicht vollständig
lösen, aber doch in solchem Maße lockern, daß der Bezug zum „jus
humanum" in den Vordergrund einer nicht mehr moraltheologisch,
sondern rechtsphilosophisch orientierten Betrachtung des „jus naturae"
rückte. Im Hinblick auf die scholastische Dreistufenlehre lag darin freilich eine Verengung und Subjektivierung des Naturrechtsgedankens.
Andererseits erfuhr durch die grotianische Entgegensetzung von „jus
naturae" und „jus voluntarium (divinum vel humanum)" der Bereich des menschlichen Rechts, nunmehr auf das Naturrecht ausgerichtet, horizontal eine Erweiterung und Vertiefung. Denn der Entschluß,
unmittelbar nicht mehr Gott, sondern das Wesen des Menschen als

---

[371] Vgl. oben Fußnoten 207, 208.

Quelle des „jus naturae" zu verstehen, legte zugleich auch den Gedanken nahe, daß gerade im Naturrecht eine allgemeine Ordnung der Menschheit (societas gentium) enthalten sei, deren Geltungskraft von der menschlichen Natur her sich gleichermaßen auf alle Menschen erstrecke. Dieses allgemeine „Natur"-Recht der Menschheit wurde vor allem von den Nachfolgern des Grotius im 17. und 18. Jahrhundert als „Jus Naturae et Gentium" überliefert[372].

Schon im ausgehenden 17. Jahrhundert hatte sich die Lehre vom „Jus Naturae et Gentium" so reichhaltig und vielgestaltig entfaltet, daß sie sich im einzelnen kaum mehr übersehen und nur mit vergröbernden Strichen noch annähernd nachzeichnen läßt. Auf den ersten Blick wird man innerhalb dieser Tradition zwei Entwicklungslinien voneinander zu unterscheiden haben. Die erste Überlieferung ist auch heute allgemein noch so bekannt, daß sie in vielen Arbeiten und Lehrbüchern zur Geschichte der Rechtsphilosophie für das sogenannte „rationalistische Naturrecht" schlechthin in Anspruch genommen wird[373]. Sie führt von Grotius über Samuel Pufendorf[374] zu Christian Thomasius[375] und ist gekennzeichnet durch eine zunehmende Positivierung des Rechtsbegriffs und eine Säkularisierung und Sozialisierung des Naturrechtsgedankens. Daneben bestand jedoch, sehr viel seltener beschrieben als die erste, eine andere Traditionslinie, in der das Bewußtsein von der Geschöpflichkeit des Menschen und damit von der göttlichen Stiftung des natürlichen Rechts noch nicht verloren gegangen war. Diese Überlieferung bildete das „Jus Naturae et Gentium" zur Ordnung der Menschheit innerhalb der „Civitas Dei" oder „Respublica universalis" aus; als Lehre vom christlichen Naturrecht der „societas humana" baute sie im wesentlichen auf der Kommentar-Literatur zu Grotius und auf der Grundlage der Hobbes-Kritik fort und erreichte ihren Höhepunkt und Abschluß in der Rechtsphilosophie von Leibniz.

---

[372] Vgl. dazu insbesondere Ernst *Reibstein*, Deutsche Grotius-Kommentatoren bis zu Christian Wolff, in: Z. f. ausl. öffentl. Recht und Völkerrecht XV, 1953–1954, S. 76–102.

[373] Neuerdings wieder Karl *Münzel*, Recht und Gerechtigkeit. Ein rechtsphilosophisch-naturrechtliches Studienbuch, Köln-München 1965.

[374] „De Jure Naturae et Gentium libri octo", Londae 1672; 2. Aufl. Francofurti ad Moenum 1684.

[375] „Fundamenta Juris Naturae et Gentium ex sensu communi deducta, in quibus ubique secernuntur principia Honesti, Justi ac Decori, cum adjuncta emendatione ad ista fundamenta Institutionum Jurisprudentiae Divinae", Halae & Lipsiae 1705; spätere Auflagen 1708, 1713, 1718.

Im Gegensatz zu der von Pufendorf und Thomasius bemerkenswert einheitlich und unvermischt fortgebildeten Naturrechtslehre der weltlichen Sozialität war der Gedanke vom christlichen „Jus Naturae et Gentium" schon bei seiner Entstehung unter dem Einfluß der reformatorischen Theologie und der Schulphilosophie in verschiedene Richtungen auseinandergefallen. Die prinzipielle Trennung von Unschuldsstand und Sündenstand nach der Zwei-Reiche-Lehre in der lutherischen Orthodoxie führte bei David *Mevius* zur Begründung des Integritätsprinzips; ihm folgten vor allem Valentin Alberti und Veit Ludwig von Seckendorff. Daneben stand in der Nachfolge Johann vom Feldes ein besonders einflußreicher Rechtsgelehrter: Samuel *Rachel*, der auf der Grundlage des Gedankens von der Gemeinschaft zwischen Gott und den Menschen im protestantischen Aristotelismus seine Lehre von der „Justitia Universalis" entwickelte; ihm schlossen sich im wesentlichen Johann Ludwig Prasch und Heinrich Bodinus an. Schließlich läßt sich auch noch eine dritte, allerdings weniger bedeutsame Richtung feststellen, die unter der Einwirkung des cartesianischen Voluntarismus das Naturrecht der Menschheit einzig und unmittelbar aus der Willensentscheidung Gottes herleitete; sie wurde zunächst von Heinrich *von Cocceji,* später durch seinen Sohn Samuel von Cocceji und durch Heinrich Kestner vertreten. – Am Ende dieser vielfältigen Überlieferung eines christlichen „Jus Naturae et Gentium" bestand nun das eigentliche Verdienst von *Leibniz* weniger in der Weiterentwicklung jeder einzelnen dieser drei Linien, als in ihrer Zusammenfassung und – soweit möglich – in ihrer Verbindung.

A. David Mevius (1609–1670)

Zur Festigung und Verteidigung der Glaubenslehren Luthers zunächst gegen das Wiedertäufer- und Schwärmertum, später vor der Gegenreformation hatte sich in Deutschland zu Beginn des 17. Jahrhunderts im unmittelbaren Anschluß an Luther und die lutherische Moraltheologie teils neben, teils in Verbindung mit dem protestantischen Aristotelismus die sogenannte „lutherische Orthodoxie" ausgebildet, zu deren Anhängern nicht nur moralphilosophisch interessierte Theologen wie Alberti, Veltheim oder Zentgrav, sondern in erster Linie auch rechtstheologisch geschulte Juristen gehörten. Unter ihnen bemühte sich vor allem der pommersche Rechtsgelehrte David *Mevius,* einer der Vorgänger Albertis[376], um eine Deduktion des Naturrechts aus der menschlichen Natur im „status integritatis", denn er war davon überzeugt, daß auch im Sündenstande der Mensch, ein Ebenbild Gottes und von Christus zur Nachfolge aufgerufen, das ursprüngliche „jus naturae" durch die Vernunft erkennen und mit Hilfe einer natürlichen Anlage zur Moralität befolgen könne[377].

David Mevius, von Leibniz oft auch „Maevius" geschrieben, wurde am 6. Dezember 1609 zu Greifswald geboren. Er studierte die Rechtswissenschaften in seiner Vaterstadt mit solchem Erfolg, daß man ihm dort unmittelbar nach seiner Promotion die Würde eines Professor Juris antrug. Ähnlich wie Leibniz fühlte sich Mevius jedoch mehr zu einer rechtspraktischen Tätigkeit hingezogen. Er übernahm zwischen 1637 und 1638 das Amt eines Stadtsyndicus in Stralsund und wurde schließlich im Jahre 1653 zum Vizekanzler des schwedisch-pommerschen Obertribunals in Wismar ernannt. Sein Interesse galt neben dem „Jus Naturae et Gentium" auch dem deutschen Recht: insbesondere erlangte sein Kommentar zum Lübischen Stadtrecht bald überregionale Bedeutung. Mevius starb am 14. August 1670 in Greifswald und wurde am 17. September zu Wismar beigesetzt[378].

In welch hohem Ansehen Mevius zu seinen Lebzeiten als Rechtsphilosoph gestanden haben mag, zeigt nicht zuletzt auch die Tatsache, daß Leibniz bereits auf seine Naturrechtslehre aufmerksam wurde, noch bevor der „Prodromus Jurisprudentiae Gentium communis"[379] erschienen war. Offenbar hatte Leibniz in Frankfurt schon von der Drucklegung des Werkes Kenntnis erhalten, denn er berichtete darüber im April 1670 an Hermann Conring[380]. Später, nach seiner Rückkehr aus Paris, vermerkte Leibniz den Namen „Maevius" neben anderen auf einem Brief von Henry Justel, der ihn um einige Literaturangaben zum

---

[376] Vgl. dazu Ernst-Dietrich *Osterhorn*, Die Naturrechtslehre Valentin Albertis, Diss. jur. Freiburg 1962, S. 6.

[377] Siehe unten Fußnote 388.

[378] Zu *Mevius:* Chr. Gottl. *Jöcher*, a.a.O., Bd. 3, Sp. 488. – H. F. W. *Hinrichs*, a.a.O., Bd. II, S. 118–145. – *Stinzing-Landsberg*, a.a.O., Abt. 2, S. 112–139; Abt. 3, 1. Hlbbd., S. 7, 33, 54, 265 f. – Erich *Molitor*, Der Entwurf eines mecklenburgischen Landrechts von David Mevius, in: ZRG (GA) 61, 1941, S. 208 ff.

[379] „Prodromus Jurisprudentiae Gentium communis, pro exhibendis eiusdem principiis et fundamentis praemissus", Stralsund 1671. – Eine zweite Auflage erschien unter dem veränderten Titel „Nucleus juris naturalis et gentium principia ejus et fundamenta exhibens, olim sub nomine Prodromi jurisprudentiae gentium communis emissus, jam indice locupletissimo auctus" im Jahre 1686 in Frankfurt und Leipzig.

[380] Der Brief Leibnizens an *Conring* trägt das Datum vom 9. (19.) April 1670 (A II–1, 43.)

„Jus Naturae et Gentium" gebeten hatte [381]. Bedauerlicherweise ist der Brief Leibnizens mit dem Hinweis auf Mevius nicht überliefert; aus den Antworten Justels und seinen lobenden Äußerungen über den „Prodromus" [382] geht jedoch hervor, daß vermutlich auch Leibniz selbst die Naturrechtslehre von Mevius zumindest gebilligt haben wird.

Der Gedanke des „Jus Naturae et Gentium" stand bei Mevius in enger Verbindung mit der lutherischen Zwei-Reiche-Lehre; er entwuchs gleichsam dem Boden orthodox-lutherischer Rechtstheologie. Der „erste" Ursprung (fons prima) von Recht und Gerechtigkeit, so stellte Mevius zu Beginn seines „Prodromus" fest, liege in Gott als dem „Ens justissimum". Die Gerechtigkeit Gottes aber werde in der absoluten Richtigkeit seiner Handlungen sichtbar [383]. Durch den göttlichen Schöpfungsakt habe sie zugleich auch für alle Menschen eine allgemein verbindliche Geltungskraft erlangt. Denn Gott habe den Menschen nach seinem Bilde erschaffen, ihn mit vollkommenem Verstand, rechtem Willen und gerechter Gesinnung ausgerüstet und ihm so nicht nur den Begriff seines Rechts und die Kenntnis von seiner Gerechtigkeit vermittelt, sondern zugleich auch die Möglichkeit gegeben, danach zu handeln, „gerecht zu sein" [384]. In diesem Sinne nannte Mevius diejenige Gerechtigkeit, welche der menschlichen Natur von Gott eingestiftet sei, „justitia naturalis". Solange die Natur des Menschen im Stande der Unschuld (status integritatis) verharre, bilde die natürliche Gerechtigkeit vor allem auch die Grundlage des „unversehrten" natürlichen

---

[381] Im Brief Henry Justels an *Leibniz* vom 17. Februar 1677 (A I–2, 247).

[382] Vgl. Justels Briefe an *Leibniz* vom 27. September 1677 (A I–2, 294): „J'ay parcouru Maevius de jure naturali et gentium ou i'ay trouvé des choses assez bien eclaircies", und vom 9. November 1677 (A I–2, 299): „Cependant ie trouue Maevius fort bon."

[383] Prodromus, inspectio I, § 1, S. 2: „Fons Juris Justitiaeque primus non alibi, quam in Deo, ut omnis boni autore, quaeratur. Qui Ens justissimum est, tam essentia sua, quam actione. ... Justitia illa Divina est rectitudo quaedam absoluta atque substantialis, secundum illam Deus omnia ab aeterno egit, singula in principio rerum condidit, postea in tempore constare voluit."

[384] Prodromus, insp. I, § 2, S. 3–4: „Quia ad imaginem suam creavit hominem, Deus hominem non modo voluit jure instructum justitiaeque deditum, sed, ut esse posset, creavit. ... Cum natura sic homini implanatum jus a Deo et natura coepit, infixum mentibus ab illarum primordio. ... Hominis itaque et juris humani eadem sunt initia. Illi condito hoc inditum. Quando enim Deus hominem ad imaginem suam, adeoque perfecto intellectu, exacto judicio, recta volunte primitus creavit, mens justa, essentialis justitiae effigies, juris loco ipsi fuit. Nec integrae et ad justitiam compositae voluntati opus erat, praeter suam integritatem, vivendi agendique regula."

Rechts (jus naturale incorruptum)[385]. Jedoch habe Gott selbst den gerechten Menschen nicht so geschaffen, daß er kein Unrecht tun könne; denn ihm sei nicht die wesenhafte Gerechtigkeit Gottes (justitia essentialis), sondern die Willensfreiheit (liberum arbitrium) gegeben[386]. Mevius führte also den Sündenfall auf einen freien Willensentschluß des Menschen zurück mit der Folge, daß der Mensch als „peccator universalis" aus eigener Schuld verdorben und verloren sei[387] und im Sündenstande (status corruptionis) zwar noch die Kenntnis von der natürlichen Gerechtigkeit Gottes besitze, aber nicht mehr die Fähigkeit, sich gerecht zu verhalten[388]. Erst mit der Entsendung Christi in die Welt habe Gott die menschliche Natur wiederhergestellt und das ursprüngliche Naturrecht des „status integritatis" erneuert[389].

Dieses mehr anthropologische, als christologische Verständnis der göttlichen Offenbarung und seiner Heilsfunktion bot Mevius die Möglichkeit, auch das in den „officia Christi" gründende Recht (jus) der gesamten Menschheit im Christenstand zuzuordnen[390], ohne von vornherein dessen Geltungsbereich auf die in der „ecclesia universalis" versammelten Gläubigen beschränken zu müssen. Das „Jus Naturae et Gentium" war für Mevius der Ort, an welchem das Naturrecht nach christlicher Lehre wirksam zu werden vermochte. Zur Legitimation dieses Gedankens verwies Mevius unmittelbar auf die Heilige Schrift: der Römerbrief zeuge in besonders kunstvoller Form (elegantissime) von der Existenz, der Verpflichtungskraft und den Regeln des natürlichen Rechts, ebenso wie der Dekalog die Rechte eines jeden Volkes (omnis gentis jura) enthalte. Wenn man sich einmal alle höchsten Ge-

---

[385] Prodromus, insp. I, § 3, S. 4: „Sic humanae naturae insita justitia naturalis. Inde jus naturale existit, quamdiu mansit natura incorrupta, incorruptum."

[386] Prodromus, insp. I, § 4, S. 5: „Haud vero conditus est homo justus, ut injustus fieri non posset. Hoc essentiale justitiae, quae in Deo est proprium, homini ab initio non datum fuit, sed liberum arbitrium."

[387] Ebenda: „Hinc peccator universalis quicquid divinae gratiae erat amittere meritus, totus corruptus et perditus."

[388] Prodromus, insp. I, § 5, S. 6: „Divinae justitiae congruit, reliqui legis notitiam et sensum in animo rationali, ut superesset, ex quo homo admoneretur de justis, incitaretur ad justa, convinceretur injusti..."

[389] Prodromus, insp. I, § 15, S. 25—26: „Miseritus Deus miserorum, restaurationem depravatae humanae naturae cum reparatione salutis animarum meditatus et destinans, quem pro hac misit in mundum Filium unicum, voluit etiam legis naturalis reparationem."

[390] Ebenda: „Quo intuitu etiam inter Christi officia refertur jus in gentes transferre."

bote dieses Christenrechts vor Augen führe, würde sich bald zeigen, welch großer Teil davon zum Entwurf einer natürlichen Rechtswissenschaft (jurisprudentia naturalis) verwandt werden könne[391]. Vom Prinzip der Einheit der biblischen Rechtsordnung her denkend, stellte auch Mevius, wie später Ziegler, im Gegensatz zu Grotius fest, daß Christus kein neues Recht geschaffen, sondern nur das alte mosaische Gesetz erneuert, entfaltet und von den Irrtümern der Schriftgelehrten gereinigt habe: „Is venit non tollere, sed implere legem, ut ipsemet testatur[392]." Denn das Gesetz Gottes sei vollkommen und unveränderlich, so daß selbst Gebote, von denen man glaube, Christus habe sie anders oder besser ausgedrückt, und mit deren Hilfe man einen Unterschied zwischen dem natürlichen Gesetz und dem Evangelium zu konstruieren suche, schon vor der Offenbarung Christi als Bestandteil des göttlichen Rechts im Gesetz enthalten gewesen seien[393]. Deshalb erscheine die These, daß alles Recht im Evangelium schon zur „lex naturalis" gehöre (Grotius), ebenso absurd wie die Behauptung, es stehe von vornherein mit der „lex moralis" in Widerspruch. Vielmehr handele es sich bei den Geboten Christi um ein Mittleres (medium), das aber den Maximen einer „höheren" Tugend nahekomme: um biblische Weisungen[394].

Diese Gottesrechtslehre orthodox-lutherischer Provenienz bildete für Mevius die Grundlage zu seiner Naturrechtslehre im engeren Sinn. Alles natürliche Recht, dem Wesen des Menschen eingestiftet, sei göttliches Recht, nicht aber umgekehrt[395]. Denn das göttliche Recht bestehe

---

[391] Prodromus, insp. I, § 15, S. 26.

[392] Prodromus, insp. I, § 16, S. 28; der vorstehende Text lautet: „Verius est, quod non alia, sed eadem lex, quae per Mosen data, a Christo tradita, tantum ab hoc renovata, exposita, ab erroribus Pharisaeorum, Scribarum et Jurisperitorum repurgata, et scopo, quem Salvator suo operi praefixum habuit, applicata est." Wenig später (S. 29/30) heißt es: „Est ita doctrina Christi non legis immutatio et ampliatio, sed sensus explicatio, quae supplementum eius dicitur, non aliud apponendo, sed aliud, quam intelligebatur, ad sensum recte exponendo."

[393] Prodromus, insp. I, § 16, S. 28.

[394] Ebenda, S. 32: „Absurdum utrumque est, quod dicitur, nihil non quod est in Evangelio esse legis naturalis, et quaedam esse in Evangelio contraria legi morali, aut aliter quam illi convenit per Christum mandata. Sunt m e d i a , quae accesserunt virtutis eminentioris documenta, nec legis moralis, nec ei adversa."

[395] Prodromus, insp. I, § 17, S. 33: „Omne jus hominum mentibus inditum ideo naturale ab autore, conditore, confirmatore, doctore suo divinum est, et juxta haec quae scripsimus id nomen recte obtinet; sed non vicissim omne jus divinum est naturale."

einerseits aus dem natürlichen und notwendigen Recht der Vernunft, zum anderen aus dem willkürlichen Recht der freien Entscheidung Gottes[396]. Innerhalb des göttlichen Naturrechts müsse man jedoch zunächst zwischen dem Recht der Natur (jus naturae) und dem natürlichen Recht (jus naturale) unterscheiden: das Recht der Natur sei den Dingen mit Notwendigkeit verfügt und beruhe auf der ihnen je eigentümlichen und anerschaffenen Wesensverfaßtheit, während das natürliche Recht als „Fessel der Leidenschaft" nur in Verbindung mit der Vernunft (ratio) dem Menschen zugeordnet sei und als „dictamen et praeceptum connatae rationis" die Befolgung des Prinzips des „honestum et congruum" gebiete[397]. Dieses natürliche Recht (jus naturale) könne man in gewissem Sinne auch als Ordnung der Menschheit (jus gentium) bezeichnen, weil es bei den meisten Völkern, die das Recht und den Frieden lieben, in Geltung stehe; jedoch nur in gewissem Sinne, denn auch das allen Menschen gemeinsame Recht trage einen doppelten Charakter: zum einen sei es mit dem Menschen entstanden, beruhe auf göttlicher Einstiftung und stimme daher mit dem „jus naturale" überein – dieses Recht nannte Mevius auch „jus gentium primaevum" oder „jus gentium necessarium"[398] –, andererseits habe sich das Recht der Menschheit zum Teil auch erst nachträglich durch Gewohnheit, gemeinsame Übung und menschliche Übereinkunft zum Völkerrecht im engeren Sinn herausgebildet, von Mevius als „jus gentium secundarium" gekennzeichnet[399].

---

[396] Ebenda, S. 34: „Duplex jus divinum, alterum naturale seu necessarium, quia sic ab initio cum ratione conditum; aliud voluntarium, seu post illud ex libera Dei voluntate constitutum. Quae illius sunt, Deus in verbo suo sanxit, quia justa erant, nempe ex prima concreata eaque immutabili lege: Haec autem justa deinde effecta, quia sic Deus voluit."

[397] Prodromus, dispectio II, § 5, S. 60–61: „Similiter secundo distinguendum est inter jus naturae et jus naturale. ... (1) Jus naturae est, quod per istam rerum naturalium proprium redditum, seu his ipsis cum aliqua necessitate aut proprietate inest. Ita rebus etiam inanimatis jus tribuitur, quod est in genuina eorundem conditione. ... (2) Aliter cum jure naturali comparatum, quod est vinculum mentis cum ratione inditum, ad observandum honesta et congrua, vitandum turpia atque iniqua. Quod consistit in aliquo dictamine et praecepto connatae rationis, multum differt a rerum proprietatibus."

[398] Prodromus, insp. I, § 21, S. 39.

[399] Ebenda; vgl. auch den voranstehenden Text: „Post hoc introductum gentium jus commune duplex redditum est: Alterum, de quo supra diximus, cum homine ortum, humanis mentibus ab initio divinitus inditum. Alterum ab hominibus pro usu vitae humanae consensu seu voluntate communi superadditum."

Im nun folgenden Teil des „Prodromus" beschäftigte sich Mevius im wesentlichen nur noch mit dem „jus naturale" als dem eigentlichen Fundament des ursprünglichen Rechts im Menschen und der wahren Gerechtigkeit[400]. Dabei wird die Gleichsetzung von „jus divinum", „jus naturale" und „jus gentium" besonders deutlich sichtbar in der Formel „Jus Gentium naturale seu primaevum"[401]. Von den Einwänden, die man gemeinhin gegen das Naturrecht vorbringe, wies Mevius mit Nachdruck die Behauptung zurück, das „jus naturale" sei deshalb kein Recht, weil ihm die „vis obligandi" fehle[402]. Andererseits dürfe man jedoch auch nicht alle „naturalia" ohne Unterschied als Recht betrachten[403]. Denn „natürlich" sei auch das Gebot der Triebe (dictamen instictus); wer aber das natürliche Recht erkennen wolle, müsse sein Augenmerk weniger auf die Natur als auf das „honestum et bonum" richten, welches von der Vernunft (ratio) her bestimmt sei[404]. Nicht im Wege einer begrifflichen Deduktion, sondern durch induktive Ausgrenzung und Umschreibung versuchte Mevius nun den Wesensgehalt des „jus naturale" zu ermitteln. Zunächst müsse man unter den Gesetzen der Natur diejenigen zusammenstellen, die bereits einen objektiven Wert enthalten, wie zum Beispiel die Gebote, Gutes zu tun, Schlechtes zu lassen, sein Leben zu bewahren, sich „sozial" zu verhalten. Diese Normen seien zweifellos aus der Natur des Menschen abgeleitet; zu Regeln des natürlichen Rechts dürfe man sie jedoch nur insofern erheben, als sie, bezogen auf die Sittlichkeit (honestas) oder eine bestimmte Gemeinschaft (societas), die menschlichen Handlungen zu leiten vermögen und als ihr Maß nach dem Vernunftprinzip festlegen, was ehrbar oder schändlich, billig oder unbillig sei[405]. Seinem Wesen nach ver-

---

[400] Prodromus, dispectio II, § 1, S. 46: „Gentium Jurisprudentiam explicaturis initum faciendum est a congenito atque primitivo jure, quod cum homine coepit. In quo apud illum juris primitivi et justitiae vere fundamentum consistit. Primaevum jus naturale dicitur, veluti quod a primo aevo seu cum ortu orbis coepit."

[401] Prodromus, disp. II: „De Jure Gentium naturali seu primaevo."

[402] Prodromus, disp. II, § 2, S. 51: „Quintum, quod naturae jus sine vi obligandi, qua sine nomen inane, res nulla . . ."

[403] Prodromus, disp. II, § 4, S. 59: „Male naturalia sine discrimine pro jure habentur."

[404] Ebenda, S. 60: „Quocirca ubi quod naturalis juris sit, quaeritur, non sufficit saltem inspicere, quid mere naturae sed quomodo ad honestum et bonum ducit. Illud ex indole, hoc ex ratione censendum. Naturale tamen utrumque est, tum quod per naturam instinctu aut ratione dictatur, tum qui isti convenit."

[405] Ebenda: „Collige ex his, quomodo leges naturae velut summas faciamus, bonum, commodum, gratum prosequi, malum, incommodum effugere, si bene velle,

pflichte das Naturrecht die Menschen allgemein (universalis)[406] und
bleibe unveränderlich (immutabilis) erhalten[407]. Nicht nur als einem
Gesetz Gottes komme dem natürlichen Recht eine so unmittelbare Wirkungskraft zu[408], sondern auch deshalb, weil es dem Menschen recht
eigentlich erst zu seinem Mensch-Sein verhelfe: „Jus est hominis, qua
homo est[409]." Deshalb erschien Mevius der Gedanke bei Grotius und
Pufendorf, daß das Naturrecht ohne einen Bezug zum Gemeinschaftsprinzip (societas) nicht bestehen könne, ebenso absurd[410] wie die Behauptung von Hobbes, das „jus naturale" richte sich nach dem Grundsatz der Nützlichkeit (utilitas)[411]. Vielmehr erweise sich das Naturrecht (jus naturale primaevum) als ein Fundamentalgesetz der großen
Gesamtheit aller Völker der Erde, welchem ein jeder den gleichen Gehorsam schulde, den er als Bürger den Gesetzen seines Staates entge-
genbringe[412]. Keine Macht der Welt aber könne den Menschen seiner
Pflicht zur Befolgung der naturrechtlichen Gebote entheben[413].

---

plus se amare quam caeteros, vitam conservare, membrorum integritatem et usum
non impeditum velle, sociabilem esse. Naturae hae sunt, tantum simpliciter considerata. At juris naturalis fiunt, cum ex istis principiis per accomodationem ad
honestatem vel societatem actiones regunt, et pro iis, quae honesta vel turpia,
aequa vel iniqua sunt, ex ratione dictant."

[406] Prodromus, disp. II, § 31, S. 96: „Universalis porro lex est, quam indidit
natura omnium hominum animis, et communis consensus approbet."

[407] Prodromus, disp. II, § 37, S. 105–107: „Quod ex natura jus est, sicut ipsa
immutabile, constans et perpetuum, ideo perpetuae obligationis est. ... Sic vero
immutabile hoc jus est, ut ne Deo quidem mutari posse credatur."

[408] Prodromus, disp. II, § 21, S. 86–87: „Tanto validior haec lex naturae est,
quod divina lex est. ... Haud levius inde in Deum peccat, qui naturalia jura ac
qui leges in Deo promulgatas violet."

[409] Prodromus, disp. II, § 31, S. 97: „Jus est hominis, qua homo est. Ratione
enim praeditus, juxta rationem vivere debuit, illamque ut legem divinam agnoscere.
Est deinde commune omnium debitum, quod natura dictat."

[410] Prodromus, disp. II, § 50, S. 122: „... Ex quo etiam absurde sequeretur,
sine societate jus non fore."

[411] Prodromus, disp. II, § 51, S. 123: „Devia quoque est opinio jus naturale
utilitati hominum tribuendum." (Vgl. auch inspectio III, § 14, S. 170–171.)

[412] Prodromus, disp. II, § 32, S. 98: „Quandoquidem naturale primaevum jus
lex quaedam fundamentalis ac communis magnae universitatis, quae orbe comprehenditur, existit, talis isti debetur ab omni observantia, ad quam civis quisque
suae civitatis legibus obstringitur. Idem respectus est hominis erga naturam qui
est civis erga suam civitatem."

[413] Prodromus, disp. II, § 33, S. 99: „Ab hoc jure nulla quempiam eximit humana potestas aut potentia. Infra naturam haec est. Natura autor isti ex naturalibus legibus circumdare voluit limites, intra quos contineretur. Sicut igitur sub Deo
omnis etiam summa orbis autoritas, ita et naturae juri velut divinae cordibus
inscriptae legi obnoxia."

Mit besonderer Aufmerksamkeit wandte sich Mevius nun der Frage nach den Erkenntnisquellen des „jus naturale" zu. Weder der Konsens einer bestimmten Mehrheit[414] noch das römische Recht[415] genüge für sich allein schon zur Bestimmung des Naturrechts. Denn das ursprüngliche und höchste Gesetz bilde die Natur des Menschen selbst[416]. Zur Verdeutlichung wies Mevius hier noch einmal darauf hin, daß er nicht an die „natura corrupta" denke, sondern die dem Menschen anerschaffene Natur im „status integritatis" meine[417]. Von deren Wesen aber könne man sich in dreierlei Hinsicht Gewißheit verschaffen: durch das Beispiel Gottes (exemplum Dei), aus der Heiligen Schrift (verbum Sacrum) und in der Person Christi, seiner Lehre und seinem Leben[418]. Als Mittel zur Erkenntnis des natürlichen Rechts empfahl Mevius in der Grotius-Nachfolge die „rechte Vernunft" (recta ratio)[419]: „Magistra juris ratio est velut index simul ejus, quod continet. Mentibus divinitus concreata est lux et dux ad ea, quae sunt naturae[420]." Wolle man also jene allgemeine Rechtswissenschaft der Menschheit kennenlernen, so müsse man mit Hilfe der Vernunft auf die Natur zurückgreifen und von ihr die Prinzipien des Gerechten zu erfahren suchen[421]. Demgemäß sei die Übereinstimmung mit der Natur oberster Grundsatz des natürlichen Rechts[422]. Um jedoch aus der Natur des Menschen

---

[414] Prodromus, insp. III, § 7, S. 154: „Nec sufficit plurimum consensus."

[415] Prodromus, insp. III, § 10, S. 163: „Erratur etiam non infrequenter in eo, quod ex Romanis legibus ad probandum vel confirmandum jus naturale adhibetur. Non omnis harum tenor ad jus naturale spectat."

[416] Prodromus, insp. III, § 16, S. 179: „Natura prima et summa lex est. Ad eam recurrere, secura statio, secundum eam agere, optima ratio est."

[417] Prodromus, insp. III, § 18, S. 179: „Naturam autem hic accipe, non ut per corruptam progeniem et improbos mores nunc depravata est, sed quae primitus concreata est integra ac incorrupta."

[418] Ebenda, S. 183–184: „Habemus (1) exemplum Dei, quod intuentes videmus, quod ex imagine defecit, in quid haec restaurari debet. Propositum nobis (2) verbum Sacrum, quod expedientes discimus, quanto in natura integra omnia fuerunt perfectiora et qualia esse debeant, licet non sint. Additum (3) exemplar in persona Salvatoris, non doctrina modo, sed vita sua naturae integritatem monstrantis."

[419] Prodromus, insp. III, § 23, S. 188: „Quando autem nuda id praestare non potest ratio, sed recta, utique, ut ista sit in nobis, ante omnia curandum."

[420] Prodromus, insp. III, § 20, S. 184–185. Vgl. auch insp. I, § 6, S. 7.

[421] Prodromus, insp. III, § 28, S. 201: „Quando itaque in animis est, communem gentium jurisprudentiam nosse, recurrendum est ad Naturam, ex hac quaerenda sui ad justum principia, ex his componenda sunt praecepta, ex quibus porro deriventur et subsumantur justi circa homines definitiones."

[422] Prodromus, insp. IV, § 2, S. 208: „Regula ergo juris naturalis summa existit ex convenientia vel disconvenientia cum natura. Ut itaque unumquodque naturae

einzelne natürliche Gebote ableiten zu können[423], sah Mevius sich zunächst genötigt, den Begriff der Natur selbst zu konkretisieren; dabei erschienen ihm folgende Merkmale der „natura humana" besonders kennzeichnend: die Rationalität (Vernünftigkeit)[424], die Integrität (Unversehrtheit)[425], die Äqualität (Vergleichbarkeit, Rechtsgleichheit)[426], die Autophilie (Selbstliebe, Selbsterhaltungstrieb)[427] und die Sozialität (Gemeinschaftlichkeit)[428]. Diese Grundelemente menschlicher Wesensverfaßtheit boten Mevius gleichsam das Gerüst, um daran jeweils einen umfangreichen Katalog einzelner Rechte und Pflichten aus dem Bereich des „jus naturale" aufzuhängen. Darunter findet sich ganz am Rande auch der Gedanke, daß das Naturrecht als „lex charitatis" von den Menschen eine gegenseitige Liebe und Eintracht fordere[429].

Entsprechend jener in der Tradition des christlichen Naturrechts allgemein verbreiteten Anschauung von der engen Verbindung zwischen dem „jus naturae" und der „justitia Dei" fügte auch Mevius seinem Werk abschließend eine Gerechtigkeitslehre an. Ebenso wie die Frömmigkeit (pietas) finde auch die Gerechtigkeit (justitia) ihren Ursprung unmittelbar in Gott[430]. Denn Gott habe den Menschen nach seinem Bilde geschaffen und ihm zusammen mit dem Naturrecht zugleich eine

---

convenit sic justum et e contra, quod naturae adversum, naturaliter injustum habendum est."

[423] Prodromus, insp. IV: „De praeceptorum naturalium ex natura derivatione et existentia."

[424] Prodromus, insp. IV, § 25, S. 234: „Rationi a natura vis judicii indita ..."

[425] Prodromus, insp. IV, § 26, S. 235: „Deinde natura hominem fecit recte et integrum."

[426] Prodromus, insp. IV, § 27, S. 236: „Tertio natura hominem homini fecit similem."

[427] Prodromus, insp. IV, § 30, S. 239: „Sexto natura hominem fecit sui praeprimis amantem."

[428] Prodromus, insp. IV, § 35, S. 245: „Octavo: cum hominem natura nudum in lucem ducit, et multorum indigentem, suggessit ei simul inopiae levamen et remedium ex societate."

[429] Prodromus, insp. VII, § 16, S. 407: „Exigitur naturali lege hominum mutuus amor et concordia, cui nihil magis contrarium, quam lis et contentio. ... Non quia coram gentilibus litigare iis pudendum, aut in crimine, sed quia juxta charitatis legem, quae a natura est, sine peccato non sint."

[430] Prodromus, insp. VIII, § 1, S. 422: „Justitia a Deo, in quo ut in fonte est, ex eo derivata in homines, dum hos sui voluit similes." — § 2, S. 425: „Deus duo fecit: Pietas et Justitia."

ursprüngliche Kenntnis von seiner Gerechtigkeit vermittelt[431]. Ganz im Stile der aristotelischen „philosophia moralis" seiner Zeit unterschied Mevius die allgemeine Gerechtigkeit (justitia universalis) als Inbegriff aller Sozialtugenden von der besonderen Gerechtigkeit (justitia particularis), die in der Zuteilung und im Ausgleich von Gütern der Billigkeit (aequitas) diene[432]. Insofern sei auch die Billigkeit nur ein Teil der Gerechtigkeit[433]. Die „justitia universalis" bilde jedoch den eigentlich materialen Gehalt des Rechts[434] und den Gegenstand der Rechtswissenschaft[435], gleichviel, ob sie als „jurisprudentia universalis" das Recht der „societas humana" behandele oder als „jurisprudentia particularis" sich mit der Rechtsordnung einer bestimmten „societas civilis" beschäftige[436]. Denn die „justitia universalis" fordere vom Menschen, daß er sich Gott, jedem anderen und sich selbst gegenüber richtig verhalte; sie umfasse alle Pflichten, die man Gott und den Menschen gegenüber zu erfüllen habe[437]. Dieser letzte Gedanke veranlaßte Mevius zu dem Satz: „Quidquid est in humanis, Justitiae subest et ex Justitia regulam habet[438]."

Fest verwurzelt im „Luthertum", in der Glaubenstradition lutherischen Bekenntnisses, und zugleich von Wert und Würde des Rechtsge-

---

[431] Prodromus, insp. III, § 19, S. 202: „Scimus Deum condidisse hominem ad suam imaginem, ideo et velle esse aut fieri sui similem: Ut vero ex eo creavit justum, ut suae congruit justitiae, sic vero ex Dei deprehenditur justitia congeniti olim juris, nunc post depravationem reparandi censere debemus."

[432] Prodromus, insp. VIII, § 4, S. 426: „Justitiae duplicem Moralium Magistri faciunt: universalem et particularem. Illa est complexus omnium aliarum virtutum, ... haec a coeteris separata et specialis virtus est, de externis suum cuique tribuens. – Illa in omnibus, quae in leges veniunt, congrua: Haec in distributione et commutatione aequitatem servat."

[433] Prodromus, insp. VIII, § 18, S. 444: „Justitiae pars Aequitas est."

[434] Prodromus, insp. VIII, § 1, S. 423: „Jus Justitiae opus est, et haec vicissim juris substantia, finis, atque ad semet directio."

[435] Prodromus, insp. VIII, § 6, S. 428: „Universalis justitia est tum juris finis, tum jurisprudentiae objectum."

[436] Prodromus, insp. IX „De Jurisprudentia", § 3, S. 456: „Jurisprudentia duplex est, alia universalis, alia specialis. Illam dicimus, quae per totum orbem omnibusque populis communis, omnem justitiae rationem pro usu societatis humanae tractat; hanc quae civilis societatis justa dirigit."

[437] Prodromus, insp. VIII, § 6, S. 428: „Non hoc saltem ut in exterioribus istis tribuendis aequaliter versemur, sed ut erga Deum, hominem quemvis alium et nosmet ipsa recte nos geramus." (Vgl. auch § 7, S. 429.) – Insp. VIII, § 16, S. 439: „Latissimum est justitiae regimen, ad omnia pertinens officia, quae Deo hominibusque debentur."

[438] Prodromus, insp. VIII, § 16, S. 439.

dankens und von der Notwendigkeit einer vor Gott gerechtfertigten
Ordnung in der Welt überzeugt, versuchte Mevius als erster, den in der
Zwei-Reiche-Lehre angelegten Dualismus von göttlichem und weltlichem Naturrecht zu überwinden, indem er die menschliche Natur im
„status integritatis" zur Erkenntnisquelle der göttlichen Gerechtigkeit
erhob und zu Grund, Grenze und Maß einer natürlichen Rechtsordnung der „societas humana" ausgestaltete. Dieser neue Denkansatz
übte auf viele Zeitgenossen von Mevius eine so ungewöhnliche Anziehungskraft aus[439], daß man sich schon bald nach seinem Tode die verhältnismäßig geringe Verbreitung des „Prodromus" nicht mehr erklären konnte und jenem Mißstand durch eine zweite, mit Registern ver-
sehene Auflage abhelfen zu können glaubte[440]. Inzwischen hatten jedoch vor allem der reformierte Theologe Samuel Strimesius und der
bekanntere lutherische Moraltheologe Valentin Alberti das von Mevius übernommene Integritätsprinzip schon zu einem umfassenden
System des Naturrechts innerhalb der lutherischen Orthodoxie ausgebildet[441], das nicht nur im Gegensatz zur Naturrechtslehre Pufendorfs
stand, sondern sich zugleich auch mit dem Sozialitätsprinzip des protestantischen Aristotelismus auseinandersetzte und in dieser betont po-
lemischen Grundtendenz die Kerngedanken von Mevius in den Hintergrund drängte und seinen Einfluß überschattete.

B. Samuel Rachel (1628–1691)

Schon bald nach der Reformation sah sich der Protestantismus vor
die Notwendigkeit gestellt, die neuen Glaubenslehren mit der durch
den Humanismus überlieferten antiken Philosophie zu verbinden. Bei
der Abneigung der Reformatoren, vor allem Luthers, gegen die scholastische Metaphysik konnte eine Angleichung zunächst nur auf dem Gebiete der Ethik erfolgen; sie wurde im wesentlichen schon von Melan-

---

[439] In der Vorrede zum „Nucleus juris naturalis" (2. Auflage des „Prodromus")
wird berichtet, wie namhafte Männer sich darüber beklagt hätten, daß die Schrift
zwar viel verlangt, aber wenig gekannt sei; andere hätten bezeugt, daß darin das
wahre Prinzip des Naturrechts aufgestellt worden wäre. (Zitiert bei *Hinrichs,*
a.a.O., S. 145.)

[440] Vgl. Fußnote 379.

[441] Darüber: Ernst-Dietrich *Osterhorn,* Die Naturrechtslehre Valentin Albertis,
Diss. jur. Freiburg 1962. – Jochen *Ihmels,* Das Naturrecht bei Valentin Alberti,
Diss. theol. Leipzig 1955.

chthon unter Rückgriff auf die Gerechtigkeitslehre des Aristoteles durchgeführt [442] und sowohl innerhalb der reformatorischen Rechtsphilosophie bei Oldendorp [443], Hemming [444] und Winckler [445], als auch von der protestantischen Moraltheologie bis zu Georg Calixt [446] und Andreas Osiander vertieft und systematisch weitergebildet [447]. Im 17. Jahrhundert gewann die aristotelische Ethik schließlich einen solchen Einfluß, daß sie an nahezu allen evangelischen Universitäten gelesen wurde, ja ihr Vortrag von einigen Fakultätsstatuten sogar verbindlich vorgeschrieben war [448]. Der protestantische Aristotelismus hatte sich zur „Schulphilosophie" (Max Wundt) verfestigt, als „philosophia moralis sive practica" auch in die Jurisprudenz Eingang gefunden und hier die Rechtsphilosophie weitgehend bestimmt. So gehörten zu denjenigen Gelehrten, die ihren Vorlesungen die aristotelische Ethik zugrunde gelegt hatten, vor allem auch die wichtigsten Lehrer von Leibniz: Jacob

---

[442] Vor allem in den „Loci praecipui theologici" von 1559; vgl. die Abschnitte „De Lege divina" (abgedruckt in „Melanchthons Werke", Bd. II, 1, hg. v. Hans Engelland, Gütersloh 1952, S. 278 ff.) und „De Lege Naturae" (ebenda, S. 314 ff). Auf die Bedeutung der aristotelischen Gerechtigkeitslehre für die Ethik Melanchthons hat schon *Petersen* (a.a.O., S. 88–89) trefflich hingewiesen: „Mit höchsten Lobsprüchen bedenkt Melanchthon die Ausführungen (des Aristoteles) über die Gerechtigkeit (C. R. XI, S. 992–999) ... Mit hohem Recht und sehr fein habe Aristoteles von der Gerechtigkeit gesagt, sie sei schöner als Abendstern und Morgenstern (C. R. XXVII, S. 432) ... Gleiches Lob findet die Einteilung der Gerechtigkeit in partikulare und universale, wobei er in seiner Darstellung der Justitia universalis wiederum Platon und Aristoteles vereint."

[443] Johann *Oldendorp* (1480–1567), Juris Naturalis, Gentium et civilis Εἰσαγωγή seu introductio elementaria in aliquot titulos divisa, Köln 1539.

[444] Niels *Hemming* (1513–1600), De lege naturae apodictica methodus, Wittenberg 1577.

[445] Benedict *Winckler*, Principiorum Juris libri quinque, in quibus genuina juris tam naturalis quam positivi principia et firmissima jurisprudentiae fundamenta ostenduntur, ejusdem summus finis ob oculos ponitur, et divina autoritas probatur, Leipzig 1615.

[446] Zu Georg *Calixt*: Hermann *Schüssler*, Georg Calixt. Theologie und Kirchenpolitik. Eine Studie zur Ökumenizität des Luthertums. Wiesbaden 1961.

[447] Für das Verständnis dieser Entwicklung ist immer noch grundlegend: Peter *Petersen*, Geschichte der aristotelischen Philosophie im protestantischen Deutschland, Leipzig 1921. – Schon Johannes *Sauter*, a.a.O., S. 99, Fußnote 6, hat jedoch bemerkt, daß Petersen die Ethiker nicht ausreichend berücksichtigt habe.

[448] So beispielsweise an der Universität Wittenberg: „... enarrabit autem Ethicus, quisquis erit, graeca Aristotelis Ethica ad verbum. Sed diligenter discernet, genera doctrinarum, legem Dei, Evangelium, praecepta philosophica et civilia de moribus, diiudicabit sectas philosophorum et illustrabit praecepta exemplis." (S. Scriptorum publ. proposit. in acad. Witeb., Tom. I, Anhang; zitiert bei *Petersen*, a.a.O., S. 170.)

Thomasius[449] und Johann Adam Scherzer[450] in Leipzig, Johann Zeisold[451] in Jena und Johann Conrad Dürr[452] in Altdorf. Den wohl entscheidenden Anteil an dieser Rezeption hatte jedoch die Helmstedter
Schule, welche von Johann Caselius begründet, bei Hermann Conring
und Johann vom Felde rechtsphilosophisch vertieft und durch Samuel
Rachel und seine Schüler, Johann Ludwig Prasch und Daniel Ringmacher, weitergeführt wurde[453].

Im Werk Samuel *Rachels*[454] fand die Lehre vom christlichen Naturrecht als Grundlage einer allgemeinen Ordnung der Menschheit ihre
erste zusammenfassende Darstellung und damit nach Grotius und vor
Leibniz ihren eigentlichen Höhepunkt in der Naturrechtstradition des
17. Jahrhunderts. Deutlich fließen hier die beiden Entwicklungslinien
der Grotius-Literatur in Deutschland und der Hobbes-Kritik in England, gegenseitig sich ergänzend, ineinander. Das zeigt schon ein Blick
auf die Stellungnahme Rachels zu seinen Vorgängern: einerseits hielt er
ebenso wie einige Grotius-Kommentatoren, vor allem Boecler und
Ziegler, die Grundlegung des Naturrechts im „appetitus societatis"
wegen der Entartungsmöglichkeit staatlicher Gemeinschaften für unzureichend und suchte den Ursprung allen Rechts unmittelbar in der
wesenhaften Gerechtigkeit Gottes; zum anderen wandte er sich unter
ausdrücklicher Berufung auf Selden, Sharrock und Cumberland mit
Nachdruck gegen den Gedanken vom vorrechtlichen Naturzustand und
eine voluntaristische Rechtstheorie bei Hobbes. Ebenso kritisierte Rachel die These Osianders von der Existenz zweier getrennter natürlicher Gesetze im „status integritatis" und im „status corruptus" und

---

[449] Jacob *Thomasius* (1622–1684), Breviarium ethicorum Aristotelis ad Nicomachicam, Leipzig 1658. (Vgl. auch I. Hauptteil, Fußnote 25.)

[450] Johann Adam *Scherzer* (1628–1683), Nucleus philosophicus, Leipzig 1682,
S. 166–237. (Vgl. auch I. Hauptteil, Fußnote 27.)

[451] Johann *Zeisold* (1599–1667), De Aristotelis ... cum Scriptura Sacra consensu, Jena 1661.

[452] Johann Conrad *Dürr* (gest. 1677), Compendium Theologiae Moralis, in quo
virtutes et officia hominis christiani tum in genere tum in certis vitae statibus considerati explicantur, Altdorf 1662; 2. Aufl. 1675.

[453] So auch Peter *Petersen,* a.a.O., S. 184: „Den Mittelpunkt der Pflege der
aristotelischen Politik an den protestantischen Universitäten bildete Helmstedt, das
den besten Nährboden des Humanismus im protestantischen Norddeutschland besessen hat."

[454] Zu Samuel *Rachel:* H. F. W. *Hinrichs,* a.a.O., 2. Bd., S. 145–149. – Ernst
Landsberg, a.a.O., III, 1, S. 37–39; III, 2, S. 19–20. – Peter *Petersen,* a.a.O., S.
181 ff. – Johann *Sauter,* a.a.O., S. 98, Fußnote 1.

verwarf bei Mevius die Unterscheidung zwischen dem „Recht der Natur" und dem „natürlichen Recht"[455]. Aber nicht nur jene gründliche und umfassende Kenntnis der Naturrechtstraditionen und der von tiefer Gelehrsamkeit zeugende Versuch ihrer Verbindung zeichnete Rachel vor den übrigen Rechtsdenkern seiner Zeit aus, sondern ebenso die Kraft der systematischen Entfaltung des Naturrechtsgedankens und ein gesichertes Bewußtsein von der Rechtswirksamkeit der christlichen Offenbarung. Die Tatsache, daß Rachel sowohl bei der Begründung des „Jus Naturae et Gentium" als auch mit seiner Lehre von der „Justitia Universalis" im wesentlichen noch auf dem Boden des protestantischen Aristotelismus stand[456], begünstigte zwar zunächst den Einfluß seines Denkens, war ihm aber spätestens schon seit Thomasius gleichermaßen hinderlich und wohl auch die Ursache, daß Rachel nach und nach vollends in Vergessenheit geriet. Gewiß sehr zu Unrecht, denn ein Vergleich seiner Werke mit anderen zeitgenössischen Schriften im Hinblick auf ihren originären rechtsphilosophischen Gehalt und ihre überzeitliche Bedeutung zeigt, daß sich Rachel durchaus neben Pufendorf stellen läßt und damit ebenso wie Leibniz zu den großen Rechtsdenkern des 17. Jahrhunderts gehörte[457].

Geboren am 6. April 1628 zu Lunden in Dithmarschen, begann Samuel Rachel zunächst in Rostock, später in Helmstedt bei Hermann Conring und Johann vom Felde[458] die Rechtswissenschaften zu studieren. Schon im Jahre 1658 ernannte man ihn an der „Julia" zum Professor Moralium; 1665 wurde er als Professor Juris Naturalis et Gentium nach Kiel berufen. Hier promovierte Rachel erst 1666, also im gleichen Jahre wie Leibniz, zum Doctor juris, rückte aber schon bald darauf zur zweiten Stelle in der Fakultät auf. Ein starkes Interesse an der Politik veranlaßte ihn ganz ähnlich wie Leibniz, zunächst seit 1676 mit einigen Streitschriften zugunsten des Herzogs Christian Albrecht von Holstein in die Auseinandersetzung mit dem König von Dänemark einzugreifen und sich schließlich nach seiner Ernennung zum fürstlich-holsteinischen Rat im Jahre 1677 völlig von seiner Lehrtätigkeit zurückzuziehen. Zur Belohnung für Rachels Gesandtschaftsdienste beim Friedenskon-

[455] Vgl. dazu *Hinrichs*, a.a.O., 2. Bd., S. 147.
[456] So auch Ernst *Landsberg*, a.a.O., III, 1, S. 37–38: „Der Kieler Samuel Rachel ist philosophisch stets ein Aristoteliker strenger Observanz geblieben."
[457] Der Satz *Sauters* (a.a.O., S. 98) mit Bezug auf die Tradition einer „historischen Fundierung des Völkerrechts": „Wir haben also hier die Linie: Victoria – Suarez – Grotius – Rachel – Leibniz", gilt ebenso für die Lehre vom christlichen Naturrecht im 17. Jahrhundert.
[458] So auch *Landsberg*, a.a.O., III, 2, S. 19, und *Sauter*, a.a.O., S. 98, Fußnote 1.

greß zu Nymwegen übertrug ihm der Herzog im Jahre 1680 die Amtmann-
schaft in Eiderstedt. Wegen dänischer Übergriffe vermochte sich Rachel jedoch trotz der von Conring vermittelten Unterstützung Colberts auch dieser Stellung nicht so recht zu erfreuen und mußte mehrfach nach Hamburg
fliehen. Erst 1689 konnte er endgültig auf seinen Amtssitz zurückkehren. Er
starb am 13. Dezember 1691 in Friedrichstadt. – In seinen naturrechtlichen,
völkerrechtstheoretischen und politischen Schriften zeigte sich Rachel nicht
nur als bedeutender Rechtsphilosoph, sondern auch als ein gründlicher Kenner des positiven römischen Rechts. Daneben wirft die von ihm veranstaltete
Neuausgabe der Nicoleschen Übersetzung von Pascals „Lettres Provinciales"
im Jahre 1664 noch ein besonderes Licht auf Rachels vielseitige Begabung und
Bildung[459].

Wäre Leibniz nicht vermutlich bereits durch den Freiherrn von Boineburg[460], mit Sicherheit aber im Jahre 1670 von Hermann Conring[461]
auf Rachel hingewiesen worden, diese Wesenszüge hätten vielleicht allein schon ein reges Interesse auch an seinem Rechtsdenken bei Leibniz
zu wecken vermocht. Es erscheint zwar ein unmittelbarer Einfluß durch
Rachel vor allem deshalb nahezu ausgeschlossen, weil sein Hauptwerk,
die „Dissertationes de Jure Naturae et Gentium"[462], erstmals im Jahre
1676 veröffentlicht wurde, das heißt also zu einem Zeitpunkt, zu dem
die Leibnizsche Naturrechtslehre in ihren Grundzügen bereits entworfen war. Gleichwohl stimmen jedoch Rachel und Leibniz nicht nur in
der Lehre von der „Justitia Universalis", sondern auch im Hinblick auf
den Gedanken vom Naturrecht nach christlicher Ordnung (jus naturae
secundum disciplina Christianorum) so weitgehend miteinander überein, daß die Vermutung naheliegt, ein wesentlicher Teil Leibnizscher
Rechtsphilosophie, jener Anschauungen also, deren Ursprung man auch
heute noch gemeinhin ausschließlich Leibniz zuzuschreiben pflegt, habe
schon in der zweiten Hälfte des 17. Jahrhunderts verbreitet als überlie-
fertes Gedankengut einer seither versunkenen Naturrechtstradition ge-
golten. Ein solcher Befund würde, wie bereits betont, keineswegs den

---

[459] Zur Biographie Rachels vgl. Chr. Gottl. *Jöcher*, Allgemeines Gelehrten-
Lexicon, Bd. 3, Sp. 1861. – H. F. W. *Hinrichs*, a.a.O., 2. Bd., S. 145–146. – Ernst
Landsberg, a.a.O., III, 2, S. 19.

[460] Einen Hinweis darauf, daß Rachel mit *Boineburg* befreundet war, kann
man der Tatsache entnehmen, daß beide miteinander im Briefverkehr standen und
daß Rachel Boineburg einmal als „Maecenas noster" bezeichnete (vgl. De Jure
Naturae, diss. I, § CI, S. 99).

[461] Vgl. dazu *Leibnizens* Bemerkung über Rachel im Brief an Hermann *Conring*
vom 9. (19.) April 1670 (A II-1, 43).

[462] „De Jure Naturae et Gentium dissertationes", Kiloni 1676.

Wert und die Bedeutung der Leibnizschen Rechtsphilosophie mindern, sondern eher im Gegenteil den Blick auf ihre eigentlichen Kernbereiche lenken. Darüber hinaus läßt sich zudem nachweisen, mit welcher Sorgfalt Leibniz die Werke Rachels studiert[463] und sich bei einer Reihe von Einzelproblemen dessen Ansichten ausdrücklich zu eigen gemacht hat. So gab er beispielsweise in einer Anmerkung zu Praschs „De Lege Caritatis Commentatio"[464] Rachel darin recht, daß das Gesetz der Liebe (lex caritatis) noch nicht einmal theoretisch hinreichend geklärt sei[465].

Im Gegensatz zu Leibniz fühlte sich Rachel allerdings noch in weit stärkerem Maße der Tradition des protestantischen Aristotelismus und hier insbesondere seinem Lehrer Johann vom Felde verpflichtet. Das zeigt nicht nur schon seine Naturrechtslehre in den „Dissertationes", sondern vor allem auch der Gedanke von der „Justitia Universalis", wie Rachel ihn erst in seiner zweiten rechtsphilosophischen Schrift, den „Institutiones Jurisprudentiae"[466] vom Jahre 1681, umfassend begründete. So stellte Rachel bereits im Vorwort dieses Werkes fest, nach seiner Ansicht sei weder von Descartes noch von Hobbes oder von anderen bekannten Philosophen irgend etwas unter Beweis gestellt worden, das mit der aristotelischen Lehre verglichen werden könne[467], und bekannte kurz darauf freimütig und unmißverständlich, auch er selbst habe die Grundsätze der Jurisprudenz zunächst aus den Quellen der aristotelischen „philosophia practica" geschöpft, sich ihrer darauf bei Grotius und anderen Schriftstellern versichert und erst zuletzt diese Prinzipien einer „Jurisprudentia Universalis" mit den Regeln des rö-

---

[463] In der Niedersächsischen Landesbibliothek zu Hannover befindet sich ein Exemplar der Rachelschen „Dissertationes" (Signatur: 41. 4. 96), das auf Seite 330 mit einiger Wahrscheinlichkeit eine Randbemerkung von Leibniz' Hand enthält. Diese Auskunft erteilte mir freundlicherweise der Sachverständige der Handschriften-Abteilung, Herr Dr. Lackmann. – Vermutlich hat Leibniz dieses Exemplar selbst besessen oder als Hannoverscher Hofbibliothekar nach 1676 für die dortige Bücherei angeschafft.

[464] Siehe unten S. 296–300; Anmerkung 849.

[465] „Recte Rachelius praefatione Otii Noviomagensis leges caritatis ne quidem quoad theoriam satis esse explicatas." (Grua II, 633.)

[466] „Institutionum Jurisprudentiae libri quattuor, Jus Universale et Romanum certa Methodo, et utriusque capita ex genuinis Principiis accessita exhibentes", Kiloni & Francofurti 1681.

[467] Institutiones, praef., S. 18: „... non tamen memini, vel a Cartesio, vel a Hobbesio, aliisve notitiis philosophis quiddam praestitum esse, quod cum Aristotelica doctrina conferri, nedum illi anteferri mereatur. Loquor de illorum scriptis ad philosophiam practicam pertinentibus."

mischen Rechts verbunden [468]. Im Hinblick auf die enge Beziehung des Gerechtigkeitsgedankens zur Tugendlehre in der Nikomachischen Ethik erscheint es deshalb ein wenig verwunderlich, daß Rachel zu Beginn seiner Abhandlung über das Naturrecht mit Nachdruck auf den Unterschied zwischen dem „Justum naturale" und dem „Honestum" hinwies [469]. Zwar hatten eine solche Trennung der (Natur-)Rechtslehre von der Ethik schon vor ihm Lambert van Velthuysen [470] und später in prinzipieller Form vor allem Christian Thomasius [471] gelehrt, für einen Aristoteliker war sie jedoch in der zweiten Hälfte des 17. Jahrhunderts noch keineswegs selbstverständlich. Deshalb schränkte wohl auch Rachel seine Behauptung nachträglich erheblich ein. Er gestand Velthuysen zwar zu, daß man sich verschiedene Stufen (gradus) der Moralität denken könne, befürchtete aber offensichtlich, eine grundsätzliche Trennung von Recht und Ethik müsse zu einer Verminderung der von Rechts wegen Gott und den Menschen geschuldeten Pflichten und damit zu einer vollständigen „Entrechtlichung" des Bereichs der Sittlichkeit führen [472]. Wenn sich auch zwischen dem „Honestum" und dem „Decorum" eine große Ähnlichkeit feststellen lasse [473], so betonte Rachel doch wenigstens, daß dem wahrhaft Gerechten das „Honestum" näherstehe als das „Decorum" [474].

---

[468] Institutiones, praef., S. 19: „Cur igitur Jurisprudentiae Capita ex philosophiae practicae Aristotelicae fontibus, quantum fieri potuit, derivaverim, a thesi ad hypothesin progressus fuerim, ex Grotio et similibus Scriptoribus mea confirmaverim, atque Jurisprudentiae Universalis principiis Jurisprudentiae Ro. regulas, sive ex naturalibus, sive arbitrariis legibus, petitas, adjunxerim."

[469] De Jure Naturae, diss. I, § X, S. 6–7: „Notandum itaque primo est, inter Justum naturale et Honestum non esse nullam differentiam: ... Justum ab eo hactenus distabit, quod obligationem simul et respectum ad alium contineat. Honestum vero solius sui subjecti et possessoris perfectionem, praestantiam ac decus denotet."

[470] Lambert *van Velthuysen*, De Principiis Justi et Decori, Amstelodami 1651.

[471] Christian *Thomasius*, Fundamenta Juris Naturae et Gentium ex sensu communi deducta, in quibus ubique secernuntur principia Honesti, Justi ac Decori, cum adjuncta emendatione ad ista fundamenta Institutionum Jurisprudentiae Divinae, Halae 1705.

[472] De Jure Naturae, diss. I, § 12, S. 8: „Hoc discrimen quamvis ratione non destituatur et sint omnino varii moralitatis gradus, non tamen mihi placet ita describi peccata adversus dignitatem hominis commissa, quibus Deo aut proximo nihil substrahatur, quod Justitia iis largiri jubet."

[473] De Jure Naturae, diss. I, § 11, S. 7: „Inter Honestum ipsum et Decorum magna quoque est cognatio."

[474] Ebenda, S. 8: „Mihi ita videtur, quod, licet magna haec inter sit adfinitas, a vere Justo longius absit Decorum, propius Honestum, saltem multis in rebus."

Nach diesen einleitenden Bemerkungen wandte sich Rachel nunmehr unmittelbar dem Problem des Naturrechts (jus naturae, jus naturale)[475] selbst zu. Mit Rücksicht auf jene vielfältige und weithin noch offene Diskussion des Naturrechtsgedankens um die Mitte des 17. Jahrhunderts verzichtete Rachel vorläufig auf eine abschließende Begriffsbestimmung; er versuchte vielmehr zunächst seinen eigenen Standort zu kennzeichnen, dergestalt, daß er die folgenden vier Merkmale des Naturrechts besonders hervorhob: In erster Linie erhalte das Naturrecht seinen Ursprung und seine Geltungskraft aus der weisen Voraussicht und Fürsorge Gottes (providentia divina)[476]; zum zweiten seien die Gesetze und Gebote des Naturrechts aufs trefflichste dem Menschen als einem vernünftigen und gemeinschaftsbezogenen Wesen (natura Rationalis et Socialis) angepaßt[477]; deshalb könne drittens das Naturrecht bis zu einem gewissen Grade auch durch das Licht der Vernunft wahrgenommen und erkannt werden[478]; viertens aber müsse das Naturrecht auch mit der „Natura Naturans", dem Wesen Gottes, im Einklang stehen, aus dessen Gerechtigkeit es gleichsam strahlenförmig hervorgehe[479]. Diese vier Grundbestimmungen des „jus naturae" begann Rachel nun im einzelnen miteinander zu vergleichen und zueinander in Beziehung zu setzen[480]. Dabei trat ihr kontroversphilosophischer Gehalt und ihr antithetischer Akzent deutlich in den Vordergrund. Denn der Gedanke von der „natura Rationalis et Socialis" des Menschen schloß eigentlich von vornherein die Unterscheidung der lutherischen Orthodoxie zwischen der „natura integra" und der „natura corrupta" aus[481], weil nur schwerlich zu bestreiten war, daß die Vernünftigkeit

---

[475] Rachel gebraucht im Gegensatz zu Mevius die Begriffe „jus naturae" und „jus naturale" in gleicher Bedeutung.

[476] De Jure Naturae, diss. I, § 20, S. 16: „Primum est, Jus Naturae originem et auctoritatem suam habere a Providentia Divina."

[477] Ebenda, S. 16–17: „Alterum, Leges et praecepta ejus Hominis naturae Rationali et Sociali convenientissime accommodata esse."

[478] Ebenda, S. 17: „Unde etiam hoc tertium fuit propositum, Jus Naturae etiam ideo dici, quod lumine naturae rationalis percipi et cognosci queat."

[479] Ebenda, S. 17: „His paulo post etiam quartum adjicitur, quod hoc Jus etiam conveniens sit Naturae Naturanti, hoc est, ipsi Deo, a cuius Justitia hi radii prominent."

[480] Ebenda, S. 17: „Haec quattuor Juris Naturalis requisita sive proprietates velim diligenter notari, et, ubi opus est conferri inter se atque conjungi."

[481] De Jure Naturae, diss. I, § 20, S. 17: „Absit vero ut quis hic intelligat Hominis naturam varia vitiorum labe corruptam; haec enim inquinamenta cum Jure Naturae contraria sunt, Deus integrae et minime corruptae naturae humanae sua jura conformasse existimandus est."

und die Gemeinschaftlichkeit das menschliche Wesen sowohl im Unschuldsstande als auch im Sündenstande gleichermaßen zu bestimmen
vermochte, wenn auch in verschiedenem Grade. Ebenso bot die These,
es bestehe nur deshalb mit Notwendigkeit ein von Natur aus Gerechtes
(naturā justum) vor jeder willentlichen Satzung[482], weil das Naturrecht unmittelbar mit dem Wesen Gottes übereinstimme, keinen Raum
mehr für eine voluntaristische Grundlegung der Naturrechtslehre.
Denn die natürlichen Gesetze seien, obgleich wie Strahlen aus der wesenhaften Gerechtigkeit Gottes entsandt, auch in sich selbst und seit
aller Ewigkeit gerecht[483]. In diesem Zusammenhang erinnerte Rachel
wieder an die alte Lehre von der „Lex aeterna" und wies auf ihre enge
Verbindung mit der „Providentia divina", der Quelle des Naturrechts,
hin[484]. Dem göttlichen Wesen entspreche aber letztendlich auch die
„natura Rationalis et Socialis" des Menschen selbst; denn Gott habe
den Menschen nach seinem Bilde in Gerechtigkeit und Heiligkeit (Justitia et Sanctitas)[485] geschaffen, damit er durch sein Handeln die göttliche
Gerechtigkeit und Güte nachahme[486]. Umfassender und allgemeiner
ließ sich das Verhältnis „jus naturae – justitia divina" nicht mehr bestimmen: Gottesrechtslehre und Naturrechtslehre bildeten für Rachel
ebenso wie für Leibniz eine untrennbare Einheit in der Unterschiedenheit.

Die nun folgende Definition des Naturrechts wiederholte und verband im wesentlichen nur all jene bisher von Rachel einzeln untersuch-

---

[482] De Jure Naturae, diss. I, § 29, S. 26: „Quod enim natura justum est, illud
utique ante voluntatem libere praecipientis Legislatoris iam tale fuerit necesse
est, sic ut ideo is illud voluerit et exegerit, quod sua natura justum iam sit, non
autem quod ex determinatione libera voluntatis demum justum esse coeperit."

[483] De Jure Naturae, diss. I, § 29, S. 26: „Leges Naturales, tamquam radii a
Justitia Dei essentiali emissi, in se semper et ab aeterno fuere justae, quae cum
Hominis naturae rationali non solum, sed et sociali sint convenientissimae, et
Deus actu hominem socialem creaverit, non potuit non etiam Homo ad actus
sociales jure naturae debitos obligari."

[484] De Jure Naturae, diss. I, § 30–32, S. 28–29: „Illa norma solet dici Lex
Dei Aeterna. Intellectus Dei nihil nisi ab aeterno concipit. ... Est igitur inter
Providentiam divinam et Legem Aeternam maxima cognatio."

[485] Vgl. Seite 133, Anmerkung 91, 92.

[486] De Jure Naturae, diss. I, § 30, S. 27: „Dixi Jus Naturae accommodatum
esse Humanae naturae Rationali et Sociali. Addo iam, esse quoque idem conveniens ipsi Naturae divinae. Quia enim Homo ad imaginem Dei est conditus,
illaque, interprete Apostolo, consistit in Justitia et Sanctitate, decrevit Deus ab
aeterno, ut Homo justitiam et bonitatem divinam agendo imitaretur."

ten Merkmale: „Jus Naturae est Jus, a Providentia Divina juxta Ideam Legis Aeternae profectum, Hominis Naturae Rationali ac Sociali accommodatum, quod in illius mente per rectam Rationem promulgatum eum obligat, ut suas actiones ad huius juris normam conformat atque ita suam felicitatem consequatur [487]." Mit dieser Begriffsbestimmung hatte Rachel einen bedeutsamen Schritt letztlich auch über Mevius hinaus vollzogen: denn hier war nicht nur die lutherische Trennung von göttlichem und weltlichem Naturrecht überwunden, sondern auch eine einseitige Anknüpfung an die „natura incorrupta" des Menschen vollends aufgegeben worden. Das Naturrecht erhielt bei Rachel seinen ursprünglichen „Doppelcharakter" aus der scholastischen Dreistufenlehre zurück, es umfaßte sowohl das „jus divinum" als auch das „jus humanum" [488] und stellte damit erneut das eigentliche Bindeglied zwischen beiden Rechtsordnungen dar. Für den Bereich des menschlichen Rechts unterschied Rachel das allgemeine Naturrecht (jus naturale generale), welches innerhalb der Gemeinschaft aller Menschen (societas humana universalis) gelte, vom besonderen Naturrecht (jus naturale speciale) der einzelnen staatlichen oder privaten Gemeinschaften [489]. Jedoch erhalte auch das Naturrecht unter den Menschen seine Verpflichtungskraft keineswegs erst aus dem natürlichen „appetitus societatis", sondern von vornherein schon durch die „providentia divina" [490]. Denn Gott habe den Menschen nicht nur als „animal rationale et sociale" geschaffen, sondern auch natürliche Gemeinschaften eingerichtet, in denen der Mensch sich weniger des äußeren Nutzens als seiner eigenen Vervollkommnung wegen mit anderen Menschen rechtlich verbinden und

---

[487] De Jure Naturae, diss. I, § 33, S. 30.

[488] De Jure Naturae, diss. I, § 39, S. 36: „Maxime vero Humanum jus est Naturale, sapientissime a Deo solius Hominis naturae rationali accommodatum."

[489] De Jure Naturae, diss. I, § 44, S. 40: „His ita discussis, vera et notatu digna Juris naturalis divisio superest in Generale et Speciale. ... hoc tamen discrimine, quod istud omnes obliget homines, et quidem qua tales, in quacunque vixerint Societate: hoc vero non absolute omnes homines Societate humana universali comprehensos, sed illos omnes, qui speciali Societate aliqua naturali continentur."

[490] De Jure Naturae, diss. I, § 45, S. 41–42: „Providentiae divinae cum acceptum tulerim Jus omne Naturae, ab illa quoque ejus proficiscitur obligatio: ut adeo, si quis appetitum Societatis ejusque conservationem Juris Naturalis fontem unicum esse existimet, frustra sint futuri. Si enim omnis juris obligatio principaliter suam auctoritatem consequitur a Deo, vel maxime eandem ab eodem auctore habet Jus Naturae, ut pluribus demonstravi."

wechselseitig verpflichten solle[491]. Deshalb bestehe das Naturrecht in solchem Maße fest und unveränderlich, daß selbst Gott es weder wandeln wolle, weil er in seiner Fürsorge entschlossen sei, die natürlichen Gemeinschaften in steter Ordnung zu lenken, noch das Naturrecht verändern könne, weil er damit zugleich gegen die göttliche Gerechtigkeit verstoßen und sich so in Widerspruch zu sich selbst setzen würde[492]. Um so mehr sei aber auch unter den Menschen ein Dispens von den Geboten des Naturrechts auszuschließen[493]. – Zur Erkenntnisquelle des natürlichen Rechts bestimmte Rachel in Anlehnung an Grotius das Prinzip der „recta Ratio"[494] in seiner besonderen Form des „Intellectus practicus", zu dessen Kriterien er die Erfahrung (Experientia) und das Gewissen (Conscientia) erhob[495].

Bis zu diesem Punkte der Darstellung hatte Rachel zwar in eindrucksvoller Weise den Naturrechtsgedanken innerhalb des protestantischen Aristotelismus einheitlich zusammenzufassen vermocht, war zugleich aber nur sehr selten von dieser Überlieferung abgewichen. Erst bei dem Versuch, das Naturrecht auch inhaltlich zu bestimmen, zeigte Rachel sich unabhängiger und selbständiger, und gerade an dieser Stelle finden sich überraschende Parallelen zur Naturrechtslehre von Leibniz. Zunächst übernahm Rachel aus der berühmten Definition Ulpians (D. 1. 1. 10. 1) die drei Gebote des „Honeste vivere", des

---

[491] Ebenda, S. 41: „Deus enim condidit Hominem animal rationale et natura sociale. Idem Societates naturales instituit, et quidem Hominum bono: quod ut esset vere tale, non sola utilitate externa commendabile, sed perfectum atque perpetuum, etiam hominem cum homine in Societatibus certe jure conjungere et sibi invicem obligare voluit."

[492] De Jure Naturae, diss. I, § 48, S. 43: „Est ergo hoc Jus (Naturae) adeo firmum et immutabile, ut ne Deus quidem illud velit aut possit immutare. Non vult, quia constanti hoc ordine Societates naturales ejus Providentia regere decrevit. Non potest, quia ut hoc jure et ordine actiones humanae in Societatibus procedant, omnino Dei Justitiae est consentaneum, ut si ab illo jure recessum fuerit, non possit non violari Justitia divina, quae cum Deo essentialis sit, Deus sibimet non repugnabit."

[493] De Jure Naturae, diss. I, § 53, S. 50–51.

[494] De Jure Naturae, diss. I, § 70, S. 65: „Quae sit recta Ratio, paucis hic repetam, quod alias de ea exactius egerim. Ratio seu Intellectus significat ipsam illam in homine facultatem, quae ratiocinandi et intelligendi potentiam essentialiter habet atque possidet. Ut vero sit Recta, per suam virtutem obtinet."

[495] De Jure Naturae, diss. I, § 81, S. 78: „Sed praeter Demonstrationes Intellectus Practicus etiam aliis utitur κριτηρίοις, per quae item Jus Naturae perspicue promulgatur, ejusque veritates et auctoritates confirmantur. ... Illa κριτήρια sunt Experientia et Conscientia."

„Alterum non laedere" und des „Suum cuique tribuere" und erhob sie zu obersten Grundsätzen des natürlichen Rechts (summa Juris Naturalis capita)[496]. Gleichzeitig verknüpfte er aber diese drei Regeln mit der aristotelischen Lehre von der allgemeinen Gerechtigkeit und gelangte so zu einem dreigliedrigen Naturrechtsbegriff: das „Honeste vivere" entsprach der „Justitia Universalis" insofern, als beide Prinzipien ihrer Bedeutung nach alle Tugenden in sich vereinigten und umfaßten; die beiden übrigen Grundsätze bezogen sich auf den engeren Bereich der „Justitia Particularis", in welchem das „Neminem laedere" der „Justitia Commutativa" und das „Suum cuique tribuere" der „Justitia Distributiva" zugeordnet werden konnte[497]. Diesen drei Stufen des Naturrechts und der Gerechtigkeit wies Rachel nun im einzelnen jeweils besondere Tugenden zu: die Frömmigkeit (Pietas) nannte er einen wesentlichen Bestandteil der allgemeinen Gerechtigkeit (Justitia Universalis), weil sie alle Pflichten innerhalb der umfassendsten Gemeinschaft zwischen Gott und den Menschen enthalte[498] und in der Liebe (amor) und Ehrfurcht (honor) gegen Gott, das heißt im allgemeinen Gehorsam (oboedientia universalis) gegen seine natürlichen Gesetze bestehe[499]. Innerhalb der besonderen Gerechtigkeit (Justitia Particularis) habe jedoch der gute Glaube (bona fides) und vor allem

---

[496] De Jure Naturae, diss. I, § 98, S. 97.

[497] De Jure Naturae, diss. I, § 98, S. 97: „Mihi commodissima ratio haec visa fuit, quam etiam Feldio probatam fuisse post deprehendi: ut primo illo praecepto, Honeste vivere, comprehendere voluerit omne officium, quod *Justitia Universalis* exigit: altero officium *Justitiae Particularis* συναλλακτικῆς, ut nemo laedatur sive in synallagmate spontaneo, sive invito: Tertio officium Justitiae Distributivae."

[498] De Jure Naturae, diss. I, De virtute Morali, art. 40, S. 180: „Pii dicimur praecipue erga Deum, tum erga alios homines, quibus propter maxima beneficia plurimum debemus, veluti erga parentes, patriam, ejusque generis alios. Sumamus principem ejus significationem, qua pii dicimus erga Deum. Haec *Pietas* complectitur erga cultum, amorem, reverentiam, obsequium, devotionem, et quidquid officii ab Homine in Deum proficisci pro ejus modulo possit. ... Proinde Pietas non est simplex aliqua Virtus; sed quae conservat omni officiorum genere Societatem illam, quae est inter Deum et homines."

[499] De Jure Naturae, diss. I, § 115, S. 119: „Ubi de Deo, supremo Numine ac Legislatore colendo constituerit, partes illius cultus divini haut difficulter agnitum iri existimo, a perjurio, blasphemia et similibus delictis abstinendum. Deumque summo amore summoque honore religiose afficiendum esse: unde sequitur Legibus quoque Dei naturalibus oboedientiam esse praestandam. Quae universalis oboedientia alias Pietas et quatenus ad hanc Conscientia se obligatam esse intelligit, Religio dici solet: quibus etiam officia primae tabulae Decalogi exhauriri videmus."

die Rechtsgleichheit (Aequalitas) ihren Ort[500]. Neben der „Pietas"
und der „Aequalitas" nahm Rachel auch die Pflichten der Freundschaft
(officia amicitiae) in seine Gerechtigkeitslehre auf: denn die „amicitia"
sei durch ein wechselseitiges Wohlwollen (benevolentia mutua) gekennzeichnet und vom Gebot der Nächstenliebe (Charitas) bestimmt[501].
Die Überzeugung, daß die Nächstenliebe „ab ipso amante" beginne
und in aufeinanderfolgenden, sich erhöhenden Stufen zur Liebe Gottes führe, veranlaßte Rachel schließlich zu dem Ausspruch: „Charitas
est ordinata[502]."

Seine ursprüngliche Bedeutung erhielt das Gebot der Nächstenliebe
jedoch ähnlich wie bei Leibniz erst in der Verbindung mit dem Gedanken vom Naturrecht nach christlicher Ordnung (jus naturae secundum
disciplinam Christianorum). Es ist bereits darauf hingewiesen worden, daß sich diese Lehre, vermutlich angeregt durch Grotius und Selden, schon in den Schriften Heinrich Boeclers findet und offenbar auch
dem Freiherrn von Boineburg vertraut war[503]. Denn Rachel bezog
sich im Zusammenhang mit der Erörterung Seldens zunächst ausdrücklich auf ein Schreiben Boineburgs: „Seldeni dum memini, simul Illu-
strissimi Domini Joannis Christiani, Liberi Baronis de Boineburg
recordor. ... Itaque cum pro sua insigni humanitate variis aliis de
rebus ad me scriberet, tum etiam mihi aliquoties significavit, se desi-
derare, qui ad imitationem Seldeni de Jure Naturae juxta disciplinam
Christianorum commentaretur[504]." Dieser Bemerkung fügte Rachel
sogleich aber auch den eigenen Wunsch hinzu, es möge sich jemand finden, der die „Lex Charitatis" und die „Lex Patientiae" explizieren und
ihr Verhältnis zum Naturrecht untersuchen könne: „Et quia imprimis
in disciplina Christiana tantopere commendatur et Lex Charitatis et
Lex Patientiae, notumque sit, cum ab aliis tum a Grotio his multos
singulares effectus tribui solere, hortatus sum, immo rogavi, nonnullos

---

[500] De Jure Naturae, diss. I, § 124, S. 127: „Ita v. g. ad Justitiam Particularem referendae erunt hae similesque, aliae regulae: In contractibus omnia
bona fide sunt agenda .... Aequalitas habeatur maxima ratio."

[501] De Jure Naturae, diss. I, § 127, S. 130: „Praeter superiora etiam Amicitiae
officia non sunt negligenda. ... Etsi vero proprie nemo secum colet Amicitiam;
definitur enim per benevolentiam mutuam (8. Nik. 2.). Amor tamen, per quem
suam vim exserit Amicitia, etiam fertur erga ipsum amantem...."

[502] De Jure Naturae, diss. I, § 127, S. 130: „Et hoc est quod vulgo dici solet.
Charitas est ordinata, quae ab ipso amante incipit."

[503] Vgl. dazu oben Seite 140.

[504] De Jure Naturae, diss. I, § 101, S. 99.

ut his regulis explicandis aliamque operam navarent: docerentque, quatenus illae cum Jure Naturae convenirent, aut ipsi praecellerent[505]." So bildeten für Rachel die Nächstenliebe und die Duldsamkeit den Inbegriff eines natürlichen Rechts nach christlicher Lehre. Seiner Anregung aber folgte erst im Jahre 1688 ein Schüler Boeclers, der Regensburger Konsistorialpräses Johann Ludwig Prasch, mit seiner Schrift „Designatio Juris Naturalis ex Disciplina Christianorum"[506].

Im Anschluß an seine Naturrechtslehre behandelte Rachel ausführlich den Bereich des Völkerrechts im engeren Sinn[507] und gelangte bezeichnenderweise auch auf diesem Gebiet, vermutlich unter dem Einfluß des Albericus Gentilis, zu ganz ähnlichen Erkenntnissen wie später Leibniz im „Codex Juris Gentium diplomaticus"[508]. Denn nachdem er die begriffliche Unterscheidung von „jus naturale primaevum" und „jus naturale secundarium" bei Mevius abgelehnt[509] und damit erneut das Naturrecht vom Völkerrecht getrennt hatte, blieb ihm folgerichtig nur die Möglichkeit, die Lehre vom „Jus Gentium" auf das vertraglich begründete, positive Völkerrecht zu beschränken[510]. „Jus Gentium igitur est jus, plurimum liberarum gentium pacto sive placito expressé aut tacité initum, quo Utilitatis gratia sibi invicem obligantur[511]." Aber auch innerhalb des Völkervertragsrechts versuchte Rachel dem „Jus Gentium Universale" das „Jus Gentium Christianum" aller christlichen Völker gegenüberzustellen[512].

Einige Zeit nach der Veröffentlichung der „Dissertationes de Jure Naturae et Gentium" erschienen im Jahre 1681 Rachels „Institutiones Jurisprudentiae"[513], ein Werk, das zwar in besonders auffälliger Ab-

---

[505] Ebenda, S. 99–100.

[506] Vgl. unten Seite 302–307, Anm. 889.

[507] De Jure Naturae, Dissertatio altera de Jure Gentium, S. 233–334.

[508] Siehe oben im I. Hauptteil, S. 112, Anm. 401.

[509] De Jure Naturae, diss. I, § 38, S. 34: „Sed nec illa Juris Naturalis in Primaevum et Secundarium divisio toleranda est."

[510] De Jure Naturae, diss. II, § 3, 233: „Primum est, quod more privatorum per Pacta Jus Gentium a liberis populis constituatur. Alterum, quod hoc ipso inter se consocientur et invicem obligentur."

[511] De Jure Naturae, diss. II, § 16, S. 251.

[512] De Jure Naturae, diss. II, § 23, S. 257: „Secundum Grotium igitur liceret, Jus Gentium Commune quod appellavimus, subdividere in late, quod non semel Universale nuncupat, et minus late patens, quod a moratioribus tantum populis, vel Christianis observetur."

[513] Vgl. oben Anm. 466.

hängigkeit von den „Elementa Juris Universi" Feldens steht, gleichwohl aber deshalb noch kurz erwähnt zu werden verdient, weil es im wesentlichen die Lehre von der allgemeinen Gerechtigkeit aus den „Dissertationes" erheblich erweitert und vertieft. Schon zu Beginn der Schrift, bei dem Versuch Rachels, den Gegenstand der Jurisprudenz zu bestimmen, zeigt sich, daß man die Bedeutung des aristotelischen Gerechtigkeitsgedankens für die protestantische Rechtsphilosophie selbst in der zweiten Hälfte des 17. Jahrhunderts noch kaum überschätzen kann: Rachel nannte die Rechtswissenschaft eine „Kunde" (prudentia), welche die moralischen Handlungen (actiones morales) unmittelbar auf die „Justitia Universalis" zurückführe[514], auf jene allgemeine Tugend (virtus universa) also, die vom Menschen einen Gehorsam gegen alle Gesetze des göttlichen ebenso wie des natürlichen Rechts fordere[515]. Das Gesetz (Lex) aber sei der sprachliche Ausdruck (oratio) dieser Erkenntnis; es schreibe, gestützt auf die Gewähr durch Verpflichtung und Zwang, eine bestimmte Verhaltensnorm vor[516]. Neben diese Rechtslehre stellte Rachel zunächst scheinbar noch unverbunden den Gedanken der Freundschaft (Amicitia) mit der für einen Aristoteliker naheliegenden Begründung, daß die Begriffe „Jus" und „Amicitia" gleichermaßen die Gemeinschaft (Societas) zum Gegenstand haben[517]. Erst bei der Darstellung der „Societas prima" zwischen Gott und den Menschen[518] und ihres vornehmsten Gesetzes, Gott zu verehren (Deum colere)[519], wurde der Zusammenhang zwischen den „Officia Pietatis" und der „Justitia Universalis" wiederhergestellt[520]. Allerdings hatte Rachel nunmehr das „Honeste vivere" in den „Dissertationes" durch

---

[514] Institutiones, Lib. I, tit. 3, § I, S. 4: „Jurisprudentia est prudentia, actiones morales sub praecisa ratione Justi vel Injusti secundum Legum normam certa methodo considerans, istas ad Justitiam, has ad Injustitiam Universalem referens."

[515] Institutiones, Lib. I, tit. 5, § I, S. 7: *„Justitia Universalis* est virtus universa, ad alium relata, exigens ab homine oboedientiam omnium Legum, honestas actiones seu justas praecipientium, & vitiosas seu injustas vetantium, morigeris praemio, immorigeris poena constituta, felicitatis civilis obtinendae gratia."

[516] Institutiones, Lib. I, tit. 6, § I, S. 12: „Lex est Oratio a prudentia profecta, cum autoritate obligandi & cogendi conjuncta, normam agendi praefiniens."

[517] Institutiones, Lib. I, tit. 13 „De Amicitia", § 1, S. 42: „Quemadmodum Juris, ita quoque Amicitiae subjectum est Societas."

[518] Institutiones, Lib. I, tit. 14, § I, S. 46: „Prima Societas est Homini cum Deo."

[519] Institutiones, Lib. I, tit. 14, § II, S. 47: „Societas hujus praecipua lex est: Deum esse colendum."

[520] Institutiones, Lib. I, tit. 14, § II, S. 48: „Haec Officia omnia in hac Societate ab Homine debita, Pietatis vox complecti ..."

das „Deum colere" ersetzt und damit ebenso wie Leibniz die „Pietas" zum einzig wesentlichen Inhalt der „Justitia Universalis" erhoben. – Als materiales Grundelement der „Justitia Particularis", der Gerechtigkeit im eigentlich „juristischen" Sinn, übernahm Rachel unverändert die Rechtsgleichheit (Aequalitas)[521] und unterschied auch hier im Anschluß an die christliche Tradition die zuteilende Gerechtigkeit (Justitia Particularis Tributoria)[522] von der ausgleichenden Gerechtigkeit (Justitia Particularis Directrix)[523].

Diese Lehre von der „Justitia Universalis" wirft noch einmal ein sehr bezeichnendes Licht auf das Verhältnis Rachels zu Leibniz: sie weist zwar auf den ersten Blick – und man möchte hinzufügen „äußerlich" – eine geradezu verblüffende Ähnlichkeit mit den Leibnizschen Gedanken auf, läßt aber bei genauerem Vergleich eben auch die gerade für das Verständnis der Leibnizschen Gerechtigkeitslehre wesentlichen Unterschiede deutlich erkennen und dabei vor allem eine gewisse Beschränktheit sichtbar werden. Während Rachel zeit seines Lebens in der engen Vorstellungswelt des protestantischen Aristotelismus befangen blieb, bemühte sich Leibniz schon von Jugend auf in wahrhaft philosophischem Geiste, auch die juristischen Begriffe stets auf ihre „Gründe" (rationes) zurückzuführen.

C. Heinrich von Cocceji (1644–1719) und Samuel von Cocceji (1679–1755)

Mit der Entstehung des Cartesianismus[524] fand die mittelalterliche Willensmetaphysik bei Duns Scotus und Ockham, obwohl durch den

---

[521] Institutiones, Lib. II, tit. 1, § I, S. 168: „*Justitia Particularis* est virtus, quae vel res communes, vel proprias, ad aequalitatem convenientem dirigit, aut inaequalitatem in his abortam corrigit, & ad aequalitatem revocat, quo suum quisque obtineat." – § II, S. 168: „Justitia Particularis consistit in Aequalitate, Injustitia Particularis in Inaequalitate." – § III, S. 169: „Aequalitas Justitiae Particularis est duplex, Geometrica et Arithmetica."

[522] Institutiones, Lib. II, tit. 2, § I, S. 171: „Justitia Particularis *Tributoria* est virtus, quae in distributione rerum communium aequalitatem, secundum proportionem geometrice initam servat, & inaequalitatem in his abortam corrigit, quo suum cuique tribuatur."

[523] Institutiones, Lib. II, tit. 3, § I, S. 172: „Justitia Particularis *Directrix* est virtus, quae synallagmata juxta proportionem arithmeticam ad aequalitatem dirigit, & inaequalitatem in iis abortam emendat, ut quisque hinc, quod sibi debetur, obtineat."

[524] Vgl. dazu *Bohateč*, Die cartesianische Scholastik, 1912.

spätscholastischen Wertobjektivismus von Vitoria, Molina und Gabriel
Vasquez zunächst in den Hintergrund gedrängt, schon um die Mitte des
17. Jahrhunderts zahlreiche neue Anhänger. Auch Descartes hatte in
der Frage nach einer Grundlegung der Erkenntniswahrheiten bereits
einen extremen Voluntarismus vertreten, indem er der „potentia Dei
absoluta" sogar den Satz vom Widerspruch unterstellte und sie demgemäß als „absolute Indifferenz des göttlichen Willens"[525] verstand.
Innerhalb der Naturrechtslehre versuchte Hobbes im Anschluß an
Descartes und gegen Grotius, der unter dem Einfluß der Spanier das
„jus naturae" dem „jus voluntarium" entgegengesetzt und behauptet
hatte, das Naturrecht gelte auch, wenn Gott nicht existiere, den Rechtsgedanken wiederum ausschließlich mit der göttlichen Allmacht zu verbinden und das Naturrecht als Satzung (lex naturae) allein vom göttlichen Willen her zu bestimmen. Dieser Hobbessche Voluntarismus
wurde in seinen Grundzügen von Pufendorf übernommen und später
bei Thomasius weitergeführt. Aber selbst in der Tradition des christlichen Naturrechts gewann der Gedanke, daß der Wille Gottes die einzige Rechtsquelle sei, in zunehmendem Maße an Bedeutung. Er lag
hier sogar besonders nahe, denn die allgemein verbindliche Geltungskraft eines bestimmten materialen Naturrechtsgebots ließ sich gerade
auch vom Standpunkt der christlichen Ethik nur mit dem Hinweis
auf eine Verpflichtung kraft göttlichen Willens unanfechtbar begründen. So findet sich in der christlichen Naturrechtslehre gegen Ende
des 17. Jahrhunderts neben der Orthodoxie und dem Aristotelismus
auch der Voluntarismus vertreten, und zwar vor allem bei Heinrich
von Cocceji und von seinen Schülern Samuel von Cocceji und Heinrich
Ernst Kestner.

Schon beim ersten Einblick in das Naturrechtsdenken der beiden Cocceji
wird man erstaunt ihrer fast vollständigen Übereinstimmung gewahr. Landsberg spricht sogar von „wissenschaftlicher Einheitlichkeit"[526]. Deshalb wird
in der Literatur vielfach die Naturrechtslehre Samuels, wenn überhaupt gesondert, unmittelbar im Anschluß an die rechtsphilosophischen Schriften seines Vaters Heinrich von Cocceji behandelt[527]. Zwar sind diese Arbeiten im

---

[525] Hans *Welzel*, Naturrecht und materiale Gerechtigkeit, 4. Aufl., Göttingen
1962, S. 114.

[526] Ernst *Landsberg*, Geschichte der deutschen Rechtswissenschaft, München-Leipzig 1898, III, 2 (Noten), S. 66.

[527] So bei Jac. Friedr. *Ludovici*, Delineatio historiae juris divini naturalis et
positivi universalis, 2. Aufl., Halle-Magdeburg 1714, § CVI, S. 169. – H. F. W.

wesentlichen erst aus dem Nachlaß in den Jahren 1719 und 1722 veröffentlicht worden, so daß man Zweifel an der Urheberschaft hegen könnte, die Dissertation Samuels jedoch, öffentlich verteidigt im Dezember 1699 unter dem Vorsitz seines Vaters, ließ sehr bald schon einen so starken Einfluß Heinrich von Coccejis vermuten, daß man sie bedenkenlos in seine „Exercitationes curiosae" aufnahm [528]. So wird man zumindest im Hinblick auf den gemeinsamen Naturrechtsgedanken mit einiger Sicherheit in Heinrich von Cocceji auch den geistigen Vater des „Principium Juris Naturalis unicum, verum et adaequatum" zu sehen haben, während Samuel diese Lehre wohl nur im einzelnen ausgeführt und begründet hat [529].

Heinrich von Cocceji [530] stand mit seinem „Prodromus Justitiae Gentium" [531] recht eigentlich noch mitten in der Tradition der Grotius-Literatur. Das Werk enthält zwei posthum veröffentlichte Fragmente eines umfassend angelegten Grotius-Kommentars, worin Cocceji sich nicht nur mit Grotius selbst – wie die „Exercitatio I ad Prolegomena Grotii" zeigt –, sondern auch mit der gesamten Grotius-Überlieferung,

---

Hinrichs, Geschichte der Rechts- und Staatsprinzipien, Bd. 3, Leipzig 1852, S. 318-343. – Ernst *Landsberg,* a.a.O., III, 1 (Text), S. 112–116.

[528] „Exercitationes curiosae", Lemgoviae 1722, Bd. 2, S. 353 ff.

[529] Vgl. Ernst *Landsberg,* a.a.O., III, 2 (Noten), S. 66.

[530] Heinrich *von Cocceji* (1644–1719), geboren am 25. März 1644 zu Bremen, studierte die Rechtswissenschaften an der Universität Leyden und begab sich im Jahre 1670 nach England, allwo ihm in Oxford zusammen mit dem Prinzen von Oranien der Doktortitel verliehen wurde. Auf seiner Rückreise über Frankreich hielt man ihn in Heidelberg auf und übertrug ihm dort aufgrund seiner „Disputatio de Proportionibus" von 1672 den vakanten Lehrstuhl Pufendorfs im „Jus Naturae et Gentium". Auch Cocceji erfreute sich alsbald der hohen Gunst des Kurfürsten Karl Ludwig von der Pfalz in solchem Maße, daß er 1678 zugleich zum Professor Juris Feudalis, 1680 zum Professor Pandectarum und 1687 zum Professor Decretalium ernannt wurde. Nach der Zerstörung Heidelbergs im Jahre 1688 nahm Cocceji schließlich einen zunächst ausgeschlagenen Ruf nach Utrecht an, wechselte aber schon zwei Jahre später wieder nach Deutschland an die Universität Frankfurt an der Oder über. Nach einer erfolgreichen Intervention in der oranischen Erbschaftssache von 1702 wurde Cocceji von Friedrich I. zum preußischen Geheimen Rat ernannt und schließlich im Jahre 1713 vom Kaiser in den erblichen Reichsfreiherrnstand versetzt. Er starb am 18. August 1719. (Vgl. zur Biographie: Chr. Gottl. *Jöcher,* a.a.O., Bd. 1, Sp. 1980–1982; Ernst *Landsberg,* a.a.O., III, 1, S. 112; III, 2, S. 65.) – *Jöcher* beschreibt Cocceji selbst mit folgenden Worten: „Sein Leben war sehr mäßig und die Seinen erinnern sich nicht, daß er iemahls einen Excess gemachet. Er schlief sehr wenig und enthielt sich lange Zeit des Mittags-Essens, damit er in seinem Studiren nicht gestöret wurde: wobey er einen so gottseligen Wandel führte, daß er alle Tage seine regulirte Bet-Stunde hielt."

[531] „Prodromus Justitiae Gentium, sive exercitationes duae, quarum prima socialitatem Grotianam principium neque essendi neque cognoscendi esse evincit, secundum veram majestatis originem eruit", Francofurti ad Viadrum 1719.

insbesondere mit der Interpretation bei Kulpis[532], auseinanderzusetzen beabsichtigte. Denn das voluntaristische Prinzip unterschied die Coccejische Naturrechtslehre zunächst nicht nur vom essentiellen „jus naturae"-Gedanken bei Grotius, ihr zugleich „theokratischer" Grundzug[533] stellte Cocceji auch in einen Gegensatz zu den verweltlichten Naturrechtssystemen bei Pufendorf und Thomasius. Andererseits erschien jedoch mit den Anschauungen Coccejis gerade auch die Lehre vom christlichen Naturrecht in einem besonderen Licht, weil sowohl die Orthodoxie als auch der Aristotelismus den Ursprung des Naturrechts seither übereinstimmend nur im Wesen des Menschen als einem Geschöpf Gottes, niemals aber im göttlichen Willen selbst gesucht hatten. Darin lag wohl nicht zuletzt auch der Grund dafür, daß vor allem Leibniz das Willensdogma bei Cocceji mit großem Eifer bekämpfte und verschiedentlich sogar – wenn auch zu Unrecht – dem Voluntarismus Pufendorfs gleichsetzte[534].

Noch beinahe scholastisch muten die ersten „Theses Juris Gentium" Coccejis im „Prodromus" an, auch wenn der alte „beatitudo"-Gedanke hier schon stark säkularisiert in das Prinzip der allgemeinen Glückseligkeit (felicitas) eingegangen ist und so in eine entfernte Verbindung zum Grundsatz der Staatsraison (ratio status) im aufgeklärten Absolutismus trat. Das Endziel des gesamten Menschengeschlechts wie jedes einzelnen Volkes oder Staates sei das öffentliche Wohl (bonum), Heil (salus) oder Glück (felicitas) der ganzen Gemeinschaft[535]. Nach allgemeinem Urteil der Völker aber bilde das höchste Gut (Summum Bonum): Gott selbst, die Regel alles Guten und der Wille Gottes (Voluntas Dei) die einzige Norm sittlichen Handelns[536]. Die Übereinstimmung einer Handlung mit dem göttlichen Willen wurde also von Cocceji zum Maßstab für ihren sittlichen Wert und den Grad ihrer Vollen-

---

[532] Vgl. oben Seite 158–159.

[533] In diesem Sinne auch Ernst *Landsberg*, a.a.O., III, 1, S. 113: „So erhält seine (Coccejis) Jurisprudenz eine scharf theokratische Prägung, durch welche sie als reiner Gegensatz der Thomasischen erscheint."

[534] Schon in den „Observationes de Principio Juris" aus dem Jahre 1700, § XI und § XIII (Dutens IV, 3, S. 273).

[535] Prodromus, exerc. I, thes. 1, S. 1: „Humani generis, atque ... cuiusque populi seu civitatis liberae unicus scopus et finis ... est bonum publicum, salus, seu felicitas totius populi."

[536] Prodromus, exerc. I, thes. 5, S. 2: „Uti communi Gentium suffragio, omnium bonorum regula unica est, Bonum Summum, quod Deus ipse est; ita unica bene agendi norma, Dei Voluntas."

dung genommen[537]. Denn die Ebenbildlichkeit des Menschen, auf die
verständige Leute auch die Tugend (virtus) gründeten, trete ja gerade
in der Konformität seines Willens mit dem Willen Gottes in Erscheinung[538]. In diesem Sinne verstand Cocceji letztlich den Willen Gottes,
den Befehl des Herrn und Schöpfers zu einem bestimmten Tun oder
Unterlassen, zugleich auch als einziges und angemessenes Prinzip des
natürlichen Rechts[539]. Damit konnte es für ihn im Gegensatz zu Grotius weder ein Naturrecht geben, wenn Gott nicht existierte[540], noch
der „appetitus societatis" im Menschen Quelle des Naturrechts sein[541],
zumal Cocceji hinter dem Gemeinschaftstrieb nur ein Nützlichkeits-
streben vermutete[542]. – Das Integritätsprinzip der Orthodoxie jedoch
fand in abgeschwächter Form auch in die Naturrechtslehre Coccejis
Eingang. Zwar sei das „jus naturae" dem Menschen im Unschuldsstande verfügt worden, aber seine Erkennbarkeit werde auch im Sündenstande noch nicht vollends aufgehoben. Vor dem Sündenfall habe
man lediglich die Gebote des Naturrechts sichtbar vor Augen gehabt
und in vollem Umfange erfüllen können, jetzt müsse man sich anstren-
gen, sie aufzuspüren und den Willen und das Wort Gottes in Erfah-

---

[537] Prodromus, exerc. I, thes. 6, S. 2: „Quo conformior itaque est actio nostra
voluntati Dei, eo prius accedit ad summi boni naturam et similitudinem, eoque
melior et perfectior est."
[538] Prodromus, exerc. I, thes. 7, S. 2: „Hac ergo conformatione voluntatis suae
cum divina refert et exprimit homo Dei imaginem, in qua Gentium quoque Pru-
dentes Virtutem collocārunt."
[539] Prodromus, exerc. I, thes. 12, S. 3: „Dei voluntas, qua Ipse, ut Dominus et
Creator, jubet vel permittit aliquid agere vel non agere, est principium juris naturalis unicum et adaequatum."
[540] Prodromus, exerc. I, (Monita ad Grotii Prolegomena) ad § 11, 12, 13, thes.
50, S. 11: „Nihil in toto contextu cohaeret aut concludit. Quae enim consecutio?
Fore jus Naturae ex societate, etsi Deus non esset. Cum ergo Deus sit, ideo id
obtinere, quia Deum parendum etc. Equidem non paretur nisi jubenti: haec enim
correlata sint, jubere et parere, quae invicem ponunt ac tollunt. Hoc igitur prae-
missum esse debuit, ac probari, non Deum existere, sed Deum jussisse: quod ne
praemisit quidem, nedum probavit."
[541] Prodromus, exerc. I, (ebenda) thes. 52, S. 11: „Sibi quoque adversatur cum
ait: Jus Naturae esse a libera Dei voluntate. Eo enim concesso corruit thesis ipsius,
societatis custodiam esse primum et adaequatum principium juris naturae; cum
pendeat ab alia causa priore, ex qua alia et multo plura sequuntur jura."
[542] Prodromus, exerc. I, thes. 63, S. 17: „Nihil ergo reliquitur in principio
societatis, quam eius utilitas, aut jucunditas." – thes. 97, S. 32: „Hactenus ergo
in principio Grotiano, quod Dn. Culpisius extollit, scil. in naturali appetitu societatis, nihil apparet, nihilque inde sequitur, quam hominum utilitates, ad quas
natura feruntur, et quae sine societate vel nullae, vel non securae vel tranquillae
forent."

rung zu bringen[543]. Deshalb erfordere die Verfassung des Menschen im Sündenstand allenthalben eine besondere Ausformung und Anpassung des „jus naturae"[544]. Hingegen sei die Verbindlichkeit (necessitas) des Naturrechts, welche darin gründe, daß Gott jedem sein Recht verfügt habe, auch im Sündenstand erhalten geblieben; sie verpflichte die Menschen, den ursprünglichen Zustand des Rechts wiederherzustellen und seine richtungweisende Funktion anzuerkennen, das heiße, jedem das Seine zuzuteilen (suum cuique tribuere)[545]. Denn das Naturrecht sei so unveränderlich, daß selbst Gott es nicht wandeln könne, weil er – und diese Begründung erscheint besonders kennzeichnend – aus der höchsten Vollkommenheit seines Willens heraus nicht anders zu wollen vermöge[546]. Abschließend betonte Cocceji noch einmal, alles göttliche Recht gehöre zum Bereich des „jus voluntarium". Gott habe es entweder durch Taten als „jus naturae universale", oder mit Worten in der Heiligen Schrift deutlich zu erkennen gegeben[547]; die letztere Form des Naturrechts als biblische Weisung verpflichte jedoch nur die christlichen Völker[548].

---

[543] Prodromus, exerc. I, thes. 23, S. 4: „Jus naturae in statu hominum integro conditum ac simplex fuit. Eius tamen scientia non defecit statu corrupto. At in illo obvia fuit; in hoc comparanda. Tunc in promtu eius explicatio, et possibilis fuit plenaria observatio: nunc maxime laboramus factorum investigatione, et voluntatum verborumque interpretatione; unde hodie difficillima probationum materia."

[544] Prodromus, exerc. I, thes. 24, S. 4: „In statu itaque corrupto 1. Jus naturae plene ab homine servari non potest. 2. Ea nunc est hominum rerumque conditio, ut in omnibus casibus ei Jus Naturae applicari, aut convenire, aut ad effectum exitumve deduci non possit."

[545] Prodromus, exerc. I, thes. 33–34, S. 6: „Ea necessitas iam ex voluntate summi Legislatoris, qui jus ita cuique constituit, et ita cuiusque esse voluit. ... Atque hoc ergo indubitatum et adaequatum est principium obligationis, quae nihil aliud est, quam haec ipsa necessitas, illud vinculum, quo adstringimur seu obligamur ad reparandum statum et quasi lineam Juris, id est, ad suum cuique tribuendum."

[546] Prodromus, exerc. II (ad Lib. I Hug. Grotii), thes. 32, S. 111: „An Deus mutare jus naturae possit? Etenim, cum, quod Deus vult, sit omnium optimum et perfectissimum, non potest aliud velle, quod minus bonum minusve perfectum est: non quod per impotentiam naturae non possit aliter agere; sed quod per summam perfectionem voluntatis non possit aliter velle."

[547] Prodromus, exerc. II, thes. 39, S. 114: „Omne jus divinum est voluntarium, contra Grotium, et legem accipit unice a voluntate Dei, prout illam declaravit vel factis vel verbis. De factis unde jus naturae universale cognoscitur jam satis. Verbis, quod Deus revelavit, universale jus non est, quia revelatio ad omnes non pervenit. Quod proinde jus revelatum quousque obliget, quaeritur."

[548] Prodromus, exerc. II, thes. 44, S. 116: „Obligantur igitur populi Christiani hac lege, quae cum sacris literis hodie ipsis vulgata est."

Diese voluntaristische Lehre vom christlichen Naturrecht übernahm *Samuel von Cocceji* [549] fast gleichlautend in seine „Disputatio Juridica inauguralis de Principio Juris Naturalis unico, vero et adaequato" vom Jahre 1699 [550], die er, erweitert durch zwei bedeutsame Repliken gegen die Angriffe Leibnizens und Ludovicis, als „Tractatus Juris Gentium" im Jahre 1702 erneut veröffentlichte [551]. Darin setzte er zunächst ganz nach der thomistischen Überlieferung das „jus naturae" dem „jus divinum (naturale)" gleich: denn das Naturrecht lasse sich weder vom „jus divinum morale" [552], noch vom „jus divinum voluntarium" (Grotius) [553] unterscheiden. Vor allem gegen Grotius [554], des weiteren aber auch gegen Hobbes [555] und Cumberland [556] und unausgesprochen wohl

---

[549] Samuel *von* Cocceji (1679–1755), geboren als dritter Sohn Heinrich von Coccejis im Oktober 1679, studierte unter seinem Vater in Frankfurt an der Oder die Rechtswissenschaften, promovierte dort im Jahre 1699 pro licentia und begab sich anschließend auf Reisen durch Italien und Frankreich, England und Holland. Nach seiner Rückkehr berief man ihn zum ordentlichen Professor der Rechte an die Universität Frankfurt im Jahre 1702. — Von diesem Zeitpunkt an begann seine ungewöhnliche Laufbahn innerhalb der preußischen Justizverwaltung. 1704 wurde er zum Regierungsrat in Halberstadt und schon 1710 zum dortigen Regierungsdirektor ernannt. In den Jahren 1711 bis 1713 gehörte er einer Delegation zur Visitation des Kammergerichts in Wetzlar an und wurde bereits 1714 — im Alter von 35 Jahren — mit der Stelle eines Geheimen Justizrats und Oberappellationsgerichtsrats in Berlin betraut. 1723 wurde Cocceji Kammergerichtspräsident, 1727 Staats- und Kriegsminister, 1730 Chef aller „geistlichen und französischen Angelegenheiten" und Oberkurator der preußischen Universitäten, 1731 Präsident des Oberappellationsgerichts und Lehensdirektor, 1738 Justizminister, bis ihn schließlich Friedrich der Große im Jahre 1747 zum Preußischen Großkanzler ernannte und 1749 in den Freiherrnstand erhob. Samuel von Cocceji starb am 22. Oktober 1755 zu Berlin. (Zur Biographie Samuel von Coccejis vgl. statt aller Adolf *Stölzel*, Brandenburg-Preußens Justizverfassung und Justizverwaltung, Berlin 1888, Bd. 2, S. 50–235.)
[550] „Disputatio Juridica inauguralis de Principio Juris Naturalis unico, vero et adaequato, quam in illustri hac Viadrina, Praeside Dn. Henrico Coccejo, ... ad 21. December 1699, publice ventilandam subjicit Samuel Coccejius."
[551] „Tractatus Juris Gentium de Principio Juris Naturalis unico, vero et adaequato. Pars prior. Ubi fundamentum juris naturae & obligationum origo, breviter et succinctè exponitur, variaeque autorum de illa opiniones modestè examinantur", Francofurti ad Viadrum 1702.
[552] Tractatus, Pars I, Prooemium, § 3, S. 3: „Nec differt a nostro Jure Naturae id quod vulgo dicitur Jus divinum morale."
[553] Tractatus, Pars I, Prooemium, § 5, S. 4: „Porro nullam video differentiam inter Jus Naturae & jus Divinum voluntarium, (contra Grotium in Prol. §. 12. & l. 1. c. 1. §. 13. &. 15.) quia Jus Naturae nihil aliud est quam Dei Voluntas."
[554] Tractatus, Pars I, quaest. I, § 8, S. 10 f; quaest. II, § 2, S. 17.
[555] Tractatus, Pars I, quaest. I, § 3–4, S. 7–8; quaest. II, § 2, S. 17.
[556] Tractatus, Pars I, quaest. II, § 2, S. 16–17.

ebenso gegen den protestantischen Aristotelismus richtete sich auch eine
zweite Feststellung Coccejis, daß nämlich die menschliche Gemeinschaft
(societas humana) weder als das erste, noch als ein angemessenes und
ausreichendes Prinzip des Naturrechts angesehen werden könne[557],
weil sie nicht ewig und unveränderlich sei[558]. Dagegen verpflichte alle
Kreaturen allein der Wille und Befehl ihres Schöpfers, der sie nach Belieben zur Entstehung bringen und einem bestimmten Gesetz unterwerfen könne[559]. Dieses Gesetz enthielt auch für Samuel von Cocceji
ebenso wie nach der Lehre seines Vaters in erster Hinsicht das Naturrecht; der Wille Gottes bildete demgemäß sein einziges, wahres und
adäquates Prinzip[560]. Indem Cocceji nun diese Einzigartigkeit seines
Grundsatzes dem Gedanken von der Geschöpflichkeit aller Dinge entnahm, übertrug er zugleich die höchste Gesetzgebungsbefugnis allein
auf Gott und erklärte die Gesetze der weltlichen Obrigkeit (summa
potestas) nur insoweit für verbindlich, als Gott den Menschen geboten
habe, der Obrigkeit untertan zu sein[561]. Die Wahrheit seines Prinzips
begründete Cocceji damit, daß jenes Naturrecht nach dem Willen Gottes auch dann erhalten bleibe, wenn der Gemeinschaftstrieb unter den

---

[557] Tractatus, Pars I, quaest. II, § 3, S. 17: „Verum, quod pace Doctissimorum
Virorum, & salvo omnium judicio dictum sit, societatem humanam neque primum,
neque adaequatum aut sufficiens huius juris principium videri, neque principii
rationem ullo vero sensu induere posse."

[558] Tractatus, Pars I, quaest. II, § 13, S. 22: „Sic igitur Jus Naturae, quod ad
rationes societatis humanae exigitur, non esset jus constans, aeternum et immutabile, uti vocatur in §. pen. Inst. de Jur. Nat., sed pro temporibus & ratione utili-
tatum varium et mutabile, adeoque revera jus positivum."

[559] Tractatus, Pars I, quaest. II, § 6, S. 18: „Illud igitur ut demonstretur, primum equidem constat, ex voluntate & jussu Creatoris obligari omnes, quae intelligere id possunt, creaturas: quia creatoris absolutum est in creaturam suam imperium, quippe quam potuit creare vel non creare, & quacunque placuit lege creare."

[560] Tractatus, Pars I, quaest. II, § 7, S. 19: „Haec ergo voluntas Dei, & jussus
Creatoris, indubitanter unicum & adaequatum est juris Naturalis principium. (1.)
Quia ex hac sola voluntate omnia naturae praecepta ultimo & necessario inferun-
tur .. ... (2.) Quia haec sola humano generi parendi necessitatem imponere potest,
solus enim Deus tanquam creator jus in homines habet, alii vero in opus Creatoris,
nisi ipso autore, nullum. (3.) Et cum omnes res a Creatore sint, & facultates
agendi hominibus a solo Deo concessae sint, sponte fluit, nullam aliam rem creatam absque concessu Creatoris facultates illas restringere, & hominibus necessitatem legibus datis imponere posse."

[561] Tractatus, Pars I, quaest. II, § 27, S. 27: „Ergo in solo Creatore principium
est leges actionibus hominum dandi, non in eo, cui a Creatore id concessum est,
uti summis terrarum potestatibus. ... Unde nec Magistratuum leges obligant cives
nisi propter jussum ac voluntatem Creatoris, qui cives summae potestati subjectos
esse voluit."

Menschen verlösche, so beispielsweise das allumfassende Gebot, niemanden zu verletzen (Neminem laedere)[562]. Einen Beweis für die Angemessenheit seiner Definition erblickte er schließlich in der Möglichkeit, alle einzelnen Naturrechtssätze daraus ableiten zu können[563].

Vom Boden dieses voluntaristischen Systems aus begann Cocceji nun, sich mit der Pufendorfschen Lehre von der „socialitas" auseinanderzusetzen[564], und ließ in diesem Zusammenhang bei der Frage, ob ein Naturrecht auch ohne Sanktionen vorstellbar sei, das eigentliche Leitmotiv seines Denkens sichtbar werden: wie kein Gesetz ohne Gesetzeskraft bestehe, so könne es auch kein Recht ohne Rechtskraft geben; was aber liege zwischen der Gesetzeskraft (vis legis) und der Rechtskraft (vis juris) für ein Unterschied? Wenn also ein Gebot, dem die gesetzliche Verbindlichkeit fehle, keine Rechtsnorm darstelle, so folge daraus notwendig, daß auch jenes letztlich aus dem Prinzip der „socialitas" deduzierte „Recht" in Wahrheit noch nicht einmal ein Schatten des Rechts sei[565]. In diesen Sätzen läßt sich ein bewußt polemischer Unterton kaum überhören. – Nachdem Cocceji im Anschluß an jene Kritik Pufendorfs noch einmal mit besonderem Nachdruck auf die Unveränderlichkeit des Naturrechts[566] und auf seine Einteilung in ein Recht zwischen Gott und den Menschen (Jura inter Deum et homines) und ein

---

[562] Tractatus, Pars I, quaest. II, § 29, S. 28: „Et hoc jus omne, ex Creatoris voluntate profectum, esset ac maneret jus, etsi societatis studium inter homines nullum esset, aut a Deo extinctum esset. Nihilominus enim verum maneret, quod uni hominum Deus concessit, id a nemine alio ei auferri posse: & proinde, sublata quoque inter homines societate, adhuc tamen generalissima, quae reliquas omnes complicitur, regula maneret: Neminem laedi."

[563] Tractatus, Pars I, quaest. II, § 31, S. 29: „Principium quoque juris naturae adaequatum intelligi id non potest, ex quo non possunt omnia naturae jura ritè inferri: id enim dicitur Juris principium adaequatum."

[564] Tractatus, Pars I, quaest. II, § 35–37, S. 34–37.

[565] Tractatus, Pars I, quaest. II, § 35, S. 35: „An igitur concipi postest jus naturae quod non habeat vim legum? Nunquam possunt separari jus et vis legis: Uti nulla lex est, nisi vim legis habeat, ita nec jus, nisi vim legis et vim juris: inter vim legis et vim juris autem quid intersit? Quod si ergo nullum jus sit a quo vis legis abest, sequitur necessario, jus illud quod a socialitate ultimo deducitur, non esse jus, & ne umbram quidem juris."

[566] Tractatus, Pars I, quaest. II, § 40, S. 38: „Neque principium hoc Juris Naturalis labefactat ejus juris immutabilitas; cum non videatur immutabile quod in libero Dei arbitrio ponitur. ... Non quod causa quaedam extra Dei voluntatem sit, quae ei necessitatem hanc injiciat, sed quia ea necessitas intrinseca est ipsi voluntati, propter summam ejus perfectionem: ita ut voluntas non possit non velle quod perfectissimum est; non quod aliunde ad id adstringatur, sed

Recht unter den Menschen selbst (Jura inter homines ipsos)[567] hingewiesen hatte, bemühte er sich schließlich unter Berufung auf Bodinus[568] und Leibniz[569] – vermutlich in der Erinnerung an eine mißver-
ständliche Textstelle der „Nova Methodus"[570] –, einzelne Erkenntnisquellen des auf göttlichem Willen beruhenden Naturrechts zu ermitteln: dabei nannte er vor allem das göttliche Wort in der Heiligen
Schrift[571], den inneren Antrieb des Gewissens[572], die Handlungen des
Schöpfers[573], sein vollkommenes Wesen[574] und die naturrechtliche
Notwendigkeit[575]. Das letzte Kapitel seiner Schrift widmete Cocceji

quod ipsa voluntas in se perfectissima sit: atque ita Deus id quod optimum est,
necessario facit; non quia non potest aliter facere, sed quia non potest aliter
velle"; vgl. Fußnote 546!

[567] Ebenda, S. 39: „Hinc explicantur facile omnia jura Naturae, quae ad duo
capita refero: Sunt enim (1.) Jura inter Deum et homines, quae nimirum in cultu
divino consistunt, & ex ipsa ejus essentia summaque perfectione fluunt. ... (2.)
Jura inter homines ipsos, quae nihil aliud esse ostendi, quam sanctissimae hujus
voluntatis placita."

[568] Tractatus, Pars I, quaest. III, § 3, S. 44.

[569] Tractatus, Pars I, quaest. III, § 6, S. 45: „Vir in omni eruditionis genere
versatissimus Leibnitius illam esse Dei voluntatem asserit, ut quicquid publicé
(id est Deo, humano generi & reipublicae) utile vel damnosum est, jus faciat:
quae sententia, quod pace tanti viri dixerim, in easdem difficultates incidit, quas
supra in socialitate notavi."

[570] Nova Methodus, Pars II, § 75 (A VI-1, 344): „Tertium Juris principium
est voluntas Superioris. Et huc quae Thrasymachus apud Platonem supra dicebat:
Justum esse potentiori utile. Superior autem est vel natura: Deus, ejusque voluntas
iterum est vel naturalis, hinc Pietas, vel Lex, hinc Jus divinum positivum; vel
superior est pacto, ut homo, hinc Jus Civile." – Vgl. unten S. 354–355.

[571] Tractatus, Pars I, quaest. III, § 9, S. 47: „Deum autem voluisse actiones
nostras restrictas, probari potest: I. EX VERBIS, si nimirum Deus expresse quaedam jura inter homines constituit, si enim tacita ejus voluntas, & quae ex factis
elicitur, jus facit, nedum expressa: ... Hinc Sacrae Scripturae plurima capita
valebunt tanquam Jus Naturae, i. e. tanquam voluntas Dei revelata, esti aliquando
contra Gentiles allegari non possit, non quia non est jus naturae, sed quia illis
revelatum, atque ita quasi publicatum non est."

[572] Ebenda, S. 47–48: „Praeterea ex factis quoque apparet Dei voluntas
actiones nostras prohibentis: scil. II. EX MOTIBUS: Dum enim Deus indidit
motum, qui nos vel terreat, vel ad aliquid agendum moveat, recte concluditur
Deum aut nolle, aut velle nos aliquid agere, ne frustra creatus videatur ille
motus. Hinc ex conscientia in tyrannorum peccatoribus existentiam juris probat."

[573] Ebenda, S. 48: „III. EX ACTIONIBUS CREATORIS: nam quae quis
facit, illa vult, & alias frustra ageret creator, si effectum non haberet."

[574] Ebenda, S. 49: „VI. Denique restrictae nostrae actiones probari possunt
EX NATURA PERFECTISSIMI CREATORIS, vi cujus & cultum, & reverentiam requirit."

[575] Ebenda, S. 49: „V. EX MEDII NECESSITATE: si jam certum est aliquid
esse juris naturalis, recte concluditur omne id, sine quo illud obtineri nequit,

der Unterscheidung zwischen dem natürlichen Recht (Jus) und der natürlichen Tugend (Virtus), indem er innerhalb der menschlichen Ordnung den „gebietenden" Willen Gottes (voluntas praecipiens) als rechtliche Verpflichtung (obligatio), seinen „erlaubenden" Willen (voluntas permittens) aber als ethisches Verdienst (meritum) zu denken versuchte[576]. Auf die logische Widersprüchlichkeit, ja Systemwidrigkeit dieser Trennung hat schon Landsberg aufmerksam gemacht[577].

Bereits im darauffolgenden Jahre 1700 erschien in der Juli-Ausgabe der „Monatlichen Auszüge aus allerhand neu herausgegebenen nützlichen und artigen Büchern" anonym eine kritische Stellungnahme zu dieser Dissertation Coccejis. Hinter dem ungenannten Verfasser aber verbarg sich kein geringerer als Leibniz[578]! Der kurze Zeitraum zwischen der Promotion Coccejis und dieser Erwiderung deutet wohl darauf hin, daß Cocceji die Arbeit sogleich an Leibniz mit der Bitte um eine Beurteilung übersandt hat; allerdings läßt sich auch die Möglichkeit einer zufälligen Kenntnisnahme nicht mit Sicherheit ausschließen. Fest steht jedoch, daß sich Leibniz von Cocceji offenbar mißverstanden fühlte und diese Gelegenheit, den Voluntarismus öffentlich zu bekämpfen, nicht ungenutzt vorübergehen lassen wollte. Seine Streitschrift, später zum Teil erneut abgedruckt bei Ludovici[579] und als „Observationes de Principio Juris" vollständig veröffentlicht von Dutens[580], begann mit den Worten: „Von vornehmer Hand sind einige Anmer-

---

necessario etiam juris esse, quia alias illud ipsum Jus Naturae frustra constitutum esset."

[576] Tractatus, Pars I, quaest. IV: „Quae nam sit differentia inter Jus Naturae & virtutum praecepta?", § 6, S. 52: „Utrumque igitur a Natura est, tum obligatio, quae ex voluntate Dei praecipiente vel prohibente, tum meritum virtutis, quod ex voluntate Dei permittente, & proposita spe verae felicitatis alliciente oritur."

[577] Ernst *Landsberg*, a.a.O., III, 1, S. 113: „Die Festigkeit des Aufbaues, zu welchem so Cocceji gelangt, ist unverkennbar; die Schwäche seiner Theorie zeigt sich bei der Unmöglichkeit, Recht und Moral zu unterscheiden, wie sie durch die auf den Gewinn einer solchen Unterscheidung gerichteten Bemühungen des Vaters und des Sohnes immer nur klarer hervortritt."

[578] Über Leibnizens Autorschaft berichtete zuerst *Ludovici* in der 1. Aufl. seiner „Delineatio historiae juris naturalis" vom Jahre 1701, § LXXXIX, S. 150: „... (autorem esse illustrem Leibnitium nunc omnibus constat) ...", später ausführlich auch *Hinrichs*, a.a.O., Bd. 3, S. 331 ff.

[579] Jac. Friedr. *Ludovici*, a.a.O., § LXXXIX-XCIX, S. 150–161.

[580] „Observationes de Principio Juris", abgedruckt bei *Dutens*, Leibnitii Opera omnia, Bd. IV, 3. Teil, S. 270–275, und bei *Kortholt*, Leibnitii epistolae ad diversos, Tom. IV, S. 172–182.

kungen den Uhrsprung des Rechts betreffend eingesendet worden, deren Communication verhoffentlich dem gelehrten Leser angenehem
seyn wird, weil darin zugleich auch das Fundament der Gottesfurcht
und der Sitten berühret und alles in der Kürze gründlich dargethan
wird[581]." Leibniz aber hatte an der Dissertation Coccejis vieles auszusetzen[582]. Vor allem wandte er sich gegen seinen Grundgedanken von
der rechtserzeugenden Verpflichtungskraft des göttlichen Willens. Nicht
Recht, sondern Macht werde bewirkt, wenn man auf dieses tyrannische
Prinzip (principium tyrannicum) zurückgreife[583]. Gefährlich sei es
auch, die Gründe der Gerechtigkeit (rationes justitiae) in Gott außer
acht zu lassen, denn die Gerechtigkeit werde nicht durch den Willen,
sondern – „wie neulich ein Jurist sie bezeichnet habe" – von der Liebe
des Weisen (Caritas sapientis) bestimmt[584]. Dabei gab Leibniz zwar
Cocceji mit einer besonderen Spitze gegen Pufendorf darin recht, daß
nicht die Erhaltung der menschlichen Gemeinschaft die Grundlage der
Gerechtigkeit bilde, aber nur, weil auch zwischen den Menschen und
Gott eine Gemeinschaft bestehe, welcher der Vorrang zukomme[585].

---

[581] Zitiert bei *Hinrichs*, a.a.O., Bd. 3, S. 332.

[582] Observationes, § VII (Dutens 271): „Sed mihi hic multa monenda occurrunt."

[583] Observationes, § VII (Dutens 271): „Primam istam propositionem probare
oporteret, creaturam creatoris voluntate obligari. ... Vir autem Clar. a sola
coactione jus videtur derivare. Ut ergo generatio, ita & creatio jus non dabit,
sed potentia. ... Sed si omnipotentia, & maxime, si nocendi potestas (cuius
gratia diabolum adorare dicuntur quidam populi) sufficit ad jus constituendum,
recurrendum erit ad principium tyrannicum, quod apud Platonem urget Thrasymachus, justum esse, quod potentiori placet. Nec abhorret Hobbesius, qui jus
in potentia fundat."

[584] Observationes, § VIII (Dutens 272): „Periculosa etiam alia ex his dogmati-
bus consequuntur, qualia a quibusdam minus circumspecte jam dudum sunt
jactata, veluti: nullam esse ipsius Dei justitiam, nam si jus est nihil aliud, quam
jussum creatoris, vel ejus, qui potentia sua cogere potest, manifestum est, in ipso
Deo rationes justitiae cessare ..." – § IX (Dutens 272): „Alia ergo sublimiora
& meliora juris principia quaerenda sunt, non tantum in voluntate divina, sed
& in intellectu, nec tantum in potentia Dei, sed & in sapientia. Et justitiam
constituit, non voluntas, seu benevolentia sapientis. Unde justitia nuper a quodam
JCto definita est: Caritas sapientis, ut virtus ab Aristotele mediocritas prudentis."

[585] Observationes, § XI (Dutens 272–273): „Fateor equidem, humanae societatis custodiam non esse principium justitiae. Nam est etiam cum Deo societas
nobis, quae humanae praevalere debet. ... Quae porro objiciuntur, eos feriunt,
qui jus sola humana societate hujus vitae definiunt, ut Puffendorfius & similes,
non eos, qui rem referunt ad perfectionem societatis divinae humanaeve in universum."

Sehr richtig sei es auch, Gott als den Gründer des Naturrechts zu bezeichnen, aber nicht mit Rücksicht auf seinen Willen, sondern im Hinblick auf sein Wesen. Wie man nämlich als Geometer Atheist sein könne, habe man inzwischen auch die Möglichkeit, als Jurist ein Atheist zu sein, seit Grotius festgestellt habe, daß das Naturrecht auch gelte, wenn Gott nicht existiere[586]. Erst am Ende seines Aufsatzes kritisierte Leibniz mit dem Hinweis auf die „justitia universalis" Coccejis Trennung von Naturrechtslehre und Ethik[587]. Wenn einerseits nämlich die Heilige Schrift lehre, daß dem Gerechten das Gesetz nicht gegeben sei, zum anderen aber das Gesetz selbst vorschreibe, Gott über alles zu lieben und seinen Nächsten wie sich selbst, dann sei nicht mehr einzusehen, welche tugendhafte Handlung dem freien Gutdünken des Menschen noch überlassen bleibe[588]. Zumindest sei nun hinreichend deutlich geworden, so faßte Leibniz seine Kritik an Cocceji zusammen, daß der Autor jener Dissertation eine völlig ungewöhnliche Terminologie für sich in Anspruch genommen habe[589].

Im Jahre 1701 übersandte Leibniz diesen Aufsatz dem befreundeten Berliner Mathematiker Philippe Naudé, mit dem er über Cocceji korrespondierte[590]. Daraufhin teilte Naudé in einem ersten Schreiben Leibniz mit, er habe die Schrift dem Schloßhauptmann von Printz, einem Schüler Heinrich

---

[586] Observationes, § XIII (Dutens 273): „Deum esse omnis naturalis juris auctorem (quod ait § 41) verissimum est, at non voluntate, sed ipsa essentia sua, qua ratione etiam auctor est veritatis. Interim uti atheus potest esse Geometra, ita atheus Jureconsultus esse posset, nec absurde statuit Grotius, intelligi jus naturae, etsi fingatur Deus non esse. Rectissime autem idem Grotius jure naturae in intrinseca bonitate ac turpitudine constituit, quicquid contra dicat Puffendorfius sententiae, cui a Viro docto & prudente contradici potuisse miror."

[587] Observationes, § XVI (Dutens 274): „Unde valde mirum dictu est, quod habetur § 50 lege naturae non compelli homines ad exercendas virtutes, contra doctrinam hactenus receptam, quae justitiam universalem omnes in se virtutes comprehendere notat apud Philosophos."

[588] Observationes, § XV (Dutens 274): „Hoc scilicet est, quod Scriptura Sacra ait; justo legem positam non esse. Et postquam lex ipsa jussit Deum super omnia & totis viribus amari, proximum vero sicut nos ipsos, non video, quaenam actio bona arbitrio nostro relicta intelligi possit."

[589] Observationes, § XVI (Dutens 275): „Ex quibus satis intelligitur, Cl. Auctorem dissertationis alio planè quàm hactenus sensu vocabula usurpare; quasi jus in iis tantum sit, quae vi quadam & poenarum necessitate extorquentur, quum contra aliis sapientibus ipsisque Scripturae Sacrae tanto quisque justior habeatur, quanto minus metu aut mercede, quanto magis ipsa praeclarum actionum jucunditate commovetur."

[590] Vgl. den Briefwechsel Leibnizens mit Philippe Naudé, in Auszügen abgedruckt bei Grua II, S. 661—662.

von Coccejis und Mitglied der Preußischen Akademie, vorgelegt, dieser könne jedoch keinen Geschmack daran finden [591]. Erst in einem zweiten Brief berichtete Naudé, die Gebrüder Ancillon, ebenfalls Mitglieder der Akademie, seien von den Gedanken Leibnizens über das Naturrecht so entzückt gewesen, daß sich der ältere Ancillon eine Abschrift davon anfertigen wolle und ihm, Naudé, versichert habe, er könne sich nicht vorstellen, auf welche Weise Cocceji, ein durchaus gewandter Mann, sich Leibniz widersetzen werde [592].

Samuel von Cocceji aber, der sich im Sommer 1700 mit seinem Vater gerade auf Reisen befand und Leibnizens anonyme Streitschrift in Frankreich zu Gesicht bekam [593], verteidigte sich dennoch. Er veröffentlichte zu seinem „Tractatus Juris Gentium" vom Jahre 1702 eine „Pars altera", in der er sich unter dem Titel „Vindiciarum Sect. I. Contra Observationes Autoris Anonymi" im einzelnen mit den Vorwürfen von Leibniz auseinandersetzte [594]. Offenbar war zu diesem Zeitpunkt Cocceji in der Tat der wirkliche Verfasser noch nicht bekannt geworden, denn er vermutete hinter dem „Anonymus" einen Theologen [595]. Vermöge dieser Unkenntnis allein läßt sich aber keines-

---

[591] „Touchant l'explication que vous avez eu la bonté de me donner du droit naturel, je l'ay fait voir à M. de Printz nôtre Schlosshauptmann, mais il est si fort prevenu en faveur de Mr. Coccejus sous qui il a etudié qu'il ne l'a pas goustée... Mais je ne me suis point encor avisé de la faire voir à Mrs. Ancillons..." (Brief Naudé's an *Leibniz* [ohne Datum], Grua II, 661.)

[592] „J'ay fait voir vos pensées sur le droit naturel, comme je vous avois dit, Monsieur, à Messrs. Ancillons, qui en sont très satisfaits, jusque là que le vieux en veut tirer copie, et m'a dit qu'il les trouvait telles qu'il ne croyent (sic!) pas que Mr. Coccejus, tout habile qu'il est, y puisse aucunement résister..." (Brief Naudé's an *Leibniz* vom 18. April 1701 [Grua II, 662].)

[593] Tractatus, Pars II, Vindiciarum praef., S. 4: „Primum igitur cum ex Italia in Galliam iter flecterem, per literas nunciatum mihi est, dissertationem hanc ab Autore quodam Anonymo censuram passam esse: Haud ingratum accepi nuntium, laetus dari ulterius tractandae materiae nobilissimae occasionem, & mox in Gallia Observationes ipsas Antagonistae afferri curavi, quibus examinandis cum quod reliquum ex itinere erat temporis impenderem, re bene perpensa deprehendi, Dn. Autorem in plerisque verba captare, in quibusdam sensum non consequi ...!"

[594] „Tractatus Juris Gentium de Principio Juris Naturalis unico, vero et adaequato. Pars altera. Quae vindicias Principii Juris Naturalis exhibet, & dubia Doctissimorum quorundam virorum contra idem principium mota, breviter, succinctè ac modeste resolvit", Francofurti ad Viadrum 1702, S. 5–51.

[595] Das geht aus folgender Stelle hervor, bei der die Cocceji dem Vorwurf des Atheismus mit der Behauptung zu begegnen versucht, auch ein Theologe könne Atheist sein: „Ait porro Dn. Autor Atheum jurisconsultum esse posse. Quin & Theologus poterit; quatenus scil. vices eorum sunt sententias de Deo & jure scire, & aliis exponere, etsi ipsi aliter sentiant. At jure Naturae se obligatum Atheus credere nequit." (Tractatus, Pars II, vindic. sect. I, obs. XIII, vindic. 4, S. 37.)

wegs jene auffallende Oberflächlichkeit und Nachlässigkeit entschuldigen, mit der Cocceji bei dem Versuch zu Werke ging, die Einwände Leibnizens zu entkräften. Häufig wiederholte er nur seine These, daß der Wille Gottes das einzig wahre und angemessene Prinzip des Naturrechts sei [596], denn selbst das Gesetz eines weisen Herrschers binde niemanden nur deshalb, weil jener weise sei, sondern weil er andere verpflichten wolle [597]. Man könne sich auch kaum denken, daß der (von Leibniz vorgeschobene) Jurist in dem Glauben gewesen sei, mit dem Satz: „Justitia est caritas sapientis", eine Definition der Gerechtigkeit aufgestellt zu haben [598]. Darüber hinaus dürfe die Gerechtigkeit Gottes nicht mit seiner Güte vermischt werden, die er den Menschen keineswegs als Gesetzgeber, sondern als ein im höchsten Maße gnädiger Gott erweise [599]. Von besonderem Unverstand aber zeugt der Vorwurf Coccejis, Leibniz verankere ganz nach Belieben das Naturrecht jeweils in einem anderen Prinzip: zunächst in der Weisheit Gottes, darauf in seiner Güte, bald in seinem Wesen, bald im Gebot der höchsten Vernunft und endlich auch in der Vollkommenheit der Gemeinschaft zwischen Gott und den Menschen [600]. Ebenso unbegreiflich erscheint die Behauptung Coccejis, das Gebot der Nächstenliebe beziehe sich gar nicht auf ein

[596] Tractatus, Pars II, vindic. sect. I, obs. VII, vindic. 5, 6, S. 15; obs. X, vindic. 4, S. 24; obs. XI, vindic. 11, S. 32; obs. XIV, vindic. 2, S. 44–45.

[597] Tractatus, Pars II, vindic. sect. I, obs. IX, vindic. 4–5, S. 21: „Sed & porro, quis dixerit intellectum Dei esse sublimius & melius quid quam Dei voluntatem, & ejus sapientiam, quam potentiam, cum omnia in Deo aeque summa sint. Quod si abstractiones sectemur, potius dicendum esset, jus naturae ejusque obligationem non esse ex intellectu, nec ex Sapientia Dei, sed unice ex voluntate; uti sapientis principis lex obligat, non quia sapiens est, aut intelligit, sed quia vult, & id saltem interest, quod a principis voluntate abesse sapientia possit, a Dei voluntate non possit."

[598] Tractatus, Pars II, vindic. sect. I, obs. IX, vindic. 7, S. 21–22: „Adhuc pergit. Unde justitia nuper definita est à quodam JCto caritas sapientis, & virtus ab Aristotele, mediocritas prudentis. Vix credi potest, illum JCtum putasse eam esse definitionem justitiae; definitur illa accuratissime et dissertissime in fronte institutionum; ...."

[599] Tractatus, Pars II, vindic. sect. I, obs. X, vindic. 11, S. 26: „Benignitatem enim Deus non exhibet qua Legislator, sed qua summe bonus, non tantum qua summe justus. Non potest abesse a Deo benignitas, non tamen debet confundi cum justitia: & conjunguntur ea necessario in Deo, non vero commiscenda sunt, nec inducenda rerum nominumque confusio."

[600] Tractatus, Pars II, vindic. sect. I, obs. XIII, vindic. 1, S. 36: „Concedit hic Autor, Deum omnis juris naturalis auctorem esse, non vero voluntate sed essentia: Quanta vero haec est variatio: Primum Dn. Autor Jus Naturae constituit in Dei intellectu et sapientia. Obs. 9. Deinde in ejus bonitate et benignitate. Obs. 10. Postea in perfectione societatis humanae & divinae. Obs. 11. Inde

Gesetz, sondern auf die Propheten, welche kein Recht geschaffen, sondern eine Theologie gelehrt und den Menschen Tugenden eingeschärft hätten[601]. Gegen den Leibnizschen Gedanken der „justitia universalis" vermochte Cocceji nur die Vermutung zu stellen, daß dieser Begriff wohl von den alten Philosophen lediglich in einem formalen Sinn als zusammenfassender Oberbegriff für alle Tugenden verwandt worden sei[602]. Aus alledem geht deutlich hervor, welch geringe Kenntnis Samuel Cocceji von der Leibnizschen Naturrechtslehre überhaupt besessen haben mag; sonst hätte er wohl auch ohne Mühe den „Anonymus" identifizieren können.

Aber selbst Jacob Friedrich *Ludovici,* ein Schüler von Stryk und Thomasius, der zunächst ebenso wie Leibniz die Lehre Coccejis vom Ursprung des Naturrechts im göttlichen Willen als einen Scholastizismus verworfen hatte[603], wandte sich später aus dem gleichen Grunde unmittelbar auch gegen die Cocceji-Kritik von Leibniz. Denn beurteilte man vom thomasischen Standpunkt aus Cocceji erst einmal als den Vertreter eines neuscholastischen Voluntarismus, dann konnte man in

in jussu supremae rationis. Obs. 12. denique ut hic in essentia Dei, adeo sibi non constat dissertatio. Nec oportet ita fluctuari & pro arbitrio disciplinae principium statuere quod certissimum esse debet."

[601] Tractatus, Pars II, vindic. sect. I, obs. XV, vindic. 4, S. 46—47: „Instat porro, non dari amplius actus arbitrio nostro relictos post legem, qua Deum ac proximum super omnia & totis viribus amare jubemur: Sed Resp. (1.) agitur in illo loco de amore legali secundum substratam materiam, (2.) praeceptum de amore proximi non referri debet ad legem, sed ad prophetas qui non jura constituebant, sed theologiam docebant, & virtutes inculcabant: Unde obligatio juris non oritur, & sic (3.) pertinet ad legem permissivam, non vero ad praeceptivam."

[602] Tractatus, Pars II, vindic. sect. I, obs. XVI, vindic. 4, S. 48—49: „Justitia vero universalis accuratè loquendo non datur, sed virtus universalis quae omnes species adeoque etiam justitiam comprehendit; neque hoc sensu justitiam universalem à veteribus philosophis usurpari puto, quasi singulae virtutes sint juris species, sed quod in omnibus virtutibus sit quaedam connexio, quam vocārunt noviores justitiam universalem, quae tanquam regula atque norma bene vivendi hominibus praescripta est: adeo ut si unica virtus deficiat & a minimo deflectat, homo desinat esse perfectus."

[603] Erstmals in der 1. Auflage der „Delineatio historiae juris naturalis" aus dem Jahre 1701; Cocceji erwiderte darauf in seiner „Vindiciarum Sect. II. Contra Virum Consultum Dn. Johan Ludovici, J. U. Lic.", abgedruckt im „Tractatus", Pars II, S. 51—75; Ludovici jedoch erhob seinen Vorwurf erneut im Jahre 1703 mit der Schrift „Dubia circa hypothesin de principio juris ejusdemque vindicias", und Samuel von Cocceji rechtfertigte sich zum zweiten Male mit den „Resolutiones dubiorum circa hypothesin de principio juris naturae" im Jahre 1705. Damit war die Auseinandersetzung zwischen Cocceji und Ludovici vorläufig abgeschlossen.

Leibniz nur noch einen Exponenten des neuscholastischen Intellektualismus sehen [604]. An diesem Vorwurf Ludovicis zeigt sich sehr viel deutlicher als bei den Angriffen Coccejis der Grund, weshalb der Naturrechtslehre von Leibniz zu Beginn des 18. Jahrhunderts ein nennenswerter Einfluß nicht mehr zuteil werden konnte.

Die Auseinandersetzung zwischen Leibniz und Samuel von Cocceji fand im Briefwechsel Leibnizens mit dem Rintelner Juristen Heinrich Ernst *Kestner* ihren Fortgang [605]. Kestner hatte als Schüler Heinrich von Coccejis [606] in seiner Schrift „Jus Naturae et Gentium" [607] versucht, gegen den „socialitas"-Gedanken Pufendorfs den Coccejischen Voluntarismus zu verteidigen [608]. In der Überzeugung von der Unzulänglichkeit der Pufendorfschen Lehre stimmten also Leibniz und Kestner miteinander überein [609], auch wenn Kestner sie weniger kri-

[604] Jac. Friedr. *Ludovici*, Delineatio historiae juris divini naturalis et positivi universalis, 2. Aufl. 1714, § C, S. 161: „Hactenus anonymus ille, qui utrum mentem acutissimi JCti circa ea, quae spectant ad propositionem fundamentalem juris naturae & principium voluntatis divinae, recte perceperit, valde dubito. Plurima enim, quae praeter fictiones impossibile saepius iteratas in contrarium adfert, hypothesin scholasticam de sanctitate. Dei ejusdem voluntati opposita, nec non de perseitate actionum sapere videntur."

[605] Der Briefwechsel zwischen Leibniz und *Kestner* ist zum Teil abgedruckt bei *Dutens*, a.a.O., IV, 3, S. 253–269, im übrigen bei *Grua*, Textes inédits, Paris 1948, Bd. II, S. 681–699.

[606] Heinrich Ernst *Kestner* (1671–1723), wurde am 23. Januar 1671 zu Detmold geboren, besuchte das Gymnasium in Berlin und begab sich anschließend im Jahre 1690 auf die Universität Frankfurt an der Oder, wo er unter Heinrich von Cocceji die Rechtswissenschaften zu studieren begann. Im Jahre 1694 setzte er seine Studien in Halle unter Stryk und Thomasius fort und habilitierte sich bereits im darauffolgenden Jahre mit einer Arbeit aus dem Gebiet des Familienrechts. Als Professor Juris zu Rinteln starb er daselbst am 5. Juli 1723.

[607] „Jus Naturae et Gentium, ex ipsis fontibus ad ductum Grotii, Pufendorfii et Cocceji derivatum ... etc.", Frankfurt – Leipzig 1705.

[608] Jus Naturae et Gentium, cap. I, § VI (Additio), S. 4: „Jus Naturae igitur nihil aliud est, quam voluntas Creatoris circa actus morales, omnia illa, quae ab ipso prohibita non sunt, agendi; ...". – § XI, S. 8: „Deinde hoc principium (der Sozialität) valde indefinitum est, nam societas multis et variis immo contrariis modis promovetur, quin si Jus N. ex hoc principio flueret, sequeretur illud jus in infinitum posse mutari, nam quod hodie utile est ad societatem colendam, alio tempore noxium esse potest."

[609] Vgl. dazu den Brief Kestners an *Leibniz* vom 11. August 1709 (Hinweis bei Grua II, 685) und die Antwort Leibnizens an *Kestner* vom 21. August 1709 (Dutens 261), welche jenen berühmten Ausspruch enthält: „Opinio, quae jus naturae ad externa restringit, nec veteribus Philosophis nec JCtis olim gravioribus placuit, donec Pufendorfius, Vir parum Jurisconsultus, minime Philosophus, quosdam seduxit ..."

tisch beurteilte als Leibniz[610]. Darüber hinaus war Kestner darin Leibniz gefolgt, daß er die Jurisprudenz noch als Wissenschaft von der „justitia universalis" verstand[611]. Das voluntaristische Prinzip jedoch verfocht Kestner auch weiterhin so hartnäckig[612], daß trotz verschiedener Vorschläge Leibnizens, die Begriffe „sapientia" und „bonitas" einerseits sowie „potentia" und „voluntas" andererseits miteinander zu verbinden[613], keine Einigung zustande kam. Man klammerte das Problem schließlich aus und wandte sich in den letzten Briefen vom Jahre 1716 nur noch einzelnen Streitfragen aus dem Bereich des positiven römischen Rechts zu.

Im Zusammenhang gesehen, besaßen für die Entfaltung der Lehre vom christlichen Naturrecht in den Werken von Leibniz die Tradition der lutherischen Orthodoxie und in noch stärkerem Maße der protestantische Spätaristotelismus eine ungleich größere Bedeutung als der Coccejische oder Pufendorfsche Voluntarismus, auch wenn es zunächst so scheinen mag, als habe Leibniz, in seinen Jugendschriften noch „Voluntarist", später einen „Standpunktwechsel" vollzogen[613a]. Deshalb soll in den beiden folgenden Abschnitten der Blick noch einmal etwas genauer auf einzelne Moralphilosophen und Rechtsgelehrte aus der zweiten Hälfte des 17. Jahrhunderts geworfen werden, Anhänger der Orthodoxie oder des Aristotelismus, die als Zeitgenossen Leibnizens mit ihm in persönlicher Beziehung standen und so zu seiner unmittelbaren geistigen Umgebung gehörten.

---

[610] „Id tamen negandum non est eaque aeterna Pufendorffio debetur laus, quod floridissimo stylo res arduas et rebus humanis valde profuturas expresserit, et prostratis scholasticorum ineptiis magnum verae philosophiae ornamentum exstiterit." (Brief von Kestner an *Leibniz* vom 29. September 1709 [Grua II, 686].)

[611] Vor allem in der „Dissertatio de nexu Theologiae et Jurisprudentiae" vom Jahre 1719. Darauf hat schon Ernst *Landsberg* (a.a.O., III, 1, S. 142; III, 2, S. 87) mit Recht hingewiesen.

[612] Vgl. dazu insbesondere den Brief *Kestners* an Leibniz vom 11. August 1709 (Hinweis bei Grua II, 685).

[613] „Nam sapientia cum bonitate conjuncta efficit ut nullum praeceptum laudabile voluntatem ejus fugiat. Et eadem sapientia potentiae sociata id obtinet, ut omnes intelligere debeant sua interesse praeceptis ejus oboedientiam praestari." (Brief von Leibniz an *Kestner* vom Beginn des Jahres 1710 [Grua II, 690–691].)

[613a] Diese Ansicht vertritt Hans *Welzel*, Naturrecht und materiale Gerechtigkeit, 4. Aufl., Göttingen 1962, S. 147 ff; Welzel beruft sich dabei im wesentlichen auf zwei Zitate aus der „Nova Methodus" und aus dem Traktat zur polnischen

4. Abschnitt

DIE LEHRE VOM CHRISTLICHEN NATURRECHT
ALS GÖTTLICHER ORDNUNG DES UNSCHULDSSTANDES
(STATUS INTEGRITATIS) IN DER LUTHERISCHEN
ORTHODOXIE

Trotz der bekannten Abneigung Luthers gegen die scholastische
Metaphysik war der Reformationstheologie schon durch Melanchthon
der Gedanke einer „Philosophia christiana" gleichsam als traditioneller
Baustein eingefügt worden [613b]. Nachdem aber bereits Melanchthon
selbst im Rückgriff auf die aristotelische Ethik und in Verbindung mit
dem lutherischen Zwei-Reiche-Prinzip eine reformatorische Gottesrechtslehre entworfen hatte [613c], konnten einzelne Versuche kaum mehr
lange ausbleiben, die gesamte rechtsphilosophische Tradition nicht nur
der Antike, sondern ebenso auch der Patristik und Scholastik mit den
neuen Glaubenslehren in Einklang zu bringen. Dieser Vorgang einer
Angleichung der überlieferten Philosophie, insbesondere der Ethik, an
die Reformationstheologie kennzeichnet geistesgeschichtlich die Epoche
der „lutherischen Orthodoxie" im 17. Jahrhundert [613d]. Zu ihren Be-
gründern gehörten in erster Linie der lutherische Theologe Johann Gerhard (1582–1637) mit seinen „Loci theologici" [613e] und nach ihm Jo-

---

Königswahl „De Rege Poloniae...", beides Textstellen, bei denen im „voluntaristischen" Prinzip zweifellos der Gedanke der Staatsraison unüberhörbar anklingt.
Zu beachten bleibt jedoch, daß die genannten Schriften auch einen ganz bestimmten, konkreten Zweck verfolgten: die „Nova Methodus" sollte Leibniz beim Kurfürsten und Erzkanzler des Reiches, Johann Philipp von Schönborn, empfehlen;
die Schrift zur polnischen Königswahl war dazu bestimmt, ebenfalls souveräne
Landesherren von der politischen Oportunität eines „logisch" deduzierbaren Wahl-
ergebnisses zu überzeugen.

[613b] Vgl. oben Seite 120, Anmerkung 8.
[613c] Vgl. oben Seite 120, Anmerkung 7.
[613d] Dazu: Ernst *Weber*, Die philosophische Scholastik des deutschen Protestantismus im Zeitalter der Orthodoxie, Leipzig 1907.
[613e] „Loci theologici", IX Tom., Francofurti & Jenae 1610–1625.

hannes Hülsemann (1602–1661), einer der einflußreichsten Führer des damals schon fest gefügten deutschen Luthertums. Vor allem Hülsemanns langjähriger Lehrtätigkeit verdankte die theologische Fakultät in Leipzig ihre geistige Vorrangstellung innerhalb dieser „protestantischen Scholastik" (Weber); aber auch andere Universitäten wie Wittenberg, Jena, Straßburg und Frankfurt an der Oder, ja sogar Lund, hatten sich allmählich zu Gelehrtenschulen des Luthertums entwickelt. So mußte auf dem Gebiet der Moralphilosophie die Säkularisierung des Naturrechtsgedankens durch Grotius und Pufendorf von der lutherischen Orthodoxie geradezu als Herausforderung einer weithin herrschenden Rechtstheologie empfunden werden und deshalb hier auch auf einen besonders heftigen Widerstand stoßen.

Im Bewußtsein, „ein Reformator der wissenschaftlichen Denkweise zu sein"[613f], folgte Samuel *Pufendorf* im Jahre 1668 einem Ruf auf den Lehrstuhl für Naturrecht an die neugegründete Universität zu Lund. Mit diesem Entschluß mag zugleich auch die Absicht verbunden gewesen sein, seine Lehren unmittelbar in eine Hochburg der Orthodoxie hineinzutragen und innerhalb ihrer Mauern zu verbreiten. Denn im Hinblick auf die Entstehungsgeschichte seines Naturrechtssystems liegt die Vermutung, Pufendorf selbst habe darin vor allem eine Reaktion des rationalistischen Geistes auf die überkommene aristotelisch-scholastische Schulphilosophie gesehen, sehr viel näher als die Annahme, daß es sich hier um einen neuen, unabhängigen und spontanen Entwurf handele[613g]. Dafür spricht nicht zuletzt auch sein persönliches Auftreten in Lund: ein „heftiges Temperament" und „unbändige Spottlust"[613h] verschafften Pufendorf unter den Studenten zwar viele Anhänger, trugen ihm andererseits aber schon bald die Feindschaft und Mißgunst der theologischen Fakultät ein. So entsteht ein wenig der Eindruck, als habe Pufendorf die öffentliche Auseinandersetzung geradezu

---

[613f] Erik *Wolf*, Große Rechtsdenker der deutschen Geistesgeschichte, 4. Aufl., Tübingen 1963, S. 336.

[613g] Vgl. dazu Hans *Welzel*, Die Naturrechtslehre Samuel Pufendorfs. Ein Beitrag zur Ideengeschichte des 17. und 18. Jahrhunderts, Berlin 1958, vor allem S. 9–18 und S. 31 ff: „Die Betrachtung der gegnerischen Lehren ist für das Verständnis der Doktrin Pufendorfs, die aus dem Gegensatz zu ihnen hervorgegangen ist, ganz unerläßlich."

[613h] Erik *Wolf*, Große Rechtsdenker, S. 335.

gesucht und seine Gegner bewußt zum Widerspruch reizen wollen. Allerdings boten seine naturrechtlichen Ansichten, niedergelegt vor allem in jenem berühmten Werk „De Jure Naturae et Gentium" [613i], einer noch fest im lutherischen Glauben erzogenen und gründlich in der aristotelisch-scholastischen Philosophie geschulten Gelehrtengeneration auch genügend Stoff zur Auseinandersetzung und Kritik. Sein ausschließlich auf die weltliche Wirklichkeit (existentia) gerichteter „Vernunftoptimismus" [613k] führte in Analogie zu Hobbes auch Pufendorf zu einer tiefen Abneigung gegen jede Metaphysik und zur prinzipiellen Trennung zwischen den Wahrheiten der christlichen Offenbarung und den Tatsachen rationaler Erkenntnis. Zu diesem auf Bacon zurückgehenden empirisch-immanenten Rationalismus trat im Anschluß an Grotius die Überzeugung hinzu, das Naturrecht gründe einzig in der gesellschaftlichen Wirklichkeit menschlichen „Mit-andern-in-Ordnung-Seins" [613l]. Indem Pufendorf die Bedürftigkeit (imbecillitas) und die Geselligkeit (socialitas) des Menschen vom Naturzustand (status naturalis) auf den sozialen Ordnungszustand (status civilis) übertrug und zu Grundbestimmungen (dispositiones) menschlichen Verhaltens im Recht ausformte [613m], erweiterte und verselbständigte er die Naturrechtslehre zur allgemeinen Gesellschaftswissenschaft (Soziologie), welche rational erfaßbar und damit scharf von der Moraltheologie abzugrenzen sei. Bei dieser Unterscheidung spielte das Prinzip der „Abstraktion" sowohl von Glaubenswahrheiten und Offenbarungsereignissen, zum Beispiel vom Gedanken der Gottebenbildlichkeit des Menschen, als auch von den überlieferten metaphysischen Kategorien, etwa

---

[613i] „De Jure Naturae et Gentium libri octo", Londae 1672; 2. Aufl., Francofurti ad Moenum 1684, letzte Aufl. von Pufendorfs Hand 1688. Es folgten zahlreiche kommentierte Auflagen bis 1775. Zitiert wird nach der Ausgabe mit Anmerkungen von Hertius und Barbeyrac, Francofurti 1744.

[613k] Johann *Sauter*, Die philosophischen Grundlagen des Naturrechts, Wien 1932, S. 122.

[613l] Erik *Wolf*, Das Problem der Naturrechtslehre, 3. Aufl., Karlsruhe 1964, S. 136–137.

[613m] De Jure Naturae et Gentium, Lib. I, cap. 3, § 15, S. 203: „Inde fundamentalis lex naturae isthaec erit: Cuilibet homini, quantum in se, colendam & conservandam esse pacificam adversus alios socialitatem, indoli & scopo generis humani in universum congruentem. ... Sed per socialitatem innuimus eiusmodi dispositionem hominis erga quemvis hominem, per quam ipsi benevolentia, pace & caritate, mutuaque obligatione coniunctus intelligitur. ... Omnia, quae ad istam socialitatem necessario faciunt, iure naturali praecepta, quae eandem turbant aut abrumpunt, vetita intelligi."

von der scholastischen „essentia Dei"-Lehre, für Pufendorf eine entscheidende Rolle, zumal er beide Bereiche einer Erkenntnis mit dem
Mittel der Vernunft entzogen glaubte. Lediglich die Verpflichtungskraft des Naturrechts führte Pufendorf auf eine vernunftgemäße Willensentscheidung Gottes zurück und verankerte sie in seiner Lehre von
den „entia moralia", den Geltungen oder Werten, welche im Gegensatz zu den „entia physica" durch willkürliche Festlegung (impositio)
entstanden und den Dingen kraft göttlicher Offenbarung oder kraft
menschlicher Vernunft als besondere Seinsweisen (modi) aus freiem
Willen hinzugefügt (superadditum) seien [614]. – Vor allem diese vom
Voluntarismus abhängige „formale Wertethik" trug Pufendorf von
seiten der lutherischen Orthodoxie den schwerwiegenden Vorwurf des
Atheismus ein und veranlaßte schon in Lund den Theologen Josua
Schwarz und den Juristen Nicolaus Beckmann zur Aufstellung eines
Verzeichnisses, in das man noch vor der Veröffentlichung des „Jus Na-
turae et Gentium" im Jahre 1672 sorgfältig alle Verstöße der Lehren
Pufendorfs gegen die aristotelisch-scholastische Moraltheologie einge-
tragen hatte. Zwar verfehlte der Index zunächst sein Ziel: die Vertrei-
bung Pufendorfs aus Lund, doch gelang es Beckmann trotz königlichen
Verbotes, eine Abschrift der Leipziger Theologenfakultät zur Kenntnis
zu bringen und später in Gießen in Druck zu geben [615].

Daraufhin brach an den deutschen Universitäten innerhalb des
orthodoxen Luthertums ein allgemeiner Sturm der Entrüstung aus.
Als erster widersetzte sich der Jenaer Theologe und Metaphysiker
Valentin *Veltheim* der Pufendorfschen Lehre von der willentlichen
„impositio" ethischer Werte und stellte ihr den scholastischen Grundsatz der „perseitas" allen moralischen Handelns gegenüber [616]. Ihm

---

[614] De Jure Naturae et Gentium, Lib. I, cap. 1 „De origine et varietate En-
tium Moralium", § 3, S. 5: „Exinde commodissime videmur entia moralia posse
definire, quod sint modi quidam; rebus aut motibus physicis superadditi ab entibus
intelligentibus, ad dirigendam potissimum & temperandam libertatem actuum hominis voluntariorum, & ad ordinem aliquem ac decorem vitae humanae concilian-
dum." (Vgl. dazu auch *Sauter*, a.a.O., S. 132, und *Welzel*, a.a.O., S. 19–30).

[615] „Index quarundam Novitatum, quas Dn. Samuel Pufendorff libro suo de
Jure Naturae et Gentium contra orthodoxa fundamenta Londini edidit, 1673."

[616] Valentin *Veltheim*, De Laudibus Scholasticorum. – Dissertatio, num actus
dentur per se honesti et turpes, quique adeo in sua natura sint debiti vel illiciti. –
De origine moralitatis et indifferentia motus physici in actione humana. – Dissertatio de Statu Controversiae. – Vor allem aber: Vera et genuina fundamenta juris
naturae contra Pufendorfium, Jenae 1674–1675.

schloß sich der Straßburger Moraltheologe Johann Joachim *Zentgrav* mit der Behauptung an, das Naturrecht fließe aus der „Lex aeterna", welcher ein apriorischer Vorrang vor dem göttlichen Willen (antecedenter ad voluntatem divinam) zukomme[617]. Selbst Samuel *Strimesius*, ein reformierter Theologe der Universität Frankfurt an der Oder, verwarf unter dem Deckmantel der Hobbes-Kritik den Pufendorfschen Voluntarismus mit dem Hinweis auf das Gebot des „Amor Intellectualis" als höchste Norm und adäquates Maß der Moralität[618]. Den eigentlich naturrechtlichen Prinzipienstreit führte Pufendorf jedoch mit dem Leipziger Theologen Valentin *Alberti*, und zwar einerseits über das Problem der Erkenntnisquelle (Vernunft – Offenbarung), zum anderen um den Begriff des „status naturalis"[619]. Gegen all diese Angriffe der Orthodoxie verteidigte sich Pufendorf „im Stil eines barocken Grobianismus"[620] mit einzelnen Schriften[621], die er nach weiteren Invektiven, gesammelt unter dem Titel „Eris Scandica", im Jahre 1686 noch einmal herausgab[622]. Alberti antwortete ihm mit seinem „Eros Lipsicus"[623] und damit war der Gelehrtenstreit in der Öffent-

---

[617] Johann Joachim *Zentgrav*, Origines Juris Naturae, s. disquisitio de origine, veritate et immutabili rectitudine juris naturalis secundum disciplinam Christianorum, ad Gentilium tamen captum instituta, contra Puffendorfium, Straßburg 1678, 1681 und 1684.

[618] Samuel *Strimesius*, Praxiologia Apodictica, seu philosophia moralis demonstrativa Pythantologiae Hobbesianae opposita, Francofurti ad Viadrum 1677. – Epicrisis in Dni. Samuelis Pufendorfii spicilegium controversiarum circa Jus Naturae motarum; una cum appendice contra clarissimum virum Dn. Joh. Joach. Zentgravium, Francofurti ad Viadrum 1682.

[619] Valentin *Alberti*, Compendium Juris Naturae, orthodoxae Theologiae conformatum et in duas partes distributum, Lipsiae 1678, 1696. – Anonymi cuiusdam scriptum accuratissimum circa Jus Naturae et Gentium, in quo recentissimorum quorundam scriptorum opiniones adducuntur, rejiciuntur et vera sententia statuminatur, Irenopolis 1684. – Epistola ad illustrem excellentissimumque Seckendorffium, commentum Samuelis Pufendorfii de Invenusto Veneris Lipsiae pullo refutans, Lipsiae 1688. – Judicium de nupero scripto Pufendorfiano, quod dissertatio epistolica D. Josuae Schwartzii ad Privignum suum inscribitur, Lipsiae 1688.

[620] Erik *Wolf*, Große Rechtsdenker, 4. Aufl., 1963, S. 339.

[621] Die bedeutendsten Schriften innerhalb dieser Auseinandersetzung sind: „Specimen controversiarum circa Ius Naturale ipsi super motarum etc.", 1677. – „Spicilegium controversiarum circa Ius Naturale ipsi motarum etc.", 1678.

[622] „Eris Scandica, qua adversus libros de Iure Naturae et Gentium obiecta diluuntur", Francofurti ad Moenum 1686.

[623] „Eros Lipsicus, quo Eris Scandica Samuelis Pufendorfi cum conviciis & erroribus suis mascule, modeste tamen repellitur; scriptus est illustrem excellentissimumque Virum Vitum Ludovicum Seckendorffium; adiectis prioribus apologiis

lichkeit im wesentlichen abgeschlossen. – Leibniz dagegen hat sich vermutlich ganz bewußt aus dieser spitzfindig kleinlichen und oft von persönlicher Abneigung bestimmten Kontroverse herausgehalten und sich nur mittelbar insoweit beteiligt, als er die Streitschriften beider Seiten gelesen und in seinen Aufzeichnungen und Briefen – vor allem an Veit Ludwig *von Seckendorff*, einen Freund Albertis – dazu Stellung genommen hat.

Der Auseinandersetzung Pufendorfs mit der lutherischen Orthodoxie kommt aber noch aus einem anderen Grunde in diesem Zusammenhang eine besondere Bedeutung zu: man hat sie in der Literatur bisher entweder nur unter dem Gesichtspunkt einer Antinomie zwischen dem „Sozialitätsprinzip" und dem „Integritätsprinzip" betrachtet (Hinrichs) [624] oder als Gegensatz der „Sphäre der Essentia" und der „Sphäre der Existentia" in den Blick genommen (Sauter) [625], ja sogar als „einen der schwersten Gelehrtenkämpfe der Barockzeit ... zwischen dem scholastischen und dem modernen profanen Naturrecht" gewürdigt (Welzel) [626]. Hingegen ist – soweit ersichtlich – der Einfluß dieser Dispute auf die Entwicklung einer nicht mehr konfessionell gebundenen Lehre vom christlichen Naturrecht, die sich in Anlehnung an den Gedanken der „theologia naturalis" als vermittelnde Lösung anbot, noch nicht hinreichend erkannt worden [627]. Wenn dem Streit auch „eine allzu große Bedeutung geistesgeschichtlicher Art nicht zugestanden werden" kann [628], so soll gleichwohl aus dem letztgenannten Grunde den Lehren der lutherischen Orthodoxie gerade auch im Hinblick auf das Leibnizsche Naturrechtsdenken noch ein Stück weit nachgegangen werden.

---

contra eundem Pufendorfium, & nonnullis Disputationibus ejusdem aut similis argumenti", Lipsiae 1687.

[624] H. F. W. *Hinrichs*, a.a.O., Bd. 2, S. 238–303.

[625] Johann *Sauter*, a.a.O., S. 118.

[626] Hans *Welzel*, a.a.O., S. 31.

[627] Am nächsten kommt dem noch die Deutung *Hinrichs*, a.a.O., Bd. 2, S. 246: „Die scharfe Trennung des Naturrechts und der Moraltheologie, die Beschränkung des erstern auf die äußerlichen Handlungen des Menschen und die Abstraction von allen Dogmen des christlichen Glaubens, ferner die Beschränkung der Religion auf die Sphäre dieses Lebens in Hinsicht des Naturrechts und die Aufstellung derselben als einer natürlichen Religion und heterodoxen Theologie bei Pufendorf – ist alles Veranlassung genug, daß dasselbe von dem entgegengesetzten Prinzip bestritten werden mußte."

[628] Erik *Wolf*, Große Rechtsdenker, 4. Aufl., 1963, S. 339.

A. *Valentin Alberti (1635–1697)* [629]

Mit der Rezeption der überlieferten aristotelisch-scholastischen Metaphysik in die reformatorische Theologie – auf lutherischer Seite vor allem durch Johann Gerhard – hatte unter dem Einfluß Melanchthons die Lehre von der „Philosophia christiana" auch im 17. Jahrhundert noch ein letztes Mal jene beherrschende Stellung zu gewinnen und eine allseits verbindliche Wirkungskraft zu entfalten vermocht, die ihr in der Geschichte der abendländischen Philosophie seit der Patristik nahezu unangefochten zuteil geworden waren. Zu einem Zeitpunkt also, wo der aufkommende Rationalismus im Denken Bacons, Descartes und Spinozas soeben im Begriff stand, die Philosophie endgültig aus den Fesseln der Theologie zu befreien, wurde von der lutherischen Orthodoxie noch einmal mit allem Nachdruck das Postulat: „Philosophia sit ancilla Theologiae" erhoben und mit bemerkenswertem Erfolg gegen das Vernunftprinzip verteidigt. In der systematischen Ausformung dieses Gedankens und in der daraus resultierenden Erkenntnis, daß auch die Moralphilosophie der Theologie in vollem Umfange unterzuordnen sei und damit selbst die Naturrechtslehre nur als ein Teilgebiet der „Philosophia christiana" verstanden werden dürfe [630], lag das Verdienst des Leipziger Theologen Valentin *Alberti.*

Die geistige Umgebung, in der Alberti an der Universität Leipzig aufwuchs, war in solchem Maße ausschließlich von der lutherischen Orthodoxie geprägt, daß das Philosophiestudium allgemein nur als Vorstufe zu einer theologischen Ausbildung angesehen wurde. Zu seinen Lehrern gehörten vor allem die Theologen Johannes Hülsemann und Johann Benedikt Carpzov (der Ältere), außerdem der Aristoteliker Jacob Thomasius und der Neuscholastiker Johann Adam Scherzer, die später beide auch Leibniz noch unterrichtet haben. Als Leibniz jedoch im Jahre 1661 die Rechtswissenschaften und die Philosophie zu studieren begann, gehörte Alberti der philosophischen

---

[629] Zur Naturrechtslehre Valentin Albertis vgl.: Jochen *Ihmels,* Das Naturrecht bei Valentin Alberti, (ungedr.) Diss. theol., Leipzig 1955. – Ernst Dietrich *Osterhorn,* Die Naturrechtslehre Valentin Albertis, Diss. jur., Freiburg 1962. – Im Hinblick auf diese beiden erst kürzlich erschienenen, gründlichen Studien, kann im Rahmen dieser Arbeit von einer ausführlicheren Darstellung abgesehen werden. – Zur Biographie Albertis siehe außerdem *Hinrichs,* a.a.O., Bd. 2, S. 160–189.

[630] Eros Lipsicus, Paraenesis ad studiosam juventutem (1681), S. 150 ff; Compendium Juris Naturae, Pars I, cap. 1, § 18 ff.

Fakultät bereits als Assessor an [631]. Trotz dieser äußerlichen Verbindung über gemeinsame Lehrer und dieselbe Fakultät läßt sich aber von einer persönlichen Beziehung Leibnizens zu Alberti während seiner Leipziger Zeit nichts in Erfahrung bringen. Möglicherweise wird Leibniz der engstirnige Dogmatismus Albertis abgestoßen haben. Erst im Jahre 1683 versuchte er, über Seckendorff auch mit Alberti in Briefverkehr zu treten, jedoch offenbar ohne Erfolg [632]. – Dagegen kannte Alberti seinen späteren Antipoden Pufendorf noch von der Studentenzeit her aus dem „Collegium Anthologicum", jener akademischen Gesellschaft, in der wohl auch die ersten Dispute über das Naturrechtsprinzip geführt worden sind, welche Alberti in seiner Entschlossenheit, das Luthertum nicht nur gegen den Rationalismus, sondern ebenso auch gegen den Katholizismus und den Pietismus zu verteidigen, bestärkt und sein naturrechtliches Hauptwerk, das „Compendium Juris Naturae" vom Jahre 1676 [633], gedanklich vorbereitet haben mögen [634].

Auf den ersten Blick erscheint die Vorstellung Albertis, die christliche Naturrechtslehre (doctrina Juris Naturalis christiana) bilde lediglich eine Teildisziplin innerhalb der „Philosophia christiana" [635], nahe verwandt jenem Prinzip des Naturrechts nach christlicher Lehre (jus naturae secundum disciplinam christianorum), wie es im protestantischen Aristotelismus durch Boecler, Boineburg und Rachel überliefert ist und später von Zentgrav, Prasch und Leibniz aufgenommen und weitergeführt wurde, zumal auch Alberti sich immer wieder darum bemühte, die seit der Mitte des 17. Jahrhunderts bereits allgemein anerkannte Trennung von Naturrechtsphilosophie und Moraltheologie aufrechtzuerhalten [636]. Dabei würde man jedoch übersehen, daß das

---

[631] Otto *Kirn*, Die Leipziger Fakultät in 5 Jahrhunderten, Leipzig 1909, S. 72 (zitiert bei *Osterhorn*, a.a.O., S. 12).

[632] Dem Brief Leibnizens an Veit Ludwig *von Seckendorff* vom 3. Oktober 1683 ist ein Schreiben an Alberti beigelegt (*Bodemann*, Der Leibniz-Briefwechsel, Hannover 1889, S. 276); ob jedoch dieser Brief Alberti jemals erreicht hat, ist ungewiß.

[633] „Compendium Juris Naturae, orthodoxae Theologiae conformatum et in duas partes distributum", Lipsiae 1678; 2. (hier zitierte) Auflage 1696.

[634] Compendium Juris Naturae, praef. S. 24–25: „Is autem, ne quid dissimulem, est Pufendorffius, nominis non incelebris Scriptor; qui Lipsiae olim una mecum de Collegio Anthologico fuit, cujus ἀντιλογία est ἀνθολογία, ubi sine spinosis concertationibus per blandas & amicas ventilationes efflorescit. Putet itaque nos, in laudatissima illa Societate adhuc considere, placideque sententias, ea, qua par est, libertate ac modestia (sine ira et studio, quorum causas procul habeo) dicere."

[635] Eros Lipsicus, Paraenesis, S. 150: „A matre ad filiam, quod est, a Philosophia christiana ad doctrinam Juris Naturalis christianam, jam accedimus."

[636] Eros Lipsicus, cap. I, § 17, S. 53–54: „Theologia enim moralis verbo reve-

Naturrechtsdenken Albertis weit stärker konfessionalistisch bestimmt und sehr viel schärfer kontroverstheologisch ausgerichtet war, als beispielsweise der Gedanke vom christlichen Naturrecht bei Leibniz. Ausgehend von der lutherischen „imago Dei"-Lehre, nach der die Gottebenbildlichkeit des Menschen durch den Sündenfall als weitgehend verloschen und zerstört galt [637], stellte Alberti unter Hinweis auf die biblische Offenbarung fest, das christliche Naturrecht lasse sich nur aus dem Wesen des „homo integer" im Unschuldsstande (status integritatis) ableiten [638], und rechnete damit das „jus naturae" ähnlich wie Melanchthon zu den Überresten (reliquiae) der imago divina [639], dessen Erkenntnis dem Menschen zwar mit Hilfe der Vernunft, aber stets im Hinblick auf die Offenbarung, die Weisungen der Schrift und den homo integer auch im Sündenstande noch möglich sei [640].

Der Gedanke von der normativen Kraft des status integritatis als eines vollkommenen, unmittelbar von Gott geordneten (Natur-) Rechtszustandes war keineswegs neu. Schon in der frühen Patristik hatte Tertullian das Naturrecht als eine den Menschen im Unschuldsstande eingestiftete göttliche Ordnung gelehrt; dieser „anthropo-theologische Neuansatz" [641] wurde zu Beginn des 4. Jahrhunderts bei Lactantius voluntaristisch umgedeutet. Über die Zwei-Rechte-Lehre Luthers, vor allem aber mit dem Synergismus Melanchthons fand das Integritätsprinzip auch in die Reformationsjurisprudenz Eingang und wurde hier im 17. Jahrhundert von Ziegler und Osiander, in seinem systematischen Zusammenhang zum „Jus Naturae et Gentium" jedoch erst

lato utitur tamquam principio domestico; disciplina Juris N. tamquam alieno. Illa desumit ex eo theses; haec hypotheses tantum suas." – Vgl. auch Eros Lipsicus, S. 18 ff, 163, 187; Compendium Juris Naturae, Pars I, cap. 1, §§ 19, 20.

[637] Compendium Juris Naturae, Pars I, cap. 2, § 1 ff.

[638] Compendium Juris Naturae, Pars I, cap. 1, § 14, S. 46: „Fons nimirum, è quo à Christianis pura Juris Naturalis notitia hauriri potest ac debet, est orthodoxa doctrina de statu integritatis. In hoc n. habuit homo imaginem Dei, inter cujus reliquas est Jus naturae."

[639] Compendium Juris Naturae, praef., S. 4: „Jus nimirum naturae pertinere ad reliquias imaginis divinae, et a Christiano Philosopho ex notitia de statu integritatis hodie post lapsum exquisite tradi posse ac debere."

[640] Compendium Juris Naturalis, Pars I, cap. 1, § 15: „Status enim integritatis videtur haud absimilis esse haereditati, quae à Parentibus ante natos liberos deperdita est, adeò, ut notitia ejus, tanquam rei praeteritae, non ex ratione, sed relatione aut revelatione hauriri possit." – § 19, S. 53: „Idem faciendum est in Disciplina Juris Naturalis; in qua ratio quidem, non revelatio Jus Naturae tradit; illius tamen theses hujus hypothesibus apud Christianos niti debent."

[641] Erik *Wolf*, Das Problem der Naturrechtslehre, 3. Aufl. 1964, S. 87.

durch David Mevius wieder aufgenommen [642]. Demgegenüber bemühte
sich Alberti in erster Linie um eine Grundlegung des Naturrechts im
„status corruptus" und um eine Erhaltung seiner Geltungskraft über
den Sündenfall hinaus; dabei begnügte er sich nicht mehr nur mit dem
Hinweis auf die Entstehung des Unschuldsstandes aus göttlichem
Schöpfungswillen, sondern stellte – mit eschatologischem Bezug – zugleich auch den „homo integer" zum „homo corruptus" ins Verhältnis [643]. Der recht eigentlich weiterführende Kerngedanke Albertis lag
also weniger in der Übernahme und Verteidigung des Integritätsprinzips, als in einer dialektischen Verflechtung von Unschuldsstand und
Sündenstand. Gewiß erkannte auch Alberti im Anschluß an *Musaeus*
und gegen *van der Muelen* [644] die Existenz eines paradiesischen Naturrechts an (Jus Naturae Paradisaicum) [645], aber diese Ordnung ließ sich
nicht unverändert auf den „status corruptus" übertragen, weil dem
Menschen mit dem Sündenfall das Vermögen, die materialen Gebote
des paradiesischen Naturrechts unmittelbar zu befolgen, verloren gegangen war. Allenfalls gewisse allgemeine Grundsätze (honeste vivere,
neminem laedere) verpflichteten die Menschen der Form nach (formaliter) auch noch im Sündenstande [646]; darüber hinaus gelte das Naturrecht der Integrität aber nur als Richtmaß (normaliter) innerhalb des
„status corruptus", es bilde nur die „Norma normans" im Hinblick auf
die sündige Natur des Menschen als „Norma normata" [647]. Damit gelangte Alberti zu einem zweigliedrigen Naturrechtsbegriff, der sich im

---

[642] Vgl. oben S. 199 ff.

[643] Compendium Juris Naturae, praef., S. 15: „Ego hominem corruptum tantum conferam cum integro, & ex hac collatione jus naturae pro statu hodierno,
de quo quaestio vel maxime est, deducam."

[644] Zwischen Wilhelm *van der Muelen*, De origine Juris Naturalis, Ultrajecti
1684, und Heinrich *Musaeus*, Vindicias Juris Naturalis Paradisei, 1686, war ein
Streit darüber ausgebrochen, ob die ersten Menschen im Paradies nach einem bestimmten Naturgesetz gelebt haben oder nur ihren unverdorbenen Trieben gefolgt
sind. – Vgl. darüber Christian *Thomasius*, Institutiones Jurisprudentiae divinae,
Francofurti 1688, Lib. I, cap. 2, § 61; Jac. Friedr. *Ludovici*, Delineatio, § 28; H.
F. W. *Hinrichs*, a.a.O., Bd. 2, S. 152–154.

[645] In das Compendium Juris Naturae als „Ἐπίμετρον" zu Cap. II aufgenommen findet sich eigens eine Dissertation „De Jure Naturae Paradisaico" des Sohnes
Gottfried Alberti.

[646] Compendium Juris Naturae, Pars I, cap. 1, § 48 und 49, S. 99.

[647] Compendium Juris Naturae, Pars I, cap. 1, § 30: „Postquam autem Philosophus Christianus ex Theologo certior factus est de perfectione status integritatis,
non potest non simul deprehendere, eum ad hodiernum nostrum se habere, ut
normam ad normatum."

übrigen noch stark an die grotianische Definition anlehnte: Das Naturrecht bestehe im Gebot der rechten Vernunft (dictatum rectae rationis), welches vom Unschuldsstande entweder formaliter oder nur normaliter auf den Sündenstand übertragen sei und anzeige, in welchem Maße einer jeden Handlung aufgrund ihrer Übereinstimmung mit der Vernunftnatur ein sittlicher Wert innewohne und daß folglich ein solches Handeln von Gott entweder verboten oder befohlen sei[648].

Zum Gegenstand (objectum) des Naturrechts bestimmte Alberti das „honestum"[649], und zwar dem Naturrecht entsprechend ebenfalls in zweifacher Weise: soweit es in beiden „status" verankert sei (z. B. das Gebot, die Eltern zu ehren), verpflichte das „honestum" den Menschen „formaliter", unmittelbar und unverändert auch im Sündenstand; sofern es jedoch ausschließlich seinen Ursprung im „status corruptus" habe (z. B. die Pflicht, dem Herrn zu gehorchen) und sich „eschatologisch" auf die Erneuerung des „status integritatis" beziehe, komme dem „alterum honestum" nur eine richtungweisende (normative) Verbindlichkeit zu[650]. Da sich aber die Prinzipien jenes ersten, auf förmlicher Geltung beruhenden „honestum" schon aus der Erkenntnis des Unschuldsstandes gleichsam von selbst ergaben, bemühte sich Alberti vor allem um eine inhaltliche Ausgestaltung des zweiten „honestum" und stellte damit zugleich die Frage nach dem materialen Gehalt des im Sündenstand wurzelnden, im Hinblick auf den „status integritatis" nur normativ wirksamen Naturrechts. Als „ κριτήρια juris naturalis in statu corrupto"[651] bezeichnete Alberti deshalb folgende vier Grund-

---

[648] Compendium Juris Naturae, Pars II, Prolegomena § 14, S. 22: „Jus naturale est dictatum rectae rationis (è statu integritatis in corruptum, vel formaliter, vel normaliter tantum, translatum) indicans, actui alicui ex ejus convenientia aut disconvenientia cum ipsa natura rationali (quatenus ex parte adhuc recta est) inesse moralem turpitudinem aut honestatem moralem, ac consequenter ab autore Naturae Deo talem actum aut vetari aut praecipi."

[649] Compendium Juris Naturae, Pars I, cap. 1, § 37, S. 81: „Nimirum Juris Naturae (praeceptivi) objectum vel est honestum vel inhonestum."

[650] Compendium Juris Naturae, Pars I, cap. 1, § 38, S. 81: „Honestum vel cadit in utroque statu tam integritatis quam corruptionis (colere Parentes etc.) vel ex hypothesi status corrupti hodie tantum datur (servum parere Domino etc.). Ad illud pertinent principia status integritatis formaliter, quia nos hodie eodem modo, quo hominem integrum olim, obligant; ad hoc extenduntur normaliter, quia per extensionem quandam officii normalis sui nos obstringunt hodie ad id, quod in statu integritatis locum non invenisset."

[651] Compendium Juris Naturae, Pars I, cap. 1, § 53, S. 106: „Hujusmodi vero devia aut praecipitia non possunt evitari melius, quam si certas observemus Regu-

regeln (regulae generales): zunächst sei dem Menschen geboten, alles zu
tun, um den „status integritatis" wenigstens zum Teil wiederherzustellen [652]; andererseits müsse man all das unterlassen, wodurch der
Mensch zum Abfall von Gott verleitet und an der Wiedergewinnung
des Unschuldsstandes gehindert werde [653]; zum dritten verpflichte das
Naturrecht den Menschen bei allem, was sich im Sündenstande mit
Notwendigkeit (necessarium) ereigne, zu einem Verhalten in Analogie
zum Unschuldsstande [654] und verbiete viertens zugleich ein Geschehen,
welches nicht analog bewirkt werden könne [655]. So tritt auch hier bei
der Konkretisierung des „honestum"-Gedankens zu allgemeinen Regeln und Menschenpflichten noch einmal die enge, unauflösbare Verflechtung und dialektische Entsprechung zwischen den in der Rechtstheologie Luthers noch streng voneinander getrennten Bereichen
menschlichen Im-Recht-Seins: dem „status integritatis" und dem „status corruptus", deutlich in Erscheinung.

Trotz seiner unbestreitbaren Originalität blieb diesem Denkansatz
Albertis nicht nur eine Nachwirkung fast völlig versagt, vielfach wurde ihm sogar noch nicht einmal eine vorurteilsfreie Kritik zuteil. Für
Thomasius war Pufendorf aus dem Kampf mit der lutherischen Orthodoxie als Sieger hervorgegangen [656], und so fiel auch die Naturrechtslehre Albertis ebenso wie die gesamte Tradition der christlichen Rechts-

---

las, quae statui corruptionis propriae quidem sunt, sed ad statum integritatis, tamquam ad normam aut metam suam respiciunt, non indignae, quae pro κριτηρίοις
juris naturalis in statu corrupto habeantur."

[652] Compendium Juris Naturae, Pars I, cap. 1, § 56, S. 106: „Prima praeceptiva est: Quicquid ad statum integritatis orthodoxè expositum hodie in moralibus
ex aliqua parte recuperandum pertinet, viribusque naturae recuperari potest, id
jure naturali praeceptum est, ideoque a nobis faciendum."

[653] Compendium Juris Naturae, Pars I, cap. 1, § 58, S. 108: „Illi vero prae-
ceptivae Regulae jungenda est prohibitiva: Quicquid a statu integritatis orthodoxè
exposito, nos hodie magis magisque in moralibus abducit, aut in reducendo impe-
dit, viribusque naturae declinari potest, id jure naturali prohibitum est, ideoque
a nobis omittendum."

[654] Compendium Juris Naturae, Pars I, cap. 1, § 59, S. 109: „Secunda generalis praeceptiva est: Quicquid ex hypothesi status corrupti necessario fit, id
juxta Analogiam status integri orthodoxè expositi jus naturae fieri jubet."

[655] Compendium Juris Naturae, Pars I, cap. 1, § 60: „Hanc praeceptivam
sequitur prohibitiva: Quicquid ex hypothesi status corrupti factu necessarium est,
aut esse videtur, & juxta analogiam status integri orthodoxè expositi fieri nequit,
illud jure naturae prohibitum est."

[656] Christian *Thomasius*, Paulo plenior Historia Juris Naturalis, Halae 1719,
cap. VI, § 50, S. 124.

philosophie im 17. Jahrhundert dem Thomasischen Kardinalvorwurf des „Scholastizismus" zum Opfer[657]. Schon Ludovici sah sich zu dem Geständnis veranlaßt, er habe Valentin Alberti in seiner Geschichte der Naturrechtslehre beinahe vergessen[658].

B. Veit Ludwig von Seckendorff (1626–1692)

Zu den Zeitgenossen Albertis aber, die trotz der immer wirksameren Angriffe in den Schriften Pufendorfs und in den Vorlesungen des Thomasius auch weiterhin der lutherischen Orthodoxie nahestanden und ihre Lehren unbeirrt verteidigten, zählten nicht nur Moraltheologen, sondern in gewisser Weise auch protestantische Rechtsgelehrte. Alberti selbst hatte sich in seinem „Compendium" bereits auf juristische Vorgänger: vor allem auf David Mevius, aber auch auf Boecler und Ziegler, berufen können[659] und damit unter Beweis gestellt, daß der Gedanke von der normativen Kraft des „status integritatis" keineswegs nur eine moraltheologische Hypothese – wie Thomasius später behauptete –, sondern ebenso auch eine rechtsphilosophische Antwort auf die Frage nach dem natürlichen Recht des Menschen bildete. Diese „juristische" Traditionslinie innerhalb der lutherischen Orthodoxie setzte der sächsische Geheime Rat und spätere brandenburgische Universitätskanzler Veit Ludwig von Seckendorff fort.

Offensichtlich noch unter dem Einfluß der Thomasius-Kritik sah selbst Landsberg in Seckendorff nur einen „moralisierenden, aber unjuristischen Schilderer der höfischen und staatlichen Verhältnisse in Deutschland"[660].

---

[657] Ebenda, S. 100–101: „Eodem tempore Valentinus Alberti, Professor Lipsiensis, Compendium Juris Naturae Orthodoxae Theologiae conformatum publici Juris faciebat, in quo etsi communem Scholasticorum doctrinam, de convenientia & disconvenientia actionum humanarum cum sanctitate divina antecedenter ad divinam voluntatem & actibus per se honestis & turpibus deseruisset ..."

[658] Jac. Friedr. *Ludovici*, Delineatio, § LXII, S. 150: „Fere oblitus essem Valentini Alberti, tunc temporis Licentiati Theologiae & Professoris Lipsiensis."

[659] Vgl. Compendium Juris Naturae, Pars I, praefatio, und den vorangestellten Brief Caspar *Zieglers*.

[660] Ernst *Landsberg*, Geschichte der deutschen Rechtswissenschaft, München und Leipzig 1898, III, 1 (Noten), S. 12. Diese Charakteristik hat wohl entscheidend dazu beigetragen, daß man sich innerhalb der Rechtswissenschaft bisher – sehr zu Unrecht – kaum mit Seckendorff beschäftigt hat. Kurze Hinweise finden sich bei *Hinrichs*, a.a.O., Bd. II, S. 189–235. – Johann Caspar *Bluntschli*, Geschichte des Allgemeinen Staatsrechts und der Politik, München 1864, S. 133–135. – W. *Ro-*

Schon im Hinblick auf den Lebensgang Seckendorffs erscheint jedoch diese Kennzeichnung zumindest einseitig und unvollständig. Geboren am 20. Dezember 1626 in Herzogen-Aurach bei Erlangen, begab sich Seckendorff nach dem Abschluß seiner Schulzeit am Coburgischen Hofe und am Gothaer Gymnasium im Jahre 1642 auf die Universität Straßburg, um bei Boecler, Tabor und Rebhan die Rechtswissenschaften zu studieren. Von Herzog Ernst dem Frommen zu Gotha im Jahre 1648 als Hofrat und Kammerherr unter der Bedingung eingesetzt, daß er seine Zeit nur zur wissenschaftlichen Fortbildung verwende — wobei der Vormittag ausschließlich dem Studium der Jurisprudenz vorbehalten blieb — und dem Herzog allwöchentlich davon berichte, wurde Seckendorff seiner Gelehrsamkeit wegen unter den sächsischen Landesfürsten alsbald so berühmt, daß man ihm zahlreiche, vorwiegend mit juristischer Tätigkeit verbundene Ämter anvertraute: 1651 wurde er zum Hof- und Kirchenrat ernannt und 1657 vom Herzog zu Altenburg als Hofrichter nach Jena berufen. Im Jahre 1663 erhob ihn der Herzog Ernst zum gothaischen Kanzler und zum Regierungs-, Konsistorial- und Kammerdirektor. 1665 wurde Seckendorff Kanzler und Konsistorialpräsident im Herzogtum Sachsen-Zeitz und schließlich 1669 unter dem Kurfürsten Johann Georg II. sächsischer Geheimer Rat. Um seine wissenschaftlichen Arbeiten abschließen zu können, legte Seckendorff im Jahre 1682 seine Ämter nieder und zog sich auf sein Gut Meuselwitz zurück. Ein Jahr vor seinem Tode am 18. Dezember 1692 aber folgte er noch der Ernennung zum brandenburgischen Geheimen Rat und Halleschen Universitätskanzler durch den Kurfürsten Friedrich III.[661]. — In seinen Schriften erinnerte sich Seckendorff oft und gern an seine Tätigkeit als Jurist und an seine persönlichen Erfahrungen mit der Rechtspflege[662].

So weist schon nach außen hin der Lebensgang Seckendorffs eine wohl nur zufällige, aber doch bemerkenswerte Ähnlichkeit mit der Biographie Leibnizens auf: beide hatten in ihrer Jugend den Zugang zur Jurisprudenz zunächst weniger aus Neigung, als unter dem Zwang äußerer Umstände gefunden[663] und dennoch später mit Eifer ihren Landesherren als Richter oder juristische Berater gedient. Darüber hinaus verband aber auch noch ein anderes Anliegen Leibniz mit Secken-

---

scher, Geschichte der Nationalökonomik in Deutschland, München 1874, S. 239. — Hans L. *Stoltenberg*, Geschichte der deutschen Gruppwissenschaft, Leipzig 1937, S. 75–81.

[661] Zur Biographie Seckendorffs vgl. *Jöcher*, a.a.O., Bd. IV, Sp. 464–465. — *Hinrichs*, a.a.O., Bd. II, S. 189–191.

[662] So beispielsweise im „Christenstat", Buch II, cap. XI, § 4: „Ich rede aus mehr als dreyßigjähriger Erfahrung / als der ich in hohen Collegiis Glied und Haupt gewesen / und dergleichen Dinge und Personen fast unzehlich vor mir gehabt /."

[663] Das geht aus einem Brief Seckendorffs an *Leibniz* vom 24. März 1683 hervor (A I-4, 516).

dorff: der Plan zu einer Vereinigung der getrennten christlichen Kirchen. Seckendorff hatte schon frühzeitig erkannt, daß der protestantische Anspruch auf Anerkennung als „Kirche Christi" in den Reunionsverhandlungen nicht nur ekklesiologisch, sondern vor allem auch historisch begründet werden müsse und deshalb gegen den Jesuiten Maim-
bourg eine „Ausführliche Historie des Luthertums" verfaßt, welche
erstmals im Jahre 1690 und später ergänzt durch einen „Commenta-
rius historicus et apologisticus de Lutheranismo" in Leipzig erschien.
Leibniz verfolgte schon die Entstehung dieser Werke mit großem Interesse, wie der lebhafte, freundschaftliche Briefwechsel mit Seckendorff aus den Jahren 1682–1692 zeigt[664]. Den Gegenstand dieser Briefe
bildete immer wieder die Frage Malebranches nach der Wahrheit der
christlichen Religion; rechtsphilosophische Probleme wurden nur am
Rande erörtert, vor allem wohl deshalb, weil Leibniz bewußt jede
Stellungnahme zu den Lehren der Orthodoxie vermied und selbst durch
Seckendorff nicht in die Auseinandersetzung hineingezogen werden
wollte.

Wenn Seckendorff auch in seinen beiden berühmten moralphilosophischen Werken, dem „Christenstat" und dem „Teutschen Fürstenstaat", einem oberflächlichen Betrachter „wie ein lutherischer Prediger,
nicht wie ein Rechtsgelehrter oder ein Philosoph"[665] erscheinen mag,
so steht diesem Eindruck jedoch eine andere, rechtsphilosophisch sehr
viel bedeutsamere, obwohl weniger umfangreiche und bekannte Schrift
entgegen, in der sich Seckendorff ähnlich wie Alberti, jedoch mit ungleich größerer Sachkenntnis, um eine rechtstheologische Grundlegung
des Naturrechts bemühte. In diesem „Entwurff oder Versuch von dem
allgemeinen oder natürlichen Recht"[666] stellte Seckendorff jenen schon

---

[664] Dieser Briefwechsel ist bisher nur zum Teil abgedruckt in der *Akademie-
Ausgabe* I-4 und II-1, außerdem bei *Grua* I, 75, 82–83, 84, 199–202; II, 888. –
Der Brief an *Seckendorff* vom 24. Dezember 1683 zeigt aber bereits schon deutlich
Leibnizens rege Anteilnahme: „Incredibili voluptate legi excerptum ex opere Tuo
affecto locum, quae Christianae religionis excellentiam etiam in rebus ad Civilem
vitam pertinentibus ostendis..." (A I–4, 477).
[665] Johann Caspar *Bluntschli*, a.a.O., S. 134.
[666] „Entwurff oder Versuch / Von dem allgemeinen oder natürlichen Recht /
nach Anleitung der Bücher Hugonis Grotii, und anderer dergleichen Autoren", abgedruckt als Teil L der „Teutschen Reden", Leipzig 1686. – Die Schrift ist zwischen 1660 und 1685 verfaßt, der genaue Zeitpunkt läßt sich nicht feststellen.
Seckendorff selbst schreibt dazu (Entwurff S. 435): „... so deutlich als möglich in
Teutscher Sprache vor vielen Jahren abzufassen angefangen / so aber hernach
wegen vieler Geschäffte und Hinderniß nicht vollführet werden können."

bei Grotius nur noch am Rande vermerkten Gedanken, daß auch das natürliche Recht in gewissem Sinne einen gottesrechtlichen Ursprung habe, wieder in den Mittelpunkt seiner Rechtsanschauungen. Für Sekkendorff stimmte das Naturrecht seinem Wesen nach mit dem göttlichen Recht überein, es bildete geradezu einen untrennbaren Bestandteil des „jus divinum". Nur in der Form übernahm Seckendorff hier unverändert die scholastische Naturrechtslehre, denn das eigentliche materiale Prinzip des „göttlichen oder natürlichen Rechts" [667] lag für ihn allein im „Worte Gottes" verborgen und gründete so unmittelbar in den Weisungen der Heiligen Schrift, vor allem in den Geboten des Dekalogs. Mit dieser deutlichen Akzentuierung des Schriftprinzips erweist sich der „Entwurff" Seckendorffs auch heute noch als eines der eindrucksvollsten Zeugnisse protestantischer Rechtstheologie im 17. Jahrhundert.

Beinahe an Leibnizsche Definitionen erinnernd, versuchte Seckendorff einleitend die Grenzen der Rechtswissenschaft zu bestimmen, zugleich ihren Nutzen oder Wert zu ermitteln und ihre Notwendigkeit unter Beweis zu stellen. Wenn Seckendorff auch den Begriff der Jurisprudenz enger faßte als Leibniz, indem er das Gebiet der (natürlichen) Theologie nicht einbezog, so stimmte er gleichwohl darin mit Leibniz überein, daß er einerseits den Ursprung der Rechtserkenntnis im Wesen Gottes verankerte und zum anderen ihre konkrete Ausgestaltung zum Zwecke der gemeinen Wohlfahrt dem menschlichen Verstand anvertraute [668]. Den Rechtsgedanken selbst – im Vergleich zu Leibniz stark eingeschränkt – verband Seckendorff jedoch stets mit der Vorstellung an eine verpflichtende „Regel" oder an ein bestimmtes „Gesetz", das den Bereich der Legalität menschlichen Handelns festzulegen geeignet sei. Damit führte er das Recht letztlich immer auf ein Gebot oder einen Befehl zurück, eine Anschauung, welcher der nominalistische

---

[667] Entwurff, I. Theil, § 6 (S. 440).

[668] Entwurff, I. Theil, § 1 (S. 436): „Die Erkäntniß oder Wissenschafft des Rechtens / oder dessen / was recht oder unrecht sey / ist nach derjenigen / welche uns den Weg zur ewigen Seligkeit lehret / die alleredelste / nothwendigste und nützlichste. Die edelste / weil deren Ursprung und Anfang von GOtt selbsten der menschlichen Natur mitgetheilet / und weil sie mit dem Verstand und Willen / und also mit dem vortrefflichsten Theil des Menschen umgehet: Notwendig und nützlich aber / weil ohne dieselbe die Gesellschafft und Versammlung der Leute nicht bestehen / oder die Gemeine und eines jeden Wohlfahrt erhalten werden kan."

Einfluß noch deutlich anhaftete[669]. Nur darin, daß Seckendorff das Gebot, „Rechtes zu tun", stets als ein dem Menschengeschlecht unmittelbar von Gott vorgeschriebenes „Gesetz" verstand, entfernte sich sein Nominalismus von geradezu Hobbesschem Gedankengut und verlor so an rechtsphilosophisch bedenklicher Schärfe[670].

Im Anschluß an diese begrifflichen Vorbemerkungen begann Seckendorff unter Hinweis auf die Lehren der lutherischen Orthodoxie, den Entstehungsgrund des natürlichen Rechts aus der biblischen Offenbarung abzuleiten. Gott habe den Menschen „in Heiligkeit und Gerechtigkeit" erschaffen, so daß er im Unschuldsstande von sich aus in der Lage gewesen sei, das göttliche Gebot oder Gottesrecht unverbrüchlich zu befolgen[671]. Mit dem Sündenfall sei jedoch das Bild Gottes im Menschen zerstört worden und damit auch die Kraft zum unbedingten Gehorsam gegen Gott verlorengegangen[672]. Dennoch habe Gott seinen gebietenden, rechtsetzenden Willen auch in der Natur (qua Schöpfung) so deutlich zum Ausdruck gebracht, daß der Mensch ihn – soweit zur Erhaltung der menschlichen Gesellschaft erforderlich – mit Hilfe der Vernunft selbst im Sündenstand noch erkennen könne[673]. Während

---

[669] Entwurff, I. Theil, § 2 (S. 436): „Wir verstehen aber mit dem Wort Recht / unserm Vorhaben nach / eine Regel oder Gesetz / nach welchem die Verrichtungen des Menschen müssen regieret werden / daß sie recht und zulässig / nicht aber unrecht und unzulässig seyn / wird also erfordert / daß ein Recht von einem Gebot oder Befehl herrühre."

[670] Entwurff, I. Theil, § 3 (S. 437): „Das Gebot und die daher entspringende Verbindung / das Rechte zu thun / und das Unrechte zu meiden / oder ein Recht zu erkennen oder zu halten / ist ursprünglich GOtt dem Schöpfer des menschlichen Geschlechts zuzuschreiben / denn dem gebühret eine allgemeine vollkommene Herrschaft über alle seine Geschöpffe ..."

[671] Entwurff, I. Theil, § 3 (S. 437): „Damit sie nun darinnen den Willen ihres himmlischen Schöpffers und obersten Herrschers / der da gantz weise und vollkommen gut ist / sich gemäß erzeigten / hat er die Menschen in Heiligkeit und Gerechtigkeit erschaffen / und ihnen einen so vollkommenen Verstand und einen so guten und gehorsamen Willen gegeben / daß sie ohne allen Fehler und Mangel recht und löblich / wie es GOtt gefiele / und also völlig nach dem Göttlichen Recht und Gebot hätten leben können."

[672] Entwurff, I. Theil, § 4 (S. 437–438): „Dieses Vermögen das Göttliche Recht allerdings zu erkennen und vollkommen zu halten / ist zwar nicht mehr in dem Menschen; denn es ist aus der H. Schrifft bekandt / welcher Gestalt unsere erste Eltern solche Heiligkeit und Gerechtigkeit / oder das Bild GOttes verlohren / und ihre Natur verderbet / daß sie nicht allein den Weg der Seligkeit ohne GOttes Offenbarung nicht wissen /."

[673] Entwurff, I. Theil, § 5 (S. 439): „Gleichwohl ist für ein gewiß fundament zu setzen / nicht allein daß ein GOtt sey / sondern daß er auch der menschlichen Natur und Vernunfft in der Schöpfung die Wissenschafft seines Göttlichen

also Alberti das Naturrecht in doppeltem Sinne entweder auf die Natur des „homo integer" oder auf das Wesen des „homo corruptus" bezog, beschränkte Seckendorff den Geltungs- und Wirkungsbereich des
natürlichen Rechts allein auf den Sündenstand [674]. Hier übernahm das
Naturrecht in gewisser Weise die Funktion des göttlichen Rechts, wie
die Wortverbindungen „allgemeines göttliches oder natürliches Recht"
oder „Gesetz Gottes und der Natur" zeigen [675]. Es läßt sich also feststellen, daß die Unterscheidung zwischen Unschuldsstand und Sündenstand bei Seckendorff weitgehend dem Verhältnis von göttlicher zu
natürlicher Rechtsordnung entsprach.

Unter diesen Voraussetzungen gelangte Seckendorff zu folgender Begriffsbestimmung: „Das Natürliche Recht ist ein Gebot / Satzung / oder
Fürschrift der rechten und gesunden Vernunfft / welche in dem Verstand und Gewissen des Menschen anzeigt / welcherley Thaten und
Verrichtungen mit des Menschen vernünfftiger und geselliger Natur
überein kömmt / also Rechtswegen zu thun / oder als unrecht und
schädlich zu lassen / einfolglich von GOTT dem Schöpfer und Urheber der Natur geboten oder verboten seyn [676]." In einer die christliche Rechtsphilosophie der beginnenden Vernunftrechtsepoche insgesamt kennzeichnenden Weise brachte Seckendorff mit dieser Definition zwei unterschiedliche Prinzipien als Wirkursachen des natürlichen
Rechts miteinander in Verbindung: Gott und die menschliche Vernunft [677]. Unausgesprochen blieb dabei jene später von Leibniz oft ver-

---

Willens oder Gebots und Rechtens eingepflanzet / und auch nach dem Sündenfall
von solcher Erkäntniß allen Menschen die ihre Vernunfft recht gebrauchen wollen
/ so viel übergelassen / als viel zur Erhaltung der menschlichen Gesellschafft ihnen
nöthig / daß also mit einem Wort ein solch allgemein natürlich / oder vielmehr
Göttlich und allen Völkern bekandtes Recht sey / welches alle und iede in ihrem
natürlichen Stande / wann sie gleich das geoffenbahrte Wort Gottes nicht hören
oder glauben / oder auch keine politische oder bürgerliche Gesetze halten / verbindet /."
   [674] Entwurff, II. Theil, § 3 (S. 471): „In dem verderbten Stand aber des
menschlichen Geschlechts / bleiben zwar Göttlichen und natürlichen Rechtens / das
man den wahren Gott allein ehren / alle Abgötterey meiden / GOttes heiligen
Namen nicht mißbrauchen / auch eine gewisse Zeit zum Gottes-Dienst wiedmen
und denselben heiliglich leisten solle / allermassen dieses die drey ersten Gebote
oder die erste Tafel des Gesetzes erfordern und haben wollen /."
   [675] Entwurff, I. Theil, § 6 (S. 440).
   [676] Entwurff, I. Theil, § 7 (S. 441).
   [677] Entwurff, I. Theil, § 12 (S. 447): „So ist dessen wirckende Haupt-Ursache
fürnemlich GOtt selbst / wie oben schon erwehnt / und S. Paulus ad Rom. I.

tretene Anschauung, daß nämlich Gott als Urheber auch der menschlichen Vernunft nichts Unvernünftiges befehlen oder vorschreiben könne, ohne sich dabei mit sich selbst in Widerspruch zu setzen. Deshalb erschien Seckendorff das Gebot der Vernunft immer zugleich auch als ein Gesetz Gottes. Ebenso entsprach umgekehrt seine Feststellung, daß Gott im Dekalog das Naturrecht und damit die Vernunftgebote lediglich wiederholt habe[678], bereits einer gesicherten reformatorischen Rechtstradition (Oldendorp, Reinking). In solchem Sinne versuchte Seckendorff nun die gesamte Materie des natürlichen Rechts: „des Menschen vernünfftige oder moralische Actiones", nach der Ordnung der Zehn Gebote (gleichsam „more decalogico") in bestimmte Gruppen (classes) einzuteilen[679]. Der Ausführung dieses Vorhabens widmete er den zweiten, besonderen Teil seines „Entwurffs", der zwar nur fragmentarisch in einem ersten Kapitel „Vom Gottes-Dienst / und was darzu gehöret" vorliegt, dessen Anlage aber mit Sicherheit darauf schließen läßt, daß der „Entwurff" ursprünglich von Seckendorff als ein umfangreiches Lehrbuch des Naturrechts geplant war[680].

Hatte Seckendorff das natürliche Recht vom Gottesrecht nur im Hinblick auf den Geltungsbereich (Sündenstand – Unschuldsstand), nicht aber inhaltlich unterschieden, so trennte er nun um so deutlicher das „Recht der Natur" vom „Bürgerlichen Recht"[681]. Im Gegensatz zum bürgerlichen Recht bestehe das Naturrecht in nur wenigen allgemeinen Geboten, die den Menschen zum Gehorsam gegen die Obrigkeit und zur „Liebe des Nechsten" verpflichten, „welche das höchste Gesetz und die beste Regul aller menschlichen Actionen ist"[682]. Ebenso fehle dem

---

ausführlich beweist / unmittelbar / aber die menschliche Vernunfft in ihrem gemeinen ordentlichen Lauff."

[678] Entwurff, I. Theil, § 9 (S. 442): „Nichts destoweniger hat GOtt der HErr bey Verkündigung des Mosaischen Gesetzes in den Zehen Geboten / auch das Recht der Natur auffs neue wiederholen wollen."

[679] Entwurff, I. Theil, § 12 (S. 447): „Was die Materi, mit welcher solches Recht umgehet / belanget / sind es des Menschen vernünfftige oder moralische Actiones, und können solche nicht besser als nach der Ordnung der Zehen Gebote in gewisse Classes eingetheilet werden." – Vgl. insbesondere auch § 13 ff (S. 449 ff).

[680] Entwurff, Ander Theil. Von den unterschiedlichen Stücken / Gesetzen und Regeln des natürlichen Rechtens an sich selbst (S. 466–495).

[681] Entwurff, I. Theil, § 14 (S. 450): „Und vornemlich ist zu mercken / wie denn das Recht der Natur von dem Recht eines ieden Volcks / welches man das Bürgerliche Recht nennet / unterschieden werde /."

[682] Entwurff, I. Theil, § 16 (S. 453): „Ist derowegen der Unterschied des Natürlichen und des Bürgerlichen oder menschlich geordneten Rechtens / dieser;

Naturrecht jeder äußere Zwang, es enthalte lediglich eine innerliche Verbindlichkeit vor dem „forum internum" des Gewissens [683]. Selbst der Gedanke einer „poena naturalis" lag also der streng lutherischen Anschauung Seckendorffs fern. – Des weiteren untersuchte Seckendorff das Verhältnis des Naturrechts zum Völkerrecht vor allem im Hinblick auf die Mevianische Unterscheidung zwischen dem „Jus Gentium primaevum" und dem „Jus Gentium secundarium" [684]. Im Ergebnis hielt Seckendorff diese Aufspaltung des Völkerrechts jedoch für unzweckmäßig und behauptete unter gänzlicher Vernachlässigung des „Jus Gentium positivum", daß das „Recht der Natur" mit dem „Recht der Völker" schlechthin übereinstimme [685]. – Am Ende des ersten Teils seines „Entwurffs" wandte sich Seckendorff noch mit besonderem Eifer dem hart umstrittenen Dispensationsproblem zu und nahm hier erstmals eindeutig gegen den Nominalismus Stellung: auch Gott selbst könne trotz seiner Allmacht das Naturrecht nicht ändern, weil ein solches Handeln „seinem Göttlichen Wesen und Willen ungemäß sey" [686]. Um so mehr werde nun aber auch der Mensch und alle weltliche Macht unlösbar an die Grundsätze des Naturrechts gebunden [687]. Die Tiefe der Leibnizschen Beweisführung in der „Théodicée" erschöpfte Seckendorff hier freilich nicht annähernd.

In den eigentlichen Kernbereich seines Rechtsdenkens: zur Lehre vom Naturrecht nach christlicher Ordnung, führte jedoch erst Secken-

---

Das Natürliche Recht dependiret von dem innerlichen von GOtt eingepflanzten Befehl / hat etliche wenige allgemeine Regeln durch welche der Mensch nicht eben ausdrücklich in allen auch geringen Geschäfften und Umständen regieret / sondern an die Obrigkeit und die Liebe des Nechsten / welche das höchste Gesetz und die beste Regul aller menschlichen Actionen ist / gewiesen wird."

[683] Ebenda: „... so hat auch das Recht der Natur für sich selbst keinen eusserlichen Zwang / sondern es strafft fürnemlich mit dem Schrecken des Gewissens / das Bürgerliche aber hat seine Krafft von dem Befehl der Obrigkeit / derselben muß ein Unterthan oder Bürger gehorchen."

[684] Entwurff, I. Theil, § 19 (S. 458). – Zu Mevius vgl. oben Seite 203.

[685] Entwurff, I. Theil, § 20 (S. 459): „Am sichersten und gewissesten ist demnach / daß man nach dem Exempel vieler alten und neuen gelehrten Leute keinen so großen Unterschied unter dem Recht der Natur und dem Recht der Völcker mache / sondern bleibe nur schlecht bey der Eintheilung / daß das Recht entweder natürlich oder bürgerlich sey."

[686] Entwurff, I. Theil, § 21 (S. 462).

[687] Entwurff, I. Theil, § 24 (S. 465): „Weil dann nun GOtt selbst dem Recht der Natur seinen Lauff und Bestand lässet / so kan man leicht ermessen / daß keinen Menschen und keiner weltlichen Macht gebühre / wider das Recht der Natur Bürgerliche Rechte und Gesetze zu verordnen."

dorffs „Christenstat"[688], jenes umfangreiche Hand- und Hausbuch einer praktischen Sittenlehre, das sich vor allem innerhalb des Luthertums großer Beliebtheit erfreute. Wohl in Anlehnung an den Gedanken einer „Philosophia Christiana" bei Melanchthon und Alberti, mit Sicherheit aber unter dem Einfluß der lutherischen Moraltheologie forderte Seckendorff zunächst die Aufnahme der „Ethica Christiana" als Lehrfach in den akademischen Unterricht, dergestalt, daß die überlieferte „philosophische" (d. h. aristotelische) Ethik der christlichen Ethik eingegliedert und untergeordnet werden solle[689]. Zur Begründung wies Seckendorff ganz im Sinne der Lehre vom christlichen Naturrecht auf die Notwendigkeit hin, „daß man das Jus publicum universale, man heiße es nun naturale oder gentium, aus denen principiis Christianismi herführete", und berief sich dabei ausdrücklich auf Alberti, Boecler und Ziegler[690]. Damit stellte sich für Seckendorff das Wort Gottes in den Mittelpunkt seiner Rechtsanschauung: als „Richtschnur aller menschlichen actionen"[691] müsse „GOttes Wort" möglichst umfassend und vollständig auch die „Rechts- und Sitten-Lehre" durch-

---

[688] „Herrn Veit Ludwigs von Seckendorff Christen-Stat, in Drey Bücher abgetheilet", Leipzig 1686. (Das Wort „Stat" ist hier noch eindeutig im Sinne von „Stand" gebraucht).

[689] Christenstat, Buch III, cap. VIII, § 6, S. 555: „Dahero gebe ich unmaßgeblich zu erwegen / obs nicht wohlgethan wäre / daß die Theologia Moralis, oder die Ethica Christiana stattlich und ausführlich auf hohen Schulen gelehret / und die Philosophische Ethica gantz und gar in und unter jene gestecket und reduciret /."

[690] Christenstat, Additiones ad III. VIII. 6., S. 315: „Aus denen Motiven, deßhalben ich die Academische Professionem moralem verbessert zu werden wünsche / wolte ich auch rathen / daß man das Jus publicum universale, man heisse es nun naturale oder gentium, aus denen principiis Christianismi herführete / oder doch / was aus dem Licht der Natur herkommt / nach demselben examinirte und accomodirte / wie Herr D. Val. Alberti in seinem gelehrten und sinnreichen Tractat, Compendium juris naturae orthodoxae Theologiae conformatum, Anno 1678. zu Leipzig ausgegangen / gethan: Er hat auch darinnen stattliche und treffliche Vorgänger und Beystimmende / darunter ich billich mit Ehren erwehne den sel. Herrn Joh. Henr. Boeclerum, dessen hoher Ruhm bey der gelehrten Welt unverleschlich seyn wird / und den ich vor mehr als 40. Jahren zu Straßburg zum Praeceptore gehabt: Deßgleichen den Realen, grundgelehrten und tapffern Juris-Consultum Primarium zu Wittenberg / Herrn D. Caspar Zieglern."

[691] Christenstat, Vorrede: „. . . wann der Grund der Gottseligkeit recht betrachtet / und dessen Haupt-Zweck zur Richtschnur aller menschlichen actionen vor Augen gehalten würde."

dringen [692]. Den obersten Grundsatz biblischer Weisung bildete demgemäß das Gebot zur christlichen Nächstenliebe [693], welche Seckendorff deutlich von der „gemeinen natürlichen Ehrbarkeit" unterschieden wissen wollte [694]. – Daß hinter all diesen Lehren ganz konkrete Vorstellungen von den Formen ihrer Verwirklichung standen, zeigt nicht zuletzt Seckendorffs Empfehlung an die weltliche Obrigkeit, die christliche Liebe oder „natürliche und christliche Billigkeit" vor allem auch in der Rechts- und Gerichtspraxis zur Geltung und Anwendung zu bringen [695]. Nur durch ein wahres Christentum könne den Mißständen in der Rechtspflege abgeholfen werden [696]. Gerade auch im Hinblick auf ihre praktischen Auswirkungen auf den Rechtsgang stellten diese Gedanken zum Recht der Liebe eine sinnvolle und notwendige Ergänzung des Seckendorffschen Naturrechtsentwurfs dar.

Mit der Lehre von der Gerechtigkeit beschäftigte sich Seckendorff ausführlich in seinem „Teutschen Fürstenstaat" [697], einem moralistischen Leitfaden für die Obrigkeit, welcher die Tradition der reformatorischen Fürsten- und Regentenspiegel des 16. und 17. Jahrhunderts fortsetzte. Ähnlich wie Rachel und Leibniz baute auch Seckendorff auf

---

[692] Ebenda, S. 317: „Möchte also wohl das sicherste und beste seyn / daß solche stattlichen Köpffe / zuförderst den großen Schatz / den wir an GOttes Wort haben / betrachteten und liebeten / und / was immer müglich / aus dessen Gründen in die Rechts- und Sitten-Lehre einflößten /."

[693] Christenstat, Buch III, cap. X, § 3, S. 617; Entwurff, I. Theil, § 16 (S. 453).

[694] Christenstat, Buch III, cap. VIII, § 6, S. 554–555: „Es bedarff also gute Unterweisung / damit das jenige / was wahrhafftig der Liebe und Gerechtigkeit gemäß ist / von dem / was nur also scheinet; und ferner die rechte Christliche Liebe und Frömmigkeit von der gemeinen natürlichen Ehrbarkeit wohl unterschieden / und dem Gewissen Sicherheit und Ruhe geschafft werde."

[695] Christenstat, Buch II, cap. XI, § 2, S. 387–388: „Es bleibet aber nicht allein bey Vermeidung dessen / was das Gewissen verletzt / sondern es muß auch eine Christl. Obrigkeit zugleich auff die Christl. Liebe in den Rechts-Sachen selbst ein Absehen mitnehmen / und dieselbe allerwegen gleichsam mit wircken lassen / daß also die Justiz oder die Gerichtsbarkeit und Botmäßigkeit / welche eine rechtschaffene und eifferige Christliche Obrigkeit übet und verrichtet / durch die Christliche Lehre und Liebe gleichsam aus der gemeinen / und so zu reden / wilden Art der menschlichen Gesetze / in eine fürtrefflichere und bessere versetzet und veredelt wird /."

[696] Christenstat, Buch II, cap. XI, § 4, S. 395: „Inzwischen ist und bleibet wahr / daß diese Gebrechen bey den Obrigkeiten in Rechts-, Process- und Criminal-Sachen durch das wahre Christenthum hauptsächlich gebessert werden könten und solten / auch kein ander zulängliches Mittel dagegen zu finden / welches nicht auff diesem Grunde beruhen wird."

[697] „Teutscher Fürstenstaat", zitiert nach der Ausgabe von Andreas Simson von Biechling, Jena 1737.

der Grundlage des protestantischen Aristotelismus das Prinzip der allgemeinen Gerechtigkeit (justitia universalis) als einer allumgreifenden „haupt-tugend" in drei aufeinanderfolgenden Stufen auf: zuerst enthalte sie „die pflichten gegen Gott", darauf im engeren Sinne „die pflichten gegen den nechsten" und schließlich „die pflichten gegen uns selbst"[698]. Jedem dieser drei Rechtsbereiche entsprach eine bestimmte Verhaltensnorm: der Gottesfurcht das Gebot, „erbar und gerecht für sich selbst zu leben" (bei Leibniz: honeste (pie) vivere); der Nächstenliebe die Pflicht, „einem jeden die gebühr wiederfahren zu lassen" (bei Leibniz: suum cuique tribuere); der Mäßigkeit oder Selbstliebe der Grundsatz, „niemanden zu beleidigen" (bei Leibniz: neminem laedere)[699]. Darüber hinaus forderte Seckendorff insbesondere von den Regenten die Beachtung der Goldenen Regel als eines sicheren Maßstabs gerechter und billiger Herrschaft[700]. Die Eindringlichkeit, mit der Seckendorff letztendlich zum Frieden mahnte, ihn als einen Lohn der Gerechtigkeit in Aussicht stellte und zugleich umgekehrt zur Vorbedingung allen gerechten Handelns erhob[701], ist wohl weitgehend vor dem Hintergrund persönlicher Erinnerungen an die Schrecken des Dreißigjährigen Krieges zu verstehen.

Obwohl sich Seckendorff in der Auseinandersetzung zwischen Pufendorf und Alberti unmißverständlich auf die Seite der lutherischen Or-

---

[698] Teutscher Fürstenstaat, II. Theil, cap. VII, § 19, S. 145: „Nechst diesem ist die Gerechtigkeit auch eine solche haupt-tugend, welche im weiten verstanden all die andere in sich begreiffet." – Dazu folgende Anmerkung auf S. 148: „In einem anderen und engeren verstande wird die gerechtigkeit genommen vor eine tugend, welche die pflichten gegen den nechsten in sich begreiffet, und insoweit von der vorgedachten gottesfurcht, welche die pflichten gegen Gott, als auch der mäßigkeit, welche die pflichten gegen uns selbst in sich fasset, unterschieden ist."

[699] Ebenda, S. 145. – Vgl. auch cap. VIII, § 2, S. 204–205: „Nun bestehet aber die gerechtigkeit, wie bekannt ist, auf diesen dreyen haupt-reguln, nemlich, daß ein jedweder erbar und züchtig lebe, einem jeden dasjenige, was ihme gebühret, gebe und wiederfahren lasse, und niemanden beleidige."

[700] Teutscher Fürstenstaat, II. Theil, cap. VII, § 19, S. 146: „Derowegen erfordern wir das hertz und gemüth des regenten selbst zum Sitz dieser vortrefflichen tugend der gerechtigkeit, dergestalt, daß er sich selbst nach recht und billigkeit weisen und gewinnen lasse, und nach der güldenen regul des Herrn Christi kein ander recht begehre, oder anders mit den leuten umgehe, als er ihm selbst gethan haben wollte."

[701] Teutscher Fürstenstaat, II. Theil, cap. VIII, § 2, S. 205: „Der Friede oder die innerliche ruhe des landes, und sicherheit von den feinden, fliesset her aus der gerechtigkeit, und die wird hinwiederum durch friede und ruhe befördert, also, daß diese beyde stücke freylich, nach der lehre des Königes Davids einander küssen, und eines ohne das andere nicht wohl bestehet."

thodoxie gestellt hatte, trugen ihm ein nüchterner, jedem Dogmatismus der Schulphilosophie abgeneigter Sachverstand und seine große praktische Lebensklugheit nicht nur die Achtung seiner Gegner, sondern allenthalben ein so hohes Ansehen ein, daß selbst Thomasius sich mehrfach auf Seckendorff berief und seine Schriften sogar auszugsweise zitierte[702]. Die Entschiedenheit aber, mit der Seckendorff stets für ein bekennendes Christentum im alltäglichen Leben, für eine Rechtsordnung nach christlicher Lehre eintrat, läßt sich wohl kaum klarer und deutlicher zum Ausdruck bringen als durch die Worte Leibnizens aus einem Brief an Seckendorff vom Jahre 1683: „Wenn wir allerdings wahrhaft Christen sein wollen, so sollten wir nicht nur in der Kirche, sondern ebenso auch im Rathaus, vor Gericht und im Kampfe Christen sein und eine Lebensweise, die die christlichen Gesetze mißachtet, verwerfen[703]."

C. *Valentin Veltheim (1645–1700) und Samuel Strimesius (1648–1730)*

Innerhalb der lutherischen Orthodoxie nahm die scholastische Philosophie keineswegs eine so beherrschende Stellung ein, wie man nach den Darlegungen des Thomasius glauben könnte. Schon Alberti hatte sich weitgehend unbeeinflußt vom Scholastizismus gezeigt, Seckendorff war ihm sogar mit Entschiedenheit entgegengetreten. Versteht man also den Begriff der „protestantischen Scholastik" in einem engen, epochenvergleichenden Sinn, so kennzeichnet er nur die Lehren einer bestimmten Gruppe lutherischer Moraltheologen, die den thomistischen Intellektualismus gegen das neu aufgekommene und sich seit Hobbes und Pufendorf auch in der Gottesrechtslehre wieder stärker durchsetzende voluntaristische Prinzip zu verteidigen suchten. Dabei konnte sich insbesondere Pufendorf auf Grotius berufen, der das „jus voluntarium"

---

[702] Vor allem in den „Institutiones Jurisprudentiae Divinae", Francofurti 1688, Dissertatio prooemialis, § 51: „Caeterum ne haec sententia mea Vobis durior aut nova videatur, reclamante videlicet multorum Virorum, magnae alias autoritatis, autoritate, his quidem oppono autoritatem Illustr. Seckendorffii im Christen-Staat." – Ebenso in § 53.

[703] „Certe si vere Christiani esse volumus, oportet, ut non tantum in templo, sed et in curia, in foro, in acie Christiani simus, et, si quod vitae genus est, quod Christianas leges respuit, respuendum est" (Brief an *Seckendorff* vom 24. Dezember 1683 [A I-4, 448]).

scharf vom „jus naturale" unterschieden und zugleich das „jus divinum" scheinbar ausschließlich als gewillkürtes Recht verstanden hatte.
Übersah man nun – wie Pufendorf – bei Grotius jenen wichtigen
Grundgedanken, daß nämlich auch das Naturrecht in gewisser Weise
göttliches Recht sei[704], und verschob man den Akzent auf das „Etiamsi
daremus", dann bestand die Gefahr, daß der in der spanischen Spätscholastik gegen Wilhelm von Ockham erkämpfte Naturrechts- und
Wertobjektivismus, über Grotius vermittelt, gleichsam auf den Kopf
gestellt wurde und erneut in einen rechtstheologischen Voluntarismus
umschlug. Dieser Entwicklung entgegenzuwirken und einer weiteren
Säkularisierung und Positivierung des Rechtsbegriffs zumindest Einhalt
zu gebieten, war der Sinn jener Übernahme thomistischen Gedankenguts in die lutherische Orthodoxie und die Absicht vor allem der beiden
Moraltheologen Valentin Veltheim und Samuel Strimesius[705].

Valentin *Veltheim*[706] war an der Universität Jena zunächst nur zum
Professor der Moral, Logik und Metaphysik und erst im Jahre 1683
auf den theologischen Lehrstuhl des Johannes Musäus berufen worden.
Neben den bekannten Streitschriften gegen Pufendorf[707], in denen
Veltheim im wesentlichen das Prinzip der „perseitas moralitatis" verfocht[708], und einer umfangreichen „Theologia Moralis" aus dem Jahre
1690 gilt als sein bedeutendstes Werk die „Introductio" in das „Jus

---

[704] De Iure Belli ac Pacis, Prolegomena, 12; Lib. I, cap. 1, § 15, 1.

[705] Sowohl Veltheim als auch Strimesius wurden in der Literatur bisher nur
in der Auseinandersetzung mit Pufendorf, leider nie selbständig behandelt. Vgl.
Johannes *Sauter*, a.a.O., S. 84, 86–87, 94, 115, 126. – Im übrigen finden sich
Hinweise bei: Christian *Thomasius*, Paulo plenior Historia Juris Naturalis, Halae
1719; Cap. VI, § 21–23, S. 98–100 (Veltheim); Cap. VI, § 32–35, S. 112–115
(Strimesius). – Jac. Friedr. *Ludovici*, Delineatio, § 60, S. 101 (Veltheim); § 65,
S. 109–110 (Strimesius). – H. F. W. *Hinrichs*, a.a.O., Bd. 2, S. 259 (Veltheim);
S. 263 (Strimesius). – Ernst *Landsberg*, a.a.O., III, 1 (Noten), S. 17 (Veltheim).
Hier ist von Alberti und Veltheim bezeichnenderweise wieder einmal gesagt:
„Übrigens ist beiden auch alles Juristische ganz fremd."

[706] Valentin *Veltheim* (1645–1700), geboren am 11. März 1645 in Halle, studierte in Jena Philosophie und Theologie und wurde dort zunächst Magister. Im
Jahre 1672 berief man ihn zum Professor der Moralphilosophie und 1679 außerdem zum Professor der Logik und Metaphysik. Nach dem Tode von Johann Musaeus im Jahre 1683 übertrug man ihm schließlich auch die Professur für Theologie. Veltheim starb am 24. April 1700 in Jena.

[707] Vgl. oben Fußnote 616.

[708] *Thomasius*, a.a.O., Praef. Sect. I, S. 8: „Incipiebat etiam Valentinus Velthem, Professor Moralium Jenensis, anno 1674. in duabus disputationibus scholasticam perseitatem moralitatis actuum juris naturae defendere."

Belli ac Pacis"[709], mit der Veltheim ganz im Stile der Kommentar-
Literatur seiner akademischen Hörerschaft gleichsam den Schlüssel zu
einem traditionellen, in der reformatorischen Rechtstheologie wurzelnden Verständnis des Grotius an die Hand geben wollte. Daß er sich
dabei weitgehend der scholastischen Terminologie bediente, gebot ihm
nicht zuletzt die vom Aristotelismus geprägte protestantische Schulphilosophie im 17. Jahrhundert.

Zunächst stimmte Veltheim der grotianischen Einteilung des Rechts
in das „jus naturale" und das „jus voluntarium" vorbehaltlos zu[710].
Sogleich unterschied er aber innerhalb des „jus naturale" ein von Gott
erschaffenes Naturrecht (jus naturale creatum) und ein nicht entstan-
denes, in Gott selbst wurzelndes Naturrecht (jus naturale increatum),
das er der überlieferten „Lex aeterna" gleichstellte[711]. Dieses „erste"
Naturrecht sei im Gegensatz zu jenem „zweitrangigen", nachträglich
hervorgebrachten weder abgeleitet noch beweisbar[712]. Deshalb konnte
ein solches „jus naturale" seinen Entstehungs- und Legitimationsgrund
nur in sich selbst tragen. Der scholastische Gedanke der „perseitas" erwies sich erneut als ein tragfähiges Fundament der Naturrechtsbegründung: seinem materialen Gehalt nach gebiete nämlich das „erste" Naturrecht, alles an und für sich (per se) und aus seinem eigenen Wesen
heraus (suapte natura) sittlich Gute (honestum) zu erstreben und alles
an und für sich Schlechte zu meiden[713]. Diese, die Rechtsphilosophie des
17. Jahrhunderts noch bis zu Leibniz hin kennzeichnende enge Verbindung von Naturrechtslehre und Ethik wurde durch den Hinweis Velt-

---

[709] „Introductio ad Hugonis Grotii illustre ac commendatissimum opus de Jure
Belli ac Pacis ejusque omnes libros ac singula capita, ubi simul Elementa Scientiae de Juris Naturae et Gentium prudentia una cum praecipuis materiis moralibus
ac politicis, ut et quaestionibus controversiis recepta facilique methodo traduntur", Jenae 1676.

[710] Introductio, cap. I, § 19, S. 47: „Juris pro lege accepti optima partitio est,
quae apud Aristotelem exstat, ut sit aliud jus naturale, aliud voluntarium, quod
ille legitimum vocat, legis vocabulo strictius posito."

[711] Introductio, cap. I, § 22, S. 53–54: „Jus naturale aliud est increatum,
aliud creatum. Jus naturale increatum vulgo a Moralistas appellatur Lex aeterna
in Deo."

[712] Introductio, cap. I, § 23, S. 60: „Jus naturale aliud est primum, imme-
diatum ac indemonstrabile, aliud est ortum, secundarium ac demonstrabile."

[713] Introductio, cap. I, § 24, S. 63: „Sunt autem duo jura naturalia prima,
immediata, ac indemonstrabilia: Unum est: per se ac suapte natura honestum
est appetendum. Alterum per se ac suapte natura turpe est fugiendum."

heims auf die thomistischen „prima principia juris naturalis" als „prima principia moralia" noch einmal deutlich hervorgehoben [714].

Mit besonderer Verwunderung auch im Hinblick auf ihre begriffliche Übereinstimmung mit der Leibnizschen Naturrechtslehre begegnet man jedoch bei Veltheim ebenfalls einer Aufgliederung des „jus naturale" in drei voneinander getrennte Bereiche: in das Recht der natürlichen Frömmigkeit (jus naturalis pietatis), in das Recht der natürlichen Gerechtigkeit (jus naturalis justitiae) und in das Recht der natürlichen Ehrbarkeit (jus naturalis probitatis) [715]. Ein geringer, den Sinn kaum verändernder Unterschied besteht lediglich darin, daß Leibniz auf der zweiten Stufe des Naturrechts statt des Begriffs „justitia" die Bezeichnungen „aequitas" oder „caritas" verwandte und den Gerechtigkeitsgedanken (justitia universalis – particularis) dem gesamten Naturrechtsschema zugrunde legte. Im übrigen aber bestimmte Veltheim die drei Bereiche des natürlichen Rechts auch inhaltlich ebenso wie Leibniz: das „jus naturalis pietatis" fordere vom Menschen ein Wohlverhalten gegenüber Gott und gründe in der Regel, Gott zu verehren (cole Deum) [716]; das „jus naturalis justitiae (particularis)" schreibe dem Menschen vor, sich seinem Nächsten gegenüber gerecht zu verhalten und umfasse das Gebot der Vertragstreue sowie das Verbot von Verbrechen im Sinne der zweiten Tafel des Dekalogs [717]; das „jus naturalis probi-

---

[714] Ebenda: „Vulgo vocantur prima principia moralia, item prima juris naturalis principia. Dicuntur etiam prima principia Jurisprudentiae naturalis, prima principia in ratione practica, generalia morum, leges naturae fundamentales, fontes moralitatis, prima moralia, primo prima moralia."

[715] Introductio, cap. I, § 25, S. 65: „Jus naturale aliud est jus naturalis *pietatis,* aliud jus naturalis *probitatis,* aliud jus naturalis *justitiae.*"

[716] Introductio, cap. I, § 25, S. 65: „Jus naturalis *pietatis* est, quod dictat homini recte se gerere erga *Deum:* e. gr. jura naturalia pietatis sunt: Cole Deum super omnia; Non habe Deos alienos coram ipso, etc." – Vgl. auch Notae ad § 25, S. 66: „Jure naturalis pietatis cultus *Dei* immediatus significatur."

[717] Ebenda, S. 66: „Jus naturalis *justitiae,* quod dictat homini recte se gerere erga *proximum:* e. gr. jura naturalis justitiae sunt: serva quid promisisti, gratum animum benefactori exhibe, mutuum redde, non fac homicidium, adulterium, furtum etc." – Vgl. auch Notae ad § 25, S. 66–67: „IV. Quia justitiae voce audita plerique concipiunt λόγον πρὸς ἕτερον, respectum ad alterum, placuit appellare jus naturae dictans homini recte se gerere erga seipsum jus naturalis justitia. Nam uti respectus ad alterum, qui formalis ratio est, sub qua bona praecise ad justitiam particularem, nec ad aliam virtutem moralem pertinent, in eo vulgo constituitur, quod bona aliena sunt sive perfecto jure alteri debentur, ita jus naturae dictans homini recte se gerere erga *proximum* versatur, circa proximo debita cum stricto ac perfecto, tum laxo ac imperfecto jure, quo de infra pluribus in doctrina justitiae videbimus, et quidem hoc ipso capite."

tatis" endlich verpflichte den Menschen zur Rechtschaffenheit gegenüber sich selbst und bestehe im Gebot der Notwehr und im Verbot des Selbstmords[718]. – Entsprechend dieser in der Schulphilosophie verbreiteten Dreiteilung des „jus naturale" baute Veltheim auch das Deliktsrecht dreigliedrig auf und unterschied hier Vergehen gegen Gott (neglectus pietatis), Vergehen gegen den Nächsten (neglectus justitiae) und Vergehen gegen die eigene Person (neglectus probitatis)[719].

Vergleicht man nun diese Naturrechtslehre Veltheims im einzelnen mit den Gedanken Leibnizens in seinen akademischen Jugendschriften, vor allem mit der „Nova Methodus", so zeigen sich zwar gewisse terminologische Abweichungen, im übrigen drängt sich jedoch die Vermutung einer unmittelbaren geistigen Nachfolge geradezu auf. Dennoch ergeben sich dafür weder in der einen noch in der anderen Richtung irgendwelche konkreten Anhaltspunkte. Die zeitliche Differenz der Erscheinungsjahre beider Schriften schließt sogar, ähnlich wie bei Rachel, einen Einfluß Veltheims auf Leibniz mit Sicherheit aus. Will man also jene Übereinstimmung nicht nur als rein zufällig und damit als geistesgeschichtlich bedeutungslos ansehen, so wird man wohl zu dem Ergebnis kommen müssen, daß nicht nur die Einteilung des „jus naturale" in die Bereiche des Gottesrechts, des Nächstenrechts und des subjektiv-persönlichen Rechts, wie man sie seither gewöhnlich vor allem Leibniz zuschrieb, sondern auch die ihr entsprechende Zuordnung einzelner Tugenden (pietas, justitia [aequitas], probitas) in der zweiten Hälfte des 17. Jahrhunderts bereits einer überlieferten und allgemein verbreiteten Lehre vom christlichen Naturrecht angehörte. – Ähnlich verhält es sich mit der Unterscheidung von allgemeiner und besonderer Gerechtigkeit (justitia universalis – particularis), der man gleichfalls in

---

[718] Ebenda, S. 65: „Jus naturalis *probitatis* est, quod dictat homini recte se gerere erga *seipsum:* e. gr. jura naturalis probitatis sunt: Si corpus impetatur vi praesente cum periculo vitae non aliter vitabili, vi tuere vitam etiam cum interfectione periculum inferentis. Non fac αὐτοχειρίαν, etc." – Vgl. auch Notae ad § 25, S. 66: „III. Jus dictans homini recte se gerere erga *seipsum* vocavimus jus naturalis probitatis. Cuivis ad commodiori nomine indigitandi lubentissime suffragabimur. Posset etiam jus naturalis φιλαυτίας dici, si usus loquendi feret, et non φιλαυτία, ut ea vox intelligitur, turpitudinem moralem includeret."

[719] Introductio, Lib. II, cap. XX, § 30, S. 1206–1207: „Delictum aliud immediate committitur adversus Deum, estque neglectus pietatis: aliud adversus seipsum delinquentem, estque neglectus probitatis; seu rectae φιλαυτίας: aliud adversus proximum est neglectus justitiae."

den Schriften Veltheims begegnet[720]. Wie schon bei vom Felde und Rachel deutlich geworden ist, bildete dieses Begriffspaar einen festen Bestandteil in der Rechtssprache des protestantischen Aristotelismus. Auch Veltheim übernahm es unverändert in seinem traditionellen Sinngehalt[721] [722].

Wahrscheinlich aber hätten weder Pufendorf[723] noch später Ludovici[724] diesen Scholastizismus und Aristotelismus Veltheims so hartnäckig bekämpft, wenn damit nicht zugleich ein scharfer, obschon als Kritik an Grotius getarnter Angriff gegen das Pufendorfsche Sozialitätsprinzip verbunden gewesen wäre. Das Gesetz der allgemeinen Geselligkeit (lex universalis socialitatis), so behauptete Veltheim, könne keinesfalls das ursprüngliche und eigentliche Fundament des Naturrechts bilden, denn der vornehmste und bedeutendste Teil der Naturrechtslehre handele von den Pflichten der Frömmigkeit und Religion[725]. Deshalb beziehe sich auch das Gebot, jeder Mensch solle nach Kräften eine friedliche Geselligkeit mit anderen pflegen und erhalten, unmittelbar und seinem Wesen nach allein auf die Verantwortung des Menschen gegenüber „dem" Nächsten (Proximus)[726]. Mit diesem rechtstheologischen Einwand hatte Veltheim freilich die Achillesferse des Pufendorfschen Systems getroffen: denn die Frage nach dem legitimierenden Grund des Sozialitätsprinzips blieb bei Pufendorf – abgesehen

---

[720] Introductio, Lib. I, cap. I, § 50, S. 138: „Ad doctrinam de justitia nunc accedimus. Distinguitur justitia in universalem et particularem."

[721] Ebenda: „Justitia universalis est virtus tota moralis (h. e. complexus omnium virtutum moralium) quatenus eo possessorem inclinat, ut omnes actiones suas ex lege naturalium praescripto instituat moralibus perfectionis causa."

[722] Introductio, cap. I, § 52, S. 159: „Justitia particularis est habitus voluntatis jus suum cuique tribuendi." – Vgl. auch § 54–56, S. 164.

[723] Vor allem in den folgenden Schriften der „Eris Scandica": 1. Epistola ad Scherzerum (1674); 2. Johannis Rolleti Palatini discussio calumniarum (1677).

[724] Jac. Friedr. Ludovici, Delineatio, § LX, S. 101: „Inter alios veteris absurditatis acerrimos defensores etiam Valentinus Velthem, Professor Jenensis, haut postremus erat . . ."

[725] Introductio, Lib. I, cap. 1, quaest. V, § 2, Arg. III, S. 304: „Lex universalis socialitatis non est maxime genuinum et proprium fundamentum Juris Naturalis. . . . Minor probatur, quia praecipua seu praestantissima pars disciplinae juris naturalis est de debito pietatis ac religionis. Unde ipse Christus Matth. XXII, 38. primum ac maximum praeceptum legis vocat praeceptum de dilectione Dei."

[726] Ebenda, S. 288: „Ea igitur Lex: Cuilibet homini quantum in se colenda et conservanda est pacifica ADVERSUS ALIOS socialitas directe ac per se attinet sola debita hominis adversus PROXIMUM."

von dem unbefriedigenden Rekurs auf die „voluntas Dei" – letztlich unbeantwortet.

Der Einfluß der scholastischen Philosophie in der Moraltheologie des 17. Jahrhunderts zum Zwecke der Verteidigung und Erhaltung einer einheitlich christlichen Naturrechtslehre blieb anderseits jedoch auch nicht auf die lutherische Orthodoxie beschränkt. Neben Veltheim bemühte sich vor allem der reformierte Theologe Samuel *Strimesius*[727], bekannt durch seine Schriften zur Union der beiden getrennten protestantischen Bekenntnisse[728], um eine Grundlegung des Naturrechtsgedankens im Prinzip der „geistigen Liebe" (Amor Intellectualis). Strimesius stand dem cartesianischen Rationalismus sehr viel aufgeschlossener gegenüber als Veltheim, so daß sich hier insbesondere aus seinen philosophischen Anschauungen in den „Origines Morales"[729] auf dem Gebiet der Metaphysik mannigfache Berührungspunkte mit der Leibnizschen Gottesrechtslehre ergaben.

Aus der Vielfalt der scholastischen Tradition übernahm Strimesius zunächst als Voraussetzung seiner Ethik und Rechtsphilosophie den ontologischen Gottesbeweis Anselms und entfaltete im Rahmen der Seinserkenntnis die göttlichen Vollkommenheiten (perfectiones divinae) in intellektualistischer Stufenfolge: zuerst postulierte Strimesius die Existenz Gottes als des „höchsten Wesens" (Ens Summum), darauf gleichsam als Ursprung aller Seiendheiten die göttliche Allmacht (Omnipotentia), an dritter Stelle die Ideen oder Wesenheiten der Dinge (Ideae seu Essentiae rerum) und letztlich den Willen Gottes (Voluntas Dei) als der außerhalb jedes Seienden liegenden Existenzursache alles

---

[727] Samuel *Strimesius* (1648–1730), geboren am 2. Februar 1648 in Königsberg, studierte seit 1667 an der Universität Frankfurt an der Oder die reformierte Theologie und begab sich anschließend auf Reisen nach Cambridge und Oxford, allwo man ihm den Titel eines Ehrendoktors verlieh. Nach seiner Rückkehr im Jahre 1674 wurde er zum außerordentlichen Professor der Philosophie an die Frankfurter Universität berufen. Bald darauf erwarb er auch den Magistertitel. 1679 folgte die Übertragung eines außerordentlichen, 1696 die des ordentlichen Lehrstuhls für reformierte Theologie. Noch im gleichen Jahre promovierte Strimesius auch zum Doctor Theologiae. Das Thema seiner Antrittsvorlesung lautete: „De universae Theologiae sumpta rationalitate." – Er starb am 28. Januar 1730.

[728] „De Pace Ecclesiastica", Frankfurt a. d. Oder 1697. – „Inquisitio in Controversias Lutheranorum et Reformatorum", Frankfurt a. d. Oder 1708. – „De unione Evangelicorum ecclesiastica" Lugduni Batavorum 1711.

[729] „Origines Morales, seu dissertationes aliquot Selectiores, vera Moralium Fundamenta complexae", Frankfurt a. d. Oder 1679.

Möglichen [730]. In der Überzeugung, daß Gott sich selbst Gesetz sei (Deus sibi ipsi Lex est) [731], rechnete Strimesius im Gegensatz zu Pufendorf auch das „Bonum Morale" zu den Wesenheiten der Dinge (Essentiae) und führte nur seine aktuelle Verpflichtungskraft als „Gesetz" (Lex) unter den Menschen auf den göttlichen Willen zurück [732].

Zum Erkenntnisgrund des „Bonum Morale" bestimmte Strimesius unter Rückgriff auf die thomistische Spätscholastik das Prinzip der „Recta Ratio", welche entweder ursprünglich (originalis) sei und als „Ratio Dei" mit dem Wesen Gottes übereinstimme, oder aber abgeleitet (originata) und von Gott der vernünftigen Kreatur als seinem Ebenbild (Imago) eingestiftet werde, damit sie am göttlichen Wesen teilhabe [733]. In beiderlei Art wirke die „Recta Ratio" zugleich auch als Norm und Maßstab (Norma) des „Bonum Morale", dergestalt, daß sowohl das menschliche Handeln an der göttlichen Gerechtigkeit (Justitia Dei) gemessen werde, als auch umgekehrt die Gerechtigkeit Gottes der „Recta Ratio" des Menschen entsprechen müsse [734]. Die Überzeugung, man könne die Gerechtigkeit Gottes erkennen und unter Beweis stellen – ein Problem, mit dem sich später Leibniz in der „Théodicée" auseinandersetzte –, kam auch in diesen Thesen des Strimesius schon deutlich zum Ausdruck. Ganz im Sinne der thomistischen Tradition bestand für

---

[730] Origines Morales, diss. I, § 35, S. 79: „In cognitionem Rerum memet penetraturus, *Primo* omnium concipio Deum, seu Ens Summum, utpote quo non concepto, nihil omnino veri concipi potest. Et quia Summitatibus Divinis etiam ejus Omnipotentia comprehenditur, hanc, tanquam proximam Essentiarum omnium cognoscendarum Originem, concipio *secundo*. Tum *tertio* loco Ideas seu Essentias rerum, interque eas etiam Ideam Hominis et Boni Moralis, ad humanam naturam pertinentis. Quia vero Homo, Bonumque Morale, non tantum possibilia sunt, sed ipso quoque actu existunt, ob id *Quarto* concipio Voluntatem Dei, ad Extra omnium Existentiarum Causam, etiam ipsius hominis existentis, Bonique Moralis humanam naturam decentis."

[731] Origines Morales, diss. I, § 29, S. 72.

[732] Origines Morales, diss. I, § 35, S. 79: „Quod dum ab homine semper Deus peragi vult, seque velle non unomodo declarat; Idcirco Bonum Morale homini Lex fit, ad quod Actuali Obligatione tenetur."

[733] Origines Morales, diss. I, § 10, S. 8: „Recta Ratio, cuius stricturas sic breviter in Homine delineavimus, vel Originalis est et ipsius Dei, cum Essentia divina realiter eadem; vel Originata et Creaturae Rationali propria, quam sui Imagine, i. e. Recta Ratione Deus induit, sicque suae naturae participem reddidit."

[734] Origines Morales, diss. I, § 17, S. 14: „... cum utraque Ratio Recta, tam Divina, quam ad Divinam exacta, Humana, infallibilis Boni Moralis Norma sit; ob id tum nostrae actiones bonae Sanctitate et Justitia Dei, ceu Norma, Natura et per se priori; tum vice versa Dei Justitia nostra Recta Ratione, ceu Norma, quoad nos et Cognitionem nostram priori, non male mensurantur."

Strimesius auch das Wesen (Natura) und die Erscheinungsform (Forma) des „Bonum Morale" in der Vervollkommnung des Menschen, in der Nachahmung der göttlichen Vollkommenheiten und damit in der allgemeinen Liebe (Amor Universalis) [735] oder in der Liebe aus der „Recta Ratio" (Amor Intellectualis) [736]. Wie die Liebe zu Gott gleichsam von der Liebe des Guten begleitet werde, so umfasse seinerseits der „Amor Boni" zugleich auch die „Imitatio Dei". Gewiß könne der Mensch das Wesen Gottes keineswegs vollkommen zum Ausdruck bringen, um so mehr sei er aber imstande, sich zumindest durch eine Teilnahme an der göttlichen Natur (per participationem) mit Gott zu verbinden [737].

Auf dieser allgemeinen moralphilosophischen Grundlage des Scholastizismus baute Strimesius nun im einzelnen seine Naturrechtslehre auf und verband sie mit dem Gedanken der göttlichen Gerechtigkeit. Dabei billigte er zunächst ausdrücklich die Theorie Veltheims von der „Perseitas honestatis" [738] und bemerkenswerterweise auch das Sozialitätsprinzip bei Grotius und Pufendorf, letzteres jedoch mit dem im Aristotelismus üblichen Zusatz, man müsse den Begriff der „Societas" in einem weiten Sinne verstehen, so daß er die Gemeinschaft des Menschen mit Gott umfasse [739]. So gelangte Strimesius zu folgender Definition des Naturrechts, das er im scholastischen Sinne folgerichtig „Naturgesetz" (Lex naturalis) nannte, um den objektiven Charakter seines Naturrechtsbegriffs hervorzuheben: „Quicquid cum Justitia Dei essentiali congruit, id Lex naturalis Hominibus praecipit. Quicquid eidem repugnat, eadem Lex Hominibus interdicit [740]." Vergeblich bringe man gegen das Prinzip der göttlichen Gerechtigkeit als Maßstab des Naturrechts den Einwand vor, daß jene ihrem Grunde nach völlig von der

---

[735] Origines Morales, diss. I, § 21, S. 18: „Universalem intelligo Amorem, se expandit, quae Summa Perfectio est, cuius Humana Anima, sive in hac vita, sive in futura fit capax."

[736] Origines Morales, diss. I, § 18, S. 14; § 26, S. 30.

[737] Origines Morales, diss. I, § 26, S. 32: „Denique III. Uti Cognitio et Amor Dei Amorem omnis Boni comitem habent; (qui enim Deum amant, Naturam simul et Voluntatem Dei amant, omnium Bonorum Causas), ita Amor Boni ipsa Dei Imitatio et optimum arbitrii nostri Exercitium existit. Certe Naturam Dei haud rectius valemus exprimere, eoque per Divinae Naturae participationem ipsi Deo magis uniri ac misceri."

[738] Origines Morales, diss. II, § 4, S. 86.

[739] Origines Morales, diss. II, § 9, S. 97; vgl. auch S. 99: „Societatem latius sumi posse, quatenus etiam ipsam Dei cum homine societatem complectitur."

[740] Origines Morales, diss. II, § 10, S. 103.

weltlichen Gerechtigkeit abweiche, wenngleich man andererseits auch
einen graduellen Unterschied zwischen der allgemeinen Gerechtigkeit
Gottes (Justitia Universalis Dei) und der menschlichen Gerechtigkeit
keinesfalls leugnen dürfe[741]. Die göttliche Gerechtigkeit selbst erhielt
bei Strimesius eine zweifache Gestalt: sie bildete sowohl eine äußerliche
Eigenschaft (Attributum) Gottes, des höchsten Richters und Gesetzgebers, als auch eine Wesenheit (Essentia), weil Gott aus sich selbst
heraus gerecht handele[742]. Unter ausdrücklichem Hinweis auf den Gedanken der „Justitia Universalis" bei vom Felde und Rachel[743] und auf
die Dreigliederung des Naturrechts bei Veltheim[744] bestimmte Strimesius zum Inhalt der göttlichen Gerechtigkeit und zum ersten moralischen Prinzip die Regel, jedem das Seine zukommen zu lassen (suum
cuique tribuere)[745], verbunden mit den Pflichten, ehrbar zu leben (honeste vivere) und niemanden zu verletzen (neminem laedere). In seinem „Suum cuique", so betonte Strimesius im Hinblick auf Veltheim,
sei sogar die Summa Matthaei, das Gebot der christlichen Nächstenliebe, „aufgehoben"[746]. – Vor dem Hintergrund dieser Lehre vom göttlichen Naturrecht wird nun auch ein späterer Satz des Strimesius aus
seiner „Epicrisis" gegen Pufendorf verständlich, der an Gedanken
Leibnizens in der „Ars combinatoria" und in der „Nova Methodus"
anknüpfte: niemand, der die Frömmigkeit (Pietas) zu den moralischen
Tugenden zähle, werde bestreiten, daß die natürliche Religion (Religio
naturalis) ein Teil der Naturrechtslehre sei[747].

---

[741] Origines Morales, diss. II, § 13, S. 108: „Frustra quisquam exceperit: Justi-
tiam Dei Universalem alius plane rationis a Justitia Creaturae Rationalis esse.
...... Nam ... licet inter Justitiam Universalem Dei et nostram, Gradualem et
Modalem differentiam intercedere nulli infitias eamus."

[742] Origines Morales, diss. II, § 10, S. 104: „Justitia Dei illud Attributum Dei
vocatur, secundum quod promissa sua firmiter servat, et munere Summi Judicis,
ac Legum Suarum velut Assertoris, incorruptè fungitur." – „Justitia Dei eidem
Essentialis est, neque ipse, ut juste agat, Lege, a superiore injuncta, compellitur."

[743] Origines Morales, diss. II, § 11, S. 105.

[744] Origines Morales, diss. II, § 17, S. 118.

[745] Origines Morales, diss. II, § 11, S. 105: „Unde nunc Principium Morale
omnium Primum constituimus: Suum cuique tribuendum. Hoc ipsum, duobus aliis
junctum, τῷ Honeste vivendum et Neminem laedendum."

[746] Origines Morales, diss. II, § 18, S. 122: „Proximum dilige sicut Te ipsum,
resolvitur in nostrum: ‚Suum cuique tribuendum'."

[747] Epicrisis in Dni. Samuelis Pufendorfii spicilegium controversiarum circa Jus
Naturae motarum, Frankfurt a. d. Oder 1682, cap. II, § 2, S. 67: „Religionem
autem naturalem esse Juris Naturae Partem nemo negaverit, qui Pietatem virtutibus Moralibus anumerandam censuerit."

Im Traditionszusammenhang gesehen, ist der Einfluß der scholastischen Philosophie auf die Naturrechtslehre in der zweiten Hälfte des 17. Jahrhunderts bei Strimesius am deutlichsten ausgeprägt: er gehörte zu den entschiedensten Anhängern des Scholastizismus. Daraus wird man jedoch vor allem mit Rücksicht auf die philosophischen Strömungen der damaligen Zeit nicht einfach folgern können, daß der Naturrechtsgedanke des Strimesius unprotestantisch erscheine und der katholischen Moraltheologie nahestehe. Denn der Scholastizismus hatte sich im ausgehenden 17. Jahrhundert bereits so weit von den ursprünglich theologischen Grundlagen der Scholastik entfernt, daß er ebenso wie der Aristotelismus und der Cartesianismus geistesgeschichtlich nur noch als eine besondere Richtung innerhalb der zeitgenössischen Philosophie verstanden werden kann[748]. Andererseits brachte der Scholastizismus damit zweifellos selbst in die Orthodoxie einen überkonfessionellen Grundzug hinein und trug so maßgeblich zur Ausgestaltung bekenntnistheologisch weitgehend indifferenter Lehren vom christlichen Naturrecht bei.

D. Johann Joachim Zentgrav (1643–1707)

In Verbindung mit dem Scholastizismus bei Veltheim und Strimesius beeinflußte und formte die lutherische Orthodoxie in gleicher Weise auch der protestantische Aristotelismus. Diese Feststellung mag zunächst überflüssig, weil beinahe selbstverständlich erscheinen, denn man ist gewohnt, den Aristotelismus weitgehend mit der Orthodoxie zu identifizieren. Schon ein Blick auf die Helmstedter Schule (Conring, vom Felde, Rachel) zeigt jedoch, daß der Aristotelismus da, wo er ausschließlich die Moral- und Rechtsphilosophie geprägt hat, rein und unabhängig von den lutherischen Glaubenslehren erhalten blieb; man denke nur an das Prinzip der „socialitas hominis cum Deo" oder an den Begriff der „Justitia universalis". Erst in der von Johann Heinrich Boecler begründeten Straßburger Schule nahm der Aristotelismus überwiegend auch auf die protestantische Moraltheologie Einfluß und vermischte sich hier in sehr viel stärkerem Maße mit der lutherisch-orthodoxen Überlieferung. Wenn auch das Integritätsprinzip nicht übernommen wurde, so bildete innerhalb der Straßburger Schule doch der

---

[748] Es erscheint deshalb mißverständlich, wenn *Sauter*, a.a.O., S. 99, Veltheim und Strimesius zu den „Anhängern des scholastischen Naturrechts" zählt.

Gedanke der „Charitas" den recht eigentlich tragenden Grund einer Lehre vom „jus naturae secundum disciplinam christianorum": während Rachel die „Lex Charitatis et Patientiae" nur am Rande erwähnte, stellte der Straßburger Moraltheologe und bedeutendste Schüler Boeclers, Johann Joachim *Zentgrav*[749], das „Jus Charitatis" in den Mittelpunkt seines Rechtsdenkens.

Zentgrav wurde am 21. März 1643 in Straßburg geboren. Er studierte an der Universität seiner Vaterstadt bei Boecler und Walliser zunächst die aristotelische Philosophie, später in Leipzig und Wittenberg daneben lutherische Theologie. Als Adjunkt der Wittenberger Philosophenfakultät geriet Zentgrav nun auch mit der Orthodoxie in enge Berührung. Im Jahre 1676 berief man ihn auf einen Lehrstuhl der Moralphilosophie zurück nach Straßburg. Zwei Jahre später promovierte er mit einer Schrift über die platonische Naturrechtslehre zum Doctor Theologiae[750]. Seit 1695 zugleich auch Professor primarius der Theologie, starb Zentgrav am 28. November 1707 in Straßburg[751].

Über irgendwelche persönlichen Beziehungen Zentgravs zu Leibniz läßt sich nichts in Erfahrung bringen. Es ist jedoch zu vermuten, daß Leibniz zumindest dessen Schriften zur Verteidigung der christlichen Naturrechtslehre gegen das Pufendorfsche System kannte. Bereits im Jahre 1678 hatte Zentgrav in seiner „Disquisitio de origine, veritate & immutabili rectitudine juris naturalis secundum disciplinam Christianorum"[752] den scholastischen Gedanken wieder aufgenommen, daß dem menschlichen Handeln ein sittlicher Wert mit apriorischem Vorrang vor dem göttlichen Willen (antecedenter ad voluntatem divinam) innewohne, und bei der Frage nach dem Entstehungsgrund des Naturrechts dem Prinzip der „socialitas" den Satz von der „conformatio creaturae rationalis cum Deo" gegenübergestellt. Nachdem ihm Pufendorf in seinem „Specimen controversiarum circa Ius Naturale" geantwortet hatte, veröffentlichte Zentgrav im Jahre 1681 erneut einige

---

[749] Vgl. zu *Zentgrav*: Christian *Thomasius*, Paulo plenior Historia Juris Naturalis, Halae 1719, cap. VI, § 30, S. 110–111; § 34, S. 114–115. – Jac. Friedr. *Ludovici*, Delineatio, § LXI, S. 102–105. – H. F. W. *Hinrichs*, a.a.O., Bd. 2, S. 262. – Johann *Sauter*, a.a.O., S. 5, 14, 37–38, 84, 90, 94, 99, 115, 125–126, 142. –

[750] „Specimen doctrinae juris naturalis secundum disciplinam Platonicam." – In der platonischen Idee des Guten fand Zentgrav das „bonum, pulchrum, honestum secundum se."

[751] Zur Biographie vgl. Chr. Gottl. *Jöcher*, a.a.O., Bd. 4, Sp. 2187–2189.

[752] Schon der Titel dieser im Jahre 1678 in Straßburg erschienenen Schrift weist Zentgrav als einen Schüler Boeclers aus.

„Vindiciae originum juris naturalis contra Pufendorfium et Strimesium", in denen er unter anderem die Notwendigkeit hervorhob, das Naturrecht vor dem Hintergrund der christlichen Lehre zu verstehen[753]. Schließlich setzte er sich 1684 noch einmal in einer zusammenfassenden Darstellung seiner Naturrechtsanschauungen, der „Disquisitio de Origine, Veritate et Obligatione Juris Gentium"[754], mit Pufendorf auseinander. Vor allem diese letztgenannte Schrift verdient hier deshalb einen etwas ausführlicheren Hinweis, weil darin schon deutlich das Prinzip der natürlichen und allgemeinen Nächstenliebe (charitas naturalis et universalis) in Erscheinung tritt.

Der aristotelischen Überlieferung folgend, bekannte Zentgrav sich zunächst vorbehaltlos zur Lehre von der „natura socialis" als dem von Gott eingestifteten Wesen des Menschen[755]. Wie jede Gemeinschaft durch das Band des Rechts zusammengehalten werde, so sei die Vereinigung der gesamten Menschheit (societas universalis generis humani) durch ein allgemeines Gesetz: das natürliche Recht, in sich und mit sich selbst verknüpft[756]. Damit erhob Zentgrav ähnlich wie vor ihm Grotius, Mevius und Rachel das Naturrecht (jus naturale) zum allgemeinen Recht (jus universale) der Menschheit[757]. Dennoch wandte er sich aber ebenso entschieden auch gegen die Folgerungen, die Pufendorf aus dieser Anschauung zog: zwar schreibe das Naturrecht den Menschen vor, die Gemeinschaft zu schützen, durch Gesetz den „status socialis" zu formen oder zu ordnen und die sozialen Pflichten zu erfüllen, gleichwohl dürfe man aber das gemeinschaftliche Leben der Menschen untereinander keinesfalls als den Entstehungs- und Erkenntnisgrund des natürlichen

---

[753] So Christian *Thomasius*, a.a.O., cap. VI, § 34, S. 114: „... tum, in illis, in quibus adhuc a Pufendorfio dissideret, modeste sententiam suam ulterius declarabat, scilicet de doctrina juris naturalis secundum disciplinam Christianorum tradenda, de origine moralitatis et legis naturalis ..."

[754] „De Origine, Veritate et Obligatione Juris Gentium instituta Disquisitio", Argentorati (Straßburg) 1684.

[755] De Origine, art. I, § 3, S. 3: „... nos animalia socialia Deus esse voluit, socialem quoque naturam, facultatesque non nisi ad vitam socialem aptas et necessarias, nobis concessit ..."

[756] De Origine, art. I, § 35, S. 51: „Uti omnis societas juris nexu continetur, ita universalis generis humani consociatio copulatur lege universali, est naturali. Haec n. inter omnes homines qua tales, ceu lex universae naturae humanae lata intercedit, et sub supremi Rectoris Imperio eos ad mutua obligat officia."

[757] De Origine, Prooemium: „Universale enim istud civitatum jus, quo hae inter se, ut universi generis humani societas recte constare possit, colligantur ..."

Rechts (ratio juris naturalis universi) betrachten[758]. Denn eine angemessene Begründung dafür, daß die Menschen sich miteinander vereinigen, enthalte nicht das Prinzip der „Geselligkeit", sondern allein
der Grundsatz der „natürlichen und allgemeinen Nächstenliebe", welche zugleich Wurzel und Ursprung aller Sozialpflichten sei[759]. So stellte
Zentgrav dem „socialitas"-Gedanken Pufendorfs unmittelbar die Lehre
von der „charitas naturalis et universalis" gegenüber. Dabei verstand
er die natürliche Nächstenliebe sowohl als „Haltung" wie auch als
„Handlung" und nannte sie im Anschluß an Cumberland ein „wechselseitiges Wohlwollen" (mutua benevolentia)[760]. Aus der durch die Nächstenliebe geordneten Gemeinschaft aller Menschen fließe der allseitige
Friede (Pax universalis), zu dessen Erhaltung vor allem die allgemeine
Gerechtigkeit (Justitia universalis) beitrage, weil sie mit den Geboten
des „suum cuique tribuere" und des „neminem laedere" die Entstehung
eines Kriegszustandes (Status belli Universalis omnium contra omnes)
verhindere[761]. – Mit der Erkenntnis, daß das Völkerrecht (jus gentium)
gleichfalls eine gemeinschaftliche Rechtsordnung (jus sociale) bilde,
drängte sich Zentgrav schließlich unabweisbar das Problem des Verhältnisses von Naturrecht und Völkerrecht auf[762]. Keineswegs folge
lediglich aus dem „Sozialitätscharakter" des Völkerrechts die Identität
beider Rechtsbereiche: denn das Naturrecht als Recht der menschlichen
Sozial- und Vernunftnatur sei göttliches Recht und beziehe sich auf die
Wesensart der Dinge (proprietas rerum), während das Völkerrecht als

---

[758] De Origine, art. I, § 35, S. 52: „Quamquam vero vita inter se hominum
socialis adaequata juris naturalis universi ratio nobis minime habeatur, ceu alibi
diximus (vindic. Orig. J. N. controversia 5), recte tamen hominum societatem
custodire, legibus statum socialem formare, mutuaque hominibus officia socialia
praecipere jus naturae dicitur."

[759] De Origine, art. I, § 39, S. 57: „Caeterum haec *charitas* naturalis et universalis, quam adaequatam rationem esse dicimus conjungendi homines inter se,
ceu unius corporis membra radix et principium est omnium officiorum, quae sibi
mortales exhibere tenentur, ita ut si non ex affectu hoc sociali aliquid profectum
fuerit, pro vere sociali haberi non debeat."

[760] De Origine, art. I, § 40–41, S. 58–59: „Haec humani generis per mutuam
naturalem charitatem, ceu affectum vere socialem, quae fit unio et consociatio, est
vel habitualis, vel actualis." – „Actualis vero conjunctio datur inter eos, qui actuali et mutua benevolentia, socialique animi propensione se invicem reapse, tanquam corporis membra et partes complectuntur."

[761] De Origine, art. I, § 59, S. 80.

[762] De Origine, art. V, § 2, S. 220: „Cum itaque gentium jus sit jus quoddam
sociale, merito quaeritur, an et praecepta Juris Naturalis, quod itidem sociale
jus est, complectatur, et ex illis constet?"

menschliches Recht die gegenseitigen Verpflichtungen und Verträge aller Völker zum Inhalt habe[763]. Freilich hielt Zentgrav am Ende seiner „Disquisitio" Gott auch für den Wächter und Wahrer (custos et vindex) des „Jus Gentium"[764].

Schon diese frühen Ansätze Zentgravs vermitteln einen deutlichen Eindruck von seinen Bemühungen, die Lehre vom christlichen Naturrecht über Grotius hinaus und in Anknüpfung an Boecler, vom Felde und Rachel ebenso wie an Selden und Cumberland fortzuführen, auszubauen und zu vertiefen. Einen systematischen Entwurf des göttlichen und natürlichen Rechts legte Zentgrav jedoch erst im Jahre 1699 mit seinem rechtsphilosophischen Hauptwerk, der „Summa Juris Divini"[765], vor, worin er den bemerkenswerten Versuch unternahm, die gesamte scholastische Naturrechtstradition in eine protestantische Gottesrechtslehre einzufügen. Zunächst unterschied Zentgrav im herkömmlichen Sinn innerhalb des „Jus Divinum" als Spiegel der Heiligkeit und Gerechtigkeit Gottes, des Gesetzgebers[766], das „Jus Divinum Naturale" vom „Jus Dei positivum"[767]. Das natürliche Gottesrecht sei einem jeglichen Ding mit der Schöpfung eingestiftet worden[768] und bestehe in der Übereinstimmung (convenientia) mit dieser seiner eigenen Natur oder Verfaßtheit[769]. Desgleichen gelte die daraus abzuleitende Regel

---

[763] De Origine, art. V, § 19, S. 240: „Nimirum licet in jure Gentium ea quoque contineatur, quae ratione praecepti in se considerati sunt juris naturalis, exinde tamen non sequi, Jus Gentium non differre a J. N. ... Quatenus ita haec lex de rerum proprietate recte constituenda, refertur ad homines, quae sunt rationalia et socialia animalia, pertinet ad Jus Naturae; quatenus autem respicit gentes universas, sibique invicem easdem obligat, de Gentium Jure esse dicitur."

[764] De Origine, art. XI, § 8, S. 386: „Unde Obligationem Juris Gentium in fide publica fundatam esse concludimus." – § 32: „Custos denique et vindex juris Gentium supremus est Deus... supremus justitiae et publicae fidei, qua nititur Gentium Jus vindex acerrimus."

[765] „Summa Juris Divini sive Isagogica Institutio doctrinae de Justitia et Jure tam ex naturali, quam scripto Dei jure, ad fontes justi et recti in actionibus humanis et causae rei proprios, ducens, secundum Disciplinam Theologiae moralis et Jurisprudentiae universalis", Argentorati (Straßburg) 1699.

[766] Summa Juris Divini, sect. I, art. I „De Jure Divino", § 4: „De Divino jure primo disquirendum est, quod ipsum Deum habet legislatorem. Eius hoc sanctitatis et justitiae speculum est."

[767] Summa Juris Divini, sect. I, subj. I „De Jure Divino Naturali."

[768] Summa Juris Divini, sect. I, subj. I, § 1: „Dari naturale jus, quod, ut Seldenus loquitur, cunctorum hominum ab ipsis rerum, ipsiusque naturae creatae initiis commune fuit, seu universorum cordibus, ut dici solet, inscriptorum."

[769] Summa Juris Divini, sect. I, subj. I, § 3, S. 11.

des „Suum cuique tribuere" nicht schon aufgrund eines göttlichen Willensentschlusses, sondern weil sie in sich und aus sich selbst heraus gerecht (justum) sei[770]. Zentgrav wandte sich damit ebenso wie Veltheim, Strimesius und vor allem Leibniz nachdrücklich gegen ein voluntaristisches Verständnis des natürlichen Gottesrechts. Soweit die „ratio Legislatoria" im „intellectus Divinus" selbst begründet liege[771], sei das „Jus Divinum naturale" ein Bestandteil der Schöpfungsordnung und so unmittelbarer Ausdruck der „Lex aeterna"[772]. – Den Menschen habe Gott als „animal rationale et sociale" erschaffen[773] und folglich den Fundamentalgrund (ratio fundamentalis) des allgemeinen natürlichen Rechts (jus naturale universale) in das Prinzip der „Socialitas generalis" gelegt, jener „Geselligkeit", die alle Menschen unter der Herrschaft Gottes miteinander verbinde[774] und von sich aus zu einem frommen, weisen und gerechten Lebenswandel verpflichte[775]. Indem Zentgrav die „socialitas" rechtstheologisch verstand und darin unter Hinweis auf die Berufung zur Nachfolge Christi die Möglichkeit einer „assimilatio cum Deo" angelegt sah, distanzierte er sich deutlich von der säkularisierten Auffassung Pufendorfs[776]. Zum Ort und Sitz des natürlichen Gottesrechts im Menschen bestimmte Zentgrav die Vernunft (ratio) und das

---

[770] Summa Juris Divini, sect. I, subj. I, § 2, S. 11: „Nec unicuique suum tribuere, ideo justum et rectum est, quia Deus voluit, cum Deus ita praeceperit, quia id in se justum rectumque est."

[771] Summa Juris Divini, sect. I, subj. I, § 13, S. 25: „Datur hinc III. in Deo Legislatore et Legis naturalis autore etiam ratio aliqua Legislatoria; quae provenit a dictaminibus divinae rationis practicis: Divinus intellectus."

[772] Summa Juris Divini, sect. I, subj. I, § 15, S. 28–29.

[773] Summa Juris Divini, sect. I, subj. I, § 12, S. 24: „Deus suae sapientiae et bonitati convenienter creaturus, hominem animal rationale et sociale creaverat."

[774] Summa Juris Divini, sect. I, subj. I, § 10, S. 22: „Consociamur nimirum omnes, qui homines sumus, ad universalem aliquam civitatem constituendam, cuius rector Deus est, sub divino imperio."

[775] Summa Juris Divini, sect. I, subj. I, § 11, S. 23: „Pro ratione I. fundamentali itaque universalis juris Naturalis habemus SOCIALITATEM, sed illam quae generalis est, universi nimirum generis humani sub divino imperio; qua sub Deo rege εὐσεβῶς, σωφρόνως καὶ δικαίως nobis vivendum ad quae officia ex naturae suae indole homo ordinatur."

[776] Summa Juris Divini, sect. I, subj. I, § 19, S. 35: „Socialitas est fundamentum juris naturalis, eo nimirum sensu, qui modo a nobis explicatur: ergo non assimilatio hominis cum Deo; cum per officia vere socialia homo in assimilationem cum Deo veniat, ipso Christo doctore, qui vult ut misericordes simus, sicut et pater noster misericors est."

Gewissen (conscientia), welche beide der Herrschaft Gottes (divinum imperium) und ihrer Verpflichtungskraft unterworfen seien [777].

Das „Jus Dei positivum" hingegen habe Gott durch äußeren Rechtsetzungsakt willentlich dem natürlichen Recht hinzugefügt [778]. Vor allem den Dekalog, bestehend aus der „lex moralis, ceremonialis et forensis" [779], rechnete Zentgrav zum positiven göttlichen Recht. Zwar enthalte die „Substanz" der Zehn Gebote weitgehend natürliches Recht [780], so daß man zu ihrer Darstellung und Deutung die Naturrechtslehre heranziehen könne [781], der Art und Weise seiner Entstehung nach aber gehöre der Dekalog unzweifelhaft zum Bereich des positiven Rechts [782]. In Übereinstimmung mit der reformatorischen Naturrechtstradition (Melanchthon, Oldendorp, Reinking) versuchte Zentgrav nun, die Zehn Gebote auf die Summa Matthaei, die Regel der Gottes- und Nächstenliebe, zurückzuführen und mit dem Gedanken der allgemeinen Gerechtigkeit zu verbinden [783]. Jeden einzelnen Menschen füge

---

[777] Summa Juris Divini, sect. I, subj. I, § 16, S. 29–30: „Huic divino in hominem imperio, jurique imperandi, cuius effectus est lex naturae nostrae implantata, subordinamus rationem et conscientiam, in qua jura naturalia sedem habent, et per cuius dictamina leges naturales, a supremo legislatore intellectui humano, ceu lumen recti, semenque boni, concreatae nobis innotescunt."

[778] Summa Juris Divini, sect. I, subj. II „De Jure Dei positivo", § 1, S. 38: „Cum Positivum jus dicatur illud, quod Legi divinae naturali a Deo superadditur ..., quod actu Dei externo legislatorio mortalibus fuit propositum, sive ratione materiae (!) eius naturalia etiam fuerint, sive mere positiva, et in se indifferentia, quae ex voluntate legislatoris tantum vim obligandi acceperunt."

[779] Summa Juris Divini, sect. I, subj. II, subjectum 1 „De Decalogo", § 1, S. 45.

[780] Summa Juris Divini, sect. I, subj. II, subject. 1, § 3, S. 49: „Caeterum ex hoc, quod praecepta legis moralis ratione materiae, et si substantiam praeceptorum spectamus, sunt juris Naturalis Leges, id quidem facile colligitur, quod eadem Gentiles obligant, qua sunt Leges naturales, et omnium hominum cordibus insita." – Vgl. § 6, S. 53.

[781] Summa Juris Divini, sect. I., subj. II, subject. 1, § 18, S. 77: „Decalogus est repetitio Legis naturalis ... Non negamus, insignem usum hic esse disciplinae juris naturalis ad explicanda et evolvenda praecepta Decalogi, imprimis quando ad specialia descendendum, quod attinet rerum definitiones."

[782] Summa Juris Divini, sect. I, subj. II, subject. 1, § 1, S. 46: „Unde quoniam praecepta Decalogi, si substantiam illorum spectemus, juris naturalis, et hactenus perpetuae sint observantiae, positivo tamen modo, et cum positivis circumstantiis, a Mose Ebraeorum, Legislatore sint proposita, quin partem Juris Divini positivi Mosaici sic constituant et constituere dici queant, non est cur dubitemus."

[783] Summa Juris Divini, sect. I, subj. II, subject. 1, § 2, S. 46–47: „Continetur lex Moralis decem istis praeceptis huius Decalogi, quae ad duo reduci possint: diligendi scilicet Deum et proximum, tamquam seipsum. Eadem praecepta cum continent, quid homo Deo, sibi et proximo debeat, summatim ad justitia reduci

der Dekalog mit seiner ersten Tafel in eine Ordnung zu Gott (in ordine ad Deum) und durch die zweite Tafel in eine Ordnung zum Nächsten (in ordine ad Proximum) [784]. Bereits in diesem Zusammenhang wies Zentgrav darauf hin, daß man an die Stelle der „Socialitas" als dem Fundament des Naturrechts das angemessenere und in beiden Tafeln des Dekalogs gleichermaßen enthaltene Prinzip der „Charitas" zu setzen habe, weil es ohne die Nächstenliebe weder eine Gemeinschaft der Menschen mit Gott, noch eine Vereinigung aller Menschen unter der Herrschaft Gottes geben könne [785]. Damit komme dem Dekalog eine praktische Bedeutung nicht nur für die Moraltheologie, sondern ebenso auch in der „Jurisprudentia universalis" zu [786].

Bis zu diesem Punkte hatte Zentgrav die aristotelisch-scholastische Tradition nahezu unverändert übernommen. Nun fügte er – immerhin ein Theologe der lutherischen Orthodoxie – im Anschluß an Grotius [787] dem „Jus Divinum Naturale" und dem „Jus Dei positivum" als „tertia species Juris Mundi" das von beiden Formen göttlichen Rechts unterschiedene, wenn auch dem positiven Gottesrecht näherstehende „Jus Divinum Novum" hinzu [788]. Die Kapitelüberschrift des

---

possint." – Vgl. auch sect. III, art. II, § 7, S. 642: „Decalogus, cuius summa est charitas Christianis praestanda, repetitio non solum est juris naturalis, sed et a Christo proponitur (Matth. 7, 12), tanquam breviarium Charitatis et totius Justitiae."

[784] Summa Juris Divini, sect. I, subj. II, subject. 1, § 6, S. 53–54: „(Praecepta Decalogi) ... Praecipiuntur, uti modo vidimus, universo mundo, omni homini, et soli nullo gentis habito respectu, vel in ordine ad Deum, cui tanquam creatori, et Domino suo honorem, timorem omnemque cultum ..., vel in ordine ad proximum, quem tanquam nos ipsos debemus diligere."

[785] Summa Juris Divini, sect. I, subj. II, subject. 1, § 2, S. 48: „Hoc nomine etiam alibi maluimus, loco socialitatis, pro fundamento Legis naturalis, substituere CHARITATEM, utramque Tabulam Decalogi aequaliter complectentem, quae illa magis adaequata est, coincidat licet cum socialitate in sensu generaliori, de qua supra, quatenus inter Deum et mortales, inter se sub divino imperio consociatos, et in orbe consociandos, intercedit, quae sine charitate recte et sincere non dabitur."

[786] Summa Juris Divini, sect. I, subj. II, subject. 1, § 23, S. 86: „Ex his itaque inferre nunc licet, qui sit usus Decalogi, tam in Jurisprudentia universali, quam in Theologia morali."

[787] Summa Juris Divini, sect. I, subj. III, § 1, S. 126: „Legi Evangelicae cum passim a Grotio, tum etiam ab aliis multum in doctrina de Justitia et Jure tribuatur, quid de hac habendum, pro instituti ratione pauci disquiremus. Dicitur etiam jus Evangelicum."

[788] Summa Juris Divini, sect. I, subj. III: „De Jure Divino Novo seu de Lege Evangelica."

betreffenden Abschnitts lautet: „De Jure Divino Novo seu de Lege
Evangelica"; sie zeigt deutlich, daß selbst vom Luthertum der Rechts-
charakter des Evangeliums bis zum Ende des 17. Jahrhunderts nie
ernsthaft in Frage gestellt wurde. Vielmehr verstand man Luthers Gegenüberstellung von „Gesetz" und „Evangelium" immer nur als Hinweis auf den für die protestantische Theologie so wichtigen Unterschied zwischen dem Alten und dem Neuen Testament, zwischen dem
„status corruptus" und dem „status restaurationis" [789], niemals aber
als Entgegensetzung von Recht und Liebe oder von Gesetz und Freiheit. Selbst Zentgrav bemühte sich noch eindringlich um eine Verbindung von Gesetz und Evangelium mit der Feststellung, daß auch im
Dekalog die „Charitas" bereits enthalten sei [790] und umgekehrt das
„Jus Divinum Novum" mit der „Lex Charitatis" das positive Gottesrecht nur in besonders weiser und vollkommener Form zum Ausdruck
bringe [791]. Den Geltungsbereich des „Jus Evangelicum" beschränkte
Zentgrav jedoch auf die „Societas Christiana" [792], auf die christliche
Glaubensgemeinschaft: denn der materiale Gehalt neutestamentlicher
Weisung fließe in erster Linie aus der „doctrina Christi (Christiana)" [793]. Zwar stehe die christliche Lehre zum Naturrecht keineswegs im Widerspruch, so daß sie grundsätzlich auch innerhalb der weltlichen Vereinigungen (Staaten) Gültigkeit und Wirksamkeit besitze [794],

---

[789] Summa Juris Divini, sect. I, subj. III, § 6, S. 136: „Ceterum ut ad jus
novi foederis, quod Legem Evangelicam appellant, et a Grotio sermo per crucem
sancitus incongrue dicitur, quamquam pro tertia specie Juris Mundi, humano
generi praescripti habent, redeamus, illud in sublimiori per Christum restauratione
promulgatum Grotius fingit."

[790] Vgl. oben Fußnote 785.

[791] Summa Juris Divini, sect. I, subj. III, § 8, S. 140: „Non novas tulit Salvator leges, nec eius Evangelium legem moralem supplevit, vel completiorem aut
perfectiorem reddidit, sed quod in ambitu eius continebatur, sapientissima expli-
catione produxit atque eruit."

[792] Summa Juris Divini, sect. II, art. II, § 7, S. 422: „Societas nimirum humani
generis quae Christiana est, non solum non desinit vera societas esse, sed et qua
Christiana, praeceptis suis, atque quae urget officiis, quae ex altiori, quam rationis
principio deducit."

[793] Ebenda: „Jura enim naturalia et doctrina Christi et Apostolorum, si remo-
veas additamenta erronea, sibi invicem non repugnant." – Vgl. auch sect. I,
subj. I, § 2; subj. III, § 9.

[794] Summa Juris Divini, sect. II, art. II, § 12, S. 429: „Vindicat societatis
humanae, a qua Christiana societas specie non differt, tranquillitatem, publicam
item communemque justitiam, atque singulorum jura, is penes quem est jus atque
potestas cogendi, adversus pares bello, adversus subditos autem poenis, non repugnante disciplina Christiana, sed potius jubente (Röm. 13, 3)."

aber ihrem eigentlichen Kernprinzip, der christlichen Nächstenliebe, seien in besonderem Maße nur die Christengemeinschaften als dem ihnen wesensgemäßen „bonum commune" zugewandt und verpflichtet[795].

Aus dieser Begrenzung des „Jus Divinum Novum" auf die „Societas Christiana" ergab sich für Zentgrav unumgänglich ein weiteres, sehr schwieriges Problem: die Notwendigkeit einer theoretischen Begründung verschiedener Formen, Stufen oder Wirkungsweisen der Nächstenliebe, bezogen jeweils auf ein ganz bestimmtes „bonum commune" ihrer Struktur nach unterschiedlicher menschlicher Gemeinschaften. Zentgrav ging dieser Frage in einem besonderen Teil seiner „Summa Juris Divini", überschrieben „De Jure Charitatis", im einzelnen nach. Er stellte zunächst fest, daß über den Begriff der „Charitas" weitgehend Streit und Verwirrung herrsche[796], und empfahl, ihre folgenden drei Erscheinungsformen streng voneinander zu trennen: die allgemeine Nächstenliebe (charitas universalis), die christliche Nächstenliebe (charitas christiana) und die bruderschaftliche Nächstenliebe (charitas fraterna)[797]. Die „charitas universalis" beruhe auf der natürlichen und gemeinschaftlichen Neigung (propensio), welche die Menschen einander entgegenbringen[798]. Darum stimme die „Lex Charitatis" mit dem „Jus Naturale" überein[799], denn sie enthalte alle Pflichten des

---

[795] Summa Juris Divini, sect. II, art. II, § 13, S. 430–431: „Studium hoc boni communis, imprimis Christianorum Societates intendunt, cum tenemur proximum diligere, sicut nosmet ipsos."

[796] Summa Juris Divini, sect. III, art. II, § 1, S. 632: „Cum enim in definienda charitate non omnes consentiant: alii legem charitatis cum jure naturae non confundi debere moneant; alii charitatem justitiae etiam universali ita contradistinguant, ut asserant, solum obligationem charitatis dari posse, ubi obligatio justitiae nullo in jure inveniatur."

[797] Summa Juris Divini, sect. III, art. II, § 2, S. 633: „Aliud nimirum primo est, loqui de charitate communi seu, si ita placeat, universali, aliud de charitate Christiana, aliud fraterna, quae est certus charitatis modus."

[798] Summa Juris Divini, sect. III, art. II, § 3, S. 633: *„Charitas universalis ... oritur ex naturali ista atque sociali propensione, qui erga invicem feruntur mortales, atque sibi bene cupiunt intuitu communis humanitatis."*

[799] Summa Juris Divini, sect. III, art. II, § 4, S. 636: „Cum itaque Charitatis huius officia et actus coincidunt cum officiis et actibus jure naturali praeceptis, imo quia lege hac praecipiuntur, in officia, et actus jure huc praeceptos transeunt, denique tam late etiam erga eadem objecta se exerunt, atque ea quae jus naturale injungit, patet ipsam legem naturae esse legem charitatis et rem lege naturali praeceptam esse ipsam Charitatem, ita ut *Lex Charitatis* communis et universalis, ceu aeque late patens, et eadem praecipiens prohibensque, cum Jure Naturali coincidat et quoad rem ipsum *Jus Naturale* sit."

Menschen gegenüber Gott, sich selbst und seinem Nächsten oder Mit-
bürger und sei ein unveränderlicher Bestandteil der „lex aeterna"[800].
Der Grund zu dieser Übereinstimmung liege vor allem darin, daß sowohl vom Naturrecht, als auch von der Nächstenliebe ein wechselseitiges Wohlwollen (mutua benevolentia) gefordert werde und ohne den
„amor proximi" etwas wahrhaft Gemeinschaftliches unter den Menschen weder entstehen könne noch überhaupt denkbar sei[801]. Des weiteren stellte Zentgrav folgerichtig auch eine Einheit von „Charitas"
und „Justitia universalis" fest, denn die Liebe werde dem Nächsten
von Rechts wegen geschuldet[802]. Selbst die Goldene Regel bilde nicht
nur ein Gesetz der Gerechtigkeit (lex Justitiae), sondern zugleich auch
ein Gesetz der Liebe (lex Charitatis)[803]. – Von dieser allgemeinen
Nächstenliebe unterschieden, gründete Zentgrav die „charitas christiana" im engeren Sinn unmittelbar auf die Weisungen der Heiligen
Schrift. Zwar sei auch die christliche Nächstenliebe allen Menschen aufgetragen[804], sie bestehe aber vornehmlich darin, daß „der" Nächste

---

[800] Ebenda, S. 637: „Prout ergo juris Naturalis leges aliae obligant hominem
in respectu ad Deum, aliae in ordine ad seipsum, aliae quoad officia proximo in
vita Sociali debita; ita Charitas directe sub se continet officia hominis erga Deum,
seipsum et proximum seu socium. Hanc dici Summam legis aeternae et immutabilis,
ipse Christus probavit."

[801] Summa Juris Divini, sect. III, art. II, § 5, S. 638–639: „Ratio vero, quae
lex naturae lex Charitatis sit et dici queat, haec est, quia ipse naturalis cog-
nationis affectus, et socialis ista propensio, qua se invicem mutua benevolentia
mortales complectuntur, sibique bene cupiunt, ad ea, quae jure naturali praecepta
sunt, inclinat, ita ut officia legis naturalis, si recte se habent, ex insito hoc amore
proficisci, nihilque pro vere sociali haberi debeat, nisi ex affectu hoc sociali amore
proximi scil. profectum fuerit. ... Satis haec docent, qui officia juris naturalis
officia charitatis sint atque dici debeant."

[802] Summa Juris Divini, sect. III, art. II, § 6, S. 639–640: „Coincidit haec
Charitas praeterea cum Justitia universali: Debetur enim proximo. ... Dubium
vero nullum est, quin Charitas ita proximum respiciat, et sit ad alterum, sub
tali ratione: cum unicuique suum aeque tribuat aequaliter atque justitia; et proin
eodem adaequatoque nitatur fundamento et ratione quo justitia. Licet justitiae
vocabulum debiti rationem in his praestandis officiis; Charitatis vox autem pro-
pensionem animi benignam, ex qua proficisci debent, magis exprimat. ... Quam
late itaque lex naturae, quae justa praecipit, cum lege charitatis coincidit, patet,
tam late patet justitia universalis, jus universale."

[803] Ebenda: „Justitiae lex: Quod tibi non vis fieri, alteri ne feceris, lex etiam
est charitatis."

[804] Summa Juris Divini, sect. III, art. II, § 7, S. 642: „Idem etiam de Charitate Christiana, quam Scriptura Sacra, quae principium Christiani est officii,
omnibus hominibus exhibere jubet, verum est."

allein um seiner Natur willen „als Mensch" geliebt werde [805]. – Die „charitas fraterna" endlich sei wiederum nur eine besondere Form der „charitas christiana", denn die Bruderliebe könne anderen Menschen einzig von einem glaubensverwandten Christen erwiesen und geschuldet werden [806].

In Anknüpfung an Samuel Rachels Lehre von der „charitas ordinata" entfaltete Zentgrav nun, von Stufe zu Stufe fortschreitend, die „Ordnung der Liebe": „Amant vero charitatis officia atque jura, certum quendam ordinem, secundum quem exerceantur [807]." Die „Charitas" beginne mit der Selbstliebe [808] und führe zur Liebe des Nächsten, den man lieben solle wie sich selbst, auch wenn „der" Nächste jeder Mensch sei, dem von Gerechtigkeits wegen Liebe (amor) geschuldet werde [809]. Denn jede Handlung, zu der die allgemeine Gerechtigkeit oder das Naturrecht verpflichte, sei zugleich eine Handlung der Nächstenliebe, zumal der Begriff (notio) der „Charitas" außer der „Justitia universalis" und dem „Jus naturale" auch die seelische Verfassung (affectus) zum Ausdruck bringe, von der beide Prinzipien ausgehen sollten [810]. Jedoch enthalte das Gebot, „ex consilio Charitatis" zu handeln, gewisse Schranken: nämlich zweifellos das „wie" (τὸ „sicut"); was darüber hinausgehe, sei rechtswidrig (ἀνόμαλον): „Diliges proximum si-

---

[805] Ebenda: „Nec quia Christiana dicitur haec charitas, restringitur, et communis erga cunctos esse desinit: Proximus quippe Christiano diligendus, qui talis natura, ideo scil., quia homo est."

[806] Summa Juris Divini, sect. III, art. II, § 8, S. 643: „Charitas haec Christiana, quae debetur exhibeturque a Christiano fidei consanguineo tantum, vocatur FRATERNA."

[807] Summa Juris Divini, sect. III, art. II, § 11, S. 648: „Amant vero charitatis officia atque jura, certum quendam ordinem, secundum quem exerceantur, idque tam ratione personarum, quibus charitas exhibetur, quam ratione bonorum, quae aliis procurare studemus."

[808] Ebenda: „Initium huius ordinis est propria cuiusque persona, caeteris tamen paribus. Incipit enim Charitas a seipsa, sic ut in eodem bonorum genere quis priorem et potiorem sui, quam proximi possit habere rationem."

[809] Summa Juris Divini, sect. III, art. II, § 13, S. 650: „In ordine quem Charitas amat, amantis propriam personam sequitur PROXIMUS. Debes enim proximum diligere, ὡς, sicut, teipsum. Etsi vero omnis homo proximus sit, cui ex justitia amor debetur."

[810] Summa Juris Divini, sect. III, art. II, § 37, S. 691: „Quamquam vero omnis actio Justitiae universalis et Jure naturali praecepta, sit actio quoque Charitatis, cum ad Justitiam universalem nil referri et lege naturali praeceptum dici possit, nisi ex affectu sociali profectum in proximi tendat utilitatem, ita ut, ceu supra jam notatum, Charitatis notio praeter Justitiae et juris universalis officia, etiam affectum, ex quo proficisci debent, exprimat."

cut teipsum, non plus quam teipsum[811]." Damit bestimmte Zentgrav das „sicut", die Entsprechung von Selbstliebe und Nächstenliebe, zum begrenzenden Maßstab der „Charitas ordinata".

Durch die Verbindung der „lex Charitatis" mit dem Naturrecht und der Lehre von der „Justitia universalis" stellte Zentgrav nicht nur einen Zusammenhang der protestantischen Rechtsphilosophie des ausgehenden 17. Jahrhunderts zur überlieferten scholastischen Moraltheologie, sondern zugleich auch innerhalb des Protestantismus eine Einheit zwischen der lutherischen Orthodoxie und dem melanchthonschen Aristotelismus her. In dieser Synthese unterschiedlicher Traditionslinien weist Zentgrav unmittelbar auf jene Rechtsphilosophen hin, die mit ihrer Lehre vom christlichen Naturrecht als „Ordnung der Liebe" das protestantische Naturrechtsdenken noch einmal einem letzten Höhepunkt zuführten, bevor Thomasius die Rechtsverbindlichkeit und den Rechtswert der „Jurisprudentia universalis" endgültig und unwiderlegt in Frage stellen konnte: auf Prasch, Placcius und Bodinus, vor allem aber auf Gottfried Wilhelm Leibniz.

5. Abschnitt

DIE LEHRE VOM CHRISTLICHEN NATURRECHT
ALS „ORDNUNG DER LIEBE" (LEX CHARITATIS)
IM PROTESTANTISCHEN SPÄTARISTOTELISMUS

Oft haben in der Geschichte der Rechtsphilosophie die Verselbständigung und Überspitzung einer Denkweise, den Keim zur Wandlung und Umformung in ihr Gegenteil bereits in sich tragend, nicht nur die Auseinandersetzung angeregt oder Kritik und Widerspruch hervorgerufen, sondern manchem neuen Entwurf geradezu erst den Boden bereitet und ihn dadurch gefördert, daß sie selbst seine Voraussetzun-

---

[811] Summa Juris Divini, sect. III, art. II, § 38, S. 693: „Habet tamen hoc jus ex consilio Charitatis agendi suos terminos: Nimirum τὸ SICUT: Quod ultra ἀνόμαλον. Diliges proximum sicut teipsum, non plus, quam teipsum. Ordinata charitas subministrat consilium etiam ordinatum, nec tollit ἑαυτοφιλίαν. Charitas ordinata, in eodem gradu diligendorum, incipit a seipsa".

gen und Hypothesen zu einem meist nicht unerheblichen Teil schon vorgeformt oder entwickelt hatten. Selten aber läßt sich dieser Vorgang so deutlich beobachten wie bei der Säkularisierung der christlichen Naturrechtslehre durch die Jurisprudenz der Frühaufklärung. Mit der Rückwendung zur scholastischen Dreistufenlehre und zum Verständnis des Naturrechts als „jus divinum naturale" (Zentgrav) war die lutherische Orthodoxie auch da, wo sie sich noch ausdrücklich auf Grotius berief und ihn rechtstheologisch interpretierte, stets versucht, über die Verwerfung des „Etiamsi daremus" hinaus zugleich auch die grotianische Erkenntnis vom Eigenwert des Naturrechts für das menschliche Gemeinschaftsleben erneut in Frage zu stellen und damit im Ergebnis auf die Traditionsstufe der spanischen Spätscholastik zurückzufallen. Gerade das Bestreben der Orthodoxie, die gesamte überlieferte Naturrechtslehre ausschließlich und einseitig unter dem Gesichtspunkt des „jus divinum naturale" zu betrachten, bot der Aufklärungsjurisprudenz überhaupt erst die Möglichkeit, wiederum unter Hinweis auf Grotius und das Prinzip der Trennung von Glaube und Vernunft eben diese traditionelle Naturrechtslehre, soweit sie einen religiösen oder metaphysischen Hintergrund besaß, in Bausch und Bogen in das Gebiet der Moraltheologie zu verweisen und im Neuansatz eine weltliche, „juristische" Naturrechtslehre zu entwerfen.

Hatte Pufendorf sich in der Auseinandersetzung mit der Orthodoxie noch nach Kräften darum bemüht, einer Theologisierung des Naturrechtsgedankens Einhalt zu gebieten, so schien Christian *Thomasius*[812] diese Entwicklung zunächst eher zu unterstützen und zu fördern. Schon der Titel seines umfangreichen rechtsphilosophischen Hauptwerkes, der „Institutionum Jurisprudentiae Divinae libri tres, in qui-

---

[812] Zu Christian *Thomasius:* Ernst *Bloch,* Christian Thomasius. Ein deutscher Gelehrter ohne Misere, Berlin 1953. – Max *Fleischmann,* Christian Thomasius. Leben und Lebenswerk, Halle 1931. – Martin *Joseph,* Die Ethik des Naturrechtlers Christian Thomasius mit Berücksichtigung seiner Rechtsphilosophie, AfGPh 19, 1912, S. 83-128. – Rolf *Lieberwirth,* Christian Thomasius. Sein wissenschaftliches Lebenswerk. Eine Bibliographie, Weimar 1955. – Gertrud *Schubart-Fikentscher,* Unbekannter Thomasius, Wiss. Ztschr. d. M. Luther-Univ. Halle-Wittenberg 3, 1953/54, S. 139-159. – Christian Thomasius (Festvortrag), ebenda 4, 1955, S. 499-506. – Erik *Wolf,* Grotius, Pufendorf, Thomasius. Drei Kapitel zur Gestaltgeschichte der Rechtswissenschaft, Tübingen 1927. – Vgl. auch die Übersicht über das Thomasius-Schrifttum bei Erik *Wolf,* Große Rechtsdenker der deutschen Geistesgeschichte, 4. Aufl. 1963, S. 371-423 (420-423).

bus Fundamenta Juris Naturalis . . . demonstrantur"[813], deutet darauf
hin, daß selbst Thomasius im Jahre 1688 die Naturrechtslehre noch
ganz im herkömmlichen Sinn als „Gottesrechtswissenschaft" verstanden wissen wollte. Zwar knüpfte er auch hier bereits an den „socialitas"-Gedanken Pufendorfs an[814] und übernahm zum großen Teil seine
Argumente gegen die Orthodoxie, vor allem gegen das Integritätsprinzip Albertis[815], im übrigen aber schien ihn auf den ersten Blick – abgesehen von einer rationalistischen Grundtendenz – nur weniges von der
naturrechtlichen Überlieferung zu unterscheiden. Thomasius bestimmte
zum Gegenstand der „Jurisprudentia divina" die göttlichen Gesetze
(leges divinae), soweit sie sich auf das diesseitige, weltliche Wohlbefin-
den der Menschen beziehen[816], und ordnete sie jeweils entweder der
„Lex divina naturalis" oder der „Lex divina positiva" zu[817]. Insbesondere aber weist der systematische Aufbau des Werkes ihn scheinbar
als einen Anhänger der christlichen Naturrechtslehre aus: das zweite
Buch beginnt in einem ersten Kapitel mit den Pflichten des Menschen
gegenüber Gott[818], behandelt im zweiten Kapitel die Pflichten gegen
sich selbst[819] und wendet sich schließlich im dritten Kapitel den Pflichten des Menschen gegen andere zu[820]; der übrige Teil des zweiten Bu-

---

[813] „Institutionum Jurisprudentiae Divinae libri tres, in quibus Fundamenta Juris
Naturalis secundum hypotheses illustris Pufendorfii perspicue demonstrantur et
ab obiectionibus dissententium, potissimum D. Valentini Alberti, Professoris Lipsiensis, liberantur, fundamenta itidem Juris Divini Positivi Universalis primum a
Jure Naturali distincte secernuntur et explicantur", Francofurti 1688. – Zitiert
wird nach der 7. Auflage Halle-Magdeburg 1720.

[814] Institutiones, Lib. I, cap. 4, § 55, S. 83–84: „Igitur, dum hominem ratio-
nalem dicimus, idem est, ac si dicamus socialem. Socialitas vero est inclinatio
communis, toti humano generi a Deo indita, vi cuius desiderat vitam cum aliis
hominibus beatam & tranquillam." – In einer Anmerkung fügt Thomasius hinzu:
„Conveniet, spero, hae socialitatis definitio menti Dn. Pufendorffii, quamvis non
meminerim socialitatis definitionem aliquam in ejus scriptis me legisse."

[815] Institutiones, Lib. I, cap. 2, § 12–27, S. 32–35.

[816] Institutiones, Lib. I, cap. 2, § 1, S. 31: „Jurisprudentia divina est prudentia
leges divinas, salutem hominis in hac vita concernentes, explicandi & applicandi
ad actiones hominum."

[817] Institutiones, Lib. I, cap. 2, § 4, S. 31: „Nos ita: Lex divina est vel naturalis, vel positiva. Ita quidem & alii: Revera tamen non ita." In der Anmerkung
heißt es jedoch: „Id est, adhibent quidem terminos divisionis, sed non eodem
modo nobiscum exponunt, quod maxime ostendunt controversiae in hoc capite
ventilatae."

[818] Institutiones, Lib. II, cap. 1: „De officiis hominis erga Deum."

[819] Institutiones, Lib. II, cap. 2: „De officio hominis erga seipsum."

[820] Institutiones, Lib. II, cap. 3: „De officio hominis erga alios, et in specie

ches und vor allem das dritte Buch enthalten jeweils nur bestimmte Formen der Konkretisierung einzelner Sozialpflichten, wie sie im dritten Kapitel unter dem Gesichtspunkt der Rechtsgleichheit (aequalitas) zusammengefaßt sind. Der säkulare Hintergrund dieser Naturrechtslehre und damit der eigentliche Standort des Thomasius werden jedoch erst bei der Behandlung der Frage nach dem Verhältnis von Moraltheologie und Gottesrechtswissenschaft sichtbar: im Gegensatz zur „Theologia moralis" trenne die „Jurisprudentia divina" das Naturrecht von seinem göttlichen Ursprung, indem sie es nicht aus der Heiligen Schrift, sondern aus dem Gebot der rechten Vernunft (dictamen rectae rationis) ableite [821]. Der innere Widerspruch dieser willkürlichen und stark formalisierten Unterscheidung zwang Thomasius einerseits, den Gegenstand der Gottesrechtswissenschaft nunmehr auf die „lex naturalis" und innerhalb der „leges divinae universales positivae" auf diejenigen Gebote zu beschränken, die das Verhältnis der Menschen untereinander regeln [822], und veranlaßte ihn zum anderen, die Behandlung jenes interhumanen, positiven „Gottesrechts" der Moraltheologie und der Jurisprudenz gemeinsam zu übertragen [823]. Unverkennbar zeichneten sich schon in den „Institutiones" jene zwei einander entsprechenden Leitlinien ab, die im späteren Werk des Thomasius immer deutlicher in den Vordergrund traten: die Mediatisierung und

---

de custodienda aequalitate inter homines." – Lib. III, cap. 1: „De officio hominis erga socios in genere."

[821] Institutiones, Lib. I, cap. 2, § 140, S. 56: „Theologia moralis Legem moralem omnes homines obligantem sine distinctione legis naturalis et positivi universalis inculcat & fundamentum adeo demonstrationis suae utrobique ponit scripturam sacram, unde et communiter Theologi morales legem moralem et naturalem synonymice usurpant. Sed Jurisprudentia divina legem naturalem a divina separat illam quidem secundum doctrinam Apostoli ex dictamine rectae rationis demonstrans, hanc vero ex sola revelatione petens; quae distinctio infinitum usum praebet in difficillimis alias controversiis ..."

[822] Institutiones, Lib. I, cap. 2, § 133–134, S. 55: „Patet jam ex divisione legum divinarum, quod Jurisprudentia divina pro objecto habeat legem naturalem & ex divinis positivis universalibus illas, quae officia hominum erga alios homines concernunt. – Nam hae leges, ut et lex naturalis salutem hominis et tranquillitatem temporalem, non dicam principaliter, sed immediate tamen intendunt."

[823] Institutiones, Lib. I, cap. 2, § 138, S. 56: „Leges vero divinae de officiis hominum erga homines disponentes Theologis & JCtis sunt communes; illis, quatenus & ipsae ex intentione Legislatoris subordinantur saluti aeternae, aut, quatenus sine lege Evangelium non poterit commode explicari; his, quatenus in iis Deus immediate respexit tranquillitatem et decorum ordinem hujus vitae."

Subjektivierung des Naturrechtsgedankens durch die Prinzipien der Vernunft, des Willens und der Sinneserfahrung sowie die Spiritualisierung des göttlichen Rechts durch die Prinzipien des Glaubens und der Offenbarung. Damit war der Zusammenhang zwischen dem „jus divinum" und dem „jus naturae" auseinandergerissen und die Verbindung von Theologie und Rechtswissenschaft endgültig gelöst. Neue Begriffsgegensätze veränderten und verengten die rechtsphilosophische Terminologie: der Gegenüberstellung von göttlichem und natürlichem Recht entsprachen nun die Begriffe „geistlich" und „weltlich", „innerlich" und „äußerlich", „religiös" und „juristisch". Der Rechtswissenschaft aber und vor allem der Naturrechtslehre als „sozialer Lebenskunde"[824] verblieb lediglich die Aufgabe, der Menschheit eine allgemeine Glückseligkeit (tranquillitas) und weltliches Wohlergehen (salus temporalis) zu sichern[825].

Nachdem die lutherische Orthodoxie schon in der Auseinandersetzung mit Pufendorf einen großen Teil ihres Einflusses verloren hatte, konnte einzig der protestantische Aristotelismus die Thomasische Naturrechtslehre noch wirksam angreifen und gefährden, soweit er unverändert und unabhängig von den Lehren der Orthodoxie bestehen geblieben war. Denn der Gedanke der „societas hominis cum Deo" als einer „natürlichen" Gemeinschaft und das Prinzip der Liebe, bereits von Aristoteles zum Fundament aller Gemeinschaftlichkeit unter den Menschen erhoben und später von Augustinus in die christliche Nächstenliebe (caritas) umgedeutet, hätten sich zweifellos als geeignet erwiesen, die Verbindung von „jus divinum" und „jus naturae" weiterhin aufrechtzuerhalten und die Naturrechtsdisziplin auch der Aufklärung noch als Lehre von den objektiven Sozialpflichten des Menschen gegenüber Gott, dem Nächsten und sich selbst zu überliefern. Deshalb erscheint es kaum verwunderlich, daß Thomasius in erster Linie dem protestantischen Aristotelismus den Kampf ansagte[826], wenngleich die

---

[824] Erik *Wolf*, Das Problem der Naturrechtslehre, 3. Aufl., Karlsruhe 1964, S. 137.

[825] Institutiones, Lib. I, cap. 2, § 137, S. 56: „Unde et Jurisprudentia a Theologia ex parte quidem objecto, adaequate tamen fine differt. Scilicet leges humanas sola sibi vindicat Jurisprudentia, quia hae in salute hominis temporali acquiescunt. Praecepta religionis pertinent ad Dominos Theologos, & doctrina, quae haec inculcat, Theologiae stricte dictae nomine venit, quae credenda explicat."

[826] Vgl. dazu Peter *Petersen*, Geschichte der aristotelischen Philosophie im protestantischen Deutschland, Leipzig 1921, S. 384–392: „Christian Thomas' Angriffe auf die Metaphysik, Logik und Ethik (des Aristoteles)."

ungewöhnliche Heftigkeit und Schärfe der Vorwürfe, mit denen Thomasius die aristotelische Philosophie überschüttete [827] und durch seinen beißenden Spott [828] nicht ohne Erfolg zu diffamieren suchte [828a], auch manchen unbefangenen Leser der „Institutiones" in Erstaunen versetzt. Man begegnet bei Thomasius aber auch Ansätzen zu einer sachlichen Kritik. So bildeten seine Kontroverse mit dem Regensburger Juristen Johann Ludwig *Prasch* um das Gesetz der Liebe als dem Grundprinzip des natürlichen Rechts den Beginn und der Streit mit dem Hamburger Rechtsgelehrten Vincenz *Placcius* über die Rechtserheblichkeit der Pflichten gegen Gott das eigentliche Kernstück der Auseinandersetzung mit dem protestantischen Aristotelismus. Prasch und Placcius standen jedoch keineswegs allein: neben ihnen entwickelten Christian Röhrensee, Daniel Ringmacher und vor allem Heinrich *Bodinus* eigene Systeme des allgemeinen natürlichen Rechts auf der Grundlage des Liebesgedankens (amor, caritas). Sie alle wandten sich damit gleichermaßen gegen Thomasius und begaben sich mehr oder weniger bewußt in unmittelbare Nähe zur Leibnizschen Rechtsphilosophie.

---

[827] So heißt es im „Programma" zum Privatkolleg des Thomasius über seine „Institutiones" aus dem Jahre 1691: „Man schlepte sich auf allen Universitäten mit denen Ethicen, die aus des Aristoteles Büchern zusammen gelesen waren, unerachtet der seelige Vater Lutherus öffters sehr harte wider dieselbigen geschrieben, und zankte sich über der Auslegung der eilff Aristotelischen Tugenden, und der unzulänglichen und dunckeln Lehre von dem höchsten Gut des Menschen; das vornehmste Stück der Sitten-Lehre, nemlich die Richtschnur eines Tugendhafften Lebens, und wie man die Laster vom Halse loß werden solte, blieb unberühret." (Vgl. auch *Petersen*, a.a.O., S. 388).

[828] Die von Thomasius herausgegebenen „Freymüthigen jedoch Vernunfft- und Gesetzmäßigen Gedancken über allerhand fürnehmlich aber Neue Bücher" aus dem Jahre 1690 brachten Monat für Monat Stiche, die das Lehrsystem der Schulphilosophie karrikieren sollten: „Im September wird das ‚Idolum Ethicum', die ‚Justitia universalis', angebetet, und ein Philosophus erkläret seinen begierigen Auditoribus das mysterium: Justitia in sese virtutes continet omnes." (Vgl. *Petersen*, a.a.O., S. 391–392).

[828a] Für das Urteil der Zeit mag folgende Bemerkung in einer ungedruckten Vorlesungsmitschrift über *Gundlings* „Collegium Juris Naturae et Gentium" stehen, die mir mein verehrter Lehrer, Herr Prof. D. Dr. Erik Wolf, freundlicherweise zur Verfügung gestellt hat. Es heißt hier auf Seite 55 im Zusammenhang mit der Thomasischen Definition der „Socialitas": „Diese Beschreibung hat der H. Thomasius gegeben, um damit den Adversariis des Pufendorffs das Maul zu stopffen."

A. Johann Ludwig Prasch (1637–1690)

Seit Grotius den Gedanken der „disciplina Christiana" in die Naturrechtslehre hineingetragen[829] und Selden bald darauf das „jus naturale" nach der Ordnung des Alten Testaments dargestellt hatte[830], empfand man allgemein das Fehlen eines rechtsphilosophischen Systems, das auf der Grundlage biblischer Weisungen und insbesondere auf dem Gebot der Nächstenliebe aufbaute, mit der zunehmenden Säkularisierung des Naturrechts in der zweiten Hälfte des 17. Jahrhunderts als einen besonders schwerwiegenden Mangel. Immer wieder wurde der Ruf nach einem Werk laut, worin das Naturrecht entsprechend der christlichen Lehre (jus naturae secundum disciplinam christianorum) behandelt werde. Zunächst griff Boecler die Anregungen im „Ius Belli ac Pacis" auf[831], führte sie in seine Straßburger Vorlesungen ein und berichtete davon auch dem Freiherrn von Boineburg, mit dem er in brieflicher Verbindung stand. Boineburg gab seinerseits dem Wunsch nach einer christlichen Begründung des Naturrechts in einem Brief an Rachel Ausdruck[832], vermutlich in der Hoffnung, daß Rachel selbst diese große und schwierige Aufgabe zu übernehmen gedenke. Indessen war sich Rachel der Problematik einer „christlichen" Naturrechtslehre und der damit notwendig verbundenen theologischen Abgrenzung von natürlicher und geoffenbarter „christlicher" Religion sehr wohl bewußt[833]; er schloß sich zwar den Forderungen Boineburgs aus-

---

[829] Hugo *Grotius*, De Iure Belli ac Pacis libri tres, Parisiis 1625, Prolegomena 29.

[830] John *Selden*, De Jure Naturali et Gentium juxta Disciplinam Ebraeorum libri septem, London 1640. – Vgl. oben Seite 164 ff.

[831] Johann Heinrich *Boecler*. In Hug. Grotii Jus Belli ac Pacis ad Illustrem Baronem Boineburgium Commentatio (1663), Gießen 1687, Praefatio, S. 20. – Vgl. oben Seite 139, Anm. 122.

[832] Samuel *Rachel*, De Jure Naturae et Gentium dissertationes, Kiel 1676, diss. I, § 101, S. 99. – Vgl. oben S. 220, Anm. 504.

[833] *Rachel*, De Jure Naturae, diss. I, § CI, S. 99–100: „Credo autem Maecenatis quondam nostri desiderium hujus discriminis demonstratione non potuisse expleri, sed imprimis hoc illum voluisse, ut ex optimorum Theologorum, & imprimis Ecclesiae Patrum, scriptis ostenderetur, quid ipsi crediderint Juris esse Naturalis: quibus argumentis quaeque capita adstruxerint et illustraverint: quomodo illa disciplinae Christianae vel consentire, vel hanc Jure Naturali praestare & prae illo multa eximia habere existimaverint. Cum itaque hoc argumentum

drücklich an, verschob aber zugleich den Akzent auf jene allgemeine Vorfrage nach dem Verhältnis der „Lex Charitatis" zum Naturrecht[834] und wies, gefolgt von Leibniz, mehrfach darauf hin, daß die „leges Caritatis et Patientiae" noch nicht einmal theoretisch hinreichend geklärt seien; deshalb müsse man zunächst die Beziehungen zwischen der Gerechtigkeit (justitia), Freundschaft (amicitia) und Nächstenliebe (caritas) untersuchen und feststellen, ob das Gesetz der Liebe über das Naturrecht hinausgreife und in welchem Maße jenes das letztere bestimme[835]. Weit unbefangener nahm dagegen Boeclers Schüler Zentgrav den Gedanken eines christlichen Naturrechts auf und verteidigte ihn in der Auseinandersetzung mit Pufendorf und Strimesius[836]. Eine allgemein für notwendig erachtete systematische Grundlegung des „jus naturae secundum disciplinam christianorum" in der „lex Caritatis" brachten jedoch erst die Schriften von *Prasch*[837], der, ebenfalls ein Schüler Boeclers und Rachels, die Denkansätze beider Gelehrten weiterführte und zu vervollständigen suchte.

Johann Ludwig Prasch wurde im Jahre 1637 zu Regensburg geboren. An den Universitäten Jena, Straßburg (bei Boecler) und Gießen studierte er

---

nemo feliciter tentare, nedum perficere tantum opus possit, nisi qui & Naturalis & Revelatae religionis Christianae exactam cognitionem sibi comparaverit, Theologis sane hoc reliquendum est."

[834] *Rachel*, De Jure Naturae, ebenda, S. 100: „Et quia imprimis in disciplina Christiana tantopere commendatur & Lex Charitatis & Lex Patientiae, notumque sit, cum ab aliis tum a Grotio his multos singulares effectos tribui solere, hortatus sum, imo rogavi, nonnullos, ut his Legibus explicandis aliquam operam navarent: docerentque, quatenus illae cum Jure Naturae convenirent, aut ipsi praecellerent."

[835] *Rachel*, Otium Noviomagense, Dedicatio: „Quo magis & miror & doleo, illas Caritatis et Patientiae leges ne quidem quod ad theoriam satis, quod sciam, explicatas esse, aut Principibus a suis Sacerdotibus qua par est sanctitate & sedulitate inculcari, ad quarum tamen praxin omnes Christiani tam religiose sunt obstricti. Primo enim investigandum fuerit, quid inter Justitiam, Amicitiam & Caritatem intersit, & an hujus lex ultra jus naturae progrediatur, & quid quantum exigat." − Vgl. dazu auch die Anmerkung *Leibnizens:* „Recte Rachelius praefatione Otii Noviomagensis leges caritatis ne quidem quoad theoriam satis esse explicatas." (Grua, Textes II, 633).

[836] Johann Joachim *Zentgrav*, Disquisitio de Origine, Veritate et immutabili Rectitudine Juris Naturalis secundum disciplinam Christianorum, Straßburg 1678. − Vgl. oben Anm. 617.

[837] Zu *Prasch* vgl.: H. F. W. *Hinrichs*, Geschichte der Rechts- und Staatsprinzipien, Bd. 3, S. 197–219. − Ernst *Landsberg*, Geschichte der deutschen Rechtswissenschaft III, 1, Text S. 33, Noten S. 19. − Johann *Sauter*, Die philosophischen Grundlagen des Naturrechts, S. 100, 153. − Gaston *Grua*, Jurisprudence universelle et théodicée selon Leibniz, Paris 1953, S. 433–435.

Jurisprudenz und Sprachwissenschaften. Bald darauf wurde er in seiner Vaterstadt zum Syndicus ernannt. Seine gründliche Gelehrsamkeit und seine vielseitigen Interessen, vor allem auch auf dem Gebiete der Poetik, verhalfen ihm mit der Zeit zu hohem Ansehen und zu großem Einfluß auf die Stadtpolitik. Man berief ihn zum Finanzdirektor sowie zum Konsistorialpräses und übertrug ihm schließlich das Amt eines Deputierten der Stadt auf dem ständigen Reichstag zu Regensburg. Jöcher schreibt über Prasch: „... (er) setzte sich durchgehends in so große Hochachtung, daß in der Republic und Schule ohne seinen Rath nichts vorgenommen wurde, studirte bey seinen vielen Verrichtungen fleißig die Humaniora wie auch die bürgerlichen und natürlichen Rechte, starb den 11. Juli 1690 [838]."

Die beiden Hauptschriften Praschs, die „Commentatio de Lege Caritatis"[839] und die „Designatio Juris Naturalis ex Disciplina Christianorum"[840], fielen Leibniz vermutlich schon gegen Ende des Jahres 1688 während seines Aufenthaltes in Wien in die Hände. Leibniz zeigte sich äußerst beeindruckt und fertigte sich alsbald umfangreiche Auszüge an[841]. Dabei schrieb er insbesondere die beiden Übersichten (tabulae) im Anhang der „Designatio" nahezu unverändert ab; diese Kopie schien noch im Jahre 1893 dem Leibniz-Forscher Georg Mollat in so hohem Maße Leibnizsches Gedankengut zu enthalten, daß er sie bedenkenlos als „Tabulae duae disciplinae juris naturae et gentium secundum disciplinam christianorum" in seinen „Mitteilungen aus Leibniz' ungedruckten Schriften" veröffentlichte[842]. Der Irrtum Mollats wird vor allem dann verständlich, wenn man bedenkt, daß in der Tat zwischen der Naturrechtslehre Praschs und der Leibnizschen Rechtsphilosophie, wie sie im Vorwort zum „Codex Juris Gentium diplomaticus" zusammengefaßt ist, eine enge geistige Beziehung besteht. Obwohl

---

[838] Chr. Gottl. *Jöcher*, Allgemeines Gelehrten-Lexicon, Leipzig 1751, Bd. 3, Sp. 1752–1753.

[839] „De Lege Caritatis Commentatio ad Hug. Grotii opus de Jure Belli & Pacis", Ratisbonae (Regensburg) 1688.

[840] „Designatio Juris Naturalis ex Disciplina Christianorum", Ratisbonae (Regensburg) 1688.

[841] Abgedruckt mit zahlreichen Hinweisen auf *Mollat* und einigen Berichtigungen bei *Grua*, Textes inédits, Bd. II, S. 632–634.

[842] Georg *Mollat*, Mitteilungen aus Leibniz' ungedruckten Schriften, 1893, S. 96–99 (Mitte). Mit den Worten „Boeclerus jam notavit ...." beginnen die Auszüge Leibnizens aus dem Werk selbst (S. 99–102). Vgl. auch *Grua* II, 633. — Selbst Hans *Liermann* hielt die „Tabulae duae" noch im Jahre 1950 für eine Schrift von Leibniz in seinem Aufsatz „Zur Geschichte des Naturrechts in der evangelischen Kirche", F. f. Alfred Bertholet, Tübingen 1950, S. 294 ff.

Leibniz, soweit ersichtlich, niemals Gelegenheit hatte, den Regensburger Konsistorialpräses persönlich kennenzulernen, kam doch bereits im
Jahre 1689 ein Briefwechsel mit dem ostfriesischen Vizekanzler Heinrich Avemann [843], einem Freunde Praschs, zustande, der damals ebenfalls an den Regensburger Reichstag abgeordnet war: Vor einiger Zeit,
so schrieb Leibniz an Avemann, sei er in seinem Gepäck zufällig auf
die oben genannten Abhandlungen Praschs gestoßen und habe sich bei
der Lektüre sogleich an ein eigenes Schriftstück erinnert, worin die Gerechtigkeit aus dem Prinzip der Nächstenliebe abgeleitet werde. Nachdem er nun dieses Fragment gleichfalls bei seinen mitgeführten Papie-
ren gefunden habe, wolle er es ihm, Avemann, und mit dessen Einver-
ständnis auch Prasch zur Beurteilung übersenden: „Digna enim sunt
juris et aequi vera principia, ut attenta consideratione poliantur [844]."
Daraufhin antwortete ihm Avemann, ohne zur Sache selbst Stellung zu
nehmen, er habe sein Schreiben an Prasch weitergeleitet. Möglicherweise werde sich Prasch selbst mit ihm in Verbindung setzen. Außerdem könne Leibniz ja den Braunschweig-Lüneburger Reichstagsabge-
sandten Christoph von Weselow um dessen Korrespondenz mit Avemann über die Veröffentlichungen Praschs bitten; daraus gehe nämlich
hervor, daß die Abhandlungen Praschs ihnen beiden eher fromme Wünsche auszudrücken schienen, als ein Recht, das zu allgemeiner öffentlicher Anerkennung geeignet sei [845]. Zwar ist aus dem Leibnizschen
Nachlaß in Hannover ein Brief von Prasch nicht bekannt geworden [846];
gleichwohl läßt sich aber ein unmittelbarer Einfluß seiner Schriften auf
die Rechtsphilosophie Leibnizens deutlich erkennen. In der Vorrede
zum „Codex Juris Gentium diplomaticus" vom Jahre 1693 – also vier
Jahre später – begegnet man bei Leibniz erstmals ausdrücklich der Formel vom „Naturrecht nach christlicher Lehre" (auch wenn die Wur-

---

[843] Der Briefwechsel mit *Avemann* umfaßt 15 Briefe von Leibniz und 21 Briefe von Avemann aus den Jahren 1689–1708. Ein erster Teil davon ist abgedruckt
in der *Akademie-Ausgabe* I-5, und bei *Grua* II, S. 634–635. (Vgl. Bodemann,
Leibniz-Briefwechsel, S. 7).

[844] Brief an *Avemann* vom 6. (16.) Januar 1689 (A I-5, 358, Grua II, 634).

[845] Brief an *Leibniz* vom 6. (16.) Februar 1689 (A I-5, 369, Grua II, 635).

[846] Weder bei *Bodemann*, Briefwechsel, noch bei *Grua*, Textes, findet sich irgendein diesbezüglicher Hinweis. Es besteht deshalb durchaus die Möglichkeit, daß
Prasch zwar an Leibniz geschrieben hat, der Brief aber Leibniz in Wien nicht
mehr erreichen konnte, weil dieser bereits im Februar 1689 nach Venedig abge-
reist war, und später verloren gegangen ist.

zeln dieses Gedankens sich noch weit in seine akademischen Arbeiten hinein zurückverfolgen lassen): „Atque hoc sensu recte a Viris doctis inter desiderata relatum est, jus naturae et Gentium traditum secundum disciplinam Christianorum, id est (ex Christi documentis) τὰ ἀνώτερα, sublimia divina sapientum⁸⁴⁷." Darüber hinaus wird man diesen Worten Leibnizens wohl zugleich auch einen Hinweis auf Boecler, Boineburg und Rachel entnehmen können.

Ebenso knüpfte auch Prasch bereits in seinem Grotius-Kommentar „De Lege Caritatis"⁸⁴⁸, welchen er Avemann zugeeignet hatte, deutlich an die Lehren Rachels und Boeclers an. Noch bemühte er sich nicht um eine christonome Grundlegung des Naturrechts in den Weisungen des Evangeliums, sondern versuchte zunächst, den Begriff der „Caritas" selbst zu bestimmen, und beschäftigte sich, den Anregungen Rachels folgend, vorwiegend mit der Frage nach den Beziehungen der Nächstenliebe zur Gerechtigkeit und zum Naturrecht⁸⁴⁹. Zugleich lag in der einheitlichen Ausformung des Liebesgedankens zur „Lex" eine verborgene Kritik an der Boeclerschen Unterscheidung zwischen der verpflichtenden Weisung (praeceptum) und dem unverbindlichen Rat (consilium), eine Differenzierung, die sich nach der Ansicht Praschs in der Lehre Christi nicht durchführen lasse⁸⁵⁰. Den eigentlichen Ausgangspunkt seiner Untersuchung über das Gesetz der Liebe bildeten für Prasch vielmehr die mannigfachen Anspielungen auf den „caritas"-Gedanken und die „lex Evangelica" im „Ius Belli ac Pacis"⁸⁵¹. Insofern stand Prasch zunächst gewissermaßen noch in der Traditionslinie der Grotius-Kommentatoren. Das zeigt bereits deutlich sein dreiglied-

---

⁸⁴⁷ Codex Juris Gentium diplomaticus (1693), Praefatio (Erdmann 120).

⁸⁴⁸ Vgl. oben Fußnote 839.

⁸⁴⁹ De Lege Caritatis, § I, S. 7: „Persaepe mentio fit caritatis, cum ab aliis Juris Naturalis doctoribus, tum praecipue a Grotio; ita tamen ut non liqueat satis, quid sit caritas, praesertim Christiana; qui differat a justitia, vel jure summo, vel a jure naturali; an huic juri aliquid addat, seu consilii modo, seu praecepti, atque adeo majora exigat; an ipsi caritati accedat aliquid a patientia severius; quid denique statuendum sit de lege, cui adscribitur, Evangelica. Quippe nec tradita ad plenum, & dubitationibus & erroribus implicata res est. Permovit hoc Illustrem Virum, Sam. Rachelium, Patronum meum." (Vgl. auch § XIV, S. 31).

⁸⁵⁰ De Lege Caritatis, § II, S. 9: „Cl. Boecleri verba in Grot. 1. 2. c. 1. n. 8. haec sunt: Aliud scilicet est lex caritatis, aliud consilium." – § VI, S. 16: „Distinctionem consilii a praecepto in doctrina hominum largimur, in doctrina CHRISTI haud agnoscimus."

⁸⁵¹ De Lege Caritatis, § II, S. 8–10.

riger Naturrechtsbegriff. In Anknüpfung an die grotianische Gottesrechtslehre[852] und im Gegensatz zum Zwei-Reiche-Denken der lutherischen Orthodoxie unterschied Prasch drei aufeinanderfolgende Entfaltungsstufen des natürlichen Rechts: das „jus naturae integrae" des
Unschuldsstandes, das „jus naturae corruptae" des Sündenstandes und
das „jus naturae reparatae" im Christenstand[853]. Den obersten Grundsatz des „jus naturae corruptae" aber bilde die Maxime: Jeder ist sich
selbst der Nächste[854]. Wenn Grotius also behaupte, daß sich die Nächstenliebe vom Naturrecht unterscheide, so beziehe er sich ausschließlich
auf das Recht der Sündennatur. Damit sei erwiesen, daß Grotius deshalb nicht als „rechter Lehrmeister" des Naturrechts in Betracht kommen könne, weil er lediglich die „natura corrupta" des Menschen ins
Auge gefaßt habe[855]. Dem Einwand, Grotius habe ja nicht nur für
Christen, sondern für die gesamte Menschheit schreiben wollen, begegnete Prasch mit dem etwas oberflächlichen Hinweis auf die Heilsfunktion und die vernunftfördernde Wirkung des christlichen Naturrechts[856].

Im Ergebnis sah Prasch also keinen Unterschied zwischen dem natürlichen Recht und der Nächstenliebe[857], selbst wenn er im einzelnen wie
Zentgrav die „caritas communis" von der „caritas christiana" trenn-

---

[852] De Iure Belli ac Pacis, Lib. I, cap. 1, § 15,2: „Hoc autem ius aut datum
est humano generi, aut populo uni. Humano generi ter ius datum a Deo reperimus:
statim post hominem conditum, iterum in reparatione humani generis post dilu-
vium, postremo in sublimiori reparatione per Christum. Tria haec iura haud dubie
omnes homines obligant, ex quo, quantum satis est ad eorum notitia pervenerunt."
[853] De Lege Caritatis, § III, S. 10: „Nos distinguimus ante omnia jus naturae.
Etenim natura primo fuit integra, deinde corrupta, postremo per Christum repa-
rata. Aliud igitur est jus naturae corruptae, aliud integrae, vel integratae."
[854] Ebenda: „Jus naturae corruptae est (tenues illas & obscuras integrae reliquias vix est memoremus) vel quod ipsa natura depravata sibi finxit. ... Summa
nempe juris hujus est: Proximus quisque est sibi."
[855] De Lege Caritatis, § III, S. 11: „Potest ergo sane dici, differre caritatem
(ut in sacris literis explicatur) a jure naturae, sed corruptae: quod solum tradit
Grotius ex professo. ... Non ergo rectus juris naturalis magister est Grotius, quia
sequitur naturam corruptam."
[856] Ebenda: „Dices, Grotium non scripsisse Christianis solis, sed humano
generi, sed profanis etiam, & Christianis simulatis. Verum, etiamsi hoc concedam,
non oportet utique cum insanientibus furere, sed ita potius agere, ita loqui, ut
& ipsi sanentur."
[857] De Lege Caritatis, § IV, S. 12: „Potius autem est, ut dicamus, caritatem
non differre, quemadmodum putavit Grotius, a jure naturali."

te⁸⁵⁸; im Gegenteil, unter Berufung auf Hugo de Roy⁸⁵⁹ führte auch
Prasch eigens die Liebe zu Gott und zum Nächsten unmittelbar auf das
natürliche Recht zurück⁸⁶⁰, und zwar mit folgender Begründung: Erstens könne eine Ordnung mit allgemeiner Verbindlichkeit nur aus
dem Naturrecht fließen; ausnahmslos alle Menschen aber verpflichteten
allein die Gebote Gottes. Zum zweiten sei Gott selbst „Liebe" (ἀγάπη)
und der Mensch zum Ebenbild Gottes erschaffen; so habe zugleich die
Natur den Menschen zur Liebe bestimmt. In dritter Hinsicht verbinde
eine natürliche Übereinstimmung die Menschen auch untereinander zur
gegenseitigen Nächstenliebe (mutua caritas). Daraus folge letztlich
viertens, daß die biblische „lex moralis" das natürliche Recht nur wiederhole, wie die Summa Matthaei (diliges proximum tuum sicut te ipsum) zeige⁸⁶¹. Auf Grund dieser „Beweisführung" gelangte Prasch zu
der Überzeugung, daß die Nächstenliebe unentbehrlich (necessaria) sei
und mit Recht ein Gesetz (lex) genannt werde⁸⁶². „Nonne caritas vinculum universi est?"⁸⁶³

Im folgenden Teil seiner Schrift wandte sich Prasch den einzelnen
Erscheinungsformen der „lex caritatis" und den darauf beruhenden
unterschiedlichen Ordnungen der Liebe zu. Analog zur Vielfalt der

---

⁸⁵⁸ Ebenda: „Sed distinguimus ante omnia caritatem indefinite acceptam, a
caritate Christiana. Potest enim caritas illi etiam vel ab illo exhiberi, qui Christianus non est. Christiani nomen involvit respectum & obligationem singularem.
... Una quidem, quod ad essentiam ac thesin attinet, eademque est caritas; aliter
tamen exercetur a Christiano vel in Christianum, aliter a profano vel in profanum."

⁸⁵⁹ Hugo de Roy, De eo quod justum est, et circa id Philosophiae, Theologiae
et Jurisprudentiae syncretismo, libri tres, Ultrajecti (Utrecht) 1645.

⁸⁶⁰ De Lege Caritatis, § V, S. 13–14: „Neque adeo errat Hugo de Roy, quatenus dilectionem Dei & proximi ad jus naturale refert, tit. 3. n. 5."

⁸⁶¹ De Lege Caritatis, § V, S. 14: „Quod enim (1.) omnes obligat, non potest
alio referri, quam ad jus naturae. At praecepta Dei moralia (in quibus caritas)
omnes obligant, teste Ecclesiaste, c. 12. v. 13. & Paulo, 1. Tim. 1. v. 5. (2.) DEUS
est ἀγάπη. 1. Joh. 4. v. 7. Atqui homo conditus est ad imaginem Dei. Natura
igitur factus ad amandum. (3.) Saltem hoc concedes, teneri cognatos ad amorem
mutuum. Jam vero inter homines cognationem quandam natura constituit. Pro-
prius remotius, ab una stirpe omnes sumus. Quod explicat Seneca, Ep. 96. (4.) Et
nonne lex moralis, repetitio est juris naturalis? Rom. 2. v. 14. 15. Unde &
Hebraei jus naturae nominant mores, Seldeno teste."

⁸⁶² De Lege Caritatis, § VI, S. 15: Ex his ipsis sane quam apertis datur
intelligi, caritatem, universe & generatim loquendo, esse necessariam, meritoque
dici legem caritatis."

⁸⁶³ De Lege Caritatis, § V, S. 15.

Rechtsnormen[864] versuchte er zunächst die verschiedenen Stufen (gradus), Arten (species) und Bezeichnungen (nomina) der allgemeinen Nächstenliebe (caritas communis) zu erfassen[865]. In besonders reichem Maße werde man der Nächstenliebe in der Freundschaft (Amicitia) gewahr; deshalb heiße man sie auch oft „Freundesliebe" (amor amicitiae)[866]. Des weiteren bestehe eine Verbindung zwischen der Liebe und der Gerechtigkeit (Justitia): zwar seien beide Prinzipien begrifflich voneinander zu trennen, doch dürfe die „caritas" der „justitia" keinesfalls entgegengesetzt werden[867]. Endlich werde auch die Nachgiebigkeit des Rechts (remissio juris) bald Billigkeit (aequitas), bald Nächstenliebe (caritas) genannt, wenn man von seinen rechtlichen Befugnissen um der Liebe willen keinen Gebrauch mache[868]. – Von dieser „caritas communis" und ihrem sachlich-objektiven Sinngehalt gesondert, behandelte Prasch die christliche Nächstenliebe (caritas Christiana) im Hinblick auf ihren personal-subjektiven Bezugspunkt: die christliche Existenz. Weil der Verpflichtungsgrund des christlichen Nächstenrechts dem einzelnen gewissermaßen von außen her zuteil werde, greife die „caritas Christiana" über die allgemeine Nächstenliebe hinaus[869]. Die-

---

[864] De Lege Caritatis, § VII, S. 17: „Sunt autem varii respectus & necessitudinis gradus inter homines: unde varia juris vincula & obligationis gradus existunt."

[865] Ebenda, S. 17–18: „Quot igitur harum rerum, quot officiorum ac virtutum appellationes; tot sunt caritatis nomina, tot species. Sed in aliis actibus magis eminet caritas, in aliis minus."

[866] De Lege Caritatis, § VII, S. 18: „Verbi gratia: evidenter & ubertim conspicitur in Amicitia: ex quo appellatus est amor amicitiae. Nam et amicus ab amando ducitur Festo."

[867] Ebenda: „Aliud subjicimus exemplum: praetor punit nocentem. Hoc non videtur opus dilectionis, sed contrariae severitatis. Itaque Justitiae adscribitur. Qui damnum dedit, cujus reparatio potest exigi, dicitur laesisse justitiam; qui secus, caritatem ... Hoc quidem sensu distinguitur, non opponitur caritas justitiae."

[868] Ebenda: „Remissio quoque juris, cum amoris ergo ne eo quidem utimur, quod licet; nunc ἐπιείκεια vocatur, i. e. aequitas (vid. Terent. Adelph. 1. 1. 26. ibique Donat.) nunc caritas; adeoque opponitur jure stricto, & ex genere fit species."

[869] De Lege Caritatis, § X, S. 20–21: „Nunc agendum singillatim est de caritate Christiana. Superius namque monui, plus esse quodammodo caritatem Christianam, quam communem, & intendi vim obligationis universalis singulari hoc respectu, qui extrinsecus a persona accedit. Hoc loco addimus, omnium arctissimum esse vinculum, etiamsi solum sit, quod religionis Christianae contemplatio et commercium gignit."

sen Gedanken exemplifizierte Prasch im einzelnen am Beispiel der folgenden vier denkbaren Rechtsverhältnisse[870]. Wenn der Christ einen Heiden (profanus) verletze, so liege zwar darin ein Vergehen, welches schwerer wiege als die Freveltaten der Heiden untereinander[871]; ein weit abscheulicheres Verbrechen begehe dagegen ein Heide, der einem Christen Schaden zufüge[872]; am schwersten aber versündige sich ein Christ, wenn er einen anderen Christen angreife, weil er damit zugleich Gott selbst beleidige und dem ewigen Gericht verfalle[873]. Auch die Geduld (Patientia) und die Demut (Humilitas) rechnete Prasch im weiteren Sinne zu den Tugenden der „caritas Christiana"[874].

Im Bewußtsein, den Gedanken des Nächstenrechts nur mit groben Pinselstrichen umrissen zu haben, und in der Absicht, das Versäumte in einer weiteren Abhandlung zum Naturrecht gemäß christlicher Lehre nachzuholen[875], beschloß Prasch seine erste Schrift über das Gesetz der Liebe. Aber schon bald nach ihrem Erscheinen veröffentlichte Christian Thomasius im Februar-Heft seiner „Monatsgespräche" vom Jahre 1689 eine ausführliche kritische Stellungnahme[876]. Darin warf er Prasch im wesentlichen vor, die scheinbare Trennung von „jus naturale" und „ca-

---

[870] De Lege Caritatis, § XI, S. 22: „Distinctius agam. Vel Christiani actio dirigitur in profanum, vel profani in Christianum, vel uterque Christianus est."

[871] Ebenda: „Christianus, laedens profanum aut deserens, nisi alia cogat ratio, peccat: quia caritas ad omnes pertinet homines, praecepti modo. ... Et quidem gravius peccat, quam profanus laedens profanum: quia profanorum maledictis exponit nomen Christi, nocetque exemplo."

[872] De Lege Caritatis, § XI, S. 23: „At profanus Christianum laedens longe atrocius admittit facinus. Clamat enim de coelo Christus: Saul, Saul, quid ME persequeris?"

[873] Ebenda: „Omnium vero teterrime peccat Christianus, insultans Christiano. ... Aestimatio hujus criminis immensa est. Omni quidem malefacto infinitum laeditur Numen, in aeterna supplicia. Nequaquam tamen Deus alia delicta sic in injuriam suam accipit, ut ea, quae petunt Christianos. ... Immensiora tamen, ut sic dicam, malefacta sunt, quae a Christianis ipsis proficiscuntur, in opprobrium tam magni et benefici nominis."

[874] De Lege Caritatis, § XIII, S. 26: „Quid est autem Patientia Christiana? Et haec subjicitur caritati, sicut etiam Humilitas. ... Nisi quod caritatem in agendo, patientiam (ut ipsum nomen indicat) in patiendo magis cerni, dicere possis."

[875] De Lege Caritatis, § XIV, S. 31: „Atque haec satis sit de Christiana caritate rudi penicillo adumbrasse. Plura sufficiemus, Deo favente, in Compendio Juris Naturalis ex disciplina Christianorum."

[876] „Freymüthige, lustige und ernsthaffte, jedoch vernunfft- und gesetzmäßige Gedanken oder Monats-Gespräche über allerhand, fürnehmlich aber neue Bücher", Frankfurt und Leipzig 1689, im Februar-Heft, S. 79 ff.

ritas" bei Grotius als Entgegensetzung von Recht und Liebe mißverstanden zu haben und bei seiner Deduktion der „lex caritatis" unbe-
rechtigterweise vom Christenstande ausgegangen zu sein[877]. Vor allem
hatte wohl Thomasius eine Aushöhlung seines Vernunftprinzips durch
das Glaubensprinzip Praschs zu befürchten[878]. Prasch ließ sich jedoch
von der Autorität des Thomasius keineswegs beeindrucken und wies
dessen Vorwürfe schon im März 1689 in einer „Kurtzen Gegen-
Antwort"[879] mit aller Entschiedenheit zurück[880]. Wenn Grotius das
Gesetz der Liebe dem natürlichen Recht gegenüberstelle, dann könne
er die „caritas" nur in einem weiten Sinne – als Ordnungsprinzip –,
nicht aber in ihrer engeren Bedeutung – als Tugend – verstanden haben[881]. Auch gehe Thomasius mit seiner Behauptung fehl, daß sich alle
Menschen noch immer im „status corruptus" befänden; er, Prasch, be-
anspruche jedenfalls für seine Person im Christenstande zu leben und
bedauere es, wenn Thomasius über sich anders denke[882]. Damit hoffte

---

[877] Vgl. auch die „Historia Juris Naturalis", cap. VI, § LII, S. 127–128.

[878] Darin sieht *Hinrichs*, a.a.O., Bd. 3, S. 205–207, den eigentlichen Hintergrund der Auseinandersetzung.

[879] „J. L. Praschens Kurtze Gegen-Antwort / auf Herrn Christian Thomas
Einwürffe / wider seine Schrifft / Vom Gesetz der Liebe", Regensburg und
Leipzig 1689.

[880] Kurtze Gegen-Antwort, S. 1: „Ob es wol unnöthig wäre / auf Herrn Christian Thomas Einreden (wider mein Tractätlein vom Gesetz der Liebe) so in
Februario seiner Freymüthigen Gedancken dieses Jahrs sich finden / zu antworten /
weil es sich selbst genugsamlich vertheidiget / ja der bloße Titel und das Wort der
Liebe die gegenseitige Meynung hauptsächlich umstosset; so will ich ihn doch hie-
mit gar kürtzlich auff die schon gegebene Antwort weisen / damit er nicht ge-
dencke / ich wolle Ihm durch Stillschweigen etwas einräumen / oder ihn keiner
Antwort und Bescheids würdigen / mithin das Gesetz der Liebe selbst brechen."

[881] Kurtze Gegen-Antwort, S. 2: „H. Gegner meldet / Grotius habe gantz offen-
bahr die engere Bedeutung des Gesetzes der Liebe vor Augen gehabt; also hätte
ich billig dabey bleiben / und die Frage / wie weit die Liebe von dem natürlichen
Recht überhaupt zu unterscheiden sey / beyseit setzen sollen. Wird er aber sich
der Worte Grotii erinnern / die ich p. 8. und 9. angezogen / so wird er sehen /
daß Grotius gantz weitläuffig Christi Lehre dem natürlichen Recht entgegen setze;
daß er lehre / Christus fordere durchgehends mehr / als das natürliche Recht. Und
wie kan es ohne Absurdität anderst seyn? Sintemal die engere Bedeutung des Gesetzes der Liebe keine diversa juris species ist / die dem juri naturali opponirt und
praeponirt werden mag / so wenig als amicitia."

[882] Kurtze Gegen-Antwort, S. 4: „Was H. Gegner beyfüget / hat mich sehr
gewundert. Wir alle miteinander / spricht er / und folglich auch Prasch und ich /
leben im Stande der verderbten Natur. Hiewider protestire ich meinesteils / und
sage / daß ich nicht im Stande der verderbten / sondern der durch Christum
reparirten / und vom H. Geist erneuerten Natur lebe. Ist H. Gegentheil in einem

Prasch, die Einwände des Thomasius, „dessen Erudition (er) sonst verehre, dißmahl aber für überflüssig halte" [883], hinreichend und wirksam widerlegt zu haben. Vermutlich in der Absicht, die Fakultäten der Universität Leipzig für seine Lehre zu interessieren, übersandte er die Replik alsbald seinem Freunde Joachim Feller [884], einem Professor der Poetik und Vater des Historikers Joachim Friedrich Feller, welcher in den Jahren 1696 bis 1698 als Sekretär bei Leibniz beschäftigt war [885].

Sein Versprechen in der „Commentatio", demnächst die Grundlagen des natürlichen Rechts aus der christlichen Lehre zu entwerfen, löste Prasch noch im selben Jahre mit seiner zweiten Schrift, der „Designatio Juris Naturalis ex Disciplina Christianorum" [886], ein. Bedauerlicherweise liegen von dieser zunächst wohl als umfassendes Naturrechtshandbuch geplanten Arbeit [887] nur die „Prolegomena" vor; der frühe Tod im Jahre 1690 hinderte Prasch an der Vollendung seines Werkes. Dennoch gelang es ihm, auch in diesen wenigen Kapiteln mit seinem „Schattenriß" ein eindrucksvolles Bild des natürlichen Rechts nach christlicher Überlieferung zu zeichnen [888]. Er folgte dabei wiederum

---

andern Stande (welches ich doch nicht hoffen will) so stehet es gewiß umb ihn gefährlich. Aber das ist wahr / daß wir unter solchen leben / die im Stande der verderbten Natur sind / ob sie wol für Christen wollen angesehen seyn. Diesen zu gefallen / werde ich meinen Stand nicht ändern / und nach den Regeln ihrer verderbten eigennutzigen Natur mich richten / sondern nach der liebreichen Lehre Christi / und nach der Gnade / die in mir ist. Und sind wir ja vielmehr schuldig / denen / die in solchem Stande noch nicht sind / müglichst darein zu helffen; so bedarff es keiner Erweisung des natürlichen Rechts aus dem Stande der ietzigen verderbten Natur."

[883] Kurtze Gegen-Antwort, S. 10–11.

[884] Vgl. „J. L. Praschens Sendschreiben An Herrn Joachim Feller / betreffend Herrn Christian Thomasen Meynung / Vom Gesetz der Liebe", abgedruckt im Anhang zur „Kurtzen Gegen-Antwort."

[885] Vgl. dazu *Bodemann*, Leibniz-Briefwechsel, S. 57, Nr. 263. – Chr. Gottl. *Jöcher*, a.a.O., Bd. II, Sp. 554: „(Feller) . . . begab sich 1696 zu dem Herrn von Leibnitz nach Hannover, allwo ihm derselbe zum Excerpiren zu seiner vorhabenden historia brunsvicensi brauchte."

[886] Vgl. oben Fußnote 840.

[887] Das ergibt sich insbesondere aus den beiden, von *Leibniz* kopierten „Tabulae" im Anhang zur „Designatio": „TABULA PRIMA, Quae complectitur jus naturae internum, sive simplex & inchoatum" – „TABULA SECUNDA, Quae complectitur jus naturae externum, sive sociale & perfectum."

[888] Designatio Juris Naturalis, § I, S. 9: „Juris ejus Naturalis, quod a Filio Dei traditum est (quem ipsum νόμον βασιλικόν et ζῶντα νόμον vocat Eusebius, Orat. de laudib. Constantini, c. 3.) σκιαγραφίαν, et hanc rudem brevemque, dare cogito."

den Anregungen seines Lehrers Boecler aus dessen berühmtem Grotius-Kommentar[889]. – „Primum omnium, qui Christianus est, lege Christi vivit[890]." Dieses Grundgesetz christlicher Existenz bildete für Prasch den eigentlichen Kristallisationskern jeglicher Rechtsphilosophie und stand damit auch am Anfang seiner Naturrechtslehre. Denn nicht die gesamte Rechtsordnung Christi wolle er darstellen, sondern unter Ausschluß der „lex fidei" und des übrigen positiven Rechts nur die „lex naturalis", wie sie aus der „lex aeterna" hervorgegangen sei[891]. Die Frage, ob es überhaupt ein Naturrecht gäbe, hielt Prasch für sinnlos und verfehlt, da feststehe, daß Christus ein allgemeines Gesetz erlassen habe, welches zu befolgen in aller Regel jedermann verpflichtet sei[892]. Das so postulierte Naturrecht unterteilte nun Prasch der menschlichen Wesensart entsprechend in ein „jus internum & simplex" des Menschen „an sich" und in ein „jus externum & sociale" des Menschen innerhalb einer bestimmten Gemeinschaft[893]. Das Recht der Individualnatur umfasse alle die Vorschriften, welche die „recta ratio" dem Menschen im Hinblick auf sich selbst eingebe (Schutz des eigenen Lebens, der Gesundheit etc.), während das Recht der Sozialnatur diejenigen Gebote enthalte, welche die „ratio socialis" vom Menschen mit Rücksicht auf die Gemeinschaft fordere (Deum colere, neminem laedere etc.)[894]. Jenes erstere „innerliche" Naturrecht verstand Prasch im Sinne der „πρῶτα κατὰ φύσιν" als „caritas naturalis" oder als Recht der Selbstliebe

[889] Designatio Juris Naturalis, praef.: „Accedit aliud, relictum a Grotio, ut observat perspicacissimus vir, Boeclerus, in commentarii praefatione praescribens."

[890] Designatio Juris Naturalis, § II, S. 10.

[891] Ebenda, S. 10–11: „Tametsi hic non agimus de tota Christi lege, nec de lege fidei (ut Apostolus vocat) aut alia positiva, sed de lege videlicet naturali. Quae et ipsa merito lex Christi dicitur; non quod Christus, ut alibi declaratum est, in Novo demum Foedere eam tulerit, diversam a primaevo jure, ac perfectiorem. Nequaquam est hoc modo nova, sed ipsum jus naturae quadamtenus instauratae, ab aeterna lege & coelesti archetypo proveniens."

[892] Designatio Juris Naturalis, § III, S. 11: „Supervacuum igitur hodie sit quaerere, an detur jus naturae? Etenim constat, fuisse & esse Christum, & dedisse legem universalem, cujus observantiam a nobis omni ratione exigat."

[893] Designatio Juris Naturalis, § IV, S. 12: „Dividendum nunc est jus naturae, alibi definitum, pro diversa hominis conditione. Spectatur enim homo vel in se, vel in societate positus. Jus, quod hominem in se attingit, appellamus internum & simplex; quod societatem respicit, vocabimus externum & sociale."

[894] Ebenda: „Ad internum pertinent praecepta, quae recta ratio homini in sese considerato suggerit; ut, agere curam sanitatis, fugere prodigentiam. Ad externum naturale refer jussa, quae alterius intuitu ratio dictat socialis: ut, Deum esse colendum honorandos parentes, laedendum neminem."

(φιλαυτία) [895]; dem zweiten „äußerlichen" Naturrecht, bezogen auf den Mitmenschen (socius) in seiner Gottebenbildlichkeit [896], ordnete er die „caritas socialis" oder das Recht der Nächstenliebe zu [897].

Hatte Prasch schon in seinem Grotius-Kommentar auf die Vereinbarkeit von Recht und Liebe hingewiesen, so erhob er nun den Gedanken der „caritas" zum Inbegriff und materialen Grundprinzip des natürlichen Rechts: „Summa namque & anima juris naturalis est caritas [898]." Dabei sah er die Nächstenliebe stets im Zusammenhang mit der Klugheit (prudentia) [899] als dem Richtmaß des Handelns und näherte sich hierin bereits stark dem Leibnizschen Satz: „Justitia est caritas sapientis [900]." Da die Nächstenliebe begriffsnotwendig alle privaten Rechtsbefugnisse mit Rücksicht auf die Gemeinschaft hintanstelle, gehöre zur „caritas (socialis)" in erster Linie der Verzicht auf die Durchsetzung eigenen Rechts (abdicatio sui, wörtlich: die Amtsniederlegung seiner selbst) [901]. Dieses Gebot der Selbstlosigkeit, entnommen der „Theologia Teutonica" Luthers [902], erhielt für Prasch eine besondere Bedeutung: er verteidigte es gegen die These Zentgravs vom Beginn der „caritas ordinata" bei der Selbstliebe [903] und versuchte es sogar mit der

---

[895] Designatio Juris Naturalis, § V, S. 13: „Tractamus primo jus internum, quod & simplex dicimus. Abstrahit enim hominem ratione ab societate, quatenus in se suosque & sua reflectitur. In se constat ex anima et corpore. Utraque servare, tum πρῶτα κατὰ φύσιν, prima naturae (quae sunt caritas quaedam naturalis, & appetentia sensus, & vocantur φιλαυτία) tum lex naturae impellit."

[896] Designatio Juris Naturalis, § VI, S. 15: „Ad jus externum commonefactio haec nos ducit: quod natura hominum socialis, & propria cujusque societatis ratio praescribit. Definitur nobis socius (quod tenendum probe) quilibet alter, ut a Deo, propter Deum, ad imaginem Dei conditus est, in mutuum adjutorium."

[897] Designatio Juris Naturalis, § VII, S. 17: „Efflorescit inde caritas, virtus proprie socialis; sicut alias justitia, quae, ut Tullius loquitur, foras prodit."

[898] Designatio Juris Naturalis, § VII, S. 18.

[899] Ebenda, S. 18–19: „Jungenda vero caritati prudentia, quae rerum singularum circumstantiam, modumque benefaciendi aestimat."

[900] Vgl. unten Seite 385–395.

[901] Designatio Juris Naturalis, § VIII, S. 20: „Primum vero caritatis, sive juris naturalis, caput est, abdicatio sui. Diximus supra, naturam jus dedisse cuique ad se suaque servanda, extra scilicet societatem. At in societate & contentione cessat illud jus ex lege caritatis, praevalet respectus socialis."

[902] Im Anhang II. zur „Designatio": „Epistola ad Amicum", S. 47, heißt es: „In Theologia Teutonica, a Luthero & Arndio edita, saepe legitur, daß die Ichheit / Meinheit / Selbheit muß zunichte werden."

[903] Designatio Juris Naturalis, § VIII, S. 22: „Immo et Christianorum regula fertur, quam restringunt aliqui ad bona coelestia ac moralia: Ordinata caritas incipit a se ipsa. Recte, incipit: sed desinit in aliis. Nam quo pacto aliis prodesse possemus, nisi consuleremus prius nobis?"

Summa Matthaei in Einklang zu bringen[904]. Denn die Verpflichtung zur Nächstenliebe sei gegenseitiger Natur (nexus mutuus); von ihr hänge das wahre und dauerhafte Wohl aller Menschen ab, welchem der private Vorteil weichen müsse[905]. – In zweiter Hinsicht aber fordere das natürliche Recht mit der „caritas (socialis)" außer der Selbstlosigkeit zugleich auch die Anerkennung und Wertschätzung anderer (aestimatio aliorum)[906]: die Liebe zu Gott als dem Schöpfer und Hüter der menschlichen Gemeinschaft[907] und die Liebe zum Nächsten, zu den Mitmenschen, welche von Gott als vernünftige Wesen erschaffen und zu seinem Ebenbild bestimmt worden seien[908]. Prasch verstand also den Begriff der „aestimatio" in doppeltem Sinn: im Hinblick auf Gott absolut und unbegrenzt (infinita), bezogen auf die Menschen aber relativ und ausgedehnt bis zum Altar (porrecta usque ad aras)[909]. In beiderlei Gestalt sei die Wertschätzung jedoch ebenso wie die „caritas mutua" wechselseitig (reciproca) wirksam. Denn vom anderen könne man stets nur dasjenige Recht erwarten, zu dem man sich selbst ihm verpflichtet wisse[910]. Deutlich trat auch bei Prasch die Goldene Regel in ihrer positiven Form als richtungweisender und begrenzender Maßstab der Nächstenliebe in Erscheinung, ein Sinnzusammenhang, auf dessen altertümliche, bis auf die hellenistische und frühchristliche Vulgärethik zurück-

---

[904] Designatio Juris Naturalis, § IX, S. 24: „Ad oraculum quod attinet, Diliges proximum tuum, sicut te ipsum; non ait equidem Christus, plus quam te ipsum; sed nec dicit, minus quam te ipsum. Sicut te, inquit. Sicut ergo tu vis, omnes tibi omnino parcere, succurrere, commodare, sic et tu facies omnibus."

[905] Designatio Juris Naturalis, § VIII, S. 22: „Nunc id solum diligenter tenendum dicimus, hunc amoris nexum esse mutuum, in eoque veram ac perpetuam verti hominum utilitatem, cui cedere quodvis debeat privatum commodum."

[906] Designatio Juris Naturalis, § X, S. 27: „Ex primo illo juris naturalis capite, quod est abdicatio sui, nascitur alterum, aestimatio aliorum. ... Hoc vere sociale est."

[907] Ebenda, S. 27-28: „Quem vero intelligimus alium? Primo Deum, societatis repertorem atque praesidem, & in sese cognoscendum, colendum, & amandum maxime. Is proprie censetur aestimative diligi."

[908] Ebenda, S. 28: „Aestimandi postea homines, ut homines, creaturae Dei rationales, ad imaginem ejus effictae & destinatae; Christiani vero etiam ad instar Christi. Societates subalternas pro cujusque lege & indole, & singulos mortalium pro cujusque bonis animi, corporis, fortunae, aestimare convenit."

[909] Designatio Juris Naturalis, § XI, S. 28: „Duplex autem est, quae a caritate proficiscitur, aestimatio. Intuitu Dei, absoluta est & infinita; contemplatione hominum rerumque relata ad Numen, & porrecta usque ad aras."

[910] Designatio Juris Naturalis, § XII, S. 31: „Est autem, quod notandum rursus, aestimatio haec reciproca. Idem jus ab alio sperabimus, ad quod ei devincti sumus. Quemadmodum P. Syr., ait: Ab alio expectes, alteri quod feceris."

reichende Tradition neuerdings Albrecht Dihle überzeugend hingewiesen hat[911]. Auf der Goldenen Regel beruhe zugleich das mit der Nächstenliebe verbundene Prinzip der Rechtsgleichheit (aequalitas) und der Grund der Gerechtigkeit (ratio justitiae)[912].

Zusammenfassend führte Prasch das Naturrecht nach christlicher Lehre letztlich auf zwei Grundverhältnisse zurück: auf die Pflichten des Menschen gegenüber der eigenen Person und auf seine Verbindlichkeiten gegenüber „dem" anderen oder Nächsten[913]. Diese nebeneinander bestehenden Ordnungen fanden bei Prasch ihre Ausgestaltung in seinen beiden Tafeln des natürlichen Rechts, von denen die erste veranschauliche, was das Wesen des „Seinen" ausmache, während die zweite Tafel zeige, wie der Begriff der „fremden Angelegenheiten" (Alienum) zu verstehen sei, so beispielsweise das „Suum cuique tribuere" oder das „Neminem laedere"[914]. Das Grundprinzip der ersten Tafel des natürlichen Rechts laute: über alle Güter habe der Mensch „aestimationis ordine" von Gott durch die Natur ein Recht erhalten, sie zu schützen und zu pflegen, nicht aber sie zu verschwenden und zu zerstören[915]. Die zweite Tafel aber besage, daß der Mensch vornehmlich dazu geboren sei, die Ehre (gloria) und den Nutzen (utilitas) der Gemeinschaft nach der darin aufgestellten Ordnung zu suchen und zu fördern[916]. Beide Tafeln des natürlichen Rechts, die „Selbstordnung" und die „Nächstenordnung", wurden jedoch von Prasch keineswegs isoliert betrachtet, sondern aufeinander verwiesen, miteinander verbunden und in gegen-

---

[911] Albrecht *Dihle*, Die Goldene Regel. Eine Einführung in die Geschichte der antiken und frühchristlichen Vulgärethik, Göttingen 1962; vgl. vor allem das Kapitel „Die Goldene Regel und das Nächstenliebegebot", S. 109–127.

[912] Designatio Juris Naturalis, § XII, S. 31: „In eoque posita est aequalitas, & justitiae ratio."

[913] Designatio Juris Naturalis, § XIV, S. 35: „Summa omnium, quae exposuimus, huc redit: Animo constituendum, quid SIBI, quid ALTERI quisque debeat."

[914] Ebenda, S. 35–36: „Duas igitur exhibemus tabulas: quarum prior ostendit, quid contineatur voce SUI; ut id amplecti & excolere animus possit. Altera edocet, quid comprehendatur ALIENI voce (si hoc alienum potest dici, quod maxime commendatur nostrae curae) ut cuique tribui, non adimi, non laedi, sed de nostro suppleri queat."

[915] Ebenda, S. 36: „Principium primae tabulae est: In omnia bona, quae enarrat, & quidem eo aestimationis ordine, quo enarrat, a Deo per naturam jus adepti sumus, ad tuendum ac fovendum, non ad projiciendum vel perdendum."

[916] Ebenda, S. 36: „Principium secundae tabulae est: Ad id praecipue nati sumus, ut eorum, quos enumerat, gloriam & utilitates, & quidem ordine, quem designat (unde gradus bene aut malefactorum noscuntur) quaeramus & expediamus pro virili, ceteris paribus."

seitiger Entsprechung gehalten. Lediglich im Falle eines Widerspruchs komme der Nächstenordnung „Dei causa" ein Vorrang zu [917].

Den Spuren des protestantischen Aristotelismus folgend, hatte Prasch mit seinem Werk den Gedanken des Naturrechts nach christlicher Lehre seiner Zeit noch einmal deutlich ins Bewußtsein zu rufen versucht; jedoch vergeblich, denn er vermochte die Säkularisierung des Naturrechts, seine Wandlung und Entwicklung zum weltlichen Vernunftrecht, nicht aufzuhalten. So kritisierte Christian Thomasius auch die „Designatio" Praschs in seinen „Monatsgesprächen" mit scharfen Worten [918]: Da Gott das natürliche Gesetz nicht nur den Christen, sondern auch den Heiden ins Herz geschrieben habe, dürfe man die Wissenschaft vom Naturrecht keinesfalls aus besonderen Prinzipien, wie der Offenbarung, sondern nur aus einem allgemeinen Grunde, der Vernunft, herleiten. Zudem könne die Heilige Schrift zur Erkenntnis des Naturrechts schon deshalb nicht herangezogen werden, weil sie außer den natürlichen Gesetzen auch sehr viel positives Recht enthalte, welches wiederum nur mit Hilfe der Vernunft vom Naturrecht zu unterscheiden sei. Prasch widersetzte sich jedoch auch diesem Angriff des Thomasius im Jahre 1689 mit einer „Klaren und gründlichen Vertheydigung des natürlichen Rechts nach Christlicher Lehre" [919]. Er argumentierte zunächst vom Gedanken des Christenstandes als der Überwindung des Sündenstandes und der Erneuerung des Unschuldsstandes aus und knüpfte daran die Frage, ob das Naturrecht unter diesem Gesichtspunkt nicht doch besser den Lehren der Christen und ihres Herrn, als der Wissenschaft der Heiden entnommen werden könne. Im zweiten Einwand des Thomasius dagegen erblickte Prasch ein gewisses Zugeständnis: wenn in der Heiligen Schrift sich überhaupt irgendwo natürliches Recht finde, dann müsse es auch mit der christlichen Lehre übereinstimmen und daraus abgeleitet werden. Anderenfalls handele es sich nicht um wahres Naturrecht [920]. – Eine endgültige Stellungnahme zu dieser Entgegnung

---

[917] Designatio Juris Naturalis, § XIV, S. 37: „Utriusque principii ordo, nexus, & conciliatio hac continetur regula: Si jus internum concurrat ac pugnare videatur cum externo, illud huic concedere oportet, Dei maxime causa."

[918] Vgl. oben Fußnote 876; die zweite Rezension ist abgedruckt im März-Heft der „Freymüthigen Gedancken", S. 206 ff.

[919] „Joh. Lud. Praschens klahre und gründliche Vertheydigung des natürlichen Rechts nach Christlicher Lehre / wider Herrn Christian Thomasens Anfechtungen", Regensburg 1689.

[920] Vgl. dazu auch *Hinrichs*, a.a.O., Bd. 3, S. 216–218.

Praschs überließ Thomasius seinem Schüler Jacob Friedrich *Ludovici* [921], der sich in der kurzen, ganz den Thomasischen Vorlesungen entstammenden Geschichte des Naturrechts ausführlich mit Prasch auseinandersetzte [922]. Ludovicis Polemik verließ jedoch bereits den Boden einer sachlichen Kritik. Er warf Prasch vor, den Begriff des „jus naturae" nicht mehr im herkömmlichen Sinne gebraucht zu haben, weil er das Naturrecht nicht aus dem Lichte der Vernunft, sondern aus dem Lichte der Offenbarung herleite und damit zwei aufs schärfste voneinander getrennte Disziplinen, die Jurisprudenz und die Theologie, vermische und in Verwirrung bringe [923]. Das Recht der „natura restaurata" aber sei nichts anderes als „Moraltheologie". „At de officiis christianismi agere, extra JCtorum et philosophorum, quatenus talium, sphaeram esse, non immerito censetur [924]."

Damit war die Lehre vom christlichen Naturrecht innerhalb des protestantischen Spätaristotelismus recht eigentlich schon zum Untergang verurteilt, auch wenn Rechtsgelehrte wie Placcius, Bodinus oder Leibniz sich noch um ihre Weiterbildung und Vervollkommnung bemühten. Denn hatte man den überlieferten Kernbestand des reformatorischen Naturrechts erst einmal in das Gebiet der Moraltheologie verwiesen, dann konnte unter den Juristen des 18. Jahrhunderts ein Interesse am Verständnis selbst des rechtsphilosophischen Sinngehalts der christlichen Naturrechtslehre überhaupt nicht mehr aufkommen.

---

[921] Zu Jacob Friedrich *Ludovici* (1671–1723) vgl. Ernst *Landsberg*, a.a.O., III, 1; Text S. 135–136, Noten S. 80–81.

[922] *Ludovici*, Delineatio historiae juris divini naturalis et positivi universalis, 2. Aufl., Halle-Magdeburg 1714, § LXXIV, S. 131-133: „Controversia cum Praschio."

[923] Delineatio, § LXXIV, S. 132: „Jam quando de jure naturae sermo est, omnes, qui unquam vocabulum juris naturae rite intellexerunt, officia ejusdem ex lumine rationis derivari sciunt, non ex lumine revelationis, quod theologiae munus est. Ergo, qui jus aliquod naturae ex s. scriptura deducendum esse contendit, duo illa lumina et disciplinas a se distinctissimas misere inter se invicem confundit, nec jus naturae docet, sed theologiam, et officia non hominum, sed christianorum."

[924] Delineatio, § LXXIV, S. 133: „Neque ergo ad meliorem cognitionem juris naturae restauratio imaginis Divinae in nobis necessaria. Et si velis dicere, quod nonnullis recentioribus in mentem venit, restaurationem tamen imaginis Divinae conferre magis ad cognitionem juris naturae restauratae per Christum: tunc iterum terminorum confusionem fieri et vocabulo juris naturae alienum prorsus significatum adfingi respondeo. Jus enim naturae restauratae nihil aliud est, quam theologia moralis, et officia hujus juris sunt ea, quae alias dicuntur officia christianismi."

B. *David Vincenz Placcius (1642–1699)*

Während man dem Kampf Pufendorfs gegen die lutherische Orthodoxie vielfach Anerkennung, seltener Kritik, allenthalben aber in zunehmendem Maße Beachtung schenkte, ist die Auseinandersetzung des
Thomasius mit dem protestantischen Aristotelismus allgemein nahezu
unbekannt geblieben, obwohl sie nur wenig über ein Jahrzehnt später
schon ihren Höhepunkt erreichte und in ihrer geistesgeschichtlichen Bedeutung der ersten Kontroverse kaum nachstand[925]. Vermutlich um
nicht in eine ähnliche Abwehrsituation zu geraten wie Pufendorf, hatte
Thomasius zunächst die Erwiderung Praschs auf seine Rezensionen
stillschweigend übergangen. Aber bereits im Jahre 1690 erhielt er unter
einem pseudonymen Absender einen Brief aus Hamburg, worin er auf
einige „Irrtümer" in seinen „Institutiones" hingewiesen wurde. Im wesentlichen richteten sich die Einwände gegen die Behauptung des Thomasius, daß die äußerliche Gottesverehrung (cultus Dei externus) nicht
mit Hilfe der Vernunft erwiesen werden könne. Im Gegenteil, so bemerkte der Briefsteller, gerade die Pflichten des Menschen gegenüber
Gott seien von der Vernunft geboten und gehörten damit zum Bereich
des Naturrechts. Thomasius zeigte den Brief einem seiner Hamburger
Hörer, der die Handschrift von Placcius zu erkennen glaubte. Da er
selbst aber mit Placcius persönlich bekannt war, hielt Thomasius diese
Erklärung für höchst unwahrscheinlich und wußte sich zunächst nicht
anders zu helfen, als in einer öffentlichen Disputation am 4. April 1691
die Thesen des Briefes im einzelnen zu widerlegen[926]. Über ein Jahr
blieb jede Antwort aus, und Thomasius hoffte schon, den unbekannten
Gegner von seinen Argumenten überzeugt zu haben. Bald nach der Veröffentlichung seiner „Einleitung zur Sittenlehre" von 1692[927] empfing
Thomasius jedoch weitere Schreiben von gleicher Hand, diesmal an-

---

[925] Vgl. dazu Christian *Thomasius*, Institutionum Jurisprudentiae Divinae libri
tres, 7. Aufl. Halle 1730, Appendix ad Lib. II, S. 253–285: Quaestio inter Clarissimum Placcium et autorem: De definitione favorabilium et odiosorum etc.; Historia Controversiae (S. 253–257). – H. F. W. *Hinrichs*, a.a.O., Bd. 3, S. 190–193.

[926] „De naevis Jurisprudentiae Romanae ex Historia juris ab eiectis Regibus ad
publicatas leges XII. Tabularum deductis", Halle 1691.

[927] „Einleitung zur Sittenlehre oder von der Kunst, vernünftig und tugendhaft
zu leben etc.", Halle 1692; spätere Auflagen: 1706, 1710, 1715, 1720, 1726; in
lateinischer Übersetzung unter dem Titel: „Introductio in Philosophiam moralem
etc.", Halae 1706.

onym, in denen man ihn unverhüllt der Gottlosigkeit bezichtigte. Thomasius war ratlos, was er tun solle. Da kam ihm ein Zufall zu Hilfe:
im Jahre 1693 erschien unter dem Titel „De Jureconsulto perfecto"[928]
in Hamburg eine Schrift, deren Anhang neben einer ausführlichen Schilderung des Streitstandes die Entgegnung auf die „Corollarien" der
Disputation enthielt. Ihr Verfasser war kein geringerer als der berühmte Hamburger Rechtsgelehrte Vincenz *Placcius*[929]. Thomasius,
seiner Sache noch keineswegs sicher, antwortete Placcius „bescheiden"
in den „Vermischten historisch-philosophisch-juristischen Streitfragen".
Zu dieser Kritik besorgte Placcius einige „Annotationes" und legte zugleich mit einem persönlichen Brief an Thomasius den Mantel der An-
onymität ab. Nunmehr war Thomasius zwar in der Lage, seinen hochge-
achteten Hamburger Kollegen eindeutig als den Autor auch aller übrigen Briefe zu identifizieren, aber er war nicht mehr gewillt, den Streit
weiterzuführen. Seine Antwort nahm Placcius mit der gleichen freundschaftlichen Gesinnung auf und beendete seinerseits die Auseinandersetzung im Jahre 1695 durch einen öffentlichen Brief, worin er den
Abbruch der Kontroverse zu rechtfertigen suchte und der Hoffnung
Ausdruck gab, Thomasius werde seine Ansichten vom galanten Leben
als dem höchsten Gut irgendwann doch noch ändern[930]. Die Tatsache
aber, daß selbst Thomasius eine klare Entscheidung gegen die aristotelische Philosophie an den Universitäten noch nicht herbeiführen konnte,
hat zunächst die Stellung des protestantischen Aristotelismus eher ge-
stärkt als geschwächt und einem seiner bedeutendsten Verfechter, Vincenz Placcius, zu hohem wissenschaftlichen Ansehen verholfen.

Am 4. Februar 1642 wurde Placcius als Sohn eines Arztes und Physikers
in Hamburg geboren. Er studierte die Rechtswissenschaften und die Moralphilosophie anfangs in seiner Vaterstadt, begab sich aber, angezogen von den
Lehren des Aristoteles, schon 1659 zu Johann vom Felde nach Helmstedt und
bald darauf auch zu Jacob Thomasius nach Leipzig. Im Jahre 1662 brach

---

[928] „De Jureconsulto perfecto, sive interpretatione legum in genere, liber singularis", Hamburg 1693.
[929] Zu *Placcius* vgl.: *Hinrichs*, a.a.O., Bd. 3, S. 219–228. – Ernst *Landsberg*,
a.a.O., III, 1; Noten S. 11, 19. – Peter *Petersen*, Geschichte der aristotelischen
Philosophie im protestantischen Deutschland, Leipzig 1921, S. 181, 189–191. –
Johann *Sauter*, a.a.O., S. 33, 100, 153. – Gaston *Grua*, Jurisprudence universelle,
Paris 1953, S. 100, 433, 436. –
[930] „Accessiones Ethicae, Appendix epistola ad patronos et amicos; quare sibi
cum clarissimo Christiano Thomasio nihil nunc auctor amplius censeat publice
disputandum, indicans", Hamburg 1695.

Placcius nach Italien und Frankreich auf und erhielt 1665 von der Universität Orléans für seine Disputation „De interpretatione Legum" den Titel eines Licentiaten des Rechts verliehen. Nach seiner Rückkehr war er zunächst als praktischer Jurist in Hamburg tätig, bis man ihn schließlich im Jahre 1675 zum Professor der Moralphilosophie an das dortige Gymnasium berief. Er starb am 6. April 1699[931]. – Sein Biograph Fabricius schilderte Placcius nicht zuletzt wohl im Hinblick auf sein Verhalten gegenüber Thomasius als einen unparteiischen Fürsprecher fremder Verdienste, als aufrichtigen Freund und als sorgsamen Hüter der Gerechtigkeit[932]. Über alle seine Schriften setzte Placcius die Buchstaben „I. N. J. C." (In Nomine Jesu Christi) und erkor sich folgendes Distichon zum Wahlspruch:

„Únus amór Jesú reliquós $_{\text{tibi}}^{\text{mihi}}$ víncat amóres;

Dúlcior híc dulcí quódlibet ésse solét?"[933]

Unter den Rechtsgelehrten, mit denen Leibniz korrespondierte, stand Placcius nicht nur in seinen wissenschaftlichen Ansichten, sondern vor allem auch seiner persönlichen Veranlagung und Geisteshaltung nach dem Hannoverschen Justizrat besonders nahe. So führte der umfangreiche Schriftwechsel, bestehend aus 33 Briefen von Placcius und 22 Schreiben von Leibniz[934], oft weit über bloße Hinweise auf juristische Fachliteratur und gegenseitige Stellungnahmen zu eigenen Arbeiten hinaus in allgemeine rechtsphilosophische und theologische Probleme[935]. – Möglicherweise war Leibniz erstmals schon während seines Studiums mit Placcius zusammengetroffen, hatte ihn bald darauf aber wieder aus den Augen verloren. Angeregt von der Lektüre seiner ersten Werke, nahm Leibniz später von Paris aus die Verbindung wieder auf[936]. Von nun an verfolgte er bereits die Entstehung der einzelnen juristischen und moralphilosophischen Abhandlungen des Placcius mit immer größerer Anteilnahme. – Als ihn Henry Justel im Jahre 1677 um einige

---

[931] Chr. Gottl. *Jöcher*, a.a.O., Bd. 3, Sp. 1610–1611.
[932] Jo. Albertus *Fabricius*, „Vincentii Placcii Viri clarissimi vita", in: Placcius, Theatrum Anonymorum et Pseudonymorum, Hamburg 1708, S. 8: „... aequus interim praeco alienorum meritum, apertus et candidus amicus, justitiae accuratus observator, in pauperes beneficentissimus, assiduus in studiis, acutissimus Philosophus, fidelis doctor omnium, quicunque sese ipsi in disciplinam dedissent."
[933] Ebenda, S. 7.
[934] Vgl. dazu Eduard *Bodemann*, Leibniz-Briefwechsel, Hannover 1889, S. 221 bis 222.
[935] So teilte Leibniz bereits in einem Brief vom 29. September 1697 Placcius die Grundzüge des „Théodicée"-Problems mit.
[936] Vgl. dazu den Brief Leibnizens an *Placcius* vom 10. Mai 1676 (A II-1, 259).

Hinweise auf naturrechtliches Schrifttum bat[937], nannte Leibniz neben vom Felde, Ziegler und Mevius auch Placcius, dessen „Philosophia moralis" soeben erschienen war[938]. Wenn Justel im Ergebnis auch die Leibnizschen Definitionen für weitaus besser hielt als alle übrige Literatur[939], so hatte ihn doch immerhin gerade dieses Lehrbuch zu einem Vergleich mit Leibniz veranlaßt. – Noch bevor im Jahre 1679 Placcius' Traktat „De Actionibus" veröffentlicht war, begann Leibniz schon, sich allein aufgrund der brieflichen Mitteilungen Notizen zu machen[940], die er später durch mehrere Auszüge ergänzte und mit einer eigenen kritischen Stellungnahme zur dichotomischen Methode des Placcius versah[941]. – Ebenso fanden die „Accessiones ethicae" von 1695 bei Leibniz eine sehr wohlwollende Aufnahme und fast uneingeschränkte Anerkennung[942], wie besonders jenes Lob des Placcius als „vir doctrina et meditatione et zelo praestans" in einem Brief an Mentet Kettwig zeigt[943]. Aus alledem ist deutlich zu ersehen, welch enge geistige Verbindung zwischen Placcius und Leibniz bestand, zu deren Verfestigung und Bereicherung auch der Hamburger Moralphilosoph, sei es durch unmittelbare Anregungen und Ratschläge oder sei es auch nur mit

---

[937] Im Brief an *Leibniz* vom 17. Februar 1677 (A I-2, 247). Leibniz hat am Rand des Briefes den Namen „Placcius" vermerkt.

[938] „Philosophiae Moralis plen. Fructus praecipuus", Helmstedt 1677.

[939] „I'ay la morale de Mr. Placcius que ie lirai. Il a donné plusieurs liures au public. Ce que vous auez pensé sur le droit naturel en donnant des definitions dont tout le monde conuiendroit, vaudroit mieux que tout ce que nous auons sur ce suject la." (Brief an *Leibniz* vom 4. Oktober 1677, A I-2, 297).

[940] Abgedruckt bei *Grua*, Textes inédits, Paris 1948, Bd. II, S. 745–749: „Ad Placcium de Actionibus" (Nov. 1678 - März 1679?).

[941] Vgl. dazu insbesondere den Abschnitt B der Anmerkungen (Grua II, S. 746–747) und den Brief an *Placcius* vom März 1679 (A II-1, 462–463): „Unde illud sequitur si quis inter dividendum non tantum omnes species infimas enumerare, sed et omnes species intermedias attingere velit, eum non debere una divisione esse contentum, sed diversas methodos inter se conjungere oportere. Quae ratio est cur ego methodum diaereticam utilem quidem putem, sed non perfectam."

[942] Im Brief an *Placcius* vom 27. Dezember 1698 (Grua II, 660): „Sed non miror mihi cura est ingentis Tui operis Ethici, imo major, nec immerito. Cum enim a multis annis omne huc studium contuleris, sisque a doctrina et arte instructissimus, zeloque etiam abundes, non potest non egregium aliquid a te esse confectum, quod non perire Reipublicae etiam Christianae interesse censeo."

[943] „Vincentius Placcius vir doctrina et meditatione et zelo praestans Accessionibus nuper editis Moralem scientiam et jus naturae delineavit. Haec velim a te legi attente, et adnotari optem quae in rem videatur. Nam illis lineis ductis occasio aliis datur sua conferendi, idque gratum sibi fore vir doctissimus mihi significavit." (Brief an Mentet *Kettwig* vom 26. März 1696, Grua II, 655–656).

seiner Zustimmung und Bewunderung, nicht unerheblich beigetragen hat.

Wenn Thomasius sich seit dem Jahre 1687 in seinen Vorlesungen und in fast allen späteren moralphilosophischen Schriften vielfach der deutschen Sprache nicht zuletzt zum Kampf gegen den Aristotelismus bediente, so fand sich auch darin ein Vorgänger: Placcius hatte bereits im Jahre 1685 seinen „Entwurff einer vollständigen Sitten-Lehre"[944] in deutscher Sprache veröffentlicht, allerdings gerade mit dem umgekehrten Ziel, die aristotelische Ethik dadurch weiterhin lebendig zu erhalten. Dem Gedanken von der „societas hominis cum Deo" folgend, erblickte Placcius die vornehmste Aufgabe der Moralphilosophie darin, „die Uhralte / der Wahrheit und dem Christenthum für anderen gemäße Lehre / vom höchsten Gut in der Freundschaft mit Gott wieder einzuführen"[945]. Ebenso hielt er sich im systematischen Aufbau des Werkes streng an zeitgenössische Vorbilder (vom Felde, Rachel). Die überlieferte „Philosophia practica" oder „Thaten-Weisheit" als besonderer Bereich innerhalb der herkömmlichen Philosophie oder „Welt-Weisheit"[946] bestand für Placcius ihrerseits aus zwei Teilgebieten: aus der Sittenlehre, Ethik oder Moralphilosophie im allgemeinen[947] und aus der Naturrechtslehre im besonderen[948]. Da die Regeln des natür-

---

[944] „Typus Medicinae Moralis, das ist Entwurff einer vollständigen Sitten-Lehre nach art der leiblichen Artzney-Kunst, mit Verteutschung aller Kunst-Wörter abgefasset", Hamburg 1685; das Werk ist erstmals 1675 in lateinischer Sprache unter dem Titel „Typus accessionum moralium sive institutionum medicinae moralis" erschienen.

[945] Sitten-Lehre, Vorwort, S. 1.

[946] Sitten-Lehre, Einleitung, § I, S. 1: „Die Welt-Weisheit (Philosophia) ist ein Zusammensatz oder Begriff aller Wissenschaften / so durch den natürlichen Verstand der Menschen mögen ergründet werden. — Selbige hat 3 unterschiedene Theile / nemlich (1) die Betrachtende Welt-Weisheit (Philosophica Theoretica) . . . . (2) die Thätliche Welt-Weisheit (Philosophia Practica) welche diejenigen Wissenschafften begreiffet / so über die Betrachtung auch das Thun / oder die Thaten des Menschen erfordern / und ohn denselben unnütze / ja gar schädlich ist. (3) Die aufrichtende oder auswirckende oder wirckende Welt-Weisheit (Philosophia effectiva) . . ."

[947] Sitten-Lehre, Einleitung, § V, S. 3: „Die Thaten-Weisheit hat zwei Theile / (1) Die Sitten-Lehre / (Ethica, Moralis Philosophia), welche da lehret, was ein jeder Mensch ihm selbst gelassen / oder für sich / und ohne Zuthun anderer Menschen mehr / zu seinem höchsten Guthe thun könne."

[948] Ebenda: „(2) Das Natürliche Recht (jus naturale) welches begreiffet die Lehren von allen denen Mitteln, so die Menschen durch ihre Zusammenhaltung (consortium, conjunctio) oder zusammengefügten Wirckungen / zur Erlangung des höchsten Gutes aufbringen mögen."

lichen Rechts unmittelbar den Prinzipien der Moralphilosophie zu entnehmen seien[949], glaubte sich Placcius zunächst auf eine Darstellung
der Sittenlehre beschränken zu können, nicht ohne jedoch wenigstens
kurz auf die „rechtsphilosophische" Terminologie hingewiesen zu haben[950].

Das Kernstück jeder aristotelischen Ethik bildete aber traditionsgemäß die Tugendlehre, so daß sich Placcius bereits in diesem Zusammenhang mit dem Prinzip der Gerechtigkeit befassen mußte. Verbunden mit der Billigkeit (Aequitas) und der Pflichtschuldigkeit (Pietas)
verstand Placcius die Gerechtigkeit zunächst im Sinne der Justitia particularis als „Grundfärtigkeit, das Rechte oder das Billige zu beobachten"[951]. Darüber hinaus verknüpfte er die Gerechtigkeit jedoch zugleich auch mit der „Liebseeligkeit" (Charitas) und lehrte sie so als allgemeine „Sitten-Tugend" im Sinne der Justitia universalis[952]. Von
der Vielfalt der Tugenden, in denen diese Liebe zum Ausdruck komme,
nannte er vor allem die folgenden: die Frömmigkeit oder „Probitas",

---

[949] Sitten-Lehre, Einleitung, § VI, S. 3: „Die Sitten-Lehre wird billig ehe dann
das Natürliche Recht vorgetragen / und abgehandelt. Weilen die Lehren des Natürlichen Rechts aus den Lehrsätzen oder Regeln der Sitten-Lehre herrühren / oder
fließen."

[950] Sitten-Lehre, 1. Theil, cap. IX, § 7, S. 99–100: „Die Satz-Begriffe, welche
uns fürschreiben, die Gleichheit oder Ungleichheit der Menschen / und wie derselben gemäß unsere Wirckungen zur guten Zusammenhaltung einzurichten / nennen
wir natürliche Gesetze / (Leges naturales) und wo sie durch ausgedruckten Willen
/ der zusammenhaltenden Menschen gutgeheißen werden / wilkürliche Gesetze
(Leges positivae seu arbitriae): deren Zusammenbegriff / so zur Erhaltung einer
menschlichen Zusammenhaltung dienen / ihr Recht, es sey wilkürlich oder natürlich
(Jus naturale vel positivum). Die Außnahmen davon / oder weiln die wilkürliche
Rechte / nicht alles ausdrücken können / die Außdehnung / so wegen gemeinha-
bender Uhrsache / auff einen noch nicht außgedruckten Fall geschiehet, ist das, was
wir billig (aequum) nennen."

[951] Sitten-Lehre, 1. Theil, cap. IX, § 7, S. 100: „Die Grundfärtigkeiten aber /
das Rechte / oder das Billige zu beobachten / sind die Tugenden der Gerechtigkeit
(Justitia) und Billigkeit (Aequitas). ... Dasjenige, wozu wir verbunden seyn /
aber heißet Schuldigkeit (Debitum) / und Gebühr (Officium) welche / so sie durch
eines anderen Wirckung verursachet worden / ist es dessen Verdienst. ... So fern
auch die Verbindlichkeit sehr groß / nennet man dieselbe Pflichtschuldigkeit (Pietas)."

[952] Sitten-Lehre, 1. Theil, cap. IX, § 16, S. 108: „In dem Willen entstehet hier
die Sitten-Tugend der Gerechtigkeit / welche mit der Freund- oder Liebseeligkeit /
oder Liebes-Tugend (Charitas) allemahl verbunden seyn muß / wo sie vollkommen
seyn soll. Weil wir nichts so sehr als Liebe und Freunschafft einander schuldig sind
/ und daraus alles thun sollen."

die Wahrhaftigkeit oder „Veracitas", die Höflichkeit oder „Humanitas", die Redlichkeit oder „Integritas" und schließlich die Treuherzig-
keit oder „Fidelitas" [953].

Auf dem Fundament dieser Tugendlehre versuchte Placcius nun des
weiteren nachzuweisen, daß das „höchste Gut" einzig in der Gemeinschaft der Menschen mit Gott begründet liege. Gott allein sei im Hinblick auf seine Weisheit, seinen Willen und seine Macht unermeßlich
und vollkommen [954]. Gleichwohl könne zwischen den Menschen in ihrer
Unvollkommenheit und Gott eine „Freundschaft" (Amicitia) bestehen,
vermöge deren der Mensch seinem Wesen nach Gott angehöre und zu
dessen Ehre und Wohlgefallen sich leiten zu lassen bereit finde [955]. Diese
„freundschaftliche" Beziehung der Menschen zu Gott gestaltete Placcius nun – und hier zeigt sich wiederum der aristotelische Kern seines
Denkens – zu einem „natürlichen Rechtsverhältnis" aus, welches durch
gegenseitige Rechte und Verbindlichkeiten inhaltlich so bestimmt sei,
daß der Mensch von Naturrechts wegen sich zu Gott in der „allergröß-
ten Pflichtschuldigkeit" befinde [956]. Die natürliche Pflicht des Menschen
zur „Gottesfurcht" oder „Pietas" aber werde einerseits in der unmittelbaren Liebe gegen Gott zum Ausdruck gebracht [957]; andererseits gehöre
auch die „mittelbare Liebe Gottes / durch gebührende Liebe gegen seine

---

[953] Sitten-Lehre, 1. Theil, cap. IX, § 17, S. 109.

[954] Sitten-Lehre, 1. Theil, cap. X, § 8, S. 115: „Gott ist allerdings unermeßlich
(immensus). Also auch (1) sein Verstand / Güte / Kenntnisse / Weisheit / und was
daher rühret: (2) sein Wille / Gerechtigkeit / oder was daher rühret an Gütigkeit:
(3) seine Macht / also seine Gegenwart / Wesen / verursachen." Placcius leitete die
göttliche Gerechtigkeit also bemerkenswerterweise im Gegensatz zu Leibniz aus
dem Willen Gottes ab; offenbar hat aber eine Auseinandersetzung über dieses Problem ähnlich wie mit Samuel von Cocceji nicht stattgefunden.

[955] Sitten-Lehre, 1. Theil, cap. X, § 16, S. 122: „Hieraus folget ferner / daß
zwischen Gott und uns eine weit höhere als Menschen-Freundschafft seyn könne /
vermöge deren Gott uns habe / und zu seiner Gleichheit / so viel wir deren fähig
/ uns zu unserm höchsten allgemeinen Nutzen / Lust / und Ehren bringt: wir aber
solche Liebe erkennen / und uns williglich zu Gottes Ehren und Lust / (menschlich
zu reden von Gott) leiten und führen lassen mögen."

[956] Ebenda: „Daher dann auch gleichsam ein natürliches Recht / und beiderseits
gleichsam eine Verbindlichkeit / zwischen Gott und uns / auß Gottes Belieben /
und unserer Schuldigkeit / entstehet: Welche unserer Seiten die allergrößte Pflichtschuldigkeit in sich hält."

[957] Sitten-Lehre, 2. Theil, cap. I, § 1, S. 124: „Alles, was wir von unserer Seiten / zu der Freundschafft mit Gott / darin wir unser höchstes Gut gesetzet / thun
können / bestehet in der Liebes-Tugend / so wir gegen Gott verüben. Welche wir
Gottseeligkeit nennen / oder Gottesfurcht (Pietas)."

sichtbaren Geschöpffe" zur Erfüllung der naturrechtlichen Gebote[958]. Damit hatte Placcius in ganz ähnlicher Weise wie Leibniz vom Gedanken der „Pietas" als einer höchsten natürlichen Rechtspflicht aus den Bereich des Gottesrechts in die Naturrechtslehre einbezogen.

Aber auch im Hinblick auf die Erhaltung der menschlichen Gemeinschaften stellte Placcius ebenso wie Leibniz eine unlösbare Verbindung zwischen der „Liebes-Tugend (Charitas)" und der „Gerechtigkeit (Justitia)" her[959]. Allerdings wird man einen gewissen Unterschied wohl darin zu sehen haben, daß Placcius der „Justitia universalis" als Inbegriff aller Tugenden nicht die „Pietas", sondern lediglich die „Charitas", die Liebe zum Nächsten als „unseres gleichen", zuordnete und in der Freundschaft mit Gott nur eine Voraussetzung zu solcher „menschlichen" Liebe sah[960]. In diesem Zusammenhang wird der ursprünglich säkulare Hintergrund der aristotelischen Gerechtigkeitslehre noch einmal deutlich sichtbar. Man wagte vielfach nicht, die Pflichten des Menschen gegenüber Gott als Tugenden innerhalb der „Justitia universalis" zu verstehen, zumal sie für das Luthertum nur mit einer Verbindlichkeit vor dem „forum internum" des Gewissens ausgestattet waren. Auch bei Placcius lassen sich eine gewisse Engstirnigkeit und die Flucht in den Begriffsdogmatismus kaum übersehen, beides Schwächen des Spätaristotelismus, von denen Leibniz sich schon frühzeitig — spätestens seit der „Nova Methodus" – losgesagt hat.

---

[958] Sitten-Lehre, 2. Theil, cap. I, § 9, S. 130: „Das siebente und letzte Stück ist die mittelbare Liebe Gottes / durch gebührende Liebe gegen seine sichtbaren Geschöpffe. Also eine besondere äußerliche Nachfolge Gottes / und Nachahmung in unseren Wirckungen gegen die Dinge / so wir durch äußerliche Sinnen / von Gott herrührende / für uns finden: Nemlich gegen uns selbst / und andere Creaturen / sowol unvernünftige der leiblichen Welt / als vernünftige Menschen."

[959] Sitten-Lehre, 2. Theil, cap. IV „Von der Liebes-Tugend — und Gerechtigkeit", § 1, S. 141: „Die Liebes-Tugend (Charitas) oder Gerechtigkeit / (Justitia) ist eine Sitten-Tugend / dadurch die menschlichen Zusammenhaltungen (oder zusammenhaltende Menschen) so viel möglich / durch alle unsere Wirckungen zu ihrem höchsten Gute befördert und geholffen werden."

[960] Sitten-Lehre, 2. Theil, cap. IV, § 4, S. 143: „Die merckwürdigste Beschaffenheiten der Liebes-Tugend sind / 1. daß sie eine Mittheilung ist aller vorigen Tugenden an andere Menschen: also eine Frucht / Nutzen / Vollkommenheit / und Zusammenbegriff aller Tugenden / und daher die allgemeine Gerechtigkeit (justitia universalis) mit Fug mag genennet werden. 2. Zur Vollkommenheit der Liebes-Tugend gehören alle Gattungen der gegen unseres Gleichen zu übenden möglichen Liebe / worunter das / so gegen Ungleiche zu üben ist / als ein Grad der Vermehrung mit begriffen ist. 3. Daß die Freundschafft mit Gott hierzu erfordert / und aus selbiger die Menschenliebe entstehen / und nach derselben gerichtet / auch durch dieselbe täglich vermehret werden muß."

Im Anhang zu seiner „Sitten-Lehre" versprach Placcius, einst „das natürliche Recht als der gantze übrige Theil der thätigen Welt-Weisheit noch hinzuzufügen"[961]. So erschienen im Jahre 1695 unter Leibnizens ausdrücklicher Billigung[962] die „Accessiones Ethicae"[963], in denen Placcius nach bewährter aristotelischer Überlieferung den Naturrechtsgedanken aus der Lehre von den natürlichen Gemeinschaften zu entwickeln suchte. Zur Rechtfertigung dieses Unternehmens wies er in der Vorrede auf den wiederholten Zuspruch namentlich vom Feldes, Conrings und Leibnizens hin und berief sich außerdem auf Samuel Rachel und Johann Ludwig Prasch, nach deren Methode er nicht nur das christliche Naturrecht, sondern die gesamte christliche „Philosophia practica" darstellen wolle[964]. – Vermutlich auch darin dem Leibnizschen Vorbild folgend, setzte Placcius in den „Prolegomena de Jure Naturae" eine Reihe von „Definitiones" an den Anfang des Werkes: Das Naturrecht (Jus Naturae, Jus Naturale) und im selben Sinne auch die Philosophie oder Wissenschaft des natürlichen Rechts (Philosophia Juris Naturae) sei derjenige Teil der „Philosophia practica", welcher von der gegenseitigen Unterstützung der Menschen untereinander (auxilium mutuum) handele, soweit sie ihrer zur Erlangung des höchsten Gutes (Summum Bonum) bedürften[965]. Hingegen bestehe das Naturgesetz (Lex Naturae, Lex Naturalis) in einer allgemeinen praktischen Verhaltensregel, dergestalt, daß jede Handlung, die auf den Beistand anderer abziele, möglichst gut verrichtet und das Gegenteil unterlassen wer

---

[961] Sitten-Lehre, Anhang § 2, S. 289–290.

[962] Vgl. oben Anm. 942.

[963] „Accessiones Ethicae, Juris Naturalis et Rhetoricae, ex triplici Systemate majori elaborato per vitam omnem, et porro indies elaborando excerptae", Hamburg 1695.

[964] Accessiones Ethicae, praef., S. 17–18: „Ut circa Christiana Jura Naturalia, imo circa Philosophiam Practicam totam Christianam, superstruendo indagatis iam mere luce naturali, parem in methodum, revelata; sane mirum quantum altius adscensura, satis faciam qua possim voto, Illustrium in hoc optandi genere Duum virorum, Samuelis *Rachelii*, quod doctissimae dissertationes suae de Jure Naturali et Gentium, Kiloni editae p. 100. § 101. et Jo. Ludovici *Praschii*, quod in principio designationis suae Juris Naturalis ex disciplina Christianorum extat."

[965] Accessiones Ethicae, De Jure Naturae Prolegomena § I, 1, S. 1: „Jus Naturae seu Jus Naturale, vel quod idem nunc nobis est, Philosophia Juris Naturae, aut Scientia est Pars Philosophiae Practicae, docens auxilia hominum mutua (quorum copia Consortium nobis dicitur) quatenus iis ad Summum Bonum invicem adjuvantur."

de[966]. Diesen Definitionen fügte Placcius weitere „Theoremata seu Propositiones" hinzu: Das Naturrecht sei unbestreitbar existent und zuhanden, denn es lasse sich in exakter Beweisführung erkennen[967]. Ebenso sei es nicht nur möglich, sondern geradezu notwendig, auch einzelne natürliche Gesetze, die nicht zu den obersten Grundregeln gehören, durch einen vollständigen und unerschütterlichen Beweis (demonstratio solida) genau festzulegen[968]. Wenn man auf den ersten Blick auch dazu neigen mag, in diesen Thesen des Placcius ein Zugeständnis an das Vernunftprinzip zu sehen, so wird man sich wohl zugleich gerade auch mit Rücksicht auf Leibniz die Tatsache vor Augen halten müssen, daß der Spätaristotelismus vor allem da, wo er mit dem cartesischen Rationalismus in Berührung gekommen war, stets bemüht blieb, die Prinzipien des Glaubens und der Vernunft miteinander in Einklang zu bringen.

Als ein die christliche Naturrechtslehre besonders kennzeichnender Gedanke ist schon wiederholt jene Verbindung von göttlichem und natürlichem Recht in Erscheinung getreten, der man in gleicher Weise auch bei Placcius noch begegnet. Seiner Unveränderlichkeit[969] und Einzigartigkeit[970] wegen räumte Placcius dem Naturrecht die höchste Rangstufe (summa dignitas) innerhalb der menschlichen Rechtsordnung ein[971]. Verdientermaßen werde deshalb das Naturrecht oft auch göttliches Recht (Jus Divinum) genannt. Denn erstens habe es seinen Ursprung (origo) unmittelbar in Gott; zum zweiten sei die Kraft zur Erkenntnis der natürlichen Gesetze (vis intelligendi) den Menschen von Gott ebenso eingestiftet wie – drittens – der innere Zwang des Gewis-

---

[966] Ebenda, § I, 2, S. 1: „Lex Naturae seu Naturalis est propositio practica (maxime universalis) actionem ad aliorum adjutorum relatam, bene faciendam, vel ejus oppositum omittendam ex ipsa hominum natura judicans seu, quod idem est, ad Summum Bonum dirigens. Quae ipse etiam Jus Naturae proclivi partis pro toto Metonymia, nuncupari."

[967] Accessiones Ethicae, Prolegomena § II, 1, S. 2: „Jus Naturale, aliquod existit certum, seu per demonstrationes cognoscibile."

[968] Ebenda, § II, 10, S. 5: „Jus Naturale totum, ac adeo singulae illius leges naturales, quae non sunt ipsa prima Principia, per demonstrationes solidas, ac scientiam accuratam, confirmari possunt, et debent."

[969] Ebenda, § II, 3, S. 3: „Lex quaeque naturae, et hinc universum Jus Naturale, recte dicitur immutabile, et aeternum."

[970] Ebenda, § II, 15, S. 6: „Quemadmodum autem unicum tantum Summum Bonum, ita et unicum Jus Naturale verum."

[971] Ebenda, § II, 19, S. 8: „Juris naturalis dignitas summa est, prae Jure quovis positivo humano."

sens (coactio conscientiae); hinzu komme viertens die Bestätigung dieses Sachverhalts durch die Offenbarung der Heiligen Schrift (confirmatio Sacrae Scripturae); letztendlich aber bestehe selbst die menschliche Gerechtigkeit allein in der Nachfolge und Nachahmung Gottes
(imitatio Dei)[972]. Zum obersten und göttlichsten aller natürlichen Gesetze aber erhob Placcius die Liebe (Charitas) selbst[973]. Dabei näherte
er sich mit seiner Begründung wiederum in starkem Maße der Leibnizschen Naturrechtslehre: In der Form der „Pietas" nämlich enthalte die
Liebe alle Pflichten des Menschen gegenüber Gott und bilde so die Gerechtigkeit, welche Gott zukomme (Justitia erga Deum)[974]. Als „Charitas" im engeren Sinne gehöre die Liebe zum Bereich der inneren Gerechtigkeit (Justitia interna) gegen die Mitmenschen[975] und sei hier von
der „Amicitia" oder äußeren Gerechtigkeit (Justitia externa)[976] zu unterscheiden.

Mit all diesen Erklärungen, Definitionen und Begriffsverbindungen
zur Naturrechts- und Gerechtigkeitslehre hatte Placcius zwar nur wenig Neues und Originäres der überlieferten aristotelischen Moralphilosophie hinzugefügt, aber dennoch das zum Teil sehr verworrene Gedankengut jener Tradition auf kurze, einfache und damit außerordentlich wirksame Formeln zu bringen vermocht. Das scheint auch Petersen
gespürt zu haben, wenn er schreibt: „Placcius' Zusätze (accessiones) . . .
sind freilich, was Klarheit, Gründlichkeit und Kunst der Einteilung an-

---

[972] Ebenda, § II, 20, S. 8: „Jus Naturale Divinum, uti certe est, ita merito
nominatur. Quia (1) origo ipsa, quod ad naturam consortiorum, et instinctum
eadem appetendi, est a Deo. (2) Vis intelligendi bonitatem legum naturalium
nobis inest a Deo. (3) Coactio conscientiae nobis insita est a Deo. (4) Confirmatio
per Sacras Literas, quod maxime frequentanda, et vitae necessaria expresse exstat.
(5) Immitatio Dei mere est justitia nostra."

[973] Accessiones Ethicae, Pars I, cap. 1, sect. 3, § 3, S. 21: „Charitatem, omnium
aliarum legem supremam, et inviolabilem, ac divinissimam habere habemus."

[974] Accessiones Ethicae, Pars II, cap. 1, § 1, S. 342: „Pietas aut charitas est
virtus moralis, officia Deo debita, sive operationes nostras erga Deum qua tales
quam optime peragendi, sive quod idem est, Deum optime colendi; imo Justitia
erga Deum."

[975] Accessiones Ethicae, Pars I, cap. 3, sect. 3, § 3, 3, S. 91: „Internae Justitiae
sive Charitatis officia cuncta, qua mediata, qua immediata, per conversationis
partes omnes, et maxime loquelam, sunt extensione et intensione ultra convictum
exercenda: tanto diligentius quanto plus hic facultatis, ad majoris momenti actiones,
saepius et ad plures personas offertur."

[976] Ebenda, § 3, 7, S. 92: „Amicitia et Justitia externa, quae et integritas
vitae externae dici queat, summo studio est exercenda: Inimicitia vero, et Injustitia
omnibus modis vitanda, in usum quantum licet, optimae conversationis."

betrifft, musterhaft, dennoch in ihrer peinlichen, ja knifflichen Eintei-
lungssucht für unser Urteil und unseren Geschmack unerträglich[977]."
Gewiß, Placcius ist in fast all seinen Schriften noch streng der dichotomischen Methode gefolgt. Ob allerdings eine so kritische Stellungnahme abschließend gerechtfertigt ist, mag im Hinblick auf die anerkennenden Worte Leibnizens in einem Brief an Gabriel Wagner aus
dem Jahre 1696 zumindest zweifelhaft bleiben: „. . . und finde ich, daß
Hr. Placcius, berühmter ICtus in Hamburg, (dessen Gelehrsamkeit,
Fleiss, Nachdenken und sonderlich gutes Absehen ich hochschätze und
dessen Kundschaft meinem geehrten Herrn wünsche) von den Locis vor
anderen wohl gehandelt und den Kern zusammengefaßt[978]."

C. Heinrich Bodinus (1652–1720)

Die Entwicklung der Lehre von der „Ordnung der Liebe" (charitas
ordinata) innerhalb des protestantischen Spätaristotelismus ist einerseits durch eine immer deutlichere Ausformung und Konkretisierung
gekennzeichnet, die sich in der Aufspaltung des Ordnungsgedankens
nach „Stufen" und „Graden" spiegelt (Zentgrav, Prasch), zum anderen
aber von einer verstärkten Säkularisierung bestimmt, welche unverkennbar in der Ersetzung des „charitas"- Begriffs durch die formalisti-
sche Bezeichnung „amor" zum Ausdruck kommt. Gewiß, auch in der
reformatorischen und orthodoxen Naturrechtslehre findet sich bereits
häufig das Wort „amor" verwandt, jedoch stets in einem allgemeinen Sinn als Oberbegriff zur Gottesliebe (amor Dei, pietas) und
zur Nächstenliebe (amor proximi, charitas) verstanden. Erst mit dem
zunehmenden Einfluß des Empirismus und des Sensualismus in der
zweiten Hälfte des 17. Jahrhunderts und der Entstehung von besonderen „Affektenlehren" (Descartes) gewann der Liebesgedanke zugleich
auch die Bedeutung einer subjektiven Sinnesäußerung, die sich zunächst
nur auf den innermenschlichen „animus" bezog. An diesem Bedeutungs-
wandel konnte auch der Aristotelismus nicht unbeteiligt vorübergehen.
Heinrich Bodinus[979], ein Schüler vom Feldes, nahm den „amor"-Ge-

---

[977] Peter *Petersen*, a.a.O., S. 190.
[978] Brief Leibnizens an Gabriel *Wagner* vom Jahre 1696 (Erdmann 421).
[979] Zu *Bodinus* vgl.: Jac. Friedr. *Ludovici*, Delineatio, § LXXX–LXXXII,
S. 139–144. – H. F. W. *Hinrichs*, a.a.O., Bd. 3, S. 305–311. – Ernst *Landsberg*,
a.a.O., III, 1; Text S. 36, Noten S. 17.

danken in einem bereits stark verweltlichten Sinn zum Ausgangspunkt und Kernprinzip seiner Naturrechtslehre. Darüber darf die Tatsache nicht hinwegtäuschen, daß Bodinus zugleich unmittelbar an die scholastische „ordo"-Vorstellung anknüpfte. Denn aus dem gottesrechtlichen Grundgesetz der „charitas ordinata" war unter seiner Hand eine menschliche Verhaltensnorm im „ordo amoris" entstanden.

Aus dem Leben Heinrich von Bodens, zumeist Bodinus genannt, ist wenig zu berichten. Er wurde am 6. April 1652 in Rinteln geboren. Zunächst entschlossen, Theologie zu studieren, entschied er sich jedoch später für die Rechtswissenschaften und begab sich zu Hermann Conring und Johann vom Felde nach Helmstedt. Dort disputierte er 1673 pro licentia. Nach einer Reise durch die Niederlande übertrug man ihm im Jahre 1682 einen Lehrstuhl in seiner Vaterstadt. 1692 wurde er von Thomasius und Stryk an die neugegründete Universität Halle berufen und 1694 außerdem zum Konsistorialrat ernannt. Er starb am 15. September 1720 in Halle[980].

In der Literatur ist Bodinus, soweit ersichtlich, nur als ein „in allen Zweigen der Rechtswissenschaft rüstig tätiger Dissertationsschreiber"[981] bekannt geworden. Das ist insofern richtig, als von ihm kein größeres selbständiges Werk vorhanden zu sein scheint. So findet sich auch seine Naturrechtslehre in einer Disputation mit dem Titel „Jus Mundi seu Vindiciae Juris Naturae"[982] niedergelegt. Jedoch herrscht sowohl über den wirklichen Verfasser dieser Schrift als auch über den Zeitpunkt der ersten Veröffentlichung einige Unklarheit. Ludovici und Landsberg schreiben die Abhandlung, den Gepflogenheiten der Zeit entsprechend, dem Bodinus als Praeses zu und nehmen übereinstimmend das Jahr 1690 als Erscheinungsjahr an[983]. Hinrichs dagegen hält Bodinus' Schüler, Otto Heinrich Becker[984], für den wahren Autor, ohne näher auf Bodinus hinzuweisen[985]. Jöcher endlich erwähnt das „Jus

---

[980] Chr. Gottl. *Jöcher*, a.a.O., Bd 1, Sp. 1158–1160.

[981] Ernst *Landsberg*, a.a.O., III, 1; Text S. 36.

[982] „Jus Mundi seu Vindiciae Juris Naturae, publica disputatione juridica, ... praeside Dn. Henrico Bodino ... propositae ab Ottone Henrico Becker / ... Rinthelii Die XXVIII. Februarii Anno M DC XC", Halae-Magdeb. 1711.

[983] Jac. Friedr. *Ludovici*, Delineatio, § LXXX, S. 140. – Ernst *Landsberg*, a.a.O., III, 1; Noten S. 17.

[984] Otto Heinrich *Becker* (geb. um 1670, gest. nach 1712) war als Jurist zu Grätz im Vogtlande Land-Canzeley- und Consistorial-Director. Er wurde in der Auseinandersetzung um den Pietismus bekannt. (Vgl. *Jöcher*, Allg. Gelehrten-Lexikon, Forts. u. Erg., hg. v. Chr. Adelung, Bd. 1, 1784, Sp. 1587).

[985] H. F. W. *Hinrichs*, a.a.O., Bd. 3, S. 305, spricht lediglich von einer „Disputation über das Recht der Welt von Becker, welcher Bodinus praesidirte".

Mundi" sowohl bei Bodinus als auch bei Becker und entscheidet sich für das Jahr 1691 [986]. Aus dem Titelblatt der Schrift ergibt sich jedoch eindeutig, daß die Promotion Beckers am 28. Februar 1690 zu Rinteln unter dem Vorsitz von Bodinus stattgefunden hat. In den Jahren 1698 und 1711 erschienen lediglich zwei unveränderte Neuauflagen. Im Hinblick darauf, daß im allgemeinen der Einfluß des Promotors sowohl auf die Konzeption als auch auf die Ausarbeitung einer Dissertation in der damaligen Zeit ungleich höher zu veranschlagen ist als in der Gegenwart, erscheint es unbedenklich, auch gegen Hinrichs in Bodinus den eigentlichen Verfasser des „Jus Mundi" zu sehen.

Unter Rückgriff auf die thomistische „ordo"-Lehre versuchte Bodinus, das natürliche Recht „empirisch" aus der objektiven Seinsordnung zu erschließen. Denn die göttliche Gerechtigkeit, so stellte er einleitend zur Begründung fest, werde vor allem in der Ordnung der Schöpfung am deutlichsten sichtbar [987]. Im geistesgeschichtlichen Zusammenhang gesehen, nahm Bodinus damit den alten Gedanken von der Sachgerechtigkeit als dem Recht in der „Natur der Sache" (natura rerum) wieder auf, wie er schon im römischen „ius civile" und in der stoisch-patristischen Tradition angelegt und mit dem Wertobjektivismus der spanischen Spätscholastik zur vollständigen Entfaltung gelangt war [988]. So stellte sich dem Verständnis des Bodinus die erschaffene Natur „formaliter" lediglich als die Zuordnung ihrer einzelnen Bestandteile zueinander dar, dergestalt, daß die Ordnung (ordo) selbst das eigentliche Fundament der Natur ebenso wie der Moralität bildete [989]. Diese Ordnung der Natur sei allgemein verbindlich und von jedermann zu beachten, eine Verpflichtung, die in moralischer Hinsicht „Recht" (jus) ge-

---

[986] Chr. Gottl. *Jöcher*, a.a.O., Sp. 1587.

[987] Jus Mundi, praefatio: „Cogitanti igitur mihi de primitiis studii mei juridici in publicum exhibendis, potissimum de hac admiranda divina justitia in ordine creaturarum nobis manifestata (quod jus naturae vocamus) utpote primo principio ac fundamento omnis humanae jurisprudentiae, dum amplius non possum, umbram quandam et quasi per obfuscatum speculum delineare constitui."

[988] Vgl. dazu Erik *Wolf*, Das Problem der Naturrechtslehre, 3. Aufl., Karlsruhe 1964, S. 106 ff, 111.

[989] Jus Mundi, § I, S. 1: „Quin et totam a summo Creatore conditam Naturam formaliter nil nisi ordinem partium inter se, & respectu totius Creatoris spirare, certum est; Hinc ordine naturae servantur omnia, quo turbato corruunt; Hominum quoque Societas sine ordine aliquo ne quidem concipi, nedum conservari potest; Ut sic ordinem basin ac fundamentum omnis naturae ac moralitatis non vereamur."

nannt werde[990]. Die enge Verknüpfung des „ordo"-Prinzips in seiner doppelten Ausformung – als Seinsordnung *und* als Pflichtenordnung – mit dem Rechtsgedanken erweist sich im 17. Jahrhundert stets als ein besonders charakteristisches Merkmal des Scholastizismus. – Je nach dem Entstehungsgrund einer bestimmten Ordnung, sei es durch göttlichen Befehl, sei es aus menschlicher Einsicht, unterschied Bodinus – auch hierin der Überlieferung folgend – zwischen dem „jus divinum" und dem „jus humanum"[991] und trennte des weiteren das Naturrecht (jus naturae) als stillschweigend (tacite) gebotenes göttliches Recht vom ausdrücklich (expresse) befohlenen positiven Gottesrecht[992]. Selbst bei Bodinus ist also der Zusammenhang zwischen dem „jus divinum" und dem „jus naturae" noch nicht auseinandergebrochen.

Ausgehend von diesen wenigen Voraussetzungen, beschrieb Bodinus das Naturrecht als eine auf dem göttlichen Willen beruhende Verpflichtung, die Ordnung der Natur zu erhalten und nicht zu zerstören: „Quod jus (naturae) rectissime describitur hoc modo: Est Voluntas Dei sese exerens in ordine creaturarum, omnes creaturas ad servandum suum ordinem & non perturbandum dirigens & obligans[993]." Erstaunlicherweise erscheint in dieser Definition noch nicht einmal jenes weit verbreitete und seit Grotius schon beinahe obligate „dictamen rectae rationis". Im Anschluß an vom Felde und unter ausdrücklicher Ablehnung des grotianischen Naturrechtsgedankens gab Bodinus dafür jedoch eine zwar einleuchtende, aber im Zeitalter des Rationalismus zumindest ungewöhnliche Erklärung: es sei geradezu gefährlich, im Gebot der Vernunft das Naturrecht zu suchen, denn nach dem Satz: quot capita, tot sensus, seien bisher mit dem Vernunftprinzip die unter-

---

[990] Ebenda: „Qui ordo rerum creatarum vel ab ipso Creatore, vel ab intelligentibus creaturis introductus illos, qui eundem cognoscunt aut cognoscere possunt, eique subsunt, ad ejus observationem obstringit; quam obligationem in sensu morali jus vocamus. Omnes enim, quae existunt: leges nihil aliud sunt, quam directio ordinis boni ad conservationem societatis tendens."

[991] Ebenda: „Quia vero omnis ordo vel ex Creatoris omnipotentis voluntate introductus, vel ex necessitate generis humani ab hominibus inventus est, hinc duplex jus producit, alterum divinum, alterum humanum; Illud ad ordinem a Deo praescriptum, hoc ad hominum inventa nos obligans."

[992] Jus Mundi, § I, S. 2: „Cumque DEI Voluntas vel ex ipsius sapientissima directione & facto, vel ex expressa declaratione & mandato nobis innotescat, duplex exinde iterum jus divinum oritur, alterum tacitum, alterum expressum; Mittentes, hac vice, posterius ex S. Scriptura hauriendum, de tacito DEI jure acturi, ostendemus, illud nil aliud, quam vulgo illud dictum jus naturae esse."

[993] Jus Mundi, § II, S. 3.

schiedlichsten und wunderlichsten Meinungen begründet worden [994]. Das Naturrecht fließe allein aus dem Willen Gottes, des Schöpfers der Natur, weil ohne die willentliche Entscheidung eines Machthabers kein Recht die Menschen zu verpflichten und zwingen vermöge [995]. Deshalb irre Grotius, wenn er glaube, daß es ein Naturrecht auch dann gäbe, wenn Gott nicht existiere; ohne Herrschaft und Zwang sei selbst ein Naturrecht nicht denkbar [996]. – Das sich aufdrängende Problem, auf welch andere Weise man nun das „jus naturae" erkennen könne, löste Bodinus folgendermaßen: Gott habe das Naturrecht einem jeglichen Ding mit seiner Ordnung eingestiftet, indem er alle Geschöpfe verpflichtet habe, diese Ordnungen zu erhalten [997]. Folglich richte sich die gesamte Beschäftigung mit dem Naturrecht „nur" auf die Erkenntnis der Schöpfung: „Totum juris Naturae studium consistat in cognitione creationis" [998], eine These, die möglicherweise auch den Schlüssel zum Verständnis der Leibnizschen Rechtsphilosophie enthält. – In gewisser Hinsicht zeigte sich Bodinus jedoch unabhängig von der aristotelischen Überlieferung: er stellte weder den Gerechtigkeitsgedanken (Justitia distributiva) [999] noch die Prinzipien von ewiger Wahrheit (principia

[994] Jus Mundi, § II, S. 4: „Deinde periculosum est, in dictatu rationis quaerere jus naturae; sic enim quot capita tot sensus, & unde nisi ex hoc fonte profluunt diversissimae illae et monstrosae de jure naturae opiniones, dum hoc vel illud dictare jus N. alter affirmat, negat alter, ita ut recte dixisse videatur doctissimus *Felden*. Elem. de just. & jur. part. 1. c. 5. §. 1."

[995] Jus Mundi, § V, S. 7: „Cum nullum jus nos obliget, nisi ex voluntate ejus, qui potestatem in nos habet, quia jus est oratio vim cogendi habens Cic. lib. 1. de leg. hinc jus naturae non, nisi ex voluntate authoris naturae, DEI, vim obligandi habere, nemo nisi qui helleporro indiget, non videt."

[996] Jus Mundi, § V, S. 8: „Fallitur enim Grotius, qui in proleg. de I. B. putat, jus naturae dari, etiamsi concederemus, non esse Deum, aut non curari ab eo negotia humana; Certum enim est, juris rationem non dari, nisi per imperium & obligationem; adeoque juris naturae rationem, sine imperio et indicatione supremi Numinis nullam esse."

[997] Jus Mundi, § VI, S. 11: „Quod attinet modum promulgandi legem naturae ... consistit ille in ipsius naturae ordinis institutione, dum enim res in tali ordine ad hunc vel illum usum DEUS creavit, hoc ipso nos obligat, ut illas res ex illo statu contra ejus voluntatem non turbemus, sed ad eum usum, ad quem creatae sunt, adhibeamus, qua de obligatione, cum de effectu agetur, pluribus."

[998] Jus Mundi, § VII, S. 13: „Materiam juris N. uti supra dictum, absolvunt actus morales, secundum ordinem naturae instituendi, ita quidem, ut totum juris N. studium consistat in cognitione creationis, & inde fluentis ordinis, & usu creaturarum."

[999] Jus Mundi, § VII, S. 14: „Sic etiam Justitia, uti vocatur distributiva s. attributrix (quo nomine apud Grotium venit lib. 1 c. 1. n. 8 de I. B.) διανεμητική apud Aristotelem, ad jus naturae non pertinet."

aeternae veritatis) [1000] in einen Zusammenhang mit dem Naturrecht. Auch dürfe man nicht wie Boecler zwischen dem „natürlich-begreifflichen Recht" (jus naturale) und dem „in der Natur eingepflantzten / und dieselbe erhaltenden Recht" (jus naturae) unterscheiden [1001].

Das allein wirksame Mittel, die Ordnung der Schöpfung zu bewahren und so die Gebote des Naturrechts zu erfüllen, glaubte Bodinus in der Liebe (amor) gefunden zu haben mit ihren verschiedenen Formen und Stufen (gradus), an denen man die menschlichen Handlungen zu messen habe. Die Liebe sei das einzige Band der Natur und zugleich ein einzigartiger Affekt des Menschen; in seiner richtigen Ausformung liege alle Tugend begründet [1002]. Im Gegensatz zum Verständnis der „charitas" bei Zentgrav oder Prasch, aber auch noch bei Placcius tritt hier der ausschließlich weltliche Bezug des Liebesgedankens schon deutlich in den Vordergrund. – Im folgenden Teil seiner Schrift wandte sich Bodinus nunmehr im einzelnen den neun Stufen (gradus) der Liebe zu, die der Vollständigkeit halber noch kurz betrachtet werden sollen: der erste Grad sei die Liebe zu Gott, welche den Menschen innerlich und äußerlich zur Verehrung seines Schöpfers verpflichte [1003]. Die zweite Stufe bestehe in der Liebe zu unserer eigenen Seele und entspreche der unermeßlichen Liebe Gottes zu den Menschen [1004]. Die Liebe zur Seele im Nächsten bilde das dritte Gebot des „ordo amoris" [1005]. An vierter Stelle finde sich die Liebe zum gesamten Universum qua Schöpfung [1006].

[1000] Jus Mundi, § VII, S. 17: „Neque tandem ad jus Naturae referenda aeternae veritatis principia v. g. bonum sectandum, malum fugiendum; haec enim utut in se vera sint, proprie jus non inducunt, sed saltem sunt notiones s. propositiones jus aliquod praesupponentes, cum ex eo quod sciam bonum esse sectandum, non possim in hypothesi concludere, quid bonum, quidve agendum sit."

[1001] Jus Mundi, § VII, S. 16.

[1002] Jus Mundi, § VIII, S. 17: „Ad illum tamen quoddammodo investigandum, liceat mihi hac vice humanas actiones examinare secundum gradus amoris, qui unicum est naturae vinculum, idemque unicus hominis affectus, & in cujus recta gubernatione omnis virtus τὸ καλὸν ἀγαθόν s. verum honestum consistit."

[1003] Jus Mundi, § IX, S. 17: „Primus gradus est Amor DEI, hoc enim ipso quod Deus est creator & conservator universi, obligamur ad ejus cultum internum & externum."

[1004] Jus Mundi, § X, S. 19: „Secundus gradus est AMOR ANIMAE NOSTRAE; Cum enim tam immensus sit Dei erga nos amor, ut omnem naturam creatam homini quasi subornaverit, imo donaverit."

[1005] Jus Mundi, § XI, S. 20: „Tertius gradus est Amor animae proximi, cujus prae aliis rebus potior habenda cura, ex eadem ratione, quia praestantior aliis est."

[1006] Jus Mundi, § XII, S. 21: „Quartus gradus est amor Universi, ut tota natura creata, quantum in nobis est, conservetur, quod in statu civili adumbratur amore Reipublicae."

Der fünfte Grad bestehe in der Liebe des eigenen Lebens[1007]. Ihm folge sechstens die Liebe zum Leben des Nächsten[1008]. Erst auf der siebenten Stufe nannte Bodinus die Liebe zur persönlichen Habe[1009] und an achter Stelle schließlich die Liebe zum Eigentum des Nächsten[1010]. Dieser Stufenbau des Liebesgedankens ist alt; er geht, wie Bodinus selbst hinzufügte, wahrscheinlich auf eine scholastische Aufzählung zurück. Deshalb erweiterte Bodinus jene „Ordnung der Liebe" in der Anwendung seiner eigenen Naturrechtslehre um einen neunten Grad: die Liebe zu einer jeglichen Kreatur an und für sich und um ihrer selbst willen, auf daß sie in ihrer Seinsordnung erhalten bleibe[1011]. Das Ziel (causa finalis) aller Ordnung in der Natur aber sei die Bewahrung der Schöpfung[1012], die Bodinus am Ende seiner Schrift ebenso wie vor ihm Pascal und Leibniz mit einem von Gott gesteuerten Uhrwerk (horologium) verglich[1013].

Bei der Naturrechtslehre des Bodinus stehen wir unmittelbar an der Schwelle zur Aufklärung. Noch hat sich das rationalistische Naturrecht

---

[1007] Jus Mundi, § XIII, S. 22: „Quintus gradus est amor Vitae nostrae, de qua quaeretur, quid liceat pro vita, quid in vitam? Pro vita omnibus modis defensionem suscipi posse, etiam cum periculo & vitae jactura alienae, nemo, nisi qui sui ipsis amorem neglexerit, negabit."

[1008] Jus Mundi, § XIV, S. 24: „Sextus gradus est amor vitae proximi; dum enim jus N. vult, ut quaeque res in ordine conservetur suo, nemo non obligatur, eo anniti, ne contra ordinem naturae impingatur. Unde nullus omnino homo hominem occidendi jus arrogare sibi juste potest, nisi a Deo hoc ipsi concessum, vel vi ipsius naturae ordinis, vel vi legis per expressam sanctionem latae, v. g. ob homicidium, adulterium & c."

[1009] Jus Mundi, § XV, S. 26: „Septimus gradus est Amor bonorum nostrorum, ubi disquirendum, qua ratione nostrum aliquid fiat, seu quibus modis alicujus rei dominium consequamur; Dominium enim nihil aliud est, quam jus quo res dicitur mea."

[1010] Jus Mundi, § XVIII, S. 29: „Octavus gradus est amor bonorum proximi, quo pertinet quicquid in decalogi 7. 8. & 9. praecedens projubetur prohibeturve."

[1011] Jus Mundi, § XIX, S. 29: „His octo amoris gradibus a Scholasticis enumerari solitis, liceat addere Nonum, qui est amor cujusve creaturae separatim consideratae, ut in ordine suo, quantum in nobis est, conservetur, ad quem ordinem rite observandum, vires totius naturae, & singularum creaturarum usum ac finem naturalem, in quem condita est, scire ac cognoscere deberemus."

[1012] Jus Mundi, § XX, S. 29: „Veniamus nunc ad causam finalem ordinis naturae, qui est conservatio rerum creatarum, ut quarum nulla absque decenti ordine consistere potest, uti ex supra dictis patet."

[1013] Jus Mundi, § XXI, S. 30: „Sicuti enim Artificis alicujus v. g. horologium disrumpere, vel rotas ex eo, quo confecit artifex, ordine, turbare, licitum est; Ita eo ipso quod coeli terraeque fabricator magnum mundi horologium condidit, in eoque quicquid in eo reperitur, decentissimo ordine disposuit; homines ad eundem observandum & non turbandum obligantur."

nicht allgemein durchzusetzen vermocht. Noch klingen, wie bei Bodinus, aristotelische, scholastische oder reformatorische Gedanken in der Rechtsphilosophie an. Aber über all diesen Versuchen, die Tradition des christlichen Naturrechts zu bewahren, schwebte bereits das Damoklesschwert des Vernunftrechts. Selbst innerhalb des protestantischen Aristotelismus ließ sich die Säkularisierung des Rechtsverständnisses nicht mehr aufhalten. Die Helmstedter Schule Conrings und vom Feldes verlor allmählich ebenso an Einfluß wie die Straßburger Schule Boeclers. Im Mittelpunkt des wissenschaftlichen „Fortschritts" stand nunmehr die neugegründete Universität Halle, an der Christian Thomasius und Samuel Stryk lehrten. Thomasius verwies zwar den eigentlichen Kernbestand des überlieferten reformatorischen Naturrechts, die Ordnung der Liebe, in den Bereich der (Moral-)Theologie, aber der eben im Entstehen begriffene Pietismus wußte dieses Erbe begreiflicherweise nicht mehr zu verwalten. Eine zunehmende Positivierung des Rechtsbegriffs innerhalb der Jurisprudenz unterstützte und verstärkte diese Entwicklung. Die protestantische Rechtsphilosophie geriet nach und nach in Vergessenheit. Theologie und Jurisprudenz suchten sich seit Thomasius erstmals in ihrer Geschichte einen eigenen Weg.

6. Abschnitt

ZUSAMMENFASSUNG

Bis in die Gegenwart hinein blieb die Lehre vom christlichen Naturrecht im 17. Jahrhundert, wie sie im Anschluß an das reformatorische Rechtsdenken aus den beiden Wurzeln der Kommentarliteratur zu Grotius und der Kritik an Hobbes entstanden war und sich unter dem Einfluß des Aristotelismus und der Orthodoxie entfaltet hatte, nicht nur der rechtsphilosophiegeschichtlichen Forschung größtenteils verborgen, sondern auch innerhalb der Rechtstheologie weitgehend unbekannt. Der Grund mag in der Tatsache gesehen werden, daß die Aufklärungsjurisprudenz mit dem Scholastizismus und dem Aristotelismus zugleich auch die protestantische Ethik in der Rechtsphilosophie erfolgreich bekämpft hatte; allein damit ist aber noch nicht erklärt, weshalb

selbst Philosophiehistoriker, wie Peter Petersen, die sich erst in jüngster
Zeit sehr kenntnisreich speziell mit dem Aristotelismus im 17. Jahrhundert beschäftigt haben, an der Tradition des christlichen Naturrechts
vorübergegangen sind [1014] oder doch zumindest nirgendwo eine Verbindung von aristotelischer Moralphilosophie und reformatorischer
Ethik feststellen zu können glaubten. „Wohl kehrt auch bei den protestantischen Ethikern stets das alte Bekenntnis wieder, eigentlich biete
die Heilige Schrift reinere und heilsamere Vorschriften zum sittlichen
Leben, aber erst spät wird daraus die Folgerung gezogen, daß der
christliche Gelehrte auf Grund der Bibel eine eigene Sittenlehre ent-
werfe, die entweder neben die philosophische treten oder besser noch sie
ganz zu ersetzen hätte [1015]." Daß spätestens seit der Mitte des 17. Jahrhunderts jedoch der Gedanke des „jus naturae secundum disciplinam
christianorum" und damit verknüpft das Prinzip der Nächstenliebe
(caritas) gerade auch die aristotelisch orientierte Rechtsphilosophie zu
beherrschen begann, hat Petersen offenbar übersehen. – Demgegenüber
scheint Johann Sauter wenigstens vom Bestehen dieser Tradition ge-
wußt zu haben, wie sich aus einer Aufzählung von einschlägigen Namen ergibt; bei der historischen Einordnung und Bewertung des christlichen Naturrechts im 17. Jahrhundert unterlag Sauter jedoch ebenfalls
einem Irrtum: er mißverstand Rechtsphilosophen wie vom Felde,
Boecler, Ziegler, Osiander, Rachel, Zentgrav, Prasch, Placcius oder
auch Leibniz schlechthin als „Anhänger des scholastischen Naturrechts" [1016]. – Eine angemessene Würdigung gerade auch der protestantischen Grundlagen jenes christlichen Naturrechtsdenkens, nämlich seines unmittelbaren Bezugs auf die Heilige Schrift, vor allem auf den
Dekalog und die biblischen Weisungen, findet sich in aller Kürze erst
bei Gaston Grua im Zusammenhang mit der Untersuchung der Leibniz-

---

[1014] Dies stellte offenbar schon Johann *Sauter* (a.a.O., S. 99) fest, wenn er dem
Werk *Petersens* vorwirft, daß darin „die Ethiker nicht berücksichtigt werden", und
von einem eigenen Plan der „Ergänzung" spricht.
[1015] Peter *Petersen*, a.a.O., S. 172; im Anschluß an die zitierte Stelle fährt
Petersen allerdings in bedenklicher Weise fort: „Nirgends scheint in diesen Ge-
lehrtenkreisen der Widerspruch voll zum Bewußtsein gekommen zu sein, der in der
Behauptung liegt, die christliche Gemeinde bedürfe für das bürgerliche Verhalten
einer Sittenlehre, die nicht ihren heiligen Schriften entnommen sei, als wenn das
religiöse Leben, vom rechten Glauben erfüllt und mit lauteren christlichen Liebes-
kräften ausgestattet, sich nicht selbst Richtschnur für alles Handeln sein könnte."
[1016] Johann *Sauter*, a.a.O., S. 99.

schen Gottesrechtslehre und der Frage nach ihren Vorläufern [1017]. Den Anregungen Gruas folgend, ist die vorliegende Untersuchung zu Ergebnissen gelangt, die möglicherweise einen Aufschluß über die Ursachen jener verbreiteten Unkenntnis der Lehre vom christlichen Naturrecht im 17. Jahrhundert geben können.

1. Selbst im Rückblick auf die gesamte reformatorische Naturrechtstradition ergibt sich für die Rechtsphilosophie des 17. Jahrhunderts noch keineswegs ein einheitliches Bild. Hinter der Vielfalt der Begründungsweisen eines „jus naturae secundum disciplinam christianorum", hinter der Widersprüchlichkeit einzelner Voraussetzungen und Hypothesen verbarg sich die Unsicherheit, Verworrenheit und Zerrissenheit protestantischer Rechtstheologie im Zeitalter des Dreißigjährigen Krieges, widergespiegelt in zahlreichen Gelehrtenkämpfen und Auseinandersetzungen innerhalb der zeitgenössischen Jurisprudenz. Aristotelische, patristische, scholastische, reformatorische und frührationalistische Gedankengänge stehen oft unverbunden nebeneinander. Deshalb lassen sich allgemeine Epochenbegriffe zur Kennzeichnung einzelner Traditionslinien, wie „Scholastizismus", „lutherische Orthodoxie" oder „protestantischer Aristotelismus", nur mit Vorbehalt und Vorsicht verwenden und gewähren selbst dann jenen Lehren noch einen weiten Spielraum, wenn sie zumindest die Richtung des Denkansatzes kennzeichnen sollen. Angesichts eines solchen Befundes stellt sich abschließend noch einmal ernsthaft die Frage, inwieweit man überhaupt berechtigt sei, all diese unterschiedlichen und zum Teil widersprüchlichen Theorien unter dem Gesichtspunkt des christlichen Naturrechts einheitlich zusammenzufassen, zumal gerade ihre innere Diskonformität und Inkongruenz wesentlich dazu beigetragen haben wird, daß sie bisher vielfach unbekannt geblieben sind oder doch wenigstens für unbedeutend und nebensächlich gehalten wurden.

2. Trotz dieser weitgehenden Uneinheitlichkeit der Naturrechtslehren im 17. Jahrhundert sowohl ihrer Ausgangslage nach als auch in ihren konkreten Ergebnissen läßt sich für einen gewissen Teilbereich und im Hinblick auf bestimmte Begriffsverbindungen und Denkschemata gleichwohl ein zusammenhängender und sinnvoll ineinandergefügter Kernbestand von naturrechtlichen Anschauungen, Thesen und

---

[1017] Gaston *Grua,* Jurisprudence universelle, S. 425–437.

Grundsätzen ermitteln, welcher das eigentliche Wesen des „jus naturae"
nach christlicher Tradition auszumachen scheint und damit als ein ty-
pisches Merkmal jeder christlichen Rechtsphilosophie gelten kann. In
erster Linie hat wohl der Gedanke des „jus naturae secundum disciplinam christianorum" selbst die unterschiedlichsten Richtungen miteinander verbunden. Denn er setzte die gemeinsame Überzeugung voraus, daß Christus nicht nur als „verus legis interpres" (Ziegler), sondern eigens als „legislator" in die Welt gesandt sei, und stützte sich auf
den Glauben an eine „Lex Evangelica" (Grotius, Burnet, Zentgrav).
Je enger man sich dabei an die Scholastik anschloß, desto stärker wurde
die Übereinstimmung der biblischen Weisungen mit der „lex aeterna"
betont und die „perseitas moralitatis" in den Vordergrund geschoben
(Boecler, Cudworth, More, Veltheim, Strimesius). Stand man hingegen
der lutherischen Orthodoxie nahe, so verlagerte man den Akzent auf
den „status integritatis" als der wahren natürlichen Christenordnung
(Ziegler, Osiander, Mevius, Alberti, von Seckendorff, von Cocceji).
Neigte man endlich mehr dem Aristotelismus zu, dann rückte das Prinzip der „amicitia" und die Vorstellung von der Gemeinschaft aller
Menschen mit Gott (societas hominum cum Deo) in den Mittelpunkt
einer am christlichen Glauben ausgerichteten Naturrechtsbegründung
(vom Felde, Rachel, Prasch, Bodinus, Placcius).

Einen weiteren, besonders naheliegenden Anknüpfungspunkt bot
jenem einheitlich christlichen Rechtsdenken das Prinzip der Nächstenliebe (charitas, caritas), das sich gleichfalls weit verstreut in vielfach
gegensätzliche Anschauungen verwoben findet und zumeist mit der
Lehre von der Gerechtigkeit (justitia) verknüpft wird (Ziegler, Rachel,
Zentgrav und Placcius). Nur Zentgrav kannte daneben noch ein unmittelbar geltendes „jus charitatis". Sehr häufig wurde weiterhin unter
dem Aspekt der „caritas ordinata" das Verhältnis von Gottesliebe,
Nächstenliebe und Selbstliebe untersucht und zwischen diesen drei Stufen „um der Gerechtigkeit willen" eine Entsprechung hergestellt (Ziegler, Osiander, Sharrock, Burnet, Rachel, von Seckendorff, Zentgrav,
Prasch, Placcius). Im Hinblick auf den Umfang und den Intensitäts-
grad der „caritas" unterschied man zwischen der allgemeinen Nächstenliebe (caritas universalis), der christlichen Nächstenliebe (caritas
christiana) und der brüderlichen Liebe (caritas fraterna).

Ein drittes Indiz für ein Bekenntnis zum christlichen Naturrecht enthielt schließlich der Gedanke der „justitia universalis", soweit er – vor

allem innerhalb des protestantischen Aristotelismus – die göttliche Gerechtigkeit einbezog und sie aus der „sapientia et bonitas Dei" ableitete (vom Felde, Boecler, Rachel, Zentgrav). Stützte man nämlich wie Cocceji die Gerechtigkeit Gottes einzig auf seinen allmächtigen Willen (voluntas), dann ließ sich „per analogiam rationis" jedenfalls kein allgemeingültiger, für Gott und die Menschen gleichermaßen verbindlicher Gerechtigkeitsbegriff im Sinne der „justitia universalis" mehr ausmachen. Vielfach wurde diese allgemeine Gerechtigkeit auch mit der Tugend der Frömmigkeit (pietas) verbunden (Sharrock, Mevius, Rachel, Veltheim, Placcius) und nach aristotelischem Vorbild der „justitia particularis" gegenübergestellt. Aus einer Erweiterung des „pietas"-Gedankens durch die „aequitas" und die „probitas" und aus einer entsprechenden Aufgliederung der Naturrechtsdefinition Ulpians ergab sich für Veltheim und Rachel eine dreistufige Lehre von der natürlichen Gerechtigkeit.

3. Es zeigt sich also, daß von einer Einheit christlichen Naturrechtsverständnisses in der zweiten Hälfte des 17. Jahrhunderts zunächst nur im Hinblick auf bestimmte, stets wiederkehrende und vom theologischen oder philosophischen Standort des einzelnen Autors weitgehend unabhängige „Topoi" (jus naturae secundum disciplinam christianorum, charitas, justitia universalis) gesprochen werden kann, deren weitverzweigte Traditionslinien und Querverbindungen in den behandelten Schriften einzeln verfolgt worden sind. Um diese Überlieferung zumindest im Rückblick als eine in sich geschlossene „Lehre" vom christlichen Naturrecht begreifen zu können, bedarf es noch eines weiteren, letzten Schrittes zu jenem geistesgeschichtlichen Ort, wo die Tradition des christlichen Naturrechts innerhalb der Rechtsphilosophie eine endgültige und alles Gegensätzliche verbindende Gestalt gewonnen, ihren Höhepunkt erreicht und zugleich ihren Abschluß gefunden zu haben scheint: es bedarf der Betrachtung des Gedankens vom christlichen Naturrecht in den Werken von Leibniz. Hier wird man die beschriebenen Ansichten, Denkweisen und Begriffe zum großen Teil wiederfinden, jedoch nicht mehr nur als „Topoi" der Überlieferung entnommen, sondern mit dem Anspruch philosophischer Wahrhaftigkeit „auf ihren Grund und ration gebracht" und in der Überzeugung von der natürlichen Rechtsordnung im Reiche Gottes auf dem Fundament der christlichen Offenbarung zu einer Einheit zusammengefügt.

DRITTER HAUPTTEIL

DIE ENTFALTUNG DER LEHRE VOM CHRISTLICHEN NATURRECHT IN DEN WERKEN VON LEIBNIZ

Vor dem Hintergrund jener vielfältigen Tradition des christlichen Naturrechts im 17. Jahrhundert wird die Begegnung mit Leibniz fast schon zu einem Abenteuer. Denn es erweist sich alsbald nicht nur die Hoffnung, in der überlieferten Naturrechtslehre den Schlüssel zum Verständnis der Leibnizschen Rechtsphilosophie zu finden, als höchst trügerisch, unvermutet stellen sich selbst dem „unmittelbaren" Zugang neue Hindernisse in den Weg. Gewiß, die Kenntnis der Tradition bildet gerade bei der Beschäftigung mit Leibniz eine unabdingbare Voraussetzung für die Erforschung der historischen Grundlagen seines Denkens; sie allein ermöglicht erst eine Aussonderung des von Leibniz so mannigfach verwobenen überlieferten Gedankenguts und damit den Vorstoß zum eigentlichen Kernbereich seiner Rechtsphilosophie. Aber schon der Versuch, das Leibnizsche Rechtsdenken eindeutig einer bestimmten geistesgeschichtlichen Richtung zuzuordnen, führt in unlösbare Probleme. Angesichts zahlreicher Parallelen und mancher terminologischen Übereinstimmung mit der Tradition des christlichen Naturrechts im 16. und 17. Jahrhundert, vor allem mit den Lehren des protestantischen Aristotelismus, wird man weitgehend geneigt sein, Leibniz' Rechtsphilosophie als einen bedeutsamen Ausdruck „barocker Jurisprudenz" zu verstehen (Liermann)[1], und in der synoptischen Verbindung unterschiedlicher Einflußlinien zugleich ihre letzte Vollendung und den „Höhepunkt dieser zwei Jahrhunderte" erblicken (Sauter)[2];

---

[1] Hans *Liermann*, Barocke Jurisprudenz bei Leibniz, in: Ztschr. f. dt. Geisteswiss. II, 1939, S. 348 ff.

[2] Johann *Sauter*, Die philosophischen Grundlagen des Naturrechts, Wien 1932, S. 100.

mit ebenso guten Gründen, etwa unter Hinweis auf die späten naturrechtlichen Kodifikationen, läßt sich jedoch bei Leibniz auch schon deutlich eine „Durchbrechung des spezifischen Naturrechts der Aufklärungszeit" feststellen (Larenz)[3].

Zu dieser Ungewißheit über die „historische" Ortung des Leibnizschen Rechtsdenkens tritt nach dem Quellenbefund eine weitere Unsicherheit der „systematischen" Ordnung und Orientierung innerhalb seiner reichen rechtsphilosophischen Begriffswelt. Obwohl gerade die Vielfalt der Begrifflichkeit, erkennbar an immer neuen, zum Teil voneinander abweichenden und scheinbar widersprüchlichen Definitionen und Erklärungen ein und desselben Gegenstandes, zu den besonders charakteristischen Merkmalen Leibnizscher Denkkunst zu gehören scheint, ist man der Notwendigkeit, die Ursachen und Gründe einer so komplexen Terminologie zu ermitteln, stets dadurch aus dem Wege gegangen, daß man einzelne, möglicherweise häufig wiederkehrende Begriffsbestimmungen für das Ganze ausgab und die bestehenden Divergenzen entweder unbeachtet ließ oder voreilig harmonisierte. Im Rahmen der überlieferten Naturrechtslehre erhalten jedoch all diese von Leibniz aufgenommenen oder im kombinatorischen Verfahren neu gewonnenen Definitionen und Begriffsverbindungen ihren ursprünglichen materialen Sinngehalt zurück und treten damit in einer jeweils genau bestimmbaren Bedeutung in Erscheinung. Deshalb entsteht auf den ersten Blick geradezu der Eindruck, man befinde sich bei Leibniz gleichsam in einem Labyrinth von Formeln, wahllos zusammengefügt aus Bausteinen, wie sie die zeitgenössische Rechtsphilosophie darbot. Gegen einen solchen Eklektizismus im Rechtsdenken von Leibniz spricht jedoch der Umstand, daß sich von den akademischen Jugendschriften an bis zur „Théodicée" deutlich und mit überraschender Konsequenz eine Entwicklung der Naturrechts- und Gerechtigkeitslehre zu einem allgemeinen rechtsphilosophischen System in der „Ordnung der Liebe" abzeichnet. Man wird also gezwungen sein, umgekehrt gerade auch jene offensichtlich der Naturrechtstradition entlehnten Gedanken nach ihrem besonderen Stellenwert innerhalb der Leibnizschen Rechtsanschauung zu befragen.

---

[3] Karl *Larenz*, Sittlichkeit und Recht. Untersuchungen zur Geschichte des deutschen Rechtsdenkens und zur Sittenlehre, in: Reich und Recht in der deutschen Philosophie, Bd. 1, Berlin 1943, S. 226.

Einem dritten Hindernis, das den Zugang zu Leibniz erschwert, begegnet man in der Gestalt eines verbreiteten Vorurteils. Man glaubt nämlich vielfach, nur diejenigen Schriften und Fragmente zur Dokumentation seiner „Rechtsphilosophie" heranziehen zu dürfen, in denen sich Leibniz ausdrücklich zu den Problembereichen des Rechts, der Gerechtigkeit oder des Naturrechts äußert. Soweit ersichtlich, hat sich erstmals Grua über dieses Vorurteil hinweggesetzt[4] und den Versuch unternommen, vom Gedanken der Seinsordnung her die gesamte Leibnizsche Metaphysik, insbesondere die Monadenlehre, als „*Rechts*metaphysik" zu verstehen und zugleich unter dem Gesichtspunkt einer objektiven Pflichtenordnung die Leibnizsche Ethik, das Prinzip der Liebe und die Lehre von der göttlichen Gerechtigkeit, als „*Rechts*ethik" zu erfassen. Die Legitimation zu dieser umgreifenden Deutung entnahm Grua dem Leibnizschen Gedanken von der „Jurisprudentia universalis". In solchem Sinne stellt sich also die Philosophie des Leibniz schlechthin als „*Rechts*philosophie" dar. Diese Erkenntnis Gruas soll hier zunächst nur die Aufgabe einer Arbeitshypothese übernehmen und gerade auch einer ausschließlich rechtsphilosophisch orientierten Untersuchung den Zugriff auf die sogenannten „philosophischen" Schriften von Leibniz ermöglichen.

Damit ist die Leibniz-Interpretation bei der Auswertung des bisher veröffentlichten Quellenmaterials auf eine möglichst umfassende Grundlage gestellt. Selbst einige kleinere, zumeist nur im Konzept bekannte Fragmente aus Leibnizens Schriften sollen deshalb, sofern sie nur einen bestimmten Gedanken in besonders prägnanter Form zum Ausdruck bringen, gesondert behandelt werden. Die zeitliche Fixierung eines solchen Gedankens hat lediglich den Sinn, gewisse Schwerpunkte in der Entwicklung der Leibnizschen Rechtsphilosophie hervorzuheben und in eine chronologische Ordnung zu bringen; sie soll weder die Möglichkeit einer früheren Vorformung ausschließen noch den Umstand einer späteren Wiederaufnahme nebensächlich erscheinen lassen. Im Gegenteil, oft läßt sich bei Leibniz geradezu die Tendenz beobachten, an einer irgendwann einmal der Tradition oder der eigenen Spekulation entnommenen Anschauung streng festzuhalten, sie zwar in immer neue Denkzusammenhänge zu stellen und inhaltlich anzureichern, aber in ihrem Kern nur wenig zu verändern.

---

[4] Gaston *Grua*, Jurisprudence universelle et théodicée selon Leibniz, Paris 1953.

Vorbemerkung

ZUM BEGRIFF DES RECHTS
UND DER RECHTSWISSENSCHAFT

Schon ein erster Blick auf die im engeren Sinne „juristischen" Schriften von Leibniz vermittelt ein eindrucksvolles Bild von der ungewöhnlichen Vielfalt seines Rechtsdenkens[5]. Einzelprobleme des gemeinen römischen Zivilrechts werden mit der gleichen Sachkunde behandelt wie Fragen des öffentlichen Rechts oder des Völkerrechts. Die Naturrechtslehre, mit der sich die Untersuchung vorwiegend zu beschäftigen hat, erscheint deshalb daneben zunächst gewissermaßen nur als Teilgebiet oder Ausschnitt aus dem gesamten juristischen und rechtsphilosophischen Schaffen von Leibniz. Gleichwohl stellt aber, wie Kurt Huber richtig erkannt hat, „die Systematik des Naturrechts" die „Grundlegung des Ganzen" dar[6]. Vor allem zur Abgrenzung des Naturrechtsgedankens bei Leibniz von seinen übrigen Rechtslehren soll daher einleitend auf den Begriff des Rechts und der Rechtswissenschaft im allgemeinen hingewiesen werden.

Dem vorkritischen Rechtsverständnis der aristotelischen Moralphilosophen, insbesondere seines Lehrers Jacob Thomasius, folgend[7], ordnete auch Leibniz den Bereich des Politischen und damit ebenso das Recht dem Normengefüge der als „philosophia practica" überlieferten zeitgenössischen Ethik ein. „Politica ab ipsa Ethica non est distincta[8]." Das Ziel (finis) dieser „Sozialethik" lag von vornherein in der Erhaltung der größtmöglichen Glückseligkeit aller Bürger (felicitas civium) als dem höchsten Gut (summum bonum) vorgezeichnet. Auch das Recht

---

[5] Darauf wurde bereits oben im 4. Abschnitt des I. Hauptteils ausführlich hingewiesen.

[6] Kurt *Huber*, Leibniz, München 1951, S. 37.

[7] Vgl. dazu die „Eigenhändigen Eintragungen in Leibniz' Handexemplar der ‚Philosophia practica' von Jacob Thomasius", abgedruckt in der *Akademie-Ausgabe* VI–1, S. 42–67.

[8] Mit diesem Satz sind einige Aufzeichnungen Leibnizens zur aristotelischen Ethik, möglicherweise aus den Jahren 1662–1664, überschrieben. (Grua II, 563).

(jus) blieb stets auf dieses Ziel hin ausgerichtet und so den ethischen Geboten und Prinzipien unterworfen. Deshalb verstand Leibniz das Recht ausschließlich als ein „moralisches Vermögen": „Jus est potentia moralis[9]." Diese Definition behielt er in all seinen Schriften nahezu gleichlautend bei; er ersetzte allenfalls das Wort „Vermögen" gelegentlich durch die Begriffe „Freiheit" (libertas, i. e. jus in corpus), „Befugnis" (facultas, i. e. jus in rem) oder „Macht" (potestas, i. e. jus in personam)[10], ohne jedoch damit den ursprünglichen Sinngehalt des Satzes wesentlich zu verändern. – Jede Rechtsbefugnis war für Leibniz zugleich mit einer bestimmten Verpflichtung (obligatio) verbunden, die er entsprechend eine „moralische Notwendigkeit" nannte: „Obligatio est necessitas moralis[11]." Angesichts dieser engen Verknüpfung von Moralität und Recht wird man die gesamte Leibnizsche Sozialethik, soweit ihr der Ordnungsgedanke zugrunde liegt und soweit sie sich auf eine Gemeinschaft (societas) der Menschen untereinander oder mit Gott bezieht, noch als „Rechtsphilosophie" im weiteren Sinn bezeichnen können. Erst mit Christian Thomasius und seiner Unterscheidung des „Justum" vom „Honestum" und „Decorum" setzte allmählich eine Entwicklung ein, die im Positivismus zur völligen Trennung von Recht und Ethik und zur Identifizierung von Recht und Gesetz führte. Selbst in Georg Jellineks Vorstellung vom Recht als dem „ethischen Minimum" ist dieser Zusammenhang, wenn auch bereits in stark abgeschwächter Form, noch deutlich zum Ausdruck gebracht.

Innerhalb des allgemeinen Rechtsgedankens unterschied Leibniz je nach dem Entstehungsgrund das Naturrecht vom positiven Recht[12].

[9] Nova Methodus (1667), Pars II, § 15 (A VI–1, 301–302). – Definitionum Juris Specimen (1676, 1678, 1696? Grua II, 721). Vgl. auch eine spätere Aufzeichnung zum Begriff „Jus" aus den Jahren 1695–1696 (Jur. III. 4, Bl. 77; Grua II, 811).

[10] Nova Methodus (1667), Pars II, § 17 (A VI–1, 302). – De tribus Juris praeceptis sive gradibus (1677–1678, Grua II, 607). – Tit. I De Justitia et Jure (1677–1678, Grua II, 615). – De Jure et Justitia (1677–1678, Grua II, 618). – Jus (1695–1696, Grua II, 811). – De Postulationibus (1678, Grua II, 759).

[11] Ebenda. – Vgl. auch: De Obligatione (um 1678, Grua II, 743).

[12] De Casibus perplexis (1666, A VI–1, 240). – Nova Methodus (1667, A VI–1, 293–294, 343–344). – Briefe an Lambeck (Nov. 1688, A I–1, 14); an Conring (Jan. 1670, A II–1, 28). – De Justitia et Jure (1677–1678, Grua II, 615). – Codex Juris Gentium (1693, Dutens IV, 3, 298). – Definitionum Juris Specimen, Juris species (1696? Grua II, 729). – Notae in Tabulam Jurisprudentiae (1696? Grua II, 805). – Observationes de principio Juris (1700, Dutens IV, 3, 271).

Der Bereich des natürlichen Rechts (jus naturale, seltener: jus naturae) umfaßte sowohl die gesamte Ordnung des Seins, der göttlichen Schöpfung, sofern sie ihre Entstehung nicht dem göttlichen Willen (voluntas), sondern der Weisheit Gottes (sapientia Dei) verdankte und in der Natur der Dinge (natura rerum) begründet lag, als auch alle sich daraus ergebenden Tugenden und Pflichten, diese Ordnung zu erhalten. Demgegenüber zählte Leibniz zum Bereich des positiven Rechts (jus positivum, legitimum, voluntarium, arbitrarium) alle diejenigen Rechtsgebiete, deren konkrete Ausgestaltung von einem bestimmten, menschlichen oder göttlichen Willensentschluß abhängt: das römische Zivilrecht (jus privatum), das öffentliche Recht (jus publicum; insbesondere das Staatsrecht des Heiligen Römischen Reiches), das Völkerrecht (jus gentium) und schließlich das Kirchenrecht (jus ecclesiasticum)[13]. Während sich der Ausdruck „lex naturalis" bei Leibniz nur höchst selten findet, wird der Begriff „jus positivum" oft einfach durch das Wort „lex" ersetzt. Nur in dieser Verbindung von positivem Recht und Gesetz tritt auch bei Leibniz unverkennbar das Willensprinzip in Erscheinung.

In unlösbarem Zusammenhang mit dem Naturrechtsgedanken steht jedoch in fast allen Schriften Leibnizens die Lehre von der Gerechtigkeit, das eigentliche Kernstück seiner Rechtsphilosophie, die im Gegensatz zu den einzelnen Gebieten des positiven Rechts[14] in die Untersuchung einbezogen werden soll. Daß für Leibniz die Gerechtigkeitslehre stets im Mittelpunkt seines Rechtsdenkens stand, zeigt schon eine jener berühmten Definitionen der Rechtswissenschaft: „Jurisprudentia est scientia eius quod justum est[15]." Weil Leibniz aber die Gerechtigkeit (justitia) zumeist als „Liebe des Weisen" (caritas sapientis) verstand, nannte er die Jurisprudenz oft auch geradezu eine „Wissenschaft der Liebe" (scientia caritatis)[16]. Daneben stehen zahlreiche weitere Definitionsversuche, die sich jedoch alle mehr oder weniger eng an die

---

[13] Codex Juris Gentium diplomaticus, praefatio (1693). – Notae in Tabulam Jurisprudentiae (1696? Grua II, 805).

[14] Es erscheint nach dem vorhandenen Quellenmaterial insbesondere lohnend und wünschenswert, Leibnizens Anschauungen zum römischen Privatrecht und zum Kirchenrecht monographisch zu untersuchen.

[15] De Jure et Justitia (1677–1678, Grua II, 618); ähnlich: „Jurisprudentia est scientia justi", in den „Elementa Juris Naturalis" (1670–1671, A VI–1, 476) und der „Nova Methodus", Pars II, § 14 (1667, A VI-1, 296).

[16] De tribus Juris Naturae et Gentium gradibus (1677–1678, Mollat 8).

Tradition des römischen Rechts anschließen und deshalb nicht im ein-
zelnen aufgeführt zu werden brauchen[17]. Hingegen scheint Leibnizens
Einteilung der Jurisprudenz nach ihrem Gegenstand in eine „natürliche
Rechtswissenschaft" (Jurisprudentia naturalis) und in eine „allgemeine
Rechtswissenschaft" (Jurisprudentia universalis) vor allem auch für die
Entwicklung seiner Naturrechtslehre von besonderer Bedeutung zu
sein.

Schon bei seinen Bemühungen in Mainz um eine Neuordnung und
Vereinfachung des überlieferten römischen Rechts hatte Leibniz erkannt, daß die gesamte antike, mittelalterliche und neuzeitliche Naturrechtstradition keinesfalls vollständig in das geplante Corpus Juris
Reconcinnatum aufgenommen werden konnte, und sich deshalb entschlossen, die überlieferten natürlichen Rechtsgrundsätze, Auslegungs-
prinzipien und Verhaltensregeln als „Elementa Juris Naturalis" dem
neuen Gesetzbuch voranzustellen. Der im Aristotelismus verbreiteten
Dreigliederung des Naturrechts folgend – wie sie bereits in der „Nova
Methodus" angelegt war –, formte Leibniz die „Elemente" später
systematisch zu den „drei Bereichen des natürlichen Rechts" aus und
verknüpfte sie mit seiner Lehre von der Gerechtigkeit. Diese drei Sach-
gebiete der Rechtsphilosophie faßte er seit dem Jahre 1677 unter der
Bezeichnung *Jurisprudentia naturalis* zu einer Einheit zusammen[18].
Den Gegenstand der natürlichen Rechtswissenschaft bildete also die im
Aristotelismus schon weitgehend vorgeformte und von Leibniz lediglich
systematisierte Naturrechtslehre im engeren Sinn; ihre Methode lag in
der Kombination einzelner Begriffe, Regeln oder Grundsätze (ars combinatoria) und in der Demonstration einer bestimmten Rechtsfolge (ars
inventoria). Damit stellte die „Jurisprudentia naturalis", hervorgegangen aus der Reconcinnation des römischen Rechts, gleichsam den
„allgemeinen Teil" einer „vernunftgemäßen Rechtswissenschaft" (Jurisprudentia rationalis) dar[19]. – Je mehr sich Leibniz aber – ungefähr
seit 1685 – den Problemen der Metaphysik und der Frage nach dem

---

[17] „... Scientia viri boni ...", in: De tribus Juris praeceptis sive gradibus
(1677–1678, Grua II, 606). – „... ars aequi et boni...", ebenda (Grua II,
610). – Vgl. dazu im einzelnen Gaston *Grua*, Jurisprudence universelle, S. 155–
156.
[18] So Gaston *Grua*, Textes inédits, Bd. II, Paris 1948, S. 592.
[19] Zum Begriff „Jurisprudentia rationalis" vgl. Leibniz' Briefe an Thomas
Hobbes vom 13. (23.) Juli 1670 (A II–1, 56) und an den Herzog *Johann
Friedrich* vom 21. Mai 1671 (A II–1, 105). – Siehe auch oben S. 56.

Grund der göttlichen Gerechtigkeit zuwandte, desto weiter faßte er auch den Naturrechtsgedanken. Er stellte fest, daß die Elemente des natürlichen Rechts zu den ewigen Wahrheiten gehören, ihren Ursprung aus der göttlichen Weisheit und Güte nehmen sowie der Natur des Seienden entsprechen[20], und gelangte so zu der Überzeugung, daß die „Jurisprudentia naturalis" im innerweltlichen Raum ebenso in Geltung stehe wie im himmlischen Reiche Gottes[21]. Mit dieser Erkenntnis von der Analogie zwischen den Prinzipien der Naturrechtslehre und der Schöpfungsordnung hatte Leibniz jedoch den Boden der „natürlichen Rechtswissenschaft" bereits verlassen; sein Rechtsdenken begann in zunehmendem Maße auch auf seine philosophischen Spekulationen bestimmend einzuwirken und entfaltete sich damit zu einer allgemeinen Rechtswissenschaft im eigentlichen Wortsinn: zur „Jurisprudentia universalis"[22]. Selbst wenn Leibniz diesen Begriff aus der Naturrechtstradition – möglicherweise sogar von Pufendorf – übernommen haben sollte[23], so maß er ihm doch mit Sicherheit einen völlig anderen, bisher unbekannten Bedeutungsgehalt zu: nicht das Recht der Menschheit (jus naturae et gentium) war Gegenstand der „allgemeinen Rechtswissenschaft", sondern einerseits die Ordnung der Gemeinschaft zwischen Gott und den Menschen (societas hominum cum Deo) oder – wie Leibniz später schrieb – das „moralische Reich der Gnade" (le Regne Moral de la Grace)[24] und zum anderen mit dem „jus divinum naturale" die Ordnung der Dinge (harmonia rerum) oder das „physische Reich der Natur" (le Regne Physique de la Nature)[25]. Gemäß der Ver-

---

[20] An Jus Naturae Aeternum? (um 1695, Grua II, 637–638). – Codex (1693): „... aeternae naturae rationalis jura ...", (Dutens IV, 3, 297). – Jus aeternum (1707–1709, Gerh. III, 29).

[21] Brief an den Landgrafen von *Hessen-Rheinfels* vom 4. (14.) September 1690 (Grua II, 238–239): „... la jurisprudence (en tant qu'elle est demonstrative) naturelle et toute autre verité est la meme au ciel et dans la terre."

[22] Vgl. dazu vor allem Gaston *Grua*, Jurisprudence universelle, S. 159–163.

[23] Samuel *Pufendorf*, Elementorum Jurisprudentiae universalis libri duo, Hagae-Comitis 1660; spätere Auflagen Jenae 1669, 1680. – *Grua* (Textes I, 241; Jurisprudence universelle, S. 162–163) scheint einen Einfluß Pufendorfs für gegeben zu halten.

[24] De fine scientiarum (1693, Grua I, 241): „Theologia est divina quaedam jurisprudentia, nostrae cum Deo societatis jura explicans. Ergo universalis jurisprudentia etiam ispi fundamenta substernit." – Vgl dazu: Monadologie (1714, Ger. VI, 622) unten S. 449.

[25] Brief an *Kestner* vom 24. Oktober 1709 (Grua II, 688): „Jurisprudentia in universum etiam res conscientiae quoad jus divinum naturale complectitur."

bindung des Naturrechtsgedankens mit dem Gerechtigkeitsprinzip innerhalb der natürlichen Rechtswissenschaft umfaßte die „Jurisprudentia universalis" für Leibniz in gleicher Weise auch die Lehre von der göttlichen Gerechtigkeit (Théodicée) [26]. Von einem so umfassenden Verständnis der Jurisprudenz ausgehend, vermochte Leibniz mit Recht zu behaupten, daß sogar die Theologie als eine Art „göttlicher Rechtswissenschaft" zum Bereich der „Jurisprudentia universalis" gehöre [27]. Der aus zahlreichen Schriften und Briefen Leibnizens überlieferte Satz: „Tota fere Theologia magnam partem ex Jurisprudentia pendet" [28], zeugt also nicht nur von der grundlegenden Bedeutung der Rechtswissenschaft für das Leibnizsche Denken überhaupt, er enthält ebenso auch einen eindrucksvollen Hinweis auf die unvergleichliche Weite und Tiefe seiner Rechtsphilosophie.

1. Abschnitt

JURISPRUDENTIA NATURALIS
(1664–1693)

Der Naturrechtsgedanke bei Leibniz beruht wesentlich auf der Einheit von „Naturerkenntnis" und „Rechtserkenntnis". Wie die Natur

[26] Brief an *Magliabecchi* vom 30. September 1697 (Dutens V, 118): „Cum vero nihil aliud apud me justitia sit quam caritas ad normam sapientis ... atque ideo jurisprudentia universalis etiam jus divinum comprehendat, nihil Deo dignius amari et vicissim Deo curae et felicitas creaturarum intelligentium quantum patitur harmonia rerum, hinc theodicaeae quaedam elementa nonnihil affecta dudum habui." – Vgl. auch den Brief an *Spener* vom 8. Juli 1687 (Stein 320, A I–4, 641).

[27] Projet d'article? (April 1696? Grua I, 377–378): „Atque illud imprimis placuit, quod exposita doctrina de pactis inter Deum et hominem (cui praeivere passim sacri srciptores) uberiorem hunc divinae Jurisprudentiae locum fecit. Nam ut a me jam olim observatum est, magna Theologiae pars nihil aliud est quam jurisprudentia quaedam sacra, de qua generatim ita sentio: totam mentium universitatem esse unam civitatem maximam sub monarcha Deo, qua nulla potest intelligi perfectior, ut quod de optima Republica vel votis vel figmentis pro modo nostro designamus, in rem ipsam contulerit suprema intelligentia, caeteris creaturis in id unum conditis uti inserviant gloriae regis et civium felicitati."

[28] Nova Methodus, Pars II, § 5 (1667, A VI-1, 295). – De Arte combinatoria

ihm stets als Kosmos, als ein nach den Grundsätzen des Rechts und der
Gerechtigkeit geordnetes Universum erschien, so führte er andererseits
auch das Recht mannigfach auf die natürliche Ordnung der Welt zurück[29]. Schon dieser Denkansatz entsprach einer wahrhaft philosophischen Geisteshaltung und hob die Leibnizsche Naturrechtsanschauung
weit über die Lehren seiner Zeitgenossen hinaus. Während man sich seit
Grotius allgemein darauf beschränkt hatte, einzig die von Gott verfügte Natur des Menschen (natura rationalis et socialis) als Ursprung
und Quelle des Naturrechts zu betrachten, knüpfte Leibniz wiederum
an die scholastische Dreistufenlehre an und stellte das Naturrecht per
analogiam erneut in einen unmittelbaren Bezug zur göttlichen Schöpfungsordnung. So bildete für Leibniz die Natur selbst den „dialektischen Seinsgrund des Rechts"[29a]. Seine „*Natur*"-Philosophie (Metaphysik) erweist sich immer zugleich auch als „*Rechts*"-Philosophie
(Ethik); umgekehrt ist sein Rechtsdenken stets auf die Ordnung der
Natur hin ausgerichtet. In diesem allgemeinen Sinne läßt sich das Leibnizsche Denken schlechthin als „Natur-Rechts-Lehre" verstehen.

A. Die Elemente des natürlichen Rechts
(1664–1672)

Die ersten Anregungen, sich mit dem Problem des Naturrechts eingehender zu beschäftigen, empfing Leibniz in den Vorlesungen seines
Lehrers Jacob Thomasius über das Gebiet der Moralphilosophie[30].
Hier hörte er zuerst von den Werken des Grotius, lernte seine berühmte
Definition des Rechts als Gebot der rechten Vernunft (dictamen rectae
rationis) kennen und das natürliche Recht als „politisches Recht" (jus
politicum) verstehen, welches unabhängig vom äußeren Anschein über-

---

(1666, Erdmann 20). – Briefe an *Placcius* aus den Jahren 1695–1697 (Dutens VI,
1, 54, 64, 67, 84) und an *Kestner* vom 21. August 1709 (Dutens IV, 3, 261). –
Monita ad S. Pufendorfii „Jus feciale" (1706, Dutens IV, 3, 278, 280).

[29] Vgl. dazu vor allem den Brief an den Herzog *Johann Friedrich* von Hannover vom 21. Mai 1671 (A II-1, 108–109) oben S. 28.

[29a] Erik *Wolf*, Vorlesung über die „Geschichte der Rechts- und Staatsphilosophie im 17. und 18. Jahrhundert", gehalten im Sommersemester 1963 (ungedruck-
te Vorlesungsmitschrift).

[30] Das ergibt sich aus Leibnizens „Eigenhändigen Eintragungen" in sein Handexemplar der „Philosophia practica" von Jacob *Thomasius*, abgedruckt in der
Akademie-Ausgabe VI-1, S. 42–67.

all die gleiche Geltungskraft besitze[31]. Besonders bemerkenswert und für die weitere Entwicklung seiner Naturrechtslehre bedeutsam erscheint die Tatsache, daß Leibniz schon zu so früher Zeit scharf zwischen dem Naturrecht und dem positiven Recht zu unterscheiden wußte: während das „jus Naturale" seinen Ursprung in Gott und der Natur habe, gehe das „jus Legitimum" aus dem Willen des Menschen hervor. Deshalb sei das natürliche Recht unveränderlich, werde durch natürliche Kenntnisse (naturales notiones) vermittelt, gelte allgemein in der ganzen Welt und verpflichte alle Menschen; dagegen könne sich das positive Recht verändern, werde erst durch Veröffentlichung (promulgatio) bekannt, sei in jedem Staat verschieden und verpflichte nur dessen Bürger[32]. Leibniz stand also schon von Jugend auf dem grotianischen Naturrechtsgedanken keineswegs unkritisch gegenüber. Er übernahm zwar die strenge Trennung von natürlichem und positivem Recht, führte aber das Naturrecht selbst stets unmittelbar auf Gott zurück. Diese Abweichung vom Grundprinzip der „Sozialnatur" veranlaßte Leibniz, sich in einem späteren Fragment noch einmal ausführlich mit dem „Etiamsi daremus" des Grotius auseinanderzusetzen[33]. Offen-

---

[31] Eigenhändige Eintragungen, Tab. XXV „De Jure": (A VI-1, 52–53): „V. Subdivisio Juris Politici in *Naturale*, quod ubique eandem vim habet, et non, quia ita videtur vel non videtur. Vocatur alias Lex Naturae; *Legitimum*, quod ab initio, hoc an illo modo fiat, nihil refert, at postquam constitutum est, refert. Vocatur alias jus voluntarium, seu positivum: Lex positiva."

[32] Ebenda: „Differunt Jus Naturale et Legitimum multis modis, his vero praecipue:
a) J. N. originem habet a Deo et Natura; J. L. a voluntate hominis. Itaque
b) Illius obligatio est per se interna et immutabilis; huius externa et mutabilis. Et
c) Illud innotescit nobis per naturales notitias; hoc per promulgationem.
d) Illud unum est per totum mundum; hoc tam varium, quam ipsae Respublicae.
e) Illud obligat omnes homines, hoc suos tantum cuiusque Resp. Cives."

[33] Elementa Juris Naturalis, Aufzeichnungen (1669–1670? A III-1, 431): „H. Grot. prolegom. Iustum fore, quod societatis conservandae interest, etiamsi nullus esset Deus. Hoc assentiri non possum, generaliter esset tamen justum nullo dato Deo. Nam morte sua redimere salutem patriae, stultum est si nullum est praemium sperandum ultra mortem. Est enim suo damno alienae utilitatis caussam esse. Id si sciens facias stultum est, maxime si damnum magnum sit. Damnum autem inter maxima, si nulla est vita post hanc vitam, est mors. Maximum damnum autem alienae utilitatis causa subire stultum est. Nihil autem stultum justum est. Nec refert quod qui sapientes habentur, qui laudati sunt publice, qui statuis donati, vitam suam patriae impenderunt, interesset enim Reipublicae, etiamsi nullus esset Deus, homines sic credere, id est stultos esse publico bono. Quemadmodum etsi nullus esset Deus, interesset tamen Reipublicae eum esse credi."

bar ist in der Literatur seit Trendelenburg der grotianische Einfluß auf Leibniz ein wenig überschätzt worden [34].

I. Bereits in seiner ersten rechtsphilosophischen Schrift zur Erlangung der Magisterwürde, dem „Specimen quaestionum philosophicarum ex jure collectarum" [35] aus dem Jahre 1664, versuchte Leibniz, den überlieferten Naturrechtsbegriff zu erweitern. Der damals noch sehr beliebten dichotomischen Methode gemäß teilte er das „jus naturale" zunächst in ein „negatives Naturrecht" mit Erlaubnischarakter (jus negativum) und in ein „determinatives Naturrecht" mit Verbotscharakter (jus determinativum) ein [36]. Dieses letztere „abgrenzende" Recht verknüpfte Leibniz einerseits als „jus naturale primaevum" mit dem Gedanken der Schöpfungsordnung, indem er es der gesamten „vernunftlosen Materie" (brutum) gemeinsam zuordnete, zum anderen als „jus naturale secundarium" mit dem Prinzip der Vernunft (ratio); zur Begründung wies Leibniz vor allem auf die Mehrdeutigkeit des Wortes „Natur" hin, die bisweilen der Vernunft entgegengesetzt werde,

---

[34] Friedrich Adolf *Trendelenburg,* Das Verhältnis des Allgemeinen zum Besonderen in Leibnizens philosophischer Betrachtung und dessen Naturrecht, in: Histor. Beiträge zur Philosophie, Bd. II, 1855, S. 251. – Peter *Petersen,* Geschichte der aristotelischen Philosophie im protestantischen Deutschland, Leipzig 1921, S. 344. – Neuerdings Kurt *Müller,* Gottfried Wilhelm Leibniz und Hugo Grotius, in: Forschungen zu Staat und Verfassung, FG Fritz Hartung, Berlin 1958, S. 187–205.

[35] *Dutens* IV, 3, S. 68–91; *Akademie-Ausgabe* VI-1, S. 68–95; *Ascarelli-Giannotta,* S. 231–266.

[36] Quaestiones philosophicae (1664), quaest. VIII, 2 (Ascar. 248): „Jus autem vel *naturale* est, vel *positivum.* Naturale vel *negativum,* quod permittit; vel *determinativum,* quod prohibet vel vetat." – Dieses Schema kritisierte später der Lüneburger Jurist Johann Heinrich *Pape* in einem Brief an *Leibniz* vom 8. März 1691 (Grua II, 772): „In quaestione 8 jus naturale distinguitur in negativum, quod permittit, et determinativum, quod prohibet vel vetat. Et determinativum iterum in primaevum et secundarium. Sed quemadmodum prior distinctio vulgo incognita, ita posterior non de jure naturali determinativo, sed de jure naturae simpliciter solet concipi. Et sane videtur divisio juris in negativum et determinativum juxta datam explicationem augustior esse suo diviso, nam non omne jus permittit aut prohibet, sed quoddam etiam praecipit." In seinem Antwortschreiben hielt Leibniz die Einwände *Papes* zum Teil für berechtigt (Grua II, 777): „In quaestione 8 haud dubie sphalma est, legendumque non prohibet vel vetat (pleonastico loquendi genere), sed jubet vel vetat. Caeterum rectius divisio in primaevum et secundarium de naturae jure simpliciter concepta fuisset."

manchmal aber auch jene einschließe[37]. Das sekundäre Recht der Vernunft sei nur dem Menschen eigen, auch wenn es bei vielen Theologen, Philosophen und insbesondere bei Grotius einfach als „jus naturale" schlechthin in Erscheinung trete[38]. Mit der Übertragung des traditionellen Naturrechtsbegriffs auf die Ordnung des Seienden war zumindest die Richtung, in die sich die Leibnizsche Naturrechtslehre entfalten sollte, bereits festgelegt: der stoischen Überlieferung folgend, umfaßte sie von nun an in einem doppelten Sinne sowohl das Recht der „Natur der Sache", als auch das Recht der „Natur des Menschen".

Um das Vorhandensein eines solchen Rechtes der Sachnatur zu beweisen, griff Leibniz, ausgehend von der grotianischen Naturrechtsdefinition, nunmehr ausdrücklich auf die Philosophie der Stoa zurück. Wenn alles Recht auf dem Gebot der Vernunft beruhe, dann bleibe, wo die Vernunft fehle – nämlich in der Materie –, eigentlich kein Raum mehr für das Recht[39]. Wolle man aber auch den Dingen ein „jus" zuerkennen, dann müsse man das Recht gewissermaßen als eine höchste Vernunft in Gott verstehen, an der zugleich die Dinge teilhaben[40]. Obwohl deshalb sachgerechte Handlungen ihrer Natur nach schon gerecht seien, bevor der Mensch sie als solche erkenne, lasse sich ein Recht der „Natur der Sache" nur mit Hilfe der Seinsanalogie begründen[41]. Selbst das „jus naturale primaevum", das Recht der Sachnatur, konnte also nach der Leibnizschen Anschauung ebensowenig unmittelbar aus dem Wesen der Dinge abgeleitet werden wie das „jus naturale secundarium", das Recht der Vernunftnatur, aus dem Wesen des Menschen:

---

[37] Quaestiones philosophicae, quaest. VIII, 2 (Ascar. 248): „Naturale determinativum dicunt vel primaevum esse seu brutis commune; vel secundarium, quia natura interdum opponitur rationi, interdum eam includit."

[38] Ebenda: „Secundarium hominum est proprium ac Theologis, Casistis, Philosophis (quamquam hi paulo strictius usurpent, v. Clariss. Thomasium nostrum, Praeceptorem meum ac Fautorem summum Tab. Phil. Pract. XXV, 5) et Grotio simpliciter voce naturale venit."

[39] Quaestiones philosophicae, quaest. VIII, 1 (Ascar. 248): „Si enim jus dictamen quoddam rationis est, obligatorium ad agendum vel non agendum, manifestum est, ubi ratio non sit, ibi jus locum non habere."

[40] Quaestiones philosophicae, quaest. VIII, 3 (Ascar. 249): „Cum igitur jus sit ratio quaedam summa in Deo existens, ejus quadam participatione jus brutis accenseri. Quod certe ex Stoica fluxit philosophia."

[41] Quaestiones philosophicae, quaest. VIII, 4 (Ascar. 249): „Quamquam actiones, quae in brutis justae dicuntur, tum demum justae essent, si ab homine et praecedente electione fierent, imò fortassis et in homine licitae tantum aut ad summum decorae. Jus igitur in brutis non est nisi ἀναλογία."

beide Formen des natürlichen Rechts fanden ihren letzten Ursprung in der göttlichen Vernunft.

II. All diese frühen Versuche Leibnizens, den Naturrechtsgedanken systematisch zu erfassen, traten jedoch allmählich in den Hintergrund, je mehr er sich der „Erfindung" einer allgemeinen Logik (logica sive characteristica universalis) und damit insbesondere dem Methodenproblem in der Rechtswissenschaft zuwandte. In der Gewißheit, daß eine dem menschlichen Denken selbst adäquate Logik auch jeder Einzelwissenschaft die Möglichkeit biete, alles bisher noch Unbekannte alsbald zu erkennen, hatte Leibniz die „Ars combinatoria"[42] entwickelt und ihre Anwendung den Juristen empfohlen[43]: „Inzwischen halte ich dafür, daß auch juristische Definitionen der Logik gemäß[44]." Denn ähnlich wie die Geometrie enthalte auch die Rechtswissenschaft „einfache Elemente" (elementa simplicia, termini simplices)[45], die im analytischen Verfahren ermittelt und mit Hilfe der Kombinatorik einander so zugeordnet werden könnten, daß die Lösung des Rechtsfalles unmittelbar daraus hervorgehe. Zwar hatten wenige Jahre früher schon Pufendorf und Johann vom Felde, der sich als Jurist ebenso wie Leibniz zugleich sehr an mathematischen Fragen interessiert zeigte, von „Elementen" in der Jurisprudenz gesprochen[46], aber diese Vorstellung nahm doch im Leibnizschen Denken eine ganz besondere Gestalt an: Leibniz glaubte, daß die gesamte Rechtswissenschaft, einem Bauwerk vergleichbar, aus einzelnen, unteilbaren und deshalb „einfachen" Grundbestandteilen zusammengesetzt sei, auf die sich jedes juristische Problem zurückführen lasse. Wie Euklid die Elemente der Geometrie gefunden habe, gelte es, die Elemente der Rechtswissenschaft im Corpus Juris

---

[42] Dissertatio de Arte combinatoria (1666), abgedruckt bei *Erdmann*, S. 6–44.

[43] Ars combinatoria, Usus probl. I et II (Erdmann 20): „VIIIvus Usus est in casibus apud Jureconsultos formandis." – Vgl. oben S. 39 ff.

[44] Brief an Gabriel *Wagner* aus dem Jahre 1696 (Erdmann 425).

[45] Ars combinatoria, ebenda: „Jurisprudentia enim cum in aliis geometriae similis est, tum in hoc quod utraque habet elementa, utraque casus. Elementa sunt simplicia, in geometria figurae, triangulus, circulus etc., in Jurisprudentia actus, promissum, alienatio etc. Casus: complexiones horum, qui utrobique variabiles sunt infinities."

[46] Samuel *Pufendorf*, Elementa Jurisprudentiae universalis, Hagae Comitis 1660. – Johann *vom Felde*, Elementa Juris universi, Frankfurt u. Leipzig 1664. – Beide Schriften werden von Leibniz in Verbindung mit dem Elementenbegriff erstmals in der „Nova Methodus", Pars II, § 6 (A VI-1, 295) zitiert.

aufzuspüren [47]. Zur Veranschaulichung wies Leibniz zunächst auf die herkömmliche Einteilung des Rechtsstoffs in Personen, Sachen, Handlungen und Rechte hin [48], ein Schema, das er nun seinerseits – der dichotomischen Methode gemäß – in die jeweils ihm eigenen Begriffsbestandteile zu zerlegen versuchte [49]. Später übertrug er die Lehre von den Elementen auch auf den Bereich des natürlichen Rechts. Aber selbst in dieser Verbindung ist der Elementengedanke bei Leibniz noch lediglich als Abstraktionsprinzip im Rahmen der „Ars combinatoria" verstanden.

Allerdings verglich Leibniz die Rechtswissenschaft nicht nur mit der Geometrie, sondern ebenso auch mit der Theologie, welche nach seiner Ansicht „gewissermaßen" (quasi) einen besonderen Teil der Jurisprudenz darstelle [50]. Wenngleich diese These ihre eigentliche Bedeutung wohl erst mit der Entfaltung der „Jurisprudentia universalis" erhalten sollte [51], war sie doch von Leibniz zunächst vor allem zu dem Zweck konzipiert worden, den Anwendungsbereich der Kombinatorik auch auf die Theologie auszudehnen. Denn die Theologie sei nichts anderes als die Lehre vom öffentlichen Recht im Reiche Gottes [52]. Im einzelnen gründete Leibniz diese Feststellung auf folgende Analogien: der Ungläubige im Gottesstaat erweise sich als Aufrührer, der Christ als guter Untertan und die kirchlichen Amtsträger als politischer Magistrat; die Exkommunikation entspreche dem weltlichen Bann, die Lehre von der Heiligen Schrift und vom Worte Gottes dem Unterricht der Gesetze und ihrer Interpretation, der Kanon den authentischen Rechtsnormen, das Jüngste Gericht einem Judiziarprozeß, die Vergebung der Sünden

---

[47] Ars combinatoria, ebenda: „Elementa Geometriae composuit Euclides, elementa juris in ejus Corpore continentur, utrobique tamen admiscentur casus insigniores."

[48] Ebenda: „Nobis sic visum: Termini, quorum complicatione oritur in Jure diversitas casuum, sunt: personae, res, actus, jura."

[49] Ebenda: „Jurium itidem enumerandae vel species vel differentiae. Et hae quidem sunt v. g. realia, personalia; pura, dilata, suspensa; mobilia vel personae aut rei affixa etc. Species v. g. dominium directum / utile; servitus realis / personalis; usufructus, usus, proprietas, jus possidendi, usucapiendi, conditio."

[50] Ars combinatoria, Usus probl. I et II (Erdmann 20): „Par in Theologia terminorum ratio est, quae est quasi Jurisprudentia quaedam specialis, sed eadem fundamentalis ratione caeterarum."

[51] Vgl. unten Seite 421 ff.

[52] Ars combinatoria, ebenda (Erdmann 20–21): „Est enim velut doctrina quaedam de Jure publico quod obtinet in Republica Dei in homines."

einer Amnestie und letztlich die ewige Verdammnis der Todesstrafe[53].
All diesen Vergleichen begegnet man in ganz ähnlicher Form weit
verstreut auch in den späteren Schriften von Leibniz wieder[54], zumeist
jedoch, ohne ihren ursprünglichen Sinn noch voll erfassen zu können:
im Rahmen der Emendation der Jurisprudenz dienten sie dem beständigen Bemühen Leibnizens, die natürliche Theologie als Lehre vom
Rechts- und Sozialverhältnis zwischen Gott und den Menschen in eine
nach den Prinzipien der allgemeinen Logik (Ars combinatoria) geordnete, vernunftgemäße Rechtswissenschaft (Jurisprudentia rationalis)
einzubauen.

III. Nachdem Leibniz die verschiedenen Erscheinungsformen und
Verständnisweisen von Naturrecht untersucht und im Zusammenhang
mit der Kombinatorik den Elementenbegriff in die juristische Methodenlehre eingeführt hatte, versuchte er in der „Dissertatio de Casibus
perplexis"[55], die Funktion des Naturrechtsgedankens näher zu bestimmen. Bezeichnenderweise behandelte Leibniz jedoch auch dieses Problem zunächst weniger unter dem rechtsphilosophischen Aspekt der
legitimierenden und normierenden Kraft des Naturrechts, als vielmehr
im Hinblick auf seine praktische Bedeutung für die juristische Hermeneutik und Gesetzesinterpretation. So erschien ihm das Naturrecht wesentlich als ein Inbegriff von Rechtsgrundsätzen und Auslegungsprin-
zipien, auf die sich die richterliche Entscheidung im konkreten Einzelfall stützen lasse. Zwar bilde das Naturrecht (jus naturae et gentium)
im Verhältnis zum positiven Recht lediglich eine Ausnahmeregel (exceptio) und dürfe deshalb nur restriktiv angewandt werden, es bleibe
aber in einem jeden rechtshängigen Verfahren solange maßgebend, bis
eine behauptete gegenteilige Rechtsfolge unter Berufung auf die ent-

---

[53] Ebenda (Erdmann 21): „... ubi Infideles quasi rebelles sunt; Ecclesia velut subditi boni; personae Ecclesiasticae, imo et Magistratus Politicus velut
Magistratus subordinati; Excommunicatio velut Bannus; Doctrina de scriptura
sacra et verbo Dei velut de legibus et earum interpretatione; de Canone, quae
leges authenticae; de Erroribus fundamentalibus quasi de delictis capitalibus; de
Judicio extremo, et novissima die velut de processu Judiciario, et termino prae-
stituto; de Remissione peccatorum velut de Jure aggratiandi; de damnatione
aeterna velut de poena capitali etc."
[54] Zuerst sogar wörtlich zitiert in der „Nova Methodus", Pars II, § 5 (A VI-1,
294).
[55] *Dutens* IV, 3, S. 45–67; *Akademie-Ausgabe* VI-1, S. 231–256; *Ascarelli-
Giannotta*, S. 267–302. – Vgl. oben S. 42 ff.

sprechende positive Rechtsnorm allgemein verbindlich erwiesen sei[56]. Diese Äußerung Leibnizens hat man gelegentlich als ein Bekenntnis zum prinzipiellen Vorrang des positiven Rechts vor dem Naturrecht deuten zu können geglaubt. Wie bei vielen Mißverständnissen in der Auseinandersetzung mit Leibniz ist auch hier ein Grundzug seines Denkens richtig erfaßt, aber unzulässig verallgemeinert worden: sicherlich hat Leibniz dem positiven Recht stets einen gewissen Eigenwert zuerkannt und niemals mit naturrechtlichen Argumenten den klaren Gesetzeswortlaut auszuhöhlen oder zu umgehen versucht; ebenso bestimmt trat er aber zugleich auch für eine Auslegung nach dem Prinzip der natürlichen Vernunft (naturalis ratio) ein, wenn der Sinn des Gesetzes ungewiß erschien oder die von den Parteien zu ihren Gunsten zitierten Rechtsnormen „gleichwertig" waren[57]. Der Satz Leibnizens, daß letzten Endes alles aus dem Naturrecht entschieden werden könne[58], ist also mehr nur als Hinweis auf die „ultima ratio decidendi" zu verstehen, mit der Leibniz bei der Beurteilung „verwickelter Rechtsfälle" einem „non liquet" aus dem Wege gehen wollte[59].

IV. Obwohl die Naturrechtslehre bei Leibniz allmählich immer stärker in den Mittelpunkt seines rechtsphilosophischen Interesses zu rücken schien, blieb sie auch in der „Nova Methodus" zunächst als Bestandteil der „Jurisprudentia polemica" noch fest mit der juristischen Hermeneutik verbunden. So entsteht beinahe der Eindruck eines gewissen Mißverhältnisses zwischen der prinzipiellen Bedeutung des Naturrechts für das Leibnizsche Rechtsdenken überhaupt und seinem eng begrenzten Anwendungsbereich bei der Entscheidung schwieriger

---

[56] De Casibus perplexis (1666), § XI (Ascar. 276): „Sed quia Leges positivae civili ratione nituntur jus naturae et gentium velut in modum exceptionis determinante, ac specialius restringente; hinc jus istud naturae et gentium in proposito aliquo casu tamdui obtinebit, donec contrarium lege, quasi pacto universali populi (nam etiam quod Princeps leges ferre possit, ex populi in eum consensu descendit) introductum probetur."

[57] Ebenda: „Quod si jam interpretatio incerta est, adhibendae regulae interpretandi rationis naturalis, et etsi pro utraque parte aequales regulae et praesumptiones militent, judicandum contra eum, qui se in lege aliqua positiva, quam tamen introductam satis probare non potest, fundat."

[58] Ebenda: „Ita patet, omnia ex mere jure naturae et gentium in effectu semper decidi, quibus nihil incertum esse, ipse Bachovius fatebitur."

[59] Vgl. dazu auch die Schrift „De Legum interpretatione, rationibus, applicatione, systemate" (1677–1680?), abgedruckt bei *Mollat*, S. 71–84, *Ascarelli-Giannotta*, S. 397–410 (401).

Rechtsfälle. Einerseits nämlich glaubte Leibniz feststellen zu können, daß sich fast die gesamte Vertragslehre dem Naturrecht entnehmen lasse[60], zum anderen aber hielt er die aus dem Naturrecht fließende Rechtsvernunft (Ratio ex Jure Naturae) auch weiterhin lediglich für einen Entscheidungsgrundsatz (Principium decidendi)[61], mit dessen Hilfe Gesetzeslücken auszufüllen seien: „Patet in iis casibus, de quibus lex se non declaravit, secundum Jus Naturae esse judicandum[62]." Deshalb müsse sich insbesondere der Richter mit der „Wissenschaft vom natürlichen Recht" (Scientia Juris Naturalis) beschäftigen[63].

Damit hoffte Leibniz, in der „Nova Methodus" der Aufgabe enthoben zu sein, dem Naturrecht bis in alle Einzelheiten nachgehen zu müssen, und kündigte an, er wolle sich im wesentlichen auf die Darstellung gewisser allgemeiner Grundsätze des natürlichen Rechts (principia Juris Naturalis) beschränken[64]. Zuvor gab er jedoch noch einen sehr aufschlußreichen Überblick über die wichtigsten antiken und zeitgenössischen Naturrechtslehren, der vor allem für die Frage nach den Einflußlinien außerordentlich bedeutsam zu sein scheint. Von den antiken Rechtsphilosophen nannte Leibniz nur Platon, Aristoteles, Epikur und Cicero; unter den neueren Autoren wies er dagegen auf Grotius, Sforzia Pallavicinus, Hobbes, Johann vom Felde und Robert Sharrock hin[65]. – Geradezu erstaunt erfährt man beispielsweise über Platon, daß er den gemeinen Nutzen zum Grundprinzip des Rechts erhoben habe und mit den Worten des Thrasymachos in der „Politeia" behaupte, das Gerechte liege im Vorteil des Stärkeren[66]. Offenbar erhoffte sich Leib-

---

[60] Nova Methodus, Pars II, § 24 (A VI-1, 309): „Nam tota fere conventionum doctrina ex jure naturae fluit."

[61] Nova Methodus, Pars II, § 70 (A VI-1, 341): „Dicemus autem tum de Principiis decidendi. ... Principia decidendi sunt Ratio ex Jure Naturae; et Similitudo, ex Jure Civili certo."

[62] Ebenda. – Vgl. auch oben S. 49.

[63] Ebenda (A VI-1, 342): „... apparet Jurisconsulti in dicasterio sedentis duos oculos esse Scientiam Juris Naturalis, et Scientiam Nomotheticam."

[64] Nova Methodus, Pars II, § 71 (A VI-1, 342): „Juris Naturalis non minutissima quaeque, sed principia tantum persequemur."

[65] Ebenda: „Alii qui circa Jus Naturae philosophati sunt, videntur esse hi potissimum: Plato, Aristoteles, Epicurus, Cicero. Et temporibus recentioribus: Hugo Grotius, Sforzia Pallavicinus, Th. Hobbes, Joh. à Felde, Rob. Sharrock."

[66] Ebenda: „Plato passim Juris fundamentum statuit, τὸ κοινῇ συμφέρον, publicam utilitatem. In libris de Republica Thrasymachus disputat Justum esse: Potentiori utile."

niz davon einen günstigen Eindruck am Hofe Johann Philipps von Schönborn, in dessen Dienste er sich begeben wollte. Aristoteles und die Stoiker hingegen seien davon überzeugt gewesen, daß man der Natur gemäß leben und stets dasjenige tun müsse, was der Natur der Dinge und ihrer Wesensbeschaffenheit am besten und vollkommensten entspreche[67]. Auch hier ist zumindest die Lehre des Aristoteles nur sehr ungenau erfaßt. Schließlich habe Epikur festgestellt, alles, was die Sinnesfreude und den Gleichmut fördere, sei naturrechtlich geboten[68], während Cicero erkannt habe, daß niemand für sich allein geboren werde, sondern von Natur aus dem Vaterland, den Eltern oder Freunden gegenüber gewisse Rechtspflichten erfüllen müsse[69]. – Im folgenden Abschnitt wandte sich Leibniz der zeitgenössischen Naturrechtsliteratur zu: Grotius habe das Sozialitätsprinzip entwickelt[70], Sforzia Pallavicinus das Gesetz der Ruhe und Bewegung im Weltall als Naturrecht verstanden[71] und Hobbes das Recht mit der Staatsraison identifiziert[72]; Johann vom Felde endlich führe die aristotelischen Gedanken in verfeinerter Form weiter[73], während Robert Sharrock sich auf Epikur stütze[74]. Alle diese Lehren und Denkweisen, so stellte Leibniz zusammen-

---

[67] Ebenda: „Aristoteles et cum eo Stoici statuere Juris Naturae esse fundamentum: Naturae convenienter vivere; et quicquid naturae rerum, id est, statui earum optimo et perfectissimo conveniat, id justum esse."

[68] Ebenda: „Epicurus statuit Juris Naturae esse, quicquid mihi revera utile est, quicquid nempe producit voluptatem animi et tranquillitatem mentis."

[69] Ebenda: „Cicero in libro de Officiis et alibi eo imprimis utitur fundamento: Neminem sibi soli natum, partim patriam, partim parentes, partim amicos sibi vindicare."

[70] Nova Methodus, Pars II, § 72 (A VI-1, 342): „Hugo Grotius, Juris Naturae esse, quicquid convenit cum natura Societatis ratione utentium, seu quicquid cum Societate compatibile est; sumit igitur quod ab Hobbio negatur, hominem esse natura socialem."

[71] Ebenda: „Sforzia Pallavicinus in libro eleganti de Bono, post multas disceptationes ita statuit: Justum esse, quicquid naturae placet. Naturae autem nomine intelligit: Principium motus et quietis in mundo, quod necesse est sapiens esse, quia motus tam pulcher ordinatusque est."

[72] Ebenda: „Th. Hobbes in subtilissimis de Cive Elementis sic procedit: Statum hominum esse vel extra superiorem, vel sub superiore seu in civitate. Illic esse Jus merum omnium in omnia seu Jus belli, sed cum status belli sit exitiosus, teneri quemlibet sana ratione duce, ut se disponat ad pacem, seu statum in una civitate, quantum in se est, constituta autem civitate simpliciter Juris esse quicquid civitati placuit, neque aliud ibi naturae jus obtinere."

[73] Ebenda: „Joh. à Felde in Elementis Jurisprudentiae principia Aristotelis reduxit et expolivit."

[74] Ebenda (A VI-1, 342–343): „Rob. Sharrock in lib. de Officiis secundum Jus Naturae ita arbitratur: „Summum Bonum, cum Epicuro esse voluptatem animi.

fassend fest, könne man leicht verbinden und miteinander in Einklang bringen, sobald seine eigene Naturrechtsanschauung entworfen sei [75].

Dabei scheint die Tatsache, daß Leibniz den Naturrechtsgedanken nicht wie viele seiner Zeitgenossen in einer möglichst umfassenden Definition darzustellen versuchte, sondern zunächst einmal umgekehrt in seine einzelnen Begriffsbestandteile zerlegte (ars analytica), besonders kennzeichnend für seine Art der Betrachtung eines Gegenstandes zu sein. Unter dem Einfluß des protestantischen Aristotelismus (Johann vom Felde, Samuel Rachel) ordnete er also dem Naturrecht die folgenden drei allgemeinen Rechtsprinzipien zu: das „strenge" Recht (jus strictum), die Billigkeit (aequitas) und die Frömmigkeit (pietas). Diese Einteilung des Naturrechts in der „Nova Methodus" ist vielfach unter Vorgriff auf spätere Schriften schon als eine systematische Aufgliederung in verschiedene, einander umgreifende Bereiche des Rechts, als „allgemeine Rechtslehre" verstanden worden. Aus dem Textzusammenhang ergibt sich jedoch sehr deutlich, daß Leibniz zunächst im Rahmen seiner Theorie der Gesetzesinterpretation nur bestimmte Grundsätze des natürlichen Rechts herausarbeiten wollte, auf die man sich bei der Entscheidung schwieriger Rechtsfälle und Streitfragen werde stützen können. Erst in den Jahren 1677 bis 1679, als Leibniz die Emendation der gesamten Jurisprudenz in Angriff nahm, finden sich auch Versuche, gewisse Bereiche, Grade und Stufen des Naturrechts zu unterscheiden und jene wiederum mit bestimmten Rechtsgebieten zu verknüpfen [76]. Erst in dieser Zeit also begann Leibniz, die Naturrechtslehre zu einem „offenen" System des allgemeinen Rechts (jus universale) umzuformen.

Der primär behandelte Naturrechtsgrundsatz Leibnizens, das „jus strictum", bezog sich auf das „reine" Recht im engeren Sinn (jus merum), verstanden als Recht des Krieges und des Friedens (Jus belli ac pacis), wie Grotius es beschrieben hatte [77]. Denn unter natürlichen

---

Peccata autem ideo fugienda, quia sunt contra voluptatem animi, esse enim velut verbera incorporalia. Unde κριτήριον Injustitiae esse, si quid animo quoddammodo repugnante fiat. Putat igitur Deum sic creasse animum nostrum, ut naturalis quaedam inter ipsum et ea quae peccata dicuntur, sit ἀντιπάθεια."

[75] Nova Methodus, Pars II, § 73 (A VI-1, 343): „Hos facile inter se conciliabimus, explicata nostra sententia."

[76] Vgl. dazu unten Seite 409 ff.

[77] Nova Methodus, Pars II, § 73 (A VI-1, 343): „Jus strictum seu merum ex terminorum definitione descendit, et est si recte expendas, nihil aliud quam Jus belli ac pacis."

Personen, so begründete Leibniz diesen etwas ungewöhnlichen Gedanken, herrsche in der Regel das Recht des Friedens, solange nicht einer den anderen angreife oder verletze; im Verhältnis von Personen zu den vernunftlosen Dingen gelte jedoch beständig das Recht des Krieges[78]. So könne man beispielsweise den „Sieg" einer Person über eine Sache und ihre „Eroberung" in der juristischen Terminologie sehr treffend mit dem Begriff des Besitzes (possessio) kennzeichnen, weil der Besitz ein Recht auf eine Sache (Jus in rem) gewähre[79]. Werde also jemand an seiner Person oder in seinem Vermögen geschädigt, so stehe ihm das Kriegsrecht (Jus belli) zu[80]. Damit aber der Rechtsfrieden erhalten bleibe und keiner sich auf ein solches Kriegsrecht berufen könne, erhob Leibniz das Gebot, niemanden zu verletzen (neminem laedere), zur einzigen Regel des „jus strictum"[81]. Schon in dieser Überlegung kündigte sich bei Leibniz eine gewisse Akzentverschiebung im ursprünglichen Aufbau der Rechtswelt an: das positive Recht stand nun nicht mehr wohl unterschieden und weitgehend unverbunden neben dem Naturrecht, es wurde vielmehr unter dem Gesichtspunkt des „jus strictum" in den Naturrechtsgedanken einbezogen und seinen Verhaltensnormen unterstellt.

Die Billigkeit (aequitas) oder Rechtsgleichheit (aequalitas) bildete das zweite Prinzip des natürlichen Rechts. Einer Neigung zu philosophisch-mathematischer Auslegung juristischer Begriffe folgend, erblickte Leibniz das Wesen der „aequitas" in der Harmonie (harmonia) oder Entsprechung (congruentia) zweier oder mehrerer unterschiedlicher Rechtsgründe bzw. Rechtsverhältnisse[82]. Diese Vorstellung, so behauptete er, sei den Lehren des Aristoteles, des Grotius und Johann vom Feldes entnommen; ihr liege der Gedanke zugrunde, daß jemand, der einen anderen verletzt habe, nicht sogleich nach Kriegsrecht ver-

---

[78] Ebenda: „Nam inter personam et personam tamdiu est Jus pacis, quamdiu alter non incepit bellum, seu laesit. Inter personam autem et rem, quia res non est intelligens, perpetuum est Jus belli."

[79] Ebenda: „Victoria autem personae super rem reique captivitas dicitur possessio. Possessio igitur dat personae Jus in rem, Jure belli, dummodo res sit nullius."

[80] Ebenda: „Si igitur alterum alter vel in persona, vel rebus suis laesit, dat ei Jus quod habet in rem seu Jus belli."

[81] Ebenda: „Ex quo patet Juris Naturae meri unicum praeceptum esse: Nemiest intelligens, perpetuum est Jus belli."

[82] Nova Methodus, Pars II, § 74 (A VI-1, 343): „Aequitas seu aequalitas, id est, duorum pluriumve ratio vel proportio consistit in harmonia seu congruentia."

folgt werden dürfe, sondern zunächst einmal zum Schadensersatz verpflichtet sei[83]. Insofern gebiete auch die „aequitas" die Beachtung des „jus strictum"[84]. Darüber hinaus erfordere der Grundsatz der Billigkeit im Streitfalle die Einsetzung von Schiedsrichtern und eine Bestrafung weniger der Dummheit als der Arglist und Bosheit[85]. Bei der Aufnahme des „aequitas"-Prinzips in die Naturrechtslehre konnte sich Leibniz unmittelbar auf die reformatorische Rechtstradition (Oldendorp, Reinking) berufen. Wenn sich ein bestimmter Klagegrund (actio) oder eine Einrede (exceptio) im allgemeinen auch nur aus dem geltenden positiven Recht ergeben könne, so verpflichte gleichwohl schon die Billigkeit aus sich heraus zu einem bestimmten Verhalten, nämlich jedem das Seine zu gewähren (suum cuique tribuere)[86].

Hatte Leibniz schon in seiner Billigkeitslehre betont, daß der „aequitas" eine Rechtswirkung lediglich im Rahmen der Gesetze oder aufgrund höheren Befehls zuteil werden könne[87], so schien er nun gänzlich unverhüllt geradezu voluntaristische Lehren übernehmen zu wollen: der dritte Grundsatz des natürlichen Rechts, so stellte Leibniz fest, sei nämlich der Wille der Obrigkeit (voluntas Superioris)[88]. Die Obrigkeit aber verkörpere von Natur aus Gott (deus), von Vertrags wegen ein Mensch (homo). Der Wille Gottes sei entweder ein natürlicher Wille, dann gehe daraus das Prinzip der Frömmigkeit (pietas) hervor, oder ein Gesetz und damit zugleich Entstehungsgrund des positiven Gottesrechts (jus divinum positivum)[89]. Es ist bemerkt worden, diese Sätze Leibnizens enthielten „reinstes Hobbessches Gedankengut"[90]. Dagegen

---

[83] Ebenda (A VI-1, 343–344): „Et coincidit cum Principiis *Aristotelis, Grotii* et *Feldeni:* Haec requirit, ut in eum qui me laesit, non bellum internecium instituam, sed ad restitutionem; arbitros admitti, quod tibi nolis, alteri non faciendum."

[84] Ebenda (A VI-1, 344): „De caetero Jus strictum observari ipsa aequitas jubet."

[85] Ebenda: „... item ut puniatur non tam imprudentia, quam dolus et malitia."

[86] Ebenda: „... actio enim vel exceptio, vel quaecunque postulatio ex Jure mero descendit (nisi aliquid Lex addat), ille tamen est obligatus ut mihi det: Hinc illud praeceptum: Suum cuique tribuere."

[87] Ebenda: „Sed Lex aut Superior dat aequitati exitum, et ex ea nonnumquam actionem vel exceptionem tribuit. "

[88] Nova Methodus, Pars II, § 75 (A VI-1, 344): „Tertium Juris principium est voluntas Superioris."

[89] Ebenda: „Superior autem est vel natura, Deus: Eiusque voluntas iterum est vel naturalis, hinc *Pietas,* vel Lex, hinc *Jus divinum positivum;* vel superior est pacto, ut homo, hinc *Jus Civile.*"

[90] So Hans *Welzel,* Naturrecht und materiale Gerechtigkeit, 4. Aufl. 1962, S. 147.

spricht jedoch, daß Leibniz das Naturrecht auf dieser dritten Stufe keineswegs dem freien Belieben Gottes anheimstellen wollte; er nannte als Rechtsquelle den „natürlichen" Willen Gottes und verstand darunter stets einen dem göttlichen Wesen entsprechenden Willen. Insofern ergibt sich ein deutlicher Unterschied zu den Lehren von Hobbes auch schon aus der „Nova Methodus". – Im Hinblick auf Gott stellte also die Frömmigkeit (pietas) das dritte Prinzip des Naturrechts dar[91]. Mit dem allumfassenden Gebot, ein gesittetes Leben zu führen (honeste vivere)[92], verlieh sie den übrigen Grundsätzen zugleich ihre Vollendung und ihre Wirksamkeit. Denn Gott sichere und bestätige das „reine" Recht ebenso wie die Billigkeit aufgrund seiner Weisheit (sapientia) und verschaffe ihnen mit Hilfe seiner Allmacht (omnipotentia) Geltung und Anerkennung. Auf diese Weise falle das Wohl der Menschheit, ja sogar die Schönheit und Harmonie der Welt mit dem Willen Gottes zusammen. Gott bewirke also nicht nur, daß der gemeine Nutzen auch dem Wohl jedes einzelnen entspreche, sondern daß alles sittlich Gute (honestum) außerdem von Vorteil sei und alles Böse (turpe) schädlich, weil er in seiner Weisheit beschlossen habe, die Gerechten zu belohnen und die Ungerechten zu bestrafen[93]. So bildete für Leibniz die Existenz Gottes, des „weisesten und mächtigsten Wesens", zugleich den letzten Grund des Naturrechts (Juris Naturae fundamentum ultimum)[94].

Obwohl diese Theorie von den drei Prinzipien des natürlichen Rechts (jus strictum – aequitas – pietas) und ihren Verhaltensregeln (neminem laedere – suum cuique tribuere – honeste vivere) noch heute vielfach als „Kern der eigentlichen Rechtsphilosophie" Leibnizens

---

[91] Nova Methodus, Pars II, § 75 (A VI-1, 344): „Pietas igitur tertius est gradus Juris Naturae, tribuitque caeteris perfectionem et effectum. Nam Deus, quia omniscius et sapiens est, Jus merum et aequitatem confirmat; quia omnipotens, exequitur. Hinc coincidit utilitas generis humani, imo decor et harmonia mundi, cum voluntate divina."

[92] Ebenda: „Hinc illud praeceptum: Honeste vivere."

[93] Ebenda: „Deus accedens efficit, ut quicquid publice, id est, generi humano et mundo utile est, idem fiat etiam utile singulis; atque ita omne honestum sit utile, et omne turpe damnosum. Quia Deum justis praemia, injustis poenas destinasse ex ejus sapientia constat."

[94] Ebenda (A VI-1, 344–345): „Existentia igitur Entis alicujus sapientissimi et potentissimi, seu Dei, est Juris Naturae fundamentum ultimum, quae a nobis Mathematica certitudine demonstrata, cum prodibit in publicum, disjectura est penitus nebulas ab Atheis veritati offusas."

gilt [95], enthält sie keineswegs originär und ausschließlich Leibnizsches Gedankengut. Auf dem Boden des römischen Rechts, insbesondere der Naturrechtsdefinition Ulpians, gewachsen, bildete die Dreiteilung des „jus naturae" schon um die Mitte des 17. Jahrhunderts einen wesentlichen Bestandteil und ein charakteristisches Merkmal aristotelischer Moralphilosophie, wie sie in ganz ähnlicher Form zunächst in den Werken von Grotius, Lessius und Rachel oder später verbreitet bei Strimesius und Veltheim zum Ausdruck gebracht ist [96]. Das eigentliche Verdienst Leibnizens lag auch hier weniger im Aufbau eines neuen „Naturrechtssystems", als in der Erweiterung, Vertiefung und inhaltlichen Neubildung überlieferter Begriffe und überkommener Schemata. So erscheint zum Beispiel die Verbindung des „aequitas"-Gedankens mit der Lehre von den Harmonien in der Schöpfungsordnung als eine besonders typische, genuin Leibnizsche Anschauung und zugleich in der „Nova Methodus" gewissermaßen schon als Vorgriff auf seine Rechtsmetaphysik. Auch die Zusammenfassung des natürlichen Gottesrechts im Gebot der „pietas" und seine Grundlegung in der göttlichen Weisheit enthielten für Leibniz gleichsam schon die entscheidenden Voraussetzungen zur späteren Rechtsethik und zur Lehre von der Gerechtigkeit Gottes (Théodicée).

V. Der Gedanke Leibnizens, daß das „jus naturale" eine in sich geschlossene, einheitliche Rechtsordnung bilde, welche allem positiven Recht vorgegeben sei und beim Fehlen einer gesetzlichen Regelung vom Richter unmittelbar zur Urteilsbegründung herangezogen werden könne [97], erhielt im Zusammenhang mit den Vorarbeiten zur Reconcinnation des römischen Rechts wieder eine verstärkte Bedeutung. Noch in seinen Briefen an Hermann *Conring* aus den Jahren 1670 bis 1672 nannte Leibniz die „Wissenschaft" vom natürlichen Recht (scientia juris naturalis) eine richterliche Rechtskunde (prudentia dicastica) im

[95] So Karl *Larenz*, Sittlichkeit und Recht, in: Reich und Recht in der deutschen Philosophie, Bd. 1, 1943, S. 244.

[96] Vgl. dazu *Grua*, La Justice humaine selon Leibniz, Paris 1956, S. 77–82.

[97] Brief an Joh. Georg *Graevius* vom 6. (16.) April 1670 (A I-1, 89): „Porro quae est Juris Romani ad naturale ratio, ea juris localis ad Romanum, quando plerumque receptum est, ut statutis tacentibus juri Romano stetur. Pariter igitur illud inter prima artis judicandi fundamenta ponendum est: Quotiescumque lex Reipublicae de qua quaeritur quaestionem propositam disserte non definit, toties quasi nulla lege extente recurrendum esse ad indubitabilem normam juris naturalis, quod consultorem suum numquam sine responso dimittit."

Unterschied zur bloßen „Kenntnis" des positiven Rechts (peritia juris positivi) als einer Einsicht für den Gesetzgeber (prudentia nomothetica) [97a]. Das Naturrecht konnte aber dem Richter nur dann eine feste Entscheidungsnorm an die Hand geben, wenn es sich auch mit wissenschaftlicher Exaktheit beweisen und darstellen ließ. Leibniz äußerte sogar die Vermutung, daß möglicherweise die gesamte Wissenschaft von der Gesetzgebung und Politik solange unvollkommen und unbestimmt bleiben müsse, bis man die Grundzüge der Ethik oder des Naturrechts (Ethica seu Jus Naturae) mit einiger Sicherheit erkannt habe [98].

Aber nicht nur die Hypothese von der „Wissenschaftlichkeit des natürlichen Rechts", sondern noch ein anderer Umstand zwang Leibniz, sich mit dem Problem einer systematisch exakten Demonstration des Naturrechts näher zu beschäftigen. Sein Vorhaben, den verworrenen und unübersichtlichen Rechtsstoff zu ordnen, zu vereinfachen und in einem neuen Gesetzbuch, dem „Corpus Juris Reconcinnatum", zusammenzufassen, setzte notwendig eine Bestandsaufnahme des derzeit noch geltenden römischen Rechts voraus. Dabei stieß Leibniz auf zahlreiche Vorschriften, die nach seiner Ansicht entweder schon selbst zum Bereich des Naturrechts gehörten oder doch zumindest einen naturrechtlichen Ursprung hatten [99], und gelangte schließlich zu der Überzeugung, daß

[97a] Brief an Hermann *Conring* vom 13. (23.) Januar 1670 (A II-1, 28–29): „Nimirum, si Te recte assequor, alia est quaestio quid nunc de jure sit respondendum; alia quomodo condendae Leges. Illud est prudentiae dicasticae, hoc nomotheticae. Porro ipsa prudentia dicastica duas rursum partes habet, scientiam et peritiam, scientiam juris naturalis, peritiam juris positivi. ... Porro ut jus naturae habet respondens sibi jus positivum, ita scientia nomothetica habet respondentem sibi Notitiam Reipublicae qualis revera reperitur, quae itidem est nudae peritiae tantum."

[98] Ebenda (A II-1, 29): „Fortasse tamen et juris naturalis scientia meretur ad certitudinem evehi quanta scientiam decet, quando ab erroribus in illa percrebrescentibus multum in res humanas damni, plurimum in theologiam confusionis fluxit. Et fortasse nec constitui scientia nomothetica seu politica perfecte potest, nisi fundamentis Ethicae seu Juris naturae praedemonstratis. Quaecumque autem hactenus in jure naturae praestita sunt, longe absunt a scientiae absolutione, maxime quod certum fundamentum ac velut norma justi non sit constituta. Vulgo fieri jubent quod honestum est, sed si honestatem a gloria id est opinione metiuntur, longe absunt a vero."

[99] Brief an *Graevius* vom 6. (16.) April 1670 (A I-1, 89): „Juris Romani autem pars multo maxima prorsus naturalis est. ... Pleraque enim leges, etiam quae praeter naturalem rationem aliquid continent, corrolaria sunt potius juris constituti, quam constitutrices novi. Adeo ut res in arctum satis compingi posse videatur,

das Naturrecht nirgendwo mit solcher Eleganz und Klarheit dargestellt sei wie im Corpus Juris und daß weder Euklid noch Descartes darüber hätten vollkommener und tiefsinniger schreiben können als Ulpian und Papinian [100]. Bestand aber, wie Leibniz glaubte, nahezu die Hälfte der Digesten aus natürlichen Rechtsgrundsätzen (ratio scripta) [101], dann gebot es schon der Reconcinnationsgedanke, die naturrechtlichen „Elemente" im römischen Recht systematisch zu erfassen und dem geplanten Gesetzbuch gleichsam als „allgemeinen Teil des Rechts" voranzustellen: „Haec juris naturalis elementa, sic enim nominabuntur, animam Jurisprudentiae continent [102]." Neben dem Einfluß der aristotelischen Rechtsphilosophie trat damit die Reconcinnation des Corpus Juris gewissermaßen als zweite Wurzel der Leibnizschen Naturrechtslehre in Erscheinung.

Schon zu Mainz hatte Leibniz in zahlreichen Briefen an befreundete Philosophen und Rechtsgelehrte angekündigt, er werde nunmehr die Elemente des natürlichen Rechts mit absoluter Gewißheit ans Licht führen [103] und in einem kleinen Buche veröffentlichen, das zwar nur

si brevi quadam tabula ea omnia exhibeantur, quae neque ex naturali ratione, neque alia lege pendent."

[100] Brief an *Graevius* vom 7. Juni 1671 (A I-1, 156): „Ita est ergo: omnes certatim in jus naturae tradendum nunc incumbunt: et demonstrationibus tamen certis hactenus caremus, praeter pauca Aristotelis et Hobbii. JCtorum Romanorum veterum gliscit paulatim neglectus, et quisquis tamen eos intelligit, fatebitur mecum opinor, non extare nunc librum in quo plura de jure naturali, maioreque elegantia et claritate (iis qui dictionis eruditae et rerum veterum sunt intelligentes) sint demonstrata quam Corpus Juris; ut credam nec Euclidem nec Cartesium, si se huic doctrinae applicuissent, potuisse scribere rotundius profundiusque, quam Ulpianum et Papinianum: ut quivis his non lectis intellectisque magnum se juris naturae et gentium consultum fore sperat, procul a janua sit aberratus. Sed ita permista sunt naturalia civilibus, ut aegerrime, nec nisi a cuncta percurrente separari possint. Hunc ergo laborem in nos suscepimus, leges Romanas universas ad sua principia naturalia civiliaque, quae pauca sunt, redigendi, vicissimque ex iis iam inventis, quod est taediosissimum, leges omnes deduci."

[101] Brief an Lambert *van Velthuysen* vom 6. (16.) April 1670 (A II-1, 40): „Cum enim diu agitaverim animo Rationalia Juris romani multa versatione deprehendi, haec nisi scientiam juris naturalis instituta frustra quaeri. Quando exploratum est prope dimidiam partem Digestorum juris naturalis esse, atque plerasque propositiones ab Jurisconsultis Romanis tanta subtilitate demonstratas, ut Euclide certare possint."

[102] Brief an Joh. Albrecht *Portner* vom 6. August 1671 (A I-1, 66).

[103] Brief an Jean *Chapelain* (?) aus der 1. Hälfte des Jahres 1670 (A II-1, 53): „... ita spondere ausim Elementa eius, quod natura iustum est, ita in clara luce poni posse, ut facti Quaestione constituta, aut seposita, in potestate cuiusque sit, qui attentionem tantum atque inquirendi patientiam affert, non errare."

wenige Definitionen enthalte, aus dem aber alles übrige mühelos abgeleitet werden könne[104]. Bedauerlicherweise ist diese Schrift jedoch nie vollständig zustande gekommen; aus den Jahren 1669 bis 1671 liegen lediglich einige Untersuchungen, ein Konzept in zwei Teilen und davon eine eigenhändige Reinschrift zu den „Elementa Juris Naturalis" vor[105], unvollendete Fragmente, die sowohl in der Anlage als auch dem Inhalt nach erheblich voneinander abweichen und deshalb hier unmöglich in ihrer ganzen gedanklichen Vielfalt behandelt werden können. Darüber hinaus erscheint eine Beschränkung auf die letzte Reinschrift aus der zweiten Hälfte des Jahres 1671(?) auch deshalb gerechtfertigt, weil Leibniz darin alle wesentlichen Definitionen und Thesen in verkürzter Form noch einmal zusammengefaßt hat und offenbar wohl auch selbst damit gleichsam ein Zwischenergebnis seiner Arbeiten an den Elementen des natürlichen Rechts vorlegen wollte.

Als Methode der Darstellung bot sich Leibniz die Kombinatorik an, deren Aufgabe darin bestand, die „Elemente" oder einfachen Begriffe (termina simplicia) des Naturrechts durch Abstraktion zu gewinnen und zu definieren (ars analytica) und diese Definitionen wiederum zu einer in sich widerspruchsfreien „Kette" (catena definitionum) zusammenzufügen (ars combinatoria). Denn Leibniz rechnete die Jurisprudenz zu denjenigen Wissenschaften, die nicht von Experimenten, sondern – wie die Mathematik – von Definitionen abhängen und keine Beweisführung durch Sinneseindrücke, sondern nur durch die Vernunft dulden[106]. Dies vorweggenommen, wird der Grund deutlich, weshalb Leibniz so großen Wert auf ganz bestimmte „Definitionen" legte und

---

[104] Brief an Antoine *Arnauld* vom November 1671 (A II-1, 173): „Praeter haec, inquam, Elementa iuris naturalis brevi libello complecti cogito, quibus omnia ex solis definitionibus demonstrentur."

[105] „Elementa Juris Naturalis" (1669–1671), abgedruckt teilweise bei *Mollat*, 2. Aufl. S. 19–34, als „Juris et aequi elementa"; vollständig in der *Akademie-Ausgabe* VI-1, S. 431–485; sie enthält:
1. Aufzeichnungen, Konzept A; 1669–1670 (S. 430–432)
2. Untersuchungen, Konzept A; 1669–1670 (S. 433–454)
3. Untersuchungen, Konzept A; 1670–1671 (S. 455–458)
4. Elementa Juris Naturalis, Konzept A; 1670–1671 (S. 459–465)
5. Elementa Juris Naturalis, Konzept B; 1671 (S. 466–480)
6. *Elementa Juris Naturalis*, eigenh. Reinschrift C; 1670 (S. 480–485).

[106] Elementa Juris Naturalis (Konzept A; A VI-1, 460): „Doctrina Iuris ex earum numero est, quae non ab experimentis, sed definitionibus, nec a sensuum, sed rationis demonstrationibus pendent, et sunt, ut sic dicam, juris non facti."

den Leser seiner „Elementa Juris Naturalis" von einer Begriffsbestimmung zur anderen führt [107].

Bei der Deduktion seiner „Elemente" ging Leibniz im wesentlichen von zwei Voraussetzungen aus, die er dem jeweils gemeingebräuchlichen Wortsinn entnehmen zu können glaubte: erstens sei alles Gerechte (justum) ein Notwendiges (necessarium), und zwar zunächst als logische Denknotwendigkeit, später aber auch als ontologische Seinsnotwendigkeit des Rechts (nécessité morale) verstanden; zum zweiten sei jede (moralische) Verpflichtung (debitum) zugleich nützlich (utile), jede Ungerechtigkeit (injustum) aber schädlich (damnosum) [108]. Damit waren bereits vier allgemeine Elemente des natürlichen Rechts (elementa universa) hervorgehoben, die Leibniz den logischen Kategorien entsprechend „Modalia Juris" nannte, nämlich: das Gerechte (justum), das Ungerechte (injustum), das Geschuldete (debitum) und das nachgiebig Unentschiedene (omissibile, indifferens) [109]. Für das kombinatorische Verfahren schlug Leibniz nun den folgenden Aufbau vor: zunächst müsse man die „Modalia Juris" unter sich miteinander verbinden (z. B.: omne justum est debitum etc.) [110]; darauf seien die „Modalia Juris" mit den „Modalia Logica" (possibile, impossibile, necessarium, contingens) und ihren verschiedenen Stufen (probabile, improbabile) zu kombinieren (z.B.: impossibilium non datur obligatio, oder: nihil probabile est injustum esse) [111]; letztendlich habe man die „Modalia Juris"

---

[107] Ebenda (A VI–1, 461): „Cum igitur doctrina juris scientia sit, et scientiae causa sit demonstratio, demonstrationis principium definitio, consequens est vocabulorum, Iuris, Iusti, Iustitiae, definitiones, id est ideas quasdam claras, ad quas ipsi cum loquimur exigere propositionum, id est usus vocabulorum, veritatem etiam nescientes solemus, debere ante omnia investigari."

[108] Ebenda: „Habemus igitur propositiones duas: primo, omne necessarium justum est, secundo, omne debitum (injustum) utile (damnosum) est, ex communi consensu eorum qui vocabulis istis utuntur derivatas."

[109] Elementa Juris Naturalis (Konzept B; A VI–1, 468): „Universa haec Elementa nostra eo pertinent ut sciamus quid justum, injustum, debitum, omissibile, quae quia Logicis proportione respondent, Iuris Modalia appellare soleo."

[110] Ebenda: „Primum ergo combinanda videntur ipsa inter se, et cum dico: omne debitum est justum, hoc enim brevi compendio plurima theoremata lucrifacio, quae de debito demonstrata transferenda essent ad justum." Vgl. dazu den Abschnitt: „Theoremata quibus combinantur Iuris Modalia inter se" (S. 468–470).

[111] Ebenda: „Componuntur autem Modalia Iuris ex Modalibus Logicis tum simpliciter, id fit cum dico: impossibilium non datur obligatio; tum cum gradibus, modalium, nempe probabili et improbabili, ut cum dico: nihil probabile est injustum esse seu omnis actus in dubio justus habetur." – Vgl. dazu den Abschnitt: „Theoremata quibus combinantur Iuris Modalia Modalibus Logicis seu justum cum possibili" (S. 470–474).

auch noch mit der Definition des „vir bonus" und deren Bestandteilen (amor, delectatio, felicitas) in Übereinstimmung zu bringen [112]. Nachdem Leibniz diesen Arbeitsplan mit großer Sorgfalt im einzelnen entworfen hatte, gelangte er schließlich zu dem folgenden zusammenfassenden Schema:

$$\left.\begin{array}{l}\text{Justum, Licitum} \\ \text{Injustum, Illicitum} \\ \text{Aequum, Debitum} \\ \text{Indifferens}\end{array}\right\} \text{est quicquid} \left\{\begin{array}{l}\text{possibile} \\ \text{impossibile} \\ \text{necessarium} \\ \text{contingens}\end{array}\right\} \left.\begin{array}{l}\text{est fieri} \\ \text{a Viri bono}\end{array}\right. [113]$$

Alle von Aristoteles und seinen Nachfolgern aufgestellten Begriffsverbindungen und Begriffsgegensätze, so versicherte Leibniz, könnten ganz brauchbar auf diese seine eigenen „Modalia Juris" übertragen werden [114].

Im Mittelpunkt der hier besprochenen letzten Reinschrift der „Elementa Juris Naturalis" stand jedoch Leibnizens Definition des „vir bonus" [115]. Alle rechtsphilosophischen Grundbegriffe scheinen geradezu auf diesen einen Gedanken hin angelegt zu sein; so heißt es etwa: „Iustitia est habitus (seu status confirmatus) viri boni" oder „Ius est potentia, Obligatio est necessitas viri boni" [116]. Ohne sich ausdrücklich auf die reiche Tradition des Begriffs in der römischen Ethik und Rhetorik, insbesondere bei Cicero und Quintilian, zu beziehen, stellte Leibniz zunächst folgenden allgemeinen Obersatz auf: „VIR BONUS (a) est, quisquis amat (b) omnes (c)" [117]. Dieses Grundtheorem versuchte Leibniz nun seinerseits durch weitere Definitionen der einzelnen Begriffsbestandteile näher zu bestimmen. Dabei ergaben sich jeweils unterschiedliche Definitionsketten, die bereits einen sehr weitgehenden Einblick in die rechtsphilosophische Terminologie Leibnizens gewähren.

Unter dem Wort „Vir" verstand Leibniz zunächst eine Person (persona), das heißt ein Wesen, das einen eigenen Willen (voluntas) zu bilden imstande sei. Im Unterschied zu den vernunftlosen Wesen (bruta)

---

[112] Ebenda: „Deinde cum viro bono, ejusque componentibus, quae sunt amor, et omnes; componentibusque amoris, delectatione, felicitate, componentibusque eorum, ut cum dico: omne necessarium ad salutem justum est."

[113] Elementa Juris Naturalis (Reinschrift C; A VI–1, 480).

[114] Ebenda (A VI–1, 481): „Omnes Modalium complicationes, transpositiones, oppositiones ab Aristotele et Interpretibus demonstratae, ad haec nostra Iuris Modalia non inutiliter transferri possunt."

[115] Vgl. dazu *Grua*, La Justice humaine selon Leibniz, Paris 1956, S. 11–54.

[116] Elementa Juris Naturalis (Reinschrift C; A VI–1, 480).

[117] Ebenda.

könne die Person denken, fühlen, Schmerz empfinden usf.[118]. Daraus
ergab sich die erste Definitionskette: der Wille sei ein Antrieb (conatus)
des Denkenden (cogitantis), der Antrieb der Beginn einer Handlung
(actio) und das Denken eine Handlung in bezug auf sich selbst (actio in
seipsum). Handlung sei Veränderung als Ursache (causa) einer Veränderung, diese wiederum liege im Beginn als das eine und in der Vollendung als ein anderes. Ursache sei ein die Natur Hervorbringendes, das
früher (prius) als das Hervorgebrachte bestehe, wobei man das „früher
als die Natur" nicht zeitlich auffassen dürfe[119]. Von hier aus wandte
sich Leibniz einer neuen Begriffsreihe zu: die Glückseligkeit (felicitas)
sei die beste Verfassung (status optimus) einer Person, Verfassung (status) ein Zustand von Eigenschaften (accidentia) und eine Eigenschaft
in diesem Zusammenhang eine (zufällige) Beifügung (attributum). Die
Beifügung endlich sei eine Aussage über den Begriff (nomen) und der
Begriff die vornehmste Aussage über eine Sache (res). Das Beste (optimum) stelle ein im höchsten Grade Gutes (bonum) dar[120].

An diesem Punkt setzte die zweite Definitionskette Leibnizens ein,
deren Ausgangsbegriff sich sowohl auf den zweiten Wortbestandteil
des Grundtheorems bezog, als auch sich unmittelbar an die erste Folge
anschloß: das Gute (bonum) werde von einem wohl Gebildeten (per-
noscens) erstrebt (appetere). Erstreben heiße genießen (frui) wollen.
Das Genießen sei die Wahrnehmung (sentire) eines gegenwärtigen
Guts. Wahrnehmen bedeute ein willensbestimmtes Denken (cogitare
cum voluntate). Die Bildung liege im Wissen (nosse), was eine Sache
tun oder leiden kann. Wissen meine schließlich etwas für wahr halten
oder wahrnehmen (vere statuere vel sentire), und Kenntnis (notitia) sei

---

[118] Elementa Juris Naturalis (Reinschrift C; A VI–1, 482): „Is, qui, seu *Persona* est cuius aliqua voluntas est. Seu cuius datur cogitatio, affectus, voluptas,
dolor. In Brutis non est voluptas et dolor, non sensus, nedum ratio. Nam quemadmodum vita id est motus spontaneus varius, non est in plantis brutisque nisi
simulate; putamus enim sponte moveri, quia motores non videmus. Ita sensus
quoque id est actio in passionem suam."
[119] Ebenda (A VI–1, 482–483): „Voluntas est conatus cogitantis. – Conatus
est initium actionis. – Cogitatio est actio in se ipsum. – Actio eius est mutatio
causa mutationis. – Mutatio est initium unius et finis alterius. – Causa est inferens
natura prius illato. – Natura prius est licet non tempore, quicquid ante alterum
clarè cogitari potest, non alterum ante ipsum."
[120] Ebenda (A VI–1, 483–484): „Felicitas est status personae optimus. – Status
est aggregatum accidentium. – Accidens hoc loco est attributum contingens. –
Attributum est praedicatum aliud quam nomen. – Nomen est praedicatum rei
primum. – Optimum est maxime bonum."

eine wahre Ansicht[121]. Schon hier klingt bei Leibniz deutlich ein mit epikuräischem Gedankengut vermischter Sensualismus an, der vermutlich auf den Einfluß Bacons und Sharrocks zurückgeht.

Eine dritte Reihe von Definitionen betraf das Wort „amat" im Grundtheorem: Jemanden lieben (amare) heiße, sich an dessen Glückseligkeit (felicitas) erfreuen (delectare)[122]. Da der Begriff der „felicitas" bereits bestimmt war, brauchte Leibniz nur noch den Terminus „delectare" weiterzuverfolgen und gelangte dabei zu äußerst kennzeichnenden und wichtigen Formeln: die Freude (delectatio) oder das Vergnügen (voluptas) bestehe in der Erkenntnis (perceptio) der Harmonie (harmonia)[123]. Harmonie sei die Einheit in der Unterschiedenheit, oder wörtlich: der in der Einheit aufgehobene Gegensatz[124]. Erkennen (percipere) meine eine Sache leibhaftig wahrnehmen (sentire)[125].

Abgesehen von einem kurzen Hinweis auf die „charitas" als Prinzip der Gesetzesinterpretation in den „Casibus perplexis"[126], hatte Leibniz bis zu diesem Zeitpunkt den Liebesgedanken noch nicht in seine Naturrechtslehre aufgenommen; nun trat er jedoch als „Elementum Juris Naturalis" nur umso deutlicher in Erscheinung. Daß Leibniz dabei weniger an die aristotelisch-humanistische Tradition als unmittelbar an die biblisch-christliche Überlieferung anknüpfen wollte, ergibt sich schon aus seinen wenigen Anmerkungen zu den einzelnen Definitionen. Die wahre Liebe (amor) bestehe keineswegs im Verlangen nach Verei-

---

[121] Elementa Juris Naturalis (Reinschrift C; A VI–1, 484): *„Bonum* est quicquid appetetur a pernoscente. – Appetere est frui velle. – Frui est sentire bonum praesens. – Sentire seu statuere est cogitare cum voluntate. – Pernoscere est nosse quid res agere aut pati possint. – Nosse est vere statuere vel sentire. – Notitia est sententia vera."

[122] Elementa Juris Naturalis (Reinschrift C; A VI–1, 482): *„Amare* eum cuius felicitate delectamur."

[123] Ebenda (A VI–1, 484): „Delectatio seu Voluptas est perceptio harmoniae. Iucundum est objectum percipientis voluptatem. Gaudium est voluptas sola mente percepta. Pulchrum est cuius harmonia clare distincteque intelligitur, qualis sola est quae in figuris, numeris et motibus percipitur."

[124] Ebenda (A VI–1, 484–485): „Harmonia est diversitas identitate compensata. Seu harmonicum est uniformiter difforme. Varietas delectat sed in unitatem reducta, concinna, conciliata. Conformitas delectat, sed nova, mira, inexpectata, ac proinde aut ominosa, aut artificiosa."

[125] Ebenda (A VI–1, 485): „Percipere est sentire rem praesentem."

[126] Vgl. „De Casibus perplexis" (1666), § X (Ascar. 275).

nigung[127], sondern in der Nächstenliebe (caritas). Allein die „caritas"
reinige den Menschen von seinen Sünden und rechtfertige ihn vor Gott;
in ihr liege aller Glaube begründet: die Nachfolge ebenso wie die Übereinstimmung mit Gott[128]. Darüber hinaus sei die „caritas" untrenn-
bar mit der Gerechtigkeit (justitia) verbunden. Zur allgemeinen Anerkennung dieses Satzes berief sich Leibniz nicht nur auf Moses, Christus,
die Apostel und die Kirchenväter, sondern auch auf die Platoniker,
die Mystiker und alle frommen Menschen[129]. „Sogar ich selbst", bekannte Leibniz, „habe nach zahllosen Untersuchungen über den Gerechtigkeitsbegriff in dieser Bestimmung endlich Beruhigung gefunden und sie als vornehmste, allgemeine und sich wechselseitig bedin-
gende ausfindig gemacht[130]." Die gedanklichen Grundlagen zu jenem
erstmals im Jahre 1677 aufgestellten und von da an lebenslang beibehaltenen Fundamentalprinzip der Leibnizschen Ethik: „Justitia est
caritas sapientis", finden sich also schon in den „Elementa" von 1671
weitgehend vorgeformt.

An das Wort „omnes" als viertem und letztem Begriffsbestandteil
des Grundtheorems knüpfte Leibniz keine eigenständige Definitionskette, weil es ihm durch den Persongedanken bereits genügend bestimmt schien; er fügte lediglich einige erklärende Bemerkungen hinzu.
Angenommen, es lebe nur ein einziger Mensch auf der Erde, der alles
zerstöre, entstelle und verwüste, dann sei, so argumentierte Leibniz,
dieser Mensch nicht ungerecht (injustus), sondern töricht (stultus). Da
also das Gerechtigkeitsproblem erst im Hinblick auf die Gesamtheit
aller Menschen entstehe, müsse man alle Menschen lieben, wenn man die

---

[127] Elementa Juris Naturalis (Reinschrift C; A VI–1, 482): „Appetitus unionis
non est amor. Lieben das man vor Liebe freßen möchte. Uti vulgo dicimur cibos
amare, quorum sensu delectemur. Ita enim etiam lupus dicendus est agnum
amare."
[128] Elementa Juris Naturalis (Konzept B; A VI–1, 473): „Adde caritate seu
contritione expiari hominem, peccata deleri: caritate simul et poenitentiam et
satisfactionem contineri, caritatem ergo purgatorium parare sibi. Caritati fidem
inesse, caritate imitari nos Deum, caritate uniri Deo, caritate beari."
[129] Elementa Juris Naturalis (Reinschrift C; A VI–1, 481): „Caritatis et
Iustitiae inseparabilis tractatio. Non Moses aliam, non Christus, non Apostoli,
non veteres Christiani, Iustitiae regulam dedere, nisi in dilectione. Nihil Platonici,
nihil Theologi Mystici, nihil omnium gentium partiumque homines Pii celebrant
magis, inclamant, urgent, quam Amorem."
[130] Ebenda: „Ego quoque post tentatas innumerabiles Iustitiae notiones in hac
tandem conquievi, hanc primam reperi, et universalem, et reciprocantem."

allgemeine Harmonie (Harmonia Universalis) betrachte[131]. Nur aufgrund einer wechselseitigen und damit aufrichtigen Liebe könne der
Mensch nicht nur unbeschwert leben, sondern auch in seinem Innern
glücklich sein und die Annehmlichkeiten des Lebens genießen[132]. Allerdings setzte Leibniz dabei voraus, daß, obwohl es gut und gerecht sei,
alle Menschen zu lieben, dennoch gewisse Grade und Stufen der Liebe
existieren. In geringem Maße habe man selbst im Verbrecher die
Menschlichkeit, im Einfältigen die Redlichkeit und im Wirrkopf den
Geist, kurz: in den schlechten Eigenschaften der Menschen wenigstens
die Anlage zum Guten zu lieben. Denn bereits die äußerste Anstren-
gung, das Gute im geliebten Wesen zu suchen, stelle eine Verbindung
zur Liebe selbst her, so daß allein die Empfänglichkeit für das Gute
schon zur Liebe des Bösen ausreiche[133]. Dieses Denken in Stufen und
Graden mit kontinuierlichen Übergängen, wie es den meisten Lehren
Leibnizens (Monadologie, Théodicée) zugrunde liegt und bei der Entdeckung des Infinitesimalkalküls auch zum Erfolg geführt hat, trägt
einen stark dynamischen Charakter; es wendet sich gegen jede einseitige
Verabsolutierung und statische Entgegensetzung von Begriffen und
versucht stets, die Welt der Erscheinungen in ihrer Entsprechung zu erfassen. Wie Leibniz sich beispielsweise die Kälte immer nur als ein ge-
ringes Maß an Wärme oder den Schlaf als eine niedere Stufe des Bewußtseins vorstellen konnte, so galt ihm das Böse und Ungerechte
stets als ein unvollkommen Gutes und Gerechtes, das die Möglichkeit
zur Vervollkommnung von vornherein in sich trage[134].

In dieser Erkenntnis und vor allem in der Verbindung des Gerechtigkeitsprinzips mit dem Liebesgebot lag die eigentliche Bedeutung der
„Elementa Juris Naturalis“, nicht in der Anwendung des kombinatori-

---

[131] Elementa Juris Naturalis (Reinschrift C; A VI–1, 481): „*Omnes*, scilicet
personas, nam si quem sublato DEO solum in orbe habitantem omnia evertere,
deformare, vastare ponamus, non injustus erit sed stultus. Omnes vero amaremus
omnes, si modo intueremur, si oculos attolleremus ad Harmoniam Universalem.“
[132] Ebenda: „Possemus amore mutuo eoque sincero non securi tantum, sed et
beati esse, et vere frui commoditate vitae.“
[133] Ebenda (A VI–1, 481–482): „Caeterum etsi justi seu boni sit amare omnes,
sunt tamen gradus amori. In scelerato simul et inepto humanitas tamen amatur,
in simplice probitas, in nebulone ingenium: in omnium pessimo saltem materia
boni. Est enim connexus amori summus conatus quaerendi bonum amati, cuius
ergo bonum quaeri potest, is amari potest. Quisquis potest, debet. Sufficit ergo ad
amorem etiam pessimi capacitas boni.“
[134] Ähnlich: Théodicée, Part. II, 153 (Ger. VI, 201).

schen Verfahrens oder in der Aneinanderreihung von Definitionen moralischer Begriffe. Gewiß mag der Gedanke, analog dem mathematischen Axiomensystem durch die definitorische Festlegung bestimmter
allgemeiner Grundsätze zu einer in sich geschlossenen Naturrechtslehre
zu gelangen, auf den ersten Blick bestechend erscheinen, man wird jedoch dagegen einwenden müssen, daß es im Bereich der Ethik keineswegs – wie in der Mathematik auf Zahlenverhältnisse – im wesentlichen auf Begriffsrelationen ankomme, sondern im Gegenteil – und im
Unterschied zu den Zahlen – wesentlich auf den vielfältigen Bedeu-
tungs- und Wertgehalt eines jeden Grundwortes selbst. Deshalb führt
eine Definition, sofern sie nur konkret genug ist, um noch einen gewissen Aussagewert zu besitzen, stets zu einer Sinnverengung und damit zur Einseitigkeit, oder aber sie bleibt so allgemein, daß ihr jeder
beliebige Inhalt unterschoben werden kann: beides Gefahren eines
systematisch-konstruktiven Denkens, denen Leibniz gerade mit Hilfe
der „ars combinatoria" wirksam zu begegnen hoffte.

Als Leibniz nach seiner Rückkehr aus Paris die Mainzer Pläne zur
Reconcinnation des römischen Rechts und zur Emendation einer ra-
tionalen Jurisprudenz in Hannover wiederaufnahm [135], sah er sich genötigt, auch die Elemente des natürlichen Rechts noch einmal zu überar-
beiten. Den unmittelbaren Anstoß hierzu gab ihm vermutlich der neu
gewonnene Satz: „Justitia est caritas sapientis", den er nun in seine
ursprünglichen Definitionsketten einzubauen suchte [136]. Aus den Jahren
1677 bis 1679 sind vor allem zwei Fragmente zu erwähnen, die „Definitiones" [137] und die „Modalia Juris" [138], von denen die letztere Schrift
eine höchst aufschlußreiche Modifizierung des „vir bonus"-Gedankens
bringt: „Est autem Vir bonus cuius charitas recte ordinata est [139]." Da
aber nach der Ansicht Leibnizens die „Ordnung der Liebe" nur auf der
Klugheit (prudentia) oder Weisheit (sapientia) beruhen konnte, mußte
sich ein „vir bonus", ausgestattet mit der Tugend der Gerechtigkeit, zugleich auch als „vir prudens (sapiens)" erweisen [140]. Diese Vorstellung

[135] Vgl. oben S. 86 ff.
[136] Vgl. unten Seite 389 ff.
[137] „Definitiones" (1677–1678?), abgedruckt bei *Grua* II, 603–604.
[138] „Modalia Juris" (1677–1678?), abgedruckt bei *Grua* II, 605–606.
[139] *Grua* II, 606.
[140] Modalia Juris (Grua II, 605–606): „Vir bonus est qui justitia praeditus est.
Omnis prudens est vir bonus. ... Vir bonus enim, etsi forte prudens non sit,

sollte vor allem innerhalb der Leibnizschen Gerechtigkeitslehre noch eine besondere Bedeutung erhalten. – Ein drittes Fragment, das möglicherweise erst nach 1695 entstanden und mit den Worten „Juris Naturalis Principia" überschrieben ist [141], bemühte sich um eine letzte und endgültige Zusammenfassung der „Elemente". Die Prinzipien des natürlichen Rechts, wie sie erstmals in der „Nova Methodus" entfaltet sind, werden nunmehr auf den Ursprung (fons) und die drei Hauptbereiche (capita) des „jus naturale" reduziert: alles Naturrecht fließe aus der Liebe des Weisen (caritas sapientis) und umfasse die Stufen des „strengen Rechts" (jus strictum: neminem laedere), der „Billigkeit" (aequitas: suum cuique tribuere) und der „Redlichkeit" (probitas: honeste vivere) [142]. Die Idee eines allgemeinen Naturrechtssystems, wie sie bei Leibniz spätestens seit dem Jahre 1677 bestand, beginnt hier bereits unverkennbar die eigentliche Elementenlehre in den Hintergrund zu drängen, ein sicheres Anzeichen dafür, daß die „Elementa Juris Naturalis" nach und nach immer mehr das Interesse Leibnizens verloren, je weniger sich noch eine Aussicht auf die Verwirklichung seiner Reconcinnationspläne bot.

B. Die Lehre von der Gerechtigkeit
(1664–1680)

Mit dem Gedanken der „Justitia universalis" als dem Inbegriff aller menschlichen Tugenden stand die Lehre von der Gerechtigkeit im Mittelpunkt der aristotelischen Moralphilosophie des 16. und 17. Jahrhunderts. Angeregt durch Vorlesungen seines Lehrers Jacob Thomasius und wohl zugleich durch die Lektüre der „Elementa" Johann vom Feldes [143], hatte sich auch Leibniz schon seit früher Jugend mit großem Eifer den Problemen der Gerechtigkeit zugewandt: immer kühnere Definitions-

---

agit tamen ut prudens in his quae ad bona malaque aliena pertinent. Sed prudentis officium latius patet. ... Eadem theoremata repeti possunt non tantum ratione viri boni, sed et ratione viri prudentis."
[141] „Juris Naturalis Principia" (nach 1695?), abgedruckt bei *Grua* II, 639–641.
[142] Juris Naturalis Principia (Grua II, 639): „Juris naturalis principia et derivata. – Principia: Fons et capita. Fons: caritas sapientis. Capita: jus strictum, aequitas, probitas, quae continentur praeceptis: neminem laedere, suum cuique tribuere, honeste vivere."
[143] Vgl. oben Seite 126.

versuche beschäftigten seinen unermüdlichen Erfindergeist, zahllose Einfälle zu den verschiedensten Rangfolgen und Stufenordnungen flossen ihm in die Feder, vor allem aber beunruhigte ihn stets neu die Frage nach dem Grund der göttlichen Gerechtigkeit[144]. „La justice peut être prise de différentes manières[145]." Diese Erkenntnis von der Vielfalt und Relativität der Gerechtigkeitsidee durchzieht gleich einem Leitmotiv das gesamte Leibnizsche Rechtsdenken und bestimmte weitgehend seine Entwicklung. Unter dem Einfluß des protestantischen Aristotelismus verband Leibniz den Gerechtigkeitsbegriff schon sehr früh mit den allgemeinen Grundsätzen der Rechtswissenschaft, fügte ihn in seine Naturrechtslehre ein und erhob ihn zum Kernbestandteil der „Elementa Juris Naturalis". Später bildeten die Stufen der Gerechtigkeit das eigentliche Gerüst seines Naturrechtssystems und damit zugleich eine Brücke zur Gottesrechtslehre. Auf der Grundlage seiner berühmten Definition: „Justitia est caritas sapientis"[146], erweiterte und verselbständigte Leibniz den Gerechtigkeitsgedanken schließlich zur Lehre von der „Justitia universalis", der natürlichen Gerechtigkeit Gottes im Universum.

I. Die ersten Ansätze zu einer systematischen Erfassung des Gerechtigkeitsprinzips finden sich bei Leibniz in seinen Aufzeichnungen zur aristotelischen Ethik, welche vermutlich schon in den Jahren 1662 bis 1664 entstanden sind. Das Fragment „De Justitia"[147] weist bereits auf die traditionelle Unterscheidung von allgemeiner Gesetzesgerechtigkeit (justitia legalis) und partieller Gerechtigkeit (justitia particularis) hin[148], jedoch zugleich mit einer nicht unwesentlichen Einschränkung: Zwar bildete die „justitia legalis" zunächst auch für Leibniz eine

---

[144] Ebenso *Grua*, Jurisprudence universelle, 1953, S. 164: „En effet, l'œuvre de Leibniz présente de nombreuses définitions de la justice et des notions connexes, à des points de vue divers pas toujours explicites, mêlées même dans la période de recherches de Mayence. Leur accord apparaît dès qu'on distingue l'intention de chaque texte, le moment propre à chaque formule. Les notions étrangères, paradoxales ou banales, admises mais précises, servent de point de départ aux vues personnelles, les plus souvent générales comme pour la jurisprudence."

[145] Méditation sur la notion commune de la justice (1700–1705; Mollat 63).

[146] Vgl. unten Seite 385–395.

[147] „De Justitia" (1662–1664?), abgedruckt bei *Grua* II, 566–567.

[148] De Justitia (Grua II, 566): „Justitia particularis seu propria, si distinguitur a legali, vel distinguitur tanquam pars a toto, vel ideo solum quia una pars non comprehendat aliam."

Zusammenfassung aller Einzeltugenden (complexio omnium virtutum)[149], aber schon in einem weniger moralphilosophischen als juristischen Sinn. Denn die allgemeine Gerechtigkeit rüste und vervollkommne die Fähigkeiten des Menschen zum Nutzen und Vorteil des gesamten Staates und fordere von ihm die Bereitschaft, alle Gesetze zu befolgen und zu achten[150]. Dagegen beziehe sich die „justitia particularis", die vermögensrechtliche Gerechtigkeit, lediglich auf die Verteilung des Privateigentums[151]; sie gebiete zum Beispiel einem Schuldner, stets seine Verpflichtungen dem Gläubiger gegenüber zu erfüllen und ihm zu geben, was ihm gebühre[152]. — Besonders bemerkenswert erscheint weiterhin, daß Leibniz die aristotelische Gerechtigkeitslehre schon in dieser frühen Schrift mit der ihm aus dem römischen Recht bekannten Dreigliederung der „Regulae Juris" Ulpians verknüpfte: die Vorschrift, ehrbar zu leben (honeste vivere), umfasse alle Tugenden und gehöre damit dem Bereich der „justitia legalis" an, während die Gebote, andere nicht zu verletzen (neminem laedere) und jedem das Seine zu gewähren (suum cuique tribuere), der „justitia particularis" zuzurechnen seien[153]. Ob Leibniz dabei bewußt dem Vorbild Rachels[154] gefolgt ist, läßt sich nicht mit Sicherheit feststellen.

Diese Einteilung entsprach nämlich zugleich im wesentlichen auch dem Aufbau der Gerechtigkeitslehre in der „Philosophia practica" des Jacob Thomasius[154a]. Allerdings ersetzte Leibniz bei seinen „Eigenhändigen Eintragungen" in das Werk die Bezeichnung „justitia legalis" schon durch den Begriff der „justitia universalis" und ordnete ihr

---

[149] Ebenda (Grua II, 567): „Justitia legalis non est virtus peculiaris, sed virtutum omnium complexio."

[150] Ebenda (Grua II, 566): „Justitia legalis et generalis praeparat, perficit, et reddit hominem idoneum ad Reipublicae totius utilitatem et commoda, et est haec justitia ex omnium legum observantia et cultu conflata."

[151] Ebenda (Grua II, 567): „Justitia peculiaris bonum tantummodo privatum et peculiare praestat..."

[152] Ebenda (Grua II, 566): „Justitia singularis sive particularis et peculiaris, quae hominem debentem excolit ac perficit, ut officium alteri praestet reddatque quod debet."

[153] Ebenda (Grua II, 566–567): „Sapienter Ulpianus I. 1. DD. de justitia et jure tria juris praecepta recitat: 1. honeste vivere, quod ex omnium virtutum complexione conficitur; 2. alterum non laedere, 3. suum cuique tribuere. Justitiae particularis tractatione consequemur."

[154] Vgl. oben Seite 218 ff.

[154a] Jacob *Thomasius*, Philosophia practica, Leipzig 1661, Tab. XXIII; Tab. XXIV. (A VI–1, 51–52).

als der allumfassenden Grundtugend die Frömmigkeit (pietas) zu,
wenn auch in einem zunächst noch rein säkularen Verständnis, bezogen
auf das Verhältnis des einzelnen zu seinen Mitbürgern innerhalb der
staatlichen Gemeinschaft (societas civilis)[155]. Ebenso erhielt der Gedanke der „justitia particularis" hier eine etwas veränderte Bedeutung:
die besondere, „juristische" Gerechtigkeit bestehe in der Einhaltung des
Mittelmaßes (mediocritas) bei der Verteilung und beim Ausgleich von
Vermögenswerten[156]. In diesem Punkte hatte sich also Leibniz der
aristotelisch-ciceronianisch-grotianischen Tradition wieder genähert;
er unterschied demgemäß auch in der herkömmlichen Weise zwischen
der austeilenden Gerechtigkeit (justitia distributiva), welche die Ver-
mögensvorteile und -schäden unter dem Gesichtspunkt geometrischer
Gleichheit in Anschlag bringe[157], und der austauschenden Gerechtigkeit (justitia commutativa), die ein Übermaß an Vorteilen oder Schäden nach dem Prinzip arithmetischer Gleichheit beseitige[158]. Lange
Jahre hindurch sollte diese begriffliche Differenzierung der „justitia
particularis" im aristotelischen Sinn den Leibnizschen Gerechtigkeitsgedanken auch in seiner konkret juristischen Ausformung entscheidend
bestimmen[159].

Im Hinblick auf zahlreiche Parallelen zu den Anschauungen vom
Feldes, Boeclers, Rachels und anderer Aristoteliker könnte deshalb
leicht der Eindruck entstehen, Leibniz sei mit seiner Gerechtigkeitslehre zumindest in den akademischen Frühschriften dem Einfluß der
zeitgenössischen Moralphilosophie in besonders hohem Maße ausgesetzt. Dagegen spricht zunächst nur, daß Leibniz schon damals die Gerechtigkeit für einen überzeugten Anhänger des Aristotelismus auffal-

---

[155] „Eigenhändige Eintragungen" (1663–1664?; A VI–1, 51–52): „I. Descriptio:
Justitia *universalis* (N. B. est pietas) nihil aliud designat, quam virtutem moralem,
sumptam cum relatione hominis cujusque, tanquam partis in societate civili rectè
se habentis ad caeteros cives ..."
[156] Ebenda (A VI–1, 50–51): „II. Definitio: Justitia *particularis* est virtus
mediocritatem servans in bonorum externorum distributione aut commutatione
jure stricto debita."
[157] Ebenda: „IV. Species duae, quarum 1. Nomina: Distributiva – Commutativa; 2. Comparatio: a. Justitia *Distributiva* officium suum facit distribuendo
in singulos, quod erat universorum, sive sit lucrum ... sive damnum."
[158] Ebenda: „b. Justitia *Commutativa* officium suum facit, singulorum, cum
singulis commutationes voluntarias dirigendo, invitas corrigendo."
[159] Vgl. unten Seite 407 ff.

lend selten als „Tugend" (virtus)[160], mindestens ebenso oft aber als
„Haltung" (habitus), „Wille" (voluntas) oder als „Neigung" (conatus)
zu bezeichnen pflegte[161]. Im übrigen wird man den Gerechtigkeitsgedanken bei Leibniz nie isoliert – gleichsam als moralphilosophischen
„Überbau" – betrachten dürfen, sondern ihn stets in seinen vielfältigen
Beziehungen zu den übrigen Gebieten Leibnizschen Rechtsdenkens,
insbesondere zur Naturrechtslehre, sehen müssen.

Schon in der „Nova Methodus" ist die „justitia particularis" in
beiderlei Gestalt den Prinzipien des natürlichen Rechts zugeordnet.
Indem die ausgleichende Gerechtigkeit (justitia commutativa) dem
Grundsatz der Gleichheit vor dem Gesetz Geltung zu verschaffen
suchte, entsprach sie dem ersten Naturrechtsprinzip des „jus strictum"[162]. Die austeilende Gerechtigkeit (justitia distributiva) hingegen
bewirke, daß nach dem zweiten Prinzip der „aequitas" jedem das Seine
zuerkannt werde[163], wie Leibniz später in den Marginalien zur Re-
vision der Methodenschrift hinzufügte. Lediglich auf der dritten Stufe
des natürlichen Rechts ist die „pietas" noch nicht mit der „justitia universalis" verbunden: ein deshalb so überraschender Befund, weil Leibniz diese Beziehung in seinem Handexemplar der Thomasischen Ethik
offenbar bereits erkannt hatte[164]. So ließe sich das Fehlen eines Hin-

---

[160] „Virtus": Annotationes ad Aristotelem (Grua II, 566); Eigenhändige Eintragungen (A VI–1, 51); Auszüge aus den „Elementa" Joh. vom Felde's (Grua II,
597); De complexibus (A VI–1, 229); Elementa Juris Naturalis (A VI–1, 434,
455, 461); Die natürlichen Gesellschaften (Grua II, 600); Definitiones (Grua II,
604); Modalia Juris (Grua II, 605); De tribus juris praeceptis sive gradibus
(Grua II, 609, 611, 612); Tit. I De justitia et jure (Grua II, 614); De Jure et
Justitia (Grua II, 620); De tribus Juris Naturae et Gentium gradibus (Mollat 8);
De Justitia (Mollat 35); Codex (Dutens IV, 3, 294); La félicité (Grua II, 583);
Méditation (Mollat 64); Briefe an Kestner (1709–1710; Grua II, 688, 690).
[161] „Habitus": Elementa Juris Naturalis (A VI–1, 465, 480); De tribus juris
praeceptis sive gradibus (Grua II, 606, 608); De Justitia (Mollat 36); La félicité
(Grua II, 579). – „Voluntas": Elementa Juris Naturalis (A VI–1, 455, 462);
Tit. I De justitia et jure (Grua II, 616); De Jure et Justitia (Grua II, 618); De
Iustitia et Novo Codice (Grua II, 621); Définitions (Grua II, 666); Méditation
(Mollat 53, 58). – „Conatus": Elementa Juris Naturalis (A VI–1, 454).
[162] Nova Methodus, Pars II, § 73 (A VI–1, 343): „Ex quo patet Juris Naturae
meri unicum praeceptum esse: Neminem laedere, ne detur ei Jus belli. Huc pertinet Justitia Commutativa, et Jus quod Grotius vocat Facultatem."
[163] Nova Methodus, Pars II, § 74 (A VI–1, 344, Anm. zu Zeile 7–9): „Ad
hunc gradum juris justitia distributiva pertinet et praeceptum quod jubet: Suum
cuique tribuere."
[164] Vgl. Fußnote 155.

weises auf die allgemeine Gerechtigkeit nur erklären, wenn man davon
ausgehen könnte, daß der Begriff der „justitia universalis" bei Leibniz
jedenfalls im Jahre 1667 die „pietas" noch nicht enthielt, und gegen
Kabitz die „Eigenhändigen Eintragungen" erst zu einem späteren
Zeitpunkt ansetzt[165]. Mangels weiterer Anhaltspunkte für eine ge-
nauere zeitliche Fixierung jener Gedankenverbindung in den Quellen
wird sich wohl auch diese Frage nicht eindeutig beantworten lassen.

II. Verfolgt man nun die Entwicklung der Gerechtigkeitsidee in den
Werken des Leibniz von Stufe zu Stufe weiter, so wird man erstaunt
der Tatsache gewahr, daß sie – wenn auch um einige Jahre verschoben –
zunächst einen ganz ähnlichen Verlauf zu nehmen scheint wie die Entstehung der Naturrechtslehre. Nachdem Leibniz die Gerechtigkeit in
herkömmlicher Weise schematisiert und in ihren verschiedenen Erscheinungsformen dargestellt hatte, wandte er sich nunmehr in seinem
Fragment „De justitiae principiis" [166] der Untersuchung einzelner Gerechtigkeitsprinzipien zu und gelangte dabei ebenfalls zu einer dem
Aufbau der Naturrechtslehre entsprechenden Dreiteilung: „Tria sunt
principia, ex quibus ad juste agendum movemur[167]."

Den ersten Grundsatz der Gerechtigkeit bilde der eigene Nutzen
(utilitas propria), welcher die Menschen veranlasse, niemanden zu verletzen, um nicht selbst zu Schaden zu kommen, und alle zu unterstützen, weil das gemeine Beste stets auf das Wohl des einzelnen zurück-
wirke[168]. – Zum zweiten fließe die Gerechtigkeit aus einer menschen-
freundlichen und edlen Gesinnung (sensus humanitatis atque honesti).
Denn selbst wenn unmittelbar keine Gefahr drohe, werde man durch
das Leid anderer berührt und freue sich an fremder Glückseligkeit. Vor
allem auf diesem Affekt beruhe eigentlich die Gerechtigkeit und der
Gedanke des „vir bonus". Wer nämlich nur aus persönlichem Eigennutz handele, werde eher klug (prudens) oder besser „schlau" als gut

---

[165] *Kabitz* (Akademie-Ausgabe VI–1, 42) vermutet, daß die handschriftlichen
Eintragungen Leibnizens in die „Philosophia practica" des Jacob Thomasius aus
den Jahren 1663–1664, also noch aus Leibnizens Studienzeit stammen.
[166] „De justitiae principiis" (1667–1670), abgedruckt bei *Mollat*, S. 88–89.
[167] De justitiae principiis (Mollat 88).
[168] Ebenda: „Primum est utilitas propria, ut scilicet nemini noceamus, ne vel
hunc, cui nocuimus, vel alios vicissim in nos exstimulemus, deinde ut omnes,
quoad licet, juvemus, quia bonum commune vicissim in nos redundat."

(bonus) genannt[169]. Auch hierin der aristotelischen Überlieferung folgend, ordnete Leibniz jenen beiden Grundsätzen der Gerechtigkeit zwei verschiedene Formen der Freundschaft zu: dem Eigennutz die „amicitia utilis" und der Menschenfreundlichkeit die „amicitia honesta et vera"[170]. Gleichsam als „Stachel des Gewissens" aber sei die Menschenfreundlichkeit und Sittlichkeit allen Menschen eingestiftet, was man daraus ersehen könne, daß jemand, der schlecht handele, nicht mit sich selbst zufrieden sei und gewisse Qualen einer „poena naturalis" in sich spüre[171].

Das dritte Prinzip der Gerechtigkeit erblickte Leibniz in der Gottesfurcht (religio). Von der Erkenntnis geleitet, daß bei vielen Menschen das Gewissen bereits abgestumpft sei und allein der Eigennutz sich noch behaupte, entnahm Leibniz den höchsten Vollkommenheitsgrad des Naturrechts und der Gerechtigkeit einzig der Verehrung Gottes (cultus Dei) als des weisesten und mächtigsten Wesens (substantia). Nur im Hinblick auf Gott stimme alles Nützliche zugleich mit dem sittlich Guten überein, weil bei Gott keine Sünde unbestraft bleibe und keine gute Tat ohne Belohnung[172]. Im übrigen werde auch von allen Weisen behauptet, daß die Gottesfurcht und die Sittlichkeit qua „Liebe zur Tugend" identisch seien, weil sie erkannt hätten, daß ein glückliches Leben darin bestehe, allenthalben nach der Vollkommenheit zu trachten, der Natur als Wegweiser zu folgen, sich mit Rücksicht auf das Universum in bestmöglicher Verfassung zu erhalten und von der Fürsorge des höchsten Schöpfers und Lenkers aller Dinge überzeugt zu sein.

---

[169] Ebenda: „Alterum est sensus humanitatis atque honesti. Nam etsi nullum nobis periculum creetur, tangimur tamen alienis malis et aliena felicitate delectamur, cum videmus virtutem praemia merita consequi. Et hoc in affectu hominis erga hominem consistit justitia et nomen viri boni. Nam qui ex primo capite operatur, prudens vel potius callidus magis quam bonus dicetur."
[170] Ebenda: „Itaque unus cum aliis hominibus utilem tantum amicitiam colet, alter honestam et veram."
[171] Ebenda: „Cum vero omnibus hominibus insitus sit ille humanitatis sensus, hinc oritur conscientiae stimulus, ut scilicet homo, qui secus agit, sibi ipsi non satisfaciat sentiatque intus quosdam laniatus et ictus, quae poena est naturalis."
[172] De justitiae principiis (Mollat 88–89): „Tertium principium est religio. Nam cum in multis sensus humanitatis et conscientiae stimulus obtundatur solaque propria utilitas obtineat, quae satis tutos homines ab hominibus praestare non potest, quoties impunitatis spes est, ideo summa denique juris naturalis perfectio petenda est a cultu Dei, substantiae summe intelligentis ac summe potentis, quam nemo nec fallere nec effugere potest. Quo fit, ut idem sit utile et honestum, nullum peccatum impune, nulla praeclara actio inanis et praemii expers."

Jurisprudentia naturalis

Wer aber so denke, der müsse Gott über alles lieben und könne weder
furchtsam noch unglücklich sein; denn er wisse ja, daß für denjenigen,
der Gott liebt, sich alles zum Guten füge und daß die guten Menschen
umgekehrt Gott zum Freund haben. Nur wer nicht zu solch wahrer
Weisheit gelangen könne, wachse in seiner Gottesfurcht über den Bereich der Sittlichkeit hinaus[173]. Wie sich später noch zeigen wird, scheint
mit diesen wenigen Bemerkungen zu den drei Prinzipien der Gerechtigkeit (utilitas, honestas, religio) bereits der gesamte ethische und metaphysische Hintergrund der Leibnizschen Rechtsphilosophie in seinen
wesentlichen Punkten umrissen zu sein.

III. Je eingehender sich Leibniz – zunächst noch in Mainz, vor allem
aber später in Hannover – mit der Grundlegung einer vernunftgemäßen Rechtswissenschaft (jurisprudentia rationalis) beschäftigte, desto
stärker mußte notwendig die Frage nach dem Inhalt ihres Gegenstandes: des Gerechten (justum), und damit das Problem einer definitorischen Eingrenzung des Gerechtigkeits*begriffs* (notio justitiae) in den
Mittelpunkt seiner rechtsphilosophischen Betrachtungen rücken. Wenn
nämlich die Gerechtigkeit wirklich in einer gewissen Entsprechung
(congruitas) und Verhältnismäßigkeit (proportionalitas) zum Ausdruck
komme, dann müsse man auch unabhängig davon, ob jemand Gerechtigkeit übe oder nicht, erkennen können, was das Gerechte an sich sei[174].
Daraus folgerte Leibniz, daß sich der Begriff der Gerechtigkeit auch
inhaltlich eindeutig bestimmen lassen müsse, wenn anders er nicht nur
einen bloßen Laut ohne Sinn darstelle, wie das Wort „Blitiri"[175]. Die

---

[173] Ebenda (Mollat 89): „Ceterum apud sapientes religio et honestas seu virtutis amor idem est. Illi enim sciunt feliciter vivere esse in omnibus contendere
ad perfectionem, naturam ducem sequi, optime affectum esse erga universum et
persuasum esse de providentia summi rerum auctoris omnia optime gubernantis.
Nam qui sic animatus est, eum super omnia Deum amare necesse est. Idem non
potest non esse securus et felix. Scit enim omnia in bonum cedere Deum amanti
et viros bonos vicissim Dei amicos esse. ... Si quis vero ad veram sapientiam non
pervenit, apud eum religio aliquid honestati superaddit."
[174] Elementa Juris Naturalis (Konzept A; A VI–1, 460): „Cum enim consistat
Iustitia in congruitate et proportionalitate quadam, potest intelligi justum aliquid
esse, etsi nec sit qui justitiam exerceat, nec in quem exerceatur, prorsus ut nume-
rorum rationes verae sunt, etsi non sit nec qui numeret nec quod numeretur."
[175] Méditation sur la notion commune de la justice (1700–1705; Mollat 47):
„Il en de même de la justice. Si c'est un terme fixe qui a quelque signification
déterminée, en un mot, si ce n'est pas un simple son, vide de sens, comme blitiri,

Definition der Gerechtigkeit stand also für Leibniz jeweils am Anfang einer auf streng logischer Beweisführung (demonstratio) beruhenden Gerechtigkeitslehre[176].

Zunächst hatte Leibniz das Gerechte (justum) in der „Nova Methodus" als ein gemein Nützliches (publice utile) gekennzeichnet[177], wobei er den Gemeinschaftsgedanken in erster Linie auf das gesamte Weltall (Mundus), alsdann auf das Menschengeschlecht (genus humanum) und schließlich auf den Staat (respublica) bezog[178]. Aus dieser Reihenfolge ergab sich im Konfliktsfall ein Vorrang des göttlichen Wohls als dem Gegenstand der „jurisprudentia divina" vor dem Wohle der Menschheit in der „jurisprudentia humana" und dieses letzteren wiederum vor dem Nutzen des Staates in der „jurisprudentia civilis"[179]. Den eigenen Vorteil (utilitas propria) verstand Leibniz nicht als Prinzip der Rechtswissenschaft, sondern der Politik[180]. Später revidierte Leibniz jedoch diese erste Definition unter ausdrücklichem Hinweis auf das Recht zur Selbstverteidigung auch gegen Angriffe der Gemeinschaft und sah nunmehr das Gerechte in der Entsprechung von Selbstliebe und Nächstenliebe begründet: „Justum est proportionale inter amorem mei et proximi[181]."

Die bedeutendsten und für das Leibnizsche Denken zugleich richtungweisenden Versuche einer Begriffsbestimmung der Gerechtigkeit finden sich allerdings erst in den Entwürfen zu den „Elementa Juris Naturalis". Bildete die „iustitia" doch den eigentlichen Kern der Na-

---

ce terme ou ce mot justice aura quelque définition ou notion intelligible. Et de toute définition on peut tirer des conséquences certaines, en employant les règles incontestables de la logique."

[176] Brief an Jean *Chapelain* aus der ersten Hälfte des Jahres 1670 (A II-1, 54): „Nam si nulla a natura prodita est certa Iusti regula, necesse est, Iustitiae vocem ne definiri quidem posse, sed esse nudum nomen quale est Blitiri. Ubicunque enim possibilis est definitio (seu clara vocis explicatio) ibi possibilis est certitudo seu demonstratio."

[177] Nova Methodus, Pars II, § 14 (A VI-1, 300–301): „Justum autem atque injustum est, quicquid publice utile vel damnosum est."

[178] Ebenda (A VI-1, 301): „Publice, id est, primum Mundo, seu Rectori ejus Deo, deinde Generi Humano, denique Reipublicae."

[179] Ebenda: „Hac subordinatione, ut in casu pugnantiae, voluntas, seu utilitas Dei, si ita loqui licet, praeferatur utilitati Generis Humani, et haec utilitati Reipublicae, et haec propriae. Hinc jurisprudentia divina, humana, civilis."

[180] Ebenda: „De propria autem utilitate dicere, non Jurisprudentiae, sed Politicae est."

[181] Untersuchungen (Konzept A, 1670–1671? A VI-1, 455).

turrechtselemente ebenso wie den Hauptgegenstand einer Pflichtenlehre[182] und damit gewissermaßen das Band, welches Rechtswissenschaft und Ethik miteinander verknüpfte. Schon auf den ersten Blick
lassen sich hier zwei Grundtypen von Definitionen deutlich unterscheiden: Anfangs verstand Leibniz die Gerechtigkeit (iustitia) – wenn auch
in mannigfacher Abwandlung – noch als „Einsicht" oder Klugheit
(prudentia)[183], später jedoch schon auf vielfältige Weise als „Liebe"
(amor)[184].

Um wenigstens einen flüchtigen Einblick in die überaus reiche Vorstellungswelt Leibnizens zu gewähren, soll auch hier auf einige Definitionen der ersten Gruppe kurz hingewiesen werden: Gerechtigkeit
liege in der Einsicht, anderen (nach ihrem Wesen und Wert) zu helfen
oder zu schaden[185]. Gerechtigkeit sei die Einsicht in fremdes Glück und
Unglück mit Rücksicht auf das eigene Glück und Unglück, wie es dem
Menschen von anderen klugen und mächtigen Leuten zuteil werde[186].
Oder: Gerechtigkeit sei die Umsicht beim Ausüben der eigenen Macht
gegen andere mit Rücksicht auf die fremde Klugheit bei der Anwendung von Macht auf einen selbst[187]. Oder: Gerechtigkeit sei die Klugheit, dem Weisen und Mächtigen zu gefallen[188]. Oder: Gerechtigkeit
bestehe in der Einsicht, anderen um der Belohnung oder Strafe willen
zu helfen oder zu schaden[189]. Oder: Gerechtigkeit sei eine Klugheit,
fremdes Gut zu fördern und Nachteile von anderen abzuwenden, um
damit das eigene Glück zu bewirken und eigenes Unglück zu verhin-

---

[182] Untersuchungen (Konzept A, 1669–1670; A VI-1, 435): „Doctrina de Justo
et doctrina de officiis eadem est, scilicet quid persona a persona cum ratione desi-
derare possit."
[183] Untersuchungen (Konzept A, 1669–1670; A VI-1, 454): „Iustitiam a prudentia definire debeas. An non valde ambiguum est, si ponatur nullus esse Deus.
Iustum erit, quicquid impune sperari potest, si a prudentia definienda justitia
est."
[184] Untersuchungen (Konzept A, 1670–1671? A VI-1, 455): „Iustitia est voluntas agendi quod aequum est, quia aequum est, virtus amandi seu amicitiae."
[185] Untersuchungen (Konzept A, 1669–1670; A VI-1, 434): „Iustitia est prudentia in aliis juvandis aut laedendis."
[186] Ebenda (A VI-1, 453): „Iustitia est prudentia in aliorum bonis malisque a
nobis contemplatione bonorum malorumque nostrorum a prudentibus potentibus-
que aliis."
[187] Ebenda: „Seu iustitia est prudentia in adhibenda erga alios potentia nostra,
contemplatione prudentiae in adhibenda erga nos potentia sua alienae."
[188] Ebenda: „Iustitia est prudentia placendi sapienti et potenti."
[189] Ebenda: „Iustitia est prudentia juvandi et nocendi praemii poenaeque causa."

dern, will sagen, der Belohnung oder Strafe wegen[190]. Der Grundgedanke all dieser Überlegungen Leibnizens lag offenbar in der Erkenntnis, daß das Prinzip der Gerechtigkeit nur dialektisch zu verstehen sei und stets in der Verflechtung von subjektiven und objektiven Gesichtspunkten, von individuellem und sozialem Verhalten betrachtet werden müsse. Demgemäß faßte er seine Gerechtigkeitslehre vorläufig in dem Satz zusammen: „Iustitia est constans conatus ad felicitatem communem salva sua[191]."

Gleichwohl schien Leibniz das bunte und unübersichtliche Bild der Gerechtigkeit, wie es nach und nach durch die verschiedenartigsten Definitionen entstanden war, ungefähr um das Jahr 1670 immer mehr zu mißfallen, zumal es in seiner Beliebigkeit den Vorstellungen Leibnizens von der Notwendigkeit, Wahrheit und Einheit des Gerechtigkeitsbegriffs widersprechen mußte. So unterzog er in den „Elementa Juris Naturalis" alle ihm bislang wesentlichen Definitionen der Gerechtigkeit, insbesondere aus dem Fragment „De justitiae principiis", einer ausführlichen Kritik. In seiner Jugend habe er sich zunächst selbst zu der Erkenntnis beglückwünscht, daß die „justitia" nur in der Mäßigung von Liebe und Haß bestehe, denn unter dem Einfluß des Aristotelismus habe er die Gerechtigkeit nicht als einheitliches Maß für alle affektiven Tugenden dulden können. Später sei er jedoch von diesem eher verführerischen als gesicherten Begriff wieder abgewichen, weil der Grund (ratio) jeder Tugend ja gerade darin liege, daß die Affekte selbst nichts ausrichten sollten, außer den Maximen der Sittlichkeit (virtus moralis) zu gehorchen[192]. Fast ein wenig spitzfindig mutet dagegen der zweite Versuch Leibnizens an, auch das Gewissen als Regulativ des Gerechten auszuschalten. Angenommen, das Gewissen beruhe lediglich auf der Erinnerung an das eigene Tun, dann würde man jeweils ein solches Handeln für ungerecht halten, dessen Andenken man als unangenehm und peinlich empfinde, also auch den Schaden, welchen man

---

[190] Untersuchungen (Konzept A, 1669–1670; A VI-1, 435): „Generaliter: Iustitia est prudentia in efficiendo aliorum bono aut non efficiendo malo boni sui hac animi declaratione efficiendi, aut mali sui non efficiendi (id est praemii assequendi aut poenae vitandae) causa."

[191] Ebenda (A VI-1, 454).

[192] Elementa Juris Naturalis (Konzept A, 1670–1671? A VI-1, 462): „An justitia est virtus servans mediocritatem inter duos affectus hominis erga hominem, amorem et odium; hac meditatione mirifice plaudebam ipse mihi puer, cum peripateticae scholae recens, concoquere non possem caeteras omnes virtutes affectuum, unam justitiam rerum moderatricem haberi."

sich durch eigenes Verschulden selbst zugefügt habe. Daraus folgerte
Leibniz, daß sogar selbstverschuldete Übel ein Ergebnis ungerechten
Verhaltens seien, und glaubte so, auf einen sachlogischen Widerspruch
gestoßen zu sein [193]. Endlich fragte sich Leibniz, ob die Gerechtigkeit
nicht doch in jener Haltung zum Ausdruck komme, das fremde Gut
des eigenen Vorteils wegen zu wollen. Gewiß stehe diese Bestimmung
der – wenn auch etwas verdrehten (detorta) – Wahrheit sehr nahe,
denn in der Gerechtigkeit sei zweifellos die Rücksicht sowohl auf den
fremden als auch auf den eigenen Nutzen enthalten; allerdings, so fügte
Leibniz hinzu, nicht in dem Sinne, daß der eigene Vorteil den Haupt-
zweck bilde, weil man sonst zum Beispiel einen Verunglückten mit
Recht seinem Schicksal überlassen dürfe, wenn eine bestimmte Belohnung für die Hilfe nicht zu erwarten sei [194]. Man könne also leicht einsehen, daß es auch gerecht sei, fremdes Wohl einzig um seiner selbst
willen zu verwirklichen [195].

Von dieser Stufe der Kritik an den bisherigen Definitionen war für
Leibniz der Weg zu einer Verbindung des Gerechtigkeitsgedankens mit
dem Prinzip der Liebe (amor) nicht mehr weit. Jemanden lieben
(amare) bedeute nämlich nichts anderes als eine Freude daran zu haben,
ihm gut zu sein [196]. Wenn also die Gerechtigkeit fordere, ein fremdes
Gut um seiner selbst willen zu erstreben, und darin zugleich die Liebe
bestehe, dann folge daraus notwendig, daß das Wesen der Gerechtigkeit (natura iustitiae) die Liebe sei [197]. An diese Feststellung knüpfte

---

[193] Ebenda (A VI-1, 463): „An vero justum est, quod non est contra conscientiam. Sed quid est hoc contra conscientiam esse, cum conscientia sit memoria pro-
prii facti, an illud factum nostrum injustum est, cujus memoria molesta est, id est,
cuius nos poenitet. Si ita, tunc omne damnum quod ipsi nobis nostra culpa dedi-
mus injustum erit, ergo nobis faciemus injuriam, contra priora."

[194] Ebenda: „Ubi consistemus ergo post tot jactationes, an Iustitia erit habitus
volendi bonum alienum propter suum. Proximum hoc est veritati, sed parum
detortae. Est in Iustitia respectus aliquis boni alieni, est et nostri, non is tamen
ut alterum alteri finis sit, alias sequetur jure miserum aliquem in exitio relinqui,
unde eum pene nullo negotio eripere in nostra potestate est, cum certum est
praemium auxilii abfore."

[195] Ebenda (A VI-1, 464): „Ergo facile intelligi potest, quando bonum alienum
non nostrum tantum fieri possit, sed et per se expetatur."

[196] Ebenda (A VI-1, 464–465): „Unde exstruitur vera definitio amoris: *Amamus*
enim eum, cui bene esse delectatio nostra est."

[197] Ebenda (A VI-1, 465): „Cum ergo bonum alienum iustitia exigat per se
expeti, cum per se expeti bonum alienum, sit alios amari, sequitur de natura iustitiae esse amorem."

Leibniz nun ähnlich wie zuvor bei der Bestimmung des Gerechtigkeitsbegriffs durch den Gedanken der Klugheit einige weitere Definitionen,
auf die gleichfalls hingewiesen werden soll: Die Gerechtigkeit sei eine
Eigenschaft (habitus), andere zu lieben und sich an fremdem Gut zu
erfreuen, soweit dies der Klugheit halber geschehen könne[198]. Oder:
Gerechtigkeit sei die Eigenschaft, an der Wahrnehmung fremden
Gutes bis zur Empfindung eigenen Schmerzes Vergnügen zu finden[199].
Oder – und darin sah Leibniz lange Zeit die „vera perfectaque Iustitiae
definitio" – die Gerechtigkeit sei eine Eigenschaft, andere zu lieben und
an der Betrachtung fremden Gutes Vergnügen zu finden, sooft man sich
damit befasse[200]. Schließlich verallgemeinerte Leibniz diesen Begriff
noch einmal zu dem Satz: „Iustitia est habitus amandi omnes[201]."

Als Leibniz während der Pariser Mission (1672–1676) mit den Arbeiten am Corpus Juris Reconcinnatum auch die Definitionsversuche zu
den Elementen des natürlichen Rechts vorläufig einstellen mußte, hatte
die Lehre von der Gerechtigkeit nicht nur in ihrem dreigestuften Aufbau (justitia universalis – particularis: distributiva-commutativa) bereits eine feste Form erhalten, sondern mit ihren beiden Wurzeln, der
Klugheit (prudentia) und der Liebe (amor), auch schon eine gesicherte
Bedeutungsgrundlage und einen bestimmten Vorstellungsgehalt erlangt,
deren Bestand sich keineswegs mehr durch einen bloßen Hinweis auf
die Abhängigkeit Leibnizens von der aristotelischen Tradition hinreichend erklären läßt. Wo Leibniz in der behandelten Literatur auf
Übereinstimmung stieß, fühlte er sich in seinen Lehren zumeist bestätigt und bestärkt; nur ganz selten sah er sich veranlaßt, einen Gedanken unmittelbar zu übernehmen und in seine Anschauungen einzufügen. So scheint gerade darin ein besonderer Reiz des Leibnizschen
Denkens zu liegen, daß es aus wenigen überlieferten Begriffen und vor-
geformten Schemata heraus selbständig sich entfalten konnte und zu-

---

[198] Ebenda: „Iustitia ergo erit habitus amandi alios (seu per se expetendi bonum
alienum, bono alieno delectandi) quousque per prudentiam fieri potest (seu quousque majoris doloris causa non est)."
[199] Ebenda: „Erit ergo Iustitia habitus capiendi voluptatem ex opinione boni
alieni usque ad opinionem majoris doloris nostri."
[200] Ebenda: „Est ergo, ut concludamus tandem aliquando, vera perfectaque
Iustitiae definitio, habitus amandi alios, seu capiendi voluptatem ex opinione boni
alieni quoties quaestio incidit."
[201] Elementa Juris Naturalis (Konzept B, 2. Hälfte 1671? A VI-1, 465).

gleich mit den herrschenden Richtungen der zeitgenössischen Rechtsphilosophie stets im Einklang befand [202].

IV. Im Hinblick auf eine besonders wichtige, ja schlechthin grundlegende Lehre bedarf diese Feststellung der weitgehenden Unabhängigkeit Leibnizens jedoch einer gewissen Einschränkung. Etwa um das
Jahr 1677 – also kurz nach seiner Rückkehr aus Paris – hatte Leibniz
den Gedanken der Nächstenliebe (charitas, caritas, charité) mit seinem
Gerechtigkeitsbegriff verbunden, oder genauer: in seinen Definitionen
das Wort „amor" durch das Wort „caritas" ersetzt und so die „justitia"
vom Fundament jener allgemeinen Liebe im antik-humanistischen Sinn
gelöst und nunmehr allein auf das Prinzip der christlichen Nächstenliebe gestützt [203]. Darin lag nicht nur der Versuch, frühere Ansichten zu
verdeutlichen und zu konkretisieren, sondern vielmehr eine sinnver-
ändernde „Entdeckung" [204] und ein geradezu programmatisches Bekenntnis zur Tradition des christlichen Naturrechts. Gehörte doch auch
für Leibniz die „charitas" neben dem Glauben (fides) und der Hoffnung (spes) zu den drei christlichen Kardinaltugenden [205] und in der
„Summa Matthaei" zu den Kernsätzen biblischer Weisung [206].

Im unmittelbaren Anschluß an die Heilige Schrift erschien schon bei
Augustinus die „caritas" in die Ordnung der Liebe (ordo amoris, dilectionis) eingefügt [207] und zum richtungweisenden Maß und Ziel aller

---

[202] Vgl. in diesem Sinn auch Thomas *Würtenberger,* Deutsche Juristen von
europäischem Rang (Leibniz, Savigny, Gierke), in: Geistige Welt III, 1948, S. 125:
„Aber bei aller Beeinflussung durch andere blieb Leibniz doch stets ein origineller
Denker."

[203] Vgl. zum Folgenden vor allem *Grua,* Jurisprudence universelle, Paris 1953,
S. 164–238.

[204] Von dieser „Entdeckung" hatte Leibniz dem Herzog *Johann Friedrich* von
Hannover erstmals in seinem Brief vom Mai 1677 berichtet (A I-2, 23).

[205] I. Cor. 13, vs. 1–13; vs. 13: „Nunc autem manent, fides, spes, charitas: tria
haec; maior autem horum est charitas."

[206] Matth. 22, vs. 37–40: „Ait illi Iesus: Diliges Dominum Deum tuum ex toto
corde tuo, et in tota anima tua, et in tota mente tua. Hoc est maximum et primum mandatum. Secundum autem simile est huic: Diliges proximum tuum sicut
teipsum. In his duobus mandatis universa lex pendet, et prophetae."

[207] Civitas Dei XV, 22: „Creator autem si veraciter ametur, hoc est si ipse,
non aliud pro illo quod non est ipse, ametur, male amari non potest. Nam et
amor ipse ordinate amandus est, quo bene amatur quod amandum est, ut sit in
nobis virtus qua vivitur bene. Unde mihi videtur, quod definitio brevis et vera
virtutis ordo est amoris." – Vgl. auch: Enchiridion de fide, spe et caritate XX, 76.

Gebote Christi (finis praeceptorum) erhoben[208]. Später übernahm Thomas von Aquin die Lehre vom „ordo caritatis" zur Bestimmung des Verhältnisses von Gottes- und Nächstenliebe[209] und stellte mit seinen Thesen, daß die „caritas" sich auf das „bonum divinum" beziehe, während die „justitia" das „bonum commune" zum Gegenstand habe[210] und also von der „dilectio Dei" umfaßt werde[211], eine Entsprechung von Gerechtigkeit und Liebe her[212]. Durch die Reformation geriet der Gedanke der „charitas ordinata" keineswegs in Vergessenheit, im Gegenteil, für Luther bildete die „lex charitatis" geradezu den materialen Wesensgehalt des göttlichen Naturrechts im Unschuldsstande[213]. Diese genuin protestantische Vorstellung von der Ordnung der Liebe als dem Inbegriff des Naturrechts und der natürlichen Gerechtigkeit blieb sowohl in der lutherischen Orthodoxie als auch innerhalb der aristotelischen Moralphilosophie das ganze 17. Jahrhundert hindurch noch bis zu Leibniz wirksam.

---

[208] Enchiridion de fide, spe et caritate XXXII, 121: „Omnia igitur praecepta divina referuntur ad caritatem, de qua dicit Apostolus: Finis autem praecepti est caritas de corde puro et conscientia bona et fide non ficta. (1. Tim. 1, 5). Omnis itaque praeceptorum finis est caritas, id est ad caritatem refertur omne praeceptum. ... Caritas quippe ista dei est et proximi: et utique in his duobus praeceptis tota lex pendet et prophetae."

[209] Summa Theologica II^a II^ae, 26: „De ordine caritatis."

[210] Summa Theologica II^a II^ae, 58, 6: „Sicut enim caritas potest dici virtus generalis inquantum ordinat actus omnium virtutum ad bonum divinum, ita etiam justitia legalis inquantum ordinat actus omnium virtutum ad bonum commune. Sicut ergo caritas, quae respicit bonum divinum ut proprium objectum, est quaedam specialis virtus secundum suam essentiam; ita etiam justitia legalis est specialis virtus secundum suam essentiam, secundum quod respicit commune bonum ut proprium objectum."

[211] Summa Theologica II^a II^ae, 58, 1: „Ad sextum dicendum quod sicut in dilectione Dei includitur dilectio proximi, ut supra dictum est; ita etiam in hoc quod homo servit Deo includitur quod unicuique reddat quod debet."

[212] Vgl. dazu auch Ulrich Kühn, Via Caritatis. Theologie des Gesetzes bei Thomas von Aquin, Göttingen 1965.

[213] Römerbriefvorlesung 1515–1516 (WA LVI 239, 10): „Affectus sive Requisitus Dei est ipsa Charitas Dei quae facit nos velle et amare, quod intellectus fecit intelligere." – Predigt vom 27. Dezember 1516 (WA I 502, 23): „Lex et prophetae sola charitate implentur. Ideo si est lex naturae, est naturae sanae et incorruptae, quae idem et cum charitate." – Vgl. dazu auch Johannes Heckel, Lex charitatis, München 1953, S. 61: „Als drittes Merkmal läßt sich am göttlichen Gesetz beobachten: Es ist die Ordnung göttlicher Liebe. Sein Wesen heißt charitas. Wie Gott die Liebe ist, so auch die reine unverdorbene Natur des Menschen, welcher das Naturgesetz im Urstand eingeprägt ist."

Man wird mit einiger Sicherheit davon ausgehen können, daß Leibniz jene rechtstheologische Tradition des „ordo caritatis" im einzelnen kannte, als er sich entschloß, die Nächstenliebe in seine Gerechtigkeitslehre einzubauen [214]. Zumindest war ihm der Begriff der „charitas" als Rechtsprinzip von Jugend auf so vertraut, daß er die Nächstenliebe schon in der „Dissertatio de Casibus perplexis" vom Jahre 1666 unter die richterlichen Entscheidungsgrundsätze (regulae decidendi) aufnahm [215] und sie in seinen Aufzeichnungen zu den „Elementa Juris Naturalis" von 1670 bis 1671 bereits neben der Gerechtigkeit als spezifisch christliche Tugend verstand [216]. Die Lektüre der Werke Campanellas, Pallavicinis und des Jesuitenpaters Friedrich von Spee, dessen „Gueldenes Tugendbuch" am Hofe des Kurfürsten Johann Philipp in hohem Ansehen stand [217], wird Leibniz während dieser Zeit den Gedanken der Liebe zu Gott und zum Nächsten noch in besonderer Form nahegebracht haben [218].

Allein, mit all diesen Hinweisen auf mögliche Vorläufer ist die Frage nach dem unmittelbaren Anstoß und den Motiven Leibnizens, die ihn

---

[214] Dieser Ansicht ist auch *Grua* (Jurisprudence universelle, S. 198): „Leibniz connaissant tôt de nombreux éléments de cette histoire doctrinale les combine librement dans la synthèse esquissée plus haut." — Bemerkenswerterweise bezog sich Leibniz in einem Brief an Veit Ludwig *von Seckendorff* vom 17. Dezember 1691 (Grua II, 201) sogar ausdrücklich auf den „caritas"-Gedanken bei Luther: „Et quicumque secundum illam Staupitii vocem qua se Lutherus excitatum scripsit, in caritate vera seu divino amore vim omnem poenitentiae, conversionis, justificationis, renovationis denique bonorum operum, collocant, quid aliud quam fidem vivam designant, protestantibus non tam in intellectu quam voluntate collocatam, hoc est fiduciam filialem ex immensa bonitate Dei et collatis per filium beneficiis conceptam, et obediendi ardore efficacem. His salvis caetera ipse Lutherus tolerabiliora judicabat, etsi pro temporibus variaverit." —

[215] Specimen difficultatis in jure seu Dissertatio de Casibus perplexis, § X (1666, Ascar. 275).

[216] Vgl. oben Fußnoten 128, 129.

[217] Friedrich *von Spee*, Gueldenes Tugendbuch, Coelln 1649. — Leibniz empfahl dieses Werk noch im Jahre 1696 dem Numismatiker André Morell mit Worten höchster Anerkennung: „Je ne sçay si vous avez vû les livres du P. Spee, Jesuite, qui estoit un homme excellent. Le premier de qui j'ay entendu louer ce Père a esté Jean Philippe Electeur de Mayence, qui le recommanda jusqu'à me donner luy même un exemplaire de son livre des vertus chrestiennes, gueldenes Tugendbuch, ou j'ay tout admiré, hormis les vers Allemands, dont le véritable goust est encore inconnu dans l'Eglise Romaine. ... Il a surtout reconnu et recommandé ce grand secret du véritable amour de Dieu." (Brief an *Morell* vom 10. 12. 1696; Grua I, 104).

[218] Vgl. dazu insbesondere *Grua*, Jurisprudence universelle, Paris 1953, S. 200 bis 201.

in den ersten Monaten des Jahres 1677 zur Erkenntnis der Gerechtigkeit in der Liebe des Weisen führten, noch keinesfalls hinreichend und überzeugend beantwortet, zumal der Aufenthalt in Paris die rechtsphilosophischen Spekulationen Leibnizens zunächst weitgehend unterbrochen zu haben schien. In der Literatur ist dieses Problem bisher nur selten behandelt worden[219], offenbar weil das vorhandene Quellenmaterial hier wenig weiterhilft. Man ist im wesentlichen auf Vermutungen angewiesen, die aber im Hinblick auf eine mögliche Erhellung des Hintergrundes der Leibnizschen Gerechtigkeitslehre gleichwohl nicht ohne Bedeutung sein dürften. Stellt man sich noch einmal den Kreis der Gelehrten vor Augen, mit denen Leibniz in Paris einen persönlichen Umgang pflegte, so fällt der Blick alsbald auf den Philosophen Nicolas *Malebranche*. Ein Anhänger Descartes', hatte Malebranche versucht, die christliche Theologie mit der cartesischen Philosophie in Einklang zu bringen. Mit ihm führte Leibniz in den Jahren 1672 bis 1676 zahlreiche Gespräche, die später von Hannover aus in einem regen Briefwechsel ihre Fortsetzung fanden[220]. In dieselbe Zeit fällt auch die Veröffentlichung der „Recherche de la vérité", in deren viertem Buch Malebranche die Liebe zu Gott unter die natürlichen Neigungen des Menschen zählt und zugleich ein Fundament der gesamten christlichen Ethik nennt[221]. Damit steht ein weiterer Gedanke Malebranches aus den „Conversations chrestiennes" von 1677 in engem Zusammenhang: Gott habe in seiner Weisheit und Vollkommenheit sich als das liebenswerteste Wesen selbst am liebsten und deshalb den Geist und den Willen der Menschen einzig zur Gottesliebe geschaffen[222]. Später faßte Malebranche seine Lehren im „Traité de l'amour de Dieu" noch einmal ausführlich zusammen[223]. – Neben Malebranche wird man auch einen unmittelbaren Einfluß *Pascals* in Betracht zu ziehen haben, dessen „Pensées" Leibniz zwar schon kurz nach ihrem Erscheinen im Jahre 1670 gelesen, aber wohl erst in Paris genauer kennengelernt und

---

[219] Selbst *Grua*, der sich im übrigen (a.a.O., S. 169–198) sehr eingehend mit der Tradition des Liebesgedankens vor Leibniz beschäftigte, nahm zu der Frage nach einer möglichen unmittelbaren Anregung nicht Stellung.
[220] Vgl. *Bodemann*, Leibniz-Briefwechsel, Hannover 1889, S. 164–165.
[221] Recherche de la vérité, Paris 1674, Liv. IV, chap. 2, § 2.
[222] Conversations chrestiennes, Bruxelles 1677 (zitiert bei *Grua*, a.a.O., S. 192): „Dieu est sage, il aime donc ce qui est le plus aimable, c'est-a-dire il s'aime plus que toutes choses, Dieu est donc la fin de la création, c'est pourquoi notre esprit et notre volonté sont faits pour aimer Dieu."
[223] Traité de l'amour de Dieu, 1697.

gründlich durchgearbeitet hat[224]. Pascal hatte im Anschluß an Augustinus und gestützt auf eigene mathematische Erkenntnisse eine Lehre von den drei Ordnungen „des corps", „des esprits" und „de la charité" entworfen, welche jeweils ihren Seinsgrund in sich selbst tragen und ebenso wie die Summe einzelner Punkte von der Linie durch einen unendlichen und unüberwindbaren Abstand voneinander getrennt sind[225]. Zur Ordnung der Gottesliebe (ordre de la charité)[226] könne der Mensch nur mit Hilfe der übernatürlichen Gnade Gottes gelangen. Gleichwohl hielt Pascal das Gebot der Gottesliebe für den einzigen Gegenstand der Heiligen Schrift und alles übrige nur für Sinnbilder (figures)[227]. – Sowohl durch Malebranche als auch durch Pascal scheint der Liebesgedanke in den Anschauungen Leibnizens während seines Aufenthalts in Paris neu gefestigt worden zu sein, die letzte entscheidende Anregung zu einer Verbindung von „caritas" und „justitia" jedoch wird Leibniz wohl erst in Hannover mit der Lektüre des im Jahre 1675 erschienenen „Typus accessionum moralium" von Vincenz *Placcius* erhalten haben, wo Gerechtigkeit und Nächstenliebe einander schlechthin gleichgesetzt werden[228].

Zieht man diese Möglichkeit eines unmittelbaren und biographisch keineswegs unwahrscheinlichen Einflusses einmal in Betracht, dann kann es eigentlich kaum mehr verwundern, daß Leibniz zu Beginn des Jahres 1677 in einem seiner ersten Briefe an den Herzog Johann Friedrich von Hannover schrieb: „Es ist richtig, daß die Gerechtigkeit und die Liebe

---

[224] Vgl. oben Seite 68–69.

[225] Pensées (Brunschvicg 793): „La distance infinie des corps aux esprits figure la distance infiniment plus infinie des esprits à la charité, car elle est surnaturelle. ... Ce sont trois ordres différents de genre. ... De tous les corps ensemble, on ne saurait en faire réussir une petite pensée: cela est impossible, et d'un autre ordre. De tous les corps et esprits on n'en saurait tirer un mouvement de vraie charité, cela est impossible, et d'un autre ordre, surnaturel." – Vgl. auch Pensées (Brunschvicg 460).

[226] So auch Ewald *Wasmuth* in den Anmerkungen zu seiner Pensées-Ausgabe, Heidelberg 1963, S. 488: „Das Wort, das ich in fast allen Fällen mit ‚Liebe zu Gott' oder ‚Gottesliebe' übertrage, ist im Französischen ‚Charité'. Das Wort bezeichnet zugleich die christliche Liebesforderung, die Liebe zum Nächsten. Bei Pascal aber liegt der Ton auf der unmittelbaren, ausdrücklich einseitig gerichteten Liebe zu Gott, deren Gegensatz die Eigenliebe und deren Gegenpol der Haß auf das Ich ist."

[227] Pensées (Brunschvicg 670): „L'unique objet de l'Écriture est la charité. Tout ce qui ne va point à la charité est figure." – Pensées (Brunschvicg 665): „La charité n'est pas un précepte figuratif."

[228] Vgl. oben Seite 316, Fußnote 959.

wahrhaftige Zeichen für das Wirken des Heiligen Geistes sind, aber ich glaube, daß gerade diejenigen, denen Gott von dieser Gnade etwas geschenkt hat, gleichwohl auch seine einzelnen Weisungen deshalb nicht verachten, weder die Sakramente noch die äußerliche Ordnung der Kirche, und die positiven göttlichen oder menschlichen Gesetze nicht übertreten[229]." Noch erscheinen in diesem Brief Gerechtigkeit und Liebe nebeneinandergestellt, aber schon wenige Monate später, im Mai 1677, berichtete Leibniz dem Herzog erfreut: „Habe das arcanum motus gefunden: Demonstrationes de jurisprudentia naturali ex hoc solo principio: quod justitia est caritas sapientis[230]."

Wie oft sich auch in den vorangegangenen Jahren der Gerechtigkeitsbegriff Leibnizens gewandelt hatte, diese Definition der „Justitia" als „Liebe des Weisen" behielt er von nun an unverändert bis zu seinem Lebensende bei[231]. Das eigentliche Motiv zu solch endgültiger Entscheidung eines sonst so beweglichen Geistes lag offenbar darin, daß Leibniz nunmehr glaubte, mit dieser Bestimmung ähnlich wie in der Mathematik mit dem Infinitesimalkalkül den Schlüssel zum Verständnis der natürlichen Rechtswissenschaft in der Hand zu halten. Denn der Satz: „Justitia est caritas sapientis", entsprach in der Tat allen Voraussetzungen, die Leibniz bei seinen früheren Untersuchungen dem Gerechtigkeitsgedanken zugrunde gelegt hatte: er bestand erstens nur aus „einfachen Begriffen" (termini simplices), die ihrerseits „unteilbare" Einheiten darstellten, d. h. nicht mehr auf noch allgemeinere Begriffe zurückzuführen oder daraus abzuleiten waren. In zweiter Hinsicht umfaßte jener Satz sowohl die menschliche als auch die göttliche Gerechtigkeit, so daß er wie die Gesetze der Mathematik unter die „ewigen Wahrheiten" (veritates aeternae) aufgenommen werden konnte. Drittens endlich – und darauf mag Leibniz wohl den größten Wert gelegt haben – stimmte seine Definition jetzt auch in vollkommener Weise mit der christlichen Lehre überein, weil im Prinzip der „caritas" der Ge-

---

[229] Brief an den Herzog *Johann Friedrich* von Hannover vom Beginn des Jahres 1677 (?) (A I-2, 7; II-1, 301): „Il est vray, que la justice et la charité sont les véritables marques de l'operation du S. Esprit, mais je crois que ceux que Dieu a doués de cette grace, ne mepriseront pas pour cela, les commandements particuliers de Dieu, les sacrements ny autres ceremonies et loix positives divines et humaines…"

[230] Brief an den Herzog *Johann Friedrich* vom Mai 1677 (A II-1, 23).

[231] Vgl. dazu Gaston *Grua*, Jurisprudence universelle, S. 211; Fußnoten 329, 330.

danke der christlichen Nächstenliebe sehr viel klarer zum Ausdruck gebracht war als mit dem Wort „amor" und weil durch die Reduktion
der „prudentia" auf die „sapientia" der Ursprung aller Gerechtigkeit
nunmehr ausschließlich dem Bereich der göttlichen Weisheit zugeordnet
werden mußte. Vor allem auf dieser letzten Bedeutungsstufe erfüllte
die neue Bestimmung der Gerechtigkeit zugleich auch eine wichtige polemische Funktion: sie richtete sich einerseits gegen alle Säkularisie-
rungsversuche und zum anderen gegen jede voluntaristische Grundlegung des „justitia"-Gedankens bei Hobbes und Pufendorf.

Der Eifer, mit dem Leibniz noch im selben Jahre 1677 seinen neuen
Gerechtigkeitsbegriff auszubauen, zu vervollkommnen und zu festigen
suchte, spiegelt sich in zahlreichen Fragmenten wider, welche entweder
den Satz: „Justitia est caritas sapientis", kommentierten oder innerhalb
der „Elementa Juris Naturalis" zum letztgültigen Ausgangspunkt ab-
gewandelter Definitionsketten erhoben. Da aber viele dieser Untersuchungen zum Teil wörtlich miteinander übereinstimmen, nur gering-
fügig veränderte Abschriften darstellen oder zumindest frühere Gedanken lediglich wiederholen, sollen gleichsam stellvertretend für ähnliche Arbeiten im folgenden nur zwei der wichtigsten und umfassendsten Schriften ausführlich behandelt werden.

Das erste Fragment „De Justitia"[232] ist vermutlich noch 1677 entstanden; es beginnt bezeichnendermaßen unmittelbar mit dem Satz:
„Die Gerechtigkeit ist die Liebe des Weisen", und enthält im wesentlichen Erläuterungen zu den Begriffen der „caritas" und der „sapientia"
und einen sehr aufschlußreichen Hinweis auf ihren inneren Sinnzusammenhang. Leibniz war fest davon überzeugt, daß man die Gerechtigkeit nicht nur auf eine sehr kurze, sondern zugleich auch auf eine besonders wirksame Art als „Liebe des Weisen" bestimmen könne, weil die
Liebe, verstanden als allgemeines Wohlwollen (benevolentia generalis),
zu den Wesenseigenschaften auch des allerweisesten Menschen gehöre[233]. Das solle nicht heißen, daß ein „vir bonus" sich noch zusätzlich
in der Seinserkenntnis und im Verständnis der Ursachen von Gut und

---

[232] „De Justitia" (1677-1680), abgedruckt bei *Mollat*, S. 35-40.
[233] De Justitia (Mollat 35): „Justitia est caritas sapientis. Justitiam compen-
diosissime pariter atque efficacissime definiri posse arbitror caritatem sapientis,
caritatem scilicet benevolentiam generalem, quae futura esset etiam in sapientissimo, si quis talis inter homines versaretur."

Böse auszeichnen müsse, sondern nur, daß er in allen Dingen, die sich auf die Liebe beziehen, so handele, wie ein Weiser handeln oder befehlen würde [234].

Ein weiteres, grundlegendes Problem ergab sich für Leibniz bei der Frage, ob der Satz: „Justitia est caritas sapientis", überhaupt denkmöglich (possibile) sei, d. h. in sich keinen logischen Widerspruch enthalte. Hatte doch Carneades behauptet, die Gerechtigkeit sei eine der größten Dummheiten [235]. Da aber die Weisheit in nichts anderem bestehe als in der Wissenschaft von der Glückseligkeit, habe jemand, der sich um das Wohlergehen anderer bekümmere, auch selbst schon manchen Nutzen davon gehabt [236]. Im übrigen trete die Liebe zwar als allgemeines Wohlwollen (benevolentia universalis) [237] in Erscheinung, dennoch sei sie in ihren Stufen (gradus) mit Rücksicht auf den jeweiligen Gegenstand unterschieden [238]. Denn man liebe jemanden stets um so stärker, je mehr er an Vollkommenheit des Geistes und an wahrer Tugend unter den anderen Menschen hervorrage [239]. In diesem Zusammenhang wies Leibniz noch einmal darauf hin, daß die „caritas" in erster Linie nicht

---

[234] Ebenda: „Quod non ita accipio, quasi virum justum sive bonum necesse sit rerum cognitione excellere et primas aequi bonique causas intelligere, sed quod in iis, quae pertinent ad caritatem, eadem facturus sit, quae sapiens faceret aut juberet. Itaque justus vel ipse summa ratione agere assuetus erit vel saltem, quod hic sufficit, promptus obtemperare sapienti."

[235] Ebenda: „Justitia haec possibilis est et cadit caritas in sapientem. Hinc statim occurritur Carneadi (Cic. de re publ. III, 15, § 24) qui justitiam dicebat summam esse stultitiam, quod per eam homines alienis commodis cum damno proprio velificarentur. Quae objectio ex ignorata justitiae definitione nata est. Caritas enim sapientis stulta esse non potest. Hoc ergo supererat, ut ostenderet Carneades impossibilem esse definitionem nostram, i. e. caritatem cum ratione consistere non posse."

[236] De Justitia (Mollat 35—36): „Sed posse ex ipsis caritatis et sapientiae notionibus manifestum est: Sapientia enim est scientia felicitatis. Iam saepe in futurum utile et in summa suadendum est felicitatem, h. e. laetitiam durabilem quaerenti, cuius magna pars recte factorum conscientia est, alienis commodis etiam cum sua praesenti jactura favere."

[237] De Justitia (Mollat 36): „Caritas natura. Caritas est habitus amandi omnes seu benevolentia universalis, suis tamen gradibus pro ratione objecta discreta." – Der Gedanke der „benevolentia universalis" findet sich auch schon bei Richard *Cumberland* (vgl. oben Seite 189) und bei Jakob *Thomasius* (vgl. Philosophia practica, Tab. XXXI: De Amicitia).

[238] Siehe auch unten S. 455 f.

[239] De Justitia (Mollat 36): „Si vero plurium utilitates inter se pugnabunt, praeferemus id, quod erit in summa melius, i. e. vonveniens pluribus praestantioribusve. Ac ceteris paribus eo magis quemque amabimus, quo magis perfectione animi seu vera virtute excellet."

durch Handlungen zum Ausdruck komme, sondern in einer persönlichen Haltung (habitus) oder geistigen Neigung (inclinatio mentis)[240], aufgrund deren man die Glückseligkeit anderer um ihrer selbst willen (per se) erstrebe oder sich daran erfreue[241], wie man beispielsweise an der Schönheit der Dinge durch reine Betrachtung und Besinnung Gefallen finden könne[242]. Da aber nichts schöner und vollkommener sei als Gott, so folgerte Leibniz, sei auch nichts angenehmer und leichter, als Gott über alles zu lieben[243], zumal Gott sich schon mit dem guten Willen begnüge und alle in seinem Sinn gefaßten Entschlüsse reichlichst vergelte[244]. Endlich stimme auch der Wille Gottes mit der Weisheit überein, denn Gott wolle, daß der Mensch sich nach Kräften vervollkommne; solcherart sei aber zugleich das Gebot der „sapientia", die ja zur Freude an eben dieser Vollkommenheit führe[245].

Fast unmerklich glitt nun der Gedankengang Leibnizens immer mehr in das Gebiet seiner philosophischen Betrachtungen im engeren Sinne hinüber, ein erneuter Beweis dafür, wie fest hier Rechtsphilosophie, Ethik und Metaphysik miteinander verknüpft sind. Es sei nämlich sicher, so fuhr Leibniz fort, daß Gott, der alles Übel in ein noch größeres Gut zu verwandeln verstehe, auf dieser Welt alles so vollkommen eingerichtet habe, daß noch nicht einmal ein verständiger

---

[240] Ebenda: „(Caritas) Consistit autem per se non in actu, sed in habitu seu valida mentis inclinatione, quam sive sorte nascendi sive singulari Dei beneficio sive crebro usu acquisivimus. Unde justitia quoque habitus erit."

[241] Ebenda: „Amorem hic intelligo, qui vulgo honestus, a scholasticis amor amicitiae appellatur. Hoc itaque sensu amare est alterius felicitatem per se expetere vel, quod eodem reddit, alterius felicitate delectari."

[242] De Justitia (Mollat 37): „Imago huius amoris est etiam in affectu hominis erga res, in quas felicitas non cadit. Ita dicimur amare statuam, domum, equum, villam, oppidum, patriam, quando gaudemus harum rerum egregio statu atque pulchritudine et ipsa earum contemplatione ac sensu delectamur."

[243] Ebenda: „Praestantia amoris divini. Hinc porro, cum nihil sit Deo pulchrius perfectiusque, sequitur nihil amore Dei super omnia jucundius et, si quis Deum norit, facilius esse."

[244] Ebenda: „Hic vero semper bona voluntate contentus est et omnia bene gesta aut destinata seu, quae praesumptae voluntati suae consentaneae sunt, uberrime repensat."

[245] De Justitia (Mollat 38): „Voluntate Dei easdem, quas sapientia, nobis agendi regulas praescribit. Est autem praesumpta Dei voluntas, ut quisque ea agat, quibus videtur se ipsum et, quae sunt circa ipsum, maxime perficere posse, seu ut quisque conetur ornare spartam suam. Quod idem et sapientiae dictatum est, quoniam laetitia consistit in sensu perfectionis. Itaque debemus pro viribus et modulo nostro in emendandis nostris rebus ac publico bono procurando niti, licet non semper successus faveat."

Mensch selbst für die wenigen, die Gott erkennen, ihn lieben und mit seinem Regiment zufrieden sind, irgend etwas besser oder wenigstens nützlicher wünschen könne. So erhalte man schon mit der Aufstellung jener Gerechtigkeitsdefinition und in der Verbindung von Weisheit und Liebe einen Grund zu ewiger Freude und die Gewißheit der Übereinstimmung mit dem göttlichen Willen[246]. Auf diesem Wege gelangte Leibniz zu dem Schluß, daß schon aus der bloßen Existenz Gottes die Pflicht auch zur praktischen Verwirklichung der Nächstenliebe fließe: „Quia Deus existit, ideo sapienti licet liberrime exercere caritatem[247]." Nicht aber die Erhaltung von Leib und Leben, sondern die Sorge um die Vollkommenheit und das Heil der Seele sei das recht eigentlich vernünftigste „Fundament" der Gerechtigkeit[248]. Deutlich klingen schon hier innerhalb der Lehre von der „justitia" Gedanken an, die Leibniz erst später in der „Théodicée" und der „Monadologie" zu einem systematischen Entwurf ausbaute und seiner Metaphysik zugrunde legte, so etwa die Vorstellung vom Universum als der bestmöglichen Welt.

Aber noch war Leibniz in den Jahren 1677 bis 1680 zu sehr mit seinen Reconcinnationsplänen beschäftigt und von der Idee fasziniert, die einfachen Elemente einer natürlichen Rechtswissenschaft mit Hilfe der Kombinatorik zu gewinnen, als daß er diese ersten Ansätze zu einer Rechtsmetaphysik schon jetzt weiterverfolgen und seine Definitionsversuche hätte aufgeben können, zumal er in seinem Brief an den Herzog Johann Friedrich gewisse „demonstrationes" aus dem Satz: „Justitia est caritas sapientis", bereits angekündigt hatte. So findet sich vermutlich auch aus dieser Zeit ein weiteres Fragment, von Erdmann „Definitiones ethicae" überschrieben[249], in dem Leibniz ähnlich wie zuvor

---

[246] De Justitia (Mollat 39): „Et sane pro certo habendum est omnia tam perfecte a Deo fieri in mundo, qui et mala in maius bonum convertit, ut meliora et singulis hoc cognoscentibus atque adeo Deum amantibus et gubernatione eius contentis utiliora ne optari quidem possent ab intelligente. Unde iam habemus causam gaudii perpetui et consensum divinae voluntatis cum posita supra definitione justitiae et conciliationem sapientiae ac summae caritatis."
[247] Ebenda.
[248] De Justitia (Mollat 39—40): „Immortalis enim anima nullius injuriis nisi propriis exposita semper in manu et praesidio Dei est, divineque Christus eos timere vetuit, qui corpus occidere possunt, animae autem nocere non possunt (Matth. X, 28; Luc. XII, 4. 5.). Itaque non vitae amplius et membrorum conservatio, sed vera perfectionis sive salutis animae cura verissimum erit justitiae fundamentum, cuius causa quivis liceat, modo sit ad eam tuendam necessarium."
[249] „Definitiones ethicae", abgedruckt bei Erdmann, S. 670.

in den Aufzeichnungen zu den Elementen des natürlichen Rechts eine „Definitionskette" der Gerechtigkeit aufstellte, nunmehr jedoch statt des „vir-bonus"-Gedankens das Prinzip der „charitas sapientis" zum Ausgangssatz nahm. Da Leibniz mit einer Aneinanderreihung in sich widerspruchsfreier Definitionen stets den Beweis für die Richtigkeit und Wahrheit seiner Behauptungen erbracht zu haben glaubte, mag der neu entdeckte Gerechtigkeitsbegriff ihn besonders gereizt haben, sogleich auch dafür einen solchen „Prüfstein" zu finden. Nach vielen, zum Teil vergeblichen Versuchen stellte sich endlich der Erfolg ein: Leibniz hatte ein allumfassendes Bezugssystem rechtsphilosophischer Begriffe aus dem Liebesgedanken zu entwerfen vermocht. Die Gerechtigkeit (justitia) sei die Liebe des Weisen (charitas sapientis). Liebe nenne man ein allgemeines Wohlwollen (benevolentia generalis). Wohlwollen meine die innere Haltung zu lieben (habitus amoris). Lieben bedeute, ein Vergnügen an fremder Glückseligkeit (felicitas) finden. Weisheit sei die Wissenschaft von der Glückseligkeit. Glückseligkeit bestehe in dauernder Freude (laetitia). Freude sei ein Zustand des Vergnügens (voluptas). Das Vergnügen liege in der Wahrnehmung einer Vollkommenheit (perfectio). Die Vervollkommnung stelle eine Vermehrung der Kraft (potestas) dar[250]. – Auch diese Definitionskette lag Leibniz während seines ganzen Lebens in besonderer Weise am Herzen. Er übersetzte sie auf einem bisher nur im Auszug veröffentlichten Manuskript als „Erclärung einiger Worthe" ins Deutsche[251] und teilte sie später dem Herzog Ernst August und der Kurfürstin Sophie von Hannover in französischer Sprache mit[252]. Um das Jahr 1679 übertrug Leibniz in einer erweiterten und nur unerheblich veränderten „Catena definitio-

---

[250] Definitiones ethicae (Erdmann 670): „Justitia est charitas sapientis. — Charitas est benevolentia generalis. – Benevolentia est habitus amoris. – Amare aliquem est eius felicitate delectari. – Sapientia est scientia felicitatis. – Felicitas est laetitia durabilis. — Laetitia est status voluptatum. — Voluptas seu delectatio est sensus perfectionis, id est sensus cuiusdam rei quae juvat, seu quae potentiam aliquam adiuvat. — Perficitur, cuius potentia augetur seu juvatur."

[251] „Erclärung einiger Worthe" (um 1678, Leibniz-Handschriften, *Phil. IV*, 4i, fol. 34–35), abgedruckt bei *Gerhardt* VII, S. 75–77; siehe Anhang S. 503–504.

[252] Brief an den Herzog *Ernst August* aus den Jahren 1685–1687 (?), (A I-4, 315): „La justice est la charité du sage; ou une charité conforme à la sagesse. — La Charité n'est autre chose que la bienveillance generale. — La Sagesse c'est la science de la félicité. — La Félicité est l'estat de joye durable. — La Joye c'est un sentiment de perfection. — La Perfection c'est le degré de réalité." — Vgl. auch den Brief an die Kurfürstin *Sophie*, geschrieben um das Jahr 1695 (?), Leibniz-Handschriften, *Theol. IV*, 8, fol. 3–6: „La justice est une charité con-

num"[253] seinen Begriff der „justitia" auch auf die Person des Gerechten: „Justus est charitativus (A) similis sapienti (B) quatenus est charitativus[254]."

Auf dieser Stufe der Entfaltung war die Gerechtigkeitslehre innerhalb der „Jurisprudentia naturalis" zu einem gewissen Abschluß gelangt. Insbesondere wurde der Satz: „Justitia est caritas sapientis", von Leibniz in seinem ursprünglichen Sinngehalt nicht mehr verändert, wenn auch in zahlreichen Briefen und Schriften immer wieder aufgenommen und in neue Denkzusammenhänge hineingestellt. Dieser das Leibnizsche Philosophieren allgemein kennzeichnende Vorgang der Angleichung, Verbindung und Vereinheitlichung von einmal als wahr erkannten und deshalb beibehaltenen Grundgedanken soll um der Vollständigkeit willen anhand einiger späterer Quellen zur Gerechtigkeitslehre aus der Zeit von 1680 bis 1705 noch ein Stück weit verfolgt werden.

Angeregt von der Lektüre der Werke Johann Ludwig Praschs[255], erinnerte sich Leibniz auf der Reise nach Italien in einem Schreiben an Heinrich Avemann an das oben behandelte Fragment „De Justitia" und fand es wohl auch alsbald unter seinem Gepäck[256]. – Wenig später versuchte Leibniz, den Landgrafen Ernst von Hessen-Rheinfels von der Übereinstimmung des Begriffs (notion) menschlicher und göttlicher Ge-

---

forme à la sagesse. — La sagesse est la science de la félicité. — La charité est une Bienveillance Universelle. – La bienveillance est une habitude d'aimer. – Aimer est trouver du plaisir dans le bien, perfection, bonheur d'autruy."

[253] „Catena definitionum" (um 1679), abgedruckt bei *Grua* II, S. 537–541.

[254] Catena definitionum (Grua II, 537–541): „Justus est *charitativus* (A) *similis sapienti* (B) quatenus est charitativus. – A. *Charitativus* est benevolus, similiter se habens erga quemlibet, quatenus est benevolus. – Benevolus est amans, confirmatus (I) quatenus amans (II). – I. Confirmatus est inclinatus magnus quatenus inclinatus. – II. Amans est quod determinatum est quatenus delectatur quatenus est cogitans aliquid esse felix. – B. *Similis sapienti:* Quasi sapiens est quasi habens sapientiam felicitatis. – Agens quae sapiens agit est agens quae habens scientiam felicitatis agit."

[255] Brief an Heinrich *Avemann* vom 6. (16.) Januar 1689 (A I–5, 358).

[256] Ebenda: „Nuper autem, cum forte inciderem inter reculas meas, in binos libellos elegantissimos celeberrimi Praschii Vestri, quorum alterum de jure naturae secundum Disciplinam Christianorum, alterum Tibi dedicatum de Lege Charitatis inscripsit, venit in mentem veteris schedae, qua Justitiam ad Caritatem revocaveram. Quam cum ego (ut soleo ad manum habere talia breviuscula) inter chartas meas circumferaneas reperissem descriptam, Tibi et si occasio ferat atque Tibi ita videatur etiam Ampl.^mo Praschio (cui mei commendari peroptem) dijudicandam mittere volui."

rechtigkeit zu überzeugen und verwies dabei ebenfalls auf seine Definition, die er zu den ewigen Wahrheiten rechnete[257]. – Über das Problem einer allgemeinen Ethik korrespondierte Leibniz mit Marie de Brinon; er machte sie auf das Erfordernis einer „geordneten Liebe" (amour bien reglé) aufmerksam und verdeutlichte ihr so den Zusammenhang von „charité" und „justice"[258]. – Ähnliche Gedanken finden sich in den Briefen an die Kurfürstin Sophie, wo Leibniz die Lehre der „uneigennützigen Liebe" (amour non mercenaire) entwickelte[259]. – Im Jahre 1697 endlich bezog er ausdrücklich die Gottesliebe (amour) und die Nächstenliebe (charité envers le prochain) in seine Gerechtigkeitsdefinition ein, wie aus einem Schreiben an André Morell hervorgeht[260]. – Wenig später teilte Leibniz dem Abbé Nicaise sogar seine Beweg-

---

[257] Brief an den Landgrafen Ernst von *Hessen-Rheinfels* vom 4. (14.) September 1690 (A I-6, 108; Grua I, 237–239): „Car de dire ... que la justice de Dieu est autre que celle des hommes, c'est justement comme si on disoit, que l'Arithmétique ou la Géométrie des hommes est fausse dans le ciel. – La justice a des idées éternelles et inébranlables, et sa nature est de faire reussir le bien general autant qu'il est possible; si ce n'est pas là le dessein de Dieu, on ne peut pas dire qu'il soit juste selon mes définitions conformes aux notions communes: justitia est caritas sapientis, c'est-à-dire une charité, qui est conforme à la sagesse, et charitas est benevolentia generalis; de sorte que celuy qui est juste avance le bien des autres autant qu'il peut, sans blesser la sagesse; et puis que Dieu est juste, il faut dire qu'il a regard du bien de toutes les créatures raisonnables autant que le permet la perfection de l'Univers ou l'Harmonie universelle, qui est la suprème Loy du créateur."

[258] Brief an Marie *de Brinon* vom 9. (19.) Mai 1691 (A I–6, 198): „Aussi la charité n'est autre chose, qu'une amitié générale, qui s'étend à tous mais avec distinction, car elle doit estre reglée par la justice selon les degrés de perfection qui se peuvent trouver ou introduire dans les objets. Plus on est porté par le bon naturel ou par habitude, à se faire un plaisir du bonheur d'autruy, plus on a la disposition à cette vertu sublime, qu'on appelle la justice, puisqu'elle n'est autre chose qu'une charité conforme à la sagesse et que la véritable sagesse est en effect la science de la félicité ou de perfection."

[259] Brief an die Kurfürstin *Sophie*, geschrieben um das Jahr 1695, Leibniz-Handschriften, *Theol. IV*, 8, fol. 3–6: „Il y a plusieurs années, que j'ay voulu approfondir cette manière avant qu'on l'a remuée en France, et il y a déjà quelque temps que j'en ay parlé dans la préface d'un livre de droit, ou reconnoissant que la charité bien entendue est le fondement de la justice, j'en parlay ainsi. ... Et par cette définition on peut resoudre (adjoutay-je) une grande difficulté importante même en Théologie, comment-il est possible, qu'il y ait un amour non mercenaire, detaché de l'espérance et de la crainte, et de tout égard de l'interest propre."

[260] Brief an André *Morell* vom 31. Mai 1697 (Grua I, 108): „Comme l'amour et la charité est le fondement de la justice, j'ay donné cette définition de l'amour, que je viens de marquer, dans la préface de mon Codex juris gentium. Or la

gründe mit, durch die er zur „Analyse" der Gerechtigkeit veranlaßt worden sei: er habe zeigen wollen, daß die Glückseligkeit (félicité) das eigentliche Fundament der Gerechtigkeit sei[261].

Gleiche und ähnliche Gedanken Leibnizens, wie sie in seiner Korrespondenz fürstlichen Freunden und rechtsphilosophisch interessierten Gelehrten bekannt wurden, finden sich auch in zahlreiche unveröffentlichte Schriften und Fragmente eingestreut. Schon in den Jahren 1677 bis 1678 glaubte Leibniz, seinen Begriff der „charitas" gegen mystizistische oder pietistische Mißverständnisse absichern zu müssen, und übernahm zu diesem Zweck aus der Tradition des christlichen Naturrechts die Lehre von der „Ordnung der Liebe": „Justitia est charitas recte ordinata seu virtus servans rationem in affectu hominis erga hominem[262]." – Noch deutlicher trat der „juristische" Grundzug der Leibnizschen Gerechtigkeitsdefinition in dem Fragment „De Abstractis" von 1686 hervor; die Verbindung von Gerechtigkeit, Liebe und Weisheit erhielt mit dem Prinzip der „sapientia" ein normatives Element: „Justitia est caritas ad normam sapientis[263]."

---

charité envers le prochain n'est, qu'une suite de l'amour de Dieu, et Dieu estant le plus aimable et le plus digne d'estre heureux, et estant aussi le plus heureux absolument, son amour donne le plus grand et le plus solide plaisir."

[261] Brief an den Abbé *Nicaise* vom Jahre 1698 (Erdmann 791–792): „J'ay expliqué ma définition dans la préface de mon Codex diplomaticus juris gentium, publié avant la naissance de ces nouvelles disputes, parce que j'en avois besoin pour donner la définition de la justice, laquelle à mon avis n'est autre chose que la charité reglée suivant la sagesse; et la charité étant une bienveillance universelle, et la bienveillance étant une habitude d'aimer, il étoit nécessaire de définir ce que c'est qu'aimer; et puisque aimer est avoir un sentiment qui fait trouver du plaisir dans ce qui convient à la félicité de l'objet aimé, et que ce qui fait la règle de la sagesse n'est autre chose que la science de la félicité, je faisois voir par cette analyse que la félicité est le fondement de la justice, et que ceux qui voudroient donner les véritables éléments de la jurisprudence, que je ne trouve pas encore écrits comme il faut, devroient commencer par l'établissement de la science de la félicité, qui ne paroit pas encore bien fixée non plus, quoique les livres de morale soient pleins de discours de la béatitude ou du souverain bien."

[262] Definitiones (Grua II, 604). – Vgl. auch die „Modalia Juris" (Grua II, 605): „Justitia est charitas recte ordinata seu virtus servans rationem in affectu erga alios ratione praeditos."

[263] De Abstractis (Grua II, 576): „Sapientia est τὸ esse sapientem quatenus est sapiens. – Justitia est τὸ esse justum quatenus est justus, itaque etsi esse sapientem sit esse justum, non tamen sapientia est justitia. Nam Sapientia est Scientia felicitatis, justitia est (benevolentia) caritas (sapientis) ad normam sapientem. Sed ad justi rationem assumuntur hypotheses illae, quam quae ad sapientem formandum necessariae sunt; etsi autem constet ex sapientis notione

Eine abschließende Übersicht über seine Gerechtigkeitslehre gab
Leibniz jedoch erst im Vorwort zum „Codex Juris Gentium diplomaticus"[264]. Zwar wiederholte er darin zunächst nur Anschauungen aus
der schon mehrfach zitierten Schrift „De Justitia" und seine „Definitiones ethicae", fügte zugleich aber auch schon den Gedanken von der
selbstlosen Liebe an[265], forderte erneut, die Weisheit müsse die Liebe
ordnen (dirigere)[266], und wies schließlich darauf hin, daß die Liebe zu
Gott als dem vollkommensten und der Glückseligkeit würdigsten Wesen alle übrigen Formen der Liebe übersteige[267]. – Spätere Schriften zu
diesem Problemkreis, soweit sie sich nicht ohnehin schon ausdrücklich
auf jene Stellen im „Codex" bezogen, brachten zumindest keine neuen
Theorien oder Begriffsbestimmungen mehr. Damit erhält aber der Textzusammenhang, in den die Leibnizsche Gerechtigkeitsdefinition jeweils
hineingestellt ist, eine gewisse Bedeutung. Als Leibniz um das Jahr 1695
seine früheren Reconcinnationspläne wieder aufzunehmen versuchte,
fand der „caritas"-Gedanke auch in die „Juris Naturalis Principia"[268]
Eingang. Bei seiner „Diskussion mit Gabriel Wagner" um den Mona-

---

quid in illa hypothesi ipsi conveniat, non tamen id convenit ei quatenus est
sapiens." – Vgl. dazu auch den Brief an Antonio *Magliabecchi* vom 30. September 1697 (Dutens V, 118): „Cum vero nihil aliud apud me justitia sit quam
caritas ad normam sapientis..."

[264] „Codex Juris Gentium diplomaticus", Praefatio (1693), abgedruckt bei
Dutens IV, 3, S. 285–309, und bei *Erdmann*, S. 118–120.

[265] Ebenda (Erdmann 118–119): „Justitiam igitur, quae virtus est hujus affectus
rectrix, quem φιλανθρωπίαν Graeci vocant, commodissime, ni fallor, definiemus
Caritatem sapientis, hoc est sequentem sapientiae dictata. Itaque quod Carneades
dixisse fertur, justitiam esse summam stultitiam, quia alienis utilitatibus consuli
jubeat, neglectis propriis; ex ignorata ejus definitione natum est. Caritas est
benevolentia universalis, & benevolentia amandi sive diligendi habitus; Amare
autem sive diligere est felicitate alterius delectari, vel quod eodem redit, felicitatem alienam asciscere in suam. Unde difficilis nodus solvitur, magni etiam
in Theologia momenti, quomodo amor non mercenarius detur, qui sit a spe
metuque & omni utilitatis respectu separatus: scilicet quorum felicitas delectat,
eorum felicitas nostram ingreditur, nam quae delectant, per se expetuntur."

[266] Ebenda (Erdmann 119): „Quia autem sapientia caritatem dirigere debet,
hujus quoque definitione opus erit. Arbitror autem notioni hominum optime
satisfieri, si sapientiam nihil aliud esse dicamus, quam ipsam scientiam felicitatis."

[267] Ebenda (Erdmann 119): „Superat autem divinus amor alios amores, quod
Deus cum maximo successu amari potest, quando Deo simul & felicius nihil
est, & nihil pulchrius felicitateque dignius intelligi potest. Et cum idem sit
potentiae sapientiaeque summae, felicitas ejus non tantum ingreditur nostram,
(si sapimus, id est si ipsum amamus), sed et facit."

[268] Juris Naturalis Principia (Grua II, 639). – Vgl. Fußnote 142.

denbegriff behauptete Leibniz unter anderem, daß neben der Vorsehung (divinatio) auch der Satz: „Justitia est caritas sapientis", aus dem Wesen Gottes folge[269]. Endgültig in die Lehre von der göttlichen Gerechtigkeit eingebaut wurde das Prinzip der Entsprechung von Liebe (charité), Weisheit (sagesse) und Güte (bonté) jedoch erst in der „Méditation sur la notion commune de la justice"[270], die in den Jahren 1700 bis 1705 entstand und vermutlich zum Gebrauch der Königin Charlotte von Preußen bestimmt war.

Zusammenfassend wird man also feststellen können, daß sich der Gerechtigkeitsbegriff Leibnizens seit seiner „Entdeckung" im Jahre 1677 zwar in verschiedene Richtungen hin weiterentwickelt hatte und, mit einer Vielfalt anderer rechtsphilosophischer und rechtstheologischer Anschauungen verbunden, sogar in das Gebiet der Metaphysik übernommen worden war. Diese „Entwicklung" bestand aber im wesentlichen nur in einer Konkretisierung, Verdeutlichung oder Abgrenzung der Lehre von der Gerechtigkeit. Von ihrem definitorischen Fundament: dem Gedanken der Nächstenliebe, hat sie sich auch in späterer Zeit nicht mehr abgehoben. Deshalb lassen sich alle nachträglichen Äußerungen Leibnizens über die Gerechtigkeit, mögen sie in ihrem Sinngehalt oder nach ihrem Textzusammenhang scheinbar auch noch so stark voneinander abweichen, stets auf den einen und einigenden Satz zurückführen: „Die Gerechtigkeit ist die Liebe des Weisen."

V. Eine gewisse Sonderstellung innerhalb dieser allgemeinen Gerechtigkeitsphilosophie Leibnizens nehmen die zahlreichen Fragmente „De Justitia et Jure"[271] ein, die Leibniz in den Jahren 1677 bis 1679 zu dem Zweck verfaßt hat, seinem geplanten „Corpus Juris Reconcin-

---

[269] Diskussion mit Gabriel *Wagner* (März 1698), abgedruckt bei *Grua* I, 389–399 (392): „Praescientia sequitur ex alterioribus causis, ex quibus sequitur etiam divinatio. Justitia est caritas sapientis. Haec sequitur ex natura Dei."

[270] Méditation sur la notion commune de la justice (1700–1705; Mollat 54): „Il y en a d'autres qui ont des vues plus grandes et plus belles, qui ne voudraient point que personne se plaignît de leur peu de bonté. Ils approuveraient ce que j'ai mis dans ma préface du codex juris gentium, que la justice n'est autre chose que la charité du sage, c'est-à-dire une bonté pour les autres qui soit conforme à la sagesse. Et la sagesse n'est dans mon sens n'est autre chose que la science de la félicité."

[271] „Tit. I De Justitia et Jure (1677–1678), abgedruckt bei *Grua* II, 614–616. – „Tria Praecepta" (1677–1678), abgedruckt bei *Grua* II, 616–617. – „De Iure et Iustitia" (1677-1678), abgedruckt bei *Grua* II, 618–621. – „De Iure et Iustitia", Leibniz-Handschriften, *Jur.* VI, fol. 28–29. – „De Justitia et Jure", Leibniz-

natum" nach dem Vorbilde der „Regulae Juris" Ulpians eine allgemeine Rechtslehre voranzustellen. Denn hier konnte er nicht einfach
seine neue Definition zum Ausgangspunkt nehmen und alle übrigen
Rechtsregeln im deduktiven Verfahren daraus ableiten, sondern mußte
zunächst an die in der Tradition des römischen Rechts überlieferten
Formeln und Grundsätze anknüpfen, wenn er an seinem ursprünglichen Reconcinnationsplan festhalten wollte. Folgte Leibniz aber den
Prinzipien des römischen Rechts, dann hatte er erst einmal den Nachweis zu führen, daß der Gerechtigkeitsgedanke notwendig die Grundlage eines „Systems" des gemeinen Rechts bilden müsse. Dieses Problem
umging Leibniz jedoch dadurch, daß er ganz im Sinne seiner bisherigen
Anschauungen die allgemeinen Rechtsregeln den Geboten der Gerechtigkeit gleichsetzte [272] und sich so die Möglichkeit verschaffte, den Titel
„De Justitia et Jure" jeweils mit einer Definition der Gerechtigkeit zu
beginnen. Wiederum bezeichnend für seine Einstellung zum römischen
Recht ist aber auch hier die Tatsache, daß Leibniz trotz jener Grundlegung der Gerechtigkeit in der Liebe des Weisen zunächst noch nicht
völlig auf den Ulpianschen Satz: „Justitia est constans et perpetua
voluntas suum cuique tribuendi", verzichten zu können glaubte [273]. Um
nun aber zu seinem eigenen Gerechtigkeitsbegriff zu gelangen, stellte er
die folgende Überlegung an: Was einem jeden gebühre, müsse nach
dem höchsten Gut im Hinblick auf den göttlichen Willen (voluntas
divina) bemessen werden. Da aber der Wille Gottes aus seinem allgemeinen Wohlwollen (benevolentia generalis), nämlich aus der Liebe
hervorgehe, der Übereifer in der Liebe (zelus caritatis) jedoch von der
Weisheit beherrscht werden müsse und endlich die Weisheit selbst die
Wissenschaft von der vollkommenen Glückseligkeit (felicitas) sei, könne man das wahre Wesen der Gerechtigkeit (vim justitiae) – gerade
auch im Anschluß an Ulpian – nicht besser erfassen als mit dem Satz:
„Justitia est caritas sapientis [274]." Zur Unterstützung dieses Gedankens

---

Handschriften, *Jur.* III, 3, fol. 27. – „De Justitia et Jure", Leibniz-Handschriften,
Jur. III, 3, fol. 31. – „De Iustitia et novo Codice" (1678?), abgedruckt bei *Grua*
II, 621.
    [272] De Iure et Iustitia (Grua II, 618): „Justitiae rationes primas, sive, quod
idem est, principia juris . . ."
    [273] Ebenda: „Justitia est constans et perpetua voluntas suum cuique tribuendi,
suum scilicet, id est quicquid penes ipsum esse convenit." – Ebenso: De Justitia et
Jure (Jur. III, 3, fol. 31).
    [274] De Iure et Iustitia (Grua II, 618): „Et convenire illud videtur quod in
summa optimum est, si bonum generale spectemus: id enim et divinae voluntati

führte Leibniz noch eine weitere, geradezu utopisch klingende Erwägung an: Wenn alle Menschen genug Weisheit und Liebe besäßen und die Staaten so verfaßt wären wie gewisse religiöse Orden, so daß alles in der Macht des Staates stünde und jedem einzelnen seinen Leistungen entsprechend Lohn und Vergnügen zugeteilt werden könnten, dann brauchte man sein Augenmerk in der Rechtswissenschaft nur noch darauf zu richten, bestimmte Arbeiten, verbunden mit dem geringsten Aufwand und dem größtmöglichen Nutzeffekt für jeden einzelnen, zu verteilen (distribuere)[275]. Die Gerechtigkeit aber würde sich gleichsam von selbst verwirklichen, da sie ja in der Liebe des Weisen bestehe, d. h. auf dem Urteil eines guten und klugen Menschen (vir bonus et prudens) beruhe[276]. Nur weil ein solcher Zustand eigentlich nicht zu erreichen sei, müsse man den Grund des Rechts im weitesten Sinn in der Ausrichtung des Willens – soweit er sich auf fremdes Gut oder Übel beziehe – auf diejenigen Verhaltensregeln hin sehen, die ein Weiser, dem die Glückseligkeit aller am Herzen liege, vorschreiben würde[277]. – Obwohl also die Untersuchungen Leibnizens zum Titel „De Justitia et Jure" im Rahmen des gesamten Reconcinnationsplans nur den Charakter eines Kommentars zum „allgemeinen Teil" des römischen Rechts tragen sollten, war doch ein wesentlicher Kernbereich

---

congruere constat. Quoniam autem benevolentia generalis est ipsa caritas, et zelus caritatis scientia regi debet, ⟨ne erremus in aestimatione ejus quod optimum est; sapientia autem est scientia optimi sive felicitatis⟩, non poterimus fortasse vim justitiae melius complecti, quam si definiamus esse caritatem qualis in sapiente est."

[275] Ebenda (Grua II, 619): „Porro, si jam satis in hominibus sapientiae atque caritatis esset, ac civitates ita ordinari possent quemadmodum ordines quidam Religiosorum, ut omnia essent in potestate et cura Reipublicae, singulis autem laborum pariter ac fructuum voluptatumque dimensum daretur, nihil aliud spectandum esset in Jurisprudentia quam distributio, id est ut cuilibet illi labores tribuerentur in quibus minima molestia sua maximas res praestaret, et ut illis vicissim praemiis excitaretur, quibus maxime juvari posset."

[276] Tit. I De Justitia et Jure (Grua II, 614–615): „Justitia est caritas sapientis, seu quae boni prudentisque viri arbitrio congruit; sive est virtus affectuum hominis erga homines, benevolentiam scilicet atque odium, moderans ac dirigens secundum rectam rationem. Ut scilicet erga omnes aequaliter nos geramus ac tantum in aliis virtutem amemus, vitia odio habeamus."

[277] Tria Praecepta (Grua II, 616): „Juris est (amplissimo sensu) quicquid rationis est in regenda circa aliorum bona malaque voluntate, id est quicquid sapiens praescriberet, cui omnium felicitas curae esset; ita enim misericordia qua poenae (non sine ratione) remittuntur, et caritas qua egentibus (prudenter) sucurritur, ad justitiam pertinent."

der Leibnizschen Gerechtigkeitslehre auch in die Entwürfe zum neuen
Gesetzbuch hineingeflossen, ein sicheres Indiz dafür, daß Leibniz nicht
nur von der Justiziabilität des Satzes: „Justitia est caritas sapientis“,
überzeugt war, sondern sich offenbar gerade auch von seiner praktischen Anwendung in der Rechtsprechung als Interpretationsprinzip
und Rechtsgrundsatz eine besondere Wirkung versprach.

VI. Ein letzter Gesichtspunkt zu Leibnizens Lehre von der Gerechtigkeit ergibt sich aus einer Reihe weiterer, ebenfalls um das Jahr 1678
entstandener Fragmente, in denen die „justitia“ gleichlautend als „virtus socialis“ gekennzeichnet ist. Vermutlich wollte sich Leibniz damit
gegen ein individualistisches Mißverständnis seiner Gerechtigkeitsdefinition absichern. Er ging von der Voraussetzung aus, daß das Gerechte
(justum) stets dem Gemeinwohl (bonum commune) zu dienen habe und
daß die Gemeinschaft (societas) ebenfalls eine Vereinigung von Personen zum Zwecke des Gemeinwohls darstelle, und folgerte daraus, die
Gerechtigkeit könne demgemäß nur als „Sozialtugend“ verstanden
werden[278]. Dieser Gedanke ist im Schrifttum wiederholt in den Mittelpunkt der Leibnizschen Naturrechts- und Gerechtigkeitslehre gerückt
worden[279]. Indessen scheint Leibniz nach den neuesten Forschungen,
vor allem von Gaston Grua[280], gerade in diesem Punkte besonders
stark von der Tradition des protestantischen Aristotelismus abhängig
zu sein: er hat, wie sich zeigen wird, in den betreffenden Schriften keineswegs nur eigene Anschauungen niedergelegt. Abgesehen von einer
generellen Unterbewertung zeitgenössischer Einflüsse auf Leibniz, wird
die Hauptursache jener Fehldeutungen wohl vor allem darin zu sehen
sein, daß Guhrauer bereits im Jahre 1838 eine Schrift Leibnizens in
deutscher Sprache, welche im wesentlichen nur eine fragmentarische
Übersetzung der „Elementa Juris Universi“ Johann vom Feldes darstellt[281], ohne jeden Hinweis auf diese Vorläuferschaft unter dem Titel

---

[278] „De Justo“, Leibniz-Handschriften, *Jur.* IV, 1, fol. 1: „Justum est, quod
ad bonum commune confert. – Societas est compositum ex personis tendentibus ad
commune bonum. – Ergo justitia est virtus socialis.“
[279] Vgl. vor allem H. F. W. *Hinrichs*, Geschichte der Rechts- und Staatsprinzipien, Bd. 3, S. 59–64. – Später noch Karl *Larenz*, Sittlichkeit und Recht, 3. Kap.:
Leibniz, in: Reich und Recht in der deutschen Philosophie, Stuttgart 1943, S.
240–243.
[280] Gaston *Grua*, Textes inédits, Bd. II, Paris 1948, S. 595–596.
[281] Vgl. oben Seite 129–134.

„Vom Naturrecht" veröffentlicht hatte[282]. Man kann jedoch mit Sicherheit davon ausgehen, daß Leibniz gerade in dieser Schrift wesentliche Gedanken vom Feldes übernommen und sich zu eigen gemacht hat. Dafür spricht nicht nur die enge gedankliche Beziehung zu dessen Werken überhaupt, sondern auch eine fast wörtliche Übereinstimmung mit zahlreichen Auszügen daraus, die Leibniz selbst „Ex Elementis Excerpta" überschrieben hat[283] und damit wohl im wesentlichen nur die „Elementa Juris Universi" gemeint haben kann. Unter diesem Aspekt verliert die Schrift „Vom Naturrecht" im Gesamtbild der Leibnizschen Rechtsphilosophie zwar erheblich an der ihr bislang zuerkannten Bedeutung, sie enthält aber gleichwohl so wichtige und in den Lehren Leibnizens, insbesondere in seiner Rechtsmetaphysik, so tief verwurzelte Gedankengänge, daß sie auch als eine seiner unselbständigsten Arbeiten dennoch nicht unbeachtet bleiben darf. Im Anschluß an eine innerhalb des Aristotelismus verbreitete Übung untersuchte nun Leibniz zunächst verschiedene Gemeinschaftsformen, wie sie sich in der sozialen Wirklichkeit allmählich herausgebildet haben: Ehe, Familie, Hausgemeinschaft, Arbeitsverhältnis, Staat und Kirche. Alle diese Formen menschlichen Zusammenlebens nannte Leibniz „natürliche Gemeinschafften", Vereinigungen also, zu deren Erhaltung die Natur dem Menschen eine gewisse „Begierde" eingepflanzt und bestimmte „Kraeffte oder werckzeuge" mitgegeben habe[284]. Je danach, welches Maß an allgemeiner Glückseligkeit eine solche Gemeinschaft zu bewirken imstande sei, erkannte ihr Leibniz einen unterschiedlichen Grad der Vollkommenheit zu[285]. Den Staat, dessen Aufgabe nur in der Gewährleistung zeitlicher Wohlfahrt bestehe[286], ordnete Leibniz demgemäß der

---

[282] „Vom Naturrecht" (um 1678?), abgedruckt bei *Guhrauer*, Bd. I, S. 414–419, und als „Die natürlichen Gesellschaften" bei *Grua* II, 600–603.

[283] „Ex Elementis Excerpta et subinde immutata" (seit 1678), abgedruckt bei *Grua* II, S. 595–600.

[284] Die natürlichen Gesellschaften (Grua II, 600–601): „Eine Natürliche Gemeinschafft ist so die Natur haben will. – Die Zeichen daraus man schliessen kan dass die Natur etwas will, sind, erstlich wenn uns die Natur eine Begierde gegeben und Kraeffte oder werckzeuge, solche zu erfüllen, denn die Natur thut nichts vergebens."

[285] Ebenda (Grua II, 601): „Die Vollkommenste Gemeinschafft ist, deren absehen ist die allgemeine und höchste glückseligkeit."

[286] Ebenda (Grua II, 602): „Die fünffte Natürliche gemeinschafft ist die Bürgerliche gemeinschafft oder Stadt, deren Glieder bisweilen beysammen wohnen in einer Stadt, bisweilen im Land ausgebreitet; ihr absehen ist zeitliche (Glückseligkeit) wohlfahrt."

„Kirche Gottes" unter, weil ihr Ziel die ewige Glückseligkeit sei. Deutlich klingt auch hier wieder der alte Gedanke der „ecclesia universalis" an, welche alle Menschen unter der Herrschaft Gottes miteinander verbinde[287]. Daneben treten aber ebenso ein protestantischer und ein rationalistischer Grundzug sichtbar hervor: nicht irgendein Staat, sondern die gesamte Menschheit bildete für Leibniz die „societas perfecta" und als „Kirche Gottes" auch eine natürliche Gemeinschaft, weil jedem Menschen bis zu einem gewissen Grade die natürliche Religion und das Streben nach Unsterblichkeit eingestiftet sei[288]. Das Gemeinschaftsprinzip ergab sich also für Leibniz notwendig aus dem Wesen der Schöpfung und – damit verbunden – aus der Natur des Menschen. Dieser „metaphysisch-religiöse Grundansatz" bewahrt letztlich auch den bei Leibniz so stark betonten Glückseligkeitsgedanken vor einer einseitig individualistischen Interpretation. Denn glückselig kann nach Leibniz nur sein, wer „sich in Übereinstimmung mit sich selbst, seiner inneren Bestimmung und geistigen Natur, sowie in Übereinstimmung mit anderen findet, mit denen ihn eine engere oder entferntere Gemeinschaft verbindet"[289]. Die Entsprechung und Verhältnismäßigkeit des einzelnen zu sich selbst und zum gemeinschaftlichen Ganzen aber lag für Leibniz stets im Prinzip der Gerechtigkeit mitbegründet und stellte später den eigentlichen Kern seiner Rechtsmetaphysik dar. So konnte er auch zu Beginn seiner Abhandlung „Vom Naturrecht" mit den Worten Johann vom Feldes schreiben: „Die Gerechtigkeit ist eine Gemeinschafftliche tugend, oder eine tugend so die Gemeinschafft erhaelt[290]."

Wer die Lehre von der Gerechtigkeit bei Leibniz bis ungefähr zum Jahre 1680 aufmerksam verfolgt, wird trotz der Vielfalt ihrer Erscheinungsformen und Begründungsweisen feststellen können, daß sie sich zunächst einheitlich auf dem Boden der „Jurisprudentia naturalis" ent-

---

[287] Ebenda (Grua II, 603): „Die Sechste natürliche Gemeinschafft ist die Kirche Gottes, welche auch wohl ohne offenbahrung unter den Menschen bestehen und durch fromme und heilige hätte seyn erhalten und fortgepflanzet werden können. Ihr absehen ist die ewige glückseligkeit."

[288] Ebenda: „Und ist kein Wunder das ich sie (die Kirche) eine Natürliche Gesellschaft nenne, massen ja auch eine Natürliche Religion und begierde der unsterblichkeit uns eingepflanzet. Diese gemeinschafft der heiligen ist Catholisch oder allgemein und verbindet das ganze Menschliche Geschlecht zusammen. Kommet eine offenbahrung dazu, wird das vorige band nicht zerrissen, sonder verstärcket."

[289] Karl *Larenz*, Sittlichkeit und Recht, 3. Kap.: Leibniz, in: Reich und Recht in der deutschen Philosophie, 1943, S. 243.

[290] Die natürlichen Gesellschaften (Grua II, 600).

faltet hat. Als wesentliches Merkmal dieser Entwicklung kann also zusammenfassend noch einmal die Verbindung der Gerechtigkeitsidee mit dem Naturrechtsprinzip hervorgehoben werden. Selbst wo die Gerechtigkeit schon als „Justitia universalis" gedacht ist, wird der Bereich der natürlichen Rechtswissenschaft von Leibniz noch keineswegs verlassen. Unter dem deutlich spürbaren Einfluß des protestantischen Aristotelismus erscheint hier die allgemeine Gerechtigkeit vielmehr nur als oberstes Prinzip des natürlichen Rechts, nicht aber schon als Fundament der göttlichen Weltordnung. Insofern wird hier innerhalb der Entwicklung des Leibnizschen Rechtsdenkens ein gewisser Einschnitt sichtbar, der die Epoche der „Jurisprudentia naturalis" von der Epoche der „Jurisprudentia universalis" trennt, wenn diese stark vergröbernde und vereinfachende Aufteilung überhaupt geeignet ist, bestimmte „Abschnitte" in der kontinuierlich fortschreitenden und sich erweiternden Rechtsphilosophie Leibnizens voneinander zu unterscheiden. Man befindet sich also dort, wo die Darstellung der Gerechtigkeitslehre Leibnizens innerhalb der natürlichen Rechtswissenschaft ihren Abschluß gefunden hat, unmittelbar auf der Schwelle zu seiner Rechtsmetaphysik und zur Gottesrechtslehre, beides Gebiete, in denen der Gedanke der „justitia" auch fernerhin den tragenden Grund aller Überlegungen bildet, in seinem Sinngehalt nur wenig verändert, aber in seinen Auswirkungen erheblich verallgemeinert und vertieft. Den Übergang zu dieser Rechtsphilosophie Leibnizens im weiteren Sinne bildet die Lehre von den drei Bereichen des natürlichen Rechts, wie sie vor allem im Vorwort zum „Codex Juris Gentium diplomaticus" vom Jahre 1693 niedergelegt ist und deren Entstehungsgrundlagen sich bis zur „Nova Methodus" zurückverfolgen lassen.

C. Die Bereiche des natürlichen Rechts
(1676–1693)

Das kombinatorisch-topische Verfahren, mit dessen Hilfe es Leibniz gelungen war, zunächst die Elemente des Naturrechts zu gewinnen und später auch den Begriff der Gerechtigkeit endgültig festzulegen, hatte zu einer Vielzahl von Definitionsversuchen und Gedankenverbindungen geführt, die scheinbar willkürlich nebeneinander gestellt waren und deren innerer Sinnzusammenhang eigentlich nur noch vor dem Hinter-

grund jener mannigfaltigen zeitgenössischen Naturrechtslehren und
aus der Entwicklung der Leibnizschen Rechtsphilosophie selbst heraus
hätte verstanden werden können. Diese Gefahr einer Auflösung der
Naturrechtsidee in ein Mosaik einzelner „Topoi" mit jeweils eigener
Begriffsgeschichte, welche um so bedrohlicher wurde, je mehr man sich
um eine Verbindung der unterschiedlichen Ansichten bemühte, blieb
auch Leibniz keineswegs verborgen; im Gegenteil, mit zunehmender
Erweiterung und Vertiefung seiner Thesen wurde er sich in immer stärkerem Maße der Notwendigkeit einer systematischen Ordnung bewußt. Eine relativistische Grundhaltung: das Denken in Beziehungen,
Verhältnissen und Entsprechungen, begünstigte sein Bestreben, ein of-
fenes „System" des natürlichen Rechts zu entwerfen.

So war schon in der „Nova Methodus" – wenn auch nur beiläufig –
der Gedanke von gewissen „Stufen" des Naturrechts (gradus Juris
Naturae) bei verschiedenem Vollkommenheitsgehalt angeklungen, von
denen im Konfliktsfall die jeweils nächst höhere Stufe mit derogatori-
scher Kraft ausgestattet sei[291]. Diesen ersten Ansatz zu einer Systematisierung der drei Naturrechtsprinzipien (jus strictum, aequitas, pietas)
verfolgte Leibniz alsbald mit großem Eifer weiter und baute ihn nach
der Rückkehr aus Paris im ersten Jahrzehnt seiner Tätigkeit an der
hannoverschen Justizkanzlei zu einer umfassenden, allgemeinen Rechtslehre auf der Grundlage des Naturrechtsgedankens aus, welche den
Bereich des göttlichen Rechts ebenso einbezog wie die Gebiete des öffentlichen Rechts und des Privatrechts[292]. Dabei konnte sich Leibniz
bereits auf einige Vorbilder innerhalb der zeitgenössischen Rechtsphilosophie stützen, deren Naturrechtssystem entweder auf den drei Geboten Ulpians (Connan, Hoppers, Doneau, Hotman) oder auf der
aristotelischen Gerechtigkeitslehre (Lessius, vom Felde, Jacob Thomasius) beruhte. Obwohl Leibniz, vermutlich im Anschluß an Samuel Rachel[293], von vornherein die „praecepta juris naturae" mit den Prinzipien der „justitia universalis – particularis" zu verknüpfen und auf
diese Weise die Grundsätze der Pandektenjurisprudenz mit den Maxi-

---

[291] Nova Methodus, Pars II, § 73 (A VI-1, 343): „Scilicet Juris Naturae tres
sunt gradus: Jus strictum, aequitas, pietas. Quorum sequens antecedente perfectior,
eumque confirmat, et in casu pugnantiae ei derogat."
[292] Vgl. dazu im einzelnen Gaston *Grua*, La Justice humaine selon Leibniz,
Paris 1956, S. 77–96.
[293] Zur Dreiteilung der Naturrechtslehre bei *Rachel* vgl. oben Seite 218–220,
Fußnoten 496–498.

men der aristotelischen Moralphilosophie in Einklang zu bringen suchte, stand doch zunächst auch in seinen Aufzeichnungen entweder die
Dreigliederung Ulpians oder der Gerechtigkeitsgedanke des Aristoteles
im Vordergrund. Erst im Vorwort zum „Codex Juris Gentium diplomaticus" gelangte er zu einer ausgewogenen Verbindung beider Disziplinen und so zur abschließenden Zusammenfassung seines Naturrechtssystems.

I. Ein reges philosophisches Interesse an den Problemen der Rechtswissenschaft, insbesondere an praktischen Fragen der Fallentscheidung
und der Gesetzesinterpretation, hatte die Aufmerksamkeit Leibnizens
schon während seines juristischen Studiums auf die drei berühmten
Rechtsregeln Ulpians gelenkt[294]. In der „Nova Methodus" waren sie
noch als „Vorschriften des natürlichen Rechts" (praecepta juris naturalis) in Erscheinung getreten[295]. Ein Jahrzehnt später aber zählte sie
Leibniz bereits zu den „Geboten des ewigen Gesetzes" (praecepta aeternae legis)[296]. „Ex his ergo verum habemus sensum trium primorum juris praeceptorum, quae sunt Honeste vivere, Neminem laedere, Suum
cuique tribuere[297]."

Der Pflicht, „ehrbar zu leben" (honeste vivere), ordnete Leibniz die
höchste Rangstufe zu, auch wenn er sie zunächst rein individualethisch
verstand und unter Descartes' Einfluß auf die Vervollkommnung der
Seele (perfectio animi) bezog[298]. Das wahre „honestum" nämlich bestehe in der Vollkommenheit als einer Kraft (potentia) der Seele sowie

---

[294] De Justitia (Grua II, 566–567); vgl. oben Seite 369; Fußnote 153.
[295] Nova Methodus, Pars II, § 73 (A VI-1, 343).
[296] Tria Praecepta (Grua II, 616–617): „Nec tantum primum aeternae legis
praeceptum est neminem laedere damno dato sive lucro intercepto, sed et proximum huic, juvare omnes, plus tamen minusve hos aut illos, prout exigit maius in
commune bonum, unde aestimandum est quid cuique congruat, seu quis sit secundi
praecepti sensus, quod suum cuique tribuere jubet. Denique quia interest rei communis singulis bene esse, justitia, id est alieni boni sapiens cura, exigit, ut quisque
etiam bonum proximi curet, itaque honeste vivere tertium est summumque praeceptum, quod etiam priora involvit, huc tendens ut quisque virtutem colat, id est
voluntatem assuefaciat ad rationis obsequium cuique felicitatis suae viam monstrantis."
[297] De Iure et Iustitia (Grua II, 620).
[298] Ebenda: „Est autem honeste vivere idem quod ad perfectionem animi contendere (animus enim cuiusque idem quod potissimum sumus), perfectio autem
animi est potentia eius in corpus, et maxime in affectus, qui sunt motus corporis
animum maxime afficientes."

ihrer Affekte und Bewegungen im Körper, der Vernunft zu folgen, das
bedeute, die Tugenden zu pflegen[299]. Dafür aber, daß die Menschen
sich im Gebrauch ihrer Vernunft schon von Jugend an zu vervollkommnen trachten, müsse man in erster Linie Sorge tragen: die Eltern zu
Hause, die Lehrer in der Schule, die Pfarrer in der Kirche und schließlich auch die Beamtenschaft im Staate[300].

Ein weiteres naturrechtliches Prinzip gebiete, daß einem jeden nach
dem Maß seiner Vollkommenheit, also danach, wie weit er in der Ausbildung seiner Tugenden vorangeschritten sei oder ob er an anderen
Gütern Überfluß habe, von Staats wegen Vergünstigungen eingeräumt
und Nachteile zugefügt werden, damit er auch auf seine zukünftige
Vervollkommnung bedacht bleibe und sich um das aus der größtmöglichen Vollkommenheit aller einzelnen fließende Gemeinwohl (bonum
generale) insgesamt kümmere. In der sogenannten „Verteilerfunktion
der öffentlichen Hand" fand Leibniz also – wenn auch damals noch mit
deutlichem Anklang an den Polizeistaatsgedanken – das zweite Gebot
des natürlichen Rechts: „jedem das Seine zuzuerkennen" (suum cuique
tribuere), begründet und zum Ausdruck gebracht[301]. Diese Vorschrift
unterscheide sich deshalb von der vorhergehenden, weil diejenigen Güter, die man anderen zu ihrer Vervollkommnung überlasse, wie zum
Beispiel Weisheit und Tugend, durch die Verteilung nicht verringert
würden, während bestimmte öffentliche Vergünstigungen dem einen
nur dann zuerkannt werden könnten, wenn sie anderen entzogen worden seien[302] (Korrelat von Eingriffs- und Leistungsverwaltung).

---

[299] Ebenda: „Vere enim honestum est quicquid nos, id est animum nostrum
(animus enim potissimum est id quod sumus) perficit. Perfectio autem animi est
potentia eius in corporis affectus motusque, quos si satis compescere possimus, nihil
est quod nos prohibeat rationem sequi, id est virtutem colere."

[300] Ebenda: „Itaque in eo exercendi sunt homines inde a juventute, ut rationis
usus perficiatur, et habitu contracto virtutum exercitatio nobis etiam jucunda
reddatur (docendo, assuefaciendo, adhibitis rationibus, exemplis, praemiis, poenis).
Haec domi parentum, haec magistrorum in schola, haec sacerdotum in Ecclesia,
haec in Republica Magistratuum cura prima esse debet."

[301] De Iure et Iustitia (Grua II, 621): „Altera autem ut cuique pro modo perfectionis suae, prout in virtutum cultura profecit, et prout aliis etiam bonis abun-
dat, ita de publico commoda atque incommoda assignentur, quo et perfectioni
ipsius futurae, et in summa bono generali consulatur; quod ex maxima possibili
singulorum perfectione exsurgit. Atque hoc est suum cuique tribuere."

[302] Ebenda: „Differt autem hoc praeceptum a praecedenti, nam cum in nobis
aliisque perficiendis laboramus, bona cuique illa tribuimus, quae distributione in
multos non minuuntur, qualia sunt sapientia et virtus, in quibus honestas consistit.
Sed hoc loco de illis bonis agitur quae cum uni tribuuntur, alteri decedunt."

Sein drittes Naturrechtsprinzip, das Verbot, „andere zu verletzen"
(neminem laedere), stützte Leibniz schließlich auf die Überlegung, daß
auch das private Vermögen, sei es durch Vorsorge, Fleiß oder Glück
erworben, im Hinblick auf den gemeinsamen Bedarf erhalten bleiben
müsse [303]. Wie der erste Grundsatz des „honeste vivere" die Menschen
veranlasse, niemanden verletzen zu *wollen*, so verhindere jene dritte
Regel, andere verletzen zu *können*, und zwar dadurch, daß sie zugleich
zum Schadenersatz verpflichte [304]. Im Unterschied zum zweiten Naturrechtsprinzip, wo der Grad der subjektiven Vollkommenheit als Maßstab für die Verteilung zu einer Differenzierung führen müsse, bleibe
im Bereich des privaten Vermögensschutzes die objektive Rechtsgleichheit (aequalitas) gewahrt. Keinesfalls dürfe hier jemand nur deshalb
bevorzugt werden, weil er weiser sei, mehr Güter verdiene oder besser
damit umzugehen wisse, es sei denn, daß im Einzelfall ein schwerwie-
gender Grund aus öffentlichem Recht von der privatrechtlichen Rechtsgleichheit abzuweichen gebiete [305].

Schon bei diesem ersten Versuch Leibnizens, die drei Naturrechtsre-
geln Ulpians zu konkretisieren und ihren Sinngehalt zu ermitteln, treten
deutlich jene drei Rechtsgebiete in Erscheinung, die Leibniz seinem Na-
turrechts„system" – verstanden als „allgemeine Rechtslehre" – zugrunde
zu legen beabsichtigte und damit zu „Bereichen des natürlichen Rechts"
auszuformen sich bemühte: die Ethik im engeren Sinn einschließlich der
Gottesrechtslehre, das öffentliche Recht und das Privatrecht.

II. Andere Fragmente, die ungefähr zur selben Zeit – in den Jahren
1677 bis 1679 – entstanden sein dürften, verbinden bereits die drei
Maximen Ulpians mit der aristotelischen Gerechtigkeitslehre, und zwar
in der Weise, daß dem „honeste vivere" die „justitia universalis" als

---

[303] Ebenda: „Tertium praeceptum est, ut ea quae cuique assignata sunt, sive a
providentia sive ab industria, sive a fortuna, communi ope conserventur, id est
ut ne quis laedatur."
[304] Ebenda: „Ubi manifestum est, primo praecepto, in quo honestas commendatur, agi ne homines laedere velint, hoc vero ne possint aut ut si laeserint res
restituantur."
[305] Ebenda: „Manifestum est etiam quemadmodum homines in distributione,
quae ex publico fit, distinguuntur perfectionibus, ita in conservatione rerum pri-
vatarum aequales haberi, nec jam amplius quaeri solere quis altero sapientior sit,
quis magis opes mereatur, aut illis rectius usurus sit, sed quis semel illas habeat,
nisi cum gravis causa ex jure publico nascitur, cur ab aequalitate juris privati sit
discendendum."

Inbegriff aller Tugenden zugeordnet ist, während dem „suum cuique
tribuere" ebenso wie dem „neminem laedere" die „justitia particularis"
jeweils in der entsprechenden Form der „justitia distributiva" und der
„justitia commutativa" gleichgestellt wird [306]. Im Mittelpunkt all dieser Arbeiten standen vermutlich einige schon von Mollat unter dem
Titel „De tribus Juris Naturae et Gentium gradibus" [307] veröffentlichte und später von Grua in der Abteilung „De tribus Juris praeceptis
sive gradibus" [308] ergänzte Schriften Leibnizens, in denen der Zusammenhang von Naturrechts- und Gerechtigkeitslehre innerhalb der drei
Bereiche des natürlichen Rechts besonders klar und ausführlich dargestellt ist.

„Die oberste Regel des Rechts gebietet, alles auf ein höheres allgemeines Gut hin auszurichten [309]." (Gedacht war offenbar an die Idee der
Glückseligkeit [310].) Dieser Satz, von Leibniz an den Anfang eines Fragments „Über die drei Stufen des Naturrechts" gestellt und damit zugleich zum Grundprinzip seiner allgemeinen Rechtslehre erhoben,
scheint beispielhaft die ganze Zielstrebigkeit und Dynamik seines Denkens zum Ausdruck zu bringen; er enthält darüber hinaus aber auch
einen besonders anschaulichen Hinweis auf die Weite und Universalität Leibnizschen Rechtsverständnisses. Aus dieser obersten Regel, so
fuhr Leibniz fort, seien die drei Gebote Ulpians, ehrbar zu leben, niemanden zu verletzen und jedem das Seine zuzuteilen, entstanden [311].

---

[306] Tit. I De Justitia et Jure (Grua II, 616): „Praecepta juris primaria tria:
honeste vivere, neminem laedere, suum cuique tribuere. Honeste vivere est praeceptum justitiae universalis, id est omnem virtutem colere, quia interest societatis.
Alterum, neminem laedere, est praeceptum justitiae particularis commutativae, ut
scilicet aequalitas Geometrica servetur, ne quis minus habeat quam ante, alter
autem plus, homines enim aequales censendi sunt, cum de bonis quae in potestate
habent agitur, sine ulla προσωπολημψία. Tertium, suum cuique tribuere, est praeceptum justitiae distributivae, circa communia inter singulos distribuenda, ubi locum
habeat consideratio meritorum cuiusque et publica utilitas."
[307] „De tribus Juris Naturae et Gentium gradibus" (1677–1678), abgedruckt bei
Mollat, S. 8–18.
[308] „De tribus Juris praeceptis sive gradibus" (1677–1678), abgedruckt bei
Grua II, S. 606–612.
[309] De tribus Juris Naturae et Gentium gradibus (Mollat 8).
[310] De tribus Juris praeceptis sive gradibus (Grua II, 607): „... summam juris
regulam esse, ut omnia ad maximum bonum generale sive communem felicitatem
dirigantur."
[311] De tribus Juris Naturae et Gentium gradibus (Mollat 9): „Unde tria illa
nascuntur juris praecepta, etiam vulgo celebrata: Honeste vivere, neminem laedere,
suum cuique tribuere (Ulpianus, L. 10 §. 1 D. de justitia et jure I, 1)."

Ersteres beziehe sich auf die allgemeine Gerechtigkeit, denn die Sittlichkeit (honestas) sei nichts anderes als eine Tugend im allgemeinen, oder besser: eine Geisteshaltung, welche der Vernunft folge und die Leidenschaften zügele[312]. Außerdem umfasse das „honeste vivere" alle Pflichten des Gewissens, weil der Mensch auch mit Gott in einer Gemeinschaft lebe, um die er sich vorwiegend zu bekümmern habe[313]. – Die beiden übrigen Gebote verband Leibniz auch hier, wie bereits erwähnt, mit dem Prinzip der partiellen Gerechtigkeit, die er im Gegensatz zur „justitia universalis" von den anderen Tugenden unterschied[314]. Insbesondere bilde das „neminem laedere" den Gegenstand der ausgleichenden Gerechtigkeit im Bereich des Privatrechts, während das „suum cuique tribuere" der austeilenden Gerechtigkeit dem Gebiet des öffentlichen Rechts angehöre[315].

Diese Dreigliederung des Rechts fand also ihre Entsprechung in der Lehre von den drei Stufen der Gerechtigkeit, die Leibniz zur Verdeutlichung noch einmal gesondert hervorhob[316]. Die „justitia universalis" bestehe in der Sittlichkeit (honestas vitae) oder in einer allgemeinen Tugend (virtus) der Mäßigung von Leidenschaften, welche bewirke, daß der Mensch der Vernunft gehorche und fähig werde, die Gemeinschaft zu unterstützen[317]. Die „justitia particularis" hingegen sei eine besondere Tugend; sie richte den Affekt des Menschen gegen

---

[312] Ebenda: „Primum pertinet ad justitiam, ut loquuntur, universalem. Nam vitae honestas nihil aliud est, quam virtus in universum seu habitus animi ad rationem sequendam affectusque continendos affirmati."

[313] De tribus Juris praeceptis sive gradibus (Grua II, 607): „Prima est honeste vivere, id est virtutem colere, ut ad alios juvandos aptiores simus: quod est justitiae universalis, quae omnem quoque conscientiae obligationem continet, nam et cum Deo nobis societas est, cuius ante omnes cura haberi debet."

[314] De tribus Juris Naturae et Gentium gradibus (Mollat 9): „Reliqua duo juris praecepta pertinent ad particularem justitiam a caeteris virtutibus distinctam. Id enim agunt, ut actu ipso aliis prodesse studeamus, cum ceterae virtutes animum praeparent tantum."

[315] Ebenda: „Est autem justitia particularis duplex, commutativa et distributiva. Illius est neminem laedere, huius cuique tribuere, quod ipsi convenit, ex usu societatis. Versatur autem commutativa in privato, distributiva in publico jure." – Vgl. dazu: De tribus Juris praeceptis sive gradibus (Grua II, 607–608).

[316] De tribus Juris praeceptis sive gradibus (Grua II, 611): „Tres itaque habemus partes Jurisprudentiae, secundum haec tria juris praecepta."

[317] Ebenda: „Justitia enim universalis est vel particularis. Universalis consistit in honestate vitae, sive in virtute affectus moderante in universum, qua fit ut homo sit rationis audiens aptusque ad juvandam ineptusque ad laedendam societatem."

seine Mitmenschen auf die Bereitschaft, zunächst anderen nicht zu
schaden, darüber hinaus aber auch anderen unmittelbar nützlich zu
sein. Als solche habe die Gerechtigkeit entweder eine privatrechtliche
oder eine öffentlichrechtliche Funktion [318].

Im Bereich des Zivilrechts sichere die „justitia commutativa" die
Gleichheit aller Bürger vor dem Gesetz. Jeder besitze dieselben Rechte
(arithmetische Gleichheit) und habe dafür zu sorgen, daß bei der Ausgleichung und Übertragung von Vermögensgegenständen kein Schaden
eintrete, daß fremdes Eigentum erhalten bleibe und daß im Falle der
Wegnahme nach Art und Wert der betreffenden Sache Schadenersatz
geleistet werde. All dies, so betonte Leibniz, sei zur Wahrung des allgemeinen Rechtsfriedens geboten [319]. – Die partielle Gerechtigkeit innerhalb des öffentlichen Rechts trete als „justitia distributiva" in Erscheinung, welche sowohl die Verteilung als auch die Entziehung von
Gütern oder Aufgaben im öffentlichen Interesse regele und damit für
die Leistungsverwaltung ebenso wie für Eingriffsverwaltung gewisse
Ermessensrichtlinien enthielt. Die Verteilung selbst erfolge auf dieser
Stufe nicht unter dem Gesichtspunkt absoluter Rechtsgleichheit, sondern nach Billigkeitsgrundsätzen (aequitas) im Hinblick auf das Staats-
interesse und die Pflege der allgemeinen Wohlfahrt [320], kurz gesagt so,
wie es ein höheres Gemeinwohl (maius bonum generale) fordere [321]. Im
einzelnen schlug Leibniz dazu vor, Schäden der Gemeinschaft in Zu-

---

[318] Ebenda: „Particularis justitia est virtus quae affectum hominis erga hominem ita moderatur, ne actu ipso laedere, sed ut actu ipso prodesse velit. Haec
vel privata vel publica est."

[319] Ebenda: „Privata eadem est, quae commutativa, et consistit in servanda
illa aequalitate inter cives, ut eodem omnes jure utantur et, cum commutant aliquid vel sibi detrahunt, ut laesio absit, et vel cuique res sua servetur, aut si
adempta sit, ut vel in specie vel in aestimatione reddatur; quod ad quietem necesse
est; nam si hic de dignitate ac meritis ageretur, nullus esset concertationum
finis."

[320] Ebenda: „Justitia particularis circa publica eadem est, quae distributiva,
sub qua contributivam comprehendo. Agitur enim ut suum cuique tribuatur,
suum inquam, id est non quod ita ad ipsum pertinet, ut in judicio petere stricto
jure possit, quemadmodum in iis fit circa quae justitia commutativa versatur, sed
quod ipsi dari ex aequitate convenit ac Reipublicae interest. Agitur enim de
procuranda utilitate generali, et communibus bonis malisque tum per praemia
et poenas, tum per largitiones atque exactiones, illas in publica abundantia, has
in publica necessitate in singulos ex societatis usu distribuendis."

[321] De tribus Juris Naturae et Gentium gradibus (Mollat 11): „Dispensatio
autem ita fieri debet, quemadmodum postulat maius bonum generale."

kunft stets auf ihre Urheber abzuwälzen und umgekehrt gemeinnützigen Wohltätern auch die Früchte ihrer Handlungen zukommen zu lassen. In diesem Sinne finde die Gewährung von Vorteilen und Nachteilen zumeist im Verhältnis der Tugenden und Verdienste zu den Fehlern und Vergehen statt. Dadurch jedoch, daß hier Ungleiches nach demselben Verhältnis ungleich behandelt werde, wie es zwischen den zur Verteilung gelangten Gütern bestehe, lasse sich auch in diesem Bereich der Gleichheitsgrundsatz verwirklichen (geometrische Gleichheit)[322]. Indem Leibniz also den drei aristotelischen Stufen der Gerechtigkeit jeweils innerhalb eines Rechtsbereichs auch im einzelnen Funktionen zuordnete, die genau mit denen der drei Naturrechtsgebote Ulpians auf der entsprechenden Ebene übereinstimmten, hatte er noch einmal mit Nachdruck auf die innere, sachnotwendige Beziehung zwischen Naturrechts- und Gerechtigkeitsprinzipien hingewiesen.

Auf der Grundlage dieser Gedankenverbindung aufbauend, konnte sich Leibniz nunmehr unmittelbar seinem eigentlichen Vorhaben zuwenden: dem Entwurf einer allgemeinen Rechtslehre. Von den drei Geboten des Naturrechts und der Gerechtigkeit her, so behauptete er, könne man nämlich auf drei Bereiche der Jurisprudenz und auf drei Stufen (gradus) des Rechts schließen, welche ihren Ausdruck im Recht des Eigentums (jus proprietatis), im Recht der Gemeinschaft (jus societatis) und schließlich im „innerlichen" Recht (jus internum) oder im Recht der Frömmigkeit (jus pietatis) finden[323]. – Dem „jus proprietatis" komme die unterste Stufe innerhalb der Rechtsordnung zu; es habe seinen Ort im rohen Naturzustand, wo alle Menschen als gleich gel-

---

[322] Ebenda: „Mala enim alioqui communia futura derivanda sunt in auctores, vicissim praeclare gestorum auctores fructum aliquem percipere debent. Itaque saepe proportione virtutum meritorumque ac vitiorum aut criminum distributio bonorum malorumque fiet, quam aequalitatem geometricam vocant, cum scilicet in ipsa inaequalitate servatur aequalitas quaedam rationum, ut inaequalibus inaequalia tribuantur proportione eadem servata inter res tributas, quae est inter personas."

[323] Ebenda (Mollat 12–13): „Ex his intelligi potest secundum tria illa praecepta tres esse juris prudentiae partes jurisque gradus: *jus proprietatis*, cuius esse neminem laedere, *jus societatis*, seu congrui de hominum erga homines officiis, ut cuique, quod ei convenit tribuamus, denique jus internum seu *jus pietatis*, cuius est omnes nostras actiones secundum honestatem componere, etiam cum non videntur pertinere ad societatem, quia certe cum Deo nobis societas intima est, in quem peccamus, quidquid male agimus."

ten[324], und handele im wesentlichen von Besitz, Eigentum und den
übrigen Sachenrechten, aber auch von schuldrechtlichen Vertragspflich-
ten, ungerechtfertigter Bereicherung, unerlaubter Handlung und vom
Schadenersatz[325]. Leibniz zählte also zum niederen Bereich des natürlichen Rechts alle wesentlichen Teilgebiete des Privatrechts.

Weil aber die Menschen selbst dann, wenn sie das „jus merum", das
reine Recht, peinlichst beachteten, nicht glücklich sein könnten, sondern,
durch Neid und Argwohn verdorben, notwendig in ewigem Streit leben müßten, gebiete es die Vernunft, daß alles nach dem Prinzip des
größtmöglichen Gemeinwohls geordnet werde und jeder billigerweise
von sich aus auf gewisse Rechte und Ansprüche verzichte[326]. An dieser
Stelle scheint Leibniz ausnahmsweise wirklich einmal der Sozialver-
tragslehre von Hobbes gefolgt zu sein. Allerdings betonte er sogleich,
auch jener Teilbereich des Naturrechts auf der zweiten Stufe: das „jus
societatis", enthalte nichts anderes als das Zivilrecht des besten Gemeinwesens, bezogen auf das größtmögliche Gemeinwohl[327], und
schrieb andernorts in ähnlichem Zusammenhang: „Scientiam Juris naturalis docere, est tradere leges optimae Reipublicae[328]." Deshalb sei
im bestverfaßten Gemeinwesen das strenge Eigentumsrecht der ersten
Stufe aufgehoben und an seine Stelle das „jus strictum communitatis"

---

[324] Ebenda (Mollat 13): „Jus proprietatis est infimus juris gradus habetque
locum in statu naturae rudis, ubi omnes homines aequales habentur neque ideo
quis re, quam tenet, carere volet."

[325] De tribus Juris Naturae et Gentium gradibus (Mollat 13): „Agitur erga in
hoc jure de possessione, de modis acquirendi sive titulis possessionis sive universalibus sive particularibus, de dominio vero ac paesumpto caeterisque juribus in
rem, denique de obligationibus, nempe aut cum quis nactus rem alterius atque
ex eius damno lucratus est aut cum ipsius culpa res intercidit, quo casu perinde
ab eo petitur, ac si inde lucratus esset, aut etiam cum justam suspicionem sive
mali animi sive imprudentiae praebuit, quo casu cautio damni interfecti exigi
potest."

[326] Ebenda (Mollat 13–14): „Sed cum sola meri juris huius observatione homines felices esse non possint, nisi sibi sufficere et sapere omnes intelligentur —
perpetuas enim querelas nasci necesse est, maxime ex suspicionibus, deinde cum
res ipsa ostendat alium alio sapientiorem ac vividiorem esse —, ideo congruum est
rationi, ut omnia ordinentur secundum maximum bonum commune et ut quisque
aequum se praebet in abdicando jure suo stricto, cum id ex societate cum faenore
sit recepturus."

[327] Ebenda (Mollat 14): „Itaque pars haec juris naturalis de congruo nihil
aliud est quam jus civile optimae rei publicae sive de rebus ad maximum bonum
commune ordinandis."

[328] „De scientia Juris Naturalis" (1677–1678), abgedruckt bei *Grua* II, S. 614.

getreten, welches jeden Zweifel über Eigentumsverhältnisse, über die Verteilung von Gemeingut oder über Probleme der Gesetzesinterpretation ausschließe[329]. Im Hinblick auf die Unzulänglichkeit allen menschlichen Rechts jedoch hielt Leibniz auch die Gesetze allein zur Bewältigung der Rechtswirklichkeit nicht für ausreichend und empfahl, bei der Ausfüllung von Gesetzeslücken die in der Rechtslehre überlieferten Prinzipien der ausgleichenden und austeilenden Gerechtigkeit heranzuziehen. Damit hatte der Gedankengang Leibnizens sich aber schon einem seiner dringlichsten Anliegen genähert: die gegenwärtige Unsicherheit in der Jurisprudenz sei keineswegs verwunderlich, wenn man bedenke, daß niemand sich in diesen Dingen auf feste Definitionen und Beweise verlasse und daß demzufolge auch die Gesetze dunkel und verworren blieben. Man müsse sich also dafür einsetzen, daß erstens die Gesetze geordnet und zweitens nach einer gesicherten Methode bestimmte Prinzipien der Gesetzesinterpretation aufgestellt würden[330].

Die dritte und höchste Stufe des Naturrechts bildete für Leibniz der Bereich des „jus pietatis". Wie nämlich das Recht der Gemeinschaft vollkommener (perfectius) sei als das Recht des Eigentums, weil es nicht nur den Schutz des privaten Vermögens zum Gegenstand habe, sondern die Menschen darüber hinaus zu gegenseitiger Unterstützung verpflichte, so umfasse das Recht der Frömmigkeit neben den Sozialtugenden auch all jene Gebote, die sich nicht auf die menschliche Gemeinschaft zu beziehen scheinen, und verheiße eine Glückseligkeit (felicitas), die sich die Menschen gegenseitig nicht gewähren können[331]. In der

---

[329] De tribus Juris Naturae et Gentium gradibus (Mollat 15): „Itaque in optima re publica sublatum esset jus strictum proprietatis, sed eius loco introductum esset jus strictum communitatis, nec privati de rerum proprietate ac commutatione nec judices de interpretatione legum ac dispensatione rerum communium dubitare possent."

[330] Ebenda: „Nunc vero, ut res sunt humanae, leges ipsae per se non sufficiunt, sed, ubi silent, ex justitiae commutativae ac distributivae praeceptis apud magistros traditis supplentur. Qui cum in his rebus raro utantur certis definitionibus ac demonstrationibus legesque ipsae obscurae et confusae sint neque in numerato habeantur, mirum non est juris prudentiam passim incertam esse. Danda itaque opera est, tum ut leges ordinentur, tum interpretandi supplendique leges principia constituantur addita methodo quadam certa, quae sit filum in labyrintho, qua principia variis causarum figuris accommodentur."

[331] Ebenda: „Superest summus juris gradus, quem pietatem appellavimus. Quemadmodum enim jus societatis jure proprietatis perfectius est – continet enim non tantum conservationem rerum cuiusque, quamquam nec ea obtineri sola proprietate rigide servata possit, sed etiam emendationem in melius, quousque

Überzeugung, daß alles in der Macht Gottes stehe, erblickte Leibniz
die vornehmste Aufgabe des „jus pietatis" darin, auch die kleinsten
innermenschlichen Regungen nach göttlichem Wohlgefallen einzurichten, so daß die Gemeinschaft der Menschen mit Gott, welche auf seine
Inkarnation gegründet und durch die Auferstehung weiterhin erhalten
geblieben sei, keinen Schaden erleide [332]. An dieser Stelle zeigt sich
wieder einmal deutlich, daß Leibniz keineswegs nur eine allgemeine
Weltfrömmigkeit im humanistischen oder mystizistischen Sinn vor Augen hatte, wenn er von „pietas" sprach, sondern damit den konkreten
Glaubensvollzug nach christlichem Bekenntnis meinte [333]. Wenn man
aber jene Gemeinschaft mit Gott in rechter Weise pflege, das heiße,
wenn man Gott wahrhaft liebe und alle Kraft auf die Vervollkommnung des Geistes verwende, dann dürfe wohl, so vermutete Leibniz,
niemand glücklicher sein. Denn die Seele sei unsterblich und die Welt
stelle unter der Regentschaft Gottes das beste Gemeinwesen dar [334].
Außerdem werde die Liebe Gottes selbst schon als ausreichender Lohn
für das Maß des eigenen Vollkommenheitsgrades gelten können; es genüge, wenn Gott bewirke, daß man sich desto mehr seiner Gegenwart
und seiner Liebe erfreue, je stärker man umgekehrt ihn selbst liebe.
Nichts aber führe zu einer größeren Glückseligkeit als die Liebe des
vollkommensten Wesens; denn daraus entstehe die höchstmögliche Sinnenfreude (voluptas animi) und, was die Hauptsache sei, im dauer-
haften Glück (fortuna) zugleich die größte Sicherheit (securitas) [335].

---

inter homines mutuis auxiliis fieri potest —, ita jus pietatis non modo societatis
praecepta supplet eaque omnia complectitur, quae ad societatem humanam spec-
tare non videtur, sed etiam felicitatem spondet, quam homines mutua ope sibi
dare non possunt."

[332] Ebenda (Mollat 16): „Cum enim omnia sint in potestate Dei, sequitur
etiam minimos motus nostros interiores ad placitum eius componendos esse, ne
societatem cum ipso nascendo initam, vivendo cultam violemus."

[333] Vgl. dazu im einzelnen die Schrift „Elementa verae pietatis" (1679?), abgedruckt bei Grua 1, S. 7–17; hier heißt es z. B. (Grua I, 10): „Pietatis dico,
non moralium tantum virtutum. Quia potest aliquis bene vivere humanas tantum
ob causas, quales sunt educatio, consuetudo, pax publica, securitas propria, bona
fama. Hic vero agitur de iis quae propter Deum agimus aut patimur."

[334] De tribus Juris Naturae et Gentium gradibus (Mollat 16): „Quod si hanc
cum Deo societatem recte colimus, i. e. si Deum vere amamus, si omnia ad
perfectionem animi degerimus, nihil homine felicius erit. Immortalis enim anima
est, et mundus sub Deo rectore optima res publica est."

[335] Ebenda (Mollat 17): „Ceterum amor ipse Dei satis magna cuique merces
erit pro mensura sui gradus, et satis est Deum efficere, ut, quo magis amamus,
eo magis fruamur aspectu et amore suo. Nam omnium animi affectuum amor

Mit diesem „System" einer allgemeinen Rechtslehre, bestehend aus den drei Stufen des Privatrechts (jus proprietatis), des öffentlichen Rechts (jus societatis) und des gottesstaatlichen Rechts (jus pietatis), hatte Leibniz bereits den Boden des traditionellen Naturrechtsverständnisses im Aristotelismus verlassen und den Weg zu einer weitgehend selbständigen rechtsphilosophischen Konzeption eingeschlagen, die einerseits durch das Bemühen gekennzeichnet ist, das Recht im weitesten Sinne (qua „Ordnung") und in all seinen Erscheinungsformen und Seinsweisen zu erfassen, die zum anderen aber – und darin liegt eigentlich ihre besondere Bedeutung – schon wesentliche Elemente der späteren Philosophie Leibnizens, gerade auch der Metaphysik, enthält und so in vieler Hinsicht seine philosophischen Anschauungen vorbereitet und gefördert zu haben scheint. Vor allem der vertikale Aufbau der Rechtswelt vom Individuum über die menschliche Gemeinschaft zum Gottesstaat und ihre Einteilung in „Bereiche" und „Stufen" mit unterschiedlichem Vollkommenheitsgrad und gleichwohl kontinuierlichen Übergängen entsprach zumindest in den Denkprinzipien der später entwickelten monadologischen Ordnung der Seinswelt. Blickt man hingegen umgekehrt von der Leibnizschen Metaphysik auf seine Rechtslehre[336], dann erscheinen die drei Bereiche des natürlichen Rechts, bezogen auf die „Rechtsmonade", bereits als Abbild und Spiegel der Ordnung im Universum und die höchste Stufe des „jus pietatis" als Ort des moralischen Reiches der Gnade.

III. Eine endgültige Zusammenfassung und abschließende Darstellung wurde dem Gerechtigkeitsgedanken ebenso wie der Lehre von den drei Bereichen des natürlichen Rechts jedoch erst im Vorwort zum „Codex Juris Gentium diplomaticus"[337] vom Jahre 1693 zuteil. Diese Abhandlung Leibnizens, übrigens eine seiner berühmtesten und schon

---

odiumque efficacissimi sunt, et nihil esse felicius potest quam amare, quod perfectissimum sit, eoque semper potiri. Inde enim maxima animi voluptas et, quod caput est, etiam in maxima fortuna maxima securitas."

[336] Diesen Weg hat offenbar Karl *Larenz* (a.a.O.) in seiner Untersuchung eingeschlagen.

[337] „Codex Juris Gentium diplomaticus", Praefatio, Hannover 1693; neu herausgegeben von Christian *Wolff*, Wolfenbüttel 1747; später wieder abgedruckt bei *Dutens* IV, 3, S. 285–328; *Klopp* I, 6, S. 457–492; *Erdmann*, S. 118–120, unter dem Titel „De notionibus juris et justitiae".

seit langem bekannten juristischen Schriften, steht damit zugleich am Ende jener Epoche der Rechtsphilosophie, die unter dem Aspekt der „Jurisprudentia naturalis" behandelt wurde. Noch einmal ist hier die Leibnizsche Naturrechtslehre in verschiedene Richtungen hin erweitert und verdeutlicht worden. Dabei wies Leibniz nicht nur erneut auf die Verbindung von Naturrechtsgeboten und Gerechtigkeitsprinzipien hin, sondern äußerte sich auch erstmals zu der Frage nach dem Verhältnis der beiden Problemkreise zueinander, beziehungsweise über die Möglichkeit eines nur mehr „logischen" Vorranges. Die Definition der Gerechtigkeit als „Liebe des Weisen", so stellte Leibniz unmißverständlich fest, verbunden mit der Wissenschaft von der Glückseligkeit, sei vollends auch die eigentliche Quelle des Naturrechts: „Arbitror autem notioni hominum optime satisfieri, si sapientiam nihil aliud esse dicamus, quam ipsam scientiam felicitatis. ... Ex hoc iam fonte fluit *jus naturae* [338]." Im übrigen behielt Leibniz zwar – vor allem im Anschluß an die „Nova Methodus" – die drei Bereiche des Naturrechts und die Verbindung der drei Regeln Ulpians mit den aristotelischen Gerechtigkeitsformen weitgehend unverändert bei, setzte aber auf der zweiten Stufe im Anschluß an seine Gerechtigkeitsdefinition die Billigkeit (aequitas) der Nächstenliebe (oder „caritas" im engeren Sinne) gleich und deutete auf der dritten Stufe das „honeste vivere" in ein „pie vivere" um [338a]. Hinter diesen Zusätzen stand nicht nur das Bemühen Leibnizens, Begriffe und Formeln aus früherer Zeit zu spezifizieren und zu ergänzen, sondern, wie sich zeigen wird, der ausdrückliche Entschluß, ihren Sinn in eine ganz bestimmte Richtung: nämlich auf die Lehre vom christlichen Naturrecht hin festzulegen.

Zur Beschreibung der unteren Stufe des „reinen Rechts" (jus merum sive strictum) übernahm Leibniz einfach gleichlautend seine Thesen aus der „Nova Methodus": Man dürfe niemanden verletzen, damit innerhalb des Gemeinwesens keinem Menschen eine Klagebefugnis (actio) zustehe, die außerhalb der Verfassung liege: das Kriegsrecht

---

[338] Codex, praef. (Erdmann 119).

[338a] Codex, praef. (Erdmann 119): „Ex hoc iam fonte fluit *jus naturae*, cuius tres sunt gradus: jus strictum in justitia commutativa, aequitas (vel angustiore sensu caritas) in justitia distributiva, denique pietas (vel probitas) in justitia universali: unde neminem laedere, suum cuique tribuere, honeste (vel potius pie) vivere, totidem generalissima et pervulgata juris praecepta nascuntur, quemadmodum rem adolescens olim in libello de Methodo juris adumbravi."

(jus belli). Aus diesem Grundsatz fließe daher das Prinzip der ausgleichenden Gerechtigkeit (justitia commutativa) [339].

Von der Strenge des reinen Rechts zur höheren Stufe der „Billigkeit" (aequitas) oder Nächstenliebe (caritas) fortschreitend, gelangte Leibniz zu jenem Bereich von Pflichten und Verbindlichkeiten im Rechtssinne, deren Erfüllung nicht mit Zwangsmitteln durchgesetzt werden könne, wie zum Beispiel die Gefälligkeits- oder Almosenobliegenheiten [340]. Wenn also der untere Grad des Naturrechts gebiete, niemanden zu verletzen, so schreibe die mittlere Stufe vor, der Gesamtheit zu nützen, und zwar soviel einem jeden zukomme oder nach dem Maß, das ein jeder verdiene. Deshalb sei hier der Ort der austeilenden Gerechtigkeit (justitia distributiva) und des Prinzips, jedem das Seine zuzuerkennen [341]. – In den Rechtsbereich der „caritas" nahm Leibniz auch diejenigen staatlichen Gesetze auf, welche die Glückseligkeit der Untertanen zu fördern bestimmt seien oder den einzelnen Bürger ausdrücklich zu einem Verhalten nach Billigkeitsgrundsätzen verpflichteten [342]. Während also auf der unteren Stufe alle Menschen die gleichen Rechte für sich in Anspruch nehmen könnten, fielen hier auch persönliche Verdienste und Vergehen ins Gewicht, die zu Privilegien, Belohnungen oder Strafen führten [343]. Obwohl unter gewissen Umständen jedoch selbst die Billigkeit manchmal die Beachtung der Rechtsgleichheit fordere, werde dennoch die „Geltung" der Person in der Regel nicht beim

---

[339] Codex, praef. (Erdmann 119): „Juris meri sive stricti praeceptum est neminem laedendum esse, ne detur ei in civitate actio, extra civitatem jus belli. Hinc nascitur justitia, quam Philosophi vocant commutativam, et jus quod Grotius appellat facultatem."

[340] Codex, praef. (Erdmann 119): „Superiorem gradum voco aequitatem, vel si mavis caritatem (angustiore scilicet sensu), quam ultra rigorem juris meri ad eas obligationes porrigo, ex quibus actio iis quorum interest non datur, qua nos cogant; veluti ad gratitudinem, ad Eleemosynam, ad quae aptitudinem, non facultatem habere Grotio dicuntur."

[341] Codex, praef. (Erdmann 119): „Et quemadmodum infimi gradus erat, neminem laedere, ita medii est cunctis prodesse; sed quantum cuique convenit, aut quantum quisque meretur, quando omnibus aeque favere non licet. Itaque huius loci est distributiva justitia et praeceptum juris, quod suum cuique tribui jubet."

[342] Codex, praef. (Erdmann 119): „Atque huc in Republica politicae leges referuntur, quae felicitatem subditorum procurant, efficiuntque passim, ut qui aptitudinem tantum habebant, acquirant facultatem, id est, ut petere possint, quod alios aequum est praestare."

[343] Codex, praef. (Erdmann 119): „Et cum in gradu juris infimo non attenderentur discrimina hominum, nisi quae ex ipso negotio nascuntur, sed omnes homines censerentur aequales; nunc tamen in hoc superiore gradu merita ponderantur, unde privilegia, praemia, poenae locum habent."

privatrechtlichen Vermögensausgleich, sondern nur bei der Verteilung eigener oder öffentlicher Vergünstigungen berücksichtigt[344].

Die höchste Stufe des Naturrechts fand bei Leibniz ihren Ausdruck unverändert in der Frömmigkeit (pietas) oder Rechtschaffenheit (probitas)[345]. Denn bisher sei das Recht nur im Rahmen der Endlichkeit weltlicher Ordnung in den Blick genommen worden: aus dem „jus strictum" fließe das Gebot, den Rechtsfrieden zu bewahren; die „aequitas" oder „caritas" verpflichte die Menschen zwar schon zu höherem Tun, nämlich anderen zu nützen und dadurch die eigene Glückseligkeit in fremdem Wohlergehen zu mehren, aber es handele sich dabei immer noch um eine vergängliche Glückseligkeit in der Welt[346]. Deshalb müsse der Satz, daß alles sittlich Gute zugleich nützlich sei und alles Schlechte schädlich, auf dem Fundament einer allgemeinen Beweisführung (demonstratio universalis) vervollständigt und die Unsterblichkeit der Seele ebenso wie Gott als Regent des Universums prinzipiell hinzugenommen werden[347].

Diese Feststellung führte Leibniz zu einem seiner Lieblingsgedanken: man könne erkennen (intelligere), daß der Mensch im vollkommensten Gemeinwesen lebe unter einem Herrscher, der in seiner Weisheit nicht getäuscht, in seiner Macht nicht umgangen werden könne und der zugleich so liebenswert sei, daß der Dienst an ihm schon Glückseligkeit bedeute. Wer also ihm seine Seele zuwende, der gewinne die Glückseligkeit gerade auch aus den Lehren Christi[348]. Zutiefst war Leibniz

---

[344] Codex, praef. (Erdmann 119): „Namque ipsa aequitas nobis in negotiis jus strictum, id est hominum aequalitatem, commendat, nisi cum gravis ratio boni majoris ab ea recedi jubet. Personarum autem, quae vocatur acceptio, suam non in alienis bonis commutandis, sed in nostris vel publicis distribuendis sedem habet."

[345] Codex, praef. (Erdmann 119): „Supremum juris gradum probitatis vel potius pietatis nomine appellavi."

[346] Codex, praef. (Erdmann 119): „Nam hactenus dicta sic accipi possunt, ut intra mortalis vitae respectus coerceantur. Et jus quidem merum sive strictum nascitur ex principio servandae pacis; aequitas sive caritas ad majus aliquid contendit, ut dum quisque alteri prodest, felicitatem suam augeat in aliena, et ut verbo dicam jus strictum miseriam vitat, jus superius ad felicitatem tendit, sed qualis in hanc mortalitatem cadit."

[347] Codex, praef. (Erdmann 119): „Ut vero universali demonstratione conficiatur omne honestum esse utile, et omne turpe damnosum, assumenda est immortalitas animae, et rector universi DEUS."

[348] Codex, praef. (Erdmann 119): „Ita fit ut omnes in civitate perfectissima vivere intelligamur sub Monarcha qui nec ob sapientiam falli, nec ob potentiam vitari potest; idemque tam amabilis est, ut felicitas sit tali domino servire. Huic igitur qui animam impendit, Christo docente eam lucratur."

davon überzeugt, daß aufgrund der Allmacht und Fürsorge Gottes alles Recht (jus) stets auch verwirklicht werde und sich in Tatsachen (factum) verwandele, daß niemand zu Schaden komme außer durch sich selbst und daß schließlich keine gute Tat ohne Belohnung bleibe und keine Sünde ohne Strafe [349]. Weil nämlich, wie Christus gelehrt habe, alle unsere Haare gezählt seien [350], so fuhr Leibniz fort, und dem Dürstenden selbst eine Handvoll Wassers nicht vergeblich dargeboten werde [351], finde sich im Reiche Gottes (respublica universi) auch nicht das Geringste vernachlässigt [352]. Deshalb könne man in diesem Bereich die Gerechtigkeit wahrhaft eine „justitia universalis" nennen, denn sie umfasse auch alle übrigen Tugenden, die außerhalb der menschlichen Gesetze nach natürlichem Recht, das bedeute: nach den ewigen Gesetzen der göttlichen Herrschaft, verbieten, daß man sein Leben oder sein Vermögen mißbrauche, weil man beides letztlich Gott schulde [353]. In diesen Sätzen Leibnizens scheint sich bereits unverkennbar ein Wandel, oder besser eine Erweiterung und Verallgemeinerung des überlieferten zeitgenössischen Naturrechtsverständnisses anzukündigen: erstmals wurde hier das „jus naturale" ausdrücklich den „leges aeternae divinae Monarchiae" gleichgesetzt, ein sicheres Zeichen dafür, daß die „Praefatio" zu einem Zeitpunkt entstanden sein muß, wo sich die Leibnizsche Naturrechtslehre auf dieser ihrer höchsten Stufe bereits deutlich als „Jurisprudentia universalis" zu entfalten begann.

Jener Eindruck findet offenbar auch in der folgenden Überlegung Leibnizens eine gewisse Bestätigung: das oberste Prinzip des Naturrechts empfange seine Wirksamkeit aus dem Gebot, ehrbar und fromm zu leben. In diesem Sinne sei mit Recht von kundigen Leuten der Wunsch ausgesprochen worden, man solle das Naturrecht der christlichen Lehre

---

[349] Codex, praef. (Erdmann 119): „Huius potentia providentiaque efficitur ut omne jus in factum transeat, ut nemo laedatur nisi a se ipso, ut nihil recte gestum sine praemio sit, nullum peccatum sine poena.

[350] Matth. 10, 30.

[351] Joh. 4, 13–14; 7, 37.

[352] Codex, praef. (Erdmann 119): „Quoniam, ut divine a Christo traditum est, omnes capilli nostri numerati sunt, ac ne aquae quidem haustus frustra datus est sitienti, adeo nihil negligitur in republica universi."

[353] Codex, praef. (Erdmann 119–120): „Ex hac consideratione fit, ut justitia universalis appelletur et omnes alias virtutes comprehendat, quae enim alioqui alterius interesse non videntur veluti, ne nostro corpore aut nostris rebus abutamur, etiam extra leges humanas, n a t u r a l i j u r e, id est aeternis divinae Monarchiae legibus, vetantur, cum nos nostraque Deo debeamur."

gemäß darstellen, das meine aus den Weisungen Christi alles Höhere, Erhabene und Göttliche der Philosophen [354]. Ebenfalls zum erstenmal gebrauchte Leibniz also hier die Formel vom „jus naturae secundum disciplinam christianorum". Bedenkt man, daß damals die Lektüre und Ausarbeitung der Werke Johann Ludwig Praschs für Leibniz nur höchstens vier Jahre zurücklag, so drängt sich die Vermutung eines unmittelbaren Einflusses geradezu auf, auch wenn Leibniz schon in Mainz durch Boineburg auf die entsprechenden Bemühungen Boeclers und Rachels hingewiesen worden sein sollte. Stimmte Leibniz aber im wesentlichen mit Prasch überein, dann dürfte der für beide Naturrechtslehren zentrale Begriff der „caritas" wohl auch bei Leibniz nur im Sinne des christlichen Liebesgebots zu verstehen sein. – Abschließend hob Leibniz noch einmal hervor, daß er damit die Regeln des Rechts und die Stufen der Gerechtigkeit angemessen erklärt und die Quellen des Naturrechts bestimmt zu haben glaube [355].

Demgemäß veränderte Leibniz auch in den folgenden Jahren die Lehre von den drei Bereichen des natürlichen Rechts nicht mehr. Das sich allenthalben immer stärker durchsetzende säkularisierte Vernunftrecht wird er wohl, soweit es wie bei Pufendorf und Thomasius aus dem Sozialitätsprinzip abgeleitet wurde, sinngemäß in den Bereich des „jus societatis" auf der zweiten Stufe seines Naturrechtssystems eingeordnet haben. Einen gewissen Hinweis in diese Richtung enthält der Brief an Johann Groening vom 3. September 1701: Zwar gehe das Naturrecht unzweifelhaft aus Gott hervor, aber, so gestand Leibniz zu, man könne es auch erkennen, ohne von Gott etwas zu wissen; denn es gebe bestimmte gegenseitige Pflichten, die den Menschen zu ihrer eigenen Glückseligkeit von Vorteil seien. Zum Beispiel nütze auch den Heiden das Gemeinwohl, wenngleich sie nicht so weit streben wie diejenigen, die über Gott und die Unsterblichkeit der Seele nachdenken. Man müsse eben gewisse Stufen des Rechts voneinander unterscheiden,

---

[354] Codex, praef. (Erdmann 120): „Itaque hinc supremum illud juris praeceptum vim accepit, quod honeste (id est pie) vivere jubet. Atque hoc sensu recte a viris doctis inter desiderata relatum est, jus naturae et gentium traditum secundum disciplinam Christianorum, id est (ex Christi documentis) τὰ ἀνώτερα, sublimia, divina sapientum." Vgl. auch unten Anm. 438.

[355] Codex, praef. (Erdmann 120): „Ita tria juris praecepta, tresve justitiae gradus commodissime explicasse nobis videmur, fontesque j u r i s   n a t u r a l i s designavisse."

betonte Leibniz und verwies dabei wiederum auf sein Vorwort im „Codex Juris Gentium diplomaticus" [356].

Den letzten Schritt innerhalb der „Jurisprudentia naturalis", der den Gedankenkreis von den Elementen des natürlichen Rechts über die Lehre der Gerechtigkeit zu den drei Bereichen eines allgemeinen Naturrechts„systems" schloß, vollzog Leibniz also, indem er die Liebe (caritas) oder Freude an fremder Vollkommenheit zur Quelle allen Rechts im weitesten Sinn erhob [357]. Damit war zugleich der Aufbau seiner Naturrechtslehre endgültig festgelegt: Wer die „elementa juris naturalis" beschreiben wolle, so empfahl Leibniz, der habe in erster Linie die allgemein bekannten Prinzipien der Gerechtigkeit über die Liebe des Weisen zu erörtern; darauf seien das Privatrecht oder die Regeln der ausgleichenden Gerechtigkeit im Hinblick auf die Rechtsgleichheit unter den Menschen zu behandeln; an dritter Stelle folge das öffentliche Recht von der Verteilung gemeinschaftlicher Güter und Lasten unter Ungleichen zum höheren Gemeinwohl in der Welt; viertens endlich müsse man das interne Recht der allgemeinen Tugend und natürlichen Verpflichtung gegenüber Gott untersuchen, um so auch auf die ewige Glückseligkeit bedacht zu sein [358]. Erst im Anschluß daran schlug Leibniz vor, die „elementa juris legitimi", die Grundsätze des positiven menschlichen und göttlichen Rechts – zum einen sowohl innerhalb eines

---

[356] Brief an Johann *Groening* vom 3. September 1701 (Grua II, 665): „Etsi enim verissimum sit jus naturae a Deo proficisci, tamen qui Deum aut ignorant aut non cogitant, intelligere possunt, esse quaedam hominum officia invicem quae ad ipsorum felicitatem conducunt, quemadmodum ex mea juris definitione manifestum est. Quae tibi non improbari scribis. Bonum conducere etiam barbari nullo divini cultus respectu agnoscunt, etsi non tam alte tendant, quam qui Deum cogitant, et animae immortalitatem. Unde sunt gradus juris, uti ex meae praefationis traditis manifestum est."

[357] „Mantissa Codicis Juris Gentium diplomatici. Pars altera", Hannover 1700; erneut veröffentlicht von Christian *Wolff*, Wolfenbüttel 1747. Die „Praefatio" ist auch hier abgedruckt bei *Dutens* IV, 3, S. 309–328. – Mantissa, praef. X: „De fontibus juris: quos ex charitate petivi. Justitia nihil aliud est quam charitas sapientis." – Vgl. auch die „Juris Naturalis Principia" (Grua II, 639) oben Fußnote 142.

[358] De tribus Juris Naturae et Gentium gradibus (Mollat 17–18): „Itaque elementa juris naturalis traditio *primum* exponenda essent principia justitiae communia de caritate sapientis, *deinde* jus privatum seu praecepta justitiae commutativae de eo, quod observatur inter homines, quatenus aequales habentur, *tertio* jus publicum de dispensatione bonorum malorumque communium inter inaequales ad maius commune in hac vita bonum, *quarto* jus internum de virtute universa et obligatione naturali erga Deum, ut felicitati perpetuae consulamus."

jeden Gemeinwesens als auch unter den Völkern, zum anderen aber in der „ecclesia universalis" – darzustellen [359].

Wollte man damit abschließend die zahlreichen Schriften, Fragmente oder Briefe und die weit verstreuten Bemerkungen Leibnizens zur allgemeinen Rechtslehre in ihrem systematischen Zusammenhang zu verstehen und hypothetisch ein – wenn auch ungeschriebenes – Werk mit dem Titel „Elementa Juris Universalis" zu rekonstruieren versuchen, dann würde man wohl in einem ersten Kapitel den Begriff der Gerechtigkeit aus der Liebe des Weisen in Definitionsketten demonstriert finden und in den drei folgenden Abschnitten der Naturrechtslehre, aufgegliedert in ihre drei Bereiche, begegnen; im fünften und sechsten Teil wären die Grundzüge des gemeinen Rechts und des Völkerrechts als „jus humanum positivum" beschrieben, während sich das letzte Kapitel mit dem positiven Kirchenrecht zu beschäftigen hätte. Obwohl sich eine solche Überlegung eigentlich schon im Bereich der Phantasie bewegt, mag sie doch, gestützt auf jene wenigen Andeutungen Leibnizens, dazu dienen, mit allem Vorbehalt wenigstens im Rückblick das Leibnizsche Naturrechtsdenken als eine in sich geschlossene und geordnete Einheit erscheinen zu lassen. Seine Zeitgenossen und Nachfolger zumindest waren zu einer solchen Würdigung mangels ausreichender Quellenkenntnisse offenbar noch nicht oder nicht mehr in der Lage, sonst hätte man wohl schon damals der Naturrechtslehre Leibnizens ein größeres Interesse entgegengebracht und Leibniz selbst die Gleichgültigkeit vieler Fachgelehrter nicht so oft zu bedauern brauchen [360].

---

[359] Ebenda (Mollat 18): „His iam sunt subjicienda elementa juris legitimi humani ac divini, humani tum in re publica nostra tum inter gentes, divini in ecclesia universali."

[360] Brief an Johann Heinrich *Pape* vom März 1694 (Grua II, 779): „Miratus sum vero neminem ex viris doctis, qui de jure post meam Methodum scripsere, quantum ego animadverti, in hanc cogitationem incubuisse."

2. Abschnitt

JURISPRUDENTIA UNIVERSALIS
(1685–1716)

Einer schon frühzeitig ausgeprägten Neigung zum Universalismus folgend, hatte sich Leibniz während seines juristischen Studiums bereits eingehend zugleich auch mit philosophischen und theologischen Problemen beschäftigt. Wenn in späteren Jahren der „Philosoph" in den Vordergrund zu treten und den „Juristen" zu verdrängen schien, dann dürfte diese Entwicklung des Leibnizschen Denkens nicht zuletzt durch die Erfolglosigkeit seiner Reconcinnationspläne und die Verständnislosigkeit, mit der man weithin auch seinen Vorschlägen zur Justizreform begegnete, bestimmt oder doch erheblich gefördert worden sein. Die Verlagerung des Schwerpunktes innerhalb seines Schaffens betraf aber eben nur den „Juristen" Leibniz und nicht auch den „Rechtsphilosophen"; im Gegenteil, mit dem Ausbau seines philosophischen Systems gelangte gerade die Rechtsphilosophie erst zu ihrer vollen Entfaltung. Das zeigt insbesondere die Verbindung von Rechtswissenschaft, Theologie und Philosophie, eine Grundvoraussetzung Leibnizschen Denkens, auf der die weitere Ausgestaltung und Vertiefung seiner Naturrechtslehre im wesentlichen beruhte. „Ita enim semper judicavi, Jurisprudentiam veram a religione et philosophia inseparabilem esse [361]." Leibniz ging jedoch noch weiter: er verknüpfte nicht nur alle drei Gebiete miteinander, sondern bezog sehr früh schon zumindest die Theologie in den Bereich der Rechtswissenschaft ein: „Tota fere Theologia magnam partem ex Jurisprudentia pendet [362]." Denn die Theologie, so begründete Leibniz diese ungewöhnliche These, sei nichts anderes als eine göttliche Rechtswissenschaft, welche die Rechte der Gemeinschaft aller Menschen mit Gott zum Gegenstand habe [363].

---

[361] Brief an Vincenz *Placcius* vom 10. Mai 1676 (A II-1, 259).
[362] Nova Methodus, Pars II, § 5 (A VI-1, 295); dieser Gedanke findet sich später in vielen Schriften und Briefen wiederholt. (Vgl. oben Fußnote 28).
[363] De fine scientiarum (1693?), abgedruckt bei *Grua* I, S. 240–241: „Theologia

Zu einer solchen Anschauung konnte Leibniz freilich nicht mehr auf dem Boden des überlieferten Begriffs der Jurisprudenz gelangen. Mit der Überzeugung, daß die Beziehung der Menschen zu Gott als Rechtsverhältnis geordnet sei und daß demgemäß ein allgemein verbindliches, universales Recht in Geltung stehen müsse, bildete sich der Naturrechtsgedanke Leibnizens zur Lehre von der „Jurisprudentia universalis" aus [364].

Gewiß war die Idee einer allgemeinen Rechtswissenschaft keineswegs neu. Im 16. und 17. Jahrhundert hatten verschiedentlich einige Juristen das „Jus Naturae et Gentium" als ein allgemeines Recht zu verstehen versucht, andere in die Titel ihrer Gesamtausgaben des gemeinen privaten, öffentlichen und kanonischen Rechts den Begriff des „jus universum" aufgenommen [365]. In allen Fällen aber umfaßte die Vorstellung von der „Jurisprudentia universalis" lediglich menschliches Recht (jus humanum); auf Gott wurde höchstens als Urheber und Schöpfer des weltlichen Naturrechts Bezug genommen [366]. Ganz anders dagegen Leibniz: hier ist Gott gleichsam in eine allumfassende Rechtsordnung eingebaut [367]; sein Wesen und seine Vollkommenheit bilden ebenso den Gegenstand der allgemeinen Rechtswissenschaft wie die Natur und die Tugenden der Menschen [368]. Folgerichtig werden auch die Prinzipien der Naturrechtslehre auf den Bereich des göttlichen Rechts übertragen:

est divina quaedam jurisprudentia, nostrae cum Deo societatis jura explicans. Ergo universalis jurisprudentia etiam ipsi fundamenta substernit."

[364] Vgl. zum folgenden insbesondere Gaston *Grua*, Jurisprudence universelle et théodicée selon Leibniz, Paris 1953.

[365] Vor allem: Jean *Bodin*, Juris universi distributio, Lugduni 1578. – Grégoire *de Toulouse*, Syntagma juris universi, Lugduni 1582. – Johannes *Althusius*, Dicaeologicae libri tres totum et universum jus, quo utimur, methodice complectentes, Herborn 1617. – Nicolaus *Vigel*, Methodus universi juris civilis, Frankfurt 1628. – Johann *vom Felde*, Elementa juris universi, Frankfurt 1664. – Samuel *Rachel*, Institutionum Jurisprudentiae libri quattuor, Jus universale et Romanum certa methodo ... exhibentes, Kiel 1681. – Samuel *Pufendorf*, Elementa Jurisprudentiae universalis, Hagae 1660.

[366] So auch *Grua*, Jurisprudence universelle, S. 158: „Mais la jurisprudence universelle des juristes, la justice universelle des moralistes, régissaient la conduite humaine. Si l'on rapportait l'origine de la loi naturelle à l'ordination divine, Dieu devenait l'auteur de cette justice, non son sujet."

[367] Vgl. *Grua*, Jurisprudence universelle, S. 162: „... l'universalité de la jurisprudence, alléguée au début sans définition, peut comprendre la conduite divine comme l'humaine."

[368] Observationes de Principio Juris (1700), abgedruckt bei *Dutens* IV, 3, S. 273: „... justum esse, quod societatem ratione utentium perficit; ... ad perfectionem societatis divinae humanaeve in universum."

„La jurisprudence naturelle et toute autre vérité est la même au ciel et dans la terre[369]." Damit stellte, im Zusammenhang der historischen Entwicklung Leibnizscher Rechtsphilosophie gesehen, die „Jurisprudentia universalis" eigentlich nur eine „Ausdehnung" und Vertiefung der „Jurisprudentia naturalis" dar[370].

Insofern bildete für Leibniz auch weiterhin das Naturrecht (jus naturae, jus naturale) den wesentlichen Inhalt der allgemeinen Rechtswissenschaft, allerdings mit dem Unterschied, daß es nicht mehr als Grundsatz der Gesetzesinterpretation den Regeln des römischen Rechts entnommen wurde, sondern als ewiges und unveränderliches Ordnungsprinzip sich aus dem Wesen der Schöpfung selbst ergab. Das Naturrecht wurde zum Grundgesetz im Reiche Gottes erhoben; es ordnete die Verhältnisse der vernunftbegabten Substanzen untereinander und in ihrer Beziehung zu Gott; es umfaßte das System der prästabilierten Harmonien ebenso wie das der göttlichen Gerechtigkeit. Im Rahmen der „Jurisprudentia universalis" entfaltete sich also die Leibnizsche Naturrechtslehre in zweierlei Gestalt: als Rechts*metaphysik,* sofern Leibniz das „jus naturale" als göttliches Gesetz im Universum verstand (loy naturelle, loy de la nature)[371], und als Rechts*ethik,* soweit er das „jus naturale" auf die göttliche Gerechtigkeit in der Liebe bezog (justice divine, justice de Dieu)[372]. Der Gedanke einer sittlichen Notwendigkeit (nécessité morale) innerhalb des moralischen Reiches der Gnade (le Regne Moral de la Grace) fügte beide Erscheinungsweisen des Naturrechts bei Leibniz zu einer Einheit in der Unterschiedenheit zusammen.

---

[369] Brief an den Landgrafen von *Hessen-Rheinfels* vom 4. (14.) September 1690 (Grua I, 238–239).

[370] Der gleichen Ansicht scheint auch Grua, Jurisprudence universelle, S. 163, zu sein: „La jurisprudence universelle gagne donc chez Leibniz en étendue et en intimité, parce qu'elle gouverne tous les esprits et jusqu'à leur conscience; et surtout en simplicité rationelle et homogénéité hardie, car elle applique les mêmes règles à Dieu et à l'homme. Si Dieu est source et mesure du droit, ce n'est pas de façon volontaire mais par son essence, par suite il est le premier sujet de la jurisprudence universelle, et l'originalité de sa justice sera moins soulignée que sa soumission aux ‚règles communes'."

[371] Vgl. vor allem die Schrift „Parallèle entre la Raison originale ou la loy de la nature etc." (1704), abgedruckt bei Grua I, S. 46–61. (s. a. unten S. 439 ff).

[372] Vgl. dazu das Fragment „Méditation sur la notion commune de la justice" (1700–1705), abgedruckt bei *Mollat,* S. 41–70. (s. a. unten S. 473 ff).

A. *Das natürliche Recht als göttliches Gesetz im Universum*
(Rechtsmetaphysik)

Wenngleich sich die Naturrechtslehre bei Leibniz recht eigentlich erst
als „Jurisprudentia universalis" zu einer wahren „Philosophie des
Rechts" im weitesten Sinne zu entfalten vermochte, scheint es verfehlt,
die Grundlagen dieser Anschauung lediglich in seinen späten „philosophischen Schriften" aufzusuchen. Denn wie so viele Erkenntnisse Leibnizens läßt sich vor allem auch der Gedanke einer *Rechtsmetaphysik*
bis in seine frühen juristischen Abhandlungen zurückverfolgen. So
werden schon in den „Quaestiones philosophicae" vom Jahre 1664
Rechtsprobleme mit Hilfe metaphysischer Kategorien zu lösen versucht[373]. Unter dem Eindruck der Lektüre von Platons „Timaios" und
im Anschluß an die stoische Lehre von den „πρῶτα κατὰ φύσιν" hatte
Leibniz auch der vernunftlosen Materie ein „jus naturale" zugeordnet,
das er als Recht der „Natur der Sache" verstand[374], und damit die Verbindung von Naturrechtslehre und Metaphysik hergestellt. Insbesondere behandelte er hier Fragen der Identität des Seienden (unio entis
cum ente)[375] und der moralischen Wesenheiten (entia moralia: Weigel, Pufendorf) im Sinne von Verhältnissen (relationes)[376]. – Ein
späterer Entwurf Leibnizens zur Emendation der Jurisprudenz hob die
„Metaphysica Juris" sogar als selbständiges Lehrfach hervor[377]. Dem
Herzog Johann Friedrich von Hannover berichtete er im Jahre 1671,

---

[373] Quaestiones philosophicae (1664; Ascar. 255): „Nunc demum ad Metaphysica pedem proferre tempus est, ubi illud primum erit, quod ipsam attingit Entis
rationem, ‚possintne duo contradictoria simul esse falsa, seu an esse et non reci-
piant medium' non quidem participationis quod est quando simul sunt vera sed
negationis."
[374] Ebenda (Ascar. 248–249): „Naturale determinativum dicunt vel primaevum esse seu brutis commune; .... Cum igitur jus sit ratio quaedam summa in
Deo existens, ejus quadam participatione jus brutis accenseri. Quod certe ex
Stoica fluxit philosophia."
[375] Ebenda (Ascar. 259).
[376] Ebenda (Ascar. 264): „Priora ex Metaphysica generali hausta sunt, et quae
de Relationibus nunc subjungemus, ad specialem pertinent."
[377] „Ad jurisprudentiam emendandam" (um 1670 ?; Leibniz-Handschriften
Jur. III, 3, fol. 1–2): „Ut jus humanum in artem redigatur: si puto agendum:
... Itaque opus huius modi capitibus: ... 3. Metaphysica Juris ut de unum multis,
causa, effectu, toto parte et similibus."

daß er zu seinem Substanzbegriff im Grunde erst durch die „genaue Untersuchung der Jurisprudenz geleitet" worden sei[378]. Wenn Leibniz sich also hin und wieder auch gegen den Mißbrauch einer „metaphysischen Rechtslehre" gewandt hat, dann wollte er damit nur vor einer voreiligen Übertragung metaphysischer Begriffe auf die Jurisprudenz im engeren Sinne warnen[379], nicht aber das Prinzip der Seinsordnung im Universum als Gegenstand der „Jurisprudentia universalis" in Frage stellen oder gar aufgeben.

I. In der Auseinandersetzung sowohl mit dem Cartesianismus als auch mit dem Aristotelismus waren die ersten vorläufigen Entwürfe Leibnizens zu einer Metaphysik bereits im Jahre 1669 entstanden, wie ein ausführlicher Brief an seinen Lehrer Jacob Thomasius[380] und die Vorrede zur Nizolius-Ausgabe[381] zeigen. Allerdings blieb hier der Ordnungsgedanke noch gänzlich außer Betracht. Erst nachdem sich bei Leibniz aufgrund einer erneuten Beschäftigung mit Descartes in Paris und vor allem mit Spinoza aus dem Prinzip der „substantiellen Formen" allmählich die Lehre von den „einfachen Substanzen" (substances simples) herausgebildet hatte, traten zugleich die Probleme der Zuordnung, Entsprechung und Verhältnismäßigkeit innerhalb des Substanzengefüges wieder deutlicher in Erscheinung. Auch die Vorstellung von der Gemeinschaft der Menschen mit Gott (societas hominum cum Deo), welche im Rahmen der „Jurisprudentia naturalis" das Fundament der höchsten Stufe des natürlichen Rechts (jus pietatis) bildete, wurde nunmehr auf das Universum als „Reich Gottes" (respublica Dei, cité de

---

[378] Brief an den Herzog *Johann Friedrich* vom 21. 5. 1671 (A II–1, 109).

[379] Brief an Johann Christian *Hartung* vom März 1693 (Grua II, 635–636): „Des Herrn doctoris Metaphysica juris ist mir zu handen kommen und finde löblich, dass er meines wissens der erste so ein eignes werk davon heraus geben. Sonsten ist nicht ohne, dass die applicatio terminorum metaphysicorum ad alias scientias et facultates, offt mehr die sachen verdunkelt als ercläret, in dem solche termini gemeiniglich keine richtigen bedeutungen haben; daher dann auch die gemeinen Regulae philosophicae so darauf gebauet, sehr ungewiss fallen und mehr zweiffel erregen als heben, deswegen auch meine Methodus einige erinnerungen gethan; in zwischen bleibt es doch dabey dass die rechte metaphysica, als welche die allgemeinen Beschaffenheiten der dinge und die hauptregeln in sich begreiffen soll, in allen anderen wissenschaften grossen nuzen habe."

[380] Brief an Jacob *Thomasius* vom 20. (30.) April 1669, abgedruckt bei *Gerhardt* I, S. 15–27.

[381] Marii Nizolii De veris principiis ... dissertatio praeliminaris (1669), abgedruckt bei *Gerhardt* IV, S. 131–162.

Dieu) übertragen. Zusammengefaßt dargestellt, finden sich die Grundlagen der Lehre Leibnizens von der Seinsordnung zunächst in einer Schrift aus dem Jahre 1685, die als „Discours de Métaphysique"[382] bekanntgeworden ist und zur Orientierung für den französischen Theologen Arnauld bestimmt war[383]. Später hat Leibniz seine Ausführungen in zahlreichen Briefen an Arnauld aus den Jahren 1686 bis 1690[384] selbst erläutert und zum Teil wenigstens ergänzt, so daß sich auch daraus noch einige wertvolle Hinweise auf die Leibnizsche Rechtsmetaphysik ergeben.

An den Anfang seiner Überlegungen stellte Leibniz kennzeichnenderweise den „Begriff" von Gott (la notion de Dieu). Gott sei das vollkommenste Wesen; in seiner höchsten und unendlichen Weisheit handele er auf die vollkommenste Art, und zwar nicht nur metaphysisch gesprochen, sondern, wie Leibniz betonte, auch im moralischen Sinn[385]. Daraus ergab sich, daß nicht die „volonté" Gottes, sondern „justice" und „sagesse" sein Verhalten bestimmen mußten, wenn anders man Gott nicht als Tyrann verstehen und die ewigen Wahrheiten (vérités éternelles) in der Metaphysik und Geometrie ebenso wie die Regeln der Gutheit, Gerechtigkeit und Vollkommenheit (règles de la bonté, de la justice et de la perfection) seiner freien Willkür überlassen wolle[386]. Offenbar erschien Leibniz die Hypothese, daß die Regeln der Gerechtigkeit, später auch als „Gesetze der Gerechtigkeit" (loix de la justice) bezeichnet, Bestandteile ewiger Wahrheiten seien, bereits so selbstverständlich, daß er keine nähere Erklärung für erforderlich hielt. — Die Erkenntnis jedoch, daß Gott stets auf die vollkommenste Weise handele, bildete für Leibniz zugleich das Fundament der Liebe zu Gott (amour de Dieu); denn – und mit dieser Begründung wies er auf einen Gedanken aus seiner Gerechtigkeitslehre hin – wer wahrhaft liebe, suche sein Wohlgefallen in der Glückseligkeit oder Vollkommenheit des geliebten Gegenstandes und dessen Handlungen[387].

---

[382] „Discours de Métaphysique" (1685), abgedruckt bei *Gerhardt* IV, S. 427 bis 463.
[383] Brief an den Landgrafen von *Hessen-Rheinfels* vom 1. (11.) Februar 1686 (zitiert bei Belaval, Initiation, S. 7): „J'ay fait dernièrement (étant à un endroit où quelques jours durant je n'avais rien à faire) un petit discours de Métaphysique, dont je serais bien aise d'avoir le sentiment de M. Arnauld."
[384] Briefwechsel mit Antoine *Arnauld*, abgedruckt bei *Gerhardt* II, S. 1–138.
[385] Discours de Métaphysique I (Ger. IV, 427).
[386] Discours de Métaphysique II (Ger. IV, 428).
[387] Discours de Métaphysique IV (Ger. IV, 429).

„Mais il est bon de considérer que Dieu ne fait rien hors d'ordre[388]." Unter dieser Voraussetzung wandte sich Leibniz nunmehr im einzelnen den „Maximen" des göttlichen Handelns, seinen „Gesetzen" (loix de Dieu) zu. Gott habe mit der Erschaffung der Welt eine allgemeine Ordnung (ordre général) aufgerichtet, und zwar nach dem Prinzip der höchstmöglichen Einfachheit in den Grundlagen verbunden mit dem größten Reichtum in den Erscheinungen[389]. Die Voraussicht Gottes bei der Lenkung aller Dinge verglich Leibniz mit der Erfindungsgabe eines hervorragenden Geometers, mit der Kühnheit eines Architekten, mit der Fürsorge eines Familienvaters und schließlich mit der Geschicklichkeit eines Technikers[390]. Bei all seinem Handeln habe Gott in erster Linie die Glückseligkeit der geistigen Wesen (esprits) nach Maßgabe der „harmonie generale" ins Auge gefaßt[391]. Deshalb bilde auch die „félicité" als Zustand der größtmöglichen Vollkommenheit geistiger Wesen das oberste göttliche Gesetz (la suprème de ses loix)[392]. In Verbindung mit einer zweiten Regel: der steten Vervollkommnung alles Seienden, erhalte dieses „allgemeinste" Gesetz Gottes (la plus generale des loix de Dieu) die gesamte Ordnung im Universum aufrecht und dulde insoweit keine Ausnahme[393]. Aus diesem Grund hielt Leibniz auch die Wunder (les miracles) keineswegs für willkürliche Eingriffe Gottes in die allgemeine Ordnung der Welt, sondern für Ereignisse, die – wenn auch in unbekannter Weise – gleichwohl mit diesen höchsten Gesetzen (les loix universelles) noch in Einklang stehen[394].

Die Regeln der Gutheit und Vollkommenheit rechnete Leibniz aber nicht nur zu den ewigen Wahrheiten, sondern fand sie in gleicher Weise

---

[388] Discours de Métaphysique VI (Ger. IV, 431).

[389] Discours de Métaphysique VI (Ger. IV, 431): „Ainsi on peut dire que de quelque manière que Dieu auroit créé le monde, il auroit tousjours esté regulier et dans un certain ordre general. Mais Dieu a choisi celuy qui est le plus parfait, c'est à dire celuy qui est en même temps le plus simple en hypotheses et le plus riche en phenomenes, comme pourroit estre une ligne de Géometrie dont la construction seroit aisée et les proprietés et effects seroient fort admirables et d'une grande étendue."

[390] Discours de Métaphysique V (Ger. IV, 430).

[391] Ebenda: „C'est pourquoy il ne faut point douter que la felicité des esprits ne soit le principal but de Dieu, et qu'il ne la mette en execution autant que l'harmonie generale le permet."

[392] Discours de Métaphysique XXXVI (Ger. IV, 462).

[393] Discours de Métaphysique VII (Ger. IV, 432).

[394] Discours de Métaphysique XVI (Ger. IV, 441).

auch in der Natur der Dinge (nature des choses) begründet[395]. Damit
gewann der alte „natura rerum" – Gedanke, vermutlich der stoischen
Tradition entnommen, auch in der Leibnizschen Rechtsphilosophie wieder eine erhebliche Bedeutung, soweit er erneut als Grundlage für das
Recht der „Sachnatur" dienen konnte. Denn die Natur der Sache, so
fuhr Leibniz fort, komme in gewissen untergeordneten Regeln (maximes subalternes) zum Ausdruck, welche mit der allgemeinen Ordnung
übereinstimmen[396]. Diese Regeln nannte Leibniz „Naturgesetze" (loix
de la nature)[397] und führte sie jeweils auf die allgemeinen Gesetze der
Kraft und der Bewegung (loix de la force, loix de mouvement), aber
im Sinne von Rechtsnormen auch auf die Gesetze der Gerechtigkeit
(loix de la justice) zurück.

In seinen Briefen an Arnauld führte Leibniz den Gedanken der
„loix de la justice" im einzelnen aus. Wie Gott im Hinblick auf die Erhaltung der allgemeinen Ordnung unter den vernunftlosen Substanzen
gleichsam als „Techniker" (machiniste) fungiere, so erweise er sich den
geistigen Wesenheiten gegenüber als „Herrscher" (prince) oder „Gesetzgeber" (legislateur) und regiere sie nach den geistigen Gesetzen der Gerechtigkeit (loix spirituelles de la justice)[398]. Denn die Gerechtigkeit
könne gemäß der Ordnung des Universums nur bei den vernunftbegabten Substanzen Beachtung finden, weil einzig sie der Reflexion und
eines Selbstbewußtseins fähig seien und damit Glück oder Leid zu
empfinden, aber auch Ungerechtigkeiten zu erkennen vermögen[399]. Im
Verhältnis zu den materiellen Gesetzen der Bewegung, denen die Körper unterworfen sind, erkannte Leibniz den Gesetzen der Gerechtigkeit

---

[395] Discours de Métaphysique II (Ger. IV, 427): „Ainsi je suis fort eloigné
du sentiment de ceux qui soutiennent qu'il n'y a point de regles de bonté et de
perfection dans la nature des choses, ou dans les idées que Dieu en a; et que les
ouvrages de Dieu ne sont bons que par cette raison formelle que Dieu les a
faits."
[396] Discours de Métaphysique VII (Ger. IV, 432).
[397] Discours de Métaphysique XVII (Ger. IV, 442): „J'ay déja souvent fait
mention des maximes subalternes, ou des loix de la nature."
[398] Brief an Antoine *Arnauld* vom September 1687 (Ger. II, 124–125): „Aussi
Dieu gouverne les substances brutes suivant les loix materielles de la force ou
des communications du mouvement, mais les Esprits suivant les loix spirituelles
de la Justice, dont les autres sont incapables. Et c'est pour cela que les substances
brutes se peuvent appeller materielles, parceque l'oeconomie que Dieu observe
à leur égard, est celle d'un ouvrier ou Machiniste; mais à l'égard des esprits,
Dieu fait la fonction de Prince ou de Legislateur, qui est infiniment plus relevée."
[399] Ebenda (Ger. II, 126).

jedoch zugleich auch eine prinzipielle Vorrangstellung zu: „Il faut même tenir pour indubitable, que les loix du mouvement et les revolutions des corps servent aux loix de justice et de police, qui s'observent sans doute le mieux qu'il est possible dans le gouvernement des esprits, c'est-à-dire des Ames intelligentes, qui entrent en société avec luy (Dieu) et composent avec luy une manière de cité parfaite, dont il est le Monarque [400]." Daß Leibniz im übrigen bei der Verwendung des Begriffs „Gesetze der Gerechtigkeit" vor allem an seine Bestimmung „Justitia est caritas sapientis" gedacht haben wird, die er ja – wie bereits dargetan – ebenfalls zu den ewigen Wahrheiten zählte, zeigt sehr deutlich eine ähnliche Formulierung im gleichen Brief, wo von den „loix de la justice ou de l'amour" die Rede ist [401].

Im Mittelpunkt der Leibnizschen Rechtsmetaphysik des „Discours" stand jedoch noch ein anderer Gedanke, dem man als einem Leitmotiv in mannigfachen Variationen immer wieder begegnet: die Lehre vom göttlichen Gemeinwesen (la cité de Dieu) [402]. Denn man dürfe Gott nicht nur als Grundprinzip und Ursache aller Substanzen und Wesenheiten betrachten, so behauptete Leibniz, sondern müsse sich ihn darüber hinaus auch als Oberhaupt (chef) aller Personen und vernünftigen Seelen (âmes intelligentes) vorstellen und als einen absoluten Monarchen im vollkommensten Gemeinwesen oder Staate, zusammengesetzt aus allen geistigen Wesenheiten innerhalb des Universums [403]. Diese Feststellung Leibnizens beruhte auf einer Überlegung, die in mancher Hinsicht an die Vorstellung vom „ordre des esprits" bei Pascal erinnert: da Gott nicht nur die höchste aller Wesenheiten verkörpere, sondern zugleich den vollkommensten Geist (esprit), könne er sich „vermenschlichen" (humaniser) und mit allen geistigen Wesen in eine Gemeinschaft treten wie ein Fürst mit seinen Untertanen. Umgekehrt seien die Geister nicht nur der höchsten Vollkommenheit fähig, so daß ihre Freundschaft mit Gott als dem vollkommensten Wesen sich nach dem Grade der Vervollkommnung ihrer Tugenden richte, sondern auch imstande, die großen Wahrheiten im Hinblick auf Gott und das Universum zu erkennen und so das Wesen Gottes selbst in vollendeter Weise auszudrücken. In solchem Sinne nannte Leibniz die Geister verschie-

---

[400] Ebenda (Ger. II, 126–127).
[401] Ebenda (Ger. II, 125).
[402] Gaston *Grua*, Jurisprudence universelle, S. 371–397. – Vgl. unten S. 445–452.
[403] Discours de Métaphysique XXXV (Ger. IV, 460).

dentlich auch „petits Dieux", weil sie, nach seinem Bilde geschaffen, ihm wie Kinder aus seinem Hause frei dienen, das heißt, im Bewußtsein der Nachahmung seiner Natur handeln können [404]. Dieses Bewußtsein (connoissance) aber bewirke eine gewisse Empfänglichkeit für Strafe und Lohn nur bei den Geistern und erhebe sie damit zu Bürgern (citoyens) jenes Universalstaates, dessen Monarch Gott sei [405]. Weil nun Gott nichts mehr am Herzen liege als ein glücklicher und blühender Zustand seines Reiches, bilde die moralische Welt (monde moral) oder das göttliche Gemeinwesen (cité de Dieu) den vornehmsten Teil des Universums [406]. Seiner eigenen Forderung: „Il faut joindre la Morale à la Métaphysique", war Leibniz also mit der Lehre vom Gottesstaat in besonders eindrucksvoller Weise gerecht geworden [407]. Er hatte sie aber zugleich auch in der Gewißheit entworfen, darin mit der biblischen Offenbarung übereinzustimmen: den alten Philosophen nämlich seien diese wichtigen Wahrheiten kaum bekannt gewesen, nur Christus habe sie auf göttliche Weise zum Ausdruck gebracht, und zwar so klar und allgemeinverständlich, daß selbst die Ungebildetsten sie begreifen könnten [408]. Auch die Leibnizsche Rechtsmetaphysik stand also noch in jener engen Verbindung zur Tradition des christlichen Naturrechts, wie sie durch den protestantischen Aristotelismus in der Lehre von der „societas hominum cum Deo" vermittelt worden war.

Schon diese wenigen Hinweise zeigen deutlich, daß Leibniz zumindest noch im „Discours de Métaphysique" das Reich Gottes als eine Einheit universaler Weltenordnungen verstanden hat. Insofern dürften wohl die lutherische Zwei-Reiche-Lehre und mittelbar auch der Gottesstaatsgedanke Augustins hierfür als Quelle und geistige Grundlage ausscheiden. Eher ergeben sich gewisse Parallelen zur stoischen Philosophie, soweit sie unter dem Einfluß des Christentums von der Patristik fortgebildet wurde. Innerhalb dieses einheitlichen „Universums" gal-

---

[404] Discours de Métaphysique XXXVI (Ger. IV, 461–462).

[405] Discours de Métaphysique XII (Ger. IV, 436); vgl. auch das „Système nouveau pour expliquer la nature des substances et leur communication entre elles, aussi bien que l'union de l'ame avec le corps" (1695), abgedruckt bei *Gerhardt* IV, S. 471–477, und die Endfassung derselben Schrift, das „Système nouveau de la nature et de la communication des substances, aussi bien que de l'union qu'il y a entre l'ame et le corps", abgedruckt bei *Gerhardt* IV, S. 477–487 (481).

[406] Discours de Métaphysique XXXVI (Ger. IV, 462).

[407] Discours de Métaphysique XXXV (Ger. IV, 460).

[408] Discours de Métaphysique XXXVII (Ger. IV, 462–463).

ten jedoch für die geistigen Wesenheiten und für die vernunftlosen Substanzen unterschiedliche Gesetze: die „loix de justice" formten den Seinsbereich der Geister zu einem Gemeinwesen oder „Staat", während die „loix de mouvement, de force ou de perfection" den Seinsbereich der Materie wie eine „Maschine" regelten[409]. Nur die ersteren bildeten also echte „Gesetze" im Sinne von Rechtsnormen gegenüber den bloßen „Gesetzmäßigkeiten" in der Materie. Insofern bezog sich auch die „Jurisprudentia universalis" nach Leibnizens Ansicht vor allem auf die Ordnung innerhalb des göttlichen Gemeinwesens und nur mittelbar auch auf die Ordnung im Reich der Natur.

II. Dies gilt es festzuhalten, wenn im folgenden Teil einer Entwicklungslinie der Leibnizschen Naturrechtslehre nachgegangen wird, wo der Begriff des „Naturgesetzes" (loy de la nature) eine selbständige normative Bedeutung erhält. Schon im „Discours" hatte Leibniz wiederholt von „ewigen Gesetzen" (lois éternelles) gesprochen, welche die allgemeine Ordnung (ordre général) im Universum aufrechterhalten. Mit der Weiterbildung seiner metaphysischen Lehren und insbesondere mit der „Entdeckung" einer prästabilierten Harmonie zwischen Körper und Geist[410] trat dieser Gedanke des „ewigen Rechts" (jus aeternum, jus perpetuum) wohl im Anschluß an die mittelalterliche „lex aeterna"-Idee auch bei Leibniz immer deutlicher hervor. Hinzu kam, daß er sich in den Jahren 1695 bis 1698 erneut mit den immer noch unvollendeten Arbeiten zu einer Reconcinnation des römischen Rechts beschäftigte und dabei auch seine früheren Untersuchungen über die „Elementa Juris Naturalis" noch einmal zur Hand nahm. So lag eigentlich nichts näher als eine Verbindung der Naturrechtsprinzipien mit dem „jus aeternum" und der Versuch, die „Elementa Juris Naturalis" als Bausteine der Rechtsmetaphysik in den erweiterten Rahmen der „Jurisprudentia universalis" einzufügen.

Zuvor setzte sich Leibniz jedoch in einem kleinen Fragment, von Grua „An jus naturae aeternum" überschrieben[411], mit dem Problem auseinander, ob ein ewiges Naturrecht überhaupt möglich, das heißt widerspruchsfrei denkbar sei. Denn sooft man bei ewigen Dingen die Frage nach dem Sein stelle, wolle man eigentlich nichts über ihre reale

---

[409] Brief an Antoine *Arnauld* vom September 1687 (Ger. II, 124–125).
[410] „Système nouveau de la nature" (1695), vgl. Fußnote 405.
[411] „An jus naturae aeternum" (um 1695?), abgedruckt bei *Grua* II, S. 637–639.

Existenz erfahren, sondern nur, ob sie als möglich (possibile) angesehen werden könnten, das bedeute, ob sie eine wahre Idee oder eine wirkliche Definition haben[412]. Das Recht hänge von der Natur und nicht von der Vorstellung ab; daraus folge, daß die wahre Rechtswissenschaft leichter zu erlernen sei als die Künste und was sich sonst noch auf den persönlichen Geschmack und die Gebräuche der Menschen stütze[413]. Deshalb könne alles, was auf den Sinnen (sensus) beruhe, keinem festen Gesetz unterliegen und niemals stets auf dieselbe Weise anerkannt werden. Nur was man mit der Vernunft zu beweisen vermöge, sei ewig (aeternum); denn es lasse sich nicht vorstellen, daß die Grundsätze der Geometrie und Mathematik bei den Menschen richtig, für Gott und die Engel aber falsch sein könnten[414]. Diese Folgerungen übertrug Leibniz nun auch auf das Gebiet des Naturrechts: „Idem ego de jure censeo, quod non sensu sed ratione probatur[415].“ Zwar werde oft bestritten, daß die Jurisprudenz eine Wissenschaft sei, weil sie sich nicht mit objektiven Notwendigkeiten, sondern mit dem subjektiven Verhalten beschäftige, und behauptet, nur eine Wissenschaft gehöre zu den ewigen Dingen. Er, Leibniz, glaube jedoch, daß die Gründe des Rechts (rationes juris) ewig bestehen und daß damit auch die Rechtswissenschaft ewige Wahrheiten enthalte; denn sie beruhe auf den Regeln der Wahrscheinlichkeit und auf einem System von Stufen (gradus), wie man an den „rationes" lernen könne, welche die Mathematiker am Würfel demonstrieren[416]. Mit den „rationes juris" aber wird Leibniz vermutlich

---

[412] An jus naturae aeternum (Grua II, 637): „Quoties de rebus aeternis quaeritur an sint, non quaeritur an habeant existentiam, sed an habeant essentiam, hoc est, non utrum existant, sed utrum sint possibiles, an veram habeant ideam, seu definitionem realem."

[413] Ebenda: „Jus a natura, non ab opinione, unde consequens est faciliorem esse, veri juris scientiam quam artes, quas usu disci oportet, et quae hominum opinione et moribus nituntur."

[414] An jus naturae aeternum (Grua II, 638): „Nempe quae sensibus constant, certam legem non habent, neque uni eidemque semper eodem modo probantur. Sed quae ratione comprobantur, aeterna sunt, neque putandum est, theoremata Geometriae vel Arithmeticae, quae apud nos vera sunt, apud Deum angelosve falsa esse posse."

[415] Ebenda. – Vgl. auch Anm. 106.

[416] Ebenda: „Jus scientiam esse negant, quod non versatur in necessariis, sed plerumque se habentibus. Scientiam autem esse aeternorum. Ego puto etiam, juris rationes esse aeternas et in his quoque, quae plerumque contingunt, scientiam esse aeternae veritatis, cum ratio probabilitatis et gradus innotescit, quemadmodum ex iis discimus, quae Mathematici de alea demonstrarunt."

nichts anderes gemeint haben, als die Prinzipien des Naturrechts und seine Definition der Gerechtigkeit.

Ganz in diesem Sinne schrieb Leibniz auch im Jahre 1695 an den englischen Theologen Thomas Smith: „Mihi consilium est aliquando, sepositis parumper mathematicis, in ordinem redigere mea juris perpetui elementa a multis annis versata [417]." Mit der Entfaltung seiner Metaphysik waren also aus den „Elementa Juris Naturalis" die „Elemente des allgemeingültigen, beständigen Rechts" hervorgegangen. – So findet sich etwa aus der gleichen Zeit unter den Schriften Leibnizens auch ein entsprechender Versuch, die drei Bereiche des natürlichen Rechts im Rahmen eines „Initium institutionum juris perpetui" [418] darzustellen. Zunächst ging Leibniz hier in ganz ähnlicher Weise vor wie bei seinen früheren Arbeiten: er stellte eine Definition der allgemeinen Gerechtigkeit (justitia universalis) an den Anfang [419]. In unmittelbarem Anschluß daran wandte er sich aber sogleich dem schon im „Discours" entwickelten Gottesstaatsgedanken zu: weil der Schöpfer und Lenker des Universums sich im Besitze der höchsten Macht und Weisheit befinde und aufgrund des bestmöglichen Willens handele, sei darin alles aufs Vollkommenste eingerichtet, so daß jemand um so mehr auf sich selbst bedacht sei, je eifriger er den Nutzen aller erstrebe. Insofern sei gerecht, was im öffentlichen Interesse liege, und das Gemeinwohl ein oberstes Gesetz [420]. Diesen letzten Satz hatte Leibniz zwar wörtlich der „Nova Methodus" entnommen [421], er verstand ihn aber nunmehr in

---

[417] Brief an Thomas *Smith* vom 16. Juli 1695 (Grua II, 636). – Vgl. dazu im einzelnen oben S. 366–367. – Freilich blieb auch dieser Plan der umfangreichen Vorarbeiten wegen letztlich unausgeführt.

[418] „Initium institutionum juris perpetui" (um 1695?), abgedruckt bei *Mollat*, S. 1–7; vgl. auch *Grua* II, S. 641.

[419] Initium institutionum juris perpetui (Mollat 1): „Justitia universim virtus est, qua quis erga aliorum bona malaque se bene gerit. Et tanto quisque magis justus est, quanto magis delectatur communi bono eique studet ex sapientiae praescripto, cuius doctrinam juris prudentiam appellamus."

[420] Ebenda: „Et cum auctor rectorque universi talis sit, qualis optari possit, maximus potentia et scientia, optimus voluntate, consequens est, quanto quisque magis omnibus bene cupit, tanto eum magis sibi consulere sub domino, qui, cum omnia perfectissime gubernet, nihil impensatum transmittit, ut iam nec se suisque rebus abuti liceat, cum, quidquid sumus, Dei simus. Itaque justum est, quod publice interest, et salus publica suprema lex est. Publicum autem non paucorum, non certae gentis, sed omnium intelligitur, qui sunt in civitate Dei et, ut sic dicam, re publica universi."

[421] Nova Methodus, Pars II, § 14 (A VI–1, 300–301).

einem anderen, erweiterten Sinn, indem er den Begriff der „Öffentlich-
keit" auf das Reich Gottes, die „respublica universi", bezog: „Publicum autem non paucorum, non certae gentis, sed omnium intelligitur,
qui sunt in civitate Dei et, ut sic dicam, re publica universi[422]." Daraus könne man entnehmen, daß alles sittlich Gute zugleich nützlich sei,
alles Schlechte aber schädlich und daß die moralischen Eigenschaften
im Bereich des Sollens sich in natürliche Eigenschaften des Seins ver-
wandelten, weil mit Sicherheit jemand (nämlich Gott) existiere, der
letztendlich die Gebote der Gerechtigkeit zur Geltung bringe[423].

Das höchste Ziel der Gerechtigkeit aber erblickte Leibniz in der Verwirklichung einer allumfassenden Glückseligkeit (felicitas). Deshalb
müsse man stets dafür sorgen, daß die Zahl derer, die glückselig seien,
vermehrt werde[424]. Die Glückseligkeit wiederum beruhe auf inneren
und äußeren Gütern. Zu den „bona interna" der Seele und des Körpers
rechnete Leibniz vor allem die Weisheit des Verstandes und einen tu-
gendhaften Willen, während er andere Personen und Gegenstände,
welche dem Menschen aufgrund seiner Autorität oder im Hinblick auf
eine Freundschaft und den wechselseitigen Nutzen beistehen oder förderlich seien, unter die „bona externa" aufnahm[425]. Der größte Schatz
der Menschheit aber bestehe in den Künsten und Wissenschaften, mit
deren Hilfe die Macht des Menschen gegenüber dem Wesen der Dinge

---

[422] Initium institutionum juris perpetui (Mollat 1).

[423] Ebenda (Mollat 2): „Ex quibus intelligi potest divina providentia immortales animas esse et continuata ultra hanc vita suo quaeque tempore in ordinem
redigi, quae nunc perturbata censentur, efficique, ne quem justitiae virtutisque
paenitere possit, denique omne honestum utile, omne turpe damnosum reddi et,
quae morales sunt qualitates, verti in naturales, quoniam est profecto aliquis,
qui tandem justitiae decreta exequatur."

[424] Ebenda (Mollat 2–3): „Porro summus est scopus justitiam colentis, ut felicitas quam latissime diffundatur. Et cum felicitas sit status laetitiae durabilis,
id agitur, quantum potest, ut quam plurimi sint laeti, gaudiaque eorum durare
possint excludanturque, quae perturbent. Itaque curandum est, ut multitudo
eorum, qui felices reddi possunt, augeatur, quousque sibi mutuo non obstant,
id est, propagationi et conservationi favendum est."

[425] Initium institutionum juris perpetui (Mollat 3): „Felicitas internis constat
externisque bonis, quae sint instrumenta internorum. ... Interna autem bona animi
sunt corporisque. Animi bona primaria sunt sapientia intellectus et virtus voluntatis. ... Externa denique bona consistunt in personis et rebus, quae nos juvant.
Personae aliorum, ut nos juvent, efficitur auctoritate, amicitia, utilitate mutua.
Res animatae inanimaeque sunt, sed maxime animatarum labore juvamur, quarum
nos vicissim conservationi prospicere par est."

(natura rerum) erweitert werde, auf daß er den Geist und den Körper seiner selbst und anderer zum Zwecke der Verwirklichung einer größtmöglichen allgemeinen Glückseligkeit zu gebrauchen verstehe[426]. Bedenkt man, daß auch Leibniz während seines ganzen Lebens unermüdlich an immer neuen Vorschlägen zur Mehrung des öffentlichen Wohls arbeitete, die vom Aufbau einer Seidenraupenzucht bis zur Errichtung von Akademien und Bibliotheken reichen, dann wird man in all diesen Sätzen auch ein gutes Teil Leibnizschen Selbstverständnisses entdecken können.

Aus dem Prinzip der allgemeinen Glückseligkeit (felicitas communis) leitete Leibniz nun im einzelnen die Regeln des „beständigen oder natürlichen Rechts" (jus perpetuum, quod et naturale appellamus) her, welche mit den Gesetzen des bestverfaßten Gemeinwesens identisch seien und im weitesten Sinne von den drei Geboten Ulpians (neminem laedere, suum cuique tribuere, pie vivere) zum Ausdruck gebracht würden[427]. Der erste Grundsatz gebiete, daß Verträge niemals schlechter erfüllt werden als vereinbart, außer wenn sich aus den folgenden Prinzipien dafür eine höhere Legitimation ergebe. Deshalb seien unter freien Völkern Kriege und innerhalb eines Staates Rechtsstreitigkeiten zu vermeiden, zumal auch die ausgleichende Gerechtigkeit (justitia commutativa) dieses Ziel verfolge[428]. Das zweite Gebot sorge dafür, daß auf einer höheren Stufe jedem das Seine zugeteilt werde, soweit es die Rücksicht auf das größtmögliche Gemeinwohl (bonum commune)

---

[426] Ebenda (Mollat 4): „Maximus autem generis humani thesaurus consistit in scientiis artibusque, quibus nostra potentia in rerum naturam augetur, ut scilicet animis corporibusque, nostro aliisque quam optime ad communem felicitatem uti sciamus possimusque. Itaque opus est non tantum copia rerum, sed et recto usu."

[427] Ebenda (Mollat 5): „Ex his patet, praecepta perpetui juris, quod et naturale appellamus, eadem esse cum legibus optimae rei publicae, a quibus sane non nihil ubique desciscitur, ob rerum humanarum inbecillitatem. Quantum tamen fieri potest, appropinquandum est ad hanc ideam. Haec dictata terna sunt in universum pervulgata verbis, sed *amplissimi sensus:* neminem laedere, suum cuique tribuere, pie vivere (Ulpianus L. 10. § 1 D. de justitia et jure I, 1.). Quorum primum est quietis, secundum commoditatis, teritum salutis."

[428] Ebenda (Mollat 5–6): „Primo praecepto continetur, ne cuiusquam condicio deterior reddatur, nisi magna ratio jubeat ex sequenti, id est, altiore praecepto. Sic inter solutos bella, in civitate lites evitantur. Atque in hoc consistit justitia, quam commutativam vocant. Quae statum singulorum conservat, aut per aequivalentia ab iis, per quos stetit, quominus conservaretur, sarciri jubet, quantum stat per alios."

erlaube, und bestehe in Weisungen der austeilenden Gerechtigkeit (justitia distributiva) [429].

Leibniz hatte damit die beiden unteren Stufen des natürlichen Rechts, das „jus proprietatis" und das „jus societatis", aus seiner allgemeinen Rechtslehre sinngemäß in die „elementa juris perpetui" aufgenommen. Da nun aber einerseits das „jus perpetuum" in sich selbst schon die ewige Ordnung des Gottesstaates darstellen sollte und folglich zum anderen der Geltungsbereich des gemeinschaftlichen Rechts der zweiten Stufe sich eo ipso zugleich auch auf das göttliche Gemeinwesen im Universum erstreckte, stand Leibniz vor dem schwierigen Problem, ob er nun im Rahmen seiner Rechtsmetaphysik auf den höchsten Grad des „jus pietatis" verzichten und damit seine ursprüngliche Naturrechtssystematik innerhalb der „Jurisprudentia universalis" erheblich verändern und vereinfachen könne. Vermutlich um sich weder mit dem Gedanken des „jus perpetuum" in Widerspruch zu setzen, noch um seine allgemeine Rechtslehre wesentlich einschränken zu müssen, ließ Leibniz diese Frage ausdrücklich offen: er gestand zwar zu, daß die beiden unteren Gebote des ewigen Rechts vollkommen ausreichend seien, wenn man sie auf jene allumfassende Gemeinschaft (societas universalis) beziehe, die man den Gottesstaat (civitas Dei) nenne. Verstehe man sie aber, wie es zumeist geschehe, als Rechtsgrundsätze innerhalb der menschlichen Gemeinschaft (societas humana), dann hätten sie – im Hinblick auf das „jus perpetuum" – beide einem dritten höchsten Prinzip den Vorrang einzuräumen [430]. Denn es genüge nicht, daß man sich anderen gegenüber nur um der eigenen Seelenruhe und Bequemlichkeit willen richtig verhalte; man habe immer so gesinnt zu sein, daß die Liebe zu Gott alle anderen Bedürfnisse übersteige. Deshalb bestehe nach wie vor der vollkommene Grund der Gerechtigkeit (perfecta ratio justitiae) in jenem höchsten Gebot der wahren Frömmigkeit (pietas), damit auch die Ordnung der menschlichen Gemeinschaft so eingerichtet werde, daß sie weitgehend mit dem Gottesstaat

---

[429] Ebenda (Mollat 6): „Secundo continetur, ut cuique tantum boni tribuatur, quantum patitur, procuratio maximi communis boni, quod est justitiae distributivae. Quae agit etiam de praemiis et poenis, quibus augetur minuiturque singulorum status."

[430] Ebenda (Mollat 6): „Atque haec duo praecepta sufficerent, si de societate illa universali caperentur, quae civitas Dei dici potest. Sed si, ut fit, accipiantur de humana societate, quam in hac vita colimus, ambo praecepto tertio supremo cedent."

übereinstimme und die Erkenntnis und Liebe Gottes zusammen mit den
übrigen Lehren und Tugenden in den Herzen der Menschen aufs wirk-
samste zu entzünden helfe[431]. Leibniz behielt also unter der Voraussetzung, daß man die ersten beiden Prinzipien als zum „jus humanum"
gehörig betrachte, seinen ursprünglich dreigestuften Aufbau der Rechtswelt weiterhin bei. Indessen zeigt sich zugleich, daß gewisse Anschauungen, zunächst im Rahmen einer natürlichen Rechtswissenschaft entwik-
kelt, nicht immer ganz widerspruchsfrei mit den Grundsätzen der „Jurisprudentia universalis" verknüpft und in die Rechtsmetaphysik eingefügt werden konnten.

Die Verbindung des Naturrechtsgedankens im Sinne des „jus perpetuum" mit den Regeln der Gerechtigkeit, von Leibniz schon in den
Briefen an Arnauld „loix de justice" genannt[432], blieb aber im Hinblick
auf die Lehre von den „ewigen Wahrheiten" (aeternae veritates, vérités
éternelles) auch innerhalb der Leibnizschen Rechtsmetaphysik unverändert erhalten. Das ergibt sich vor allem aus einem kleinen, aber nichts-
destoweniger sehr bedeutsamen Fragment vom Jahre 1697, überschrieben „De rerum originatione radicali"[433], worin Leibniz erstmals im
Zusammenhang seine Lehre vom Universum als der besten aller möglichen Welten entworfen hat. Nachdem Leibniz unter Hinweis auf Gott
als der „ratio realitatis" aller Wesenheiten und auf das Prinzip der
Verwirklichung alles Möglichen (et possibilia habeant realitatem) überzeugend dargelegt zu haben glaubte, daß die wirkliche Welt nicht nur
im metaphysischen, sondern auch im moralischen Sinn höchst vollkommen sei, weil bei den geistigen Wesenheiten die moralische Vollkommenheit der physischen entspreche, brachte er gegen sich selbst den Einwand vor, daß die empirische Erfahrung in der Welt jene Erkenntnis
zu widerlegen scheine[434]. Wie jedoch ein Jurist nicht zu urteilen ver-

---

[431] Ebenda (Mollat 6): „Nec sufficit bene se erga alios gerere tranquillitatis et
commoditatis suae causa. ... Oportet ergo nos ita affectos esse, ut amor Dei, id
est supremi boni, omnibus aliis desideriis praevaleat. Itaque ultima et perfecta
justitiae ratio tandem in hoc novissimo verae pietatis praecepto consistit. Et sic
ordinanda est ipsa humana societas, ut quam maxime congruat ad divinam, et
cum ceteris doctrinis et virtutibus cognitio amorque Dei in hominum animis efficacissime accendantur."
[432] Vgl. oben S. 428, Anm. 398.
[433] „De rerum originatione radicali" (23. November 1697), abgedruckt bei
Gerhardt VII, S. 302–308.
[434] De rerum originatione radicali (Ger. VII, 306).

möge, ohne das ganze Gesetz im Auge zu haben [435], so dürfe man auch hier aufgrund so geringer Erfahrung nicht blindlings den Stab über ewige Ordnungen brechen. Das solle jedoch nicht heißen: im allgemeinen bleibe die Harmonie zwar erhalten, im einzelnen könne jedoch das ganze Menschengeschlecht ins Elend geraten und die Gerechtigkeit im Universum außer acht gelassen werden [436]. Denn im bestverfaßten Gemeinwesen Gottes sei stets dafür gesorgt, daß es auch jedem einzelnen gut gehe, wie selbst das Universum dann nicht vollkommen genug sei, wenn das nach Maßgabe der „hamonia universalis" größtmögliche Wohl des einzelnen unberücksichtigt bliebe [437]. Leibniz glaubte also bei seiner Beweisführung sogar angesichts der allgemeinen Harmonie das Prinzip der Gerechtigkeit keineswegs aufgeben zu dürfen. Es lasse sich nämlich kein besserer Maßstab finden als der, den das Gesetz der Gerechtigkeit selbst vorschreibe: ein jeder habe an der Vollkommenheit des Universums und an seiner eigenen Glückseligkeit Anteil zu nehmen, wodurch selbst diejenigen Gebote erfüllt würden, die in der Nächstenliebe (caritas) und in der Liebe zu Gott bestehen [438]. Das Gesetz der Gerechtigkeit gehörte also für Leibniz unverbrüchlich zu den ewigen und unabdingbaren Wahrheiten [439]. Es bezog sich in seinem materialen rechtsmetaphysischen Sinngehalt auf die Vollkommenheit im Universum und auf die Glückseligkeit der geistigen Substanzen innerhalb des göttlichen Gemeinwesens. Zugleich trat aber ebenso schon das ethische Grundgebot der „justitia", die Liebe zu Gott und zum Nächsten (caritas), in Erscheinung.

Der Lehre von den „lois de justice" entsprechend, erhob Leibniz schließlich auch das ewige und unveränderliche Naturrecht selbst verallgemeinernd zum „Gesetz" im Universum (loy de la nature) und

---

[435] Ebenda: „Et vero incivile est, nisi tota Lege inspecta judicare, ut ajunt Jure consulti."

[436] De rerum originatione radicali (Ger. VII, 307).

[437] Ebenda: „Nam sciendum est, uti in optime constituta republica curatur, ut singulis quapote bonum sit, ita nec universum satis perfectum fore nisi quantum, licet salva harmonia universali, singulis consulatur."

[438] Ebenda: „Cuius rei nulla constitui potuit mensura melior, quam lex ipsa justitiae dictans ut quisque de perfectione universi partem caperet et felicitate propria pro mensura virtutis propriae et eius quae affectus est ergo commune bonum voluntatis, quo id ipsum absolvitur, quod caritatem amoremque Dei vocamus, in quo uno vis et potestas etiam christianae religionis ex judicio sapientum etiam Theologorum constitit."

[439] Vgl. auch Seite 442–445.

knüpfte damit an den noch im 17. Jahrhundert lebendigen, mittelalterlichen „lex naturae"-Gedanken und an die Idee eines objektiven Prinzips innerhalb der natürlichen Seinsordnung an. Insofern wurde der Begriff „loy de la nature" von Leibniz hier eindeutig im normativen Sinne gebraucht. Allerdings scheint die Lehre vom „Naturgesetz" für die Leibnizsche Rechtsmetaphysik keineswegs von so zentraler Bedeutung gewesen zu sein wie die „Gesetze der Gerechtigkeit". Zwar finden sich in einzelnen Schriften immer wieder gewisse Ansätze und Hinweise auf das natürliche Gesetz Gottes, eine grundlegende und umfassende Darstellung jedoch wurde dem Begriff des Naturgesetzes im normativen Sinn erst sehr spät und zudem in einer Abhandlung zuteil, deren geistige Urheberschaft äußerst umstritten ist. Es handelt sich um die nach 1704 entstandene „Parallèle entre la Raison originale ou la loy de la nature"[440], von der Grua vermutet, daß sie nur die Kurzfassung oder Übersetzung eines unbekannten Werkes von John *Toland* enthalte[441], obwohl sie von Leibniz unzweifelhaft eigenhändig geschrieben ist. Aber selbst wenn der Beitrag Leibnizens zur Konzeption der „Parallèle" nicht mit letzter Sicherheit ermittelt werden kann, wird man davon auszugehen haben, daß sie weitgehend Leibnizsches Gedankengut enthält, und sie unter seine rechtsphilosophischen Schriften aufnehmen müssen.

Ähnlich wie im „Discours" baute Leibniz auch in der „Parallèle" die Lehre vom natürlichen Gesetz auf dem Gottesbegriff auf: der ewige und allmächtige Gott habe allen Teilen des Universums einander entsprechende Eigenschaften verliehen und alle Widersprüche in der Harmonie, der Schönheit und der Vollkommenheit der Welt aufgehoben. Außerdem sei der Mensch als „wichtigster Bewohner der Erde" (principal habitant) von Gott mit einem Richtmaß ausgestattet worden, das ihm erlaube, sich im Leben zurechtzufinden und Gott zu verehren[442].

---

[440] „Parallèle entre la Raison originale ou la loy de la nature, le paganisme ou la corruption de la loy de la nature, la loy de Moyse ou le paganisme reformé, et le Christianisme ou la loy de la nature retablie" (nach 1704), abgedruckt bei *Grua* I, S. 46–61.

[441] Vgl. Gaston *Grua*, Textes inédits, Paris 1948, S. 46, Anm. 174.

[442] Parallèle (Grua I, 46–47): „Dieu le tout puissant et éternel, en qui est tout et qui est tout en tout, donne à chaque partie de l'Univers les qualités convenables, et fait en sorte que leurs contrariétés contribuent à l'harmonie, beauté et perfection de l'univers. L'homme qui est le principal habitant et ornement de ce globe que nous appelons la terre, a reçu de Dieu un guide qui luy monstre comment il faut se conduire dans la vie et honnorer son Auteur."

Jenes ursprüngliche Licht sei die gesunde Vernunft (la Raison), eine
Stimme Gottes, mit der er die Verwirklichung der Tugend und die Abwehr aller Laster fordere[443]. Diesen einleitenden Bemerkungen folgt
nun ein sehr charakteristischer Gedanke Leibnizens, auf dem im Grunde seine gesamte Anschauung vom „gemeinsamen Begriff der Gerechtigkeit" (la notion commune de la justice) bei Gott und den Menschen
beruht: Wenn auch die göttliche Vernunft die menschliche unendlich
übersteige, so könne man doch, ohne gottlos zu sein, behaupten, daß
der Mensch die Vernunft an sich mit Gott gemeinsam besitze und sich
nur deshalb auch mit ihm in einer Gemeinschaft (societé) befinde[444].
Da aber alle positiven Gesetze außer Kraft treten oder vergessen werden könnten, wisse man niemals eine gesicherte Lebensstellung zu erreichen, außer wenn man sich der Vernunft als eines untrüglichen Weg-
weisers bediene[445]. „Ainsi la raison est le principe d'une religion universelle et parfaite, qu'on peut appeller avec justice la loy de la nature[446]." Das Naturrecht ist also hier von Leibniz bereits ausschließlich in jenem Sinne als „Vernunftrecht" verstanden, wie es den rechtsphilosophischen Rationalismus des 18. Jahrhunderts kennzeichnet. Seinem Hinweis auf das Prinzip der „recta ratio" bei Cicero und Lactanz
kommt deshalb eher nur eine traditionalistische Bedeutung zu[447].

Im einzelnen gelangte Leibniz bei der Bestimmung des Begriffs „loy
de la nature" zu folgenden Ergebnissen: das natürliche Gesetz sei unter
allen Völkern verbreitet und gelte ewig stets als dasselbe[448]. Zu seinem
Verständnis benötige man keinen anderen Interpreten als die Vernunft[449]. Außerdem befinde sich das „ewige Gesetz" (loy Eternelle) in

---

[443] Parallèle (Grua I, 47): „Cette lumière originaire est la saine Raison, qui
est la voix de Dieu par laquelle il commande la practique de la vertu et defend
le vice."

[444] Parallèle (Grua I, 47): „Et quoyque la Raison divine surpasse infiniment la
nostre, on peut dire sans impieté, que nous avons la raison commune avec Dieu,
et qu'elle fait non seulement les liens de toute la societé et amitié des hommes,
mais encor de Dieu et de l'homme."

[445] Parallèle (Grua I, 49): „On peut donc perdre et oublier les loix positives
avec les livres et coustumes, mais on ne sauroit jamais parvenir à un Etat de vie,
où la raison ne puisse servir de guide infaillible."

[446] Parallèle (Grua I, 49).

[447] Parallèle (Grua I, 50).

[448] Parallèle (Grua I, 51): „... la loy de la nature est repandue dans tous les
peuples et tousjours la même et éternelle."

[449] Parallèle (Grua I, 51): „Cicéron a bien observé aussi qu'on n'a point besoin
de chercher un autre interprète de la loy de la nature qu'elle même."

vollkommenem Einklang mit der Natur[450]. Seine Verletzung stelle selbst schon eine unausweichliche Strafe dar (poena naturalis)[451]. Denn schließlich sei Gott, zweifellos der Urheber des natürlichen Gesetzes, zugleich auch der allgemeine Herrscher im Universum[452]. Es könne also das Naturgesetz auch keinen Dispens gestatten[453]. Andererseits gewähre die Leichtigkeit, die Gebote des Naturgesetzes zu begreifen, denjenigen, die sie ausführen wollen, einen großen Vorteil im Vergleich zum Vollzug anderer Gesetze, deren Sinn oft erst mit viel Gelehrsamkeit und Arbeit in Erfahrung gebracht werden müsse, ohne daß man dabei sicher sei, alle Fehler vermieden zu haben[454]. „Je finiray par un des plus grands avantages de la loy de la nature, qui est qu'elle n'engage personne dans les disputes, doutes et recherches, sur ce qu'il y a en elle de vray ou de faux[455]." Ob Leibniz damit nicht letztlich doch die Evidenz des Vernunftrechts überschätzt hat, mag dahingestellt bleiben. Nur scheint es, daß man darüber, was vernünftig ist, vermutlich mehr streiten kann als über manchen Gesetzeswortlaut.

Zusammenfassend läßt sich also feststellen, daß dem Naturrecht, wie es Leibniz bis zum Jahre 1680 in der „Jurisprudentia naturalis" zu einem einheitlichen Beziehungssystem ausgeformt hatte, nunmehr der Rang einer ewigen und unveränderlichen Rechtsordnung zugesprochen wurde, und zwar im Hinblick auf all seine Erscheinungsformen: die Elemente des natürlichen Rechts wandelten sich in die „elementa juris perpetui", die Gerechtigkeit in die „lois de la justice" und das Natur-

---

[450] Parallèle (Grua I, 52): „La troisième observation est, que la loy Eternelle est conforme à la Nature et propre à toutes les circonstances ou l'on se peut jamais rencontrer, ne demandant rien qui ne tende à nous rendre plus sages et meilleurs, et ne defendant rien qui n'apporte quelque inconvenient à nous ou à d'autres."

[451] Parallèle (Grua I, 53): „La quatrième observation est que la violation de la loy de la nature est elle même une punition inévitable du péché et que le changement de vie est la seule vraye pénitence et satisfaction pour le péché."

[452] Parallèle (Grua I, 54): „Il faut considerer que Dieu, qui est l'auteur indubitable de la loy de la nature, est aussi le maistre commun et le gouverneur de tout l'univers."

[453] Parallèle (Grua I, 55): „Je pourrois adjouter icy qu'on ne sauroit estre dispensé de la loy de la nature, par quelque autorité que ce soit."

[454] Parallèle (Grua I, 58): „Mais il faut avouer, que la facilité d'apprendre les devoirs de la loy de la nature, donne un avantage merveilleux à ceux qui veulent la practiquer, au lieu que dans les autres loix, après avoir employé beaucoup d'étude et de travail, on n'est pas seur d'éviter les erreurs."

[455] Parallèle (Grua I, 56).

recht selbst in ein „loy de la nature". Dabei zeigt sich erneut, daß die Kontinuität in der Entwicklung der Leibnizschen Rechtsphilosophie von der natürlichen zur allgemeinen Jurisprudenz auch im Hinblick auf die einzelnen Problembereiche seines Rechtsdenkens aufs sorgfältigste gewahrt blieb.

III. War bisher der Gerechtigkeitsgedanke Leibnizens innerhalb seiner Rechtsmetaphysik überwiegend nur als materialer Grundsatz der Glückseligkeit (félicité) und Vollkommenheit (perfection) aller Wesenheiten (estres) in Erscheinung getreten, so rückte nun mit der zunehmenden Verselbständigung des Harmonieprinzips im Sinne einer universalen Ordnung auch ein formales Verständnis der Gerechtigkeit immer mehr in den Vordergrund: unter Berufung auf Platon und Aristoteles, zugleich aber in bewußter Analogie zu den „ewigen Wahrheiten" der Mathematik deutete Leibniz die metaphysische Gerechtigkeit im formalen Sinn als „Verhältnismäßigkeit" (proportionalitas, proportionnalité) oder „Entsprechung" (aequalitas, convenance)[456]. „Nun bestehen ja Gerechtigkeit, Güthe und Schöhnheit, nicht weniger als die mathematische dinge, in gleichheit und proportion, und sind also nicht weniger aeternae et necessariae veritates[457]." Dem ersten Hinweis auf diese Lehre Leibnizens begegnet man schon in der „Nova Methodus", wo die Billigkeit als „Proportion in Harmonie und Übereinstimmung" gedacht ist[458], sowie in den „Elementa Juris Naturalis"[459].

Erst im Jahre 1696 jedoch bildete das Problem „Gerechtigkeit und Ordnung" (justice et l'ordre) in ausführlicher Darstellung den Gegenstand eines Briefes an die Kurfürstin Sophie von Hannover[460]. Vermutlich hatte in vorangegangenen Gesprächen die Kurfürstin Leibnizens „notion commune de la justice" in Zweifel gezogen, denn der Brief

---

[456] Vgl. Gaston *Grua,* Jurisprudence universelle, S. 218–222.

[457] „Unvorgreiffliches Bedencken" (1698–1701), abgedruckt bei *Grua* I, 428–447 (434). – Vgl. auch den „Dialogue entre un habile politique et un écclésiastique d'une piété reconnue" (1679; Foucher de Careil II, 532): „La sagesse et la justice ont leurs théorèmes éternels, aussi bien que l'arithmétique et la géométrie; Dieu ne les établit point par sa volonté, mais il les renferme dans son essence, il les suit."

[458] Nova Methodus, Pars II, § 74 (A VI-1, 343).

[459] Elementa Juris Naturalis (A VI-1, 444).

[460] Brief an die Kurfürstin *Sophie* von Hannover vom August 1696 (Grua I, 378–380).

beginnt mit der Bemerkung, daß es in der Tat zunächst wenig vernünftig scheine, von den menschlichen Gesetzen der Gerechtigkeit und Ordnung auf die Gerechtigkeit Gottes zu schließen, um damit die Möglichkeit einer Bestrafung oder Belohnung nach dem Tode zu beweisen [461]. Dennoch war Leibniz der Ansicht, daß es auch, was die Ordnung und die Gerechtigkeit angehe, allgemeine Regeln (règles universelles) gäbe, denen im Verhältnis zu Gott der gleiche Rang zukomme wie im Verhältnis zu den vernunftbegabten Wesen [462]. Denn man müsse zweierlei Wahrheiten unterscheiden: Wahrheiten des subjektiven Bewußtseins (vérités de sentiment) und Wahrheiten der objektiven Erkenntnis (vérités d'intelligence). Letztere seien allgemein (universelles) und bei den Menschen ebenso wahr wie bei den Engeln oder bei Gott selbst. Dazu gehörten vor allem die Zahlen in der Arithmetik und die Figuren in der Geometrie [463]. Aber selbst die Ordnung (l'ordre) und die Harmonie (l'harmonie) hielt Leibniz in gewisser Weise für etwas „Mathematisches", weil sie auf bestimmten Verhältnissen beruhen, ebenso wie die Gerechtigkeit: „. . . que la justice n'estant autre chose que l'ordre qui est convenable aux créatures intelligentes . . . [464]." Wenn man also in der Heiligen Schrift oder in den Glaubensartikeln einen Gedanken finde, der mit den Regeln der Gutheit und Gerechtigkeit in Widerspruch zu stehen scheine (über diesen Punkt wird wohl auch das Gespräch geführt worden sein), dann wage er, Leibniz, zu behaupten, daß

---

[461] Ebenda (Grua I, 379): „Il semble aussi peu raisonnable de vouloir juger des actions de Dieu par des loix ou règles de justice et d'ordre que nous concevons et par consequent il semble que la justice de Dieu ne prouve point qu' il y a des châtimens ou des recompenses après cette vie."
[462] Ebenda (Grua I, 379): „Et quand à l'ordre et à la justice, je croirois qu'il y a des règles universelles, qui doivent avoir lieu tant à l'égard de Dieu qu'à l'égard des créatures intelligentes."
[463] Ebenda (Grua I, 379): „Car les vérités sont de deux sortes: il y a des vérités de sentiment et des vérités d'intelligence. ... Mais je croy que les vérités d'intelligence sont universelles, et que ce qui est vray là dessus à l'égard de nous l'est aussi pour les anges et pour Dieu même. Ces vérités eternelles sont le point fixe et immuable, sur lequel tout roule. Telles sont les vérités des nombres dans l'Arithmétique et celles des figures dans la Géometrie. C'est pour cela qu'on dit avec raison que Dieu fait tout par nombre, par mesure et par poids."
[464] Ebenda (Grua I, 379): „Cela posé, il est bon de considerer que l'ordre et l'harmonie sont aussi quelque chose de mathématique, qui consiste en certaines proportions; et que la justice n'estant autre chose que l'ordre qui est convenable aux créatures intelligentes, il s'ensuit que Dieu qui est la souveraine substance garde immuablement la justice et l'ordre le plus parfait qui se puisse observer."

man den wahren Sinn der betreffenden Stelle oder des Artikels noch nicht richtig erfaßt habe[465]. So fest war Leibniz also von der Gerechtigkeit Gottes und ihrer Übereinstimmung mit der menschlichen Gerechtigkeitsvorstellung überzeugt, daß er sogar begründete Zweifel der Vernunft nicht gelten ließ. Noch ist nichts von jenem Vernunftoptimismus der Aufklärung zu spüren, der sich über die Wahrheiten der Offenbarung hinwegsetzte, im Gegenteil, für Leibniz war die Vernunft stets nur ein Mittel zur Erkenntnis der göttlichen Vollkommenheiten und zum Verständnis der Offenbarung.

Zur Lehre von der Gerechtigkeit als Entsprechung und Verhältnismäßigkeit nahm Leibniz später auch in einigen Streitschriften erneut Stellung. Den ersten Anlaß dazu bot ihm die Dissertation Samuel von Coccejis, der die Ansicht, daß die Gerechtigkeit zu den ewigen Wahrheiten gehöre, zu widerlegen suchte. In seiner Kritik, den „Observationes de Principio Juris" vom Jahre 1700[466], wies Leibniz nachdrücklich darauf hin, daß man einen durchaus ungewöhnlichen Begriff der Gerechtigkeit verwende, wenn man sie nicht als „Norm an sich" aus den ewigen Wahrheiten ableite[467]; auch sei es unmöglich, daß Gott die Regeln der Billigkeit und Entsprechung, die ebenso wie die Zahlenverhältnisse und Gleichungen auf ewigen Gründen (aeternae rationes) beruhten, außer Kraft setzen könne[468]. – Noch deutlicher trat der rechtsmetaphysische Sinngehalt des Gerechtigkeitsgedankens in der „Méditation sur la notion commune de la justice"[469] hervor: Leibniz behauptete hier, die Gerechtigkeit regele das Entsprechungsverhältnis (convenance) zum besten Gemeinwesen, so daß zugleich das Naturrecht

---

[465] Ebenda (Grua I, 380): „Pour ce qui est des difficultés qui semblent naistre de quelques passages de l'Ecriture sainte et de nos articles de foy, j'oserois dire que si nous trouvons quelque chose de contraire aux règles de la bonté et de la justice, il en faut conclure que nous n'employons pas le véritable sens de ces passages de l'Ecriture et de ces articles de la foy."

[466] „Observationes de Principio Juris" (1700), abgedruckt bei *Dutens* IV, 3, S. 270–275.

[467] Ebenda (Dutens 272): „Sed ita nulla erit per se justitiae norma ex natura rerum veritatibusque aeternis: aliterque justum naturale accipietur quam solet."

[468] Ebenda (Dutens 273): „Uti proportionum et aequalitatum ita & aequitatis & convenientiae regulae aeternis rationibus constant, quas violare Deum, & jubere aliquando, ut aliquis solius voluptatis suae causa (exempli gratia) alios homines innocentes cruciet, impossibile est."

[469] „Méditation sur la notion commune de la justice" (1700–1705), abgedruckt bei *Mollat*, S. 41–70.

vollkommen mit der allgemeinen Ordnung übereinstimme[470]. – Schließlich betonte Leibniz auch bei der Auseinandersetzung mit dem Voluntarismus Pufendorfs in seinen „Monita quaedam ad S.
Pufendorfii principia"[471] noch einmal sehr deutlich, daß das Wesen des Gerechten
von den ewigen Wahrheiten und nicht von göttlicher Willkür abhänge[472] und daß die wahre Gerechtigkeit gewisse Gesetze der Entsprechung und Verhältnismäßigkeit zu beachten habe, die in der Natur
der Dinge nicht weniger als in den unveränderlichen göttlichen „Ideen"
begründet seien[473].

IV. Das eigentliche Fundament der gesamten Leibnizschen Rechtsmetaphysik bildete jedoch der Gottesstaatsgedanke (cité de Dieu), wie
er schon im „Discours" eine erste vorläufige Ausgestaltung gefunden
hatte. Ihm widmete Leibniz in zahlreichen Fragmenten und Briefen
über die unterschiedlichsten Gegenstände, ja fast bei jeder sich nur bie-
tenden Gelegenheit, zumindest einige Bemerkungen, oft auch einen
ganzen Abschnitt, der dann nicht selten aus dem Textzusammenhang
herausfällt oder doch nur unvollkommen eingefügt erscheint[474]. All
dies zeigt deutlich, wie sehr die Vorstellung von der Gemeinschaft zwischen Gott und den Menschen, schon in der „Nova Methodus" der aristotelischen Tradition entnommen, Leibniz sein ganzes Leben hindurch
beschäftigt haben mag. „Or le Principe de la justice est le bien de la
société, ou pour mieux dire le bien general. Car nous sommes tous une
partie de la Republique universelle, dont Dieu est le monarque, et la
grande loy establiée dans cette Republique est de procurer au monde
le plus de bien que nous pouvons", heißt es zum Beispiel in einer klei-

---

[470] Ebenda (Mollat 69): „Cherchant comme moi le principe de la justice dans
le bien, il règle la convenance par le meilleur, c'est-à-dire, par ce qui conviendrait
au meilleur gouvernement, quod optimae rei publicae conveniret, de sorte que le
droit naturel selon cet auteur est ce qui convient le mieux à l'ordre."
[471] „Monita quaedam ad S. Pufendorfii principia" (1706), abgedruckt bei *Dutens* IV, 3, S. 275–283.
[472] Ebenda: (Dutens 280): „Neque ipsa norma actionum aut natura justi a
libero eius decreto, sed ab aeternis veritatibus divino intellectui objectis pendet.
Neque enim justitia essentiale Dei attributum erit, si ipse jus et justitiam arbitrio
suo condidit."
[473] Ebenda (Dutens 280): „Et vera justitia servat quasdam aequalitatis propor-
tionalitatisque leges non minus in natura rerum immutabili divinisque fundatas
ideis quam sunt Principia Arithmeticae et Geometriae."
[474] Vgl. Gaston *Grua*, Jurisprudence universelle, S. 371–397.

nen Schrift mit dem seltsamen Titel „Discours de la générosité", die vermutlich in den Jahren 1703 bis 1708 entstanden ist[475]. Sucht man nun aber im Leibnizschen Rechtsdenken selbst nach einer Begründung für diese ungewöhnlich starke Akzentuierung und Verallgemeinerung eines ursprünglich begrenzten Problembereichs innerhalb der „Jurisprudentia naturalis", dann wird man alsbald feststellen, daß sich im Hinblick auf die Lehre vom göttlichen Gemeinwesen nahezu alle Hypothesen, Definitionen, Begriffe und Erkenntnisse der Leibnizschen Rechtsphilosophie widerspruchsfrei zu einer Einheit verbinden lassen: die Jurisprudenz als Wissenschaft vom Gemeinwohl, gerechtes Handeln durch Förderung des öffentlichen Nutzens, die Gerechtigkeit in der allgemeinen Ordnung unter geistigen Wesen, welche sowohl den individuellen Vorteil als auch das gemeine Beste gemäß der Liebe des Weisen in sich vereinigt, ja selbst das Recht als Befugnis und die Pflicht als moralische Notwendigkeit: alles erweist sich, bezogen auf den Gottesstaat, als ein unmittelbar verständliches Sinngefüge[476].

Der Eindruck, daß die Lehre vom göttlichen Gemeinwesen als dem moralischen Reich der Gnade innerhalb des physischen Reiches der Natur gleichsam ein höchstes Endziel allen Leibnizschen Rechtsdenkens darstellt, scheint sich im Hinblick auf zwei weitere Schriften Leibnizens zu bestätigen, die zugleich auch am Ende seines Lebens stehen: die „Principes de la Nature et de la Grace"[477] und die sogenannte „Monadologie"[478]. Beide Abhandlungen sind im Jahre 1714 bald nacheinander entstanden; sie stimmen inhaltlich nahezu vollständig überein und fassen in wenigen kurzen Formeln die Grundzüge der Leibnizschen Metaphysik zusammen. Vermutlich waren die „Principes" ursprünglich für den Prinzen Eugen von Savoyen bestimmt; Remond hat lediglich eine Abschrift davon erhalten mit der Bemerkung Leibnizens, daß man, um sein philosophisches System zu verstehen, „ce petit papier" mit seinen früheren Veröffentlichungen in Verbindung bringen müsse[479]. Hingegen wird die „Monadologie" als die ausführlichere Arbeit später geschrieben sein; sie schließt sich zudem enger an die „Théodicée"

---

[475] Leibniz-Handschriften, *Phil. IV*, 8, fol. 2.
[476] Ebenso *Grua*, Jurisprudence universelle, S. 377.
[477] „Principes de la Nature et de la Grace, fondés en raison" (1714), abgedruckt bei *Gerhardt* VI, S. 598–606.
[478] „Monadologie" (1714), abgedruckt bei *Gerhardt* VI, S. 607–623.
[479] Brief an Nic. *Remond* vom 26. August 1714 (Ger. III, 624).

an [480]. Deshalb stützt sich auch der folgende Abschnitt unserer Untersuchung nur auf die „Monadologie" und behandelt die „Principes" lediglich insoweit, als sie zur Vervollständigung des Gesamtbildes beitragen.

Man könnte nun gegen eine Heranziehung der „Monadologie" zur Veranschaulichung des Leibnizschen Naturrechtsdenkens grundsätzlich einzuwenden haben, jene Schrift enthalte in erster Linie eine Seinslehre und keine Rechtslehre. Jedoch scheint, wie sich bei der Darstellung der Rechtsmetaphysik Leibnizens bisher stets gezeigt hat, schon diese Alternative falsch gestellt zu sein und den eigentlichen Kern seiner Rechtsphilosophie zu verfehlen. Gewiß bildet mit dem Substanzgedanken die Seinserkenntnis das eigentliche Grundthema der „Monadologie", aber dieses Sein ist von Leibniz immer zugleich auch als „geordnetes Sein" verstanden: „Et c'est le moyen d'obtenir autant de variété qu'il est possible, mais avec le plus grand ordre qui se puisse [481]." Neben dem Wesen und den Eigenschaften der einfachen Substanzen (Monaden) bildete also zugleich ihre „Ordnung" im Universum den Gegenstand der Überlegungen Leibnizens in der „Monadologie". Naturrecht und Seinsordnung stellen innerhalb der „Jurisprudentia universalis" eine untrennbare Einheit dar.

Der Ordnungsgedanke ergab sich für Leibniz unmittelbar aus dem Prinzip der Vollkommenheit (perfection) [482]. Gott als der „letzte zureichende Grund" (dernière raison suffisante) [483] verkörpere in seiner Allmacht, Allwissenheit, Güte und Gerechtigkeit auch das vollkommenste Wesen [484]. Als Abbild Gottes (image de Dieu) und Spiegel des Universums (miroir de l'univers) drücke zwar ebenso jede Monade diese göttlichen Vollkommenheiten aus, aber in begrenztem Rahmen und in unterschiedlichem Grade (degré) [485]. Mit den Stufen der Voll-

---

[480] Vgl. dazu *Gerhardt* VI, S. 483–485.

[481] Monadologie 58 (Ger. VI, 616).

[482] Monadologie 41 (Ger. VI, 613): „. . . la perfection n'étant autre chose que la grandeur de la realité positive prise precisement, en mettant à part les limites ou bornes dans les choses qui en ont. Et là, où il n'y a point de bornes, c'est à dire en Dieu, la perfection est absolument infinie." Vgl. auch „Von der Weisheit" (Grua II, 584): „Vortrefflichkeit, perfection, Vollkommenheit, Gabe nenne ich alles, das dadurch in einer sache mehr selbst-wesens (realität) ist als zuvor, als das seyn, wahre krafft, wissen, Richtigkeit, vortheilhaftigkeit, denckwürdigkeit."

[483] Monadologie 38–39 (Ger. VI, 613); Principes 8 (Ger. VI, 602).

[484] Monadologie 48 (Ger. VI, 615); Principes 9 (Ger. VI, 602–603).

[485] Monadologie 61 (Ger. VI, 617).

kommenheit [486] hatte Leibniz also zugleich einen Maßstab gefunden,
um die einzelnen Monaden auch im Verhältnis zueinander unterscheiden zu können. So gründe auch die allgemeine Ordnung im Universum
und die Auswahl der besten aller möglichen Welten durch Gott (la
choix du meilleur) auf nichts anderem als auf der Entsprechung (convenance) jener unterschiedlichen Vollkommenheitsstufen aller einzelnen Monaden zueinander: „Et cette raison ne peut se trouver que dans
la convenance ou dans les degrés de perfection, que ces Mondes contiennent, chaque possible ayant droit de pretendre à l'Existence à mesure de la perfection, qu'il enveloppe [487]." Da nun aber die Welt nach
einer vollkommenen Ordnung geregelt sei und jede Monade auf ihre
Weise das Universum widerspiegele, müsse es auch eine Ordnung im
vorstellenden Subjekt selbst geben, das bedeute: in den Perzeptionen
der Seele und folglich auch im Körper, nach dessen Maßgabe die Welt
in der Seele vorgestellt werde [488]. Damit hatte Leibniz drei Ordnungsbereiche ineinandergefügt: die allgemeine Ordnung des Universums,
verstanden als „harmonie universelle", die Ordnung der Seelen und
geistigen Wesenheiten (âmes, esprits) und die Ordnung der Körper
(corps).

Daß Leibniz den Begriff der „Ordnung" stets im Rechtssinne verstanden hat, läßt sich mit Sicherheit erkennen, sobald man die Prinzipien dieser Ordnungsbereiche im einzelnen untersucht. Innerhalb des
Bereichs der Seelen gelten die „Gesetze" der Zweckursachen durch Be-
gehrungen, Ziele und Mittel (les loix des causes finales), während im
Bereich der Körper die „Gesetze" der Wirkursachen oder der Bewegungen (les loix des causes efficientes) in Kraft stehen. „Et les deux regnes,
celuy des causes efficientes et celuy des causes finales sont harmoniques
entre eux [489]." Beide „Reiche" (regnes), durch eine Harmonie miteinander verbunden, stellten für Leibniz die Einheit der „natürlichen

---

[486] Notes sur G. *Wachter* (nach 1704), abgedruckt bei *Grua* II, S. 667–680
(675): „Origines juris naturalis a natura nostra peti laudo, id est a naturae nostrae
perfectione. ... Iustitia Dei non tantum rebus essentiam et existentiam tribuit,
sed et gradus perfectionis, quos salva maxima universi perfectione recipiunt."
[487] Monadologie 54 (Ger. VI, 616); Principes 11 (Ger. VI, 603).
[488] Monadologie 63 (Ger. VI, 618): „... car toute Monade étant un miroir de
l'univers à sa mode, et l'univers étant reglé dans un ordre parfait, il faut qu'il y
ait aussi un ordre dans le representant, c'est à dire dans les perceptions de l'ame
et par consequent dans le corps, suivant lequel l'univers y est representé."
[489] Monadologie 79 (Ger. VI, 620); Principes 11 (Ger. VI, 603).

Welt" (Monde naturel) dar. – Darüber hinaus unterschied Leibniz jedoch die gewöhnlichen Seelen (âmes ordinaires) von den vernunftbegabten Seelen (âmes raisonnables) oder geistigen Wesen (esprits)[490]. Der „Vorrang der Geister" (prérogative des Esprits) bestand für ihn darin, daß sie ihrerseits einem besonderen Ordnungsraum angehören: der „moralischen Welt" (Monde moral) innerhalb der „natürlichen Welt"[491]. Auch zwischen den Bereichen der natürlichen und der moralischen Welt stellte Leibniz eine Harmonie her: „Comme nous avons établi cy dessus une Harmonie parfaite entre deux Regnes Naturels, l'une des causes Efficientes, l'autre des Finales, nous devons remarquer icy encor une autre harmonie entre le regne physique de la Nature et le Regne Moral de la Grace[492]." Leibniz hatte also im Vergleich zum „Discours" die Rechtsmetaphysik erheblich erweitert und vertieft. Aus der Einheit des Universums, das sich im Hinblick auf die geistigen Wesen „als" Gottesstaat (cité de Dieu) erwies, waren nunmehr drei Bereiche entstanden, von denen zwei, nämlich das Reich der Körper und das Reich der vernunftlosen Seelen, obwohl sie verschiedenen Gesetzen folgten, gemeinsam die natürliche Welt bildeten. Damit war auch eine gewisse Spannung behoben, die sich daraus hätte ergeben können, daß zwar schon im „Discours" die vernunftlosen Seelen sehr deutlich von den Geistern und Körpern unterschieden worden waren, aber weder den Gesetzen der Gerechtigkeit noch denen der Kraft und der Bewegung untergeordnet werden konnten.

Die moralische Welt der geistigen Wesenheiten jedoch stellte für Leibniz auch in der „Monadologie" ein göttliches Gemeinwesen (cité de Dieu) dar. Jene besondere Eigenschaft, nicht nur wie alle übrigen Substanzen ein „Spiegel" des Universums, sondern zugleich auch das Ebenbild Gottes zu sein, befähige die Geister, eine Gemeinschaft mit Gott einzugehen, in der sich Gott ihnen gegenüber weniger wie ein Erfinder zu seiner Maschine, als vielmehr wie ein Fürst zu seinen Untertanen verhalte, ja wie ein Vater zu seinen Kindern[493]. „D'où il est aisé de conclure que l'assemblage de tous les Esprits doit composer la cité de Dieu, c'est à dire le plus parfait état qui soit possible sous le plus

---

[490] Monadologie 86 (Ger. VI, 622).
[491] Monadologie 82–83 (Ger. VI, 621).
[492] Monadologie 87 (Ger. VI, 622); Principes 15 (Ger. VI, 605).
[493] Monadologie 84 (Ger. VI, 621).

parfait des Monarques[494]." In diesem Sinne konnte Leibniz das Reich
der Gnade wahrhaft eine „Universalmonarchie" (Monarchie véritablement universelle) nennen[495]. Er war zutiefst davon überzeugt, daß
kraft der Harmonie zwischen dem physischen Reich der Natur und dem
moralischen Reich der Gnade und damit zwischen Gott als dem Erbauer
der Maschine des Universums und Gott als dem Monarchen im göttlichen Gemeinwesen alle Wege der Natur gleichsam von selbst zur Gnade führen[496]. Man könne nämlich behaupten, daß Gott, der Architekt,
den „Gesetzgeber" Gott (legislateur) in jeder Weise zufriedengestellt
habe, weil alle Vergehen nach der Ordnung der Natur ihre Bestrafung
bereits in sich tragen (poena naturalis) und ebenso auch jede gute Tat
schon durch den mechanischen Lauf des Universums notwendig ihre
Belohnung finde[497].

Dieser Gedanke, daß unter der vollkommenen Herrschaft Gottes
kein Verdienst ohne Lohn und keine Verfehlung ohne Strafe bleibe und
damit für die Guten sich alles zum Besten wende, stand in engem Zusammenhang mit der Vorstellung Leibnizens von der Kommensurabi-
lität des menschlichen Gerechtigkeitsbegriffs mit den Gesetzen der Gerechtigkeit im Universum. Zudem bot er Leibniz Gelegenheit, abschließend auch noch auf das Gebot der „reinen Liebe" (pur amour) hinzuweisen[498]. Bestehe nämlich die wahre Liebe wirklich in der Freude an
fremder Glückseligkeit, dann sei der Mensch schon durch die bloße Er-

---

[494] Monadologie 85 (Ger. VI, 621); Principes 15 (Ger. VI, 605).
[495] Monadologie 86 (Ger. VI, 621).
[496] Monadologie 88 (Ger. VI, 622): „Cette Harmonie fait que les choses con-
duisent à la grace par les voyes mêmes de la nature, et que ce globe par exemple
doit être détruit et reparé par les voyes naturelles dans les momens, que le demande le gouvernement des Esprits pour le chatiment des uns et la recompense des
autres."
[497] Monadologie 89 (Ger. VI, 622): „On peut dire encore, que Dieu comme
Architecte contente en tout Dieu comme Legislateur, et qu'ainsi les pechés doivent
porter leur peine avec eux par l'ordre de la nature, et en vertu même de la struc-
ture mecanique des choses, et que de même les belles actions s'attireront leur recompenses par des voyes machinales par rapport aux corps, quoyque cela ne
puisse et ne doive pas arriver tousjours sur le champ."
[498] Monadologie 90 (Ger. VI, 622): „Enfin sous ce gouvernement parfait il
n'y aura point de bonne Action sans recompense, point de mauvaise sans chatiment, et tout doit reussir au bien des bons, c'est à dire de ceux, qui ne sont point
de mecontents dans ce grand Etat, qui se fient à la providence, après avoir fait leur
devoir et qui aiment et imitent comme il faut l'Auteur de tout bien, se plaisant
dans la consideration de ses perfections suivant la nature du pur amour veritable,
qui fait prendre plaisir à la felicité de ce qu'on aime."

kenntnis der göttlichen Vollkommenheiten und mit der Einsicht in eine
so gerechte und vollkommene Ordnung des Universums verpflichtet,
Gott, den Schöpfer dieser Ordnung, in seiner absoluten Glückseligkeit
über alle Dinge zu verehren und zu lieben. Genau an dieser Stelle des
Leibnizschen Rechtsdenkens befindet man sich jedoch schon in jenem
Grenzbereich, wo Rechtsmetaphysik und Rechtsethik sich berühren
und miteinander verflochten sind. Aus den metaphysischen Wahrheiten
der Ordnung und Gerechtigkeit im Universum fließen die ethischen
Prinzipien der Liebe und Frömmigkeit zur Ehre Gottes und zur Erhaltung des göttlichen Gemeinwesens.

Mit der Lehre vom Gottesstaat in den „Principes" und in der „Monadologie" stehen wir im Zentrum und zugleich auch am Ende der
Rechtsmetaphysik Leibnizens. Die Naturrechtsidee im Rahmen der
„Jurisprudentia naturalis" hatte ihn zur Erkenntnis allgemeiner und
ewiger Gesetze der göttlichen Seinsordnung geführt. Der Gerechtigkeitsgedanke fand seine Begründung im Prinzip der Vollkommenheit
und in den ewigen Wahrheiten der Entsprechung und Verhältnismäßigkeit. Die drei Stufen des natürlichen Rechts endlich wurden zu Bereichen des ewigen und unveränderlichen Rechts erhoben. Jede Rechtsphilosophie blieb also für Leibniz im tiefsten Grunde stets auf die allgemeine Ordnung bezogen, wahrhaft eine „Jurisprudentia universalis",
die sich zugleich als „göttliche Rechtswissenschaft" (Jurisprudentia divina) verstand. Auch Leibniz schien nach eigenen Zeugnissen auf diese
Lehre besonders stolz gewesen zu sein und sie für den Inbegriff der
wahren Weisheit gehalten zu haben[499]. In letzter Konsequenz, wenn
auch nur selten ausdrücklich, bestimmte er deshalb die „allgemeine
Harmonie" (harmonie universelle) selbst zum höchsten Gesetz Gottes:
„Et puisque Dieu est juste, il faut dire qu'il a regard du bien de toutes

---

[499] Monita ad S. Pufendorfii Jus feciale divinum (April 1696), abgedruckt bei
Grua I, 376–378 (377): „Atque illud imprimis placuit, quod exposita doctrina de
pactis inter Deum et hominem (cui praeivere passim sacri scriptores) uberiorem
hunc divinae Jurisprudentiae locum fecit. Nam ut a me iam olim observatum est,
magna Theologiae pars nihil aliud est quam jurisprudentia quaedam sacra, de quo
generatim ita sentio: totam mentium universitatem esse unam civitatem maximam sub Monarcha Deo, qua nulla potest intelligi perfectior, ut quod de optima
Republica vel votis vel figmentis pro modo nostro designamus in rem ipsam contulerit suprema intelligentia, caeteris creaturis in id unum conditis uti inserviant
gloriae regis et civium felicitati. Quae doctrina semper apud me palmaria visa
est, artemque et caput continere verae sapientiae, ut a nemine satis vel explicatam
vel excultam mirer."

les créatures raisonnables autant, que le permet la perfection de l'Univers ou l'harmonie universelle, qui est la suprème Loy du créateur [500]."

B. Das natürliche Recht als Ordnung der göttlichen Gerechtigkeit (Rechtsethik)

Schon im Jahre 1693 hatte Leibniz im Anschluß an Prasch empfohlen, das Naturrecht der christlichen Lehre entsprechend fortzubilden [501]. Diese Forderung war durch die Konzeption seiner Rechtsmetaphysik nur scheinbar überdeckt und in den Hintergrund gedrängt worden, denn auch der Gottesstaatsgedanke wird von Leibniz zumindest in dem Bewußtsein der Übereinstimmung mit der christlichen Offenbarung entwickelt worden sein, wie der Hinweis auf die Heilige Schrift am Ende des „Discours" gezeigt hat. Mit den biblischen Weisungen, vor allem mit der „Summa Matthaei" und der „Goldenen Regel", trat der eigentlich rechtstheologische Kernbestand christlicher Lehren jedoch erst in einem zweiten Bereich der „jurisprudentia universalis" deutlich hervor: in der Leibnizschen *Rechtsethik,* die sich auf der Grundlage des Gerechtigkeitsbegriffs in enger Verbindung mit der Metaphysik zu einer allgemeinen Ordnung der Gottes- und Nächstenliebe entfaltete [502]. Denn Leibniz hatte schon sehr frühzeitig bemerkt, daß die „justitia universalis" nicht nur im formalen Sinn als Entsprechung von Vollkommenheiten verstanden werden dürfe, sondern daß sie auch selbst eine solche Vollkommenheit darstelle, und so von der Erkenntnis Gottes her die Gerechtigkeit im materialen Sinn auf die Liebe des Weisen (caritas sapientis, charité du sage) gegründet [503]. „Nam a cognitione Dei et amore profluunt justitia et caritas, documenta veritatis, cuius doctor Christus fuit [504]." Wie also der Ordnungsgedanke die Grundlage aller metaphysischen Betrachtungen Leibnizens bildete, so stand das Liebesgebot im Mittelpunkt seiner Rechtsethik:

---

[500] Brief an den Landgrafen Ernst von *Hessen-Rheinfels* vom 4. (14.) September 1690 (A I-6, 108).

[501] Vgl. oben Seite 418, Fußnote 354.

[502] Vgl. Gaston *Grua,* Jurisprudence universelle, S. 398–446; Justice humaine, S. 213–228.

[503] Vgl. oben Seite 385–395.

[504] „Guilielmi Pacidii Initia et Specimina Scientiae Generalis" (um 1695), abgedruckt bei *Erdmann,* S. 90 ff.

Ordnung und Liebe sind aufeinander verwiesen. Mit dieser Konzeption war es Leibniz zugleich gelungen, die unterschiedlichen zeitgenössischen Richtungen in der Überlieferung christlicher Naturrechtslehren miteinander zu verbinden. In der Gewißheit, jene Tradition trotz aller Auseinandersetzungen und Widerstände weitergeführt und neu gefestigt zu haben, bekannte Leibniz im Jahre 1706 noch einmal nachdrücklich: „Sublimior est vel pleniorque disciplina juris naturae exposita secundum disciplinam Christianorum [505]."

I. Gerechtigkeit und Liebe

Bevor der Lehre Leibnizens von der natürlichen Gerechtigkeit als Ordnung der Liebe zu Gott und zum Nächsten im einzelnen nachgegangen werden kann, bedarf es zunächst einer kurzen Erörterung seines Liebesbegriffs[505a]. Zwar hatte Leibniz schon im Jahre 1677 mit dem Satz: „Justitia est caritas sapientis", das Prinzip der Gerechtigkeit und den Liebesgedanken zusammengefügt und diese Definition auch weiterhin im Rahmen der „Jurisprudentia universalis" beibehalten[506], aber gleichwohl später mehrfach versucht, den Sinn der Worte „caritas" oder „charité" zu verdeutlichen und vor dem Hintergrund der christlichen Naturrechtstradition in ganz bestimmter Form festzulegen. Einen ersten Hinweis enthält bereits die von Leibniz so häufig zitierte Vorrede zum „Codex Juris Gentium diplomaticus" vom Jahre 1693, in der die „caritas" als „uneigennützige Liebe" (amor non mercenarius) erscheint. Sowohl vor diesem Zeitpunkt als auch danach finden sich jedoch bei Leibniz noch zahlreiche andere Bemerkungen über das Wesen der Liebe (la nature de l'amour), die sich ebenso wie der Gerechtigkeitsbegriff jeweils auf eine bestimmte Überlieferung stützen und ihrerseits auch im Denken Leibnizens sehr verschiedene Entwicklungsstufen durchlaufen haben. Um wenigstens einen Überblick zu vermitteln, soll im folgenden der Liebesgedanke allgemein und in seinen besonderen Erscheinungsformen zu einer Zeit untersucht werden, wo er sich bei Leibniz schon zu einer festen Vorstellung verdichtet hat. Dabei ist vor allem auszugehen von einem undatierten Brief an die

---

[505] Monita quaedam ad S. Pufendorfii principia (1706; Dutens IV, 3, 281).
[505a] Dieser Exkurs erhebt keineswegs den Anspruch auf Vollständigkeit. Zur weiteren Orientierung vgl. *Grua*, Jurisprudence universelle, S. 198–210.
[506] Vgl. oben Seite 391 ff.

Kurfürstin Sophie – geschrieben zwischen 1693 und 1704[507], von Anmerkungen zu einer Abhandlung des Erzbischofs Cambray aus dem Jahre 1697[508] und von den „Nouveaux Essais"[509].

In Anknüpfung an den christlichen Epikureismus vor allem bei Laurentius Valla und Robert Sharrock gelangte Leibniz zunächst zu der folgenden allgemeinen Definition der Liebe: Jemanden lieben (aimer) heiße, ein Vergnügen (plaisir) an seinen Vollkommenheiten oder Vorzügen und insbesondere an seinem Wohlergehen zu finden[510]. Zu diesem Satz sind in den Schriften Leibnizens mehrere Varianten enthalten: statt des Begriffs „plaisir" wird – synonym – verschiedentlich das Wort „Freude" (joie) gebraucht; aber auch der Gegenstand der Liebe wechselt: während anfangs allein die Glückseligkeit (félicité) des geliebten Wesens den Grad der Liebe bestimmte, traten später auch andere Eigenschaften, wie die Vollkommenheit (perfection) oder die Schönheit (beauté) hinzu. Selbst die biblische Formel von der Liebe „über alle Dinge" ordnete Leibniz seiner Definition unter: „Aimer sur toutes choses, c'est trouver tant de plaisir dans les perfections et dans le bonheur de quelqu'un qu'on compte pour rien tous les autres plaisirs, pourvu qu'on ait celuy là[511]." Allerdings, so fügte er hinzu, könne man nur Gott über alles lieben, weil nur seine Vollkommenheiten so groß seien, daß ein Vergnügen daran alle übrigen Freuden vergessen mache[512].

Eine solche Vorstellung ließ sich jedoch nicht ohne einschränkende Zusätze auf den in der christlichen Ethik fest verwurzelten Gedanken der „caritas" übertragen. Denn sonst wäre Leibniz wohl der Vorwurf nicht erspart geblieben, daß er mit seiner Verbindung von Liebe und Vergnügen doch im Grunde nur die Selbstliebe beschrieben habe. Deshalb versuchte er, der Lehre vom „amor amicitiae" bei Jacob Thoma-

---

[507] Undatierter Brief an die Kurfürstin *Sophie* von Hannover (Ger. VII, S. 546–550).
[508] Bemerkungen zu Mr. *de Cambray* (1697), abgedruckt bei *Erdmann*, S. 789–791.
[509] „Nouveaux Essais sur l'entendement humain" (1704), abgedruckt bei *Gerhardt* V, S. 62–509.
[510] Undatierter Brief an die Kurfürstin *Sophie* von Hannover (Ger. VII, 546): „Aimer est trouver du plaisir dans les perfections ou avantages et surtout dans le bonheur d'autruy."
[511] Ebenda (Ger. VII, 547).
[512] Ebenda (Ger. VII, 549).

sius folgend, zwischen einer Liebe des Wohlwollens (amour de bienveillance) und einer Liebe der Begierde (amour de concupiscence) zu
unterscheiden. Der „amour de bienveillance" sei uneigennützig oder
selbstlos (desinteressé) und bestehe lediglich in einem Vergnügen, das
schon die reine Betrachtung jener Vollkommenheiten des geliebten Wesens gewähre, ohne daß man dabei zugleich an einen eigenen Vorteil
denke, der daraus erwachsen könne[513]. Leibniz verglich diese Form der
Liebe auch mit der Freude, die man beim Anblick eines schönen Gegenstandes, etwa eines Bildes von Raphael, oder – wie Leibniz in galanter
Manier an die Kurfürstin Sophie schrieb – „de connoistre les incompa-
rables vertus de V. A. E." empfinde[514]. – Hingegen habe der „amour
de concupiscence" stets nur den eigenen Nutzen im Auge und achte
nicht auf die Vorzüge des geliebten Wesens[515].

Mit dieser Trennung von wohlwollender und begehrender Liebe war
nun zugleich auch der Begriff der „charité" in der Gerechtigkeitsdefinition Leibnizens eindeutig bestimmt. Denn die christliche Liebe zu
Gott und zum Nächsten ließ sich prinzipiell nur als selbstlose Liebe
verstehen, auch wenn nach biblischer Weisung die Nächstenliebe der
Selbstliebe als Maßstab bedarf. In solchem Sinne setzte Leibniz die
wohlwollende Liebe der christlichen Liebestugend unmittelbar gleich,
wie die Wortverbindung „l'amour de bienveillance ou la Vertu de la
Charité" zeigt[516]. Ein besonders kennzeichnendes Merkmal der selbstlosen Liebe zu Gott stelle die Zufriedenheit des Menschen mit der
Schöpfung dar und die Gewißheit, daß alles auf die bestmögliche Weise
geordnet sei[517]. Damit war Leibniz im Grunde zu seiner früheren Definition der „caritas" als „benevolentia universalis" zurückgekehrt[518],
oder genauer: er hatte sie ebenso wie den Begriff der Gerechtigkeit in
den Bereich der „jurisprudentia universalis" übernommen. Nur zum
besseren Verständnis umschrieb Leibniz die „charité" hin und wieder
mit den Bezeichnungen „amor non mercenarius", „amour non merce-

---

[513] Ebenda (Ger. VII, 547); Nouveaux Essais, Liv. II, chap. XX, § 4–5 (Ger.
V, 150).
[514] Brief an die Kurfürstin *Sophie* (Ger. VII, 546, 549).
[515] Ebenda (Ger. VII, 547–548).
[516] Ebenda (Ger. VII, 547).
[517] Ebenda (Ger. VII, 548).
[518] Vgl. oben Seite 386 ff.

naire", „amour desinteressé"[519] oder auch–wie in der „Monadologie" –
mit den Worten „pur amour veritable"[520].

Eines bleibt jedoch abschließend noch zu bedenken: die „caritas"
oder „charité", wie sie in der Leibnizschen Gerechtigkeitsdefinition in
Erscheinung tritt und als selbstlose Liebe auf dem Wohlwollen (benevolentia, bienveillance) beruht, bezieht sich stets auf die allgemeine
christliche Liebestugend und umfaßt damit sowohl die Liebe zu Gott als
auch die Liebe zum Nächsten. Dagegen liegt der „caritas" als Gebot der
„justitia particularis" auf der zweiten Stufe des Naturrechtssystems
eine engere Bedeutung zugrunde: sie richtet sich ausschließlich auf das
Nächstenverhältnis im „sozialtheologischen" Sinn[521] und wird von der
„justitia universalis" in der „pietas" des Gottesverhältnisses überhöht.
Diese Differenzierung erscheint zur Vermeidung von Mißverständnissen im Hinblick auf die Ordnung der Liebe bei Leibniz unerläßlich, zumal wenn man berücksichtigt, daß er die Nächstenliebe oft nur als eine
„logische" Folge der Gottesliebe betrachtet hat: „La charité envers le
prochain n'est qu'une suite de l'amour de Dieu[522]."

II. Die Liebe als natürliches Recht des Nächsten
(Justitia particularis)

Wie fast alle rechtsphilosophischen Anschauungen Leibnizens lassen
sich auch die Wurzeln des Gedankens der Nächstenliebe (caritas proximi) als Gebot des natürlichen Rechts und der Gerechtigkeit, aus der
christlichen Naturrechtstradition im 17. Jahrhundert überliefert, bis in
die frühen juristischen Arbeiten zu den „Elementa Juris Naturalis" zurückverfolgen. Schon dort wurde die Gerechtigkeit eine Eigenschaft genannt, aufgrund deren man alle Menschen zu lieben vermöge: „Justitia
est habitus amandi omnes[523]." Wie sich aus der Worterklärung zum
Begriff „omnes" ergab, waren in erster Linie die „personae" oder „so-
ziologisch" Nächsten gemeint. Erst später hat Leibniz mit der Umdeu-

---

[519] Bemerkungen zu Mr. *de Cambray* (Erdmann 789–791); Brief an die Kurfürstin *Sophie* (Ger. VII, 547–549); Nouveaux Essais, Liv. II, chap. XX, § 4–5
(Ger. V, 150).
[520] Monadologie 90 (Ger. VI, 622); vgl. Fußnote 498.
[521] So Erik *Wolf*, Recht des Nächsten. Ein rechtstheologischer Entwurf, 2. Aufl.,
Frankfurt/M. 1966, S. 22.
[522] Brief an André *Morell* vom 31. Mai 1697 (Grua I, 108).
[523] Vgl. oben Seite 379, Anm. 201.

tung des „amor"-Gedankens zur „caritas" auf die allgemeine christliche Liebestugend ausdrücklich Bezug genommen und damit seine ursprüngliche Gerechtigkeitsdefinition in Hinblick auf die Liebe zu Gott erweitert. So entstand der Satz: „Justitia est caritas sapientis[524]." Offenbar in Erinnerung an seine früheren Anschauungen von der Liebe (amor) im vorwiegend nächstenrechtlichen Sinn (justum est proportionale inter amorem mei et proximi)[525] und unter dem Eindruck der Werke Praschs prägte Leibniz letztendlich im Vorwort zum „Codex Juris Gentium diplomaticus" einen zweiten Begriff der „caritas" im engeren Sinne, der zwar auch von der allgemeinen Gerechtigkeitsdefinition umfaßt wurde, sich aber – ausschließlich als Liebe zum Nächsten verstanden – nur auf die partielle Gerechtigkeit (justitia particularis) bezog[526]. Lediglich in dieser engeren, nächstenrechtlichen Bedeutung soll im folgenden Teil der Liebesgedanke bei Leibniz untersucht werden.

Aber auch hier zeigt schon ein erster Überblick über die oft weit verstreuten Bemerkungen Leibnizens zum naturrechtlichen Gebot der Nächstenliebe, daß stets die Tradition der christlichen Rechtstheologie eine unerschütterliche Grundlage für seine Lehre vom „Nächsten" darstellte. So begründete er zum Beispiel den Plan einer Missionierung Chinas unter anderem auch mit der Pflicht zur Nächstenliebe: „Omnibus enim proposita esse debet Gloria Dei, et perfectio nostri, et charitas proximi[527]." Im Zusammenhang mit dem Reunionsproblem wies Leibniz an einer anderen Stelle darauf hin, daß die wahre und wesenhafte Gemeinschaft der Menschen untereinander als „Leib Christi" (corps de Jesus-Christ) allein durch die Liebe hergestellt werde[528]. Daneben finden sich aber auch Argumente aus dem Gebiet der Metaphy-

---

[524] Vgl. oben Seite 385 ff.

[525] Vgl. oben Seite 375, Anm. 181.

[526] Vgl. oben Seite 415, Anm. 340.

[527] Brief an Daniel *Papebroch* vom September 1687 (?) (A I-4, 654).

[528] Brief an Marie *de Brinon* vom 16. (26.) Juli 1691 (A I-6, 235): „La communication vraie et essentielle, qui fait que nous sommes du corps de Jesus-Christ, est la charité. Tous ceux qui entretiennent le schisme par leur faute, en mettant des obstacles à la réconciliation contraires à la charité, sont véritablement des schismatiques. Au lieu que ceux qui sont prêts à faire tout ce qui se peut pour entretenir encore la communion exterieure sont catholiques en effet." – Vgl. auch die „Bemerkungen zu Chr. *Thomasius*, An haeresis sit crimen, Halle 1697" (Grua I, 212): „Certe pessimae omnium sunt haereses, quae pietati plurimum obsunt, audiasque passim jactari sententias quae et amorem erga Deum, et caritatem erga proximum magnopere laedunt."

sik: Weil Gott die ewige und unveränderliche Quelle aller Vollkommenheiten und jeden wahrhaften Glücks bilde, sei keine Form der Zu-
neigung rühmlicher, sicherer und dauerhafter als jene Liebe, die sich
Gott verbunden wisse und im Hinblick auf Gott sich auch auf den
Nächsten erstrecke [529]. So kann eigentlich kaum mehr ein Zweifel daran
bestehen, daß Leibniz stets „den" Nächsten im theologischen Sinn vor
Augen hatte, wenn er die Begriffe „proximus" oder „prochain" gebrauchte. Allerdings – und auch das wiederum erscheint sehr kennzeichnend für sein Denken – hielt Leibniz die Nächstenliebe nicht nur für
eine Weisung Christi, sondern zugleich für ein Gebot der Vernunft:
„Itaque amare omnes, etiam nobis inimicos, odisse neminem etiam cui
cogimur nocere, non Christi magis quam supremae rationis praeceptum est [530]."

Im Zusammenhang dargestellt, erscheinen die wichtigsten Gedanken
Leibnizens zum Nächstenrecht jedoch erst in einigen, zumeist in deutscher Sprache verfaßten Schriften aus den Jahren 1695 bis 1700, in dem
französischen Fragment „La place d'autruy" und in den „Nouveaux
Essais", die nun im einzelnen behandelt werden sollen. Dabei sind stets
auch bestimmte Begriffe, wie „Weisheit", „Glückseligkeit" oder „höchstes Gut", zu beachten, denen in der Verbindung mit dem Gebot der
Nächstenliebe innerhalb der Leibnizschen Rechtsethik eine nicht uner-
hebliche Bedeutung zukommt.

1. Ähnlich wie bei seinen frühen Versuchen in Mainz, mit Hilfe von
Definitionsketten den Sinngehalt der Gerechtigkeit zu erfassen, stellte
Leibniz in den Jahren 1694 bis 1698 verschiedene Begriffsreihen auf,
deren Ausgangspunkt das Grundtheorem: „La félicité est un Etat durable de plaisir", bildete und die mit „logischer" Konsequenz zum Gebot der Nächstenliebe führten [531]. Zwar sind auch hier – wie so oft bei
Leibniz – im wesentlichen nur bereits bekannte Anschauungen aus früherer Zeit verarbeitet, aber neu miteinander verbunden und in zum
Teil veränderter Ausdrucksweise dargestellt. Die Glückseligkeit (félici-

---

[529] Brief an Marie *de Brinon* vom 9. (19.) Mai 1691 (A I-6, 198): „Et comme
Dieu est la source éternelle et immuable de toute perfection et de tout bonheur
veritable, il s'en suit qu'il n'y a point d'affection plus noble, plus solide et plus
durable, que celle qui s'attache à Dieu ou qui se repand sur le prochain en consideration de Dieu."
[530] Initia et Specimina Scientiae Generalis (um 1695), *Gerhardt* VII, 62.
[531] „La Félicité" (1694–1698?), abgedruckt bei *Grua* II, S. 579–584.

té), so begann Leibniz, sei ein Zustand andauernden Gefallens[532]. Wiederum erscheint an dieser Stelle also der Begriff des „plaisir", wie Leibniz ihn stets zur Kennzeichnung der Liebe (amour) verwandt hat. Insofern war also schon von vornherein eine enge Verbindung von Glückseligkeit und Liebe geschaffen. Hinzu trat nun der Gedanke der Weisheit (sagesse) als Wissenschaft von der Glückseligkeit, weil sie zu erkennen gebe, was man über alle Dinge erstreben müsse[533]. Durch eine Verknüpfung von Liebe und Weisheit gelangte Leibniz schließlich zum Begriff der Gerechtigkeit: „La justice est une charité (ou habitude d'aimer) conforme à la sagesse[534]." Erst jetzt wies Leibniz auch auf Gott als den letzten Grund all dieser Vollkommenheiten (la raison de la raison de perfection) hin: da die Liebe in der Freude an fremder Vollkommenheit bestehe und zugleich Gott ein absolut vollkommenes Wesen sei, erlange man durch die Liebe zu Gott die Glückseligkeit. Gott zu lieben, sei also nur möglich, wenn man seine Vollkommenheiten und seine Schönheit kenne[535]. Daraus lasse sich nun mit Sicherheit schließen, daß ein geistiges Wesen auch die Ordnung (l'ordre), den Grund (la raison) und die Schönheit (beauté) aller Dinge, die Gott geschaffen habe, verstehen müsse, um glückselig zu werden[536]. Dieser letzte Gedanke aber enthielt für Leibniz insbesondere bereits das Gebot der Nächstenliebe: „Il est tres vray par consequent qu'on ne sçauroit aimer Dieu sans aimer son frère, qu'on ne sçauroit avoir la sagesse sans avoir la charité." Später hat Leibniz an den Rand des Konzepts dazu die folgende Bemerkung geschrieben: „C'est la pierre de touche de la véritable vertu[537]." Der Zusammenhang von Gottes- und Nächstenliebe erwies sich also für Leibniz auch hier nur als eine „logische", nicht aber als eine

---

[532] La Félicité (Grua II, 579): „La félicité est um Etat durable de plaisir".

[533] Ebenda: „La sagesse est la science de la félicité, c'est ce qu'on doit estudier sur toutes choses."

[534] Ebenda: „La justice est une charité (ou habitude d'aimer) conforme à la sagesse. Ainsi quand on est porté à la justice, on tache de procurer du bien à tous, autant qu'on le peut, raisonnablement, mais à proportion des besoins et merites d'un chacun; et même si on est aussi obligé quelques fois de punir les mechans, c'est pour le bien general."

[535] La Félicité (Grua II, 580): „On est heureux quand on aime Dieu... Mais on ne scauroit aimer Dieu sans connoistre ses perfections ou sa beauté."

[536] La Félicité (Grua II, 581): „Il faut tenir pour asseuré que plus un esprit desire de connoistre l'ordre, la raison, la beauté des choses que Dieu a produites, et plus il est porté à imiter cet ordre dans les choses que Dieu a abandonnées à sa conduite, plus il sera heureux."

[537] Ebenda.

„existentiale" Notwendigkeit. Das zeigen sehr deutlich die Worte „par consequent". Deshalb scheinen sich auch alle folgenden Stellen, wo ebenfalls die Nächstenliebe nur logisch aus der Gottesliebe folgt, stets auf das soziale Nächstenverhältnis im Bereich der „justitia particularis" zu beziehen. Allerdings verstand Leibniz die menschliche „Sozialität" vom Gedanken der „Theologia naturalis" her immer zugleich auch als „Sozialität" geistiger Wesenheiten innerhalb des Gottesstaates. Nur in diesem sozialtheologischen Sinne könnte man bei Leibniz das nächstenrechtlich geordnete Verhältnis der Menschen untereinander mit Erik Wolf auch die „Nächstenschaft" nennen [538].

2. In engem Zusammenhang mit diesem Fragment über das Wesen der Glückseligkeit steht eine weitere Schrift Leibnizens aus der gleichen Zeit mit dem bekannten Titel: „Von der Weisheit [539]." Auch sie sollte eine ganz ähnliche Aufgabe erfüllen wie die erstere, nämlich auf dem Fundament des Satzes: „Weisheit ist die Wissenschaft von der Glückseligkeit", in Definitionsketten und durch entsprechende Erläuterungen den Begriff der „Weisheit" klären helfen. Leibniz glaubte nämlich, daß man, um einer „wahren und beständigen Freude" teilhaftig zu werden, das Wesen der Dinge verstehen und es deshalb zuvor „wissenschaftlich" erforschen müsse [540]. Innerhalb dieser „Wissenschaft von der Glückseligkeit" komme eine besondere Bedeutung aber vor allem der Lehre von Gott als dem vollkommensten Wesen zu und den Prinzipien der Religion, die zunächst den Menschen durch das „lumen naturale" offenbart, später durch Moses gefestigt und schließlich von Christus selbst bestätigt und erneuert worden seien [541]. Wenn aber die Welt, so folgerte Leibniz weiter, von einem im höchsten Grade vollkommenen,

---

[538] Erik *Wolf*, Recht des Nächsten. Ein rechtstheologischer Entwurf, 2. Aufl. Frankfurt/M. 1966, S. 22.

[539] „Von der Weisheit" (1694–1698), abgedruckt bei *Grua* II, S. 584–588. – Vgl. auch *Gerhardt* VII, S. 86–90, und *Guhrauer* I, S. 420–426.

[540] Von der Weisheit (Grua II, 585): „So ist es derowegen kein ding, so von ohngefähr zu thun, sondern eine große wissenschaft, verstehen was wahre beständige freude bringe. Und wird dazu erforderlich, daß man unsere und anderer dinge Natur in gewissen hauptpunkten verstehe."

[541] Ebenda: „Es komt aber solche Wissenschaft hauptsächlich an auff eine dienliche nachricht von dem allervollkommensten Wesen so man Gott nennet, das ist auff die wahre Religion, welche auch vor dem Mosaischen gesetz schohn durch das Liecht der Natur den Menschen offenbahret, und durch Mosen, auch letztens durch Christum selbst, erneuert und erläutert worden."

allmächtigen und allwissenden Wesen regiert werde, dann könne man auch mit Hilfe der Vernunft in der Erkenntnis dieses Wesens zu eben jener wahren und beständigen Freude gelangen [542]. Denn: „Gott ist die höchste Vernunfft, ordnung, zusammenstimmung, und Krafft und freyheit, also ie mehr man ihn besizet, wird man dessen allen fähig [543]." Weil aber die Menschen nur selten ihre Vernunft in der rechten Weise gebrauchen, habe schon Moses mit dem Dekalog und später Christus in den biblischen Weisungen „die höchsten wahrheiten und Regeln der glückseeligkeit" gelehrt [544]. Zwar seien auch die alten Philosophen in der Gottesfurcht und Ethik schon recht weit vorangeschritten, aber all dies werde noch bei weitem übertroffen von „der haupt-regel der christlichen Religion, daß wir Gott über alles, und andere Menschen wie uns selbst lieben sollen" [545].

Bedenkt man, daß damit deutlich die „Summa Matthaei" zum höchsten moralischen Gebot und zugleich im Leibnizschen Sinne auch zum obersten Grundsatz der Naturrechtslehre erhoben war, dann wird man der Ansicht, Leibnizens Anschauungen seien „weit stärker antik als christlich bestimmt" [546], wie schon mehrfach betont, zumindest nicht mehr vorbehaltlos folgen können. Da Leibniz im übrigen die Pflicht zur Nächstenliebe stets auch als ein Gesetz der Vernunft betrachtete, war es für ihn letztlich sogar noch nicht einmal entscheidend, ob man das Naturrecht unmittelbar auf die Offenbarung oder auf die Vernunft stützte: möglicherweise der Grund, weshalb er auch in die Auseinandersetzungen um das Vernunftrecht nur selten eingegriffen hat. Daß aber die Leibnizsche Naturrechtslehre stark von der protestantischen Rechts-

---

[542] Ebenda: „Denn wenn alles regiret wird von einem höchstvollkommenen, mithin allweisen und allmächtigen Wesen, so ist kein zweifel, daß die beständige wahre freude von ihm zu gewarten, und daß gewisse wege seyn, dazu zu gelangen, so in der höchsten vernunfft gegründet."

[543] Von der Weisheit (Grua II, 586).

[544] Von der Weisheit (Grua II, 585): „Daraus folget, daß Gott die wahre Religion bereits durch das Liecht der Natur (als eine ausstrahlung der höchsten vernunfft auf die unsere) denen Menschen geoffenbahret, ehe noch das Mosaische gesetz gegeben worden. Weilen aber die Menschen der Vernunfft sich selten gnugsam (recht) gebrauchen, hat Gott nicht nur durch weise Leute, sondern auch vornehmlich durch Mosen, und am herrlichsten durch Christum die höchsten wahrheiten und Regeln der glückseeligkeit vermittelst der erfüllung seines Willens die Menschen gelehrt."

[545] Ebenda.

[546] Vgl. oben S. 24.

philosophie im 17. Jahrhundert beeinflußt ist, wird man wohl kaum mehr bestreiten können.

In welch starkem Maße sich aber das Gebot der Nächstenliebe nach der Ansicht Leibnizens auch im „sozialen Raum" auswirken sollte, zeigt sehr eindrucksvoll die Tatsache, daß er vor allem die Förderung des Gemeinwohls als Erfüllung dieser Liebespflicht ansah: „Die rechte frucht und wahres kennzeichen der Liebe Gottes ist die Liebe des Nebenmenschen, oder ein ungefärbter Eifer zu beförderung des allgemeinen besten[547]." Denn die Liebe zum Nächsten gründe eigentlich auf einer Nachahmung Gottes, die von ihm geschaffene, bestmögliche Ordnung in der Welt auch weiterhin zu erhalten[548]. Offenbar in diesen Zusammenhang gehören vermutlich auch jene verschiedenen Pläne Leibnizens, im öffentlichen Interesse gewisse religiöse Gemeinschaften zu gründen, die er „société philadelphe", „ordre de la charité" oder „société des théophiles" nannte[548a]. „Folget demnach, daß sich auch die Liebe des Nechsten durch nichts mehr erzeige, als wenn man beschaffet, daß die Menschen erleuchteter und folgendtlich nach der vernunfft zu wuerken geneigter, das ist tugendhaffter, also glückseliger werden[549]." Im Hinblick auf den Umfang der Liebespflicht unterschied Leibniz jedoch gewisse Stufen und Grade: da „große Menschen" – gedacht ist offenbar an die „heroici ingenii viri" Luthers – sich kraft ihrer Weisheit zu einer höheren Stufe der Gottesliebe und damit der eigenen Glückseligkeit zu erheben vermögen, seien sie umgekehrt auch in stärkerem Maße befähigt und verpflichtet, die anderen Menschen zur Erkenntnis und Tugend zu führen und auf diese Weise „die Liebe des Nächsten zu üben"[550]. Hier beginnt sich schon ein Gedanke zu entfal-

---

[547] Von der Weisheit (Grua II, 586).

[548] Von der Weisheit (Grua II, 586–587): „Es ist eine nachahmung Gottes soviel an uns; weil Gott alles wohl und aufs beste gemacht, wollen wir auch so viel wir können alles bestmüglichst einrichten. Denn obschon auch ohne uns alles aufs beste gehen (und wir gott nichts geben noch nehmen) so werden doch wir dessen auch selbst genießen nach maaß unseres guthen willens und liechts."

[548a] Vgl. dazu die Schriften: „Ordo Caritatis Pacidianorum" (Couturat 3–5) und „Societas Theophilorum ad celebrandas laudes DEI opponenda gliscenti per orbem Atheismo" (Couturat 5–8).

[549] Von der Weisheit (Grua II, 586–587).

[550] Von der Weisheit (Grua II, 587–588): „Gleichwie nun große Personen durch würckung ander zu einer ungleichen Staffel der wahren glückseeligkeit steigen, mithin die herrlichste erkenntnis und tugend erlangen können, so haben sie auch wiederumb macht, liecht und tugend unter andere Menschen auszublasen; also in jenem die Liebe Gottes, in diesem die Liebe des Nächsten zu üben."

ten, der bisher nur sehr selten hervorgetreten ist: die „Praxis der Nächstenliebe" (la practique de la charité). In seinen frühen Abhandlungen hatte Leibniz nämlich das Gewicht vor allem auf die rein subjektive Neigung und Haltung gegenüber dem geliebten Wesen gelegt, während sich später der Akzent immer mehr auf das praktische Verhalten und die Verwirklichung der Liebe verschob.

3. Mit einem den Begriffen der Glückseligkeit und Weisheit gleichfalls sehr nahestehenden Problem beschäftigt sich auch eine weitere Schrift Leibnizens in deutscher Sprache, die von Guhrauer mit dem Titel „Von dem höchsten Gute"[551] nur ungenau bezeichnet ist. Gegenstand des Fragments ist nämlich die Gutheit in Gott, so daß die Überschrift besser „Vom höchsten Guten" lauten müßte. Wiederum stellte Leibniz die Liebe zu Gott in den Mittelpunkt seiner Überlegungen. Denn der Mensch lebe zu keinem anderen Zweck, als Gott in der Erkenntnis und Liebe seines Wesens zu verehren. Weil nun aber die „Lust" an der Gotteserkenntnis aus der Liebe fließe, die Liebe ihrerseits zu immer höheren Stufen der Erkenntnis führe und umgekehrt endlich die höhere Einsicht in das Wesen Gottes auch die Liebe vermehre, finde sich hier „eine herrliche stete Circulation"[552]. Bemerkenswert erscheint, daß Leibniz in deutlicher Abkehr gegen jede Form von Mystizismus und Pietismus diese Gotteserkenntnis in den sozialen Raum hineinstellte und davon überzeugt war, sie lasse sich nur „durch Mithülffe ander Menschen" gewinnen. Deshalb müsse das Ziel aller Ethik und Politik – „so am wenigsten geachtet zu werden pfleget" – vornehmlich im Dienst an der Ehre Gottes und in der Förderung der

---

[551] „Vom höchsten Gute" (1694–1698), abgedruckt bei *Guhrauer* II, S. 35 ff, 54 ff, und bei *Gerhardt* VII, S. 111–117.
[552] Vom höchsten Gute (Ger. VII, 114): „Und dieß demnach ist vor den Rechten Endzweck des Menschen zu halten; denn so weit er schöhne wahrheiten begreiffet, ist er ein Spiegel der Schönheit, breitet seine Ehre aus und nähret sich zu deßen vollkommenheit so viel immer müglich. Er lebet deswegen, hat auch leib und Sinne damit er die erkäntniß Gottes und daraus entstehende Liebe haben und mehren solle, immaßen die liebe nichts anders ist als eine Lust an der vollkommenheit oder glückseligkeit, zumal deßen, so sie überschwencklich besizet, und weil alle Lust einen trieb in sich hat, so folgt auß solcher Liebe durch eine herrliche stete Circulation ein trieb zu neuer erkentniß und folglich zu neuer Liebe."

menschlichen Glückseligkeit gesehen werden [553]. Dabei kam auch der Gerechtigkeit als „allgemeiner gutwilligkeit der weisheit gemäß" eine besondere Aufgabe zu. Bildete nämlich die Unterstützung der Mitmenschen in der Tat eine wirksame Vorbedingung jeder Gotteserkenntnis, dann konnte es Leibniz nur als vernünftig und ratsam betrachten, um der eigenen Glückseligkeit willen andere nicht zu verletzen (neminem laedere), sondern sich wohlwollend ihnen gegenüber zu verhalten [554]. Vor allem die nächsten Nachbarn dürfe man nicht gegen sich aufbringen [555]. Darüber hinaus müsse man aber auch seinerseits alles zum Wohlgefallen und zur sittlichen Vervollkommnung seiner Mitmenschen ausrichten (suum cuique tribuere), „wodurch man dann eigentlich die liebe des Nechsten gebührend übet" [556]. Ganz im Sinne der Vorrede zum „Codex Juris Gentium diplomaticus" hatte Leibniz also auch in dieser Schrift die Nächstenliebe in ihrer engeren Bedeutung behandelt und in den Ordnungsbereich der „justitia particularis" hineingestellt.

4. Zu der Frage, wie der Mensch im einzelnen zur Erkenntnis des göttlichen Wesens gelangen könne, nahm Leibniz in dem kleinen Aufsatz „Von der wahren Theologia mystica" [557] aus den Jahren 1695 bis 1700 Stellung. Um in seiner Seele das „innere Licht" zu entzünden, müsse der Mensch sich vor allem durch zwei Dinge leiten lassen: von

---

[553] Vom höchsten Gute (Ger. VII, 114): „Und weilen auch die Erkäntniß nicht beßer vermehret werden kan, als durch Mithülffe anderer Menschen, die Tugend auch nichts anders ist als eine fertigkeit mit verstand zu handeln, gleichwie die gerechtigkeit ist eine allgemeine Guthwilligkeit, der Weisheit gemäß, so erscheinet darauß clarlich, daß aller Ethic und Politick zweck dieß seyn solte, so am wenigsten geachtet zu werden pfleget, wie andere dahin zu bringen, daß sie zu unser und auch ihrer erkäntniß, liebe und also auch glückseeligkeit bestens arbeiten, mithin die Ehre Gottes vergrößern mögen."

[554] Vom höchsten Gute (Ger. VII, 116): „Dieweilen nun der Hauptzweck ist die Erkäntniß der vollkommenheiten und darauß entstehende Lust und Liebe zu Gott, aber wie oberwehnet, nichts zu unser erkäntniß mehr dienen, auch mehr daran hindern kan, als andere Menschen, so folgt darauß, daß man trachten müße sich dazu mit ihnen bestens zu verstehn."

[555] Vom höchsten Gute (Ger. VII, 116): „... so müßen wir zu forderst trachten die Menschen, die einiger maßen unsere Nachbarn seyn und mit uns zu thun haben können, so viel immer thunlich, nichts gegen uns zu haben, und zu dem ende ihnen von unsern verstand und willen eine guthe meinung beyzubringen, wozu den wohlstand oder das Decorum in acht zu nehmen dienlich."

[556] Ebenda.

[557] „Von der wahren Theologia mystica" (1695–1700), abgedruckt bei *Guhrauer* I, S. 410–413.

der Heiligen Schrift und durch Erfahrung der Natur[558]. „Wer das innerliche Licht denen Sinnbildern oder das Selbstwesen dem Unwesen
vorzuziehen weiß, der liebet Gott über alle Dinge. Wer nur Gott fürchtet, der liebt sich und sein Unwesen mehr als Gott[559]." Bei dieser Anschauung befand sich Leibniz zunächst noch ganz im Einklang mit der
mittelalterlichen Mystik; zugleich enthält der Hinweis auf das „lumen
naturale" eine deutliche Kritik an der Pascalschen Lehre von den „figures". Den Prüfstein einer wahren Gottesliebe jedoch, so fuhr Leibniz
fort, bilde die Liebe und der Dienst am Nächsten im sozialen Lebensbereich: „Die Schrift giebt eine schöne Probe zu wissen, ob der Mensch
Gott liebe, wenn er nämlich seinen Bruder liebet, und Andern, so viel
müglich und thunlich zu dienen trachte. Wer das nicht thut, rühmet sich
fälschlich der Erleuchtung, oder Christi und des Heiligen Geistes[560]."
Leibniz erblickte ein äußerliches Zeichen der Gottesliebe (pietas) also
nicht in der mystischen Versenkung in Gott, sondern stets in der tätigen Liebe zum Nächsten.

5. So findet sich in den Werken von Leibniz auch eine sehr ausführliche Lehre von der „praktischen Nächstenliebe" (la practique de la
charité), die sich, gerade auch im Anschluß an das überlieferte reformatorische Naturrechtsdenken, wesentlich auf die „Goldene Regel"
stützt. Mit ausdrücklichem Bezug auf Luther stellte Leibniz zunächst
fest, daß das Reich Gottes (zur Rechten) auch ohne die Gebete und
Werke des Menschen unveränderlich und ewig bestehen bleibe; nur der
Anteil des Menschen selbst an der allgemeinen Glückseligkeit innerhalb
dieses Reiches richte sich nach seinen guten Gedanken und Handlungen[561]. Vor allem aus diesem Grunde forderte Leibniz einen „amour
actif par la charité"[562] und schrieb im Jahre 1681 an den Landgrafen

---

[558] Von der wahren Theologia mystica (Guhrauer I, 410): „Unter den äußerlichen Lehren sind zwei, die das innerliche Licht am besten wecken: das Buch der
Heiligen Schrift und die Erfahrung der Natur. Doch helfen beide nicht, wenn das
innerliche Licht nicht mitwirkt."
[559] Ebenda.
[560] Ebenda.
[561] Brief an André *Morell* vom 1. Oktober 1697 (Grua I, 114): „Le Royaume
de Dieu vient encore sans nos prières et sans nos soins, comme Luther dit exellemment dans son petit catechisme pour les enfans. Mais nous prendrons part à la
félicité de ce Royaume à mesure que nous y aurons eu part par les bonnes
pensées et par des bonnes actions."
[562] Ebenda (Grua I, 117).

von Hessen-Rheinfels: „. . . tournant tousjours tout au grand but de la gloire de Dieu, et y joignant une véritable practique de la charité entre eux et envers les autres [563]."

Im einzelnen entwickelte Leibniz seine „Theorie der praktischen Nächstenliebe" in einem sehr wichtigen Fragment, das vermutlich erst während der Jahre 1700 bis 1705 entstanden sein wird und „La place d'autruy" überschrieben ist [564]. „Der Standort des anderen ist der wahre Gesichtspunkt in der Politik ebenso wie im Bereich der Morallehre [565]." Denn die Weisung Christi, sich bei allem Tun stets in den anderen hineinzuversetzen, diene nicht nur der Ehre Gottes auf dem Gebiete der Ethik und helfe dem Menschen, seine Pflichten gegenüber dem Nächsten zu erkennen, sondern sei zugleich auch in der Politik von großem Nutzen, wenn man die Absichten seines Gegners in Erfahrung bringen wolle [566]. Wiederum versuchte Leibniz, eine Regel des Nächstenrechts sowohl mit dem Hinweis auf die Offenbarung zu begründen, als auch unmittelbar auf die praktische Vernunft zu stützen. Man wird jedoch daraus nicht einfach folgern dürfen, daß Leibniz die Ordnung der Nächstenliebe als „Vernunftrecht" verstanden wissen wollte; es ging ihm vielmehr stets in erster Linie darum, religiöse Wahrheiten mit Hilfe der Vernunft unter Beweis zu stellen, um ihnen auf solche Art eine größere Überzeugungskraft zu verleihen. In diesem Sinne ist auch die Bemerkung zu verstehen, erst das Gebot, sich die Lage des anderen zu vergegenwärtigen, veranlasse den Menschen, in der Politik wie in der Ethik zu Überlegungen, die er sonst nicht angestellt hätte. Wenn man nämlich aus der Sicht des anderen beispielsweise etwas als ungerecht empfinde, dann liege zumindest der Verdacht einer Ungerechtigkeit schon sehr nahe [567]. – Den rechten Sinn des Prinzips: „se mettre à la place d'autruy", fand Leibniz sowohl in der positiven wie in der nega-

---

[563] Brief an den Landgrafen von *Hessen-Rheinfels* vom Jahre 1681 (A II–1, 514).

[564] „La place d'autruy" (1700–1705), abgedruckt bei *Grua* II, S. 699–702.

[565] La place d'autruy (Grua II, 699): „La place d'autruy est le vrai point de perspective en politique aussi bien qu'en morale."

[566] Matth. 7, 12; Luc. 6, 31.

[567] La place d'autruy (Grua II, 701): „Ainsi on peut dire que la place d'autruy en morale comme en politique est une place propre à nous faire decouvrir des considerations qui sans cela ne nous seroient point venues, et que tout ce que nous trouverions injuste si nous etions à la place d'autruy nous doit paroistre suspect d'injustice."

tiven Form der „Goldenen Regel" ausgedrückt: „Ne fais ou ne refuse point aisement ce que tu voudrois qu'on te fit ou qu'on ne te refusast pas[568]."

In engem Zusammenhang mit diesen Gedanken Leibnizens steht ein Kapitel in den „Nouveaux Essais" vom Jahre 1704[569], wo die „Goldene Regel" ausdrücklich zu den „eingeborenen Ideen" (idées innées) gerechnet wird. Diesen ursprünglich cartesianischen Begriff modifizierte Leibniz jedoch dahingehend, daß er die Ideen mit unmittelbarer Evidenz von solchen angeborenen Ideen unterschied, die gleichwohl noch bewiesen und erklärt werden müßten, weil nicht jedermann sie von vornherein aus sich heraus erkennen könne. Letztere seien identisch mit den „ewigen Wahrheiten", die zwar auch im Menschen angelegt, aber seinem Bewußtsein nicht ohne weiteres zugänglich seien. So hänge – wie die Mathematik – auch die gesamte Ethik (la science Morale) von bestimmten „Beweisen" (demonstrations) ab, obwohl ihre Prinzipien unwandelbar und ewig in der Weisheit Gottes und damit auch in der allgemeinen Ordnung und im Wesen des Menschen begründet liegen[570]. In diesem Sinne sei zwar auch die „Goldene Regel" wahr, aber sie bedürfe dennoch nicht nur eines Beweises, sondern darüber hinaus auch einer ausführlichen Darstellung[571]. Denn sie sei weit davon entfernt, für sich genommen schon als absoluter Maßstab menschlichen Verhaltens auszureichen, weil ihr eigentlicher Sinn nur darin bestehe, auf den Standort des anderen (la place d'autruy) als Gesichtspunkt einer „billigen" Entscheidung hinzuweisen[572]. Daß Leibniz also die „Goldene Regel" nicht, wie es nahegelegen hätte, aus seinem Gerechtigkeitsbe-

---

[568] Ebenda.

[569] Vgl. oben Fußnote 509.

[570] Nouveaux Essais, Liv. I, chap. 2, § 9 (Ger. V, 84): „La science Morale (outre les instincts comme celuy qui fait suivre la joye et fuir la tristesse) n'est pas autrement innée que l'Arithmetique, car elle depend aussi des demonstrations que la lumière interne fournit. Et comme les demonstrations ne sautent pas d'abord aux yeux, ce n'est pas grande merveille, si les hommes ne s'apperçoivent pas tousjours et d'abord de tout ce qu'ils possèdent en eux, et ne lisent pas assés promtement les caractères de la loy naturelle, que Dieu, selon S. Paul, a gravé dans leur esprits."

[571] Nouveaux Essais, Liv. I, chap. 2, § 4 (Ger. V. 83–84): „Quant à la règle, qui porte, qu'on ne doit faire aux autres, que ce qu'on voudroit, qu'ils nous fissent, elle a besoin non seulement de preuve, mais encore de declaration."

[572] Ebenda: „Mais ainsi cette règle bien loin de suffire à servir de mesure, en auroit besoin. Le véritable sens de la règle est, que la place d'autruy est le vrai point de vue pour juger équitablement lorsqu'on s'y met." – Vgl. auch die „Méditation sur la notion commune de la justice" (1700–1705), abgedruckt bei *Mollat*, S. 41–70 (57): „Mais cette convenance ou ce qui appartient, se connaît par la règle de l'équité ou

griff, das heißt, aus der Liebe des Weisen ableitete, sondern lediglich als Prinzip der „Billigkeit" verstand, zeigt erneut, wie weitgehend er sich auch hier an die reformatorische Naturrechtstradition – insbesondere an Oldendorp und Reinking – anschloß.

Mit dem Entwurf einer „practique de la charité" fand die „Ordnung der Liebe", von Leibniz als natürliche Rechtsordnung innerhalb des göttlichen Gemeinwesens verstanden, ihren konkret sichtbaren Ausdruck in der Welt, im Bereich menschlicher Sozialität. Dieses „Recht des Nächsten" beruhte auf der selbstlosen Liebe des Menschen zu Gott und fand seinen legitimierenden Grund unmittelbar in den Weisungen der Heiligen Schrift und erst sekundär auch in den Prinzipien der Vernunft. So bildeten traditionsgemäß der Dekalog und die „Summa Matthaei" auch für Leibniz die eigentlichen Kernnormen des Nächstenrechts im Sinne von naturrechtlich gebotenen Verhaltenspflichten der Menschen untereinander, während der „Goldenen Regel" als Maßstab der Billigkeit nur eine limitierende und korrigierende Funktion zukam. Bezogen auf die allgemeine Ordnung im Gottesstaat als Gegenstand der „Jurisprudentia universalis", ist damit das Recht des Nächsten dem Bereich der „justitia particularis", der Gerechtigkeit im engeren Sinne, zuzuweisen.

III. Die Liebe als natürliche Gerechtigkeit Gottes
(Justitia universalis)

Im Mittelpunkt der Leibnizschen Rechtsethik stand jedoch nicht die menschliche Ordnung der Liebe zu Gott und zum Nächsten, sondern die Gottesrechtslehre, der Gedanke der göttlichen Gerechtigkeit aus seiner Liebe zur Kreatur. Schon sehr frühzeitig hatte Leibniz den Begriff der Gerechtigkeit im Hinblick auf die göttlichen Vollkommenheiten immer wieder neu zu bestimmen versucht, bis er endlich im Jahre 1677 das „arcanum motus" in der Liebe des Weisen gefunden zu haben glaubte. Später gründete er die Gerechtigkeit unmittelbar auf das Wesen Gottes: „Justitia est caritas sapientis. Haec sequitur ex natura Dei[573]." Von diesem Zeitpunkt an bildete die Vorstellung vom

---

de l'égalité: Quod tibi non vis fieri aut quod tibi vis fieri, neque aliis facito aut negato. C'est la règle de la raison et de notre Seigneur. Mettez-vous à la place d'autruy, et vous serez dans le vrai point de vue pour juger ce qui est juste ou non."
[573] Diskussion mit Gabriel *Wagner* vom März 1698 (Grua I, 389—399, 392 f.).

„Deus justus" nicht nur einen festen Bestandteil seines Rechtsdenkens[574], sie wurde von Leibniz auch innerhalb seiner philosophischen
Schriften immer wieder neu unter Beweis gestellt. Davon zeugen zunächst einige kleinere Gelegenheitsarbeiten, vor allem aber Leibnizens
rechtsphilosophisches Hauptwerk, die „Théodicée". Zugleich war Leibniz davon überzeugt, daß auch die menschliche Gerechtigkeit ihre Quelle in der „justitia divina" finde, weil der „Begriff" des Gerechten (la
notion de la justice) ebenso wie alle übrigen Regeln der Rechtswissenschaft auch Gott selbst angehe und damit innerhalb der „Jurisprudentia
universalis" behandelt werden müsse[575]. In diesem Sinne erscheint der
für Gott und die Menschen gleichermaßen verbindliche, allgemeine „Begriff" der Gerechtigkeit bei Leibniz als die eigentliche „justitia universalis".

1. In den Jahren 1698 bis 1701 hatte Leibniz zusammen mit Molanus verschiedene kleinere Aufsätze verfaßt, die in den Unionsgesprä-
chen zwischen Reformierten und Lutheranern als Diskussionsgrundlage
dienen sollten, weil man allseits die „Confessio Augustana" hierzu
nicht für ausreichend hielt. Daraus entstand ein „Unvorgreiffliches Bedencken"[576] über die Frage der Gnadenwahl, worin im einzelnen die
„attributa divina" und damit auch die göttliche Gerechtigkeit ausführlich behandelt wurden. Unter Hinweis auf seine Gerechtigkeitsdefinition ging Leibniz zunächst davon aus, daß auch die Gerechtigkeit Gottes mit seiner Weisheit und Güte übereinstimmen müsse[577]. Diese Be-

---

[574] Vgl. „De Libertate" (1683–1686; Grua I, 307): „6. Deus est summe justus." –
„De Libertate creaturae" (1697; Grua I, 380): „Tria sunt summa capita doctrinae
totius de fato, libero arbitrio, gratia, praescientia, praedestinatione: primo Deum
esse justum, secundo Hominem esse liberum, tertio omne bonum opus auxilio gratiae
incipi et peragi."

[575] Monita quaedam an S. Pufendorfii principia (1706; Dutens IV, 3, 282):
„Quin potius in scientia juris a divina justitia, tanquam fonte, humanam, ut plena
sit, derivari convenit. Notio certe justi non minus, quam veri ac boni etiam ad
Deum pertinet, immo ad Deum magis, tanquam mensuram ceterorum, communes-
que regulae utique in scientiam cadunt, et in jurisprudentia universali tradi debent."

[576] „Unvorgreiffliches Bedencken über eine Schrift genandt Kurze Vorstellung..."
(1698–1701), abgedruckt bei *Grua* I, S. 428–447.

[577] Bedencken (Grua I, 430): „Mit der Gerechtigkeit Gottes, welche in der Dispensation des Guthen und Bösen gegen andere eigentlich beruhet, hat es ebenmäßige
bewandtnis, daß sie mit der Weisheit und mit der Güthe Gottes sich verstehen
müsse."

hauptung ließ sich noch verhältnismäßig leicht begründen. Sehr viel schwieriger zu lösen war hingegen jenes heftig umstrittene Problem, ob die Allmacht Gottes allein das Recht schaffe, so daß er, wenn er nur wolle, auch Unschuldige bestrafen könne, oder ob bestimmte allgemeine Regeln der Gerechtigkeit seinem Willen gleichsam vorgegeben seien[578]. Wenn man Gott ohne Vorbehalt als einen absoluten Herrn über alle Dinge setze, so räumte Leibniz ein, dann sei es freilich möglich, ihm auch das „universalste recht über alles" zuzuerkennen. Gott wäre dann in der Lage, Unschuldige zu verdammen und sein Wort zu brechen, ohne die Grundsätze der Gerechtigkeit zu verletzen und sich als ungerecht zu erweisen. Vor allem aber – und darauf legte Leibniz offenbar ein besonderes Gewicht – werde unter dieser Voraussetzung auch dem Menschen ein jegliches Recht gegenüber Gott verweigert[579]. „Wer siehet aber nicht", so fuhr Leibniz fort, „daß eine solche Definition unzulänglich, zumahlen allhier von einer solchen Gerechtigkeit die Frage, die mit der Güthe und Weisheit bestehen kann, ja in der that aus beyden entspringet?" Denn die „wahre justiz" liege in einer allgemeinen Gutwilligkeit, der Weisheit gemäß[580]. Dieser Gerechtigkeitsbegriff müsse aber auch für Gott gelten, der Gut und Böse in seiner höchsten Weisheit so verteile, daß von allem Guten möglichst viel, von allem Übel jedoch nur so viel, wie zur Entstehung eines noch größeren Gutes nötig sei, sich in der Welt finde[581]. „Auf die Maasse würde die Verdammung eines Unschuldigen, die Widerrufung göttlicher Zusage, und dergleichen,

---

[578] Ebenda: „Hier entstehet nun die frage de jure Dei, vom Recht Gottes, ob nehmlich Gott gleich wie die höchste und allerweiseste sich ausstreckende Macht, also auch das höchste weitschweifigste Recht habe, also das ihm alles Recht sein könne, was ihm müglich ist, wenn ers nur thun wolle, sogar daß er mit Recht auch unschuldige ins ewige Verderben stürzen könne."

[579] Bedencken (Grua I, 431): „Auf die Maasse könnte man freylich sagen, alles sey Gott recht gegen andere, hingegen andere, und der Mensch insbesondere, habe kein Recht gegen Gott; es habe Gott nicht nur das höchste und vollkommenste, sondern auch das universalste recht über alles, er könne ohne Beleidigung der Gerechtigkeit den unschuldigen verdammen, seyn worth nicht halten, und dergleichen, weil er keinen Oberherrn, dem er seines thuns oder lassens Rechenschaft zu geben, erkennet."

[580] Ebenda.

[581] Bedencken (Grua I, 431): „Und sonderlich kan und muß sie bey Gott nichts anders seyn, als die allgemeine Guthwilligkeit Gottes, krafft deren er geneigt ist, das Guthe und Böse seiner höchsten Weißheit gemäß gegen andere zu dispensiren, und zwar das Guthe so viel thunlich, das Böse oder malum poenae aber so viel zur erstattung des übels und zu erlangung eines größeren Guthes dienlich."

kein Actus conformis justitiae seyn, weil ein solches Verfahren der Güthe und Weisheit Gottes schnurstracks zu wieder lauffen würde[582]." War Leibniz in der „Nova Methodus" noch der Meinung, daß niemandem im Hinblick auf Gott ein Recht zukommen könne[582a], so klingt in diesen Sätzen bereits deutlich der Gedanke zumindest von gewissen Pflichten Gottes gegenüber den Menschen an. Auch in diesem Punkte hatte also die Lehre von der „Jurisprudentia universalis" zu einem Wandel der Anschauungen innerhalb des Leibnizschen Rechtsdenkens geführt. Je stärker das Gottesstaatsprinzip in den Vordergrund trat, desto entschiedener gestaltete Leibniz auch die Beziehungen zwischen Gott und den Menschen zu einem Rechtsverhältnis aus, ja schließlich sogar zu einem „Vertragsverhältnis", wie das Fragment „De Novo Foedere"[583] zeigt. Dabei knüpfte er an eine in der reformierten Theologie des 17. Jahrhunderts sehr häufig erörterte Streitfrage an: ob nämlich zwischen dem freien göttlichen Willen (Prädestination) und der Verpflichtung Gottes zur Bundestreue gegenüber den Erwählten (Prädestinierten) möglicherweise ein Widerspruch bestehen könne, wenn man dieser göttlichen Pflicht prinzipiell auch schon im weltlichen Bereich einen Erfüllungsanspruch des Menschen zuordnen wollte. Unter der Führung des holländischen Theologen Johannes Coccejus entschied man sich weitgehend für die absolute Willensfreiheit Gottes und versuchte, den Bundesgedanken rein eschatologisch zu begründen. Dagegen wandte Leibniz – wohl in ironischer Absicht – ein, daß der „Neue Bund" einen Vertrag (contractus) darstelle, in dem Gott den Menschen unter gewissen Bedingungen die Glückseligkeit (felicitas) versprochen habe. Wenn man nun davon ausgehe, daß Christus als „Vertragspartner" ein Mensch gewesen sei, dann dürfe man diese Zusage Gottes nicht nur als Testament, als „Verfügung von Todes wegen" betrachten, sondern müsse sie vielmehr als eine „bedingte Schenkung unter Lebenden" verstehen[584]. Denn das ewige Leben sei den Gerechten und viel-

---

[582] Bedencken (Grua I, 432).
[582a] Nova Methodus, Pars II, § 25 (A VI–1, 311): „. . . in comparatione ad Deum nullum dari ius."
[583] „De Novo Foedere" (1693), abgedruckt bei *Grua* I, S. 241–242.
[584] De Novo Foedere (Grua I, 241): „Foedus est contractus inter Deum et hominem, quo Deus felicitatem homini sub certis conditionibus promittit et extrema supplicia non implentibus vicissim minatur. Sed si rem ad vivum recenses, multa desunt. Neque enim video, cur quod Testamentum vocant non sit potius donatio conditionalis inter vivos, quam mortis causa, nisi Christum hominem advoces."

leicht auch den reuigen Sündern schon nach natürlichem Recht (jure naturali) verheißen; deshalb komme es beim „Neuen Bund" in erster Linie darauf an, was Gott zusätzlich versprochen und sich ausbedungen
habe[585]. Es ist anzunehmen, daß Leibniz sich der Fragwürdigkeit einer
solchen Übertragung von juristischen Begriffen in das Gebiet der Theologie bewußt gewesen ist, abgesehen davon, daß der Vergleich ohnehin
hinkt. Immerhin hatte Leibniz die Theologie im Rahmen der allgemeinen Rechtswissenschaft stets als „Jurisprudentia divina" begriffen und
nunmehr daraus auch gewisse, wenngleich juridisch überspitzte Folgerungen gezogen.

  Dies vorweggenommen, erscheint es kaum noch verwunderlich, daß
Leibniz im „Unvorgreifflichen Bedencken" entgegen seiner Ansicht in
der „Nova Methodus" auch den Menschen in gewisser Weise ein Recht
gegen Gott zugestand: „Und wenn man demnach, krafft dieser Definition der Justiz daß jenige ein (obschohn ohnvollkommenes) Recht nennen will, was einer (es sey ein weg rechtens vorhanden oder nicht) mit
guthem fug begehren, und, da er es nicht erhält, sich darüber mit fug
beschwehren kan, so köndte man sagen, es hätte auch der Mensch ein
Recht auf gewisse Maasse bey Gott, als zum Exempel aus göttlicher
Verheißung zu dem was Gott versprochen, aus der Unschuld, im fall
jemand vor Gott unschuldig seyn solte, zu der nicht verstraffung, und
dergleichen[586]." Zu fest war Leibniz jedoch von der Gerechtigkeit Gottes überzeugt, als daß er auch nur die Möglichkeit einer Inanspruch-
nahme dieses menschlichen Rechts gegenüber Gott in Erwägung gezogen hätte. „Weil aber aus dem Licht der Natur gewiß, daß bei Gott
nicht allein die höchste Macht, sondern auch die höchste Güthe und
höchste Weisheit ist, so folget daraus, das bey Gott das höchste und
beste recht, auch die vollkommenste Gerechtigkeit seyn müsse, also und
dergestalt, daß niemand über Gott zu klagen die geringste wahre Ursach haben könne, sondern all unsere Klagen aus bloßer Unwissenheit
und unverstand herrühren müssen, indem wir das βάϑος des ewigen Ra-
thes nicht ergründen, noch in die verborgene tieffe der beweglichen Ursachen, so die göttliche Allwissenheit gehabt, hineinschauen können, da

---

[585] Ebenda: „Quod foedus attinet, quaeri potest quid Deus promiserit stipulatusve
sit, non iam tum ipso naturali jure adventurum aut debitum. Vita enim aeterna et
recte viventibus et fortasse etiam poenitentibus naturali jure constituta est quemadmodum et poena malis."
[586] Bedencken (Grua I, 432).

wir sonst sehen und erfahren würden, daß der Herr alles wohl gemacht habe[587]." Dieser Gedankengang Leibnizens enthält in den Grundzügen bereits die Lösung des Théodicée-Problems: aus den Vollkommenheiten Gottes, insbesondere aus seiner Weisheit und Güte, ergab sich im Hinblick auf die Definition: „Justitia est caritas sapientis", unmittelbar das Prinzip der göttlichen Gerechtigkeit: Alles, was jenem Prinzip in der Welt zu widersprechen scheine, stimme in Wahrheit, wenn auch für die Menschen zumeist unerkennbar, mit der „justitia Dei" überein. Die eigentliche Schwierigkeit lag für Leibniz lediglich darin, diese Gewißheit ausschließlich mit Hilfe der Vernunft zu beweisen und im Rückgriff auf den Satz vom zureichenden Grund und den Satz vom Widerspruch als „denknotwendig" erscheinen zu lassen.

2. Einen ersten Schritt auf diesem Wege stellte der schon mehrfach besprochene Versuch Leibnizens dar, das Prinzip der Gerechtigkeit auf einen „Begriff" (notion) zu bringen[588], der sowohl den menschlichen Gerechtigkeitsvorstellungen entsprach als auch der „justitia Dei" angemessen war. Wenn er bei seiner Beweisführung zunächst den Schwerpunkt allein auf die Begründung der göttlichen Gerechtigkeit legte, so war damit die Überzeugung zum Ausdruck gebracht, daß alles menschliche Recht, wie immer es auch geartet sein möge, stets seinen Ursprung in Gott finde. – Obwohl Leibniz nur selten eine Gelegenheit ungenutzt ließ, um auf die Übereinstimmung des Gerechtigkeitsbegriffs bei Gott und den Menschen hinzuweisen, liegt eine abschließende Zusammenfassung dieser Gedanken erst in der „Méditation sur la notion commune de la justice" aus den Jahren 1700 bis 1705 vor[589]. Diese Schrift war vermutlich für die Königin Charlotte Sophie von Preußen bestimmt und enthielt – ebenso wie einige weitere Fragmente – das Ergebnis gemeinsamer Gespräche über die göttliche Gerechtigkeit.

Einleitend nahm Leibniz ausführlich zu jenem schon in der Scholastik heftig umstrittenen Problem Stellung, ob die Gerechtigkeit Gottes auf seinem Willen beruhe oder zu den ewigen Wahrheiten in der „Natur der Sache" (nature des choses) gehöre[590]. Wollte man behaupten, die

---

[587] Bedencken (Grua I, 432).

[588] Nouveaux Essais, Liv. III, chap. 5, § 12 (Ger. V, 282–283).

[589] „Méditation sur la notion commune de la justice" (1700–1705), abgedruckt bei Mollat, S. 41–70.

[590] Méditation (Mollat 41): „On convient que tout ce que Dieu veut, est bon et juste. Mais on demande, s'il est bon et juste, parce que Dieu le veut, ou si Dieu le

„justice de Dieu" hänge letztlich nur von Gottes freiem Willen ab, dann würde man im Ergebnis die göttliche Gerechtigkeit selbst zerstören. Denn warum solle man Gott loben, daß er gerecht handele, so fragte Leibniz, wenn der Begriff des Gerechten das göttliche Tun nicht näher zu bestimmen geeignet sei [591]. Der Heiligen Schrift hingegen liege eine völlig andere Vorstellung von Gott zugrunde, nämlich die eines gütigen Gottes, der sich allen Vorwürfen gegenüber rechtfertige [592]. Zum ersten Male begegnet man an dieser Stelle dem Gedanken einer „Verteidigung" Gottes, wie sie Leibniz später selbst gleichsam „stellvertretend" für Gott in seiner „Théodicée" übernommen hat. Der eigentliche Kerngedanke kam dabei in der folgenden Überlegung Leibnizens zum Ausdruck: Wenn man die allgemeine Ordnung (l'ordre universel) verstehen könne, dann würde man sicherlich feststellen, daß es nicht möglich sei, irgend etwas daran zu verbessern [593]. Selbst in den kleinsten Dingen sei eine Ordnung zu erkennen; man brauche nur Insekten oder andere Lebewesen unter dem Mikroskop zu beobachten [594].

veut, parce qu'il est bon est juste, c'est-à-dire, si la justice ou la bonté est arbitraire ou si elle consiste dans les vérités nécessaires et éternelles de la nature des choses, comme les nombres et les proportions."

[591] Méditation (Mollat 41): „En effet, elle détruirait la justice de Dieu. Car, pourquoi le louer, parce qu'il agit selon la justice, si la notion de la justice chez lui n'ajoute rien à celle de l'action? Et de dire ,stat pro ratione voluntas', ma volonté me tient lieu de raison, c'est proprement la devise d'un tyran." – Vgl. die „Bemerkungen zu Burnet" (1705; Grua I, 252): „Quod denique subjicitur quicquid Deus vult, id justum esse, quia id vult, nam Dei voluntatem utique regulam justitiae et boni esse supremam, et rationi reddendae non obnoxiam, inaccountable: id non magis probo. Non voluntas sed sapientia Dei justitiae regula ultima est. Voluntas sapientis est consectarium intellectus. Despoticum vero et tyrannicum foret, si pro ratione staret voluntas."

[592] Méditation (Mollat 42): „La sainte Écriture nous donne aussi une toute autre idée de cette souveraine substance, en parlant si souvent et si fortement de la bonté de Dieu et l'introduisant comme une personne qui se justifie contre les plaintes. Et dans l'histoire de la création du monde, l'Écriture dit que Dieu considéra ce qu'il avait fait, et le trouva bon, c'est-à-dire, il était content de son ouvrage et avait raison de l'être."

[593] Méditation (Mollat 45): „Et il faut tenir pour certain qu'on trouverait, si l'on entendait l'ordre universel, qu'il n'est point possible de rien faire de mieux que ce qu'il fait."

[594] Méditation (Mollat 50): „Aussi trouvons-nous l'ordre et le merveilleux dans les moindres choses entières, lorsque nous sommes capables de distinguer en même temps les parties et d'envisager le tout, comme il paraît, en regardant les insectes et autres petites choses par le microscope. Donc par plus forte raison, l'artifice et l'harmonie se trouverait dans les grandes choses, si nous étions capables de les envisager entières."

Allerdings lehre die Erfahrung auch, daß Gott gewisse Gründe seines
weisen Handelns vor den Augen der Menschen verborgen halte, wenn
man gute Menschen unglücklich finde oder Verbrecher im Wohlstand[595]. Den Grund dafür aber, daß sich die Schönheit und Gerechtigkeit der göttlichen Herrschaft zum Teil dem menschlichen Verständnis entziehen, bilde nicht nur die allgemeine Harmonie der Welt, sondern möglicherweise auch die Absicht Gottes, den Glauben und die
selbstlose Liebe der Menschen nicht zu beeinflussen und frei von Rück-
sichten auf Vorteile oder Nachteile zu erhalten[596].

Leibniz glaubte nun, von dieser allgemeinen und vollkommenen
Ordnung im Universum auch auf die Gerechtigkeit Gottes schließen zu
können, und suchte nach einem formalen Grundprinzip (raison formelle de la justice), welches für Gott und die Menschen gemeinsam
gelte, weil anders es sinnlos sei, zwei verschiedene Dinge mit demselben
Begriff zu bezeichnen[597]. Die Macht (la puissance) allein stelle keine
ausreichende Begründung des Gerechten dar, sonst wäre erstens jeder
Mächtige auch gerecht und zweitens eine Unterscheidung von Gesetz
und Recht nicht mehr möglich[598]. Ebensowenig genüge eine nomina-

---

[595] Méditation (Mollat 49): „Et comme l'expérience fait voir que Dieu permet par
des raisons inconnues à nous, mais très sages sans doute et fondées sur un plus grand
bien, qu'il y a beaucoup de méchants heureux dans cette vie et beaucoup de bons
malheureux, ce qui ne s'accorderait pas avec les règles d'un parfait gouvernement
tel que celui de Dieu, s'il n'était redressé, il s'ensuit nécessairement qu'il y aura une
autre vie et que les âmes ne périssent point avec ce corps visible. Autrement il y
aurait des crimes impunis et des bonnes actions sans récompense, ce qui est contraire
à l'ordre."

[596] Méditation (Mollat 51—52): „Car la beauté et justice du divin gouvernement a été cachée en partie à nos yeux, non seulement parce que cela ne se
pouvait autrement, sans changer toute l'harmonie du monde, mais aussi parce
que cela convenait, afin qu'il y eût plus d'exercice de la vertu libre, de la
sagesse et d'un amour non mercenaire de Dieu, lorsque les récompenses et les
châtiments sont encore invisibles au dehors et ne paraissent qu'aux yeux de
notre raison ou foi, ce que je prends ici pour une même chose, car la vraie
foi est fondée en raison."

[597] Méditation (Mollat 45): „Il s'agit donc de trouver cette raison formelle,
c'est-à-dire le pourquoi de cet attribut, ou cette notion qui nous doit apprendre
en quoi consiste la justice et ce que les hommes entendent, en appelant une
action juste et injuste. Et il faut que cette raison formelle soit commune à
Dieu et à l'homme. Autrement on aurait tort de vouloir attribuer sans équivoque
le même attribut à l'un et à l'autre."

[598] Méditation (Mollat 47): „La faute de ceux qui ont fait dépendre la justice
de la puissance, vient en partie de ce qu'ils ont confondu le droit et la loi.
Le droit ne saurait être injuste, c'est une contradiction, mais la loi le peut être.
Car c'est la puissance qui donne et maintient la loi."

listische Definition (z. B.: la justice est une volonté constante de faire),
weil dann eigentlich niemand mehr einen Grund habe, sich zu beklagen,
jeder darunter etwas anderes verstehe und die Streitigkeiten kein Ende
nähmen[599]. Dennoch sah sich Leibniz immer wieder veranlaßt zu bemerken, daß nach christlicher Lehre Gott im höchsten Grade gut und
gerecht sei und deshalb auch ein allgemeiner Begriff der Gerechtigkeit
vorhanden sein müsse: „Quel sera donc le principe de sa justice, et
quelle en sera la règle[600]?" Diese Frage beantwortete Leibniz erst am
Ende der „Méditation" erneut mit dem Hinweis auf seine berühmte
Gerechtigkeitsdefinition, wenngleich den göttlichen Vollkommenheiten
entsprechend auch in etwas veränderter Form: „D'après cela on peut
dire absolument que la justice est la bonté conforme à la sagesse, même
en ceux qui ne sont point parvenus à cette sagesse[601]." Verstand man
nun, wie es seit der Scholastik zumeist geschah, die Güte Gottes zugleich
auch als unerschöpfliche Quelle seiner Liebe zur Kreatur, dann war damit der Satz: „Justitia est caritas sapientis",[602] endgültig zur „notion
commune de la justice" erklärt und bildete als solcher den Inbegriff der
allgemeinen Gerechtigkeit im Bereich der „Jurisprudentia universalis".

3. Im Hinblick auf jenes letzte und höchste Ziel der Leibnizschen
Rechtsphilosophie, die Gerechtigkeit Gottes in ihrer absoluten Vollkommenheit gegen alle Angriffe zu „verteidigen", enthielt die Lehre
von der „notion commune" eine wichtige, ja geradezu unentbehrliche
Denkvoraussetzung. Denn alle Bemühungen um die „justice divine"
wären vergeblich, wenn man sich von vornherein den Einwand ent-
gegenhalten lassen müßte, die Gerechtigkeit habe bei Gott eine völlig
andere und unerforschliche Bedeutung. So führt der Gedanke Leibnizens vom allgemeinen Begriff der Gerechtigkeit im Sinne der „justitia
universalis" unmittelbar zu seiner Gottesrechtslehre, wie sie in den

---

[599] Méditation (Mollat 53): „La plupart des questions du droit, mais surtout
de celui des souverains et des peuples sont embarrassées, parce qu'on ne convient
pas d'une notion commune de la justice, ce qui fait qu'on n'entend pas la même
chose sous le même nom, et c'est le moyen de disputer sans fin. On conviendra
peut-être partout de cette définition nominale que la justice est une volonté
constante de faire, en sorte que personne n'ait raison de se plaindre de nous.
Mais cela ne suffit pas, si l'on ne donne le moyen de déterminer ces raisons."
[600] Méditation (Mollat 59): „Les chréstiens conviennent, et les autres doivent
convenir que ce grand Dieu est souverainement juste et souverainement bon."
[601] Méditation (Mollat 63).
[602] Vgl. oben Seite 386, Fußnote 233.

„Essais de Théodicée sur la bonté de Dieu, la liberté de l'homme et l'origine du mal" vom Jahre 1710[603] enthalten ist. Diese Schrift faßt das Ergebnis einer lebenslangen Beschäftigung Leibnizens mit dem Problem der göttlichen Gerechtigkeit in abschließender Form zusammen[604] und stellt damit wohl sein rechtsphilosophisches Hauptwerk dar, auch wenn zunächst der Titel nicht ohne weiteres darauf schließen läßt. Schon im Jahre 1697 hatte Leibniz jedoch die „elementa Theodicaeae" zum Gegenstand der „Jurisprudentia universalis" bestimmt[605]. Selbst die ersten Fragmente aus der Zeit um 1707 tragen noch die Überschrift: „Théodicée ou Apologie de la Justice de Dieu"[606]. Demgemäß übersetzte Leibniz später den Begriff „Théodicée" auch stets mit dem Wort „Gottrechtslehre"[607]. – In der Literatur ist bisher mit Ausnahme von

---

[603] „Essais de Théodicée sur la bonté de Dieu, la liberté de l'homme et l'origine du mal" (1710), abgedruckt bei *Gerhardt* VI, S. 21–365.

[604] Brief an den Berliner Hofprediger Daniel Ernst *Jablonski* vom 23. Januar 1700 (zit. bei Ger. VI, 3): „Ich habe von meiner zarten Jugend an, als ich kaum solcher Dinge fähig, über diese Materie meditiret, da mir, ehe ich noch ein Academicus geworden, eines Theils Lutheri Buch de servo arbitrio, andern Theils Jacobi Andreae Colloquium Mompelgardense und des Aegidii Hunni scripta zu Handen kommen. ... Ich hatte mir einsmahls vorgenommen, eine Theodicaeam zu schreiben, und darinnen Gottes Gütigkeit, Weisheit und Gerechtigkeit, so wohl als höchste Macht und unverhinderliche Influentz zu vindiciren. Aber es wird besser angewendet seyn, wenn mir Gott einsmahls die Gnade verleihen sollte, solche Gedancken bey mündlicher Conferentz mit vortrefflichen Leuten, zu Gewinnung der Gemüther und Beförderung der Einigkeit der Protestirenden Kirchen, glücklich anzubringen."

[605] Brief an Antonio *Magliabecchi* vom 20. (30.) September 1697 (zit. bei Ger. VI, 4): „Multi anni sunt, quod promisi illustrare Jurisprudentiam, et amplissimum Juris Oceanum ad paucos revocare fontes limpidos rectae rationis, ut appareat, tum quid pronuntiandum esset, si nullas leges haberemus, tum quibus modis recepto Jure a simplicibus Naturae placitis sit recessum, aut cur oporteret aliquid illis addi. Nam multi quidem tractavere Jus Naturae, sed pauci eorum simul ab interiore philosophia et a Juris Romani cognitione fuere admodum instructi. Ita non satis nobis ipsarum actionum exceptionumque et ut verbo dicam, postulationum radices demonstrare potuere. Cum vero nihil aliud apud me justitia sit, quam caritas ad normam Sapientis, et qui amat, is felicitatem alterius asciscat in suam, atque ideo jurisprudentia vere universalis etiam jus divinum comprehendat, nihil Deo dignius amari et vicissim Deo curae est felicitas Creaturarum Intelligentium quantum patitur Harmonia rerum; hinc Theodicaeae quaedam elementa nonnihil affecta dudum habui, quae ni fallor Theologis omnium partium potuerunt pro maxima parte probari, et fortasse conferent aliquid ad minuendas lites."

[606] „Théodicée ou Apologie de la Justice de Dieu par les notions qu'il nous en a données" (Anfang 1707?), abgedruckt bei *Grua* II, S. 495–498.

[607] „Versuch einer Theodicaea oder Gottrechts-Lehre von der Güthigkeit

Grua die eigentlich rechtsphilosophische Bedeutung der „Théodicée" innerhalb des Leibnizschen Denkens nur sehr selten zutreffend gewürdigt worden. Lediglich bei Gerhardt findet sich ein kurzer Hinweis [608]. Es erscheint deshalb angezeigt, vor allem den rechtsphilosophischen Grundgedanken Leibnizens in der „Théodicée" im einzelnen nachzugehen und sie gesondert hervorzuheben, auch auf die Gefahr hin, daß dadurch möglicherweise ein etwas einseitiges Bild vom Ganzen der Schrift enstehen könnte.

„Le droit universel est le même pour Dieu et pour les hommes [609]." Mit diesem Satz nahm Leibniz erneut eines der Kernprinzipien seiner Lehre von der „Jurisprudentia universalis" auf, wie man ihm schon mehrfach in zahlreichen Schriften und Briefen, zuletzt in der „Méditation", begegnet ist. Auch die Gerechtigkeit, die Weisheit und die Güte Gottes, so folgerte Leibniz weiter, entsprächen den menschlichen Vorstellungen davon, nur seien sie dem Grade ihrer Vollkommenheit nach unendlich von allen Tugenden der Menschen unterschieden [610]. Der absolute „Vorrang" Gottes beruhe also nicht darauf, daß er nach den Regeln einer anderen „Rechtswissenschaft" handele oder daß man seine Gerechtigkeit nicht zu verstehen vermöge, sondern liege gerade umgekehrt in der Tatsache, daß die Grundsätze der allgemeinen Gerechtigkeit auch im menschlichen Bereich zur Anwendung kommen können [611]. Leibniz setzte also die Gerechtigkeit Gottes bei all seinen Überlegungen unangezweifelt voraus. Sein Bemühen bezog sich vor allem

---

Gottes, Freyheit des Menschen und Ursprung des Bösen", abgedruckt bei *Gerhardt* VI, S. 463–471.

[608] C. I. *Gerhardt,* Philosophische Schriften von Leibniz, Bd. VI: Einleitung, S. 4: „Desgleichen brachten ihn juristische Arbeiten, namentlich in Betreff des Naturrechts, auf die erwähnten großen Probleme."

[609] Théodicée, Discours préliminaire de la conformité de la foy avec la raison 35 (Ger. VI, 70).

[610] Théodicée, Discours 4 (Ger. VI, 51): „Il en est de même des notions de la justice et de la bonté de Dieu. On en parle quelques fois, comme si nous n'en avions aucune idée ny aucune definition. Mais en ce cas nous n'aurions point de fondement de luy attribuer ces attributs, ou de l'en louer. Sa bonté et sa justice, aussi bien que sa sagesse, ne different des nôtres, que parce qu'elles sont infiniment plus parfaites."

[611] Théodicée, Discours 36 (Ger. VI, 71): „... et qu'il est privilegié par dessus les autres hommes, non pas comme s'il y avoit une autre jurisprudence pour luy, ou comme si l'on n'entendoit pas ce que c'est que la justice par rapport à luy; mais parce que les règles de la justice universelle ne trouvent point icy l'application qu'elles reçoivent ailleurs, ou plustost parce qu'elles le favorisent, bien loin de le charger."

darauf, die „justice divine" zu verteidigen, nicht aber, Gott selbst zu rechtfertigen.

Dazu bedurfte es jedoch zunächst einer Bestimmung des göttlichen Wesens ebenso wie der Beschreibung seiner Eigenschaften und Vollkommenheiten. „Dieu est la première Raison des choses[612]." Als höchster Existenzgrund der Welt und aller ihrer Substanzen[613] dürfe Gott jedoch keineswegs der Weltseele (l'Ame du monde) gleichgestellt werden, zumal das Universum selbst keine Substanz bilde[614]. Damit hatte sich Leibniz deutlich von Spinoza distanziert; er wandte sich nunmehr den göttlichen Vollkommenheiten selbst zu: in erster Linie müsse Gott als Ursache der Welt „verständig" (intelligent) sein, weil er unter der Vielzahl aller möglichen Welten nach ganz bestimmten Vorstellungen (idées) eine Welt verwirklicht habe; jene Ideen Gottes aber seien in seinem Verstand (entendement) enthalten[615]. In diesem Sinne sprach Leibniz auch von den „Gesetzen" der göttlichen Weisheit (loix de la sagesse)[616]. Zum zweiten sei die Auswahl der realen Welt aufgrund des göttlichen Willens (volonté) erfolgt, welchem drittens die Allmacht Gottes (puissance) zugleich eine unmittelbare Wirksamkeit verliehen habe[617]. Der göttliche Verstand bilde also die Quelle der Wesenheiten (essences), während sein Wille den Ursprung der Seiendheiten (existences) darstelle[618]. Weil aber die Allmacht Gottes stets auch mit seiner Weisheit und Güte verbunden bleibe, habe er die beste aller möglichen Welten geschaffen (la choix du meilleur)[619]. Auf den ausgeprägt scholastischen Grundzug in diesen Gedanken Leibnizens soll nur am Rande hingewiesen werden; sie finden im übrigen eine gewisse Parallele innerhalb des englischen Intellektualismus der Cambridger Schule (Cudworth, More)[620].

---

[612] Théodicée, Part. I, 7 (Ger. VI, 106).

[613] Ebenda.

[614] Théodicée, Part. II, 195 (Ger. VI, 232): „C'est cela même qui sert à refuter ceux qui font du monde un Dieu, ou qui conçoivent Dieu comme l'Ame du monde, le monde ou l'Univers ne pouvant pas être consideré comme un animal, ou comme une substance."

[615] Théodicée, Part. I, 7 (Ger. VI, 106).

[616] Théodicée, Part. III, 388—391 (Ger. VI, 346—347).

[617] Théodicée, Part. I, 7 (Ger. VI, 106).

[618] Ebenda (Ger. VI, 107).

[619] Théodicée, Part. II, 130 (Ger. VI, 183): „Il est vray que Dieu est infiniment puissant; mais sa puissance est indeterminée, la bonté et la sagesse jointes la determinent à produire le meilleur."

[620] Vgl. oben Seite 170—175.

All jene Eigenschaften: die Macht, die Weisheit und die Güte, ordnete Leibniz nun dem göttlichen Wesen in einem gleichermaßen absolut vollkommenen Grade (absolument parfait) zu [621]. Bei den geistigen Wesenheiten seien zwar dieselben Tugenden vorhanden, aber in weit unvollkommener und beschränkter Form. Zur Verdeutlichung verglich Leibniz die Wesenszüge Gottes mit einem Ozean, aus dem der Mensch nur wenige Tropfen erhalten habe. Gewiß begegne man auch in der Welt der Macht, der Erkenntnis und der Schönheit, aber all dies zusammen erscheine völlig unvermindert nur bei Gott [622]. Freilich habe auch der Mensch Gefallen an der Ordnung, den Zahlenverhältnissen und der Harmonie, aber nur Gott sei in sich selbst ganz und gar Ordnung: „Dieu est tout ordre, il garde tousjours la justesse des proportions, il fait l'harmonie universelle et toute la beauté est un épanchement de ses rayons [623]." Darin hat man wohl einen der tiefsten rechtsphilosophischen Gedanken Leibnizens zu sehen, daß Gott und die Ordnung eins sind; man erinnert sich an den Ausspruch Eike von Repgows: „Got is selve recht [624]." Wenn Gott aber die Ordnung und alles Regelmäßige bevorzuge, so folgerte Leibniz, dann könne ein Grund dafür nur in seinem Verstand gefunden werden [625]. Hinzu komme jedoch, daß Gott die Ordnung zugleich auch wolle: „Dieu veut l'ordre et le bien [626]." Leibniz versuchte also stets, die Eigenschaften und Vollkommenheiten Gottes widerspruchsfrei miteinander zu verbinden und zusammenzudenken. Aus dieser „Einheit in der Unterschiedenheit" ergab sich für ihn zugleich auch das Prinzip der göttlichen Gerechtigkeit (la justice divine).

---

[621] Théodicée, Part. I, 7 (Ger. VI, 107): „Et cette cause intelligente doit être infinie de toutes les manières, et absolument parfaite en puissance, en sagesse et en bonté, puisqu'elle va à tout ce qui est possible."

[622] Théodicée, Préface (Ger. VI, 27): „Les perfections de Dieu sont celles de nos ames, mais il les possède sans bornes: il est un Ocean, dont nous n'avons receu que des gouttes; il y a en nous quelque puissance, quelque connoissance, quelque bonté, mais elles sont toutes entières en Dieu. L'ordre, les proportions, l'harmonie nous enchantent, la peinture et la musique en sont des echantillons."

[623] Ebenda.

[624] Sachsenspiegel, Landrecht, Vorrede 10–11.

[625] Théodicée, Part. II, 189 (Ger. VI, 229): „Dans la region des vérités éternelles se trouvent tous les possibles, et par consequent tant le régulier que l'irrégulier: il faut qu'il y ait une raison qui ait fait préférer l'ordre et le régulier, et cette raison ne peut être trouvée que dans l'entendement."

[626] Théodicée, Part. II, 128 (Ger. VI, 182).

Dem Begriff der „justitia universalis" entsprechend, bestand für
Leibniz die Gerechtigkeit Gottes in der Übereinstimmung seiner höchsten Güte und Liebe mit seiner vollkommenen Weisheit: „La justice est
comprise dans la bonté du Sage [627]." Wenngleich die „justice divine"
also nur auf einer Entsprechung zweier göttlicher Eigenschaften beruhte
und damit selbst keine ursprüngliche und unabhängige Vollkommenheit Gottes darstellte, gehörte sie nach Leibnizens Ansicht dennoch zu
seinem Wesen ebenso, wie die Einheit der „perfections de Dieu" sein
Wesen bestimmte: „La justice est luy essentielle [628]." Im einzelnen unterschied Leibniz die berichtigende Gerechtigkeit (justice corrective)
und die strafende Gerechtigkeit (justice vindicative) Gottes [629]. Die
„justice corrective" sei lediglich auf die allgemeine Ordnung (convenance) gegründet und treffe nur diejenigen Lebewesen, die zwar nicht
aus einer absoluten Notwendigkeit heraus, aber auch nicht völlig frei
handeln können. Hingegen sorge die „justice vindicative" für eine gerechte Verteilung von Belohnungen und Strafen zur Besserung, Genug-
tuung oder Wiederherstellung des Schadens bei allen Lebewesen mit
freiem Willen [630].

An mehreren Stellen der „Théodicée" wandte sich Leibniz demgemäß noch einmal mit Nachdruck gegen die Behauptung, daß die göttliche Gerechtigkeit ausschließlich von der Willkür Gottes abhänge.
Denn damit werde der „justice de Dieu" ein Begriff unterschoben, der
sie letztlich selbst aufhebe [631]. Diesmal begründete Leibniz seine Kritik
jedoch genau auf dem umgekehrten Wege wie in den „Méditations":
Wenn man nämlich davon ausgehe, daß Gott zum Beispiel in seinem
„Codex" die ewige Verdammnis Unschuldiger willkürlich festsetzen
könne, dann lasse sich ein allgemeiner Gerechtigkeitsbegriff nicht mehr
auffinden [632]. Selbst Calvin habe anerkannt, daß die Gebote Gottes mit
seiner Gerechtigkeit und Weisheit in Einklang stehen und daß die Regeln der Gutheit und Gerechtigkeit den göttlichen Entscheidungen vor-

---

[627] Théodicée, Part. II, 179 (Ger. VI, 221).
[628] Théodicée, Part. III, 266 (Ger. VI, 275).
[629] Vgl. dazu Gaston *Grua*, Jurisprudence universelle, S. 506–526.
[630] Théodicée, Part. I, 73–74 (Ger. VI, 141–142).
[631] Théodicée, Préface (Ger. VI, 35).
[632] Théodicée, Part. II, 176 (Ger. VI, 219): „Il en seroit de même à peu près
si sa justice étoit différente de la nôtre, c'est-à-dire s'il étoit écrit (par exemple)
dans son Code, qu'il est juste de rendre des innocens éternellement malheureux."

gegeben seien[633]. Im Hinblick auf die Ungerechtigkeit in der Welt könne man allerdings zu der Überzeugung gelangen, daß Gott ganz nach seinem freien Belieben handele. Vorläufig aber bleibe den Menschen die göttliche Gerechtigkeit noch verborgen: „Ici-bas nous voyons l'injustice apparente, et nous croyons et savons même la vérité de la justice cachée de Dieu; mais nous la verrons, cette justice, quand le Soleil de justice se fera voir tel qu'il est[634]." In dieser Gewißheit fand der Glaube Leibnizens an die göttliche Gerechtigkeit seine Bestätigung. So läßt er auch im Schlußmythos der „Théodicée" den Théodore am Ende seiner Wanderung durch die Pyramide aller möglichen Welten die Gerechtigkeit Gottes in der wirklichen Welt erkennen[635].

Das Prinzip der göttlichen Gerechtigkeit bildete für Leibniz jedoch nicht nur einen festen Bestandteil seines unerschütterlichen Rechtsglaubens, sondern zugleich eine notwendige Denkvoraussetzung der „notion de Dieu", die sich unmittelbar aus der Lehre von der „justitia universalis" ergab. Insofern brauchte die Gerechtigkeit Gottes in der „Théodicée" auch nicht mehr bewiesen, sondern nur noch erklärt und veranschaulicht zu werden. Dabei versuchte Leibniz vor allem die These Bayles zu widerlegen, daß die Freiheit des Menschen und das Übel in der Welt mit der göttlichen Gerechtigkeit unvereinbar seien. Die Gottesrechtslehre Leibnizens enthielt also nicht eigentlich eine Rechtfertigung Gottes vor der Schöpfung, sie bemühte sich vielmehr nur um eine „Verteidigung" (apologie) seiner Gerechtigkeit gegen Angriffe und Zweifel, die sich zumeist auf die empirische Erfahrung der Ungerechtigkeit in der Welt stützen zu können meinten.

Der Gedanke der „justitia Dei" trat jedoch nicht nur als Schlußstein im Gebäude der Leibnizschen Rechtsethik hervor, sondern auch als der Grundstein desselben: Indem Gott die allgemeine Ordnung des Universums aufrechterhält (Metaphysik) dadurch, daß er jedes rechtschaffene Verhalten belohnt und kein Verbrechen ungestraft läßt (Ethik), erweist er sich als „Deus justus". Weil aber die Gerechtigkeit Gottes aus

---

[633] Théodicée, Part. II, 182 (Ger. VI, 223): „Mais, si je l'ay remarqué plus d'une fois cy dessus, Calvin même a reconnu que les decrets de Dieu sont conformes à la justice et à la sagesse, quoyque les raisons qui pourroient montrer cette conformité en détail, nous soyent inconnues. Ainsi, selon luy les règles de la bonté et de la justice sont antérieures aux decrets de Dieu."

[634] Théodicée, Discours 82 (Ger. VI, 98).

[635] Théodicée, Part. III, 416–417 (Ger. VI, 364–365).

seiner Liebe zur Kreatur fließt, sind umgekehrt auch die Menschen verpflichtet, einerseits Gott zu verehren und ihr Leben nach seinem Wohlgefallen, das heißt zu ihrer eigenen Vervollkommnung einzurichten,
zum anderen den Nächsten als Ebenbild Gottes zu lieben und zu dessen Vollkommenheit beizutragen. Darin scheint eine der überzeugend-
sten Ansichten Leibnizens zum Ausdruck zu kommen, daß die wahre
Nächstenliebe (caritas proximi) in der Förderung fremder Vollkommenheit besteht. Auch in diesem Punkte zeigt sich noch einmal deutlich die enge Verklammerung von Rechtsmetaphysik und Rechtsethik
bei Leibniz: „Aussi faut-il savoir, que la vraie Morale est à la Métaphysique, ce que la practique est à la théorie [636]." Zugleich aber – und
dabei wird abschließend ein weiterer, besonders eigentümlicher Grundzug des Leibnizschen Rechtsdenkens sichtbar – entsprach jener Verbindung der Wesenszusammenhang von allgemeiner Rechtswissenschaft
und Philosophie [637]. „Et digne de jure philosophanti non tantum humanae tranquillitatis, sed etiam divinae amicitiae ratio habetur, cujus
possessio nobis duraturam felicitatem spondet [638]."

---

[636] Nouveaux Essais, Liv. IV, chap. 8, § 9 (Ger. V, 413).

[637] Brief an Philipp Jacob *Spener* vom 8. Juli 1687 (A I-4, 641): „Ausim
dicere me quoque diversis licet districtum, omnia tamen qua possum eo referre,
ut vera Dei cognitio eiusque cultus promoveantur, itaque non tantum moralis
scientiae et universalis jurisprudentiae principia ex caritate deduco, sed etiam in
philosophia interiore id ago, ut ex cognitione aliqua divinarum perfectionum ipsae
summae rerum naturalium leges deriventur."

[638] Monita quaedam ad S. Pufendorfii principia (Dutens IV, 3, 281).

ZUSAMMENFASSUNG

Ausgehend von der weitläufigen Tradition des christlichen Naturrechts im 17. Jahrhundert, wurde die Rechtsphilosophie des Leibniz an ihrem geistesgeschichtlichen Ort zu verstehen und zugleich in ihrer eigenständigen Entwicklung nachzuzeichnen versucht. Dabei mußte sich die Darstellung im wesentlichen auf eine Ordnung des vorhandenen Quellenmaterials beschränken, ohne schon zu einem systematischen Aufriß vorstoßen zu können. Angesichts der Vielfalt Leibnizscher Anschauungen scheint es im übrigen fraglich, ob man seinen vor allem richtungweisenden Lehren nicht prinzipiell in der Haltung des Nachdenkenden besser gerecht wird, als in der Absicht, sie in ein festgefügtes „System" zu pressen. Aber selbst dann, wenn man nur die Entfaltung dieses Denkens aus den Wurzeln der überlieferten christlichen Naturrechtstheorien und aus der Beschäftigung Leibnizens mit dem römischen Recht aufmerksam verfolgt, wird man bereits einer überraschenden Einheitlichkeit und Kontinuität der Gedankenführung gewahr, die in der steten Verbindung, Erweiterung und Vertiefung einzelner, oft sehr unterschiedlicher, ja bisweilen sich geradezu widersprechender Ergebnisse zum Ausdruck kommen. So führt der Weg nicht zufällig von der „Jurisprudentia naturalis" zur „Jurisprudentia universalis", von der „Ordnung des Rechts" zur „Ordnung der Liebe". Leibniz ging ihn in der Gewißheit, daß Recht und Liebe in Gott eine Einheit bilden und – als was immer sie auch erscheinen mögen – gleichermaßen ihren Ursprung in Gott finden.

Im Hinblick auf die Tradition stellt sich nunmehr jedoch unabweisbar noch die sehr schwierig zu beantwortende Frage, in welchem Maße Leibniz von zeitgenössischen Naturrechtslehren abhängig war. Geht man davon aus, daß – wenn überhaupt – hier nur sehr allgemeine Feststellungen getroffen werden können, dann ergibt sich in kurzem Umriß folgendes Bild:

1. Unter den *traditionellen* Denkformen Leibnizens steht zunächst die Lehre von den drei Bereichen des natürlichen Rechts (neminem lae-

dere, suum cuique tribuere, honeste vivere), verbunden mit der Stufen-
ordnung der Gerechtigkeit (justitia universalis – particularis / distributiva – commutativa) im Vordergrund. Ebenso scheint der Gedanke
von der Gemeinschaft der Menschen mit Gott (societas hominum cum
Deo) einer verbreiteten Überlieferung innerhalb des protestantischen
Aristotelismus zu entsprechen. Relativ gesichert läßt sich auch der Topos „christliches Naturrecht" (jus naturae secundum disciplinam Christianorum) schon bei Boecler, Rachel, Zentgrav und Prasch nachweisen.
Daß der Begriff der Liebe (caritas) bereits seit Augustinus zum terminologischen Kernbestand im Bereich der christlichen Ethik gehörte, bedarf keines besonderen Nachweises.

   2. Unter den weitgehend *selbständigen* Lehren Leibnizens findet sich
vor allem die kombinatorische Methode (Ars combinatoria), welche
einerseits zur Vorstellung von den „Elementen" des natürlichen Rechts
(elementa juris naturalis) führte, andererseits Leibniz zum Entwurf
von Definitionsketten (catenae definitionum) anregte. In diesen Zusammenhang gehört auch der Satz: „Justitia est caritas sapientis", der so
nur bei Leibniz steht. Mit der Erweiterung der überlieferten allgemeinen Rechtswissenschaft (Jurisprudentia universalis) zur „Rechtsphilosophie" im eigentlichen Wortsinn und mit der Einordnung der göttlichen Gerechtigkeit (justitia divina) in einen allgemeinen Begriff des
Gerechten (justitia universalis) befinden wir uns im Zentrum eines
genuin Leibnizschen Rechtsdenkens.

   Daß Leibniz selbst die Wahrheit in der Philosophie nur als eine stets
sich in der historischen Tradition verwirklichende Wahrheit verstand,
mag abschließend noch die folgende Stelle in einem Brief an Remond
vom 26. August 1714 zeigen: „La verité est plus repandue qu'on ne
pense, mais elle est tres souvent fardée, et tres souvent aussi enveloppée
et même affoiblie, mutilée, corrompue par des additions qui la gâtent
ou la rendent moins utile. En faisant remarquer ces traces de la verité
dans les anciens, ou (pour parler plus generalement) dans les anterieurs,
on tireroit l'or de la boue, le diamant de sa mine, et la lumiere des te-
nebres; et ce seroit en effet perennis quaedam Philosophia."

QUELLEN- UND LITERATURVERZEICHNIS

A. QUELLEN

I. Leibnitiana

1. WERKE:

Korthold Christian, Viri illustris G. G. Leibnitii epistolae ad diversos, theologici, juridici, medici, philosophici, mathematici, historici et philologici argumenti. 1734–1742

Gruber Johann Daniel, Commercii Epistolici Leibnitiani, Ad Omne Genus Eruditionis Comparati. ... Per Partes Publicandi Tomus Prodromus Qui Totus Est Boineburgica. Hann. et Gotting. 1745

Dutens Louis, Leibnitii Opera omnia nunc primum collecta. 5 Bde. Genf 1768; insbesondere Bd. IV, 3: „Jurisprudentia"

Guhrauer Gottschalk Eduard, Leibniz's deutsche Schriften. Bd. 1., Berlin 1838; Bd. 2., Berlin 1840

Erdmann Johann Eduard, Gottfried Wilhelm Leibniz. Opera philosophica, quae exstant latina, gallica, germanica omnia. Berolini 1840; hg. im Faksimile-Druck von Renate Vollbrecht, Scientia Aalen 1959

Pertz Georg Heinrich, Leibnizens gesammelte Werke.
1. Folge: Geschichte. Bd. 1–3: Annales Imperii Occidentis Brunsvicenses. Hannover 1843–1846. Bd. 4: Leibnizens geschichtliche Aufsätze u. Gedichte. Hannover 1847
2. Folge: Philosophie. Bd. 1: Briefwechsel zwischen Leibniz, Arnauld und dem Landgrafen Ernst von Hessen-Rheinfels; hg. v. C. L. Grotefend. Hannover 1846
3. Folge: Mathematik. 7 Bde. hg. v. C. I. Gerhardt. Berlin-Halle 1849–1863

Foucher de Careil Alexandre, Leibniz. Lettres et opuscules inédits, précédés d'introduction. Paris 1854

Foucher de Careil Alexandre, Nouvelles lettres et opuscules de Leibniz. Paris 1857

Foucher de Careil Alexandre, Godefroy Guillaume Leibniz. Oeuvres, publiés pour la première fois d'après les manuscrits, avec notes et introductions. 7 Bde. Paris 1858–1875

Klopp Onno, Die Werke von Leibniz. 1. Reihe: Historisch-politische und staatswissenschaftliche Schriften. 11 Bde. Hannover 1864–84

Gerhardt Carl Immanuel, Die philosophischen Schriften von G. W. Leibniz. 7 Bde. Berlin 1875–1890. Unveränderter Neudruck der Ausgabe, Hildesheim 1960

Mollat Georg, Rechtsphilosophisches aus Leibnizens ungedruckten Schriften. 1885; 2. Aufl. unter dem Titel: „Mitteilungen aus Leibniz' ungedruckten Schriften". Leipzig 1893

Couturat Louis, Opuscules et fragments inédits de Leibniz. Paris 1903 (Unveränderter Nachdruck: Hildesheim 1966)

Buchenau Arthur – Ernst *Cassirer*, G. W. Leibniz, Philosophische Werke, übers. u. mit Anm. u. Erl. vers. v. A. Buchenau und E. Cassirer. 4 Bde. u. 1 Erg. Bd: Deutsche Schriften, hrsg. v. Walter Schmied–Kowarzik. Leipzig 1903–1916. 2. Aufl. 1924, 3. Aufl. 1926. (Philosophische Bibliothek: Bd. 69, 71, 107, 108, 161, 162)

Schmalenbach Hermann, Gottfried Wilhelm Leibniz. Ausgewählte Schriften. Im Originaltext hrsg. u. eingel. v. H. Schmalenbach. Leipzig: Bd. I, 1914; Bd. II, 1915

Akademie-Ausgabe, Gottfried Wilhelm Leibniz. Sämtliche Schriften und Briefe, hg. v. d. Deutschen Akademie der Wissenschaften Berlin, Darmstadt – Berlin 1923 –

    I. Reihe: Allgemeiner politischer und historischer Briefwechsel
        Bd. 1: 1668–1676. Darmstadt 1923
        Bd. 2: 1676–1679. Darmstadt 1927
        Bd. 3: 1680–1683. Leipzig 1938
        Bd. 4: 1684–1687. Berlin–Leipzig 1950
        Bd. 5: 1687–1690. Berlin 1954
        Bd. 6: 1690–1691. Berlin 1957
    II. Reihe: Philosophischer Briefwechsel
        Bd. 1: 1663–1685. Darmstadt 1926
    IV. Reihe: Politische Schriften
        Bd. 1: 1667–1676. Darmstadt 1931
        Bd. 2: 1677–1687. Berlin 1964
    VI. Reihe: Philosophische Schriften
        Bd. 1: 1663–1672. Darmstadt 1930
        Bd. 6: Nouveaux Essais. Berlin 1962

Krüger Gerhard, G. W. Leibniz, Die Hauptwerke. Zusammengef., übertr. u. eingel. v. G. Krüger mit Vorwort von Dietrich Mahnke. Leipzig 1933. 3. Aufl. Stuttgart 1949

Schrecker Paul, Leibniz. Lettres et fragments inédits sur les problèmes philosophiques, théologiques, politiques de la réconciliation des doctrines protestantes (1669–1704), avec une introduction et des notes. Paris 1934

Grua Gaston, Gottfried Wilhelm Leibniz. Textes inédits d'après les manuscrits de la Bibliothèque provinciale de Hannovre. 2 Bde. Presses universitaires de France, Paris 1948

von Engelhardt Wolf, Gottfried Wilhelm Leibniz. Schöpferische Vernunft. Schriften aus den Jahren 1668–1686. Marburg 1951

Mathieu Vittorio, Scritti politici e di diritto naturale di Gottfried Wilhelm Leibniz. Torino 1951

Lewis Geneviève, Lettres de Leibniz à Arnauld, d'après un manuscrit inédit, avec une introduction historique et des notes critiques. Paris 1952

Robinet André, G. W. Leibniz. „Principes de la Nature et de la Grâce." – „Principes de la Philosophie ou Monadologie." Publiés intégralement d'après les manuscrits de Hannovre, Vienne et Paris. Paris 1954

Herring Herbert, Gottfried Wilhelm Leibniz. „Vernunftprinzipien der Natur und der Gnade". – „Monadologie". Auf Grund der kritischen Ausgabe von André Robinet (1954) und der Übersetzung von Arthur Buchenau mit Einf. u. Anm. hrsg. v. Herbert Herring. (Philosophische Bibliothek: Bd. 253) Hamburg 1956

Herring Herbert, Gottfried Wilhelm Leibniz. „Metaphysische Abhandlung". – Übers. u. mit Vorwort u. Anm. hrsg. v. Herbert Herring. (Philosophische Bibliothek: Bd. 260) Hamburg 1958

Schrecker Paul, G. W. Leibniz. Opuscula Philosophica Selecta. Texte latin revu par P. Schrecker. Paris 1959

Ascarelli Tullio – M. *Giannotta*, Testi per la storia del pensiero giuridico; raccolti da T. Ascarelli e M. Giannotta. Milano 1960
Gottfried Wilhelm *Leibniz:*
1) Specimen quaestionum philosophicarum, S. 231–266
2) De Casibus perplexis, S. 267–302
3) Doctrina conditionum, S. 303–395
4) De legum interpretatione, S. 397–410

Horn Joachim Christian, G. W. Leibniz. Grundwahrheiten der Philosophie. „Monadologie" (Text, Übers. u. Kommentar). Frankfurt a. M. 1962

von Engelhardt Wolf – Hans Heinz *Holz*, Leibniz' Philosophische Schriften, Bde. I, III, 1–2 (Text u. Übersetzung). – Bd. I: Kleine Schriften zur Metaphysik, Darmstadt 1965; Bd. III, 1: Nouveaux Essais (Livre I-II) Leipzig, Wiesbaden, Darmstadt 1959; Bd. III, 2: Nouveaux Essais (Livre III-IV) Darmstadt 1961

2. BIBLIOGRAPHIEN UND HANDSCHRIFTEN-KATALOGE:

Bodemann Eduard, Leibniz' Briefwechsel mit Herzog Anton-Ulrich von Braunschweig-Wolfenbüttel, hrsg. v. E. Bodemann, in: Ztschr. d. hist. Vereins f. Niedersachsen Jg. 1888, S. 73–244.

Bodemann Eduard, Der Briefwechsel des Gottfried Wilhelm Leibniz in der königlich-öffentlichen Bibliothek zu Hannover. Hannover 1889

Bodemann Eduard, Die Leibniz-Handschriften der königlich-öffentlichen Bibliothek zu Hannover. Hannover u. Leipzig 1895

Ritter Paul, Kritischer Katalog der Leibniz-Handschriften (1646–1672). Ungedr., Berlin 1908

Rivaud A., Catalogue Critique des Manuscrits de Leibniz, Fascicule II, (Mars 1672–Novembre 1676). Poitiers 1914–1924

Ravier Emile, Bibliographie des œuvres de Leibniz. Paris: Alcan 1937

Schrecker Paul, Une Bibliographie de Leibniz; in: Revue philosophique de la France et de l'étranger 63, 1938

Hofmann Joseph Ehrenfried, Bibliographie critique; in: Archives internationales d'histoire des sciences. Nr. 56/57, 1962

Müller Kurt, Leibniz-Bibliographie. Ein Verzeichnis der Literatur über Leibniz, bearb. von Kurt Müller. Frankfurt a. M. 1966

II. Sonstige Quellen

Alberti Valentin, Compendium Juris Naturae, orthodoxae Theologiae conformatum et in duas Partes distributum, etc. Leipzig 1678, 1696

Alberti Valentin, Eros Lipsicus, in quo Eris Scandica Samuelis Pufendorfi cum convitiis et erroribus suis mascule, modeste tamen repellitur. Leipzig 1687

Bacon Francis, Novum Organum, sive iudicia vera de interpretatione naturae. London 1620

Bayle Pierre, Dictionnaire historique et critique. Rotterdam 1695–1697. 2. Aufl. 1702

Bodin Jean, Juris universi distributio. Lugduni Batavorum 1578

Bodinus Heinrich, Jus Mundi seu Vindiciae Juris Naturae. Rinteln 1690; 2. Aufl. 1698; 3. Aufl. Halle–Magdeburg 1711

Boecler Johann Heinrich, In Hugonis Grotii Jus Belli ac Pacis ad Illustrissimum Baronem Boineburgium Commentatio. Gießen 1687

Boecler Johann Heinrich, Institutiones politicae. Accesserunt Dissertationes politicae et selecta veterum historicorum loca et Libellus Memorialis Ethicus. Straßburg 1674

Buddeus Johann Franciscus, Historia juris naturalis. Halae 1695

Burnet Thomas, De Fide et Officiis Christianorum, London 1727. 2. Aufl. 1729; dt. Übersetzung: Glauben und Pflichten der Christen. Leipzig 1737

Burnet Thomas, Theoria Telluris Sacra. London 1681. Aufl. 1689, 1694, 1699, 1702; dt. Übersetzung: Beschreibung des Heiligen Erdreichs, Hamburg 1693. 2. Aufl. 1703

von Cocceji Heinrich, Prodromus Justitiae Gentium, sive exercitationes duae, quarum prima socialitatem Grotianam principium neque essendi neque cognoscendi esse evincit, secundum veram majestatis originem eruit. Frankfurt a. O. 1719

von Cocceji Heinrich, Exercitationes curiosae. 2 Bde. Lemgo 1722

von Cocceji Samuel, Tractatus Juris Gentium de Principio Juris Naturalis unico, vero et adaequato. II Partes. Frankfurt a. O. 1702

Cudworth Ralph, The True Intellectual System of the Universe. London 1678

Cumberland Richard, De Legibus Naturae Disquisitio Philosophica, in qua Earum Forma, summa Capita, Ordo, Promulgatio et Obligatio e rerum Natura investigantur, etc. London 1672; spätere Auflagen: Lübeck 1683 und 1694; Dublin 1720

Descartes René, Discours de la Méthode pour bien conduire sa raison et chercher la vérité dans les sciences. 1. Aufl. 1637; 2. Aufl. 1649. (Ed. Julien Benda, in: „Les Classiques Français", Paris 1948)

Domat Jean, Les loix civiles dans leur ordre naturel. La Haye 1695

vom Felde Johann, Annotata in Hugonem Grotium, De Jure Belli ac Pacis. Amsterdam 1652; 2. Aufl. 1653

vom Felde Johann, Elementa Juris Universi et in specie publici Justiniaei. Frankfurt u. Leipzig 1664

de Fontenelle Bernard le Bovier, Éloge de Leibniz (gehalten am 13. November 1717 vor der Académie Française); in: „Oeuvres choisies", ed. Pierre Chambry (Classique Larousse) Paris o. J.

Glafey Adam Friedrich, Vollständige Geschichte des Rechts der Vernunft. Leipzig 1739 (Nachdruck Aalen 1965)

Grotius Hugo, De Iure Belli ac Pacis libri tres, in quibus ius naturae et gentium, item iuris publici praecipua explicantur. Parisiis 1625 (zit. nach der Ausgabe von P. C. Molhuysen, Lugduni 1919)

Grotius Hugo, Florum sparsio ad Ius Iustinianeum. Parisiis 1642

Hobbes Thomas, Leviathan. London 1651 (Ed. by A. D. Lindsay. London 1959)

Kettwig Mentet, Epistolae de veritate philosophiae Hobbesianae contra Ulricum Huberum. 1695

von Kulpis Johann Georg, Collegium Grotianum, super Jure Belli ac Pacis, anno 1682 in Academia Giessensi XV. Exercitationibus primum institutum. Gießen 1686

Locke John, Essay concerning human understanding. London 1690; 2. Aufl. 1694; 4. Aufl. 1700; 5. Aufl. 1706

Locke John, Reasonableness of Christianity. 1695

Ludovici Jacob Friedrich, Delineatio historiae juris divini, naturalis et positivi universalis. 1. Aufl. 1701; 2. Aufl. Halle-Magdeburg 1714

Malebranche Nicolas, Recherche de la vérité. Paris 1674

Malebranche Nicolas, Conversations chrétiennes. Bruxelles 1677

Malebranche Nicolas, Traité de l'amour de Dieu. 1697

Melanchthon Philipp, Loci praecipui theologici (1559), in: Melanchthons Werke, Bd. II, 1, hg. v. Hans Engelland. Gütersloh 1952

Mevius David, Prodromus Jurisprudentiae Gentium communis, pro exhibendis eiusdem principiis et fundamentis praemissus. Stralsund 1671; 2. Aufl. unter dem Titel: „Nucleus juris naturalis et gentium principia ejus et fundamenta exhibens, etc. Frankfurt u. Leipzig 1686

More Henry, Enchiridion Ethicum, praecipua moralis philosophiae rudimenta complectens. London 1668; 2. Aufl. Nürnberg 1686

van der Muelen Wilhelm, De origine Juris Naturalis. Utrecht 1684

Musaeus Heinrich, Vindiciae Juris Naturalis Paradisei. Jena 1686

Oldendorp Johann, Iuris Naturalis Gentium et civilis Εἰσαγωγή seu introductio elementaria in aliquot titulos divisa. Köln 1539

Osiander Johann Adam, Observationes maximam partem Theologicae in libros tres de Jure Belli ac Pacis Hugonis Grotii. Tübingen 1671

Pascal Blaise, Pensées (1670). Ed. Brunschvicg, Paris 1961

Placcius Vincenz, Typus Medicinae Moralis, das ist Entwurff einer vollständigen Sitten-Lehre nach art der leiblichen Artzney-Kunst, mit Verteutschung aller Kunst-Wörter abgefasset. Hamburg 1685 (Lat. Titel: Typus accessionum moralium sive institutionum medicinae moralis, Hamburg 1675)

Placcius Vincenz, De Jureconsulto perfecto, sive interpretatione legum in genere, liber singularis. Hamburg 1693

Placcius Vincenz, Accessiones Ethicae, Juris Naturalis et Rhetoricae, ex triplici Systemate majori elaborato per vitam omnem, et porro indies elaborando excerptae. Hamburg 1695

Prasch Johann Ludwig, De Lege Caritatis Commentatio ad Hug. Grotii opus de Jure Belli et Pacis. Regensburg 1688

Prasch Johann Ludwig, Designatio Juris Naturalis ex Disciplina Christianorum. Regensburg 1688

Prasch Johann Ludwig, Kurtze Gegen-Antwort / auf Herrn Christian Thomas Einwürffe / wider seine Schrift / Vom Gesetz der Liebe. Regensburg u. Leipzig 1689

Prasch Johann Ludwig, Klahre und gründliche Vertheydigung des natürlichen Rechts nach Christlicher Lehre / wider Herrn Christian Thomasens Anfechtungen. Regensburg 1689

Pufendorf Samuel, Elementorum Jurisprudentiae Universalis libri duo. Den Haag 1660

Pufendorf Samuel, De Jure Naturae et Gentium libri octo. London 1672

Pufendorf Samuel, De officio hominis et civis prout ipsi praescribuntur lege naturali. London 1673

Pufendorf Samuel, Eris Scandica, qua adversus libros de Iure Naturae et Gentium objecta diluuntur. Frankfurt a. M. 1686

Pufendorf Samuel, De habitu christianae religionis ad vitam civilem. 1687

Pufendorf Samuel, Jus feciale divinum sive de consensu et dissensu protestantium. Lübeck 1695 (exercitatio posthuma)

Rachel Samuel, De Jure Naturae et Gentium Dissertationes. Kiel 1676

Rachel Samuel, Institutionum Jurisprudentiae libri quattuor, Jus Universale et Romanum certa Methodo et utriusque capita ex genuinis Principiis arcessita exhibentes. Kiel und Frankfurt a. M. 1681

Ringmacher Daniel, Cumberlandus illustratus, sive disquisitio philosophica de Lege Naturae fundamentali ad mentem Rich. Cumberlandi instituta. Ulm 1693

de Roy Hugo, De eo quod justum est, et circa Philosophiae, Theologiae et Jurisprudentiae syncretismo libri tres. Utrecht 1645

Scherzer Johann Adam, Nucleus philosophicus. Leipzig 1658

von Seckendorff Veit Ludwig, Teutscher Fürstenstaat. Frankfurt a. M. 1656. (zit. nach der Ausgabe Biechlings. Jena 1737)

von Seckendorff Veit Ludwig, Christen-Stat. Leipzig 1686

von Seckendorff Veit Ludwig, Entwurff oder Versuch / Von dem allgemeinen oder natürlichen Recht / nach Anleitung der Bücher Hugonis Grotii / und anderer dergleichen Autoren; in: „Teutsche Reden", Leipzig 1686, S. 435–496

Selden John, De Jure Naturali et Gentium juxta Disciplinam Ebraeorum libri septem. Straßburg 1665 (1. Aufl. London 1640)

Sharrock Robert, Ὑπόθεσις ἠθική de officiis secundum naturae jus seu de moribus ad rationis normam confirmandis doctrina, etc. Oxford 1660; 1673. – 2. Aufl. Gotha 1667

von Spee Friedrich, Gueldenes Tugendbuch. Coelln 1649

Strimesius Samuel, Origines Morales, seu dissertationes aliquot selectiores, vera Moralium Fundamenta complexae. Frankfurt a. d. Oder 1679

Strimesius Samuel, Epicrisis in Dni. Samuelis Pufendorfii spicilegium controversiarum circa Jus Naturae motarum. Frankfurt a. d. Oder 1682

Thomasius Christian, Institutionum Jurisprudentiae Divinae libri tres, in quibus Fundamenta Juris Naturalis secundum hypotheses illustris Pufendorfii perspicue demonstrantur et ab objectionibus dissentientium, potissimum D. Valentini Alberti, Professoris Lipsiensis, liberantur, fundamenta itidem Juris Divini Positivi Universalis primum a Jure Naturali distincte secernuntur et explicantur. Frankfurt 1688 (zit. nach der Aufl. Halle 1720)

Thomasius Christian, Scherz- und ernsthafte, vernünftige und einfältige Gedanken über allerhand nützliche Bücher und Fragen (sog. Monatsgespräche), Frankfurt und Leipzig 1688–1690; seit 1689 unter dem Titel: „Freymüthige, lustige und ernsthaffte, jedoch vernunfft- und gesetzmäßige Gedanken oder Monats-Gespräche über allerhand, fürnehmlich aber neue Bücher."

Thomasius Christian, Fundamenta Juris Naturae et Gentium ex sensu communi deducta, in quibus ubique secernuntur principia Honesti, Justi ac Decori, cum adjuncta emendatione ad ista Fundamenta Institutionum Jurisprudentiae Divinae. Halle 1705

Thomasius Christian, Paulo plenior Historia Juris Naturalis cum duplici appendice. Halae 1719

Thomasius Jacob, Breviarium ethicorum Aristotelis ad Nicomachicam. Leipzig 1658

Thomasius Jacob, Philosophia practica in Tabulis XXXII. Leipzig 1661

Veltheim Valentin, Introductio ad Hugonis Grotii illustre ac commendatissimum opus de Jure Belli ac Pacis ejusque omnes libros ac singula capita, ubi simul Elementa Scientiae de Juris Naturae et Gentium prudentia una cum

praecipuis materiis moralibus ac politicis, ut et quaestionibus controversiis
recepta facilique methodo traduntur. Jena 1676

van Velthuysen Lambert, De Principiis Justi et Decori. Amsterdam 1651

Vigel Nicolaus, Methodus universi juris civilis. Frankfurt 1628

Ziegler Caspar, In Hugonis Grotii de Jure Belli ac Pacis libros, quibus Naturae et
Gentium jus explicavit, Notae et Animadversiones subitariae. Wittenberg
1666; 3. Aufl. Frankfurt u. Leipzig 1684

Zentgrav Johann Joachim, Disquisitio de Origine, Veritate et immutabili Rectitudine
Juris Naturalis secundum disciplinam Christianorum. Straßburg 1678

Zentgrav Johann Joachim, De Origine, Veritate et Obligatione Juris Gentium
instituta Disquisitio. Straßburg 1684

Zentgrav Johann Joachim, Summa Juris Divini sive Isagogica Institutio doctrinae
de Justitia et Jure tam ex naturali, quam scripto Dei jure ad fontes justi et
recti in actionibus humanis et causae rei proprios ducens, secundum Disciplinam Theologiae moralis et Jurisprudentiae universalis. Straßburg 1699

B. SCHRIFTTUM

Aceti Guido, Indagini sulla concezione Leibniziana della felicità, in: Riv. di filos.
neoscolastica 49, 1957, fasc. 2

Aceti Guido, Sulla „Nova methodus ..." di G. G. Leibniz in: „Jus" 1957. p. 41 sq.
(Vgl. Rezension von Reibstein in ARSP XLIV, S. 429)

Aceti Guido, Jacob Thomasius ed il pensiero filosofico-giuridico di Gotfredo G. Leibniz. Milano 1957

Alengry Fr., De jure apud Leibnitium. Bordeaux 1899

Althaus Paul, Die Prinzipien der reformierten Dogmatik im Zeitalter der aristotelischen Scholastik. Leipzig 1914

von Arnswald C. D., Die Ahnentafel des Philosophen G. W. Leibniz, in: Mitteilungen für deutsche Personen- und Familiengeschichte. Heft 7, Leipzig 1910

Aubin Hermann, Leibniz und die politische Welt seiner Zeit, in: Hamburger Vorträge aus Anlaß von Leibniz' 300. Geburtstag. Hamburg 1946, S. 110 ff.

Barillari M., La dottrina del diritto di Godofredo Guglielmo Leibniz. Neapel 1913
(Atti dell'Accademia di Scienze morali e politiche di Napoli, Vol. XLIII)

Barth Karl, Kirchliche Dogmatik; Teil III, 1 (1945): S. 446–454; Teil III, 3 (1950):
S. 360–365; Zürich 1945–1950

Barth Karl, Rechtfertigung und Recht. Zürich 1944

Baruzi Jean, Leibniz. Avec nombreux textes inédits. Paris 1909

Baruzi Jean, Leibniz et l'organisation religieuse de la terre. Paris 1907

Basch Victor, Les doctrines politiques des philosophes classiques de l'Allemagne:
Leibniz, Kant, Fichte, Hegel. Paris 1927

Bauer Clemens, Melanchthons Naturrechtslehre, in: Arch. f. Ref. Gesch. XLII, 1951

Bauer Clemens, Die Naturrechtsvorstellungen des jüngeren Melanchthon, in: F. Gerhard Ritter, Tübingen 1950, S. 244 ff.

Bauer Clemens, Die Naturrechtslehre Melanchthons, in: Hochland 1952, S. 313–323

Bausola Adriano, Gli studi leibnitiani in Italia nell'ultimo quarantennio, in: RIFD
1962, S. 69–98

Beiträge zur Leibnizforschung, hrsg. v. G. Schischkoff. Reutlingen 1947

Belaval Yvon, Leibniz critique de Descartes. Paris 1960

Belaval Yvon, Leibniz. Initiation à sa philosophie. Paris 1962

Belaval Yvon, Pour connaître la pensée de Leibniz. Paris 1952

Bense Max, Über Leibniz. Leibniz und seine Ideologie. Jena 1946

Benz Ernst, Leibniz und Peter der Große. Berlin 1947 (Schriften zum 300. Geburtstag, hg. v. Erich Hochstetter)

Bernhardi L., Art. Boyneburg, in: Allg. Deutsche Biographie III, 1876, S. 222 ff.

Berolzheimer Fritz, System der Rechts- und Wirtschaftsphilosophie. Bd. I: München 1904; Bd. II 1905; Bd. III 1906; Bd. IV 1907; Bd. V 1907

Bluntschli Johann Caspar, Geschichte des allgemeinen Staatsrechts und der Politik. München 1864

Bobbio Norberto, Leibniz e Pufendorf, in: Riv. di filos., 1947, I

Böhm Franz, Anti-Cartesianismus. Deutsche Philosophie im Widerstand. Leipzig 1938

Bohateč Joseph, Die cartesianische Scholastik. 1912

Bresslau Harry, Leibniz als Politiker, in: Ztschr. f. Preuß. Geschichte und Landeskunde 7, 1870, S. 317 ff.

Cairns Huntington, Legal Philosophy from Plato to Hegel. Baltimore 1949

Cassirer Ernst, Freiheit und Form. Studien zur deutschen Geistesgeschichte. Berlin 1922

Cassirer Ernst, Leibniz' System in seinen wissenschaftlichen Grundlagen. Marburg 1902

Cassirer Ernst, Vom Wesen und Werden des Naturrechts, in: Zeitschr. f. Rechtsphilosophie Bd. VI, 1932/34, S. 1–27

Coing Helmut, Der Einfluß der Philosophie des Aristoteles auf die Entwicklung des römischen Rechts; in: ZRG (RA) LXIX (1952) S. 42 ff.

Conze Werner, Leibniz als Historiker. Berlin 1951. (Schriftenreihe zu Leibniz' 300. Geburtstag, hg. v. Erich Hochstetter, Bd. 6)

Couturat Louis, La logique de Leibniz. Paris 1901

Curcio Carlo, Sul pensiero giuridico e politico del Leibniz, in: RIFD 29, 1952, S. 283–290

Davillé Louis, Leibniz historien. Essai sur l'Activité et la Méthode historique de Leibniz. Paris 1909

Davillé Louis, Le séjour de Leibniz à Paris, in: Arch. f. Gesch. d. Phil. 47, 1922

Del Vecchio Giorgio, La Giustizia. Roma 1946; deutsch: Die Gerechtigkeit, 2. Aufl., Basel 1950

Del Vecchio Giorgio, Storia della filosofia del diritto. 2. Aufl. Milano 1958

Demmer Klaus, Jus Caritatis. Zur christologischen Grundlegung der augustinischen Naturrechtslehre. Rom 1961

Denninger Erhard C., Rezension zu Ascarelli-Gianotta: G. W. Leibniz; in: ARSP XLVII, 1961, S. 427–432

Dickerhof Kurt, Leibniz' Bedeutung für die Gesetzgebung seiner Zeit. Ungedr. Diss. Freiburg 1941

Dietz Alexander, Johann Wolfgang Textor; in: Allg. Dt. Biogr., Bd. 37, 1894

Dihle Albrecht, Die Goldene Regel. Eine Einführung in die Geschichte der antiken und frühchristlichen Vulgärethik. Göttingen 1962

Dilthey Wilhelm, Leibniz und sein Zeitalter; in: Gesammelte Schriften, Bd. III, S. 1–80. Leipzig und Berlin 1927

Dombois Hans, Naturrecht und christliche Existenz. Kassel 1952

Ellul Jacques, Le fondement théologique du droit. Neuchâtel 1946; deutsche Übersetzung von Otto Weber, München 1948

Feddersen Herbert, Die Behandlung des naturrechtlichen Problems bei Leibniz und die Bedeutung seiner Gedanken für die Gegenwart, in: ZÖR 9, 1920, S. 231–260

Feddersen Herbert, Leibniz' Rechts- und Gesellschaftslehre und wir, in: ARWP 21, 1928, S. 394–408

Fischer Hugo, Leibniz und die Idee eines universalen Rechts, in: Phil. Jb. d. Görres-Ges. 65, 1957, S. 134–146

Fischer Kuno, Gottfried Wilhelm Leibniz. 5. Aufl., Heidelberg 1920 (Geschichte der neueren Philosophie Bd. 3)

Fischl J., Gottfried Wilhelm Leibniz, in: LThK 6, 1961, Sp. 912–914

Fitting, Über den Begriff der Bedingung, in: AcP 39, 1856, S. 305–350

Foucher de Careil Alexandre, Leibniz, Descartes et Spinosa; avec un rapport de M. V. Cousin. Paris 1863

Foucher de Careil Alexandre, Leibniz et les deux Sophies. Paris 1876

Fransen Petronella, Leibniz und die Friedensschlüsse von Utrecht und Rastatt / Baden. Purmerend 1933

Friedmann Georges, Leibniz et Spinoza. 2. Aufl., Paris 1962

Friedrich Carl Joachim, Die Philosophie des Rechts in historischer Perspektive. Berlin-Göttingen-Heidelberg 1955

Friedrich Hugo, Descartes und der französische Geist. Leipzig 1937

Fritzemeyer Werner, Christenheit und Europa. Zur Geschichte des europäischen Gemeinschaftsgefühls von Dante bis Leibniz. München und Berlin 1931

Galimberti Andrea, Leibniz contro Spinoza. Benevagienna 1941

Geldsetzer Lutz, Rezension zu Karl Herrmann, Das Staatsdenken bei Leibniz. Bonn 1958; in: ARSP XLVI, 1960, S. 159–160

Gesche Paul, Leibnizens Ethik. Diss. Halle 1891, S. 63–67

von Gierke Otto, Johannes Althusius und die Entwicklung der naturrechtlichen Staatstheorien. Zugleich ein Beitrag zur Rechtssystematik. Breslau 1880; 5. Aufl. Aalen 1958

Giers Joachim, Die Gerechtigkeitslehre des jungen Suarez. Edition und Untersuchung seiner römischen Vorlesungen „De Justitia et de Jure". Freiburg i. Br. 1958

Görland Albert, Der Gottesbegriff bei Leibniz. Ein Vorwort zu seinem System. Giessen 1907

Grote Ludwig, Leibniz und seine Zeit. Hannover 1869

Grua Gaston, Jurisprudence universelle et théodicée selon Leibniz. Paris 1953

Grua Gaston, La Justice Humaine selon Leibniz. Paris 1956 (posthum)

Grua Gaston, Optimisme et piété leibnizienne avant 1686 avec des textes inédits, in: Revue philosophique, Oct.–Déc. 1946

Guerrier Wladimir Iwanowitsch, Leibniz in seinen Beziehungen zu Rußland und Peter dem Großen. St. Petersburg u. Leipzig 1873

Guhrauer Gottschalk Eduard, Kur-Mainz in der Epoche von 1672. 2 Bde., Hamburg 1839

Guhrauer Gottschalk Eduard, Leibniz's Deutsche Schriften; Bd. 1: Kritisch-historische Einleitung, S. 3–150. Berlin 1838

Guhrauer Gottschalk Eduard, G. W. Leibnitz. Eine Biographie. 2 Bde. Breslau 1842–1846

Guitton Jean, Pascal et Leibniz. Etude sur deux types de penseurs. Paris 1951

Gurvitsch Georges, L'idée du droit social. Paris 1932

Hagemeier Emma, Die ethischen Probleme der Leibnizschen Théodicée und ihre hauptsächlichsten Vorarbeiten in der Geschichte der Ethik. Diss. Münster 1929

Halesse Gerhard, Begriff und Bedeutung des Zweckes in der Leibnizschen Rechtsphilosophie. Diss. Münster 1957

Hartmann Gustav, Leibniz als Jurist und Rechtsphilosoph, in: FG der Tübinger Juristenfakultät für Rudolf von Jhering, Tübingen 1892, S. 1–121

Hartmann Nicolai, Leibniz als Metaphysiker. Berlin 1946

Hartung Fritz, Deutsche Geschichte im Zeitalter der Reformation und des 30jährigen Krieges. Berlin 1951

Hashagen Justus, Das Zeitalter der Gegenreformation und der Religionskriege. Konstanz 1956. (Handbuch der deutschen Geschichte II, 2)

Hazard Paul, Die Krise des europäischen Geistes 1635–1682 (La crise de la conscience européenne, übers. von Harriet Wegener). Hamburg 1939

Hecht Felix, Leibniz als Jurist, in: Preuß. Jahrb. 43, 1879, S. 1–25

Heckel Johannes, Lex charitatis. Eine juristische Untersuchung über das Recht in der Theologie Martin Luthers. München 1953

Heckel Martin, Staat und Kirche nach den Lehren der evangelischen Juristen Deutschlands in der ersten Hälfte des 17. Jahrhunderts (Teil I u. II), in: ZRG (KA) 73, 1956, S. 158–167; ZRG (KA) 74, 1957, S. 202–308

Heidegger Martin, Nietzsche. 2. Bd. Pfullingen 1961

Heidegger Martin, Der Satz vom Grund. Pfullingen 1957

Heidegger Martin, Vom Wesen des Grundes. Frankfurt a. M. 1955

Heimsoeth Heinz, Leibniz' Weltanschauung als Ursprung seiner Gedankenwelt, in: Kantstudien Bd. XXI, 1916, H. 4, S. 365 ff.

Heimsoeth Heinz, Die Methode der Erkenntnis bei Descartes und Leibniz. Gießen 1912 (Philosophische Arbeiten, Bd. 6)

Heimsoeth Heinz, Die sechs großen Themen der abendländischen Metaphysik und der Ausgang des Mittelalters. 4. Aufl. Darmstadt 1958

Herbrich Elisabeth, Die Leibnizsche Unionspolitik im Lichte seiner Metaphysik, in: Salzb. Jb. f. Phil. 3, 1959, S. 113–136

Herrmann Karl, Das Staatsdenken bei Leibniz. Bonn 1958 (Schriften zur Rechtslehre und Politik, Bd. 10)

von Herthing Georg, Locke und die Schule von Cambridge. Freiburg i. Br. 1892

Hertz F., G. W. Leibniz as a political thinker, in: FS f. Heinrich Benedikt, 1957

Heymann Ernst, Leibniz als Jurist, in: SB der Preuß. Akademie der Wissenschaften, Phil.-Hist. Kl., 1927, S. LXIX–LXXVI

Heymann Ernst, Leibniz' Plan einer juristischen Studienreform vom Jahre 1667, in: SB der Preuß. Akademie der Wissenschaften, Phil.-Hist. Kl., 1931 S. C ff.

Hildebrandt Kurt, Leibniz und das Reich der Gnade. Den Haag 1953

Hinrichs H. F. W., Über die Bemühungen Leibnizens um die Rechtserkenntnisse, in: Haimlers Magazin für Rechts- und Staatswissenschaft, Bd. 3 (1849) S. 253 ff., 339 ff., Bd. 4 (1850) S. 137 ff.

Hinrichs H. F. W., Geschichte der Rechts- und Staatsprinzipien seit der Reformation bis auf die Gegenwart. Leipzig 1848–1852; zu Leibniz: Bd. 3 (1852), S. 1–122

von Hippel Ernst, Leibniz' Bemühung um eine Harmonisierung in der Welt, in: „Künder der Humanität", Bonn 1946, S. 27 ff.

von Hippel Ernst, Geschichte und Staatsphilosophie. 2 Bde. Meisenheim/Glan 1955–1957

Hochstetter Erich, Gottfried Wilhelm Leibniz 1646–1716, in: Die großen Deutschen, Bd. 2. Berlin 1956, S. 9–21

Hofmann Joseph Ehrenfried, Leibniz' mathematische Studien in Paris. Berlin 1948. (Beiträge zu seinem 300. Geburtstag, hrsg. v. E. Hochstetter, H. 4)

Holz Hans-Heinz, Leibniz. Stuttgart 1958

Huber Carl, Leibniz' deutsche Politik, in: Ztschr. f. Politik 29, 1939, H. 6

Huber Ernst Rudolf, Reich, Volk und Staat in der Reichsrechtswissenschaft des 17. und 18. Jahrhunderts, in: Z. f. d. ges. Staatswiss. 102, 1942, S. 593–627

Huber Kurt, Leibniz und wir, in: Ztsch. f. phil. Forschung 1, 1946–1947, S. 5–34

Huber Kurt, Gottfried Wilhelm Leibniz. München 1951

Hugo Gustav, Leibnitz, in: Zivilistisches Magazin 1, Berlin 1810, S. 10–18

Ihmels Jochen, Das Naturrecht bei Valentin Alberti. Die Lehre des Compendium Juris Naturae von 1678/96. Diss. theol. Leipzig 1955

Isaacsohn S., Leibniz als Förderer der preußischen Justizreformbestrebungen von 1698, in: Ztschr. f. preuß. Gesch. u. Landesk. 14, 1877, S. 413 ff.

Jacoby J., De Leibnitii studiis Aristotelicis. Diss. Berlin 1867

Jalabert Jacques, Le Dieu de Leibniz. Paris 1960

Jalabert Jacques, La Théorie Leibnizienne de la Substance. Paris 1947

Janke Wolfgang, Leibniz. Die Emendation der Metaphysik. Frankfurt a. M. 1963 (Phil. Abh. Bd. XXIII)

Jellinek Georg, Die Weltanschauungen Leibniz' und Schopenhauers. Ihre Gründe und ihre Berechtigung. Eine Studie über Optimismus und Pessimismus. Diss. Leipzig 1872

Joachimsen Paul, Der deutsche Staatsgedanke von seinen Anfängen bis auf Leibniz und Friedrich den Großen. München 1921

Jodl Friedrich, Geschichte der Ethik als philosophischer Wissenschaft. Bd. I: Bis zum Schlusse des Zeitalters der Aufklärung. Stuttgart – Berlin 1920

Jöcher Christian Gottlieb, Allgemeines Gelehrten-Lexikon. 4 Bde., Leipzig 1750–1751

Kabitz Willy, Die Bildungsgeschichte des jungen Leibniz, in: Ztschr. f. Gesch. d. Erz. u. d. Unterr., 2. Jg., H. 3, 1912

Kabitz Willy, Die Philosophie des jungen Leibniz. Heidelberg 1909

von Kaltenborn Carl, Die Vorläufer des Hugo Grotius auf dem Gebiete des Jus Naturae et Gentium sowie der Politik im Reformationszeitalter. Leipzig 1848

Kanitz Hans-Joachim, Das Übergegensätzliche, gezeigt am Kontinuitätsprinzip bei Leibniz. Diss. Zürich, Biberach a. d. Riss 1951

Kanthack Katharina, Leibniz. Ein Genius der Deutschen. Berlin 1946

Kiefl Franz Xaver, Der Friedensplan des Leibniz zur Wiedervereinigung der getrennten christlichen Kirchen aus seinen Verhandlungen mit dem Hofe Ludwigs XIV., Leopolds I. und Peters d. Großen. Paderborn 1903

Kiefl Franz Xaver, Leibniz. Der europäische Freiheitskampf gegen die Hegemonie Frankreichs auf geistigem und politischem Gebiet. Mainz 1913

Kiefl Franz Xaver, Leibniz und die religiöse Wiedervereinigung Deutschlands. Seine Verhandlungen mit Bossuet und den europäischen Fürstenhöfen über die Versöhnung der christlichen Konfessionen. Regensburg 1925

Kirn Otto, Die Leipziger Fakultät in fünf Jahrhunderten. Leipzig 1909

Kisch Guido, Erasmus und die Jurisprudenz seiner Zeit. Basel 1960

Klopp Onno, Leibniz' Vorschlag einer französischen Operation nach Ägypten. Hannover 1864

Klopp Onno, Leibniz' Plan der Gründung einer Sozietät der Wissenschaften in Wien, in: Archiv f. österreichische Geschichte 40, 1892, S. 157 ff.

Krappmann Friedrich Joseph, Johann Philipp v. Schönborn und das Leibniz'sche Consilium Aegyptiacum. Ein Beitrag zur Politik der letzten Jahre des Kurfürsten, in: Z. f. Gesch. d. Oberrheins, 1932, S. 185–219

Küchenhoff Günther, Naturrecht und Liebesrecht. (2. Aufl. von „Naturrecht und Christentum", Düsseldorf 1948) Hildesheim 1962

Küchenhoff Günther, Der Rechtsbegriff und die Rechtsidee bei Leibniz, in: NJW 1966, S. 1193–1196

Landsberg Ernst, Geschichte der deutschen Rechtswissenschaft. – (Stintzing-Landsberg, III. Abt., 1. Halbbd.) München – Leipzig 1898

Larenz Karl, Sittlichkeit und Recht. Untersuchungen zur Geschichte des deutschen Rechtsdenkens und zur Sittenlehre, in: Reich und Recht in der deutschen Philosophie, hg. v. Karl Larenz, Stuttgart – Berlin 1943, S. 169–412

Le Chevalier L., La Morale de Leibniz. Paris 1933

Lehmann Hugo, Neue Einblicke in die Entstehungsgeschichte der Leibnizschen Philosophie, in: Ztschr. f. Philosophie u. phil. Kritik 162, 1916, S. 22–34

Leoni B., Probabilità e diritto nel pensiero di Leibniz, in: Archivio di filosofia 1947, S. 72 ff.

Levy Ernst, Natural Law in Roman Thought, in: Studia et Documenta 15, 1949

Liermann Hans, Zur Geschichte des Naturrechts in der evangelischen Kirche, in: FG f. Alfred Bertholet, Tübingen 1950, S. 294–324

Liermann Hans, Barocke Jurisprudenz bei Leibniz, in: Ztschr. f. dt. Geisteswiss. II, 1939, S. 348–360

Litt Theodor, Leibniz und die deutsche Gegenwart (Vortrag). Wiesbaden 1946

Ludovici C. G., Ausführlicher Entwurf einer vollständigen Historie der Leibnizschen Philosophie. Leipzig 1737

Mahnke Dietrich, Leibniz als Gegner der Gelehrteneinseitigkeit. Stade 1912 (Wiss. Beil. zum Jahresber. des Gymn. zu Stade)

Mahnke Dietrich, Leibnizens Synthese von Universalmathematik und Individualmetaphysik, in: Jb. f. Phil. u. phaenomenolog. Forsch., hg. v. E. Husserl, Bd. VII, Halle 1925

Mahnke Dietrich, Der Zeitgeist des Barock und seine Verewigung in Leibnizens Gedankenwelt, in: Ztschr. f. dt. Kulturphilos. Bd. 2, 1935, S. 95 ff.

Marcuse Ludwig, Der letzte Ritter der Scholastik. Kleine Warnung, eine so überragende historische Figur wie Leibniz zu schnell zu aktualisieren. Lit.-Beilage der „Zeit", Nr. 1, v. 2. 1. 1959

Matzat Heinz L., Die Gedankenwelt des jungen Leibniz, in: Beiträge z. Leibniz-Forschung, Reutlingen 1947, S. 37–67

Matzat Heinz L., Gesetz und Freiheit. Einführung in die Philosophie von Gottfried Wilhelm Leibniz aus den Problemen seiner Zeit. Köln 1948

Mayer–Tasch Peter Cornelius, Thomas Hobbes und das Widerstandsrecht. Tübingen 1965

Meinecke Friedrich, Die Idee der Staatsräson. 3. Aufl. München – Berlin 1929

Mentz Georg, Johann Philipp von Schönborn, Kurfürst von Mainz, Bischof von Würzburg u. Worms 1605–1673. Ein Beitrag zur Geschichte des 17. Jahrhunderts. 2. Bde. Jena 1896

Meyer Rudolf W., Leibniz und die europäische Ordnungskrise. Hamburg 1948

Miceli R., Le premesse storico-teologiche della filosofia del diritto di Leibniz, in: Archivio di filosofia 1947

Moeller van den Bruck Artur, Das ewige Reich. Bd. 3: Gestaltende Deutsche; Der Protestantismus; Leibniz. Hrsg. v. H. Schwarz, Breslau 1935

Molitor Erich, Leibniz in Mainz, in: FS Albert Stohr, Mainz 1950, S. 457–472

Molitor Erich, Der Entwurf eines mecklenburgischen Landrechts von David Mevius, in: ZRG (GA) 61, 1941, S. 208–233

Molitor Erich, Der Versuch einer Neukodifikation des röm. Rechts durch den Philosophen Leibniz, in: Studi Koschaker I, 1953, 357–373

Müller Kurt, Gottfried Wilhelm Leibniz und Hugo Grotius, in: Forsch. zu Staat u. Verfassung, FG f. Fritz Hartung, Berlin 1958, S. 187–205

Münzel Karl, Recht und Gerechtigkeit. Ein rechtsphilosophisch-naturrechtliches Studienbuch. Köln – Berlin – Bonn – München 1965

Naërt Emilienne, Leibniz et la querelle du pur amour. Paris 1959

Naërt Emilienne, Les pensées politiques de Leibniz. Paris 1964

Nathan Bernhard, Über das Verhältnis der Leibniz'schen Ethik zur Metaphysik. Diss. Jena 1916

Osterhorn Ernst-Dietrich, Die Naturrechtslehre Valentin Albertis. Ein Beitrag zum Rechtsdenken der lutherischen Orthodoxie des 17. Jahrhunderts. Diss. jur. Freiburg i. Br. 1962

Passerin d'Entrèves Alexandre, Natural Law. 2. Aufl., London 1960

Peña Luno, Historia de la Filosofia del Derecho. Barcelona 1955

Petersen Peter, Geschichte der aristotelischen Philosophie im protestantischen Deutschland. Leipzig 1921

Pfleiderer Edmund, Leibniz als Patriot, Staatsmann und Bildungsträger. Leipzig 1870

Pichler Hans, Leibnitz' Metaphysik der Gemeinschaft, in: Philosophie der Gemeinschaft (7 Vorträge) Berlin 1929

Pichler Hans, Leibniz, in: Neue dt. Biogr. II, 1935, S. 35 ff.

Radbruch Gustav, Die Natur der Sache als juristische Denkform. 1948

Ravier Emile, Le système de Leibniz et le problème des rapports de la raison et de la foi. Caën 1927

Rassow Peter, Forschungen zur Reichsidee im 16. und 17. Jahrhundert, in: Veröff. d. Arb. Gem. f. Forsch. d. Landes Nordrh.-Westf., H. 10. Köln – Opladen 1955

Reibstein Ernst, Deutsche Grotius-Kommentatoren bis zu Christian Wolff, in: Ztschr. f. ausl. öff. Recht u. Völkerrecht 15, 1953–1954, S. 76–102

Reibstein Ernst, Völkerrecht. Bd. I: Von der Antike bis zur Aufklärung. Freiburg – München 1958

Richter Lieselotte, Leibniz und sein Rußlandbild, in: A. d. Akad. d. Wiss. Berlin 1946

Ritter Joachim, „Naturrecht" bei Aristoteles. Stuttgart 1961

Ritter Paul, Leibniz als Politiker, in: Dt. Monatshefte f. christl. Politik u. Kultur 1, 1919/20, S. 420 ff.

Ritter Paul, Leibniz' Ägyptischer Plan, in: Leibniz-Archiv, Darmstadt 1930

Ritter Paul, Der junge Leibniz als politischer Schriftsteller, in: Forschungen und Fortschritte 1932

Robinet André, Malebranche et Leibniz. Relations personelles, avec les textes complets. Paris 1955

Rolland E., Le déterminisme monadique et le problème de Dieu dans la philosophie de Leibniz. Paris 1935

Rombach Heinrich, Die Bedeutung von Descartes und Leibniz für die Metaphysik der Gegenwart, in: Phil. Jb. d. Görres-Ges. 70, 1962, S. 67–97

Rommen Heinrich, Die ewige Wiederkehr des Naturrechts. München 1947

Roscher W., Geschichte der Nationalökonomik in Deutschland. München 1874

Roßbach Johann Joseph, Perioden der Rechtsphilosophie. Regensburg 1842

Ruck Erwin, Die Leibnizsche Staatsidee. Tübingen 1909

Ryffel Hans, Recht und Staat in Pascals Sicht, in: ARSP 49, 1963, S. 191–212

Salz A., Leibniz als Volkswirt. Ein Bild aus dem Zeitalter des Merkantilismus, in: Schmollers Jahrbücher f. Gesetzgebung, 34. Jg., 1910, S. 1109 ff.

St. Leger James, The „Etiamsi daremus" of Hugo Grotius. A Study in the Origins of International Law. Rom 1962

Sauter Johann, Die philosophischen Grundlagen des Naturrechts. Wien 1932

Schambeck Herbert, Der Begriff der „Natur der Sache". Wien 1964

Schepers H., Gottfried Wilhelm Leibniz, in: RGG IV, 1960, 291–294

Schmalenbach Hermann, Leibniz. München 1921

Schneider Hans-Peter, Leibniz als Jurist, in: „Leibniz". Sein Leben, sein Wirken, seine Welt. Hg. von Wilhelm Totok u. Karl Haase, Hannover 1966, S. 489–510

Schneider Hans-Peter, Der Plan einer „Jurisprudentia Rationalis" bei Leibniz, in: ARSP LII, 1966, S. 553–578

Schneiders Werner, Naturrecht und Gerechtigkeit bei Leibniz, in: ZphF XX, 1966, S. 607–650

Schönfeld Walther, Die Geschichte der Rechtswissenschaft im Spiegel der Metaphysik. Stuttgart u. Berlin 1943

Schönfeld Walther, Grundlegung der Rechtswissenschaft. Stuttgart – Köln 1951

Schrecker Paul, Leibniz. Les idées sur l'organisation des relations internationales, in: Proceedings of the British Academy, London 1937

Schrecker Paul, Leibniz's principles of international justice, in: Journal of the History of Ideas, New York, October 1946; deutsch: „Leibniz' Prinzipien des Völkerrechts", in: Amerikanische Rundschau 3, 1947, S. 114–122

Schrohe Heinrich, Johann Christian von Boineburg, Kurmainzer Oberhofmarschall. Mainz 1926

Schüssler Hermann, Georg Calixt. Theologie und Kirchenpolitik. Eine Studie zur Ökumenizität des Luthertums. Wiesbaden 1961

Simon Helmut, Der Rechtsgedanke in der gegenwärtigen deutschen evangelischen Theologie. Diss. Bonn 1952

Solari Gioele, Metafisica e diritto in Leibniz, in: Studi storici, 1949, p. 179 sq.

Stahl Friedrich Julius, Die Philosophie des Rechts. Bd. I: Geschichte der Rechtsphilosophie, 3. Aufl. Heidelberg 1856

Stammler Gerhard, Leibniz. München 1930

Stein Ludwig, Leibniz und Spinoza. Ein Beitrag zur Entwicklungsgeschichte der Leibnizschen Philosophie. Berlin 1890

Steubing Hans, Naturrecht und natürliche Theologie im Protestantismus. Göttingen 1932

Stölzel Adolf, Brandenburg-Preußens Rechtsverwaltung und Rechtsverfassung. Berlin 1888

Stoltenberg Hans L., Geschichte der deutschen Gruppwissenschaft (Soziologie). Leipzig 1937

Thieme Hans, Das Naturrecht und die europäische Privatrechtsgeschichte. 2. Aufl., Basel 1954

Thieme Hans, Natürliches Privatrecht und Spätscholastik, in: ZRG (GA) 70, 1953, S. 230 ff.

Tönnies Ferdinand, Leibniz und Hobbes, in: Phil. Monatshefte, 1887

Trendelenburg Friedrich Adolf, Naturrecht auf dem Grunde der Ethik. 2. Aufl., Leipzig 1868

Trendelenburg Friedrich Adolf, Leibnizens Anregung zu einer Justizreform, in: Kleine Schriften I, Leipzig 1871, S. 241–247

Trendelenburg Friedrich Adolf, Das Verhältnis des Allgemeinen zum Besonderen in Leibnizens philosophischer Betrachtung und dessen Naturrecht, in: Histor. Beiträge z. Phil. II, 1855, S. 233–256 (+ Bruchstücke zum Naturrecht, ibid., S. 257–282)

Treue Wilhelm, Leibniz und das Allgemeine Beste. (Festrede anl. d. 300. Geburtstages von G. W. Leibniz, geh. am 7. 11. 1946), in: Würzburger Univ.-Reden, H. 3. Würzburg 1946

Troeltsch Ernst, Gottfried Wilhelm Leibniz, in: Deutsche Gedenkhalle, hrsg. v. J. v. Pflugk-Hartung. Berlin – Leipzig o. J. S. 230 ff.

Tulloch John, Rational Theology and Christian Philosophy in England During the 17 th Century. 2 Vol. 2. Aufl. Edinburg 1874

Ultsch Eva, Johann Christian von Boineburg. Ein Beitrag zur Geistesgeschichte des 17. Jahrhunderts. Diss. Berlin; Teilabdruck: Würzburg 1936

Verdross Alfred, Abendländische Rechtsphilosophie. Ihre Grundlagen und Hauptprobleme in geschichtlicher Schau. Wien 1958

Viehweg Theodor, Die juristischen Beispielsfälle in Leibnizens Ars combinatoria, in: Beiträge zur Leibniz-Forschung, Bd. 1, Reutlingen 1947, S. 88–95

Viehweg Theodor, Topik und Jurisprudenz. 3. Aufl. 1965

Villey Michel, Les fondateurs de l'école du droit naturel moderne du XVIIe siècle, in: Archives de Philosophie du Droit NS 6, 1961, p. 73–105

Vorländer Franz, Geschichte der philosophischen Moral-, Rechts- und Staatslehre der Engländer und Franzosen. Marburg 1855

Ward Adolphus William, Leibniz as a politician. Manchester 1911

Warnkönig Leopold August, Rechtsphilosophie als Naturlehre des Rechts. Freiburg 1839

Weber Emil, Die philosophische Scholastik des deutschen Protestantismus im Zeitalter der Orthodoxie. Leipzig 1907

Weber Emil, Der Einfluß der protestantischen Schulphilosophie auf die orthodox-lutherische Dogmatik, Leipzig 1908

Weissenborn A., L'influenza del Malebranche sulla filosofia del Leibniz. Innsbruck 1895

Welzel Hans, Die Naturrechtslehre des Samuel Pufendorf. Berlin 1958

Welzel Hans, Naturrecht und materiale Gerechtigkeit. 4. Aufl. Göttingen 1962

Welzel Hans, Wahrheit und Grenze des Naturrechts. Bonn 1963

Wiedeburg Andrea, Calvins Verhalten zu Luther, Melanchthon und dem Luthertum. Diss. Tübingen 1961

Wiedeburg Paul, Naturrechtliche Elemente in Leibnizens Reichs- und Staatsidee; ungedr. Kolleg.-Ref., Heidelberg 1944

Wiedeburg Paul, Der junge Leibniz, das Reich und Europa. Teil I: Mainz; 2 Bde., Wiesbaden 1962

Wild Karl, Johann Philipp von Schönborn, genannt der deutsche Salomo, ein Friedensfürst zur Zeit des 30jährigen Krieges. Heidelberg 1896

Wild Karl, Leibniz als Politiker und Erzieher nach seinen Briefen an Boineburg, in: Neue Heidelberger Jahrbücher IX, 1899, S. 201 ff.

Winhold Wilhelm, Über den Freiheitsbegriff und seine Grundlagen bei Leibniz. Diss. Halle. Berlin 1912

Wisser Richard, Leibniz, in: Staatslexikon V, 1960, Sp. 346–351

Wolf Erik, Die menschliche Rechtsordnung, in: „Die Autorität der Bibel heute". Ein vom Weltkirchenrat zusammengestelltes Symposion; hg. v. A. Richardson und W. Schweitzer. Zürich 1950, S. 310–336

Wolf Erik, Zur Dialektik von menschlicher und göttlicher Ordnung, in: „Naturordnung", FG f. Joh. Messner 1961, S. 48–59

Wolf Erik, Zur rechtstheologischen Dialektik von Recht und Liebe, in: Studi in onore di Emilio Betti I, Milano 1961, S. 479–500

Wolf Erik, Idee und Wirklichkeit des Reiches im deutschen Rechtsdenken des 16. und 17. Jahrhunderts, in: Reich und Recht in der deutschen Philosophie, hg. v. Karl Larenz. Stuttgart u. Berlin 1943, S. 33–168

Wolf Erik, Ordnung der Kirche. Lehr- und Handbuch des Kirchenrechts auf ökumenischer Basis. Frankfurt a. M. 1961

Wolf Erik, Ordnung der Liebe. Gottesgebot und Nächstenrecht im Heidelberger Katechismus. Frankfurt a. M. 1963

Wolf Erik, Das Problem der Naturrechtslehre. Versuch einer Orientierung. 3. Aufl. Karlsruhe 1964

Wolf Erik, Recht des Nächsten. Ein rechtstheologischer Entwurf. 2. Aufl., Frankfurt a. M. 1966

Wolf Erik, Leibniz als Rechtsphilosoph, in: „Leibniz". Sein Leben, sein Wirken, seine Welt. Hg. von Wilhelm Totok und Karl Haase, Hannover 1966, S. 465–488

Wolf Erik, Große Rechtsdenker der deutschen Geistesgeschichte. 4. Aufl., Tübingen 1963

Wolf Erik, Rechtsgedanke und biblische Weisung. Tübingen 1948

Wolf Erik, Theologie und Sozialordnung bei Calvin, in: Arch. Ref. Gesch. XLII 1951, S. 11–31

Wolff Karl, Shaftesbury und Leibniz. Anhang II zu „Shaftesbury: Die Moralisten". Eine philosophische Rhapsodie. Jena 1910

Würtenberger Thomas, Deutsche Juristen von europäischem Rang (Leibniz, Savigny, Gierke), in: Geistige Welt III, 1948, S. 124–129 (124–127)

Wundt Max, Die deutsche Schulmetaphysik des 17. Jahrhunderts. Tübingen 1939

Wundt Max, Die deutsche Schulphilosophie im Zeitalter der Aufklärung. Tübingen 1945

Wundt Wilhelm, Leibniz. Zu seinem 200. jährigen Todestag. Leipzig 1917

Zimmermann Kurt, Gottfried Wilhelm Leibniz. Leben und Lehre eines weltumfassenden Geistes. Wedel 1947. (Die großen Vorbilder, H. 10–12)

Zimmermann Robert, Das Rechtsprinzip bei Leibniz. Ein Beitrag zur Geschichte der Rechtsphilosophie. Wien 1852

ANHANG

Erclärung einiger Worthe.

Gerechtigkeit ist eine *Brüderliche Liebe,* der *weisheit* gemäß.
Brüderliche Liebe ist eine *guthwilligkeit* gegen jederman.
Guthwilligkeit ist eine *liebens*-neigung.
Lieben ist seine Lust in eines andern *glückseeligkeit* suchen.
Weisheit ist die wißenschafft der Glückseeligkeit.
Glückseeligkeit ist eine beständige Freude.
Freude ist, wenn das gemüth mit eigner lust gedancken eingenommen.
Lust, wohllust ist eine empfindung einiger vollkommenheit.
Vollkommenheit ist ein hoher grad des wesens oder der krafft.

Grundsaz:

Die Welt wird von einem allwißenden und allmächtigen Herrn regiret,
den wir *Gott* nennen.

Folg-Säze:

Gottes zweck oder absehen ist eigne freude oder Liebe sein selbsten.

Gott hat die Creaturen sonderlich die verstand haben geschaffen, umb
seiner Ehr willen, oder aus liebe sein selbsten.

Gott hat alles geschaffen nach der vollkommensten zusammenstimmung
oder schöhnheit so da möglich.

Gott liebet alle.

Gott hilffet allen so viel ihnen zu helffen.

Kein Haß, kein Neid, kein Zorn, keine traurigkeit können in Gott kommen.

Gott liebet sonderlich die ihn lieben.

Gott liebet die verständigen Creaturen nach maße der vollkommenheit so
er ieden geben.

Die Vollkommenheit der Welt, oder die allgemeine zusammenstimmung
der Dinge leidet nicht, daß alle gemüther gleich vollkommen seyn können.

Solte nun einer fragen, warumb dann aber Gott diesen mehr vollkommenheit geben als jenen, oder wohehr die Gnadenwahl komme, so antworte ich daß
diese frage ungereimt sey, eben als wenn einen der schuch drücket, und ich
wolte fragen, ob der schuch zu klein oder der fuß zu groß sei.

Dieß ist nun die frage von der gnadenwahl und vorsehung die so viel
verwirrung in der welt gemacht, da sie doch ungereimt ist, und also wie
sie vorbracht, nicht beantwortet werden kan. Komt dahehr das wir nicht
einmahl unsre eigne frage verstehen, und nicht wißen was wir fragen,
gleichwie wir offt nicht wißen was wir bitten. Es wird vielleicht nicht ein
ieder gleich sehen warumb ich also von dieser frage urtheile. Ist kein
wunder, denn es gehöret etwas weitläufftigkeit dazu mich völlig zu er-
clären.

Wer Gott nicht gehorchet, ist Gottes freund nicht.

Wer Gott aus furcht gehorchet, ist Gottes freund noch nicht.

Wer Gott über alles liebet, wird wiederumb von Gott vor andern geliebet,
und ist ein freund Gottes.

Wer das gemeine beste nicht suchet, gehorchet Gott nicht.

Wer Gottes ehre nicht suchet, gehorchet Gott nicht.

Gott gehorchen ist seine Ehre und gemeines beste suchen.

Wer die Vollkommenheit Gottes nicht erkennet, liebet Gott nicht genug-
sam.

Wem etwas an Gottes thun misfället, der helt ihn nicht vor vollkommen.

Wer glaubt, das Gott etwas ohne ursach thue, daß ist aus einem solchen
wohlgefallen, so keine regel noch grund noch absehen hat (ex absoluto bene-
placito, ex libertate indifferentiae) der hält Gott nicht vor vollkommen.

Der glaubt, das Gott vollkommen sey, so da glaubt daß er alles aufs
beste mache, also daß es nicht müglich beßer zu machen.

Wer an betrachtung Göttlicher Vollkommenheit keine lust hat, der liebet
Gott nicht.

Alle Geschöpf dienen Göttlicher glückseligkeit oder herrlichkeit, ein iedes
nach mas seiner eigenen vollkommenheit.

Wer Göttlicher Glückseligkeit nicht mit Willen dienet, liebet Gott nicht.

Der liebet Gott, der seine Glückseligkeit stillet in beziehung der glückseeligkeit Gottes auff sich.

Wer Gott liebet, suchet seinen Willen zu lernen.

Wer Gott liebet, gehorchet seinen Willen so ihm bewust.

Wer Gott liebet, liebet alle.

Wer die Weisheit hat, liebet alle.

Wer weisheit hat, sucht aller nuzen.

Wer weisheit hat, nuzet vielen.

Wer weisheit hat, ist ein freund Gottes.

Ein freund Gottes ist glückseelig.

Wenn ihrer zwey gleich an macht seyn, so ist der weiseste darunter der
glückseeligste.

Wenn ihrer zwey gleich an weisheit seyn, so ist der mächtigste darunter
der glückseligste.

Wer weisheit hat, ist gerecht.

Wer gerecht ist, ist glückseelig.

NAMENREGISTER

Gerade stehende Ziffern verweisen auf Seitenzahlen, wenn der Name im Text erscheint, *kursiv* gedruckte Ziffern auf Namen in den Anmerkungen. Doppelziffern in Klammern hinter den Namen bezeichnen das Geburts- und Todesjahr der genannten Persönlichkeit; einzelne Ziffern in Klammern bedeuten das Erscheinungsjahr der zitierten Schrift. Weggelassen sind biblische sowie mythologische und poetische Namen.

WOLFGANG JANKE

Leibniz
Die Emendation der Metaphysik

1963, 260 Seiten
(Philosophische Abhandlungen Band XXIII)

Janke hat sich mit vorbildlicher Sorgfalt in die Gedankenwelt von
Leibniz eingearbeitet, wobei er die heute weit verbreitete Unsitte ver-
meidet, die Interpretation von Texten eines alten Philosophen mit
einem modernen Begriffssystem erläutern zu wollen. Er bleibt, auch
terminologisch, in der Gedankenwelt seines Philosophen und trägt
dessen Lehren ohne störende kritische Einwendungen vor, als habe er
sich jeden Zug von Leibniz' Gedankengängen selbst zu eigen gemacht.

Dabei hat er als offensichtlich guter Leibnizkenner gelegentlich auch
wenig bekannte Texte des Philosophen beigezogen, ja, höchst verdienstvoll!, abschließend seinen Ausführungen noch einige lateinische Inedita
von Leibniz hinzugefügt, so Partien aus den ›Periculosa in Cartesio‹,
einen Brief an Sturm von 1695 mit Ergänzungen von 1697, Betrachtungen über die in den Dingen liegende Kraft und eine weitere auf
Sturm bezogene Untersuchung über die Emendation der ersten Philosophie.

Jankes klare, sachliche Darstellung ist dankenswert und besonders zu
empfehlen.

G. Kahl-Furthmann, Bayreuth
Philosophischer Literaturanzeiger

VITTORIO KLOSTERMANN FRANKFURT AM MAIN

JURISTISCHE ABHANDLUNGEN

VITTORIO KLOSTERMANN FRANKFURT AM MAIN